"十四五"普通高等教育本科部委级规划教材

RENTI DONGZUO FAZHANXUE

人体动作发展学

蔡国梁　李丽◎主编

中国纺织出版社有限公司

图书在版编目（CIP）数据

人体动作发展学/蔡国梁，李丽主编．--北京：
中国纺织出版社有限公司，2023.9
"十四五"普通高等教育本科部委级规划教材
ISBN 978 - 7 - 5229 - 0770 - 3

Ⅰ.①人… Ⅱ.①蔡… ②李… Ⅲ.①人体运动—高
等学校—教材 Ⅳ.①G804.62

中国国家版本馆 CIP 数据核字（2023）第 137302 号

责任编辑：闫 婷 特约编辑：罗晓莉
责任校对：寇晨晨 责任印制：王艳丽

中国纺织出版社有限公司出版发行
地址：北京市朝阳区百子湾东里 A407 号楼 邮政编码：100124
销售电话：010—67004422 传真：010—87155801
http://www.c - textilep.com
中国纺织出版社天猫旗舰店
官方微博 http://weibo.com/2119887771
三河市宏盛印务有限公司印刷 各地新华书店经销
2023 年 9 月第 1 版第 1 次印刷
开本：787×1092 1/16 印张：22.75
字数：545 千字 定价：58.00 元

前　言

　　人体动作发展学是一门研究人体动作发展的学科,涉及人体从出生到老年各个阶段的动作发展和变化。根据教育部颁布的《运动人体科学类课程教学指导纲要》的要求和《高等学校体育类本科专业类教学质量国家标准》的精神,编写组编写了运动人体科学专业本科教材《人体动作发展学》,系统地介绍人体动作发展的基本理论、发展规律、研究方法和科研动态等方面的知识,为读者提供全面、深入的了解。本教材旨在为学生、教师、研究人员和相关从业人员提供一本全面、系统的人体动作发展学教材,帮助他们更好地了解人体动作发展的基本理论和实践应用,提高他们的研究与实践能力。本教材也适用于体育类本科其他专业学生学习使用。

　　本教材主要分为四个部分。第一部分介绍了人体动作发展的基本理论,包括人体运动发展的概念、影响因素和科研动态等方面的内容。第二部分介绍了人体基本动作发展,包括侧卧动作、起床动作、起立动作、坐下动作和步行动作等方面的内容。第三部分介绍了人体动作发展的科学基础、不同时期的人体动作发展规律、人体动作识别、心理与人体动作发展等。第四部分介绍了人体动作发展的测量与评估方法,包括人体动作发展的测量、功能性动作筛查(FMS)、选择性功能动作评估(SFMA)等方面的内容。

　　其中,蔡国梁负责编写绪论、第一章、第二章、第三章,共14万字;李丽负责编写第四章、第十章,共5.8万字;刘国良负责编写第五章、第八章,共5万字;张颖负责编写第七章、第九章,共5万字;赵晨琼负责编写第十三章第三节、第十四章第一节、第十五章第一节、第十五章第三节,共4.4万字;武俸羽负责编写第六章第一节、第十二章第二节至第七节、第十四章第二节,共4.8万字;姚远负责编写第六章第二节、第六章第四节、第十五章第二节,共4.7万字;刘侠负责编写第六章第三节、第十三章第一节至第二节、第十三章第四节、第十四章第三节,共4.7万字;孙佳杰负责编写第十一章、第十二章第一节,共4.1万字。

　　在编写的过程中,得到了全国高等学校体育教学指导委员会的热情帮助和大力支持，研究生宋丽丽、刘一帆、陈相源，本科生鲁春雨、刘小宁、李婷、丁毅帅、赵彦善、王金浩、麦可欣、张诺、姜肖宁、刘丹、林荣鹤、郑宇梵、钟意、苗博文、梁秋硕等在收集和整理资料方面做了大量的工作，在此一并致以衷心的感谢。

由于编者专业水平有限，书中难免存在不足之处，敬请各位专家和广大读者批评、指正。

《人体动作发展学》编委会

目　录

绪　论

在这个地球上,动物生命活动的展现方式都是以各种动作为基础的。自人类出现在这个世界,就开始了各种动作行为的学习和控制过程,并且伴随我们终生。人通过学习各种动作技能,执行优质和安全的多种动作模式,以此增强体质、愉悦身心,使参与运动成为高品质生活的基本方式,同样也是我国人民践行和实现"体育强国"的重要组成部分。动作是我们生命活动的起始点和载体,正如美国动作科学家格雷·库克(Gray Cook)所说:"我们的身体本身就是奇迹,具有令人难以置信的耐用性和坚韧性,能够创造惊人的动作表现和身体能力。我们生来就被创造成能够生长而变得强壮的人,并且优雅地变老,而'开垦'真实动作却是起始点。我们不能简单地获取更好的体适能、身体素质和动作表现,我们必须培养它。"

在我国各级学校的体育课程中,动作发展是教学过程中最为重要的内容之一。在体育科技迅猛发展的今天,动作学习与控制的专业知识和方法,更是为高水平运动员攀登运动技术水平高峰提供了有力的支持。本研究的目的是初步引导大家熟悉人体动作发展过程,为进一步学习系统内容打下良好的基础。

一、人体动作发展学的定义

动作是指在一定的时间和空间下,肢体、躯干的肌肉、骨骼、关节协同活动的模式,既可以指由多个部分共同构成的完整活动模式,也可以指某一部分的特定活动模式。动作是人类早期生长发育的核心,作为保障个体生存和发展的基本技能,是个体与环境进行有效互动的基本手段,而动作发展则是指个体一生中动作的变化过程,是幼儿发展的基础,是其生活、学习活动顺利进行的直接前提。

人体动作发展学研究的是人体一生动作行为的变化、构成这些变化的进程以及影响他们的因素。从宏观上看,人的成长包括多个方面变化。为便于研究,可以划分为胚胎期、婴儿期、婴幼儿、儿童期、青春期、成年期、老年期,而这七个时期绝不是相互割裂,而是相互关联、相互影响的。动作领域与其他领域的发展对人体的发育和成长是同等重要的:人体动作的发展会受到其他领域发展的影响和制约,同时也影响和制约了其他领域的发展。人体动作发展与年龄相关,但并非由年龄所决定。这种发展是一种质变,具有序列性(即一些动作形式必然先于其他动作出现);是不断积累的,具有一定的方向性;是受多种因素影响的,同时还是个性化的。为了更好地阐述人体动作发展的过程,并按照动作发展的过程进行了分期。

(一)胚胎期

出生前。胚胎期是人的一生发展中最重要的一个阶段,这个阶段的成长和发展比一生中其他的任何发展阶段都要迅速,也是身体所有系统发展的基础。

(二)婴儿期

出生至2岁。婴儿期是身体发育成长和动作行为都发生急剧变化的时期。

(三)婴幼儿

2~3岁,主要是基本动作的出现和发展。这一时期儿童的动作行为对于今后动作技能的发展至关重要,但更重要的是重视基本动作技能的练习,具有基础性。这一时期儿童在发展过程中,应充分掌握多种基本动作,以突破熟练动作技能的障碍,将基本动作技能与其他活动相结合,就能够形成组合动作,促进掌握相应的动作技术。如果基本动作技能发展不佳,将会成为形成熟练动作过程中的障碍。

(四)儿童期

3～10岁。儿童期的身体成长为成年生活做着准备,儿童期的经验和完成各种要求的任务与正值发育的机体相互作用,为其一生的动作发展做准备。能表现和完成组合动作,动作的发展取决于与情境相关的知识与经验,受到家庭、同伴、文化传统等因素的影响,并表现出个性化。这一阶段动作技能的获得与认知能力发展有密切关系,指导和练习是动作发展的重要媒介。

(五)青春期

10～25岁。青春期是人生发展中各方面发生巨大变化的阶段,正是在这个时期,性别差异变得尤为显著。青春期最重要的是性成熟期,开始具备生殖能力的时期,对身体和动作发展都有重大影响。开始能够主动表现出较为熟练的动作技能,并不断提高,通过发展可具备多种熟练的动作技能。这一阶段仍然受到多种因素制约。

(六)成人期

25～60岁。成人期的动作发展特征是成熟、经验丰富、自信灵活和健康管理。这个时期的人们在动作上可能更加稳健和高效,同时也对自己的身体和健康有着更深入的关注和保护。

(七)老年期

大于60岁。在这一时期,由于受伤或衰老等原因,移动、平衡、摔倒、力量及认知等的水平随年龄增长而下降。

二、人体动作发展学的应用

人体动作发展学在现代人类动作行为科学中占重要地位,现在向大家介绍它的应用领域。

(一)体育教育

动作发展的学习历来是体育教育的重要组成部分。动作发展不但有力地丰富了体育教育中的教学、训练和科研内容,对提高学生的"动作参与(motor engagement)"程度、动作学习效率和掌握正确的学习方法具有积极的指导作用,它无疑是现代体育教育内容中不可分割的重要部分。

(二)体育师资培养

各类学校中体育教师的一项主要教学任务是带领学生学习和体验各种运动技术,促进学生德、智、体、美的全面发展。系统掌握人体动作发展的知识和方法,可以有效地提高体育课的学习效率和质量,以利于学生更快地进步和发展运动技能。

(三)教练员培训

在任何运动项目中,教练员的重要任务之一就是向学生传授正确的运动技术和技能,特别是对于技能主导类的项目就更加重要。人体动作发展学从原理和方法应用等多方面为教练员提供科学的指导和参考,特别是在我国这门学科还不普及的情况下,在教练员培训课程中引入"人体动作发展学"具有迫切的需求和现实的意义。

(四)运动训练

运动员要想攀登运动技术水平的高峰,更需要正确的方法性指导。系统地了解必要的人体动作发展的科学知识,会帮助他们更加有效地组织练习,提高动作学习和表现的质量,直接服务于技术训练。

（五）运动康复和医学

运动康复的主要任务包括协助受伤的运动员尽快重返运动场参加比赛，或者协助有运动障碍的患者逐步进入正常人的活动方式。正确运用人体动作发展学，组织康复练习，可以在很大程度上帮助他们尽快实现恢复动作技能和运动能力的目标。同时，人体动作发展学在我国"健康中国"建设和"体医融合"领域具有广阔的发展和应用空间。

三、学习人体动作发展学的意义

作为个体适应环境的重要手段，动作在个体生存与发展中具有极为重要的价值。但是，动作发展的意义却经常不容易被人们重视。人们似乎总是在生存与发展被阻碍的情况下才意识到动作的重要性。事实上，不仅动作本身是个体发展的重要方面，而且动作与个体其他方面的发展也具有重要的内在联系。动作在个体发展中的重要价值不仅是运动学的重要研究课题，也是医学治疗与康复手段设计的重要基础。不过，在过去很长的时期中，由于受到理论、研究方法与技术发展水平的限制，人们基于观察到的现象，在动作与个体发展关系的问题上较为普遍地持有单向作用和平行发展的观点，认为神经系统的成熟决定着动作的发展。近几十年来，随着建构主义理论的兴起，人们日益重视从主客体互动的角度、从主体自身积极建构的角度出发，重新深入认识动作的发展价值，并由此更新了对个体发展规律和机制的认识。

（一）作为个体发展的重要方面

如前所述，动作是个体与环境互动的重要手段。它不仅是个体适应环境的工具，同时也是个体适应环境的产物。在复杂的物理与社会环境的要求下，人类个体的动作必须具备目的性、计划性、灵活性、准确性和复杂性，必须与特定社会规范保持一致。因此，人类的大部分动作是在适应环境的过程中逐步发展起来的。在一定意义上也可以说，个体适应环境的过程是动作从反射性到操作性，从不随意到随意，从简单、无分化到复杂、特异化，从泛化到精确，从低效到高效的发展过程。所以，动作本身就构成了个体发展的重要方面。

在生命全程的发展中，动作在个体各发展阶段重要性的具体表现是不同的。在婴幼儿期，个体很多的时间和精力都花费在动作的学习、练习以及各种动作活动上。独自坐、爬行、站立、行走、跑、跳、抓握、使用工具等构成基本生存活动要素的动作，无不需要个体在一定的成熟基础上，通过反复尝试才能熟练掌握。在儿童中期和青少年时期，尽管个体已经具备基本的动作能力，但是，个体在这个时期对动作活动保持着明显的偏好，而且个体所面临的主导任务——学校学习的重要目标之一仍是帮助个体增长各种运动经验，发展更高水平、适合其学习与工作需要的动作。进入成年期，虽然在基本动作能力上没有显著的变化，但是由于职业发展和生活的特殊需要，成年人特异化的动作继续发展。在老年期，由于身体机能水平出现衰退，通过各种途径保持生活必需的基本动作能力成为极其重要的任务。可见，在个体发展的各个阶段，动作都构成不可或缺的发展任务。

（二）作为观察、监测个体身心发展的窗口

不仅动作本身是个体发展的重要方面，而且从个体生命早期开始，动作就是评价、诊断、监测个体身心发展状况的重要指标。在早期，由于儿童发展的成就主要体现在动作的发展上，而语言能力的局限使得儿童其他领域的发展也主要以动作为表现形式，因此，动作的发展成为观察儿童发展的重要窗口。儿童心理学创始人普莱尔（Preyer）在他的著作《0~3岁儿童发展》

中指出,儿童的动作反应就是其描述儿童发展的主要方面(林崇德,1995)。从20世纪初开始,对早期发展的评估都以动作为主要指标。例如,Brazelton发展的新生儿行为评定,主要以个体的先天反射性动作为对象,以此判断新生儿基本身心机能、特别是神经系统的正常与否(Brazelton et al.,1987)。在婴幼儿的发展评估中,格赛尔(A. Gesell)开创了根据动作评估和监测儿童发展的方法和思路,并得到研究者和临床实践者的认同。目前,在早期发展评估中广泛使用的Bayley量表、Denver发展量表、Kent婴儿量表等,以及我国修编的中国儿童发展量表都以动作发展为重要评定指标。动作发展滞后,特别是具有里程碑意义的动作发展滞后被认为是儿童早期发展问题的表现。在儿童中期、青少年期以及成人期中,尽管动作作为发展监测指标的敏感性有所下降,但是,身体机能的异常仍然较早地反映于动作中,因此在筛查儿童注意分散、亨廷顿病、帕金森病等严重疾患方面,动作同样具有诊断价值。

(三)对个体心理发展的促进作用

动作与个体心理发展的功能联系受到越来越多的关注。一方面,认知、情感、心理氛围等因素对于动作产生、执行及其结果的影响已经得到广泛承认;另一方面,动作对心理活动和心理功能发展的多方面影响作用也日益受到重视。

在理论上,皮亚杰(J. Piaget)将动作视为主客体的相互作用,并认为心理的个体发生和发展既不起源于主体,也不起源于客体,而是起源于主客体的相互作用。可以认为,动作对个体心理发展具有建构功能。这种建构功能在不同发展阶段的表现有所差异。在发展的早期,动作是主客体相互作用的主要手段。因此,儿童与环境关系的建立、维持与变化均与动作的发展变化密切相关,个体对外部世界的认识主要来自各种动作活动。例如,当婴儿的腿被系上铃铛后,婴儿在偶然的腿动后听到了铃响。逐渐在腿动和铃响之间建立稳定的联系,这就是其对因果关系的最初认识。随着儿童的成长,他们的认知结构发生变化,虽然他们可以不再完全直接依赖外显和直接的动作获取经验,但是早期的动作图式却是儿童后期认知结构发展的基础,因此动作对心理发展的影响是长期的,它反映着个体参与自身发展的主动性。

意识到动作与心理具有功能联系的是皮亚杰,E. Gibson的知觉生态理论阐述了动作在知觉、知识形成中的重要作用。在她看来,知觉不是心理过程的一个片段,而是适应性行为。知觉什么和知觉到什么取决于可知度(affordance),即知觉行为的可行程度。可知度受到个体自身探索环境能力的限制。她强调,人们知觉的是"可以吃、可以写、可以坐在上面或可以与之交谈的对象"(王振宇,2000);因此,在知觉的发展中,往往是一项新动作的出现,一个新的知觉可知度也继而被发现,并由此带来新的知觉经验。例如,当个体能够自主位移或操作时,他们对空间环境中客体与自身关系的定位需要就会增强,空间知觉与表征也能够达到比较准确的程度;但如果个体在环境中不能自主位移或操作,那么客体与自身准确的空间关系与个体的活动无关,因而就难以实现精确的知觉,由此可知,动作为知觉目标的选择、注意控制和知觉信息的选择性获得提供了可能。

进一步开展的实证研究从个体心理活动的多个领域支持了动作与心理发展具有内在功能联系的观点。研究发现,动作不仅在知觉水平上参与心理活动,而且在复杂的空间问题解决过程中也具有重要作用;不仅在认知领域体现出对心理活动与心理发展的重要影响,而且在依恋、情绪、交往、自我发展等领域也显示出动作与心理发展的内在联系。此外,心理障碍和矫治研究从病理和康复的角度也表明了动作在心理功能正常发挥作用中的价值,虽然动作在心理发展中的作用特点、性质、机制和条件等问题还需要更广泛地研究,但是对动作与心理发展的联系的研究拓广加深了我们对动作在个体发展中价值的认识。

（四）作为身心发展障碍的重要康复手段

在个体发展历程中，由于内外部各种因素的影响，一些个体的适应性功能可能出现损伤，甚至障碍。例如，基因和环境因素可能导致注意分散、智力落后、情感障碍，脑部创伤可能导致脑功能损害等。面对发展中的脑与心理功能损伤，最重要的是积极进行有效的功能康复，如帮助智力落后者发展必要的生活自理能力，提高注意分散患者的行为调控水平，促进自闭症儿童正常行为模式的建立等。由于发展失调个体的动作常常存在不同程度的问题，因此动作功能康复本身也是发展康复的重要内容。不过，临床实践表明，动作康复训练通常不仅可以改善患者的动作功能，而且有助于个体整个适应水平的提高。因此，在许多发展障碍的康复中，动作功能的训练成为重要途径。例如，对早产儿、窒息儿等高危儿童的早期干预经常采用被动运动来锻炼儿童的肌肉，并提供各种感知信息，促进神经功能的发展。对于学习障碍儿童的干预也经常结合各种知觉运动的训练，这对改善儿童注意、知觉准确性等方面具有积极作用（Karper，1986）。在身心功能损害较为严重的智力落后和老年痴呆等患者的康复中，动作训练更成为康复的主要手段。目前，人们认为动作训练促进发展康复的机制可能主要在于通过为患者提供大量与环境互动的经验，促进神经系统功能的恢复或代偿，从而使动作训练不仅可以改善动作领域的表现，而且可以促进其他方面功能的康复。

四、人体动作发展研究的理论

将西方对动作发展的研究划分为四个时期，每个时期由一种特定的理论研究或方法主导，将这些时期称为：前导时期（precursor，1787—1928）、成熟论时期（maturational，1928—1947）、规范/描述时期（normative/descriptive，1947—1970）、过程导向时期（process-oriented，1970—1989）。随着近年来的发展，现在可以将过程导向时期再分为信息加工时期（information-processing，1970—1982）、动态系统时期（dynamic systems，1982—2000），并尝试性提出了发展的动作神经科学时期（developmental motor neuroscience，2000 年至今）。本章将按照这六个时期的顺序组织讨论，每个时期的理论和方法研究都会与后面的时期有重合，至今仍然存在并产生着影响。

（一）前导时期

"动作发展"这一术语很可能到 20 世纪才被使用，但是它使用的基础显然先于所谓的前导时期。在这一时期，"婴儿传记"的出现，使人们看到科学家使用描述性观察作为其科学方法。最早发表这类工作的是 Tiedemann（1787），引自 Borstelmann（1983）的研究成果，他详细描述了自己儿子从出生到 2.5 岁的动作行为发展情况，例如，其中描述了从抓握反射到自主性伸够动作的转化过程。这一工作反映了关于动作行为的历史的观点，也就是说，当前的行为不被看作是孤立的事件，而是被看作过去事件或行为的一种反映。换句话说，就是强调时间纵向研究。大约一百年以后，Preyer（1909a，1909b）撰写了一本名为《儿童的心智》的经典手稿，他在这本书中也比较详细地描述了儿童的动作发展。但应当注意的是，这两位研究者以及这个时代的其他婴儿传记研究者原本并不是对动作行为感兴趣，而是对动作行为可以告诉他们关于儿童认知发展的信息更感兴趣。因此，他们的研究重点是细致描述动作行为的结果，而较少解释这些行为获得的过程，除非这些过程与理解儿童心智发展有关。

在这一时期，伟大的进化论生物学家查尔斯·达尔文（Charles Darwin）的研究对动作发展的影响是最显著、最根本的，他不仅在研究动物对环境的适应上有卓越的成绩（Darwin，1859），而且也发表了"婴儿的传记梗概（A biographical sketch of an infant）"一文（Darwin,1877）。他把对行为的详细观察与关于原因的设想（包括环境对行为影响的重要性）结合起来,这些观念催生了20世纪发展心理学中所盛行的遗传与环境（nature vs. nurture）关系的争论。

总之,前导时期没有关于动作发展研究的特定理论研究,但确实涉及了在过去和当前的行为情境中,对婴儿和儿童个体动作行为进行详细纵向观察和描述的这一科学方法。婴儿传记学者对动作发展本身并不感兴趣,而是对动作发展能告诉他们有关认知发展的信息感兴趣。因此,他们的重点放在动作发展的结果上,而达尔文和其他一些研究者的著作开始对按顺序发展的动作行为过程及其原因提出问题。

（二）成熟论时期

成熟论时期是动作发展研究真正开始的时期。在科学方法上,由描述单个被试的传记方法,发展为研究大量被试以便更加清楚地定义动作发展序列的速度和典型顺序。这种方法之所以可行,很大程度上是因为利用胶片录影记录行为,随后可以从容地分析那些行为的细微变化。这一时期开始于 Arnold Gesell 撰写的《婴儿和人类的生长》一书的出版（Gesell,1928）。Gesell（Gesell,1954；Gesell et al.,1941；Gesell et al.,1934）和 Myrtle McGraw（McGraw,1935,1969）是这一时期发展心理学家的两个先驱,他们的很多工作阐明了生物过程（如成熟）在儿童发展中的重要性。通过对多个被试的详尽描述,他们证明婴儿和年幼的儿童经历着普遍一致的动作发展顺序。

这一时期以及后来的研究者所持的理论观点是成熟论或神经成熟论（neuro-maturational）,认为新动作技能的出现和形式的变化都与大脑神经过程的变化有关。例如,出生时就出现的原始反射被认为是由脑的较低功能区控制的,之后由于脑的高级功能的成熟而被抑制。翻正反应和接下来的平衡反应的出现反映了中脑和大脑皮质各自的控制功能的增强。因此,基于将行为看作是观察脑的唯一窗口的观点,McGraw 等科学家都详细描述了婴儿的行为,意欲揭示脑的结构。与前一时期一样,这一时期的科学家对动作发展本身的兴趣不如对动作发展研究所能揭示的一般发展的过程和原因的兴趣浓度。例如,McGraw（McGraw,1935）进行了一个经典的双生子研究,研究中她教给其中一个男孩动作技能,而让另一个男孩自然"成熟"。该研究是想考察神经成熟（遗传,nature）和学习（养成,nurture）的相对影响。由于两个男孩早期的动作能力趋向于同时出现,因此该研究起初被看作是神经成熟重要性的重要支持证据。然而,几年后对这对双胞胎动作技能的观察表明,曾受过训练的那个男孩的技能性更强,表现出成熟与学习之间复杂的交互作用。

基于对婴儿发展的诸多观察和研究,Gesell（1954）提出了动作发展的一些原理,为行为发展的理论建构做出了很大的贡献。这些原理包括:①发展方向（developmental direction）;②相互交织（reciprocal interweaving）;③功能性不对称（functional asym-metry）;④个性化的成熟（individuating maturation）;⑤自律变异（self-regulatory fluctuation）。这些原理的重要性已被更多的当代研究者所关注（如 Newell et al.,1990；E. Thelen,1987）,Gesell 和 McGraw 的著述也被大力推荐阅读。此外,这一时期还有很多其他关于动作发展的经典描述研究。例如,Mary Shirley（Shirley,1931）发表了一个描述生命最初两年心理和动作发展的年表。同年,H. M. Halverson（H. M. Halverson,1931）发表了对婴儿抓握（伸够）动作发展的描述。这两项经典研究是目前理解婴儿姿态、行走、伸够/抓握行为的重要基础。几年后,Nancy Bayley（Bayley,1935,1936）基于对婴儿最初三年动作能力出现情况的观察,发表了一个动作发展的标准化量表。这一时期另一项值得关注的研究是 Monica Wild(Wild,1938)描述了上手投掷动作(overarm throwing)协调变化的模式,这是极少数关注儿童而不是婴儿的研究之一,表示了对儿童下一个发展阶段中的大肌肉群的动作技能进行进一步研究描述的需要。最后,一个关于 2000 名 2～7 岁男女儿童动作技能的研究(Guttridge,1939)也预示着横断研究将在下一个时期出现。

总之,在成熟论时期,占主导地位的理论研究是成熟主义(maturationist),占主导地位的科学研究方法仍是纵向的观察和描述,但由于胶片录影的使用而变成了多个被试。尽管这一时期的发展心理学家相信行为发展的普遍顺序是可探查的,并且在很大程度上是由于系统的生长(特别是中枢神经系统的成熟)所致,但是他们也不拒绝学习的潜在影响。前面提到的 McGraw 和 Gesell(Gesell et al.,1929)都进行了双生子的实验研究,用以检验遗传和环境的相对影响。因此,动作发展研究的实验方法开始出现,目的是探究发展的广泛原因或过程,同时也更详细地描述了动作发展的结果。

(三)规范或描述时期

在历史时间表上,尽管 McGraw(McGraw,1954)和 Gesell(Gesell,1954)进入规范或描述时期仍继续发表相关研究,但是到第二次世界大战时,发展心理学领域对动作发展研究的兴趣已经衰退。这是因为动作发展仍被认为是成熟驱动的,而发展心理学的其他领域都在信奉生物和环境交互作用的观点。第二次世界大战之后,动作发展研究的再度出现多数归因于身体教育学者,并以 Anna Espenchade(Espenchade,1947)的《男孩和女孩动作协调能力的发展》一书的出版为标志,而 Espenchade,Ruth Glassow 和 G. Lawrence Rarick(Academy,1980)使动作发展研究在身体教育中作为一个独特的研究领域获得认可。这三个人在描述动作技能时受到以前成熟论的影响,盲目地接受了生物过程的巨大作用,但是作为身体教育教师,他们在两个重要的方面与成熟论者不同。第一,他们主要研究包括青少年在内的学龄儿童;第二,他们不关注认知发展和一般发展,而是特别关注动作发展以及对动作发展的理解如何有助于动作技能的教学。总之,他们的关注点和对成熟论的传承,导致他们关注动作发展的结果,而不关注动作发展的内在变化的过程。

这一时期,方法学上的变化就是倾向于进行横断研究,即对不同年龄的儿童进行某个时间点的研究,而不是随时间追踪(纵向研究)。将儿童按年龄分组,以便描述不同年龄儿童的行为表现随年龄的变化。这种设计的优点是既快又经济,能够勾画出行为表现随年龄变化的全貌。然而,这种设计在回答变化的内在过程方面不是很有效,因为不能观察到不同年龄间从一种能力向另一种能力的确切转换过程。

这一时期的研究可以被划分为两个完全不重合的主要类型。一类是研究不同年龄间的动作技能表现的变化,如跑步的最快速度、跳远或掷远等(如 Espenchade,1947;1960)。这些研究采用那些不需要冗长的录像分析的客观测量指标,因此可以涵盖大量儿童。在描述行为变化的同时,这类研究也努力解释作为生物相关物的身体生长和力量在预测动作表现方面的作用(如 Rarick et al.,1956;Seils,1951)。Espenchade 和 Eckert(Eckert,1987;Espenchade et al.,1967)对这一时期的相关研究进行了很好的汇集。

发展稍晚的第二类研究不关注动作发展的结果,而关注从生物力学的观点解释动作技能的产生。对如跳跃(Hellebrandt et al.,1961)这样的特定技能的动作协调性变化模式的分析,采用的方法与前几十年使用的录像分析法相似,但这时经常是在生物力学的原则下进行更严格的量化。在 Wickstrom(Wickstrom,1983)的书中可以看到很多这种类型的研究,但只有 Lolas

Halverson(Roberton et al., 1988)进行了对发展顺序的纵向描述研究,从 1962 年到 1977 年,她纵向追踪了 7 个儿童的动作发展情况。这一详细的数据促进了 Halverson 和她的学生们后来发展出一种对横断数据进行分析和效度检验的方法,称为前纵向筛选法(Prelongitudinal Screening,对这一方法的详细介绍见 Roberton, Williams, & Langendorfer, 1980)。他们研究工作的一个重要发现是:身体的不同部分,即大臂、小臂、腿和躯干有不同的发展轨迹。一个例子是投掷运动中,肱骨的运动可能处于最初的生物力学上的不适宜水平而对动作结果影响很小;躯干可能处于更加适宜的水平而对动作结果影响更大,但仍不是最理想的水平。身体不同部分有不同的发展轨迹的观念,是对严格的成熟论观点的一个挑战,成熟论的观点假设整个身体能力是与更广泛的中枢神经系统的成熟相符合的。成熟论为将整个身体的每一个动作分为初级、中级和高级水平的描述奠定了基础(如 Seefeldt, 1970; Wild, 1938)。

最后,在 20 世纪 60 年代,还有另一个研究领域出现,这就是对感知—动作发展(perceptual-motor development)的研究。教育心理学家对这类研究很感兴趣,如 Kephart(Kephart, 1964; Kephart et al., 1960),他认为如阅读、拼写等学习困难是由于感觉统合欠佳的结果(不能很好地将当前感觉刺激与存储的表征进行融合)。他提出进行那些涉及明显感知成分的动作任务的训练,如平衡训练、眼手协调训练、双侧任务训练、视听为线索的精细动作任务训练,以提高感知—动作能力,从而促进认知技能的提高。动作发展领域的很多研究者都采用训练干预方法(intervention methodology)来检验这一命题,理想状况下,这一方法应该是随机安排实验组和控制组,实验组的儿童进行感知—动作训练,而控制组不进行任何训练或是进行相同时间的其他训练。通过对干预前(基线)和干预后认知技能的检测,就可以检验感知—动作能力将提高认知技能和学习成绩的假设。总的来说,很多这类研究都没有支持感知—动作技能与认知之间的联系(Kavale et al., 1983)。此外,这些研究本身也有一些问题,如干预时间不足(H. G. Wiliams, 1984)。尽管 Kephart 等研究者的这些思想现在已经被动作发展研究者否定,但在当时却引入了感知是动作发展的基本贡献因子的观念,这一观念在下一时期得到迅速发展。

总之,在规范或描述时期,虽然占优势的核心理论研究仍是成熟论,但是对环境因素和学习的影响力的认识在不断增强。主导的研究方法变化较大,变为横断研究,涉及了对学龄期各年龄段的特定动作技能和性别之间比较的描述。这些描述或者是对动作表现结果的描述,或者是对产生这些结果(即发展的顺序)的动作协调的描述。少有例外的是,这两个研究方向随着时间的推移发生了分化,一些研究者对发展中的动作表现结果感兴趣(如 Malina et al., 1991),另外一些研究者对发展中的动作协调感兴趣(如 K. M. Havwood et al., 2001),这两部分研究者的研究发表在不同的期刊上,他们各自参加不同的学术会议。前一个方向与生物学、人类学和锻炼生理学更加一致,而后一个方向与心理学、物理学、生物力学、动作控制与学习更为一致。这一时期末,大家认识到感知过程是内隐于动作技能产生中的,同时开始出现了干预研究。

(四)信息加工时期

信息加工时期的特征表现为对动作发展领域研究兴趣的迅猛增长,这不仅表现在身体教育领域,也表现在发展心理学领域。这一时期再度开始关注发展的内在过程。然而,这时对内在过程的研究不是在宽泛的遗传和环境的相对作用的层次,而是在"机制或过程"(mechanism or process)的层次。一本名为《动作技能发展机制》的小型会议论文集的出版(Connolly, 1970)标志着这一时期的开始。Connolly 和其他一些心理学家基于对大脑与计算机的类比,通过一些假设的过程（即知觉、决策、记忆、注意等过程）来解释婴儿和儿童的行为变化。这种对动作控制的信息加工研究方法并不是一个发展性的理论。这种观点最初由 Craik（Craik，1948）提出，他提出大脑就像一台计算机，信息通过感觉（输入）接收、加工，然后以动作的形式输出到环境中。一种证明大脑中存在多个加工阶段的方式就是进行反应时（reaction time）实验，在这类实验中刺激的特征，如刺激的大小（知觉输入）、刺激的数量（决策）、对目标反应时手部需要移动的距离（输出）等都得到控制。每一种控制都会导致不同的反应时，这表明这些动作的计划需要不同的潜在加工过程。然而直到 20 世纪 70 年代，这种理论才成为动作控制（motor control，动作是怎样在不同时间点得到控制的）和动作学习（motor learning，动作是如何通过练习发生变化的）研究的主流观点（见 Keele，1973；Marteniuk，1976；Schmiat，1975）。到这个时期，计算机模型的输出被构想为"动作程序"，它代表一个已经获得的动作模式（如一个投掷动作），并不需要特定的反馈来启动（Kcele et al.，1968）。因此，可以认为儿童会获得某种动作的动作程序。

对于那些在身体教育领域研究动作发展的研究者来说，发展心理学和动作控制或学习的影响的结合，足以鼓励大多数研究者探求这些内在过程自身如何随时间发生改变，以及它如何影响不同年龄阶段的动作控制。例如，Connolly（Connolly et al.，1973）的实验研究表明手部动作灵巧性的变化，是儿童将细微的动作程序整合成更大程序的能力提高的结果。另外一些研究探讨了知觉过程与年龄相关的变化（Ride-nour，1974；Williams et al.，1980）、反应选择和程序规划过程（Clark，1979；Fairweather et al.，1970；Hay，1979）以及记忆（Thomas，1980）等。还有一些研究者进行典型的动作学习机制的研究，例如，不同年龄加工反馈的能力研究（如 Newell et al.，1978；Thomas et al.，1979）。因此，这一时期的研究者关注儿童控制动作的知觉—认知过程如何随年龄变化。

在方法学上，使用信息加工范式（paradigm）的研究与以往的实验设计有两点不同。首先，尽管横断设计仍被使用，但由于只描述年龄间的差异不能获得潜在加工过程如何变化的信息，因此，年龄不再是主要的自变量。例如，在一个反应选择的实验中，研究者考察三个年龄组在两种不同的刺激条件下（和谐条件和矛盾条件）将手指从按着的键上拿开的情况（Clark，1999）。相应的反应时表示在不同刺激条件下（一个简单，一个困难）各年龄组被试对象在脑中计划这些动作所需要的时间。如果结果存在统计上显著的年龄主效应和条件主效应，那就表明成人反应时最短，年长的儿童次之，年幼儿童最长，并且一种条件下的反应时比另一种条件下的反应时应更短。这些结果对年龄相关的变化进行了描述，这些描述确有它们的作用，但是不能更多地揭示这些变化的内在机制。然而在这个研究中，实验者确实发现了交互作用，年幼儿童在难易两种条件中反应时的差异要大于年长儿童在两种条件中反应时的差异，相对于成年组也是一样。这一交互作用告诉人们内在的反应选择机制存在年龄差异，这表明这一控制机制是不断发生变化的，因此可能是发展过程中产生外显行为变化的原因。

换言之，这一时期的研究者受信息加工理论的影响，试图控制变量以考察它们之间的交互作用，这要比对外显行为变化的简单观察描述能揭示更多的东西。实验设计上的另一个变化是关注一些简单的动作，如抬起手指的反应时实验或根据记忆进行线性移动的实验等。由于这一时期强调的重点是大脑如何控制动作而不是动作本身，研究者认为使用复杂的动作技能是没有必要的，并且很难被精确量化。

那些没有受到信息加工理论影响的研究者，仍在继续关注对大肌肉群动作技能或动作表现结果的发展顺序的研究,但现在他们可以采用更加明显的交互作用论的视角。特别是更加关注环境对动作技能出现和发展进步的效应,这种兴趣或者来自身体教育方面,即教学如何利用"发展阶段"(stages of development)促进技能的快速提高(如 L. Halverson et al.,1973),或者是来自发展心理学方面,即如何养育儿童以促进新技能的出现。后者的一个经典例子就是 Charles Super(Super,1976)使用在美国已经标准化的贝利(Bayley)量表,比较了肯尼亚城市和乡村环境下成长的婴儿。例如,他发现非洲乡村婴儿比城市婴儿提前 3 周会坐,而非洲城市婴儿又比美国婴儿提前 3 周会坐。这些差异可以用婴儿所接受的抚养方式不同来解释。Super 还发现非洲婴儿在爬等动作的发展上要落后于美国婴儿,因为非洲婴儿的母亲不鼓励爬。跨文化的研究,以及对落后于美国婴儿的婴儿的研究,都强有力地说明了养育可以影响婴儿早期动作发展的速率。

总之,在信息加工时期,很多动作发展的研究都认识到了内在过程的重要性,具体地说是知觉—认知过程对于控制动作的重要性。在方法上,实验设计变得很重要,即通过操纵自变量以发现各种变量与年龄的交互作用。这些交互作用可以解释这些内在过程是如何随年龄发生改变,并引导人们思考这些内在的变化与外显的行为变化之间的关系。这些实验的性质和它们对严密控制、操纵和测量时间、距离等动作变量的要求,使简单的单个关节动作成为大多数实验的研究对象。尽管不是所有信息加工的组成成分都对动作发展研究很重要,但是这一时期总体的理论框架是交互作用论而不是成熟论,环境因素的重要性得到了充分的承认和研究。

(五)动态系统时期

动态系统时期,动作发展和动作控制研究的信息加工理论研究在 20 世纪 80 年代初受到了一种崭新的理论的挑战,这一理论值得对其进行较为详细的描述。1982 年,Peter Kugler,Scott Kelso 和 Michael Turvey 发表了一篇关于发展问题的论文,这篇论文是对他们 1980 年的动作控制研究的扩展和深化(Kugler et al.,1980;Kugler et al.,1982)。这三位研究者提出了一种新的理解动作发展的理论观点,这种理论是建立在"来自哲学、生物学、工程学、特别是非平衡热力学以及生态学的原理基础上对感知和动作的研究"(Kugler et al,1982),他们提出了三个相互联系的观点。

首先,在 Nikolai Bernstein(Bernstein,1967)之后,他们主张动作不能由专门的中枢神经系统(CNS)输出所控制,因为有太多的自由度(肌腱、肌肉、动作单元)而难以控制。协调是以一种受到多种内部和外部(或系统)影响的自组织方式获得的,并产生了功能上特殊的肌肉群或协同(synergies)(有时也称协同结构,coordinative structures)。这些功能肌肉协同系统不受一个控制中心指挥,而是受包括生物力学因素在内的多种约束机制的影响。这些观念对信息加工理论假设的中枢神经系统的主要角色作用是一种挑战,这些观念的应用就形成了人们所知的伯恩斯坦理论(Bernsteinian approach)。

其次,他们提出,动作发展的连续和不连续变化的原理可以用非线性的热力学原理来解释。对这些原理的简单描述可包括以下四个要点。第一,系统存在稳定状态的观点。对于动作发展来说,这个稳定状态可能是一个特定的动作模式(如行走)。第二,这些稳定状态存在边界条件,这意味着稳定状态可以在特定的条件或约束下存在而其形式不会改变(如行走的稳定状态存在于有重力的世界里;当个体有足够的力量和平衡控制来支持时,行走就存在;当有行走的动机时它就存在)。第三,稳定状态的变化将只在被称作"控制参数"(control parameter)的有关约束超过某一关键值时才发生,在这一关键之处,稳定状态将经历一个相对突然而不稳定的过渡状态,再到一种新的稳定状态。例如,从走路的稳定状态向跑步的稳定状态转变要达到速度的控制参数来实现。如果一个人在跑步机上,而跑步机的速度增加,那么走的步法会自然而然地变(或自我组织)为跑。这是一个实时转换的例子,而不是发展性时间的转换(developmental-time transition),一个发展性时间转换的例子是婴儿在力量和平衡提高到一个关键水平时就会学习跑。第四,前面三个原理在任何分析水平上都适用。也就是说,大到气候,小到大脑的神经元,无论系统的大小,基本都是遵循相同的物理原理各自运行和变化。对于动作发展,这意味着人们可以运用同样的关于"动态系统"如何变化的基本原理,来考察知觉—认知过程的发展或是整个身体技能的发展。

最后,Kugler,Kelso 和 Turvey(Kugler et al. ,1982)也吸收了 James Gibson(Gibson,1966)的生态感知(ecological perception)观点,Gibson 认为个体的知觉信息不是被加工的(信息加工理论学家的观点),而是可能直接感知的,即使婴儿也是如此。在吉布森主义的研究者看来,随时间发生变化,身体的大小和复杂性逐渐增加,来自环境的信息将支持不同的动作。例如,台阶能支持蹒跚学步的幼儿用四肢攀爬,能支持稍大一点的儿童用双腿上爬/行走,而身体虚弱的老人则可以在辅助工具如拐杖的作用下行动。有些人认为这一"生态学的(ecological)"理论是动态系统理论的一部分,但是,正如人们将要看到的,关注感知和动作如何联结起来的实验研究已倾向于和那些关注动作行为如何像一个动态系统的研究有所区别。

1985 年一个深入讨论动作发展的十日会议,提出了动态系统理论的另外两个概念。一个是 Karl Newell(Newell,1986)将约束的概念进一步深化,提出个体的"机体"约束(constraints)(包括结构和功能两个方面)是伴随着"任务"约束(包括三种不同的类型)和"环境"约束(包括物理和社会两个方面)。Newell 的中心论点是任何动作都是这三种的约束有优势。也就是说,不再像神经成熟论和信息加工理论那样认为中枢神经系统(一种机体约束)是动作发展最重要的贡献者,而是承认其他机体约束或任务/环境约束也具有影响。另一个是 Esther Thelen(E. Thelen,11986)提出了"速率限制(rate-limit-ing)"的约束概念,这个概念指在行为发展变化出现之前需要改变的约束。例如,Thelen 提出了独立行走出现的 8 种潜在约束,其中,包括伸肌力量(extensor strengtb)、姿势的控制(postural control)和动机(motivation)等方面。对于每个婴儿,这些约束可能以不同的速率发展,因此这些约束中的任何一个都可能在达到一定水平后成为最后一个影响婴儿行走的约束。然而,姿势控制很可能是绝大多数正常发展的婴儿行走发展的速率限制约束,而动机可能是盲童行走发展的速率限制约束,而环境条件可能是丛林中长大的婴儿行走发展的速率限制约束。

动作行为控制和发展的全新概念促使对动作发展感兴趣的研究者进行了不同类型的实验研究。Thelen 是最著名和成果最多的动作发展研究者,在婴儿领域研究了 20 多年。她最早的研究始于对传统神经成熟理论观点的挑战,神经成熟论认为,逐步发育的大脑皮质在自主动作能够出现前必须抑制反射行为。例如,婴儿的迈步反射(step reflex)通常在 4 个月左右时消失,自主行走在 11 个月左右时出现。在一个纵向的人体测量(anthropometry)研究中,Thelen 等(Thelen et al. ,1982)注意到婴儿在出生后前几个月大腿重量有一个快速的增长,这主要是来自脂肪的增长。由于这一重量的增加没有伴随相应肌肉力量的增加,Thelen 就推论婴儿的迈步反射消失是由于没有充足的力量提起新近增重的双腿,仍然有迈步反射的婴儿,其体重较轻且与他们双腿获得的预期增重相符。不成比例的腿部增重是婴儿迈步反射减少的一种可能解释。为了证明这一推理,Thelen(Thelen,1984)进行了两个横断研究。Thelen 将迈步反射消失的婴儿放入水中,使婴儿腿部所受重力比在空气中小,此时这些婴儿再次出现迈步反射,这支持了不成比例的腿部增重是迈步反射消失的可能解释(E. Thelen,1983),但 Zelazo(1983)有不同的解释。最后,Thelen(E. Thelen,1985;E. Thelen et al.,1991)证明超过 7 个月大的婴儿被放在运行的跑步机上时,都会表现出协调良好的迈步。换句话说,一种新的动作由于约束的变化以一种突然和自组织的方式(self-organizing)引发。Thelen 的这一系列研究对于最初普及动态系统理论中的"约束""自组织"等概念起到了非常重要的作用,而对在医疗领域如身体和职业治疗等方面仍很盛行的动作发展神经成熟理论提出了质疑。有一些综述文章(E. Thelen,1995;E. Thelen,et al.,1987)和一本书(E. Thelen et al.,1994)对 Thelen 的研究工作和关于动作发展的思想进行了非常好的总结,值得极力推荐。

Thelen 早期的工作以及同时代的其他研究者的工作基本上遵循了 Bersteinian 的理论而没有使用或发展动态系统的数学模型。这些研究的典型特征是重新回到对较为复杂的动作的研究,因为反应时和简单动作不能很好地代表日常生活中动作的复杂性。与前一时期研究的另一个不同之处是认识到行为的个别分析和综合分析都很重要。如果动作的发展和新的肌肉协同功能的出现依赖于多种约束,如果约束本身有其独特的发展轮廓,那么很显然,深入研究每个个体并跨越较多的时间点将比在一个时间场合研究大量不同年龄被试的若干变量更好一些。此外,这种密集的纵向研究也被 Thelen 应用于实践中,她在一年内持续每周对 4 个婴儿的伸够动作发展进行了研究(E. Thelen et al.,1993)。Thelen 发现,这4 个婴儿中有两个能进行有力的手臂拍击动作,而另两个则动作较缓慢。但是,由于他们个体系统的自然动态和自己主动伸够探索的共同作用,每个婴儿都开始发展其各自的手臂协调性模式,换句话说,不存在一个固定的动作程序专门是为伸够动作的关节协同和肌肉激活模式的成熟。

Kugler、Kelso 和 Turvey(Kugler et al.,1982)的第二个观点是动作变化可以用热力学原理建模,但动作发展领域的研究者很少这样去做,主要是因为他们没有建模的技能。不过,动作发展领域的研究者开始寻找和应用成人动作控制研究中已有的动态学模型。例如,Kelso 和他的同事将手指间重复性的协调动作(repetitive interlimb coordination of finger movements)看作是非线性的极限周期耦合振荡器来建模(coupled nonlinear limit-cycle oscillators)(Haken et al.,1985;J. A. Kelso et al.,1981)。振荡器的特性如过程携带(phase-entrainment)和稳定性(stability)等后来都在关于行走(Clark et al.,1993;Clark,et al.,1988)、跑步和连续前跳步(Whitall,1989)的横断研究中以及单脚跳的纵向研究中得以进行(Roberton et al.,1988)。总之,研究发现婴儿和儿童在很小的时候就可以利用他们自己身体的动态特性。一些研究者进一步建立了来自物理模型的动作方程,并在发展的环境中进行检验。这类研究的一个例子是一项关于婴儿在婴儿蹦床上蹦跳的研究,发现婴儿具有利用蹦床特性的能力(Goldfield et al.,1993)。

此外,在 Kugler,Kelso 和 Turvey 的研究(Kugler et al.,1982)基础上,Thelen(E. Thelen et al.,1991)概括出了一个关于发展性变化的七步骤动态方法论策略。为了理解这一策略,最好去读一下她的著述,下面仅简要介绍一下这些步骤。①确定所要研究的集合变量或重要变量(例如,双腿之间的步幅就是研究行走的一个很好的变量);②辨别行为的特征状态(即通过横断研究确定变量处于稳定状态的时间);③描绘集合变量的发展轨迹(使用密集的纵向设计);④确认转折点(即集合变量处于不稳定状态的时间点);⑤利用变量在过渡状态时的不稳定性来确定可能的控制参数(例如,将集合变量的变化与所测量的约束的变化进行比较);⑥操纵可能的控制参数以获得实验性的转折过程(例如,在行为处于过渡状态时操纵控制参数);⑦在多个分析水平上进行动态说明(即描绘内在的过程或是以同样的方式描绘过程与环境间的关系)。

Thelen 在婴儿迈步研究的分析中至少运用了这一策略的前 6 个步骤(E. Thelen et al.,1991),其他研究者也开始使用这一策略的前几个步骤,例如,婴儿的行走研究(Clark et al.,1993),婴儿行走到跑的转变研究(Whitall et al.,1995),但是现在很少有研究者遵循这一策略了。

如前所述,Kugler,Kelso 和 Turvey(Kugler et al.,1982)的第三个观点结合了 Gibson 的生态学理论(Gibson,1966),认为感知和动作之间有直接的联系。这一时期的发展性感知—动作研究的基本观点涉及了三个相关的步骤。第一,对一个物体(如一个立方体)或环境(如地面的斜坡)的知觉特征是变化的,相应的行动/动作(如抓握或是移动的方法)变化被记录下来。第二,这些关系被量化,并期望变化的行为模式与有关的机体约束相关(如手指和拇指的间距)。量化包括确认与行为变化相对应的关键点,以及确认与个人和环境之稳定关系相对应的最佳点。第三,在不同时间年龄之间、不同发展年龄之间或者同一个年龄的不同能力之间比较这些关系。Newell 从感知—动作角度进行了一系列的研究,他证明婴儿(Newell et al.,1993)和儿童(Cesari et al.,2000)表现出与成人相似的、根据物体大小估计抓握模式的能力。另外一系列研究关注婴儿爬行或行走与环境约束之间的关系,环境约束包括斜坡(Adolph,1997),栏杆(Berger et al.,2003),障碍物(Stoffregen et al.,1987)或是身体大小的变化(Adolph et al.,2000)。

有些感知—动作研究进一步发展为询问被试是否能估计自身能力与特定的一组环境约束之间的关系。也就是说,关于自己身体与环境的匹配度的内隐知识(intrinsic knowledge)是否存在。第一个关于被试认知自己身体能力的经典研究,是请成人被试判断自己能否爬上各种不同高度的台子(Warren,1984)。成人可以准确地了解自身的动作限制或关键点,他们可以用一个腿长与台子高度相对比例的简单模型来预测。这一研究支持了如下假设:对行动控制的感知反映了身体与环境系统之间的潜在动态关系。一个有趣的跟进研究是,Konczak 和同事对老年被试重复了该项实验,结果发现,尽管他们的判断也很准确,但是老年被试的关键点需要使用包括腿部力量和柔韧性在内的更复杂的模型来预测(Konczak et al.,1992)。这一发现生动地强调了行为发展变化时考虑多种约束的重要性,该研究也体现了这 20 年来动作发展领域出现的一种主要趋势,即扩展到对生命全程(lifespan)动作发展的研究。

1970 年,两位德国心理学家 Goulet 和 Baltes 提出扩展发展研究的领域,扩展到生命的其他阶段,传统上发展研究仅限于成年期之前(Goulet et al.,1970)。提出这一扩展的理由很简单,即行为的"改变",在成年期前和成年期后都可见到,具有相同的"变化"原理。因此,那些老龄化问题的研究者实际上也是研究发展变化,也能使用相同的理论方法。这一观点根植于20 世纪 80 年代的动作发展研究领域,部分是因为动态系统的理论研究是基于这样一种观点,即共同的变化原理不只存在于人类也存在于所有的生命系统中。因此,一些动作发展研究者在关注婴儿或儿童的同时开始着眼于老年人。动作发展的教科书也反映了这一变化(Gabbard,1992,1996;K. Haywood,1986;K. M. Haywood et al.,2001;Payne et al.,1987,2001)。失去技能而非获得技能的转化的一个例子是对老年被试进行的为期两年的研究,该研究考察了老年人在最大用力时卜千掷远这一动作的能力(K. Williams et al. ,1991,1998)。这个研究很有趣,因为其结合了描述时期(发展成分的序列)的方法论和动态系统理论所用的多种潜在约束进行的测量方法。结果发现能力的差异与过去的经验(即早期的运动参与经验)有关系,也和老龄化过程有关系。这种不同方法、理论的结合是当前动作发展研究的显著特征。

最后,前一时期的两个领域在这个时期仍然继续被研究。

第一,Jerry Thomas 领导的一个研究小组继续按照信息加工理论,采用认知主义的理解研究儿童在某一运动情景中如何获得熟练的动作技能。具体地说,他们探讨了儿童的知识基础在他们获得和完善某种运动项目中的特定动作技能中的作用,如篮球运动(Thomas et al. ,1987)、网球运动(McPherson et al. ,1989)和棒球运动(French et al. ,1995)。这一工作在方法学上重要的贡献是使用了专家—新手(expert-novice)范式,根据这种范式,研究者试图考察专家如何思考和行动,从而理解熟练动作技能是如何产生的。这一范式明确地表明经验比生物上的成熟更重要,因为专家型的儿童通常比成人新手表现出更高级的技能(Chi,1976)。

第二,跨文化间的比较(Bril,1986;Kilbride,1980),动作发展以及教学对美国社会中经济弱势和有风险群体的效果研究进一步扩展(Goodway et al. ,2003;Good-way et al. ,1996)。总的说来,最后一类研究表明,来自不利家庭环境的儿童动作发展较慢,有针对性的教学(targeted instruction)(干预研究)至少在短期内会对他们有帮助。而且,这一工作强调了经验因素在促进动作技能发展中的重要作用。然而,从这些研究中还不能完全搞清楚关键的速率限制因素。

总之,动态系统时期是神经成熟理论和信息加工理论都受到新理论挑战的时期,新理论强调生物力学、物理学、热动力学的原理以及中枢神经系统在动作控制中的作用。在方法上,既有根据动态理论决定的或使用动态模型的研究,也有仅是从这一角度来解释实验数据的研究。研究设计上的主要变化与两个因素有关,一是考虑到决定动作的多种约束的存在,二是试图寻找关键的速率限制约束。理想的研究设计是采用密集的纵向研究来确定确切的变化以及可能的速率限制因素,运用横断实验研究来检验预测。感知—动作研究中,通过身体度量(bodvs-caling)将感知信息匹配到动作上,这种研究在这一时期非常盛行,终身研究和专家—新手范式也变得更加显著。

(六)发展的动作神经科学时期

Jane Clark(Clark,2006)提出发展的动作神经科学时期可以被认为是最后动态系统时期。对于这一时期的描述应该很简单,因为这一时期如此之新,甚至没有资格称为一个独特的时期,没有一篇文章或研究能清楚地定义这一时期的开端。但是,同时有两个互补而平行的趋势出现:通过神经功能评价理解脑—行为功能的趋势和提出动作控制模型的趋势。

首先,正如 Clark(Clark,2006)所指出的,用于探测大脑功能的非创伤性方法在技术上的进步,对 20 世纪 90 年代出现的大量脑功能研究做出了贡献,而脑功能研究如今开始关注动作发展。一种叫作经颅磁刺激(Transcranial Magnetic Stimulation ,TMS)的技术利用短暂的高强磁场来刺激皮质脊髓束(CS)神经元,通过记录这一刺激在某一肌肉上的潜伏期和峰度值能直接评定下行动作通路的功能。Fietzek 利用这一技术描述了从 2 个月到 30 岁的人的中枢神经系统的功能(Fietzek et al. ,2000)。研究发现快速的皮质脊髓束(fast CS tract)的成熟在儿童晚期可以完成。然而,这一神经的成熟发生在相关的手部动作技能完全获得之前,依照动态系统理论,这可能支持了这样一种观点,即中枢神经系统不是熟练动作表现的唯一控制参数。

另一项近来才被应用于动作发展研究的技术是功能性核磁共振成像(functional magnetic resonance imaging,fMRI),它通过脑血流特征间接测量脑激活情况。至今很少有研究是关于正常发展儿童的动作发展,但是有一项研究确实表明手指敲击引起的脑激活随年龄增大而增强(Schapito et al.,2004)。fMRI 技术对于观察一项动作过程中哪些脑结构激活是非常好的,但对于考察这些脑结构激活的时间却不适用。第三种无损伤的技术是脑电图(Electroencephalograpby,EEG),它通过电极记录皮层的激活时间。这项技术已经被使用很长时间了,只是最近才被用于动作发展的研究(Bender et al.,2005),虽然这些技术确实对完整理解中枢神经系统在控制动作技能中的作用很有用,但是需要大量的资金投入,目前其应用主要局限在发展异常的儿童,并且更多地倾向于认知任务。第二个趋势是采用计算神经科学家的概念和方法,计算神经科学家相信人们可以结合工程学和神经解剖原理为动作控制建模。这有时被人们看成是一种控制理论方法。与倾向于寻找一般的动态原理而非具体机制的动态系统理论学者不同。计算神经科学家已经回归到构建模型,与信息加工理论家有相似之处。但这时的模型具有工程学或者神经解剖学的基础。另外,与动态系统理论不同的是,模型建构会因任务(如平衡与伸够)不同而有很大差异,对某个特定任务所建模型也会有很大不同,因为每位科学家都倾向于建立自己的模型。一些特定任务模型的一个方面是一种"内在模型"(internal mode)的概念。其理念是大家学习了一系列能使人们适应新环境的感觉动作关系。证明这一原理的实验范式是"适应"范式。例如,在一种视觉—动作的适应范式研究中,被试注视计算机屏幕,同时用光电笔在图形输入板上画线,线是由板的中心画向外周的目标,如钟面数字方向。随后,在动作和视觉反馈之间的关系做了某个角度的变化(如45°),使被试按原计划采用以前的画线动作时,他们注意到他们原来认为的正确的移动与得到的反馈之间是有差距的。最终经过多次练习后,被试向目标所画的线更准确,证明其学会了新的视觉—动作关系。但是,除非旋转恢复到正常,否则不能证明新的关系确实被学会。在这一点上,被试通常在刚恢复到正常的时候,仍是画出与之前有旋转时同样方向的线。这种旋转的"后效"表明,新的视觉—动作关系确实被学会了,至少是暂时学会了。通常经过很短的时间,后效就会消失,所以此种学习是不持久的。

相似的范式是通过改变力场动态(force field dynamics)干扰手臂的发力和动作范围之间的关系。视觉—动作范式(Bo et al.,2006;Ferrel Chapus et al.,2002)和力场范式(Konczak et al.,2003)近来都被用于儿童的跨年龄组研究并且与成人的结果进行比较。总体来说,这些研究发现 4 岁以上的儿童能够一次次地适应调整,但是后效实验证明他们不一定能学会变化了的感觉动作映像。一般地,年幼儿童动作的准确性较低,适应的速度更慢,这都表明他们针对这些关系的"内在模型"调适得不够精细,学习起来较难。11 岁的儿童(Ferrel Chapus et al.,2002)已接近于成人,但还没有完全与成人一致。

总之,当前"新"的发展的动作神经科学时期结合了动作过程的神经评价的技术进步和非发展理论学家的概念进展,非发展理论学家将动作控制建模为工程学问题,但又承认并结合了一项关于大脑各部分如何共同进行动作控制的知识,迄今为止,这方面的工作还很少用在动作发展研究中,还需要继续看这些工具能否被动作发展领域的大多数研究者采用,或者已获得的研究成果是否能像前几个时期一样,以一种有意义的方式促进大家对动作发展的理解。

五、人体动作发展的影响因素

(一)交互作用

个体、环境和动作任务经常动态地交互作用,每个变化特征都可能被其他正在发生的变化影响。要理解个体如何动作并随着时间的推移而发展,不仅要考虑动作者(个体),而且同时要考虑环境和动作任务。

(二)先天和后天因素

先天(遗传因素)指的是由父母遗传的固有的因素。后天(环境因素)指的是我们周围的物质世界,同时也包括在动作学习的过程中存在和接触到的其他人类活动。

(三)个体经验对动作发展的影响

经验是指个体从感觉、观察及参与或者在具体做的过程中获得的知识和技能。经验可分为一般动作经验和特殊动作经验,也可分为主动经验和被动经验。

(四)身体度量

当个体根据自己的身体特征(个体的特征或者限制因素)和环境特征调整活动或动作时,就是在进行身体度量(Gagen et al. ,2005)。例如,你要拿桌子上的一杯茶水,会度量手和手张开的大小与茶杯柄的大小——使你有效且容易地抓住茶杯,不使茶水洒出来。然而,如果是一个蹒跚学步的孩子,她会用两只手来拿这个茶杯。这是因为她根据茶杯的大小来判断、调整自己的动作以采取一个最有效和最有利的抓杯子的动作。也就是说,抓握的变化不是被预先决定的序列,而是孩子手的大小和要抓的物体的大小之间交互作用的结果。所以一个动作的完成因个体身体与环境的关系的不同而不同。

(五)约束

约束可以定义为对动作的促进或限制,这就是说约束可以是限制动作的发展,也可以是促进动作的发展,这取决于约束的性质。

所以,在人体动作发展中,有很多不同因素或约束影响动作的发展,既不是遗传,也不是环境的单独作用形成了人类的动作发展,而是在组织的多个水平上,对个体的发展起着举足轻重的作用。个体的约束(如身高、体重、力气、四肢长度、协调、平衡等)是很重要的,但是它们不能在一个真空中发挥作用。当个体在环境中移动以完成具体的任务时,个体与内部和周围的许多因素相互作用,婴儿会对不同的经验有各种不同的反应。蹒跚学步的孩子自身会发生改变,同时也会改变周围的事物和环境。因此,我们必须剖析这些不同角色的约束以及它们是如何影响动作发展的变化的,必须厘清他们的环境和任务中最重要的约束是什么,从而必须改变器材设备、规则、目标或者它们的物理因素,以改进动作表现,并随着时间的累积增强发展性变化。

六、人体动作发展学的科研领域

作为一个学术领域,动作发展是"……研究人类一生中动作行为的变化、构成这些变化的过程以及影响它们的因素"(Payne et al. ,2002,p2)。因此,其研究的主题通常包括:胚胎期的孕育对以后动作发展的影响(如爬行),功能性任务的发展(如书写),运动或与体能相关的课题(如儿童的身体活动、青少年的竞技运动以及它们怎样随时间而变化)。例如,给予儿童(青春期前)和青少年(青春期)的运动经验应该有什么不同? 给予成人或优秀运动员的运动经验有什么不同? 由于大多数专家现在都是在终身发展的框架下研究动作发展,因此人们也可以看到这样的主题(如老年期身体活动的影响或者生命后期走路方式的发展变化)。当然,由于动作发展研究中的关键核心总是变化的,所以,在考察老年人和他们的走路姿态时,主要的关注点是这些姿态模式是怎样从早期发展而来的。另一个例子是,儿童的投掷行为是如何发展的,当他们成长为青少年时,这些行为会是什么样子。

正如大家所知道的,动作发展是一个学术领域,但它也是所有人都经历的一个过程。从学科出发,动作发展的定义是指人们一生中所体验到的动作行为的变化,即所有人都经历的一个过程动作的发展是这一学科的研究对象。人们都是逐渐地学会爬行、行走、书写、掷球、奔跑以及其他所有形式的人类动作。有时动作的发展迅速而明显(如婴儿的爬行),有时又是如此微小以致很多年看起来都是稳定不变的(如成人的书写),尽管确实每天都有细微的变化。

在美国,人类动作发展课程通常在大学开设,最常见的是在人体运动学系(kinesiology)[有的称身体教育(physical education)、锻炼科学(exercise science)等]开设。人体动作发展领域的课程常常是人体运动学领域的必修课,或者是人体运动学领域某些方向的选修课。举例来说,在圣荷塞州立大学(San Jose State University),运动学理学学士学位的学生必须修满120个学分才能毕业,相当于40门3个学分的课程。在这120个学分里,有59个学分是大学普修课,通常在前两年的学习中完成;在第三、第四年,学生要修习专业课程,完成120个学分中剩下的61个学分,其中有25个学分的必修核心课程是人体运动学系所有学生的必修课,不论其选择的学科方向是什么。圣荷塞州立大学人体运动学系的必修核心课程可供学生选择修习的有动作发展和动作学习。除了必修核心课程外,每个人体运动学系的学生必须申报此领域的一个专业方向以修得剩下的36学分,人体运动学系有10个专业方向可供选择,这些专业包括运动训练损伤和康复(athletic training),锻炼和体能(exercise and fitness specialist),动作科学(movement science),竞技运动管理(sport management),身体教育教学(teaching physical education),特殊身体教育教学(teaching adapted physical education),以及为那些想在物理治疗或相关的健康领域继续深造的学生开设的前一职业方向。虽然并不是所有的学生都选择动作发展课程作为专业的必修核心课程,但很多专业方向都要求修习这门课。在圣荷塞州立大学人体运动学系的10个专业方向里,有4个方向要求没有将其作为核心课程的学生必修这门课程;5个方向建议在本专业方向选修动作发展课程。简言之,圣荷塞州立大学绝大多数人体运动学系的学生在毕业前必须修习动作发展这门课程。

再举一个例子,马里兰大学(University of Maryland)在人体运动学系提供两个学士学位——人体运动学(kinesiological sciences)和身体教育(physical education)。人体运动学学位为那些将在人体运动学或相关领域继续深造的学生,或者那些在毕业后选择在健康、竞技运动或体能相关领域工作的学生而设。身体教育学位为那些最终选择在幼儿园,小学直至高中当身体教育老师的学生而设。

在马里兰大学,人体运动学学位要求修完120个总学分,其中27个学分为普修课(university general education program),人体运动学学位的专业支持课程要求15个学分以上,33个学分是选修课程,45个学分属于专业必修课。在人体运动学专业的核心课程中,动作发展课程是必修课程。这样,人体运动学学士学位的所有学生都会修习人类动作发展领域的一门课程。

类似地,身体教育理学学士要求122~125个学分,其中,大学的普修课程要求27~30个学分,专业支持课程要求 21 个以上学分,22 个学分属于专业核心课程,还有 25 个学分与身体教育专业有关。另外 12 个学分属于教育领域,15 个学分属于实习或学生教学实践。与美国各大学的许多人体运动学专业一样,动作发展是这个专业必修的核心专业课程。

除了本科学位外,美国的许多大学也提供人类动作发展的研究生课程,包括硕士和博士水平。为了统一,我们再次以圣荷塞州立大学和马里兰大学为例。圣荷塞州立大学提供人体运动学的动作发展方向的硕士学位(master of art)。这个专业有 30 个学分,要求学生必须先修完大学阶段的动作发展课程,才能学习硕士阶段动作发展的高级课程。高级课程包括 6 个学分的人体运动学的核心课程(人体运动学的研究方法以及人体运动学研究和课题分析)和最后 3 个学分的动作发展专题学位项目或 6 个学分的有关动作发展的学位论文。另外,还要获得该领域的一些辅助课程以获得相应的学分,一般可从其他系选修,如人类遗传学(human heredity)、发展生物学(developmental biology)、人类生涯(human life span)、异常婴儿的发展(atypical infant development)、生物统计学(biostatistics)、儿童心理学(child psychology)、青少年心理学(psychology of adolescence)以及老年心理学(psychology of aging)。

马里兰大学也设立了 30 个学分的硕士学位计划,学生可以选择完成一篇学位论文或选择硕士专题项目来代替学位论文。选择完成学位论文的学生必须修完 24 个学分的课程并完成 6 个学分的论文,其中,专业领域(即动作发展)6 个学分;不选择完成学位论文的学生也是类似的,但这些学生需要完成 3 个学分的硕士专题项目来代替 6 个学分的学位论文,这样,必须多选修 3 个学分才能获得学位。

马里兰大学与美国其他很多学校在动作发展领域也设立了哲学博士学位(即 PhD)。此学位是在硕士学位的基础上,还需要修完 60 个学分。这些学分包括专业领域内的课程,专业的辅助课程,提高研究的知识、技能和经验的课程,以及最终博士论文的 12 个学分。在此领域所要修得的具体学分由博士指导委员会的培养计划决定。无论硕士学位还是博士学位专业,也都要顺利修完许多高级动作发展课程,如高级动作发展(advanced motor development),姿势和移动的发展(development of posture and locomotion),动作发展研讨课(research seminar in motor development),儿童与运动(children and sport)。

【复习与思考】

1. 人体动作发展学的定义?
2. 人体动作发展学的应用?
3. 人体动作发展学的意义?
4. 人体动作发展研究的理论?
5. 人体动作发展的影响因素?

课程思政元素:

以人为本、认识自我、珍爱生命、弘扬健康、生存发展、生命教育、健康第一理念。

课程思政举例：

（1）通过了解人体一生动作行为的变化、构成这此变化的过程以及影响他们的因素，引导学生**"认识自我""珍爱生命"，并了解人的"生存发展"**（传递生命教育理念）。

（2）通过学习人体动作发展的理论发展的研究，构建学生的**"史学观""发展观"**。

（3）通过阐述人体动作发展学的意义、应用和影响因素，能够**"弘扬健康"**，培养学生的**"天使情怀"**，树立传播**"健康第一理念"**，关爱和维护健康的乐趣（树立养成健康的意识和行为）。

第一章 人体动作的科学基础

第一节 概 述

本章为人体动作科学基础,我们将从人体动作的解剖学基础、人体动作的生物力学基础、太极拳的生物力学分析、人体动作科学基础的科研动态这四个方面进行剖析。

本章中人体动作的解剖学基础,是对基本知识点的整体介绍,人体动作的生物力学基础、太极拳的生物力学分析、人体动作科学基础的科研动态分别从浙江图书馆官网摘选近年来相关核心文献。从运动生物力学角度,研究人体动作生物力学,对四肢和全身的动作进行剖析,本节先以下肢鞭打动作为例。从下肢鞭打动作的运动特征、下肢鞭打动作的关节力矩、下肢鞭打动作的平均肌电三个方面进行剖析。

太极拳的下肢生物力学分析,24式动作我们则是以其中几个动作为例对我们的髋关节、膝关节和踝关节进行研究,而人体动作科学基础的科研动态更倾向于对人体动作识别和动作评价,对于这项科研目前我们的研究空间相对较大的,但研究难度系数也是相对较高的。在研究人体动作科学基础的科研动态中,基于视觉的人体动作识别和动作评价是当前研究的重点,具有较高的研究价值和广阔的应用前景。在当前的研究水平下,在研究复杂环境中的连续自然动作的识别方面的研究进程缓慢。动作评价方面的研究也是困难重重,只能对基本的简单的动作进行研究。

第二节 人体动作的解剖学基础

运动系统由骨、骨连结和骨骼肌构成,约占体重的60%,具有支持、保护和运动的功能。在运动中,骨起杠杆作用,骨连结是运动的枢纽,骨骼肌产生运动的动力。

在研究人体动作的过程中,可以就某一动作,从骨骼、骨连结、肌肉三个方面做出动态分析和静态分析,在分析中应该注意从不同角度出发分析,做到不同方面的相互联系。

一、人体解剖学的基本知识

(一)人体标准解剖学姿势

身体直立,面向前方,两眼平视正前方,双上肢下垂于躯干两侧,掌心向前,两足并拢,足尖向前。

(二)人体的轴和面

1.轴

垂直轴:垂直轴为上下方向并与水平面垂直的轴;近颅者为上,近足者为下。

矢状轴:矢状轴是指从前方至后方并与水平面平行的轴;腹侧为前,背侧为后。

冠状轴:冠状轴是指左右方向水平面平行的轴,又称额状轴。

2.面

矢状面:矢状面是指前后方向,将人体分为左、右两部分的剖面,该切面与地平面垂直,并与冠状轴垂直相交。

冠状面:冠状面是指左、右方向,将人体分为前、后两部分的剖面,该切面与水平面及矢状面互相垂直,并与矢状面垂直相交。

水平面:水平面是指与地平面平行,将人体分为上、下两部分的平面,该平面与垂直轴垂直相交,又称横切面。

二、构成人体支架,与骨骼肌共同赋予人体基本形态—骨骼

(一)骨的构造

通过解剖可见骨膜、骨质、骨髓等结构;骨是由骨膜、骨质、骨髓、血管和神经等部分构成。

1.骨膜

骨膜内含有丰富的血管、神经、淋巴管,对骨的营养、新生、感觉有重要意义。除了骨的关节面以外,骨的表面均附有骨外膜,骨髓腔内面和骨松质间隙内的骨膜称为骨内膜。

2.骨质

致密坚硬,骨质分为骨密质和骨疏质。骨密质:主要分布于长骨骨干、骨骺和其他骨的表面;骨松质:呈海绵状,由相互交织的骨小梁组成。

3.骨髓

充填于长骨的骨髓腔和骨松质的腔隙中,分为红骨髓和黄骨髓。红骨髓是人体的造血组织,分布于骨髓腔内,具有防御免疫和创伤修复等功能;黄骨髓主要由脂肪组织构成,没有造血功能。在成年人高度贫血和失血时黄骨髓能转变为红骨髓。

(二)骨的分类

成人有 206 块骨。

1.按照位置进行分类

颅骨(23 块未包括 3 对听小骨),躯干骨(51 块),附肢骨(上肢骨 64 块,下肢骨 62 块)。

2.按形态分类

长骨、短骨、扁骨和不规则骨。

(1)长骨　多分布于四肢,分一体两端。体又称为骨干,骨干内有大的髓腔,容纳骨髓,骨干表面有 1~2 个滋养血管出入的孔,称滋养孔。骨的两端膨大,称骺,其表面有光滑的关节面,覆盖有关节软骨。在骨骺和干骺端之间的软骨结构称为骺软骨,成年后骺软骨骨化,原骺软骨处形成了一线状痕迹,称为骺线。

(2)短骨　多成群地分布在承受重量而运动较复杂的部位,如腕部和踝部。一般形如立方体,有多个关节面,与相邻骨构成多个骨连接。

(3)扁骨　呈板状,主要构成颅腔和胸腔的壁,以保护内部的脏器。

(4)不规则骨　形状不规则,如某些颅骨和椎骨,有些不规则骨内部有含气的空隙。称为骨窦,这些骨称为含气骨。

(三)骨的生长

在特定的生长和力学环境下,骨的体积和密度发生增长的生理行为称为骨生长。骨生长是构成骨重建的重要功能,体现了骨组织对力学环境的适应能力。

骨骼的生长分为纵向生长和横向生长。纵向生长是指在已经存在的松质骨上增加新的松质骨;横向生长则是在骨膜下生长形成新的骨头,沉积到骨皮质上使其增粗,这种生长方式可以持续到 16～18 岁。

成骨细胞是一种特殊的成纤维细胞,具有分泌和强化骨基质的作用。在骨的生长过程中,活跃的成骨细胞将会迁移至应力水平较高的部位,分泌和矿化骨基质从而形成新骨,使该区域的骨量增长。骨生长和骨吸收同时存在,形成动态平衡。当应力水平较高时,成骨细胞较破骨细胞活跃因而使得骨的总量增长,应力水平较低时则相反。

骨龄:骨龄是骨骺和小骨骨化中心出现的年龄及骨干与骨骺愈合的年龄,它常用来确定人的生物年龄。骨龄可用于预测少年的身高,也可判断儿童少年的发育情况。

(四)骨连结

骨与骨之间借纤维结缔组织、软骨或骨相连结,称为骨连结。根据骨连结的不同方式分为直接连结和间接连结。

1. 直接连结

直接连结是指骨与骨之间借纤维结缔组织、软骨或骨直接连结,特点是连结之间无间隙,运动范围极小或完全不能活动。根据连结可分为纤维连结、软骨连结和骨性结合 3 种。

2. 间接连结

间接连结又称为关节或滑膜关节,是骨连结的最高分化形式,骨与骨的相对面无直接连接,相对骨面互相分离,其间有充以滑液的腔隙,其周围借结缔组织相连结,因而通常具有较大的活动性。

三、关节的结构

关节的结构由主要结构和辅助结构两部分组成。

1. 关节的主要结构

(1)关节面及关节面软骨　关节面是参与组成关节的各相关骨的接触面,每一关节至少包括两个关节面,一般一凹一凸,凸者称为关节头,凹者称为关节窝。关节面上覆有关节软骨即关节面软骨;关节面软骨多为透明软骨构成。关节面软骨富有弹性,能承受压力和吸收震荡,减轻运动时带来的冲击;关节面软骨内无血管、神经和淋巴管,其营养是由滑液和关节囊滑膜层的血管供应。

(2)关节囊　由纤维结缔组织构成的囊,关节囊的松紧和厚薄因关节的不同而异,关节活动较大的关节,关节囊较薄而松弛。关节囊分为内外两层,外层为纤维层,由致密的结缔组织构成,富含血管、淋巴管和神经。在某些部位,纤维层增厚形成韧带,增强骨与骨的连结并且限制关节的过度运动。内层为滑膜层,由平滑光亮、薄而柔润的疏松结缔组织膜构成,衬贴于纤维层的内面,其边缘附着于关节面软骨周缘。

(3)关节腔　由关节面软骨和关节囊滑膜层共同围成的密闭腔隙,腔内有少量滑液,关节腔内呈负压,有一定的维持关节稳定的作用。

2. 关节的辅助结构

韧带、关节内软骨、关节唇、滑膜襞和滑膜囊。

(1)韧带　是连于相邻两骨之间的致密纤维结缔组织束,可加强关节的稳固性。

(2)关节内软骨　为存在于关节腔内的纤维软骨,有关节盘和半月板两种。

(3)关节唇　是附于关节窝周缘的纤维软骨环,它加深关节窝,增大关节面,有增加关节稳固性的作用。

（4）滑膜襞和滑膜囊　有些关节的滑膜表面积大于纤维层,滑膜重叠卷折并突入关节腔形成滑膜皱襞;滑膜囊是关节滑膜从关节囊纤维膜的薄弱或缺如处作囊状膨出,充填于肌腱和骨面之间而形成,可减少肌肉活动时骨面之间的摩擦。

四、关节的运动

关节是由两块或更多的骨或肢体节段连接而成,关节的活动可以从两个方面描述:①近端节段可以围绕远端相对固定的节段旋转;②远端节段可以围绕近端的相对固定节段旋转,如在膝关节的活动中,"股骨对胫骨运动"和"胫骨对股骨运动"是对骨骼运动较好的描述。

1. 屈和伸

关节绕冠状轴进行的运动,一般两骨之间的夹角变小为屈,反之为伸(图1-1)。

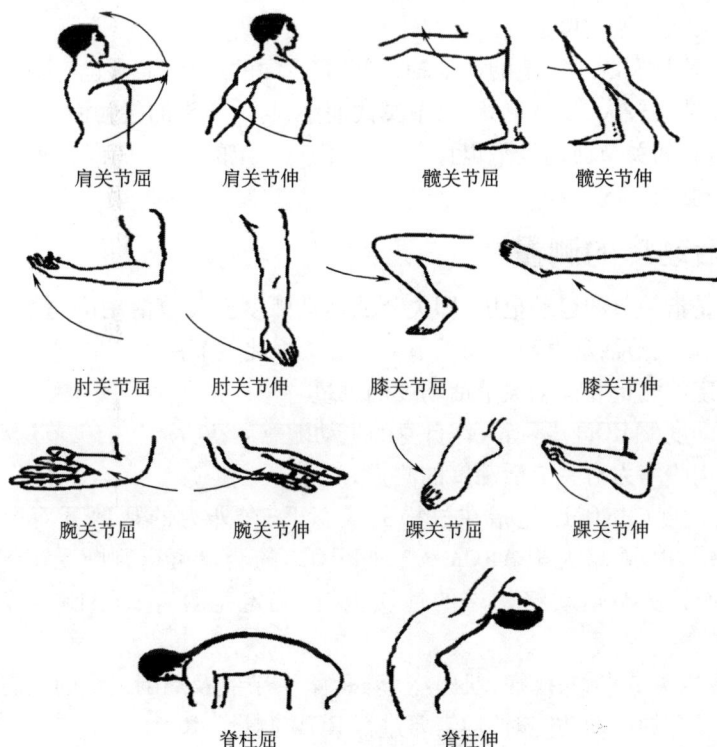

肩关节屈	肩关节伸	髋关节屈	髋关节伸
肘关节屈	肘关节伸	膝关节屈	膝关节伸
腕关节屈	腕关节伸	踝关节屈	踝关节伸
	脊柱屈	脊柱伸	

图1-1　关节运动的屈和伸

2. 内收和外展

内收和外展是关节绕矢状轴进行的运动,四肢骨向正中矢状面靠拢称内收,远离为外展。手指和足趾的运动分别以中指和第二足趾为中轴,向其靠拢为内收,远离为外展。

3. 旋内和旋外

关节绕垂直轴进行的运动,运动时,骨的前面转向内侧为旋内,转向外侧为旋外。例如前臂,将手掌向内旋转为旋内,向外旋转为旋外。

4. 环转

骨的近侧段在原位转动,远侧端做圆周运动,它是屈、外展、伸和内收依次连续的运动。

五、关节的分类

按关节运动轴的数目和关节面的形态分为以下几类。

单轴关节:关节只能绕一个运动轴做一组运动,包括两种形式屈戌关节,又名滑车关节,一骨的关节头呈滑车状,另一骨为相应的关节窝。通常只能绕冠状轴做屈伸运动。

车轴关节:由圆柱状的关节头和凹面状的关节窝所构成的关节,形似车轴。

双轴关节:有两个互相垂直的运动轴,可以出现两种运动方向,即绕这两个轴进行二维空间的运动。

椭圆关节:关节头呈椭圆形,关节窝与关节头相适应,能做额状轴上的屈伸和矢状轴上的内收和外展运动;此外还可做一定程度的环转运动。

鞍状关节:相对两骨的关节面都是马鞍形,两者互为关节头和关节窝,可沿水平冠状轴做屈伸运动和水平矢状轴做收展运动。

多轴关节:关节具有两个以上的运动轴,可做多方向的运动,通常也有两种形式。

球窝关节:关节头较大,呈球形状,关节窝浅而小,与关节头的接触面积不到1/3。

平面关节:两骨的关节面均较平坦且光滑,但仍有一定的弯曲或弧度,也可列入多轴关节,可做多轴性的滑动或转动。

六、关节活动度的测量

关节活动度是指关节的运动范围,即关节的运动弧度。关节活动度是衡量一个关节运动的尺度,可分为主动关节活动度和被动关节活动度。因此关节活动度的测量方法也分为两种,即主动关节活动度的测量和被动关节活动度的测量。

主动关节活动度(AROM)是指人体自身的主动随意运动所产生的关节运动幅度。其实质是检查受试者肌肉收缩力对关节活动度的测量。

被动关节活动度(PROM)是指在放松的状态下,在外力的帮助下而产生的关节运动幅度。在测量中,PROM 略大于 AROM,通过 PROM 的测量可以判断受试者的关节活动范围是否异常,判断该关节运动终末端的性质,从而确定是否存在限制关节运动的异常结构变化。

适应症:当发生关节水肿、疼痛、肌肉痉挛、短缩,关节囊及周围组织的炎症及黏连、皮肤瘢痕等症状而影响关节的运动功能时,均需要进行 ROM 测量。ROM 测量是运动损伤、关节周围软组织损伤、骨关节疾病、截肢患者和中枢运动损伤等的必查项目。

测量的方法和步骤:①测量工具:包括量角器,电子角度计和皮尺等,必要时,可以拍 X 光片或采用摄像机拍摄进行测量分析。临床上最常采用的是量角器测量;②体位:通常采用的是中立位法,即将解剖学立位时的肢体位置定位为"0"作为起始点。测量旋转度时,则选正常旋转范围的中点定为"0"作为起始点;③固定:固定方法可以借助受试者的体重,体位以及检查者所施加的外力;④测量原则和注意事项;⑤测量步骤:向受试者解释测量目的和方法,消除紧张,取得合作。请受试者暴露被检查的部位,确定测量体位。固定关节近端部分,要求受试者主动活动受累关节,并与健侧对比。测量 AROM、PROM,记录测量数据、分析评价测量结果得出结论。

七、骨骼肌

（一）骨骼肌的结构

1.主要结构

骨骼肌：骨骼肌（随意肌）是人体运动的动力，绝大多数附着于骨骼，少数附着于皮肤。骨骼肌在神经支配下，通过收缩与舒张牵拉骨以关节为支点进行转动，完成人体的各种随意运动，并与表情、咀嚼、吞咽、呼吸和发音有关。

每块骨骼肌的大体结构包括中间的肌腹和两端的肌腱，并伴有血管和神经。肌腹主要由肌纤维构成，色红且柔软，具有收缩和舒张的功能。肌腱位于肌的两端，连结肌腹与骨之间，主要由平行致密的胶原纤维结缔组织构成，色白坚韧，并分布有感觉神经末梢。

2.肌的辅助结构

肌的辅助结构有筋膜、腱鞘、籽骨、肌梭和腱梭。它们具有协调肌的活动，保持肌的位置，减少运动时的摩擦和保护等功能。

筋膜：是包被在肌外面的结缔组织膜，可分为深筋膜和浅筋膜。浅筋膜位于皮下，又称皮下筋膜，由含脂肪成分的疏松结缔组织构成，对肌、血管与神经保护作用。深筋膜位于浅筋膜的深层，又称固有筋膜，由致密的结缔组织构成。深筋膜的存在能够约束肌拉力的方向，保证肌与肌群独立活动，防止炎症扩散，保护肌的功能。

腱鞘：是包在长肌腱外面的双层长管状鞘膜，外层为纤维层，内层为滑膜层，有减少肌腱和骨面摩擦的功能。

滑膜囊籽骨：由肌腱骨化而成的小骨，通常位于肌腱与骨之间，有减少腱与骨面之间的摩擦，改变肌拉力方向，增大肌力臂等功能。

（二）骨骼肌的物理特性

肌的物理特性：骨骼肌的物理特性主要为伸展性、弹性和黏滞性。

伸展性与弹性：肌在外力作用下，可以被拉长的特性称为伸展性。当外力解除后，肌可恢复到原长度称为弹性。在运动实践中，肌的伸展性好，关节灵活性就好，完成动作的运动幅度大，肌的弹性好，则肌收缩时的弹性回缩力大，肌的力量大，动作效率高。

黏滞性：肌收缩和舒张时，肌纤维内部的分子之间，肌纤维之间及肌群之间会发生摩擦，这种因摩擦产生的阻力称为肌肉的黏滞性。在运动实践中，肌的黏滞性大，既影响肌的快速收缩与舒张，也妨碍肌的快速伸展。由于黏滞性受温度的影响，温度高时黏滞性降低，因此，在冬天，尤其是在肌进行爆发式收缩练习之前，应做好充分的热身活动，使体温升高，这样可以有效地提高肌地收缩速度，防止肌肉拉伤。

（三）肌的工作术语

起点：指靠近身体正中面或肢体近侧端的附着点。止点：远离身体正中面或肢体近侧端的附着点；肌肉的起止点是不变的。

定点、动点：肌工作时，通常是一个附着点相对地固定，另一个附着点明显地运动，相对固定的附着点称为定点，相对移动的称为动点。

近固定和远固定：四肢肌工作时，定点在近侧称为近固定，如负重弯举动作中肱二头肌的工作。定点在远侧时称为远固定，如引体向上动作中肱二头肌的工作。

上固定、下固定和无固定：躯干肌工作时一般称为上、下固定，肌上端的附着点相对固定时称为上固定,下端的附着点相对固定时称为下固定,若人体各环节之间完成相向运动,则工作肌群在无固定条件下工作,如俯卧撑上振工作中竖脊肌的工作。

(四)研究肌功能的方法

1. 肌的起止点与定动点

通过观察,确定肌的起止点,确定要分析的肌所跨过的关节是单轴关节、双轴关节、多轴关节,确定其可能会对哪些关节产生作用。然后确定肌收缩时定点在哪一端,以及动点所附着的骨,从而分析判断其工作条件,是在近固定、远固定还是无固定条件下工作。

2. 肌拉力线与关节运动轴的关系

肌拉力线一般指肌起、止点和中心点之间的连线,肌收缩时通常牵拉点附着骨进行转动,肌拉力方向一般指向定点。肌拉力线从关节运动轴的不同方向通过,对关节所产生的作用不同。

八、以足球脚内侧传球为例,进行解剖学分析

脚内侧传球的关键关节部位及分析。在进行脚内侧传球时,人体的髋关节、膝关节、踝关节及足部各关节共同联合参与并完成技术动作(戚正本,1998)。髋关节可以绕三轴运动,即围绕冠状轴做向前屈大腿,向后伸大腿动作;围绕矢状轴做大腿内收,大腿向外展;围绕垂直轴做直屈腿旋内,直屈腿旋外以及下肢环转运动;膝关节完全伸直时,胫骨髁间隆起与股骨髁间窝嵌锁,两侧韧带持续紧张,胫骨关节及小腿处不做旋转运动;屈膝时,股骨内、外髁后进入关节窝,嵌锁关系解除,两侧韧带松弛,此时,胫骨关节及小腿处,可绕垂直轴做轻度的旋转运动;踝关节绕额状轴,足可做跖屈和背屈运动,当足跖屈时,窄部进入关节窝,此时足可做侧方运动。

在助跑的前摆动作阶段,大腿在髋关节处屈时,所做的运动是髋关节屈肌群作为运动中原动肌主动发力,在近固定条件下完成向心工作牵拉大腿前摆。

在击球腿后摆运动时,关节运动的方向与外力矩作用向下的方向相反,此时关节运动的原动肌在近固定的条件下完成向心工作;关节的运动为髋关节伸及大腿后摆,膝关节屈及屈膝,踝关节伸及脚背靠向小腿,环节运动的原动肌为髋关节伸肌群,膝关节屈肌群,踝关节伸肌群,为该环节主动发力,后摆使髋关节后肌群,膝关节前伸肌拉长,以增加前摆的触球力量。在击球腿前摆运动时,环节运动方向与外力矩作用向下的方向相反,此时原动机仍在近固定条件下完成向心工作,但关节运动为髋关节屈,膝关节伸,踝关节屈,环节运动的运动肌也改为髋关节屈肌群,膝关节伸肌群,踝关节屈肌群,前摆时,原动肌产生爆发式收缩,使击球腿快速完成前摆动。

除上述摆动时分析外,脚击球时胫骨关节在屈膝状态下呈轻微地旋外,击球时足部各骨关节辅助结构紧张,用于维持足部"刚性",减少动能消耗,防止足的损伤。

第三节　人体动作的生物力学基础

人体动作即人的全身或身体的一部分的活动,用它来表示情感、思想和生活的需要。人的生存、人们之间的交往都离不开动作。从人类诞生的那一刻起,同时也产生了动作,发展到现今,人体动作已经成为非常丰富和繁复多样的信息载体。从运动生物力学角度,一

一般研究人体动作生物力学，是对四肢和全身的动作进行剖析。目前对于这些研究已经比较成熟。

我们且以李世明、部义峰等人的文献"人体下肢鞭打动作技术原理的生物力学研究"节选为例。鞭打动作分为上肢鞭打和下肢鞭打是两种最基本的鞭打动作形式（赵焕彬等，2008）。由于鞭打动作是许多体育技术的重要组成部分，如标枪投掷技术、排球扣球技术、网球击球技术等都含有鞭打这一关键动作，因此，一直以来人们就十分重视对鞭打动作的研究（潘慧炬、胡振浩，1990；MICHAEL E，1989；PUTNAM C. A，1994），尤其对上肢鞭打动作的研究较多（陈瑞瑞，2010；刘卉，2004；潘慧炬、胡振浩，1990；周里、金学斌，1996；MICHAEL E，1989；PUTNAM C. A，1994），而对下肢鞭打动作的研究则较少。由于人的下肢和上肢在解剖结构、用途特点等方面的不同，即使二者同属于鞭打动作，其动作特点也会有很大不同。上肢鞭打动作可分为投掷性鞭打与打击性鞭打两种主要形式，而下肢一般来说只有打击性鞭打动作（赵焕彬等，2008）。鉴于此，为了更加全面、深入地探讨下肢鞭打动作的运动生物力学原理，本研究选择足球踢球动作这一典型的下肢打击性鞭打动作为载体，揭示下肢鞭打动作的肢体运动特点、下肢各关节力矩和下肢各主要肌肉收缩在鞭打动作中所起的作用，为下肢鞭打类动作的有效训练奠定理论基础。

一、下肢鞭打动作的运动特征分析

1. 下肢鞭打动作的时相划分

考虑到下肢鞭打一般属于打击性鞭打动作，且往往不是从静止状态开始，而常是连续动作最后非常关键的一部分，因此，本研究在选择踢球动作时要求运动员进行 2～3 步助跑。与从静止开始踢球相比，这样设计实验的目的不仅可以使下肢鞭打动作成为助跑踢球连贯动作的一部分，还可增大下肢鞭打动作的效果。

下肢鞭打动作是下肢各环节依次加速摆动与制动的过程，为了满足研究需要，本研究采用环节摆动顺序与环节摆动速度相结合的方法来确定下肢鞭打动作时相的划分。首先，确定踢球腿鞭打动作的特征画面，即不同动作阶段的临界点，可分为摆动腿脚尖离地时刻、大腿最大后摆幅度时刻（髋最大伸展）、小腿最大后摆幅度时刻（膝最大屈曲）、大腿前摆最大角速度时刻以及小腿前摆最大角速度时刻 5 幅特征画面，相应地就把摆动腿的摆动过程划分为了 4 个阶段。

2. 下肢鞭打动作的时间特征

下肢鞭打动作摆动腿摆动阶段时间特征如表 1－1 所示。

研究表明，摆动腿摆动阶段的时间特征具有大腿后摆时间短，小腿后摆时间长；大腿前摆时间长，小腿前摆时间短的时间占用特征。统计分析表明，摆动腿的摆动总时间以及各个阶段摆动时间标准差非常小，说明总体样本的离散程度小，摆动腿的摆动时间表现出很强的规律性。为了比较下肢鞭打动作不同阶段摆动腿的时间占用特征，对摆动时间进行归一化处理，取摆动腿全部摆动时间为 100。4 个阶段所占摆动腿摆动时间的比例关系如图 1－2 所示。其中，摆动腿后摆过程中，大腿后摆时间很短，不及小腿后摆时间的一半，因此，可以认为摆动腿的后摆主要是完成小腿的屈曲后摆；摆动腿前摆过程中，大腿的摆动幅度要小于小腿的摆动幅度见表 1－2，但小腿的摆动时间要比大腿的摆动时间少得多，说明大腿的摆动角速度慢，同时也反映了小腿在前摆过程中进行爆发式摆动的动作特征。

表 1 -1　下肢鞭打摆动腿各阶段摆动时间一览表($n=8$)

$T_{总时间}$	$T_{大腿后摆}$	$T_{小腿后摆}$	$T_{大腿前摆}$	$T_{小腿前摆}$
0.23 ± 0.014	0.06 ± 0.023	0.14 ± 0.017	0.13 ± 0.019	0.09 ± 0.006

注:时间单位为 s,下同。

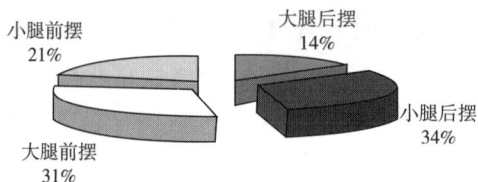

图 1 -2　下肢鞭打摆动腿摆动阶段时间结构图

表 1 -2　下肢鞭打摆动腿各阶段角位移一览表

$AD_{大腿后摆}$	$AD_{小腿后摆}$	$AD_{大腿前摆}$	$AD_{小腿前摆}$
3.62 ± 2.29	76.07 ± 9.65	60.72 ± 4.29	97.87 ± 10.60

注:AD 即角位移,单位为°,下同。

3.下肢鞭打动作的角速度特征

表 1 -3 为下肢鞭打摆动腿摆动速度一览表。研究表明,脚尖离地后,大腿的后摆角速度一直呈现出不断减小的趋势,当达到大腿最大后摆幅度时,其摆动角速度减小为 0。脚尖离地时,小腿的后摆速度要大于大腿的后摆速度。脚尖离地后,小腿的后摆角速度达到最大,然后慢慢减小,直到达到其最大后摆幅度。而总体上,在后摆过程中,大腿表现出逐渐减速的特点,小腿表现出加速—最大角速度—减速的特点(图 1 -3)。

表 1 -3　本研究下肢鞭打摆动腿摆动速度一览表($n=8$)

$BAV_{大腿}$ (脚尖离地)	$BAV_{小腿}$ (脚尖离地)	$BAV_{小腿}$ (最大)	$FAV_{大腿}$ (最大)	$FAV_{小腿}$ (最大)
126.95 ± 39.31	240.84 ± 89.81	320.53 ± 71.72	-473.49 ± 48.91	-1113.64 ± 111.34

注:BAV 为后摆角速度,FAV 为前摆角速度,下同。

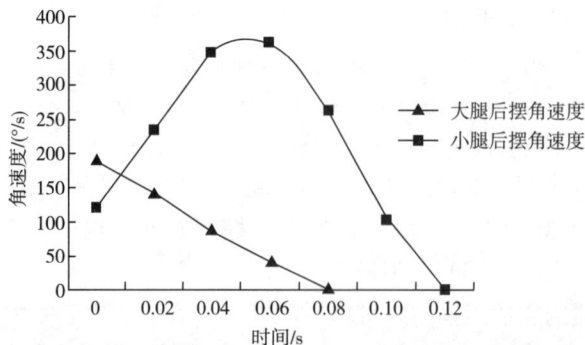

图 1 -3　下肢鞭打摆动腿后摆角速度变化示意图

下肢鞭打动作踢球腿前摆阶段是整个摆动阶段的关键部分,由表1-3可知,小腿前摆角速度要远大于大腿前摆角速度,说明小腿摆动速度要快,在加速前摆过程中完成了爆发式前摆,有利于增大踢球力量。在摆动腿前摆过程中,大腿角速度表现出加速—达到峰值—减速的变化特点,小腿角速度表现出持续加速的变化特点,二者依次到达速度峰值,从动作形式上看属于鞭打动作。

大腿达到最大后摆后的加速前摆具有重要的意义,首先,大腿的前摆能够使"主动肌力量性不足"现象减弱甚至消除,有利于小腿向大腿积极地靠拢;其次,大腿的加速前摆使摆动腿获得一定的初始动量,为小腿的加速前摆奠定基础。大腿角速度峰值出现前,伸膝肌群开始收缩用力,膝关节的伸膝力矩使得小腿也开始加速前摆,同时其产生的反力矩作用于大腿上,使大腿前摆角加速度开始下降。由于大、小腿通过膝关节相连,两环节之间存在的冲量矩使大腿获得的动量矩传递到了小腿,使小腿角速度迅速增大。目前,对于大腿出现减速的原因还存在争议,有学者认为,在大腿前摆角速度达到峰值后应该主动减速制动(张廷安,1986)。

近端环节的制动力来自大腿前摆的对抗肌。但是,如果大腿的减速制动确实是由其对抗肌来实现的,那么,大腿的角动量就不会传递到小腿,只能转变为对抗肌的弹性势能。因此,在这一过程中,大腿的减速制动不可能是其对抗肌主动收缩产生的阻力造成的,而应是小腿加速前摆产生的关节反力矩造成的。由此可见,小腿能够完成爆发式前摆动作除了支配小腿前摆的伸膝肌群主动收缩外,还有大腿的角动量传递。Hiroyuld Nunome 等研究发现,小腿前摆初期主要是膝关节肌力矩起支配作用,而在小腿前摆后期是大、小腿之间关节反作用力产生的交互力矩在起支配作用(HIROYUKINUNOME et al.,2006)。

本研究还发现,大腿达到最大角速度前,小腿就开始了加速前摆,但是当大腿达到最大角速度时,小腿所达到的摆动速度各不相同,多数样本表现出了小腿刚进入加速的状态(n=6),速度远不及小腿最大前摆角速度的1/2;但同时也有样本显示,大腿达到最大前摆角速度时,小腿已经具备了较大的角速度(n=2),速度超过了小腿最大前摆角速度的1/2。根据 Hiroyuld Nunome 等的研究发现,上述现象说明下肢鞭打动作伸膝肌群参与发力的时机有早晚之分,图1-4(a)显示的是伸膝肌群参与发力的时机较晚,而图1-4(b)显示的则是伸膝肌群参与发力的时机较早。从理论上推测,伸膝肌群参与发力不宜过晚或过早,过晚不利于发挥伸膝肌群在小腿摆动初期的主导作用;过早则大、小腿依次达到最大前摆角速度时间间隔变短,不利于小腿摆动后期大、小腿之间的动量矩传递。因此,在下肢鞭打过程中,小腿伸膝肌群参与发力的时机要适当,充分发挥膝关节肌力矩在小腿前摆初期的支配作用和大、小腿之间的交互力矩在小腿前摆后期的支配作用,以最大程度地增强下肢鞭打的效果。

二、下肢鞭打动作的关节力矩分析

下肢髋、膝、踝三关节肌力矩的变化规律是下肢大腿、小腿、足三环节产生鞭打动作的动力学原因(部义峰等,2010)。因此,本研究主要从下肢髋、膝、踝三关节的肌力矩随时间的变化曲线来初步探讨下肢鞭打的动力学原因。

1. 髋关节力矩

图1-5是下肢鞭打髋关节力矩随时间的变化曲线,包括屈/伸(fie-ext)力矩、内收/外展(add-abd)力矩、旋内/旋外(int-ext)力矩。从髋关节的屈/伸力矩来看,开始存在一个较小的伸髋力矩,致使摆动腿脚尖离地后产生了一个微小的主动后摆动作;接着,髋关节屈肌力矩开

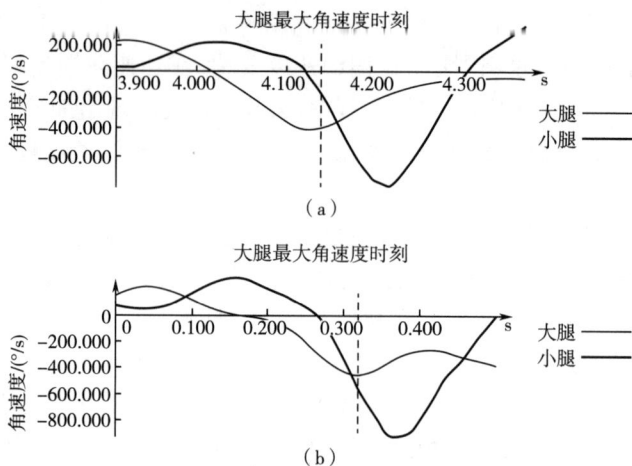

图 1-4　下肢鞭打大腿角速度峰值出现前小腿角速度特征示意图

始占优势,致使大腿向前摆动达到最大摆速;最后,在摆动末期髋关节产生了一个伸髋力矩,其主要作用可能是防止整条摆动腿的过度前摆。从髋关节的内收/外展力矩来看,在髋关节向前屈摆过程中,髋关节还存在一较大的内收力矩,这是由于大腿后摆时髋关节略呈外展姿位,因此,大腿前摆过程中必须存在一个内收力矩,以控制髋关节的外展角度,摆动末期出现的较小外展力矩作用则是防止大腿过度内收。因此,髋关节的内收/外展力矩在下肢鞭打过程中起定向作用。从髋关节的旋内/旋外力矩来看,髋关节旋内力矩的存在则是因为受踝关节自身解剖学结构的影响,其自身不能进行有效的旋内,其最邻近的膝关节也只有在一定屈膝条件下,才能进行幅度较小的旋内,因此,需要摆动腿的髋关节与之配合来完成旋内动作以形成脚触球前合适的脚的方位。因此,尽管旋内力矩峰值较小,但是髋关节存在的这个旋内力矩对于完成脚的方位调整具有重要作用。

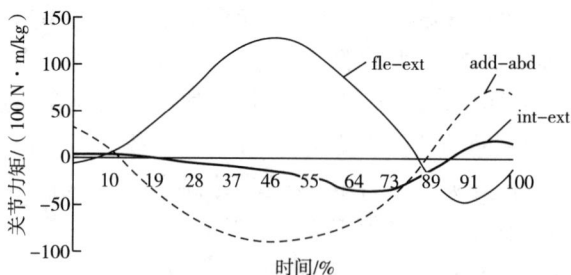

图 1-5　下肢鞭打髋关节力矩随时间变化曲线图

注:fle-ext 代表屈、伸力矩;add-abd 代表内收、外展力矩;Int-Ext 代表旋内、旋外力矩;其中,髋关节屈为正、伸为负;外展为正,内收为负;旋内为正,旋外为负。

2. 膝关节力矩

图 1-6 为下肢鞭打膝关节力矩随时间的变化曲线,包括屈/伸(fle-ext)力矩,旋内/旋外(int-ext)力矩。从膝关节的屈/伸力矩来看,摆动腿在脚尖离地时存在一个屈膝力矩,屈膝力矩的存在就是使小腿不会提前后摆,为大腿后摆留下一定空间,避免多关节肌"原动肌

力量不足"现象过早出现。接着,膝关节伸肌力矩开始占优势,以使小腿快速屈曲后摆,小腿达到最大后摆角速度后,膝关节屈肌开始占优势,小腿后摆速度减缓,直到达到最大屈曲状态,此后,膝关节屈肌力矩逐渐增大。在脚触球前膝关节屈肌力矩有一个下降,可能是由于运动员为了追求踢球的精度而进行的主动控制。从膝关节的旋内/旋外力矩来看,膝关节旋内、旋外的力矩较小,其原因可能是由于受膝关节解剖学结构的制约,膝关节只有在一定的屈膝状态下才能进行有限度的旋内、旋外动作,该力矩主要是参与对脚的方位的调整。

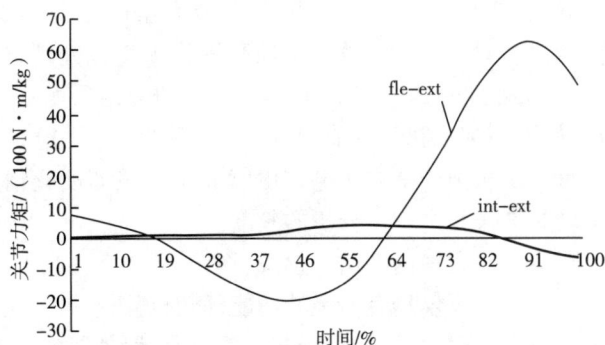

图 1 - 6　下肢鞭打膝关节力矩随时间变化曲线图

注:fle-ext 代表屈、伸力矩;int-ext 代表旋内、旋外力矩;其中,髋关节为正、伸为负;旋内为正,旋外为负。

3. 踝关节力矩

图 1 - 7 为下肢鞭打踝关节力矩随时间的变化曲线,包括背屈/跖屈(dor-pla)力矩,内翻/外翻(inv-eve)力矩。从踝关节的背屈/跖屈力矩来看,在摆动过程中踝关节一直是背屈力矩占优势,说明踝关节背屈肌群收缩发力以形成坚固的脚踝屈曲状态。一方面,可以固化踝关节,减小脚与球碰撞时的微变,增大动量的传递效果;另一方面,踝关节的固化可以增大踢球腿的有效质量,达到增大脚与球碰撞前初始动量的效果(Asait et al. , 1995;Hiroyukinunome et al. ,2006)。从踝关节的内翻/外翻力矩来看,踝关节内翻力矩的存在主要是调整脚的倾斜角度。

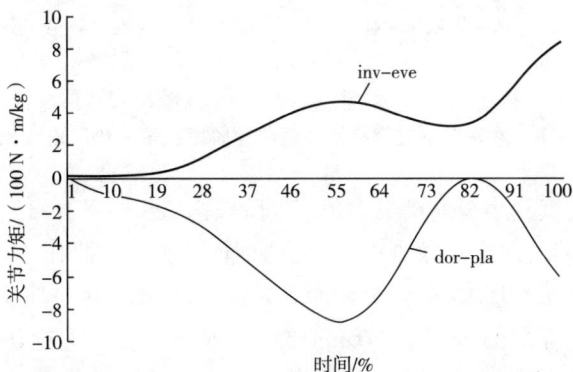

图 1 - 7　下肢鞭打踝关节力矩随时间变化曲线图

注:dor-pla 代表背屈、跖屈力矩;inv-eve 代表内翻、外翻力矩;其中,跖屈为正,背屈为负;内翻为正,外翻为负。

二、下肢鞭打动作的平均肌电分析

摆动腿的前摆过程是下肢鞭打动作的关键阶段,这是一个非常复杂的过程。例如,在大腿的前摆过程中,既有小腿的后摆,还有小腿的前摆;又如对于股直肌等多关节肌来说,既是屈髋原动肌也是伸膝原动肌。因而,要洞察摆动腿前摆过程的肌电学特点需要对其进行分阶段分析。本研究根据三维录像解析系统将摆动腿前摆过程分为3个小阶段:图1-8中"1"代表大腿开始前摆到小腿开始前摆阶段;"2"代表小腿开始前摆到大腿前摆最大角速度阶段,"1""2"合起来就是前面时相划分的 P3 段;"3"代表大腿前摆最大角速度到小腿前摆最大角速度阶段,即前面时相划分的 P4 段。对各阶段内的肌电信号进行平均化处理,得到各阶段的平均肌电(AEMG)和标准差,平均化处理时选取宽度(n)为128。研究结果如图1-8所示。

研究表明,从大腿开始前摆到小腿开始前摆阶段内(图1-8中1),所测8块肌肉均有肌电信号产生。为了分析每一块肌肉的平均肌电在后续2个阶段的变化情况,本研究将该阶段内所测的各块肌肉的平均肌电作为进一步分析的基准。

小腿开始前摆到大腿前摆最大角速度这一阶段(图1-8中2),股直肌放电现象进一步加大,原因是股直肌作为双关节肌,不仅具有屈髋的功能,同时还具有伸膝的作用,在既要屈髋又要伸膝的情况下必须加大肌肉收缩力量。与此同时,股内肌、股外肌的放电现象也出现加大趋势,说明小腿前摆初期的动力来自伸膝肌群,也就是伸膝力矩在起支配作用,这与 HiroyukiNu-nome 等认为"小腿前摆初期是由膝关节肌力矩在起支配作用"的观点是一致的(Hiroyukinu-nome et al. ,2006)。小腿前摆是伸膝的过程,而腓肠肌外侧放电现象却进一步加大,其原因可能是由于小腿爆发式前摆过程中有旋外动作。运用逆向动力学法计算膝关节的关节力矩时曾发现膝关节旋外力矩的存在,该旋外力矩应该是腓肠肌外侧发力产生的。

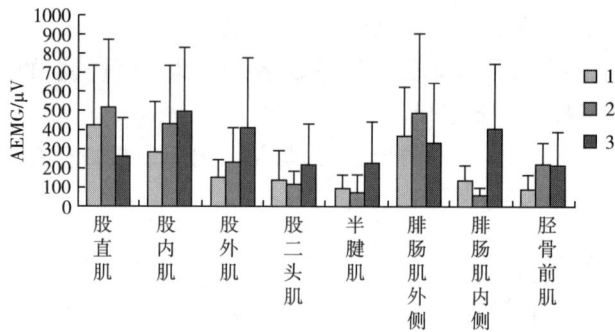

图1-8 本研究下肢鞭打摆动腿前摆阶段肌群平均肌电水平图

大腿前摆最大角速度到小腿前摆最大角速度阶段内(图1-8中3),股直肌放电现象明显减弱,而股内肌与股外肌的放电现象则更进一步加强,说明股直肌作为双关节肌,在摆动腿摆动过程中对屈髋的贡献明显加大,而传统理论认为,股二头肌与半腱肌主要作用是伸髋、屈膝。本研究中,二者在屈髋、伸膝的过程中出现的放电现象与传统的理论认识截然相反。有学者(张廷安,1986)认为,踢球瞬间,只有将髋关节进行固定,伸膝动作才能更加有力,因此,可认为在此阶段中股二头肌放电增强主要是配合股直肌加强对髋关节的控制。半腱肌的放电加强则主要是与腓肠肌外侧配合,完成对膝关节旋外动作幅度的控制。

在小腿开始前摆的整个过程中(图1-8中2、3),胫骨前肌均表现出了一定的放电现象,主要用于踢球前的伸踝工作,胫骨前肌的适当用力可以与腓肠肌密切配合,实现对踝关节的良好控制,完成踝关节的固化。利用逆向动力学法对踝关节肌力矩进行计算时也发现了背屈力矩的存在,由此看出,踢球前踝关节背屈力矩是影响踢球效果的一个重要因素。

由上述分析可知,小腿加速前摆初期的动力主要来源于膝关节肌力矩,伸膝力矩在起支配作用,随着小腿的不断加速,其关节反力矩逐渐加大,使得大腿前摆角速度出现峰值后开始减慢,在大腿角速度减速制动过程中,大腿角动量通过冲量矩不断地向小腿转移,同时,伸膝肌群继续主动用力,甚至收缩程度进一步加强,使小腿角速度迅速增大,实现了小腿的爆发式前摆。从小腿开始前摆到小腿前摆最大角速度整个过程中,股内肌、股外肌的放电现象是不断加强的,由此可见,伸膝肌群的主动用力贯穿于小腿整个前摆过程中,在小腿的整个前摆过程中起着重要作用,角动量的传递则是在通过伸膝肌群不断使得小腿加速前摆基础上使大腿角速度开始减小后获得的。小腿前摆初期是伸膝力矩在起支配作用,而大腿达到最大角速度后小腿加速前摆后期是伸膝力矩与来自大腿角动量的传递共同作用的结果。这一点与 Hiroyuki Nunome 等的研究结论稍有不同,主要区别在于他们的研究主要强调了"小腿前摆后期是大、小腿之间交互力矩在起支配作用",没有提及伸膝力矩在小腿前摆后期的作用。本研究根据在小腿前摆后期股内肌、股外肌放电进一步支持这一现象推测,伸膝力矩在小腿前摆后期也会有较大贡献。但是,大、小腿之间的交互力矩和伸膝力矩在小腿加速前摆后期的贡献比例目前尚不能确定。

四、结论与建议

(1)下肢鞭打的运动特征分析　在小腿加速前摆阶段,具有大腿后摆时间短、小腿后摆时间长,大腿前摆时间长、小腿前摆时间短的时间占用特征。下肢鞭打动作的角速度特征:后摆时表现为大腿逐渐减速,小腿加速—最大角速度—减速的特点;前摆时表现为大腿加速—最大角速度—减速,小腿持续加速的特点。

(2)下肢鞭打的关节力矩分析　前摆阶段髋关节的屈肌力矩、膝关节的伸肌力矩、踝关节的背屈力矩起主导作用;髋关节的内收/外展力矩在下肢鞭打过程中起定向作用;髋关节旋内/旋外力矩、膝关节旋内/旋外力矩以及踝关节内翻力矩的主要作用是对脚的方位及倾斜程度进行调整。

(3)下肢鞭打的平均肌电分析　股直肌作为双关节肌,在摆动腿摆动过程中对屈髋的贡献大于对伸膝的贡献,小腿前摆过程中股内肌与股外肌的作用不断加大;腓肠肌外侧在大腿开始前摆阶段的主要作用是使小腿屈曲,在小腿开始前摆时的主要作用是使小腿产生旋外的动作;在小腿达到最大角速度前,股二头肌放电加强主要是配合股直肌实现对髋关节固定工作的控制,半腱肌放电加强主要是配合腓肠肌外侧控制小腿的旋外动作幅度。

(4)本研究可以证实小腿加速前摆的初期伸膝肌群产生的伸膝力矩在起支配作用,后期是伸膝力矩与来自大腿角动量的传递共同在起作用,但是二者在小腿加速前摆后期的贡献比例目前尚不能确定。另外,在下肢鞭打过程中要强调伸膝肌群的发力时机应适当。

第四节　太极拳的生物力学分析

目前,太极拳运动在全社会广泛开展。太极拳具有调节神经系统、改善心肌血液循环情况、维持关节和软组织的灵活性与柔韧性以及提升肌肉工作效能等卓著的健身功效。有研究认为,太极拳和专项核心训练同具有减缓中老年人神经肌肉功能退化的作用,能够缓解慢性非特异性腰痛(non - specific lower back pain,NLBP)(Zou L et al.,2019)。但在太极拳运动中,练习者要始终保持屈膝的半蹲状态,此时膝关节周围的韧带松弛,影响膝关节的稳定性。此外,屈曲状态下膝关节受力更为复杂,极易产生疲劳,从而导致膝关节的损伤(陶萍,刘云发,2016)。作为太极拳桩功的一种,不同类型和流派的马步动作要求不尽相同。其基本规范为:两腿平行开立、下蹲后膝盖尽量不要超过脚尖、臀部不宜过度突出,形成"圆裆"的特点。太极拳是强调缓慢而持续的运动,包括由双侧到单侧的人体重心转换、膝关节的渐进性屈曲以及躯干和头颈的旋转等(Wang S J et al.,2017)。由于太极拳的动作具有较大的幅度变化和整体缓慢的特点,故练习者的肌肉需要在不断变化的张力和收缩角度下持续运动。而马步动作中,下肢处于屈髋屈膝的状态,为了维持稳定的下肢姿态和重心,股四头肌韧带和髌韧带会产生过高的张力,在大负荷下,细微损伤的反复累积会导致膝关节的慢性损伤(朱雅敏,2002)。而不正确的动作在不断的重复下,会影响太极拳练习者正确动作的习得。

通过运动学和动力学测量仪器以及肌电探测设备来分析太极拳马步中关节肌肉的运动特点,有助于更精确地分析不同马步动作对练习者下肢的力学影响。在传统马步动作要求中,躯干前倾是一个比较常见的不规范动作。较大的躯干前倾角度,对练习者维持重心和姿势的稳定都提出了更高的要求,而这可能会导致关节更大的受力,而易引起损伤。

本节通过对比太极拳练习者在不同马步姿态(躯干前倾姿态和较为标准的马步姿态)中,下肢的运动学、动力学特征以及主要肌肉的肌电特征,为太极拳不同马步姿势的对比,提供科学的参考数据;对广大太极拳爱好者的练习,起到一定的指导作用,并重新审视传统观念中"错误"的马步,在生物力学层面上的优劣。

一、两种不同马步下髋、膝、踝关节角度的对比分析

NTP 马步为躯干前倾姿态马步姿势组,ATP 马步为较为标准的马步姿势组,通过表1-4可知,两种马步髋、膝、踝关节在屈伸方向上的最大角度均存在显著性差异($P < 0.05$);膝关节和踝关节在内收外展与内翻外翻方向上的最大角度之间存在显著性差($P < 0.05$);而髋关节内收外展方向上与膝、踝关节内外旋方向上的最大角度之间没有显著性差异。

表1-4　两种不同马步下髋、膝、踝关节各方向最大角度对比/(°)

关节	运动方向	NTP 马步	ATP 马步	t	P
髋关节	屈、伸	53.16 ± 3.63	65.33 ± 1.40	-8.013	0.000^{**}
	内收、外展	-8.50 ± 2.02	-7.89 ± 1.80	-0.437	0.680
	内旋、外旋	15.31 ± 1.76	17.42 ± 0.97	-4.585	0.006^{**}
膝关节	屈、伸	85.68 ± 2.41	78.71 ± 4.22	3.687	0.014^{*}
	内收、外展	8.10 ± 0.66	10.66 ± 1.32	-4.296	0.008^{**}
	内旋、外旋	-21.76 ± 2.23	-19.02 ± 2.22	-1.920	0.113
踝关节	背伸、跖屈	49.39 ± 0.38	43.48 ± 0.99	12.200	0.000^{**}
	内翻、外翻	12.43 ± 4.24	20.33 ± 2.06	-5.964	0.002^{**}
	内旋、外旋	-2.52 ± 11.31	5.09 ± 13.17	-0.966	0.378

注:* 代表 $P < 0.05$,** 代表 $P < 0.01$。

通过观察两种马步下关节角度的差异,可以发现 NTP 马步下髋关节屈伸的最大范围要小于 ATP 马步,这体现出了躯干前倾角度为正误两种马步的本质区别。根据人体的运动规律,躯干在保持基本挺直的情况下前倾,骨盆会围绕冠状轴向前旋转,在下肢闭链的人体姿态下便会产生髋关节更大的屈曲幅度。NTP 马步组的最大膝关节角度要显著小于 ATP 马步组的最大膝关节角度,即前者的膝关节运动幅度要明显大于后者。有研究发现,股髌间的接触面积会随膝关节屈曲角度的增加而增加,而增大的股髌接触面积有助于将施加在髌骨上的压力分散在更大的区域上,从而减少接触应力,以减轻股髌关节疼痛综合征(patellofemoral pain syndrome,PFPS)患者在练习时的痛苦(Escamilla R F et al. ,1998)。

二、两种不同马步下髋、膝、踝关节力矩的对比分析

通过表 1-5 可知,两种马步下三个关节在所有方向的最大力矩之间均存在显著性差异($P < 0.05$),且除踝关节内外翻的力矩外,NTP 马步的所有最大力矩均显著大于 ATP 马步($P < 0.05$)。

在对力矩的分析中,可见躯干正常的马步动作在各个关节上的力矩均普遍大于躯干前倾的马步动作。力矩是用来说明物体受到力后绕着转动轴转动趋势的动力学指标,故实验中的这一现象可能是由于 NTP 马步对人体重心稳定控制的要求较高。如 NTP 马步中踝关节在背伸跖屈方向上的力矩要显著大于 ATP 马步,这是因为在躯干处于中立位马步下蹲的过程中,为了保持稳定,人需要向前调整重心,此时胫前肌激活程度会随着躯干前屈角度的增加而增加(Lee T S et al. ,2016)。也有研究者通过实验发现,在全脚掌着地的"亚洲蹲"中,胫骨前肌的激活程度显著高于需要人体重心前移的"西方蹲"动作(王凡嘉等,2021)。

表 1-5　两种不同马步下髋、膝、踝关节各方向峰值力矩/(N·m·kg⁻¹)

关节	运动方向	NTP 马步	ATP 马步	t	P
髋关节	屈、伸	3.26 ± 0.59	2.00 ± 0.13	4.788	0.005 **
	内收、外展	−0.80 ± 0.12	0.01 ± 0.58	−3.462	0.018 *
	内旋、外旋	34 ± 0.07	0.05 ± 0.11	7.040	0.001 ***
膝关节	屈、伸	−2.00 ± 0.37	−0.52 ± 1.03	−3.159	0.025 *
	内收、外展	−0.76 ± 0.10	0.49 ± 0.04	−26.878	0.000 **
	内旋、外旋	−0.49 ± 0.01	0.13 ± 0.40	−3.799	0.013 *
踝关节	背伸、跖屈	89 ± 0.27	0.94 ± 0.16	6.128	0.002 **
	内翻、外翻	−0.19 ± 0.43	1.00 ± 0.01	−6.956	0.001 **
	内旋、外旋	−0.25 ± 0.02	0.23 ± 0.23	−5.349	0.003 **

注: * 代表 $P < 0.05$, ** 代表 $P < 0.01$。

三、两种不同马步下下肢各主要肌肉积分肌电值的对比分析

由表 1-6 可知,除股直肌外,股二头肌、半腱肌、胫骨前肌在两种马步下肌电图的积分肌电值(integrated eMG,iEMG)之间均存在显著差异($P < 0.05$)。并且,ATP 马步组各主要肌肉的 iEMG 均大于 NTP 马步组。

表1-6　两种不同马步下各肌肉 iEMG/(V·s)对比

马步种类	不同肌肉			
	股直肌	股二头肌	半腱肌	胫骨前肌
NTP 马步	22.25 ± 3.16	6.91 ± 1.89	13.91 ± 1.55	51.75 ± 9.64
ATP 马步	26.78 ± 3.69	14.23 ± 5.33	19.11 ± 1.79	63.46 ± 8.24
t	− 2.386	− 2.719	− 7.325	− 3.905
P	0.083	0.042 *	0.001 **	0.011 *

注：* 代表 $P<0.05$，** 代表 $P<0.01$。

　　iEMG 代表了一段肌电信号下的面积总和，单位为 V·s，是一段时间内肌电值输出的加和量，常被用以评价肌肉的活动程度（陈晨，2019）。该研究对目标肌肉的测量结果不同于前文对于胫前肌活动状态的预估，此研究中 NTP 马步胫前肌的激活程度并未显著高于 ATP 马步，而股二头肌和半腱肌这两块位于股骨后侧的肌肉显示了较强的活动度，根据 Ohkoshi 等（Ohkoshi Y，1991）的研究，躯干前屈姿态下的下蹲动作会有效刺激股后肌群的收缩，采取主动伸髋的策略来维持重心的稳定。

　　该研究中的马步动作，其关节下肢运动学、动力学和主要肌肉的激活模式与深蹲动作较为相似。在莫重阳（莫重阳，2021）对深蹲的一项研究中，同样选择通过 iEMG 来分析肌肉的整体活动情况。在此研究中，iEMG 随着深蹲负荷的大小变化明显，并且不同时相（不同肌肉工作模式）下同一肌肉的 iEMG 之间也存在显著性差异。相比之下，该研究存在着如下局限：在肌电分析过程中并未划分时相，这可能是某些肌肉的 iEMG 表现偏离预估的原因；未能准确控制变量，如在设计实验时，没有将受试者的马步动作规范在一定的关节角度范围内；选取指标单一，且未能将各指标结合起来进行分析。

　　该文献对太极拳的相关动作也做了比较详尽的生物力学分析，文献内容如下。24 式太极拳是 1956 年国家体育运动委员会组织部分专家在传统杨氏太极拳的基础上，按照由简到繁、由易到难的原则，改编成的一套强身健体的运动方式，具有广泛的群众基础，目前已经被列入了大学体育课程中，在西方国家也迅速兴起。正确的太极拳姿势不仅符合人体生理、生物力学规律，还能达到运动技击的要求。目前，对太极拳运动生物力学的研究主要集中在动作速度、身体重心变化、躯干倾斜角度、胸椎曲度的变化，下肢三关节角度变化以及演练过程中足底压力分布的变化；同时，对太极拳动作指标选取的整体性上还存在不足（武冬，2001；Wu G et al.，2005）。然而，少有文章对太极拳动作在膝关节受力峰值时刻下肢关节运动学、动力学和下肢肌力相关指标进行研究，利用仿真软件对下肢关节相关指标、肌力指标进行分析的文章又是极少。24 式太极拳行进间动作主要包括向前移动、向后移动和侧向移动，其代表动作分别为野马分鬃、倒卷肱和云手（胡雁宾，2003）。膝关节是支撑体重和身体平衡的主要部位，也是所有关节中最复杂、最容易受伤的部位之一。因此，本研究选取野马分鬃、倒卷肱、云手三个代表动作，对比初学者和长时间太极拳练习者膝关节受力峰值时刻下肢关节角度、受力、力矩以及下肢肌肉用力特点，为大学生太极拳正确姿势练习提供科学的量化数据和理论指导。

　　野马分鬃、倒卷肱、云手代表了 24 式太极拳动作中的向前进步、向后退步和向侧移步。野马分鬃动作有 3 次、倒卷肱 4 次、云手 3 次，其重复次数都在 3 次以上，所以，对 3 个动作的研究十分重要（国家体育总局,2000）。

四、野马分鬃动作下肢生物力学特点分析

太极拳动作要领的基本要求大多是以关节来描述的,如"屈膝松胯冶""旋踝转腿冶"等。同时,太极拳的运动要求各关节之间需要协同运动（Ernst A et al. ,2017）。

太极拳着数,既要求单个动作正确熟练,又要求动作之间的连贯熟练。根据"着数"的基本内容可描述为:动作正确熟练,周身动作协调,无乖戾僵硬,最终做到"心能忘手,手能忘刀,进退周旋,不思而得"（Burke D T et al. ,2007）。控制好关节的运动方式和规律可以使太极拳动作的完成得到更好的发挥。关节角度是描述动作形式的重要指标,反映各环节间相对位置关系,关节角度和关节力矩是影响关节周围肌肉激活程度的重要因素（Andriacchi T P et al. ,1998）。野马分鬃膝关节受力峰值时刻,重心依然停留在左脚,右脚从左脚内侧移向身体的右前侧,随着右脚相对于肢体位置的改变,下肢需要不断地调节下肢肌肉来维持肢体的平衡。观察到专业组用力较大的肌肉包括:大收肌远端、大收肌中端、耻骨肌、梨状肌、臀中肌前部、臀中肌后部、臀小肌后部、股二头肌长头、股中肌、股外侧肌下、胫骨前肌;普通组用力较大的肌肉包括:髂肌内侧、髂肌中部、阔筋膜张肌、拇长伸肌、趾长伸肌、趾长屈肌、胫骨后肌。

太极拳套路中"欲左先右冶""欲右先左冶"可以使太极拳发力更加有效;太极拳下肢为三节,拳论曰:"上节不明,无依无宗;中节不明,满腹是空;下节不明,颠覆必生。"切忌下肢的双重毛病,否则关节转动不灵,腿部方能有力。髋关节为周身之枢纽,灵与不灵,活与不活在于步。此时普通组在弓步动作髋关节角度过于外展和旋转化解自身肌肉拉长,内劲不能完全释放。说明初学者在练习过程中外在动作形式是合理的,但是在练习过程中要注意下肢关节之间转动灵活,三节分明以及松柔自然。

五、倒卷肱动作下肢生物力学特点分析

左右倒卷肱为 24 式太极拳第 6 式,代表了太极拳的退步动作。其动作要点为摆动脚着地时脚尖先着地,再慢慢过渡到全脚,脚掌踏实至重心在支撑脚和摆动脚之间完成转移;同时,之前的支撑脚脚尖着地,脚后跟向左后或右后倾斜,避免两脚落在一条直线（何瑞虹等,2004）。倒卷肱动作过程中膝关节在垂直轴方向上受力峰值时刻,专业组髋关节旋转角度明显大于普通组,踝关节屈曲角度小于普通组。专业组在额状轴方向上的受力明显小于普通组;专业组膝关节、踝关节外展力矩明显高于普通组。

六、云手动作下肢生物力学特点分析

云手动作要以腰为轴、松腰、松胯,不可忽高忽低,自然圆活,速度要缓慢均匀。云手动作中,专业组外展角度明显小于普通组,旋转角度、屈曲角度明显大于普通组。专业组髋关节在矢状轴向上的受力明显小于普通组,膝关节、踝关节在矢状轴方向上的受力明显高于普通组。初学者虽然按照云手基本要求完成云手动作,即外形相似,但是无法真正体会到内劲在人体三节中的运转。因此,普通组和专业组下肢肌肉的用力方式会呈现出显著性差异。

太极拳每个动作的变化都要符合人体生理解剖结构特点,髋关节作为球窝关节,是连接躯干和下肢的关节的枢纽,可以外展、内收、屈、伸、内、外旋和环绕。膝关节在完全伸直时,膝关节两侧侧副韧带紧张,此时膝关节只可以做屈伸运动;当膝关节屈曲20°和30°位置时,两侧侧副韧带松弛,膝关节可以做幅度较小的内收和旋转运动。单脚支撑期小腿肌肉力是保持身体

平衡的主要因素,专业组腓肠肌内侧,腓肠肌外侧明显小于普通组,由于肌内的代偿作用,普通组可能会分散更多的肌肉力来维持身体的平衡,而没有更多的肌肉使关节具有比较大的屈伸和旋转。

综上所述,膝关节在垂直轴方向上受力峰值时刻,普通组踝关节角度屈曲角度较小,引起小腿后侧肌肉牵拉较小,又因为两组膝关节屈曲角度没有显著性差异,最终引起大腿前侧肌肉牵拉较大,造成膝关节髌骨会承受较大的牵拉力。普通组髋关节外展角度较大,膝关节在额状轴方向上的受力较大。因此,较长时间太极拳练习会对普通组膝关节造成较大的损伤。建议在以后的太极拳练习过程中,初学者踝关节要有较大的踝关节屈曲角度来分散膝关节髌骨的受力,较小的髋关节外展角度减少膝关节在额状轴方向上的受力。太极拳动作中的"以腰为轴、上下相随"主要是通过髋关节的旋转来完成的,普通组在练习过程中应多关注于髋关节的旋转。

七、结论与建议

太极拳练习过程中,膝关节在垂直轴方向上受力的峰值时刻,专业太极拳练习者髋关节会表现出较大的髋关节旋转角度和较大的踝关节屈曲角度;较大的矢状轴方向上的受力、较小的额状轴和冠状轴方向上的受力。初学者在太极拳练习过程中应注意躯干的旋转,控制髋关节内收、外展的角度,在练习中应感受髋关节及躯干周围大肌群肌肉用力,进而提升太极拳练习过程中姿势的控制能力。

第五节　人体动作科学基础的科研动态

在研究人体动作科学基础的科研动态中,基于视觉的人体动作识别是当前研究的重点,具有较高的研究价值和广阔的应用前景。在当前的研究水平下,复杂环境中的连续自然动作的识别方面的研究进程缓慢,仍有巨大的研究空间。从现有的研究来看,一般在特征提取阶段,对运动系统进行归一化,来消除人的身高、臂长等体型方面的差异,在识别阶段针对不同类型的动作,采用启发式方法,来提高自然人体动作的识别率。

动作识别与动作评价的区别在于:动作识别其实是一种多分类性质的问题,它的侧重点是将输入的数据和作为参考的标准数据进行相似度的对比,然后为不同动作分配所属的类型标签;而动作评价则有更强的专业领域针对性,它必须与领域内的专家经验相结合,构建专业的评价标准,其不仅需要对比动作的外观相似性,还需要对动作的规范性、完成质量甚至艺术性进行评价,从而辅助人们对动作的深度分析。但同时,动作识别与动作评价也有紧密联系,二者在技术流程和方法上也有着很多共通之处。动作评价往往需要在动作识别的基础上完成。

早在20世纪70年代,Johansson的移动光斑的运动感知实验证实了可以借助二维模型分析三维的人体运动信息,引发了很多研究人员对人体动作识别的研究兴趣,后续关于动作识别的研究工作大量涌现,并取得了显著成果。另外,有关动作评价的研究则还处于起步阶段,虽然有一些成功案例,例如高尔夫挥杆动作(陈学梅,2018)、羽毛球挥拍动作(李奎,2017)等体育运动中的动作,但所能处理的主要是单一且重复度高的动作。而对于更为复杂的动作则力不从心,比如竞技健美操(吕默等,2019)、舞蹈(Kaoci et al. ,2015)、24式太极(Scottj et al. ,2017)、戏曲[王台瑞,2018(35)]等。对于这些复杂动作,不应该只是单纯地比较"外观相似度",还需要在更深层次的"专业相似度"上有所突破。

一、动作识别方法

识别算法为基于动态系统的识别方法,包括:概率统计、模板和语法的方法。

1. 基于统计的方法

基于统计的方法是动态系统模式识别效果最好的方法,主要有隐马尔可夫模型和动态贝叶斯网络。隐马尔可夫模型是目前人体动作识别中应用最为广泛的识别方法,动态贝叶斯模型由于模型结构复杂、参数繁多等原因,在动态系统识别中运用比较少。

2. 基于模板的方法

基于模板的方法主要有模板匹配、动态时间调整和动态规划算法。建模时,模板匹配的算法对每一动作都建有一个或者多个模板。识别时,将获取特征数据与模板匹配,计算两者之间的相似度。模板匹配算法无法解决运动时间快慢的影响,这是它最主要的缺点。

动态时间调整方法是以年为单位提出的,是一种基于时间轴的动态操作技术,它适用于那些随时间可变的问题。将两个不同时间长度的运动特征模板,按照一定的时间规整曲线进行时间规整,使得特征模板时间长度达到一致,然后再匹配达到距离最小,相当于搜索两个模板最优匹配的路径。但是要求必须顺序进行。

一般动态规划的算法无法综合多个训练样本信息以获得具有代表性的特征模板,只能将未知样本模板与训练样本一一匹配,计算最小距离。因此,一般动态规划的算法不仅容易受到噪声的影响,而且计算量会随着样本数目的增加而增加,这是动态规划算法的主要缺点。

这三种方法共同的缺点是以特征空间中固定的一个或几个点描述动态系统,无法真正反映动态系统在特征空间的分布属性。

3. 基于语法的方法

基于语法的识别方法主要是有限状态机。如将手势定义为时空空间的有序状态系列,以有限状态机建模识别手势。

二、动作评价研究现状

动作评价是最近几年逐步受到关注的研究课题,但目前尚未有明确的概念定义和理论阐述。从动作评价的目的和主要处理过程来看,将动作评价描述为:将输入的"学习者"数据经过动作识别之后,与相对应的"教师"数据进行对比,结合定量指标及专家知识,评价"学习者"动作的完成质量,并给予"学习者"动作改进的反馈。目前动作评价相关的研究还比较少,但其在体育训练、医疗康复、艺术表演等真实场景下的迫切需求,使其逐渐成为新的研究热点。

动作评价和动作识别在整体处理流程上有共通之处,也需要经历数据预处理和特征描述等步骤。并且,动作识别往往是动作评价的基础和前提。但是,与动作识别最大的不同在于:动作评价不仅需要对动作外观进行相似性判定,还需要专家知识的介入,对动作的规范性、流畅性、艺术性等一些内在的、隐含的特征进行评价。可以认为:正是因为增加了专家的经验,才使得对动作的处理从分类问题向评价问题转变。因此,在深入分析相关工作之后,本文以专家知识介入方式为依据,将当前的动作评价相关工作划分为如下4类:

(1)为专家提供可视化工具,构建专家经验与定量参数间的联系。

(2)在特征描述中引入专家知识。

(3)基于专家知识制定动作规范。

（4）基于大数据的动作评价,采用大数据分析来替代专家知识。

下面分别进行介绍。

1. 动作评价的可视化工具

想要在动作识别的基础上加入专家知识其实是很困难的,这很大程度是因为许多领域的专家知识是专家常年积累出的感性感受,是一种经验式的知识,专家可能也不清楚影响动作质量的具体参数。因此,动作评价的第一阶段不是随意增加专家知识,而是为专家提供工具,使他们能够更加全方位地、定量地、可视化地观察各种动作参数,从而辅助专家发现规律。

近年来,不少研究者们开发出了各种动作评价系统。这些动作评价系统无一例外都采用了对三维动作数据的可视化手段。如陈学梅(陈学梅,2018)所开发的高尔夫挥杆动作评价系统,能够对比训练者进行挥杆动作时的关节角度与标准挥杆动作的差异,并直观地将差异展现出来,辅助球员进行练习。图1-9为诺亦腾公司开发的高尔夫评估和训练系统的实景展示和软件界面,图1-9(a)为运动员佩戴动作捕捉设备进行训练的实景展示,图1-9(b)为高尔夫评价系统的界面。从图中可见,其将动作数据三维可视地显示,用户可以360°观察动作骨骼,并获得重要动作关节的数值。它可以提供运动员的关节角度、挥杆速度、加速度、动力链等多项数据,并可以与其他运动员进行对比,帮助运动员更好地训练和提高。

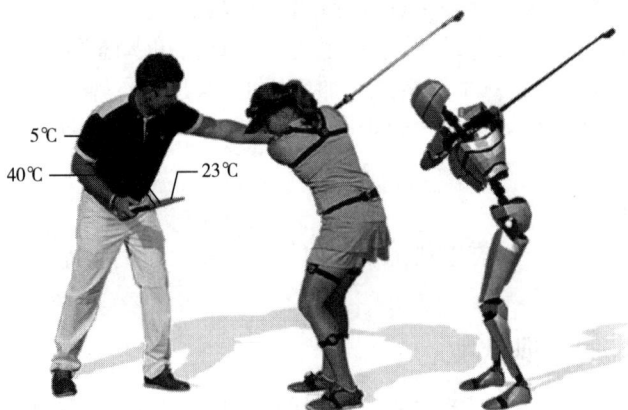

（a）实景展示

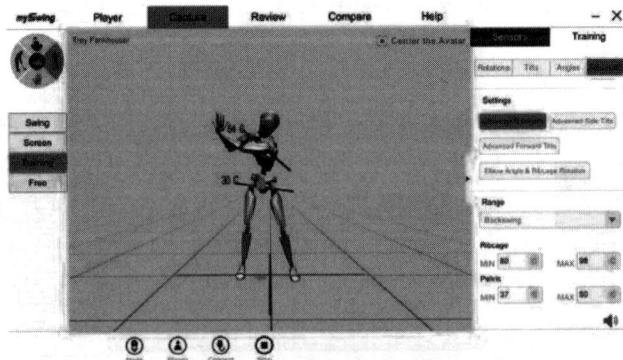

（b）高尔夫评价系统的界面

图1-9 诺亦腾开发的高尔夫评估的实景展示和系统界面

京剧是一种非常复杂的艺术表演形式,很难进行定量化动作评价。最近,一些研究者在京剧动作评价方面进行了探索,他们充分利用了可视化工具来发现动作规律。王瑞台[王瑞台,2018(35)]基于3D动捕设备采集的数据,分析了京剧表演中专业表演者与学习者动作的异同。他将表演者的三维动作数据可视化为三维空间中的离散点集,通过研究点集的分布规律来进行动作评价。研究有9个受试者,其中既有科班学生、戏曲学校学生(非科班)、有扎实舞蹈基础的学生和普通学生。结果发现,得到京剧专家很高评分的学生,通过动捕获得的骨骼数据与专家之间的相似性并不一定高。因此要把数据和人类感受很好地结合起来还是很具有挑战性的。将动作序列中的关键参数(如关节角度、关节变化速度、运动轨迹等)进行可视化,并以直观的方式进行对比,可以为专家提供有力的分析工具,有望辅助于将定性的专家知识转化为定量的动作标准,并发现动作的内在规律。这项工作可以作为动作评价的必要模式,而其中复杂运动参数的可视化方法及分析策略可作为进一步研究的要点。

2. 在特征描述中引入专家知识

特征描述方法对于动作评价具有重要意义。与动作识别不同的是,动作评价的特征描述不仅仅用来评价动作外观的相似性,更要能反映出此类动作的专业特征。因此,动作评价的关键就是要引入更有科学性、专业性的特征描述。在这个问题上,专家知识必不可少。

在很多体育运动的动作评价中,都可以在特征描述阶段引入专家知识。例如,各种运动都有比较固定的评价规则,这些规则代表了裁判或专家在进行动作评价时所关注的重点,可以将这些规则转化成容易评价的定量指标,从而用于动作的相似性度量。

所谓相似性度量,即综合评定两个事物之间相近程度的一种度量。将相似性度量引申运用在人体动作评价中,就是基于定量的评价指标,对“学习者”动作与“教师”动作进行相似性比较,从而实现对动作完成质量的评价。

其中的关键点是以下两点:

(1)由领域专家确定应采用哪些特征描述符作为动作评价的指标。

(2)如何定义样本之间的相似性度量。

陈学梅(陈学梅,2018)所研制出的高尔夫挥杆评价系统,主要使用了和挥杆动作联系最紧密的关节角度的指标。李奎(李奎,2017)的工作则根据对羽毛球挥拍动作的研究,使用非定长稠密轨迹算法来表征这些动作,然后计算待分析动作与标准动作之间的切比雪夫距离来衡量它们的相似度。张晓莹等人(张晓莹等,2017)对两名男子竞技健美操世界冠军完成难度动作 C289 不同技术的运动学特征进行深入分析与量化研究,并进行相应的技术诊断,揭示完成此难度的运动学特征与核心技术,为运动员提高难度动作成功率奠定基础,同时也为难度动作的科学训练提供可靠的理论依据和实践参考。Alexiadis 等人(Alexiadis D S et al. ,2014)采用关节旋转的四元数特征对舞蹈动作进行评价,并基于此实现了动作序列的评估。

人们发现对于不同的专业动作,各个身体关节在动作中起到的作用是不同的,因此在动作评价中,应为各个关节赋予一个权重,由此可突出重点关节的作用。各关节的权重参数一般就需要根据专家经验来设置,这种设置方式显然具有一定的主观性。也有人通过对动作的分析来自动为骨骼关节计算权重。如 Patrona 等人(Patronaf et al. ,2018)提出了一种自动和动态加权的方法,根据动作参与程度的差异,赋予关节相应的权重,再整合基于动能的描述符采样,进行相似性度量,随后利用模糊逻辑提供语义反馈,指导用户如何更准确地执行操作。

由上述研究可以发现,速度、加速度、关节角度等基本动作参数,往往并不能满足动作评价的需求,而需要在这些参数基础上结合专家经验进行综合分析与特征描述,以得出综合的评价指标。

3. 基于专家知识制定动作规范

确定动作的特征描述方式之后,可以更进一步基于专家知识建立动作规范;即可依据此规范评估动作做到何种程度可以被认为是合格的、优秀的或者是错误的。

在医疗康复训练的动作评价中,制定动作规范的方式比较常见。李睿敏(李睿敏,2020)针对发展性协调障碍疾病,提出了一种基于时域滤波卷积神经网络的动作检测方法,实现了交互过程中的精细动作评估。Richter 等人(Richter J et al. ,2019)针对髋部外展、髋关节伸展和髋部弯曲这三种运动错误进行了研究。他们定义正确的运动练习动作带有类别标签 C,其余的类别标签 UB、FO、BK、WP 和 NBK 分别对应不同的运动错误,以此分析患者的动作执行情况,针对性地给出评价和指导。在康复医疗场景下,有很多与动作相关的障碍性疾病,此类疾病的临床诊断通常是由专业医师通过观察和分析患者在一些特定动作评估任务中的表现给出的。但医师评估花费的时间长、费用昂贵,很难大规模筛查,因此,进行自动化动作评价既能满足计算机领域对动作评价的研究需要,又能推进自动化医疗辅助诊断的发展。

4. 基于大数据的动作评价

在复杂表演动作的评价方面,专家知识具有主观性、模糊性和隐含性,很难获得显式的、定量化的表达。事实上,目标动作的特征都蕴含在其动作数据中,如果采用大数据分析的方式,通过对大量教师动作(或专家动作)的数据分析,也许能发现动作中的合理评价标准。这种方式相当于是采用大数据分析的手段来替代专家的主观评价,也许能够为专业动作评价提供一种新的有效手段。

现有的数据集中记录的数据多为简单的日常动作,并不能满足专业领域动作的识别和评价,因此需要构建专用的动作数据集来实现专业动作的大数据分析。吕默等人(吕默等,2019)采集了大量高水平运动员的标准动作,扩充了 MSR Action 3D 数据集,再结合健美操国际权威标准构建对比数据库,然后将骨骼特征与深度局部特征进行傅里叶金字塔过滤并融合,根据融合特征进行动作的识别与评价。基于此方法开发的健美操辅助评审系统可以有效帮助裁判对竞技健美操难度动作给出正确的分数。

基于大数据的动作评价相关工作目前还非常少,吕默等也只是采用了传统的分类方法来对动作数据进行分类与识别;尚存在专业动作数据集的建设、适用于专业动作评价的网络构建、评价结果的合理性评估等诸多问题,有待研究者的进一步探索。

综上所述,表1-7列出了动作评价相关方法的类别、内容和方法。

表1-7 动作评价方法总结

方法类别	相关文献	评价对象	标准/方法
动作评价的可视化工具	陈学梅 李奎 王瑞台	高尔夫挥球杆动作 羽毛球挥拍动作 京剧	关节角度 切比雪夫距离 专家和机器分别打印
在特征描述中引入专家知识	陈学梅 Zhang 等人 Alexiadis 等人 Patrona 等人	高尔夫挥球杆动作 竞技健美操 舞蹈 医疗训练	人体动力学 四元数特征 动态加权、动能描述符

方法类别	相关文献	评价对象	标准/方法
基于专家知识	李睿敏 Richter 等人 徐峥	发展性协调障碍症 髋外展、髋伸展和髋弯曲 24 式太极拳	基于时域滤波的 CNN 基于规则和标签 CCA
基于大数据的动作评价	吕默等人	体操	大数据

三、结论与建议

近年来,人体动作识别和动作评价的相关研究获得了长足发展。本节探讨了二者之间存在的区别与联系。

1. 动作识别

在动作识别问题上,随着深度学习的应用,普通动作的识别精度已经可以达到相当高的程度,但人体运动的高复杂性和多变化性使得当前的识别方法并没有完全满足实际应用需求。

当前存在的瓶颈及未来的研究重点包括以下四点。

(1)缺乏标注良好的大型数据集　目前各类研究给出了不少动作识别相关数据集,但与图像处理领域的诸多经典数据库(如 ImageNet、MS-COCO、Open Images 等)相比,其数据集的完备性和标注程度还有待提高,动作识别领域依然缺乏大规模且标注良好的基准数据集。在深度学习成为主流方法的当今时代,标注良好的大型数据集对动作识别领域的发展具有十分关键的作用。

(2)大部分研究仍处于实验室阶段,在实际应用场景中的鲁棒性不强　在实际应用环境中所采集的数据,大都存在着多人体目标、遮挡、摄像机移位等干扰因素,目前方法对这些实际数据的抗干扰能力还不够强,导致其实用化程度十分有限。一个可行的解决策略是采用多特征融合的方法,提高模型泛化能力,解决多样化场景下的人体动作识别问题。一些研究者已经在这方面做出了初步尝试,例如文献(Ji S W et al. ,2013)采用了多通道特征融合的方式,文献(李元祥等,2020)则综合考虑静态、动态和高层次特征,文献(杨珂等,2020)则融合了不同时长的动作特征。这些方法利用多特征融合的策略,在抗环境干扰方面都取得了不错的效果。该思路依然值得进一步深入探讨。

(3)对于速度很快的动作,尚无法达到满意的识别效果　在一些专业运动领域,例如健美操等,其动作密集而快速(如健美操中的各种空翻动作),准确识别出每一次的动作难度依然很大。对于这种数秒内完成多次的动作,需要应用更细粒度的数据标签进行训练。而另一个值得考虑的思路是结合注意力机制,对关键帧中的快速动作区域进行重点关注,以提高识别效果。

(4)尚缺乏对动作中的语义信息的理解　如在京剧表演中,相似的腿部姿态却可能代表着不同的自然语义。但目前的动作识别技术仅通过当前动作外观进行分类,很难对这种动作的语义差别进行区分。因此,借助上下文及环境等对动作的语义信息进行识别理解是一个重要的研究点,该问题研究也能为动作评价打下良好的基础。

2. 动作评价

在动作评价问题上,当前的研究还比较初步,目前出现的针对羽毛球、高尔夫球、康复医疗等专业领域的动作评价工作,所针对的都是比较简单、标准化的动作;其所采用的指标也比较单一,主要考虑关节角度、速度、加速度等基本方位指标。

分析来看,动作评价研究所面临的关键问题包括以下两点。

(1)构建符合专业评价要求的数字化评价标准 这是进行专业动作评价的关键问题,其重点是将专业动作规范及专家的感性认知转化为量化的指标。目前虽然已经有了一些相关的工作,但其方法主要针对特定的动作领域,很难推广,在这方面还没有特别成熟而系统的方法。一种值得探索的方式是利用相似性度量算法自动发现"学习者"动作与"教师"动作的差异之处,再进一步结合专家知识或者直接启发专家形成定量化动作规范。

(2)从"形似"到"神似" 当前的动作评价工作仅仅局限在外在动作相似度的比较上。而一些专业领域的动作,如京剧表演、舞蹈等,讲究"以形传神,形神兼备",其不仅要求在身段、身法上"形似",还需要通过动作、表情等将内在的"神韵"表达出来。对这类动作的评价不能仅仅停留在动作相似性的度量上,还需有平衡性、流畅性、稳定性等更高级别特征的评估,需要思考如何在有形的"数据"和无形的"美感"之间搭建桥梁,实现更能反映艺术性的定量化评价。这方面的工作尚未见开展,却有重要研究意义。采用深度学习方法对大量表演数据进行分析,从中发现高层次的艺术特征,也许可以作为一条可探索的思路。

【复习与思考】

1. 简述骨的构造和分类。
2. 关节的辅助结构有哪些?
3. 尝试以解剖学角度从骨骼、关节、肌肉三个方面分析坐位体前屈这一动作。
4. 简述上肢鞭打动作和下肢鞭打动作的特点和区别。
5. 以太极拳中野马分鬃、倒卷肱、云手招式为列,尝试对太极拳中其他招式进行生物力学分析,了解生物力学的分析方法和步骤。
6. 时刻关注最新科研成果,了解掌握人体运动科学最新科研动态。

课程思政元素:

认识自我,弘扬健康,顽强拼搏,自信阳光,不言放弃,勇于探索,不畏困难课程

课程思政举例:

(1)通过对骨,骨关节,肌肉结构等解剖学知识的系统了解,告诉我们要珍爱生命,认识自我,弘扬健康。在学习理论的过程中,建立认识自我的意识。教育学生珍爱生命,尊重生命,建构运动科学与科学运动的理论框架和方法指导。树立学生传播健康知识和方法,关爱和维护健康的乐趣。

(2)通过对鞭打动作如标枪投掷,排球扣球,网球击球等的特点进行分析,本节主要对踢

足球的下肢鞭打动作进行分析,在告诉学生科学客观分析动作的生物力学特点同时教育学生积极参与全民运动,建立顽强拼搏,自信阳光,不言放弃的体育品质。建构对人体动作进行生物力学分析的方法和框架。树立传播体育精神。

(3)体育运动自古代奥运会时期发展至今,已经演变成一种精神。本节以中国传统体育太极拳为例,对太极拳的招式进行了生物力学分析。体育运动使国家产生凝聚力,使民族精神得到升华,爱国精神得到弘扬,有助于加强国家爱国主义教育和增强民族凝聚力。传授"中国梦""体育强则中国强""体育强国梦""健康中国"等重要观点和思想。

(4)在对不同运动项目的分析中,不仅对运动项目进行了分析,而且不同的运动项目也带来了不同的体育精神,个人运动项目中,蕴含着积极进取,勇于拼搏的进取精神;集体项目中,蕴含着团结协作,共同努力的集体精神;在体育竞赛中,不仅能看到运动员顽强拼搏的精神,团队协作的精神,赢得比赛的毅力,还能感到浓厚的人文情怀,健康向上的生活态度。

(5)对于人体动作的发展进行探究,树立了求真精神,尊重事实和证据,能够运用科学的思维方式认识事物,解决问题,指导行为的精神。鼓励学生拥有问题意识,培养独立解决问题的能力,做到能够拥有坚持不懈的探索精神,积极寻求有效的问题解决方法的能力和韧性。

第二章 人体基本动作发展

第一节 概 述

一、人体基本动作概念

早在 2400 多年前,古希腊名医希波克拉底(公元前 460—前 370 年)有一句名言"动作即生命"。而当今"生命在于运动"也已经成为大家的共识。美国动作科学家、著名整形外科医生、力量和身体训练持证专家格雷·库克说过:"首先要动作好,然后再经常运动。"

这也非常贴切地指出了动作对提高人们生命质量的重要作用。《动作学习与控制》更是我国当今"健康中国"建设和全民健身的重要科学依据和实用练习方法指南。在当今国际竞技体育前沿领域,许多成功实践者则更加形象地验证了动作质量对于运动成绩的决定作用:竞技就是动作。从人体早期的生长发育,直至生命结束的全过程,动作一直是我们关注的一个核心主题。目前世界上最优秀的健康专家、物理治疗师和运动训练专家,以及体育教师、教练员和运动员们,已经开始密切关注各种完整动作模式。他们在工作中也是先考虑基本动作模式,再考虑专门动作模式,他们共同的理念是:动作是人类行为的基本要素,而基本要素又是第一要素,因此,优化动作模式应该成为体育教育、运动训练和康复的首要切入点。执行动作技能是人类生存的显著特点,如果丧失这个能力,就无法像现在一样读这本书和辨认文字。但动作技能的种类繁多、数量庞大,于是了解各种动作表现、学习和控制方式的内在机制就显得极其重要了。深入认识动作技能、动作学习和控制的机制,能够为学了体育教育、运动训练、体育教练、健康指导、运动生理、运动医学、体疗康复,以及表演艺术提供很多切实的帮助。

当然,人类动作和动作技能以多种形式出现,有需要对人体大环节和大肌肉群进行协调和控制的动作技能,如足球和田径运动,也有需要对人体小肌肉群进行精细调节和把握的动作技能,如写字、穿针引线和进行外科手术。而不同的动作之间其运动模式和机制在表现上有多大的差别,但许多动作技能都具有共同的特点,无论这些技能是应用于体育教育、运动训练或比赛、物理治疗、身体康复,还是应用于军事训练和工业设计中的人工操作系统。

人类生来就具备一些基础性的交配人体的动作。使有点儿成熟经验就可表现出来一些基本动作模式和基础技能,如吮吸母乳、咀嚼食物、维持平衡、避免疼痛刺激、走和跑等,都可以被看作是人类的先天性的动作行为。从这个意义上说,能否顺利执行、表现、学习和控制各种基本动作和多种动作技能,也是人生质量的一个主要标志。而人们在日常生活中通过四个基本动作包括侧卧、起床、起立与坐下、走路来进行最基本的活动,在这四个基本动作之上再衍生出各种各样的动作。

二、基本动作发展规律

"动作发展"是指人的技能性动作表现随时间的变化而变化和发展的过程,它的主要研究内容是人的机体生长发育和环境的交互作用所反映出的动作行为的变化。

动作发展是一个跨越整个生命周期的复杂过程。婴幼儿固有的姿势反射和基础动作（rudimentary movements），常常被称为"刻板动作"（stereotypes），这是儿童期练习组合动作以及学习掌握更为自主的动作技能的基础。从儿童期到整个的成年期，在所有可能影响技能表现的因素的制约下，人们学习、应用、精细化并改变着各种各样的动作模式。Newell（1984）把这些因素称为约束，并将其划分为任务、环境和个体（包括功能和结构）三个方面。例如，随着儿童身高和体重的增加，个体结构方面的约束会影响儿童动作模式的变化。环境约束影响人一生的动作发展也有不少例子，例如运动场草地的情况，以及体育馆木质地板的表面光滑程度等，都会影响儿童跑步技能的发展程度；型号大小不同的球则影响接球的动作发展情况等。一个刚学走路的孩子，在实验室接受测试时行走得还算不错，但却被屋子里的一个垫子所绊倒。孩子的母亲解释说这是由于家中的地面没有任何的高低差异。显然，这个孩子缺一个环境，来发展合适的动作以应对高低错落的地面。同样，对于不同的任务，如用双手接篮球或双手接气球，则要求孩子采用相应的动作模式才能成功地完成任务。

三、基本动作的姿势控制

基本动作的任务是使某姿势转变为目标姿势。姿势被定义为对线和对位，也就是说，当姿势改变时，对线和对位同时变化。因此，为了完成基本动作，不仅要把关节运动组合起来形成对位和对线，还需要考虑重力的影响来控制姿势。

重力是作用于身体部分的力，但为了更方便于思考姿势控制和身体运动的力学，可以把作用在身体各个部分的重力合并为一个力矢量，即重力作用于身体的重心上。这个合力的大小就认为是体重乘以重力加速度的值（图2-1）。

如果身体的一部分肢体运动，为了保持站立姿势，则身体的其余肢体也必须运动以满足重力和地面反作用力相平衡的力学条件。这里就相关的姿势控制进行介绍。不仅是身体的站立姿势，为了使物体静止，如前所述，重力和地面反作用力必须处于平衡的状态。此时，地面反作用力的作用线和重力线在垂直线上重合。也就是说，地面反作用力的作用点位于身体重心正下方。由于地面反作用力的作用点只位于支撑基底面内，因此，可以说静止的物体是否稳定取决于施加在物体重心上的重力线是否落在支撑基底面内。站立时的支撑基底面指两足的足底面之间的面，如果重力线落在该面内，则可以稳定地站立（图2-2）。所有动作的本质任务都是身体重心的移动。如果不能使身体重心移动，就不能滚动，也不能侧卧。可以说，使身体重心移动的机理才是动作的本质机理。

为了使物体的重心移动，需要从物体外部施加作用力（外力）。无论身体内部如何产生力，身体重心的位置都不会改变。移动物体，只能靠外力。身体也一样，如果不施加外力，就不能使身体重心移动。如前所述，作用于身体的外力有重力和地面反作用力。因此，可以说身体重心移动的机理由重力和地面反作用力的变化决定。

在站立时，为了使重心向左右移动，必须让身体向移动侧旋转以使重力和地面反作用力的平衡发生变化。例如，重心向右侧移动时，由于身体向右旋转，因此，重力线必须位于地面反作用力的作用线的右侧。但是，重力是作用于重心的力，其作用位置无法改变。因此，要使身体向右旋转，只需改变地面反作用力的作用位置，即地面反作用力的作用点向重力线左侧移动。

相反,要使重心向左侧移动,只需将地面反作用力的作用点向重力线的右侧移动。

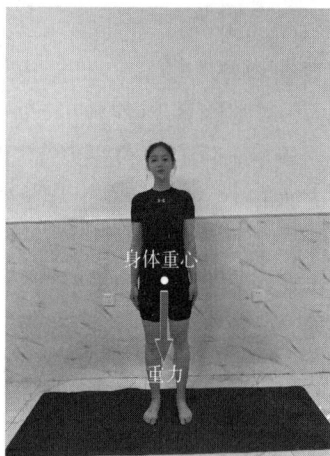

图 2-1 作用于身体重心的重力

图 2-2 支撑基地面示意图

同样,要使物体的重心向前移动,只需将地面反作用力的作用点向后移动;要使重心向后移动,只需将地面反作用力的作用点向前移动。

要移动身体重心,只能改变地面反作用力的大小和地面反作用力的作用位置。为了完成动作,必须适当地调整地面的作用点来控制地面反作用力,所以说地面反作用力的控制本身就是动作实现的能力。

第二节 侧卧动作

一、侧卧动作概述

(一)普遍运动模式

侧卧动作是从卧位开始改变姿势的第一个动作。侧卧动作的机制是起床和步行等基本动作机制的原型。婴幼儿先学会侧卧,然后逐渐学会起床和步行(McGraw,1945;Touwen,1976),表 2-1 为健康成年人几种不同的侧卧动作模式。

表 2-1 健康成年人几种不同的侧卧动作模式

模式	分类
上肢动作模式	①上方手臂伸至低于肩关节高度的位置的动作模式 ②上方手臂伸至高于肩关节高度的位置的动作模式 ③上方手臂按压面,然后再伸展的动作模式 ④上方手臂按压面同时侧卧的动作模式
头部、躯干动作模式	①骨盆和肩胛带位置固定的动作模式 ②骨盆先动的动作模式 ③骨盆和肩胛带位置变化的动作模式

续表

模式	分类
下肢动作模式	①两侧腿屈曲,从床上抬起的动作模式 ②一侧腿屈曲,从床上抬起的动作模式 ③一侧或两侧腿屈曲,按压床面同时侧卧的动作模式 ④一侧腿从支撑面抬起,利用腿的重量侧卧的动作模式 ⑤两侧腿持续与支撑面接触,腿按压床面的部位发生变化的动作模式 ⑥随着向侧卧位旋转,右脚或右大腿在左腿后面的动作模式

注:摘引自 Randy R Richter: Description of Adult Rolling Movements and Hypothesis of Developmental Sequences, PHYS THER,1989,69:63 – 71.

成年人的侧卧动作虽然多种多样,但大多数都是脊柱旋转带动肩胛带和骨盆带的旋转,称为体轴内的旋转。从安静卧位开始通过各部位肌肉的收缩,从而使各体节链接起来,从头部开始旋转随后各体节依次开始旋转延续至全身。

侧卧动作有着各种各样的运动模式,但按照体轴内旋转情况大致区分时,可以分为利用躯干伸展进行旋转的运动模式(伸展旋转模式)和利用躯干屈曲进行旋转的运动模式(屈曲旋转模式)。

伸展旋转模式从腿部和骨盆带开始运动,旋转运动从足部延续至头部。此时,其特征是头颈部伸展旋转。在利用伸展旋转模式的侧卧动作中,用上方下肢(在向左侧侧卧时,用右下肢)按压床以产生旋转的驱动力,使身体旋转。由于在侧卧结束之前,必须使髋关节伸展并持续按压床,因此,如果髋关节没有适当的伸展运动范围和肌力就不能完成侧卧动作。髋关节伸展受限和肌力低下的患者,为了弥补下肢驱动力的不足,通过手拉床栏,或者事先使髋关节和膝关节屈曲,来代偿髋关节伸展(图2 – 3)。

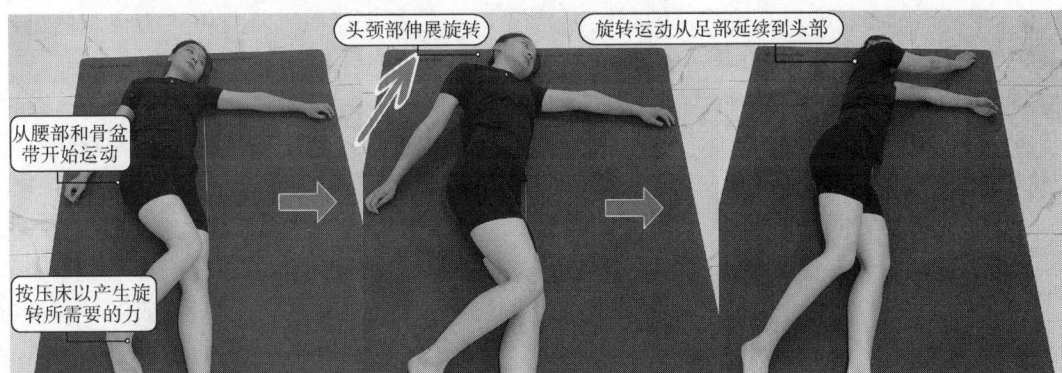

图2 – 3 伸展旋转模式示意图

屈曲旋转模式是从头部开始旋转而后延伸到足部的模式。其特征是,在开始旋转之前,头部最先抬起略微向要旋转的方向偏移。在使用屈曲旋转模式时上方手臂要向侧卧方向进行前伸的动作。

上方下肢在侧卧动作的前半部分按压床、后半部分不按压床。其特征是,在动作的后半部分,躯干的屈曲旋转作用发生转变,肩胛带和骨盆带的旋转运动出现逆转现象。

如果只考虑侧卧这一动作,则使用哪种模式都可以。但是,为了使侧卧动作与起床动作连贯,必须使用屈曲旋转模式进行侧卧(图2-4)。

图2-4 屈曲旋转模式示意图

(二)动作顺序

1.第一阶段

头颈部略微屈曲到上方肩胛带前伸、上肢前伸的阶段。侧卧的第一阶段始于头颈部。头颈部的屈曲旋转(必需的动作机理:头颈部的控制)在开始动作之前便已进行。头颈部屈曲旋转之后,上方肩胛带在胸廓面上前伸,上肢向侧卧侧前伸(必需的动作机理:肩胛骨前伸和上肢前伸)。

2.第二阶段

这是指躯干上部开始旋转运动、上方肩膀伸展至与下方肩膀对线的阶段。在肩胛骨前伸、上肢前伸后,胸椎、腰椎分别依次旋转,沿体轴旋转的躯干上部向侧卧侧旋转(必需的动作机理:体轴内旋转)。从胸椎开始旋转的时候,下肢就开始控制支撑面以将身体重心移至侧卧侧(必需的动作机理:重心移动)。在体轴旋转中,躯干上部先转动,接着躯干下部转动。

3.第三阶段

这是指躯干上部旋转后,躯干下部开始旋转至侧卧的阶段。第三阶段的体轴内旋转与第二阶段的旋转模式不同。

一方面,在第二阶段的体轴内旋转中,躯干上部相对于固定的躯干下部旋转。另一方面,在第三阶段中,旋转方向逆转,躯干下部相对于固定的躯干上部旋转。

由于旋转运动的逆转,躯干下部紧接着先开始旋转的躯干上部进行旋转,完成侧卧。该运动可以认为是调正反应或连锁反应,其中一个体节发生运动后,相邻体节会跟随上一体节活动并试图调正扭转或倾斜。

在侧卧动作中,通过相对于先发生运动的头部的躯干上部的调正和相对于躯干上部的躯干下部的调正,得以实现动作。

二、侧卧动作实现机理

(一)头颈部控制

在侧卧动作开始之前,会发生头颈部的屈曲和向内侧卧侧的旋转。屈曲的程度并不是很大,头部略微从床面抬起或者不抬起。但由于头颈部的屈曲,腹肌和髋关节屈肌等躯干前侧肌紧张度提高,所以屈曲旋转模式的侧卧动作得以实现。

(二)肩胛骨前伸与上肢前伸

由于肩膀在身体一侧突出,因此在侧卧动作中,肩膀会成为身体旋转运动的阻碍因素。因此,除非肩胛骨可以前伸,否则躯干上部无法旋转,无法完成侧卧动作。

在侧卧动作的第一阶段中,在躯干上部开始旋转之前,上方肩胛带(向左侧侧卧时为右侧肩胛带)向侧卧侧伸展以使肩胛骨前伸,在侧卧的第一阶段中,肩胛骨的前伸由前锯肌的运动引起。此时,作为支撑上肢重量并使其保持姿势的基础,肩胛骨还需要具有稳定性。为了使肩胛骨稳定在胸廓上,除前锯肌外,还需要斜方肌中部纤维的作用。

在侧卧动作的第二阶段中,下方肩胛骨(向左侧侧卧时为左侧的肩胛骨)成为身体旋转的阻碍因素。因此,为了不阻碍侧卧动作,下方肩胛带也必须与上方肩胛带一样前伸(图2-5)。

另外,在下方肩胛骨不前伸,上肢被身体压在下面的情况下的侧卧动作,不仅阻碍身体的旋转,还会导致被压在下面的肩关节产生疼痛。

由于在第二阶段随着躯干的旋转,躯干重量压向下方的肩胛骨,由于下方肩胛骨和床面接触形成了支撑面,所以不能自由的使下方肩胛骨前伸,但可以通过腹外斜肌在肩胛骨不动时使胸廓旋转以达到肩胛骨前身。

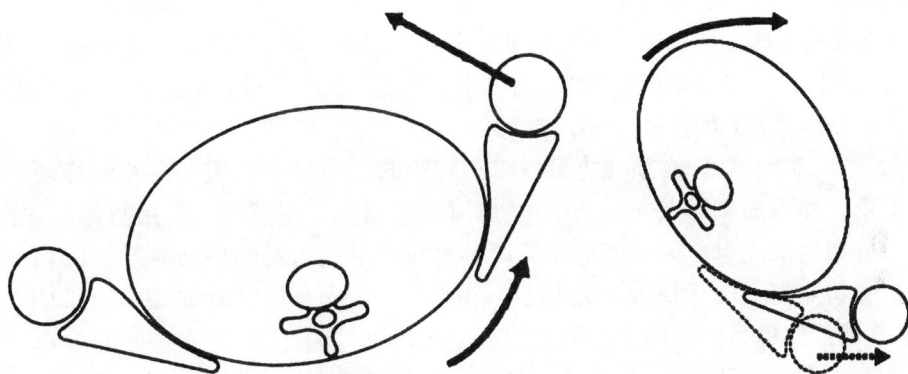

图2-5 上侧肩胛骨前伸下侧肩胛骨前伸

(三)体轴内旋转

1.躯干上部体轴内旋转

肩胛带前伸之后,脊柱的旋转从躯干上部向躯干下部、头部、足部方向延续。该旋转运动分节地、延续地在体轴内扭转躯干。体轴内发生的旋转运动称为"体轴内旋转"。体轴内旋转主要发生在胸椎,主动肌为上方的(向左侧卧时为右侧)腹外斜肌和下方的(向左侧卧时左侧)腹内斜肌。要想在侧卧动作中顺利地旋转胸椎,必须先进行肩胛骨前伸。前面已经说过,如果上方肩胛骨不前伸,上肢就会向体侧下垂,成为阻碍侧卧的重量。另外,胸椎旋转也需要肋骨的运动。

另外,为了克服重力从仰卧位屈曲旋转躯干,需要通过肌肉连接骨盆和下肢,从仰卧位姿势开始使躯干屈曲旋转时,头部、上方肩胛带、胸廓从支撑面抬起。此时,为了从支撑面抬起身体,需要提供基础的"重量"体节。"重量"体节位于抬起的体节和身体重心之间的对角线上,必须提供比抬起的体节更大的力矩。

当侧卧和起床时,骨盆是躯干旋转的"重量"体节,但仅靠骨盆的重量无法支撑头部、上方肩胛带及胸廓。当骨盆和下侧下肢由肌肉连接时,支撑抬高的身体部分基座的重量是下肢和骨盆的重量之和,因此能够充分支撑抬高的身体部分。连接骨盆和下肢的肌肉是股直肌和长收肌。这些肌肉通过头颈部的轻微屈曲增加前侧躯干肌肉的张力,对从仰卧位开始的抗重力屈曲运动具有重要的作用。

2. 躯干下部体轴内旋转

侧卧的第一阶段到第二阶段,从头部的屈曲旋转运动开始,然后向躯干上部、躯干下部及足部方向延续。但是,只通过头尾延续的屈曲旋转运动来完成侧卧时,由于头部会完全旋转,只引发躯干上部旋转,躯干下部旋转不充分,进而导致无法完成侧卧。因此完成侧卧需要躯干下部随着躯干上部的旋转运动而旋转。

将侧卧动作简化后,第二阶段是躯干上部相对于固定的躯干下部的运动,躯干上部旋转到一定程度后,固定和运动的部位发生逆转。在第三阶段中,停止躯干上部的运动,旋转躯干下部,躯干下部相对于躯干上部像复原一样运动,完成侧卧。由此,在侧卧的第二阶段—第三阶段中,为了使躯干下部旋转,发生了体轴内旋转的切换。在第三阶段中,由于躯干下部相对于固定的躯干上部发生旋转运动,因此体轴内的旋转恢复中立位。

3. 重心的移动

侧卧动作是指在床上回旋身体的同时使身体重心向侧面移动的动作。身体重心的位置不移动就无法实现侧卧。侧卧动作和其他动作一样,使用两侧的下肢控制地面反作用力的作用点以产生使重心移动的原动力。

例如,为了向左侧侧卧,必须在将身体向左旋转的同时使身体重心向左侧移动。为此,需要将地面反作用力的作用点向右侧移动,地面反作用力作用点的位置由身体与地面的接触面的压力分布情况决定。为了使地面反作用力的作用点向右侧移动,在用右侧下肢按压地面的同时要将左侧下肢从地面略微抬起。由此,用下肢控制地面时,接触面的压力分布偏向右侧,地面反作用力的作用点在重心的右侧起作用,使身体产生向左侧的旋转运动,身体重心的位置向左侧移动。此时,略微抬起的左下肢成为在对角线上的右肩胛带离开床向前伸的"重量"体节,因此躯干上部可以旋转。如果左下肢不抬起导致重量不够,则躯干上部不能旋转。

在侧卧的第三阶段,骨盆开始旋转,当身体向下侧的左下肢移动时,下肢的动作方式就会发生逆转。在此之前持续按压地面的右下肢离开地面,越过下侧下肢摆向身体前方。下侧的左下肢为了支撑体重而挤压地面,导致地面反作用力的作用点向身体重心的左侧移动,身体的旋转和身体重心的移动变慢。

三、侧卧动作发展历程

刚出生的婴儿非常小,几乎不能控制头部或者有目的移动自己的胳膊,这个时期的婴儿还不能自主地完成侧卧动作。新生儿的活动非常有限,并且在环境中非常依赖他人来发生位移,他可能会踢腿或抓住你的手指,但他的动作彼此之间或者与外部环境并不协调。同时婴儿身体的生长发育在动作发展中具有很重要的作用。婴儿头大而腿短的身体特征对个体的动作控制提出了挑战。

如前所说,因为婴儿头重脚轻的身体结构,其身体重心比成年人要高。的确,婴儿出生时身体重心位于下胸腔的水平,而到青少年时则位于骶嵴上下的水平(Palmer,1944)。由于重力的作用,更高位置的身体重心会导致婴儿身体的不平稳,从而增加了婴儿在许多不同的身体姿势和活动中保持身体平衡的难度。

婴儿身体的生长发育在许多方面影响其动作的发展。虽然婴儿头部体积相对比例的下降可能有助于婴儿保持平衡,然而婴儿在早期体重与身高比的增加,却增加了其实现对抗重力动作的难度。生物体方面的约束是婴儿期动作发展的主要限制因素(Thelen,1986)。

婴儿在前一年里的动作行为大多数为反射行为。反射是与生俱来的动作单位,连接刺激及引起的刻板反应。新生儿的动作看起来通常是无目的的和自发产生的。例如,婴儿躺在床上时会随机地踢腿或者在空中挥舞胳膊。婴儿的某些动作是自发的,而某些动作实际上属于刻板的动作模式,这些动作反应叫作反射,如果给婴儿一个特殊的刺激,将会引出婴儿刻板的动作反应。例如,轻轻地触摸婴儿一侧的脸颊,她就会把头转向触摸的那个方向;同样,如果你将手指伸入婴儿的手中,她就会握住你的手指。

自发动作和刻板动作都是"反射时期"典型的动作行为。反射时期开始于妊娠的第三个月,这时可以观察到胎儿反射性的和自发性的动作,并于出生后大约两周时消失,这时婴儿开始出现自主动作(Clark,1994)。某些原始反射出现后不久就开始消失了,如吸吮反射和抓握反射,出现和消失的转变发生在婴儿期的第一个月内,而其他保护性反射在整个生命期间是一直保持的,因为反射是动作发展的基石。

颈翻正反射(neck righting reflex)和躯体翻正反射(body righting reflex)也是与之后获得的自主动作和侧卧动作有关的婴儿期反射。当婴儿仰卧的时候,将其身体转向一侧,婴儿会朝着相同的方向转动她的头并与身体保持一致,从而可以引出颈翻正反射。颈翻正反射可以在出生后六个月内观察到,被认为是翻滚动作的前身也是侧卧动作初步的体现。

与颈翻正反射不同,躯体翻正反射是随着头的转动,身体向头的方向转动,这是身体转向与头同方向的翻正反射。不过,与以后获得的自主翻身的动作不同,躯体翻正反射并不包括躯体的分段旋转。实际上,这种反射是一种滚木般的翻身动作。与颈翻正反射不同,躯体翻正反射在出生后四个月左右出现,并且可在出生后第一年内持续地观察到。

四、预先适应期

反射时期的特点是确保婴儿能够生存的刻板动作,而预先适应时期的动作在所有婴儿中也非常相似,如伸手够物、坐、爬、站立以及最后的行走,它们在出现的顺序和动作的模式上似乎都是相同的。实际上,正是婴儿生命中这个时期导致许多早期的研究者得出结论认为婴儿早期的行为仅仅是神经成熟的结果,婴儿极少需要或并不需要环境的刺激。

预先适应时期的动作发展开始于自主动作的出现(在出生后第2周或者第3周),并横跨生命的第一年,直到婴儿能够独立进食和位移(大约一岁的时候)(Clark,1994)。这个时期动作发展的主要目标是获得独立的功能(Clark et al.,2002)。这个时期的动作是预先适应的,但不是预先决定的,并且需要一些环境的支持来保证它们的出现。在预先适应时期,婴儿发展的动作技能是后来的动作行为的前身,并且是物种特有的(即种系发生的)。虽然动作发展受到多种因素的约束,生物性的约束在这个时期起着非常重要的作用,仅需要特定环境的支持,在这个时期,正常发育的婴儿以一种可预测的、普遍的、一致的顺序获得他们的基本动作技能

（表2-2）。这些基本的动作技能称为动作里程碑，每个动作里程碑在婴儿动作发展中都是标志性的事件。

表2-2　婴儿基本动作技能里程表

平均年龄	动作里程
2个月	俯卧位时将头转向侧方
2.5个月	俯卧位时能将头和前胸抬离支撑面
4个月	从仰卧位翻滚为侧卧位
4.5个月	手臂支撑着俯卧

身体从一个位置翻滚到另一个位置，需要身体的两个主要部分，头和躯干以及两组肢体，即手臂和腿之间一定程度的协调。婴儿第一个翻滚的动作大约在两三个月的时候发生，婴儿由侧卧位可翻滚为仰卧位；到四个月时，她能从仰卧位翻滚为侧卧位；随着婴儿掌握了对躯干和臀部的控制，在五个半月左右可以观察到婴儿在躯干不旋转的情况下由仰卧位翻滚为俯卧位，而由俯卧位翻滚为仰卧位通常要再等几周之后才能完成。

第三节　起床动作

一、起床动作概述

（一）普遍运动模式

起床动作的力学任务是：①产生使身体垂直向上的力；②随着支撑基底面的变化使身体重心移动，并在其中支撑重心。了解患者的起床动作，有助于根据这些重要力学任务的特性来解释他们使用的运动模式。

作为实现起床动作的基本力学任务的运动模式，躯干的屈曲、旋转要素是极其重要的运动要素。如果不能屈曲、旋转躯干，就必须直直地坐起来。此运动模式，在损害动作通用性的同时也增加了身体的负担，因此需要更多的肌力；对于残疾人和老年人来说，并不是实用的动作方法。起床所需的躯干屈曲和旋转需要充分的运动范围和腹斜肌群的运动。

健康成年人常采用的屈曲、旋转躯干实现起床的机理与侧卧动作（根据屈曲旋转模式）的机理有很多共同点。另外，起床动作是从侧卧动作开始的一系列连贯动作，其重点是侧卧的同时起床。

在正常的起床动作中，上方上肢向起床侧伸展，不会把手放在床上支撑体重。如前所述，如果想要在侧卧后起床，在使身体重心上升而变成肘撑动作时，就必须使用躯干的侧屈运动。但躯干侧屈运动并不能提供足够提高身体重心的运动范围和肌力，所以在用上肢的力量强行抬起身体重心时会变成肘撑的动作。另外，如果尝试将肘部用力压在床上，过度用力而变成肘撑动作时，身体反而会被推向后方。这是因为，试图使肩关节水平外展，以肘部为支点使躯干上部上升时，身体向反方向旋转，进而导致躯干轴内旋转停止。由此，若侧卧后尝试起床，就会过度使用上肢，无法顺利地实现肘撑。

（二）动作顺序

起床动作的要点是从侧卧到肘撑的机理。很多难以侧卧的患者在起床采用肘撑动作时也会出现障碍。可以说,从侧卧动作开始,连贯至肘撑的机理是决定可否完成起床动作的关键。

1. 起床动作的第一阶段

起床动作的第一阶段与侧卧动作相同,指发生头颈部轻微屈曲和旋转,直到上方肩胛骨前伸、开始伸臂的阶段。

2. 起床动作的第二阶段

起床动作的第二阶段和第一阶段一样,与侧卧动作相同,指躯干上部开始旋转运动,直到上肩与下肩对线的阶段。

3. 起床动作的第三阶段

起床动作的第三阶段指从体轴内旋转前伸的上肩越过下肩,直到实现肘撑的阶段。在第三阶段中,体轴内旋转和躯干的抗重力屈曲运动增强,以实现肘撑。肘撑侧的肩胛骨需要稳定以支持体重。

4. 起床动作的第四阶段

起床动作的第四阶段指从肘撑到实现长坐位的阶段。在第四阶段中,由于体轴内旋转和髋关节的屈曲,支撑体重的部位从肘部变为腕部。重心移动到手腕时,在手腕推向床的同时重心移动到臀部和下肢形成的支撑基底面内,完成长坐位。

二、起床动作实现机理

(一)肘撑

为了实现肘撑而使肩关节的旋转运动停止,使旋转轴向肘关节移动的机理通过利用旋转运动的动量进行运动控制而实现。在侧卧过程中,当紧急控制肩关节的水平内收动量时,以肩关节为中心旋转的躯干由于惯性继续向侧卧的方向旋转。此时,躯干试图持续旋转的能量被传递到相邻的肘关节,并且肘关节成为旋转轴,躯干的旋转运动继续进行。结果,肘关节作为支点使上臂和躯干一起旋转,实现肘撑。即从侧卧到肘撑,需要控制下方肩关节的水平内收动量(图2-6)。

(二)肩胛带稳定

在起床动作的第三阶段中,为了在支撑上半身重量的同时实现肘撑,要求下侧盂肱关节和肩胛胸壁关节具有较好的稳定性。起床动作是上肢支撑体重的动作,如果肩胛带和躯干上部的稳定性不足,则无法起床。

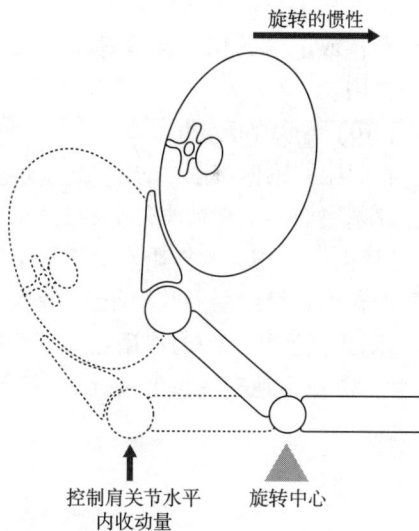

图2-6 肘撑的实现过程示意图

为了使上肢进行伸臂等运动,需要上方肩胛骨相对于胸廓稳定。除前锯肌和斜方肌中部、下部纤维以外,背阔肌、胸大肌、菱形肌等也有助于肩胛骨稳定。在上肢进行伸臂的运动中,前锯肌和斜方肌中部纤维协作将前伸的肩胛骨固定在胸廓上。另外,随着肩胛骨上回旋角度的变化,斜方肌下部纤维的活动也在增强。

在起床动作的第三阶段中,实现肘撑所需的下方肩胛带的稳定性是相对于固定肩胛骨而稳定的胸廓的稳定性。在制动相对于固定的肩胛骨在胸廓上的旋转时,菱形肌具有极其重要的作用。通过肩胛骨,前锯肌和菱形肌的作用线重合。如果将前锯肌和菱形肌比作一条带子,您会看到它从脊柱通过肩胛骨呈螺旋状绕着胸廓移行。

肱骨像肘撑那样作为支撑体重的支柱垂直排列,并且胸廓在其顶端进行旋转运动时,螺旋状走向的前锯肌—菱形肌复合体非常适合维持肱骨—肩胛骨—胸廓的稳定性。菱形肌在向后缩方向拉动肩胛骨的同时使肩胛骨向下回旋。斜方肌中部纤维和下部纤维具有使肩胛骨向上回旋时同时内旋的作用。因此,肩胛骨的后缩需要菱形肌和斜方肌的协调作用。菱形肌和斜方肌根据肘撑姿势的不同,其运动会发生变化,这两块肌肉作为前锯肌的拮抗肌使肩胛骨稳定在胸廓上。

(三)手腕—前臂—上臂—肩胛骨—胸廓链接

在第三阶段的后半部分,在支撑体重的部位从肘部转换为腕部时,需要连接手腕—前臂—上臂—肩胛骨—胸廓以稳定支撑体重。在接下来的第四阶段中,必须用手腕推压床以使重心移动实现长坐位。肱三头肌连接前臂和上臂,有助于在前臂处形成支撑基底面。

手臂线中称为臂后深线的肌肉链由菱形肌—冈下肌—肱三头肌—尺骨骨间膜—桡侧副韧带通过筋膜连接构成,在小鱼际肌处结束。另外,称为臂前表线的肌肉链连接胸大肌—背阔肌—上臂内侧肌间隔—尺侧腕屈肌—腕关节屈肌群。

当上肢基于小鱼际移动时,构成手臂线的肌肉通过肌肉链在小鱼际上进行协调运动,从而实现在小鱼际上对前臂—上臂—肩胛骨—胸廓的各体节的对线控制。这就是在柔道的被动动作或上肢的保护伸展等将手放在地板支撑体重的情况下,总要从小鱼际开始接触地板的原因。

(四)重心的移动

在起床的第四阶段中,用手腕上推上半身的同时,将身体重心移至骨盆和下肢组成的长坐位支撑基底面内。在前半部分,身体重心从肘部转移到腕关节上;在后半部分,用小鱼际推压床,使床面反作用力的作用点沿着与上升方向相反的方向移动,并使身体重心向长坐位的支撑基底面移动。继续用上肢推压床,直到身体重心移动到长坐位的支撑基底面内。通过用上肢按压床,床面反作用力的作用点移至侧面,从而在身体重心周围产生旋转力,如果手过早离开床,就无法稳定地实现长坐位(图2-7)。

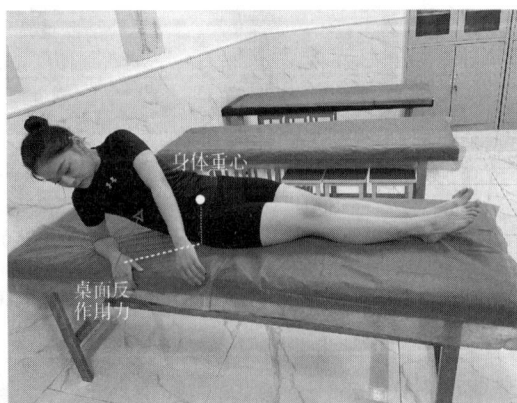

图2-7 长坐位上肢推压床时的重心移动

三、侧卧动作到起床动作的发展

在俯卧抬胸的动作之后,大约在婴儿出生3个月后出现了翻身(由仰卧转为俯卧)动作。婴儿自主控制的翻身动作模式,最初一般显示为仰卧翻身。逐渐地,躯干控制模式发展得更为全面、灵活,首先表现为头部的姿势不仅可以由仰改为俯,也可以自主地由俯转为仰。紧接着,肩部、躯体上部、躯体下部的自主控制运动也进一步得到完善(Zaichonsky et al. ,1980)。到约8个月时,婴儿既能仰卧翻身,也能俯卧翻身,从侧卧动作衍生到起床动作。但此时婴儿是用翻滚的模式完成仰卧位到侧卧位的转变,而由于在婴儿期腹部肌肉发育不完全,不足以支撑完成屈曲的起床动作,所以在婴儿时期一般采用翻滚的运动模式,从仰卧位先翻滚为俯卧位然后再撑起身体进行爬行动作使得自身位移。

第四节　起立及坐下动作

一、概述

起立动作及坐下动作运动模式:从椅子上站起来或坐下的动作是用下肢支撑体重的同时在狭窄的支撑基底面中大幅度上下移动身体重心的动作。从姿势控制的角度来看,这是非常困难的动作。从坐姿到站姿的姿势变化是与从床到轮椅、厕所的移动等日常生活活动密切相关的基本动作。能够独立起立、坐下可以极大地扩大日常生活的范围。从坐立状态下站起来这一动作对步行动作来说也是必不可少的;站不起来就无法步行。

起立及坐下动作的普遍特征是:①与支撑基底面的变化相关的身体重心的前后移动;②目的动作—身体重心的上下移动,两者同时进行。坐在椅子上时的支撑基底面由臀部和足部形成。因此,在坐立姿势中,如果身体重心在臀部和足部所形成的宽广的支撑基底面内,则可以使身体稳定。但是,从臀部抬离座位的瞬间开始,支撑基底面仅由足部形成,位置前移,面积变小。因此,从椅子上站起来时,必须在向前、向上移动身体重心后臀部才能离开座位。在坐下的动作中,由于座位在后方,所以必须在身体重心向后移动的同时坐下(图2-8)。

图2-8　重心向前移动

这种起立、坐下动作要求同时协调身体重心进行前、后、上、下方向的移动。类似于起立、坐下动作的动作是下蹲动作,该动作从站立位屈伸下肢。下蹲动作和起立、坐下动作对身体重心的控制不同。在下蹲动作中,由于支撑基底面始终是固定不变的,所以不需要像起立、坐下动作那样向水平方向移动身体重心(图2-9)。

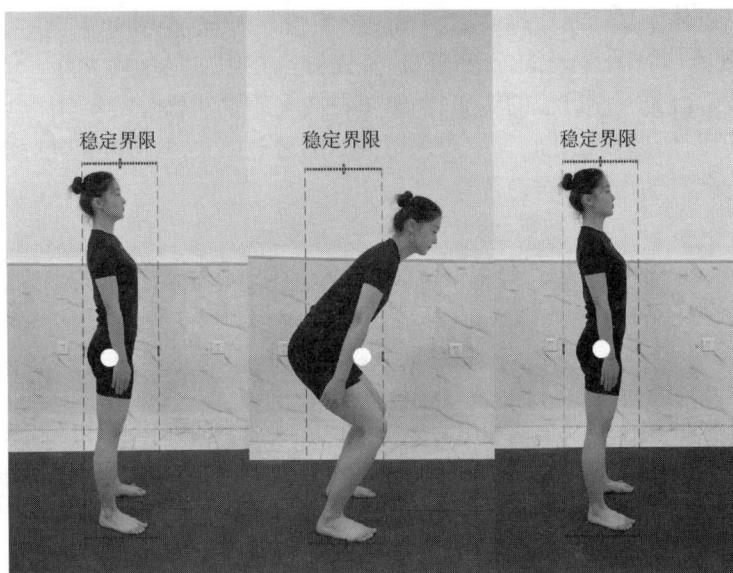

图2-9 下蹲动作支撑基地面示意图

1.起立动作

起立动作的普遍特征是:将身体重心移至足部形成的支撑基底面内后,再向上移动。具有健康成年人所使用的运动模式的普遍特征的重心控制策略分为3种,即稳定策略、动量策略及其混合型。

稳定策略也称为力控制策略(forcecontrolstrategy)。这种策略是指先屈曲髋关节,使上半身大幅度向前倾斜,进而使身体重心移至足部形成的支撑基底面内后再站起来的运动策略。个体主要是在慢慢站立时才会选择该运动模式。在稳定策略中,身体重心平稳地向目标位置移动。

动量策略是身体重心向前加速,然后站起来的运动策略(图2-10)。这种策略中,在身体重心移至足部形成的支撑基底面内之前,臀部抬离座位。此时,由于身体重心有向前加速的动量,因此,即使臀部在身体重心没有移至足部形成的支撑基底面内时就离开座位,也不会向后方跌倒。由于动量策略是利用动量站起来的,因此上半身不需要像稳定策略那样大幅度前倾。通常,健康成年人站起来时所使用的运动模式是动量策略。但是,如果在该运动模式中,在臀部离开座位的瞬间,身体重心没有移至支撑基底面内,就会因为动量不足而向后倒下。相反,如果过于用力,身体就会向前方倒下。因此,这是一种难以把握动量的动作模式。

2.坐下动作

坐下动作的普遍特征是在身体重心向下移动的同时使臀部与座位面接触,身体重心移至臀部形成的支撑基底面内。坐下动作是指支撑基底面向后移动的动作,身体重心的下降和后

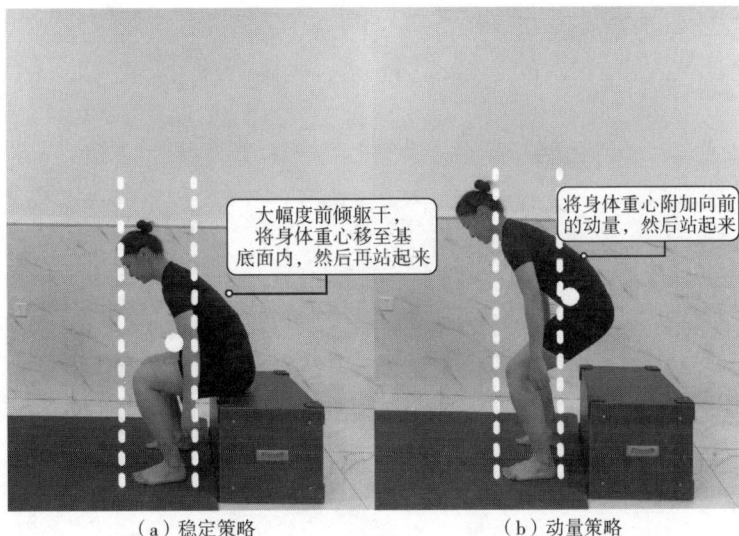

（a）稳定策略　　　　　　　　　　（b）动量策略

图 2 - 10　稳定策略和动量策略

移必须协调进行。如果身体重心不后移,臀部就不能与座位面接触;如果身体重心后移过多,在臀部与座位面接触之前就会向后跌倒。在稳定的坐下动作中,身体重心移至腿部形成的支撑基底面内的同时臀部向后移动,并且在臀部接触座位面后,身体重心移至臀部的正上方。身体重心的下降通过膝关节的屈曲来实现,身体重心的前后移动通过躯干的前倾和踝关节的背屈协调来实现。

二、坐下及起立动作机理

（一）身体重心向前加速的机理

在身体重心向前加速的机理中,髋关节的屈曲运动和骨盆的前倾运动起着重要的作用。在静止坐立时骨盆后倾;但在起立动作就要开始前,骨盆略微前倾,坐骨结节支撑体重。起立动作开始后,骨盆在髋关节上大幅度前倾。由于骨盆的前倾,坐骨结节在座位上后移。与此同时,座位面反作用力的作用点后移,形成从骨盆以上的体节向前旋转的动量。由此,在起立动作第一阶段中,身体重心向前的加速度由骨盆旋转力产生。骨盆的前旋产生坐骨向后推压座位的力,使身体重心向前加速。即当骨盆这一"轮胎"围绕髋关节这一"车轴"向前旋转时,座位面被向后推,其反作用力使身体重心向前加速。在起立动作的第一阶段中,腰椎—骨盆—髋关节的运动很大程度上取决于躯干的动态稳定性。从坐位开始的起立动作开始之前,骨盆前倾。同时,腰部多裂肌的运动增加,在脊柱固定在中立位的状态下,骨盆和躯干前倾。在整个站立运动中,脊柱保持在中立位置,不会大幅度屈曲或伸展。躯干的前倾始终只由髋关节的屈曲和骨盆的前倾而产生。如果躯干的前倾由脊柱的屈曲导致,那么随着脊柱的屈曲,骨盆会后倾,从而导致身体重心无法向前移动(图 2 - 11)。

（二）臀部抬离座位的机理

在起立动作中,在臀部抬离座位的瞬间,支撑基底面的位置前移,面积变小。因此,必须在身体重心向前移动的同时从座位上抬起臀部。如果身体重心从座位直接上抬,臀部抬离座位的瞬间,人就会向后方跌倒。如果不能使身体重心向前移动的同时向上移动,就无法起立。

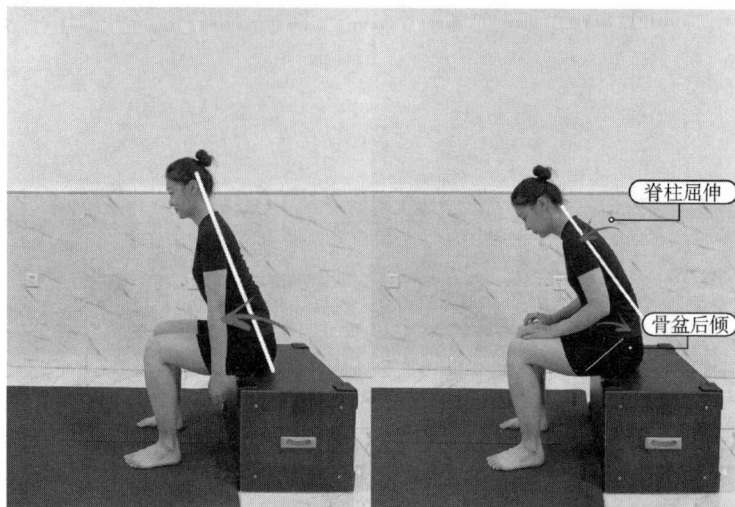

图 2 - 11　两种情况下的躯干前倾

身体重心的上升由膝关节伸展引起。但是,为了在身体重心向前方移动的同时伸展膝关节,需要使小腿固定在向前方倾斜的位置,控制运动使大腿向前方旋转。如果大腿和小腿同时旋转且膝关节伸展,则身体重心会向后移动,导致无法起立。因此使臀部得以离开座位的机理是固定小腿并仅使大腿旋转。膝关节的这种运动不能仅通过膝关节的伸肌—股四头肌的作用来完成。这是因为肌肉同时在体节的起止点上施加旋转力,当膝关节的伸肌—股四头肌收缩时,大腿和小腿就会同时旋转。固定小腿仅旋转大腿的机理有两个。

1. 固定小腿

固定小腿仅旋转大腿的第一个机理是通过胫骨前肌固定小腿。在起立动作的第一阶段,在骨盆前倾运动开始的同时,胫骨前肌也开始运动。胫骨前肌的作用是在膝关节伸展时与小腿向后旋转相抗衡以保持小腿前倾。通过该作用,即使股四头肌收缩,也可以固定小腿,仅旋转大腿。

除此之外,胫骨前肌具有在臀部抬离座位时使身体重心前移的作用。臀部将要离开座位时,胫骨前肌收缩使足跟按压地面,地面反作用力的作用点移至足跟后方。当臀部抬离座位时,身体重心处于足部形成的新支撑基底面的后方。因此,从臀部抬离座位的瞬间开始,向后旋转的力就会作用在身体上。作用于身体的向后旋转力的大小,取决于身体重心与地面反作用力的作用点的距离。因此,如果地面反作用力的作用点在足部的前方,则与身体重心的距离变远,身体会受到较大的向后旋转力,在臀部抬离座位的同时人会向后方跌倒。反之,如果地面反作用力的作用点在足部的后方,则与身体重心的距离变近,身体会受到较小的向后旋转力,使胫骨前肌运动以将足跟压在地面上,并使地面反作用力的作用点向足跟的后方移动;这对身体向前旋转来说很重要。

另外,胫骨前肌在臀部抬离座位时,还具有向前牵引小腿和将膝关节向前拉的作用。通过该作用,可以把身体重心移到支撑足部形成支撑基底面。

2. 大腿旋转

固定胫骨,仅旋转大腿的第二个机理是,通过臀大肌的收缩对骨盆前倾运动进行紧急制动。

在臀部将要离开座位之前,臀大肌运动使髋关节的屈曲(等于骨盆的前倾运动)受到紧急制动。此时,由于身体重心有向前加速的动量,因此,即使臀大肌对髋关节的屈曲施加制动,向前旋转的惯性所产生的力仍会持续作用于躯干。使躯干持续向前旋转的力,通过臀大肌越过屈曲运动被制动的髋关节传至膝关节。结果,膝关节以上的体节形成一个整体在小腿上向前旋转,使膝关节伸展(图2-12)。此时,小腿由胫骨前肌和比目鱼肌固定,因此仅大腿向前旋转,并且在使身体重心前移的同时伸展膝关节。

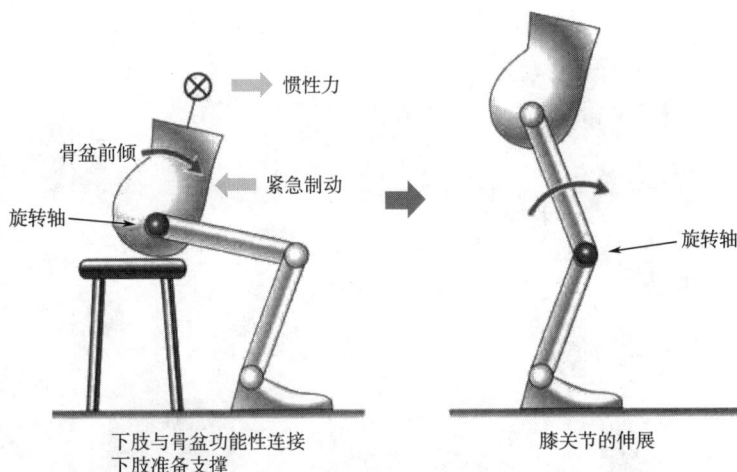

图2-12　大腿旋转示意图

(三)身体重心上升的机理

臀部抬离座位后,重力线从两足之间的狭窄的支撑面内通过,当下肢推压地面时,其反作用力使身体重心上移。此时,身体重心的上移轨迹必须在垂直方向上,以避免偏离足部形成的狭窄支撑基底面。为了使身体重心垂直上移,下肢必须垂直推压地面。下肢推压地面的力的方向控制取决于髋关节和膝关节的单关节肌和双关节肌的输出组合。

上肢和下肢的肌肉排列的基本原则是:单关节肌和双关节肌作为拮抗肌对,分别对各关节起作用,并具有图2-13中所示的3对6块肌肉构成的基本构造。这3对6块肌肉在分别发挥最大输出功率时的输出分布图为六边形,它们的输出水平调节取决于下肢末端输出的力的方向。

髋关节的伸展单关节肌——臀大肌和膝关节的伸展单关节肌——腘绳肌运动时,下肢按压地面的力向连接髋关节和踝关节的直线方向输出。股直肌运动时,按压地面的力会向与大腿平行的方向输出,因此身体重心会向后上移。为了使身体重心直线上移,需要臀大肌和腘绳肌的协调作用。

另外,踝关节跖屈肌为了使身体重心在支撑基底面内上移,需要在小心控制肌肉输出水平升降的同时进行前后方向的微调整(图2-13)。

(四)坐下动作

身体控制坐下动作的机理是在降低身体重心的同时,从足部形成的前方支撑基底面平稳地移至臀部形成的后方支撑基底面的动作。因此,为了能够稳定地坐下,必须控制伴随身体重心下降的前后方移位。如在下蹲动作中那样,在身体重心直线下降时无法坐在后方座位上。另外,如果身体重心向后移动过早,人就会向后跌坐在座位上。

坐下动作中的身体重心控制使用稳定策略,不能像起立动作那样使用动量策略。在坐下之前,必须将身体重心持续保持在足部形成的前方支撑基底面内,同时向后突出臀部,并使身体重心下降以能够坐于后方的座位上。为此,必须保持身体重心在支撑基底面后方边缘的同时前倾躯干,在保持前后平衡的同时屈曲膝关节。躯干保持垂直就无法坐于后方的座位上(图 2 - 14)。

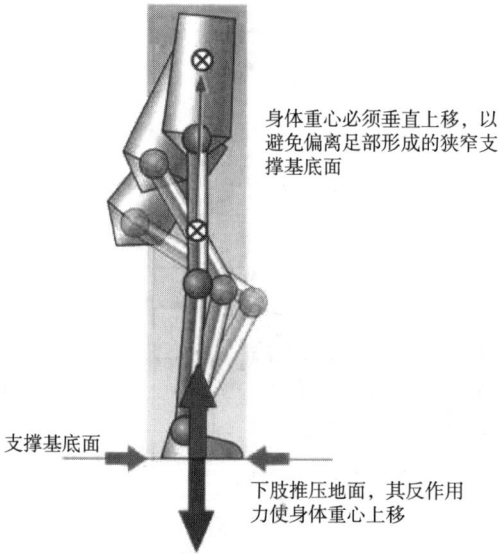

身体重心必须垂直上移,以避免偏离足部形成的狭窄支撑基底面

支撑基底面

下肢推压地面,其反作用力使身体重心上移

图 2 - 13　重心水平上升示意图　　图 2 - 14　坐下动作重心变化

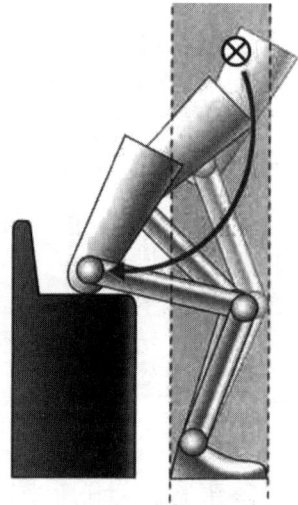

稳定的坐下动作需要在控制身体重心前后移动的同时屈曲膝关节。因此,在坐下动作将要开始前的极短时间内,必须放松踝关节跖屈肌,使小腿略微前倾。与此同时,略微后倾骨盆。由于该运动在极短时间内发生且运动的幅度极小,因此很难目测。但是,通过轻微的小腿前倾和骨盆后倾,可以在保持位于足部支撑基底面后方的身体重心位置的同时,引导膝关节屈曲。

三、起立与坐下动作发展

起立动作的发展可以分为坐立和站立两个阶段,坐立是人类获得的第一个直立的姿势。在获得头部和躯干的控制之后,婴儿借助手臂的支撑,通常在四个半月的时候能够首次坐立;到五个月,婴儿可能首次进行独立坐着的尝试,但她会驼背并向前倾;在接下来的两周内,婴儿能独立坐着并保持直立姿势达几秒;然后到六个月左右,婴儿能够更加稳定的独立坐着;到七八个月时,婴儿获得了足够的姿势控制,能够将自己从俯卧位撑起到竖直的坐立位,并且在坐位时能够自由地移动身体和四肢。

双腿站立是人类生命中第一年内一个重要的里程碑,因为它是很多后来出现的动作技能的根本,如行走和跳跃。为了使头重脚轻的身体在很小的支撑面(双脚)上保持平衡,婴儿在重力环境中移动时,必须掌握身体多个部分的控制和协调。

　　在生命的第一个月左右就可以观察到婴儿首次尝试站立。如果托着婴儿的腋下,她的腿就会伸直来承受一些体重,但其身体会前倾;在四五个月时,婴儿能够更好地控制姿势并增加了肌肉的强度,在扶着她站立时,婴儿能够承受更多的体重并且保持躯干直立;婴儿能够站立发生在八个月大左右,到那时婴儿能够将自己从坐位拉到站立位(拉站);在十个半月左右,通常是在会行走之前的 2 ~ 3 周,婴儿可以不需要任何支持地独立站立,时间仅仅几秒。

　　在婴儿能够独立行走之前,必须先学会双脚着地保持直立的姿势。

第五节　步行动作

一、步行概述

　　在步行中,左右脚交替步行以反复上下移动重心,使势能和动能相互转化,实现有效的运动。步行也和过山车一样,通过重力供给推动力。

　　从矢状面观察步行中的重心位置时,重心以约 2cm 的振幅上下移动(图 2 – 15)。足跟着地后,位于最低点的重心在站立中期被提升到最高点,被提升到最高点的重心通过身体的旋转在下降的同时前移,这是由于重力引起的力矩作用于身体,因此可以说步行的推动力由重力提供。

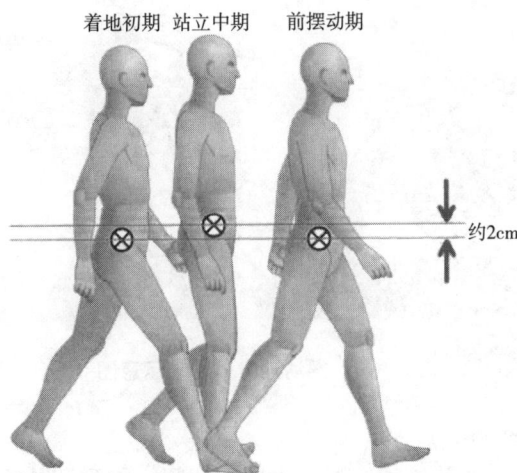

图 2 – 15　矢状面观察步行中的重心位置时重心上下浮动约为两厘米

　　在步行中,健康者使用的运动模式具有高度相似性。步行的特征是左右下肢周期性地重复对称的交替运动。步行中一侧下肢的运动周期大致分为 2 个阶段,即足着地的站立期和足不着地的摆动期。

　　在一个步行周期中,站立期占 60%,摆动期占 40%。但是,在站立期的开始和结束时,每条腿着地的时间都占 10%。两足着地的期间称为双足支撑期,只有一侧足着地的期间称为单足支撑期。单足支撑期与另一侧足的摆动期时长一致。

　　站立期必须发挥向前推动力和体重支撑力。站立期可细分为以下 5 个时期:着地初期、承重期、站立中期、站立后期、前摆动期。着地初期和承重期相当于双足支撑期,占步行周期的10%。站立中期和站立后期相当于单足支撑期,占步行周期的40%,前摆动期占步行周期的10%,相当于双足支撑期。在摆动期中需要向前摆动以防止摔倒,还需要进行足部重新摆放以承重。摆动期可细分为以下3个时期:摆动初期、摆动中期、摆动后期。摆动期发生在对侧单足支撑期之间,占步行周期的40%。

二、动作顺序

1. 着地初期(initial contact)

着地初期的瞬间即为步行周期的起点和止点。着地初期踝关节屈曲角度为0°~5°,髋关节背屈曲角度为0°,膝关节屈曲0°~5°,髋关节屈曲0°~5°,而髋关节屈曲角度为20°~30°时足跟着地。另一侧足跟离地时,处于前摆动期。前后分开的下肢几乎对称地排列在身体中线两边。骨盆略微向前旋转,前后及侧向倾斜至中立位。躯干上部向后旋转,以抵消骨盆的向前旋转,使躯干朝向前面。着地初期特有的作用是建立对线以增加下肢的刚度,从而为着地后的冲击做准备(图2-16)。

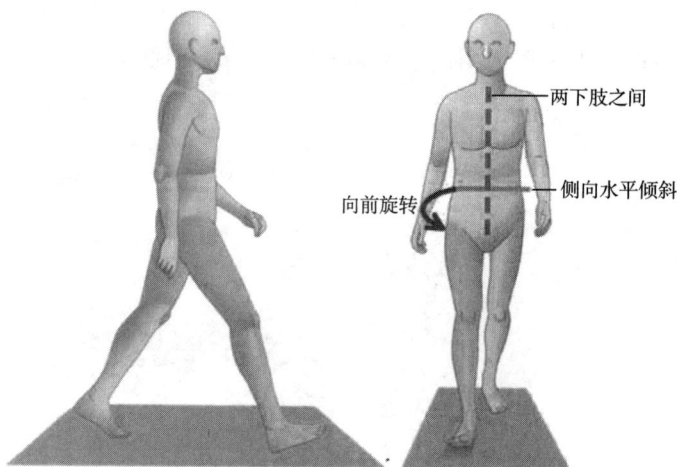

两下肢之间

向前旋转

侧向水平倾斜

图2-16 摆动期身体运动示意图

2. 承重期(loading response)

承重期指的是从着地初期开始到一侧足离地的期间。承重期是第一个双足支撑期。通过以足跟为中心的旋转运动,身体重心平稳地前移。此时,踝关节背屈5°,膝关节屈曲15°~20°,并吸收冲击。踝关节、骨盆躯干保持足跟着地后的角度。承重期特有的作用是吸收冲击,稳定承重并向前步行(图2-17)。

3. 站立中期(mid stance)

站立中期指从一侧足离地的瞬间开始到观察侧的足跟离地的瞬间为止的期间。在此阶段,踝关节为旋转轴,身体重心向前移动;膝关节和髋关节伸展,身体重心上升;随着身体重心的向前移动,踝关节到站立中期时背屈5°,膝关节屈曲5°;髋关节伸展0°,重心上升到最高点。足跟着地后,骨盆向后旋转5°,至站立中期时旋转0°。此时,另一侧足处于摆动期,骨盆向摆动侧略微倾斜。

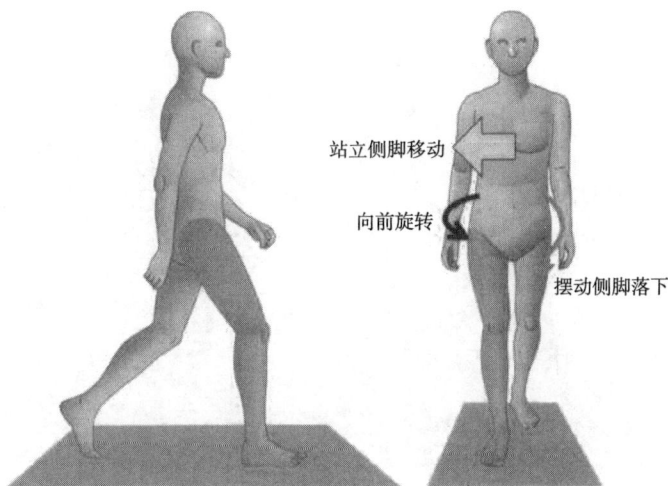

站立侧脚移动

向前旋转

摆动侧脚落下

图 2 - 17　承重期身体运动示意图

站立中期的作用是将身体重心抬高至最高点以增加势能,将身体重心移至支撑腿的前足部以实现稳定的单足支撑(图 2 - 18)。

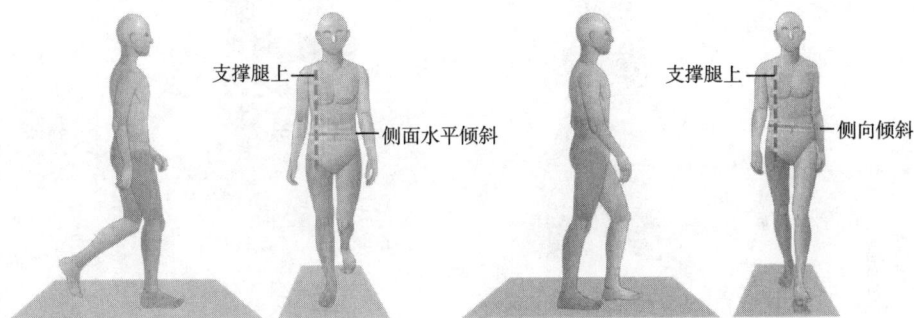

支撑腿上

侧面水平倾斜

支撑腿上

侧向倾斜

图 2 - 18　站立中期身体运动示意图

4. 站立后期(terminal stance)

站立后期指从观察侧的足跟离地的瞬间开始到对侧足着地初期为止的期间。在此阶段,踝关节的背屈被制动,足跟抬起,身体重心以跖趾关节为轴进行前旋,着地初期后,髋关节继续伸展,并在站立后期伸展至 20°。

在踝关节背屈 10°时,小腿三头肌制动踝关节,足跟从地面抬起;膝关节屈曲 5°,跖趾关节伸展 30°;骨盆后旋 5°,躯干上部前倾 5°,站立后期结束时,另一侧的摆动肢向前摆动,足跟着地(图 2 - 19)。站立后期的作用是使重心超过支撑足向前推进,适当地制动加速向前的身体重心,使重心向上移动以获取身体重心的停留时间。

5. 前摆动期(pre-swing)

前摆动期是指从一侧足着地初期到观察侧的趾尖离地为止的期间。这一阶段是第二个双足支撑期。在此阶段,趾尖着地,身体重量几乎全部移至一侧下肢,观察侧不再承重的下肢开始准备摆动,髋关节伸展约 10°后开始屈曲,膝关节屈曲 40°,踝关节跖屈 15°,跖趾关节伸展至 60°,前摆动期的作用是为摆动做准备和交换体重支撑部位(图 2 - 20)。

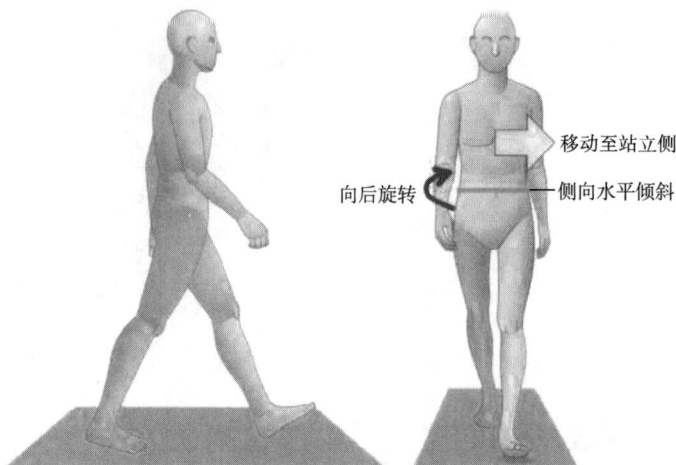

图 2 – 19　站立后期身体运动示意图

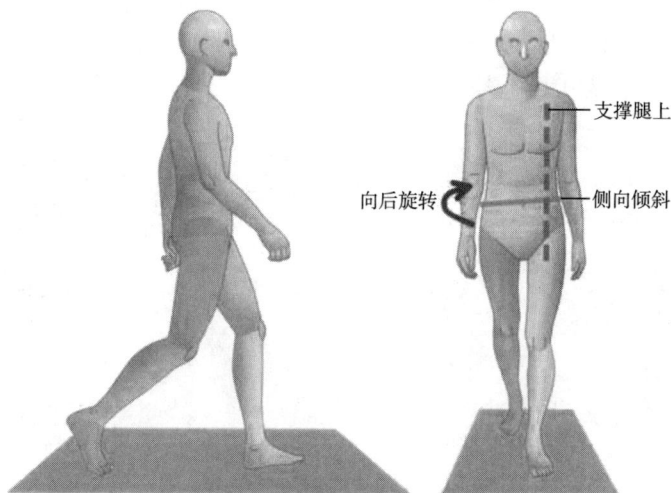

图 2 – 20　前摆动期示意图

6. 摆动初期(initial swing)

摆动初期是指从观察侧的趾尖离地到两侧的踝关节在矢状面上交叉为止的期间。在此阶段,下肢以髋关节为中心屈曲并向前摆动。摆动初期结束时,髋关节屈曲15°,膝关节背屈60°,踝关节背屈0°,下肢摆动的轨迹通过骨盆下方。健康人摆动时,下肢不会突出到骨盆外侧。摆动初期的作用是使足离地、大腿加速,进而使摆动肢向前移动(图2 – 21)。

骨盆前倾,躯干移动至站立侧,髋关节屈曲15°,膝关节屈曲60°,踝关节背屈0度距下关节处于中立位,跖趾关节处于中立位。

7. 摆动中期(mid swing)

摆动中期是指从两侧小腿在矢状面上交叉到摆动肢(观察肢)的小腿与地面成直角为止的期间。摆动中期的作用是将摆动肢向前移动,确保足与地面的距离(间隙)(图2 – 22)。

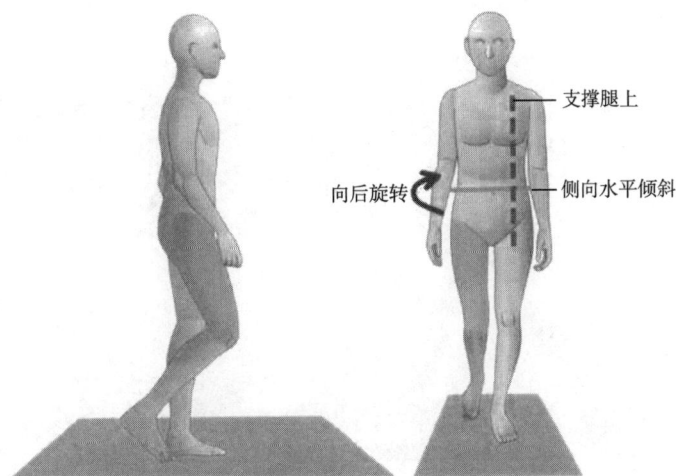

图 2-21　摆动初期示意图

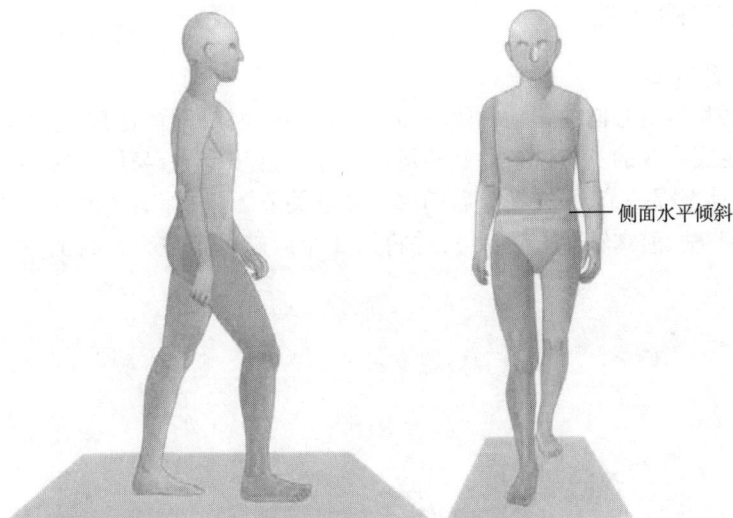

图 2-22　摆动中期示意图

骨盆前倾 10°,并水平旋转至侧面中立位,髋关节屈曲 25°,膝关节屈曲 25°,踝关节处于中立位,距下关节处于中立位,跖趾关节处于中立位。

8. 摆动后期(terminal swing)

摆动后期是指从观察侧的小腿与地面成直角到足跟着地为止的期间。摆动后期的作用是使摆动肢停止前移,大腿停止向前加速,小腿停止向前摆动,为着地初期做准备(图 2-23)

骨盆前倾 10°、前旋 5°、冠状面处于正中位,髋关节屈曲 20°~30°,膝关节屈曲 0°~5°,踝关节背屈 0°,距下关节处于中立位距趾关节伸展 0°~25°,躯干同摆动中期一样移动至站立侧。

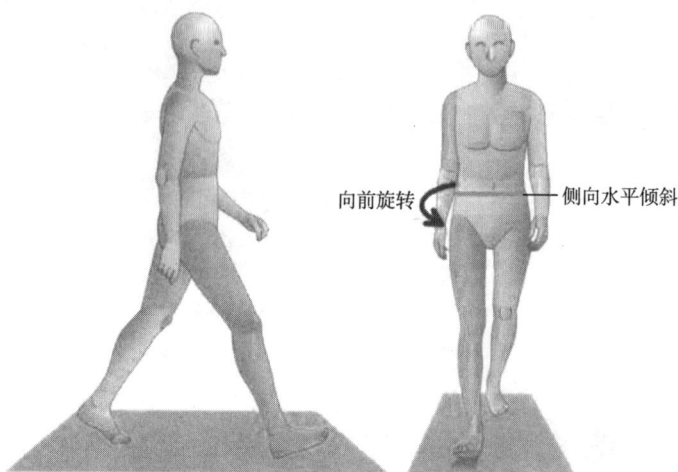

图 2 – 23　摆动后期示意图

三、动作实现机理

(一)3 个旋转轴

重力是推动身体重心向前移动的驱动力。基于"摇动杠杆"的原理,重力对身体的作用被转化为围绕在足底形成的支点进行的旋转运动。在正常步行中,身体旋转的支点在站立初期位于足跟,然后移至踝关节,并在站立后期移至跖趾关节。佩吕将步行中的 3 个旋转轴分别称为足跟轴、踝关节轴、前掌轴(图 2 – 24),并将这 3 个旋转轴定位为步行的重要生物力学组成部分(轴功能)。

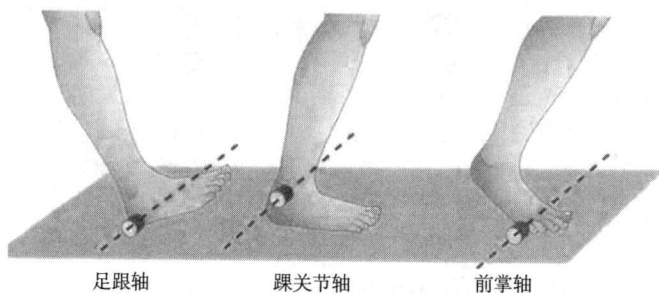

图 2 – 24　第一旋转期(足跟轴)

第一旋转期(足跟轴):从足跟着地到全足底着地。身体绕足跟旋转。第二旋转期(踝关节轴):从全足底着地到足跟离地。身体绕踝关节旋转。第三旋转期(前掌轴):从足跟离地到趾尖离地。身体绕跖趾关节旋转。

1. 足跟轴的作用

足跟着地时,重心从最高点猛地降到最低点。2cm 的重心下落,剧烈的冲击传递到身体的各个部位。如果完全不吸此冲击,那么骨骼、关节、内脏、脑将受到严重损害。因此,足跟着地时,胫骨前肌、股四头肌、腘绳肌、竖脊肌等大部分肌肉在这个阶段会被动员进行离心收缩以吸收冲击。通过这些肌肉的作用,可以将正常步行时的冲击力减少到身体重量的 2 倍左右。

由于着地后所有的肌肉会立即进行离心收缩以吸收冲击(图 2 - 25),因此,在关节周围不会产生向前旋转的运动。此时,身体利用足跟来实现前旋。这就是只有在足跟轴阶段,关节以外的部位进行旋转运动的原因。

2. 踝关节轴的作用

踝关节轴期指重心以踝关节为中心向前旋转的时期。在此阶段,膝关节和髋关节伸展,处于站立中期时身体接近直立。站立中期后,由于重力的作用,身体开始向前旋转。如果身体什么动作都不做,旋转速度将与重力加速度成正比并持续增加,将无法慢慢地以一定的速度行走。因此,比目鱼肌会进行离心收缩以制动身体的向前旋转(图 2 - 26)。

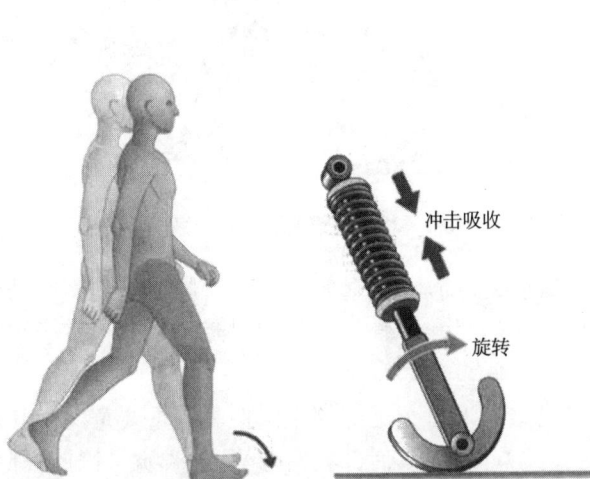

图 2 - 25 足跟轴吸收冲击如减震装置一般

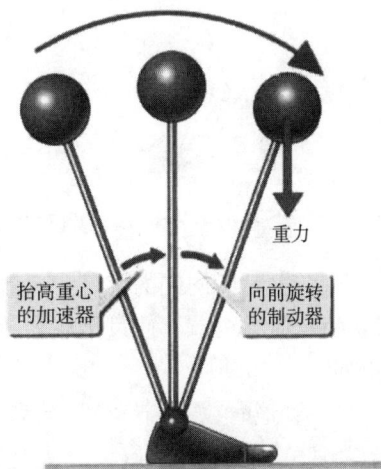

图 2 - 26 踝关节轴摆动示意图

3. 前掌轴的作用

在站立后期,身体的旋转轴从踝关节移至跖趾关节。站立中期处于最高位置的重心开始下降。此阶段,对侧下肢处于摆动后期,即向前摆动下肢的时期。因此需要充裕的时间以使下肢向前充分摆动(图 2 - 27)。但是,在以站立侧的踝关节为中心的圆形轨迹中,重心随着向前旋转而逐渐下降,这使摆动的肢体没有充裕的时间向前移动。因此,为了减慢重心的下降速度,以踝关节为中心的旋转变为以跖趾关节为中心的旋转,向上矫正圆形轨迹。即在站立后期,步伐的长度由前掌轴来决定。

(二)步行各期的机理

要了解正常步行运动的整体情况,就必须了解在功能上划分为站立期和摆动期的各个时期。

承重期关节排列是为了应对足跟着地后的急剧承重,下肢在摆动结束时开始做准备。准备承重的下肢在足跟将要着地的极短时间内完成对线排列,在理想状态下完成足跟着地。下肢在摆动后期向前摆动时,同侧的髂骨相对骶骨向后旋转,朝足跟着地方向提高骶结节韧带和骨间韧带的张力以收紧骶髂关节。足跟将要着地时,同侧的腘绳肌运动,从而稳固骶结节韧带,稳定骶髂关节。另外,足跟将要着地时,腓骨向下移动,通过股二头肌进一步提高骶结节韧带的张力(图 2 - 28)。

图 2 - 27　以跖趾关节为中心的圆形轨迹

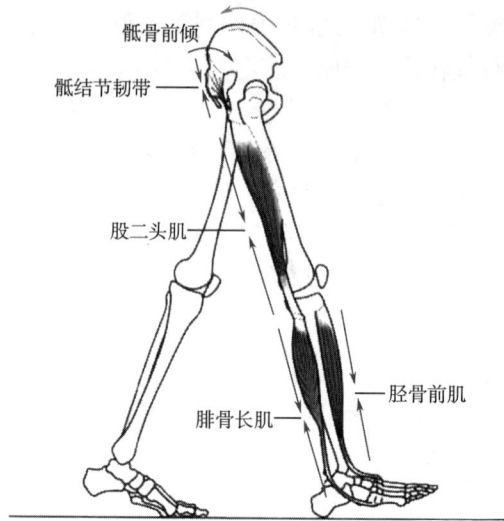

图 2 - 28　足跟将要着地示意图

骶骨前倾
骶结节韧带
股二头肌
胫骨前肌
腓骨长肌

　　在摆动后期,同侧的髂骨相对骶骨向后旋转,提高骶结节韧带的张力,腘绳肌稳固骶结节韧带,稳定骶髂关节。通过足底筋膜连接的胫骨后肌和腓骨长肌共同保障了足部相对于小腿的排列。

　　足跟着地时,踝关节背屈0°;背屈0°时足跟着地对于足部的稳定性具有重要意义。其理由与距骨关节面的形状有关。从上方看距骨关节面时,其后部狭窄,越往前越宽。因此,踝关节处于跖屈位时,距骨关节面狭窄的部分嵌入胫骨和腓骨之间,使踝关节处于松弛位,提高运动性。相反,踝关节处于背屈位时,距骨关节面较宽的部分嵌入胫骨和腓骨之间,使踝关节处于紧绷位,运动性受限。另外,通过足底筋膜连接的胫骨后肌和腓骨长肌共同保障了足部相对于小腿的排列。足跟将要着地时,胫骨后肌收缩以拉起内侧纵弓的薄弱部分,腓骨长肌支撑外侧纵弓的重要基石——骰骨,固定横弓前部,使足部与小腿上部连接。

　　膝关节在摆动后期完全伸展,所有韧带的紧张度增加至紧绷并完全固定,以应对着地后的承重。站立初期的冲击吸收,在步行的过程中很重要。吸收冲击的第一阶段由踝关节进行。踝关节在摆动完成时背屈0°,足跟着地后立即跖屈约5°。胫骨前肌通过离心收缩制动踝关节的跖屈,使踝关节在吸收冲击的同时延长跖屈的时间至足底着地(图 2 - 29)。吸收冲击的第二阶段由膝关节进行。膝关节对冲击的吸收是最主要的,其机理与足跟轴联动。足跟着地时,膝关节伸展0°。足跟着地后,胫骨前肌进行离心收缩以吸收冲击,同时使小腿向前旋转以屈曲膝关节。此时,股四头肌收缩,在制动膝关节屈曲的同时使膝关节屈曲15°以吸收冲击。吸收冲击的第三阶段由髋关节进行。足跟着地后,骨盆向摆动侧下肢侧倾约5°。站立侧髋关节外展肌的离心收缩制动骨盆侧倾,同时也吸收着地时的冲击。通过下肢适当地吸收冲击,可以将正常步行时的冲击力控制在体重的1.2倍左右。

(三)承重期关节的动态稳定

　　下肢关节在足跟着地后的承重期,必须实现动态稳定以应对急剧的承重。膝关节的动态稳定是站立期稳定的重要因素。为了吸收足跟着地时的冲击,膝关节从完全伸展位开始屈曲。

因此,膝关节处于极其不稳定的状态。

臀大肌力矩在使膝关节稳定在屈曲位上起着重要作用。足跟着地后,臀大肌产生髋关节伸展力矩。使股骨围绕髋关节旋转的力矩,具有将股骨远端压在胫股关节面上的作用,从而使膝关节稳定(图2-30)。

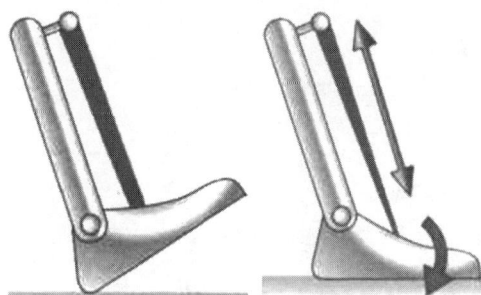

图2-29 踝关节跖屈

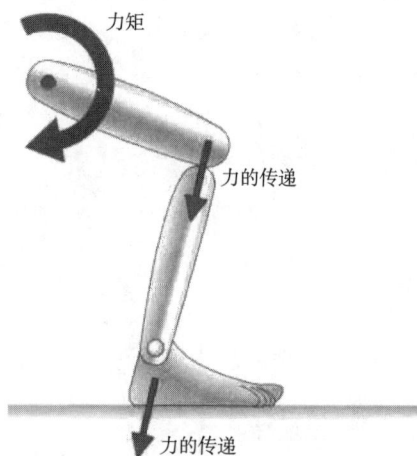

图2-30 承重期膝关节的动态稳定

另外,臀大肌还具有使髋关节外旋的作用。臀大肌的这一作用有助于股骨在胫骨上外旋。胫骨在足跟着地到全足底着地的阶段内随着踝关节的跖屈、外翻而内旋。股骨的外旋和胫骨的内旋使膝关节相对内旋。膝关节的内旋加强了前交叉韧带(anterior cruciate ligament,ACL)和后交叉韧带(posterior cruciate ligament,PCL)的交叉,股骨和胫骨的关节面接触增加,从而稳定膝关节。

(四)重心上抬

重力是步行动作的推进力,所以在进行步行动作时要将重心上抬以实现前进。在承重期,膝关节屈曲20°~30°,重心处于最低点。此时开始必须通过伸展膝关节,以实现上抬重心并在站立中期使身体竖直。此时,膝关节的伸展运动通过髋关节和踝关节复杂的协调机理进行。

从承重期到站立中期,由于比目鱼肌在踝关节上进行离心收缩,胫骨的向前旋转受到制动而降低旋转速度。另外,由于臀大肌和大收肌在髋关节上的运动,股骨在伸展的同时旋转。此时,如果大腿的旋转速度高于胫骨的旋转速度,膝关节就会伸展。由此,在站立初期,下降到最低点的身体重心在由比目鱼肌导致旋转速度下降的胫骨上,然后,通过股骨的旋转和膝关节的伸展而上抬。

(五)站立后期和摆动机理

摆动中大腿和小腿的运动基于双摆运动的原理。在摆动初期,大腿被髋关节屈肌向前摆动时,由于小腿的惯性,膝关节被动屈曲。在摆动后期,如果大腿的前旋被髋关节伸肌制动,膝关节就会由于小腿的惯性而伸展。由此可知,摆动是髋关节基于双摆原理引起的膝关节运动。

如果髋关节运动性良好,则在摆动中膝关节的运动完全被动,几乎不需要复杂的控制。因此,正常步行时,不需要主动屈曲膝关节就能确保足部和地面之间的空隙。另外,着地时也不需要主动地伸展膝关节。许多患者在摆动上存在障碍,如感到"足部难以向前摆动",这是因为髋关节的摆动存在功能障碍。

髋关节能否发挥摆动功能取决于髂腰肌能否使髋关节屈曲。以站立中期为界,髋关节的髂腰肌呈离心收缩,开始制动重心的前移。在站立后期的最后阶段,由于髋关节使用大部分伸展运动来延长步长,因此进行离心收缩的髂腰肌像被拉长的弹簧一样储存能量。当不久后另一侧的下肢着地时,体重急剧地移至另一侧。此前支撑体重的髂腰肌不再承重,像被拉长的弹簧一下子收缩那样进行向心收缩,为摆动提供能量(图2-31)。

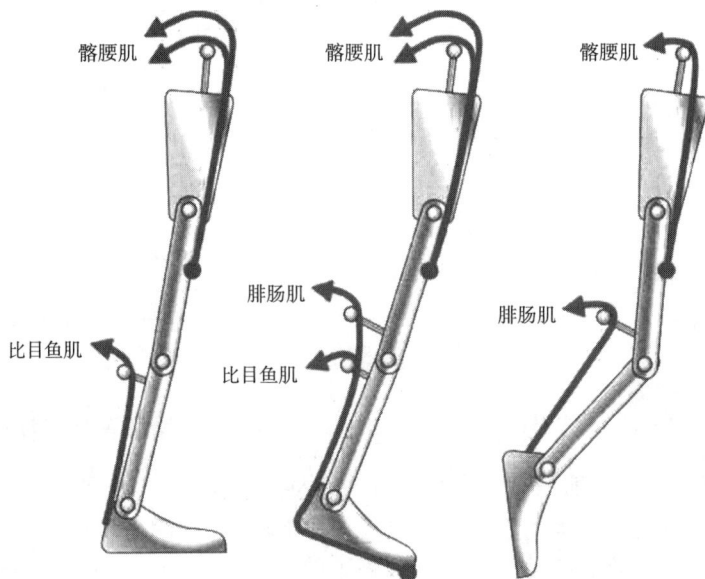

图2-31 摆动能量的储存

在腓肠肌中也观察到类似现象。在站立后期,为了使重心向上回旋,腓肠肌产生较大肌力以使足跟离地。当腓肠肌强烈收缩,以及因对侧足跟着地而使承重部位移至前足时,腓肠肌会急剧地不再承重,从而引起踝关节跖屈和膝关节屈曲。通过踝关节的跖屈,足部向前方推动小腿,辅助膝关节屈曲。另外,腓肠肌的起点跨越膝关节附着在股骨上,使膝关节屈曲以辅助摆动。由此,通过从站立中期到站立后期的一系列运动,为摆动期中下肢的摆动做好准备,即摆动也可以说是从站立中期开始。在站立中期后,在膝关节不能伸展或足跟离地不充分等步行中,必须通过下肢的主动抬起进行摆动,从而阻碍步行整体的自主性。

支撑骨盆的运动在步行的冠状面稳定中起着重要作用。步行时,在冠状面内水平支撑骨盆的肌肉具有不同的主动肌,具体哪块主动肌发挥作用取决于髋关节的屈曲角度。在站立初期,髋关节处于屈曲位时,主要是臀大肌上部纤维稳定骨盆。接着,在站立中期,髋关节屈曲约0°,即伸展至直立位时,臀中肌作为主动肌发挥作用。在站立后期,髋关节伸展时,臀小肌、阔筋膜张肌运动。

另外,在下肢和骨盆的动态对线过程中,除臀大肌外,大收肌也起着重要的作用。具有伸展、内旋、外旋髋关节作用的大收肌是足跟着地时连接骨盆和大腿的重要肌肉。大收肌从坐骨结节移行至股骨远端内侧,在止点与股薄肌相连。因此,大收肌在站立期具有将骨盆稳定在膝关节上的作用。另外,当臀部肌群侧向稳定骨盆时,大收肌制动膝关节相对于骨盆的外移。

四、步行动作发展

初期婴儿的步行动作发展表现为走路反射(walking reflex),也称为跨步反射,是最有趣和研究最多的婴儿反射之一,被认为是之后所习得的行走这一里程碑的前身。当托着婴儿至直立姿势,使脚能够接触到平的支撑面,作用手足底的压力会引起交替的跨步动作,看起来就像步行一样。这种像行走一样的动作以明显的腿的屈曲动作将脚抬离支撑面为特点,但是不包括手臂或者臀部的动作。走路反射可以在出生后前 2 个月内引出。

步行是成熟个体高度自动化的动作技能之一,婴儿直立姿势的获得为行走的发展提供了可能。一般而言,婴儿在 1 周岁过后就能发展起独立行走的动作。但此时需要注意的是,虽然婴儿也可以发展起独立行走动作,但是他们的行走动作与成人有很大区别。从生理发展的成熟程度来看,行走动作与神经系统的成熟、躯体平衡能力的发展、肢体控制能力的发展、肢体肌肉的强壮程度、视动协调能力等因素密切相关(Thelen,1989;Bril,1992),而婴儿在这些方面的能力与成人相比有很大不足。从行走的形态学角度看,婴儿为维持独立行走中的身体平衡,其行走动作具有以下特点:频率快而步子小,脚趾向外张开,全脚掌着地(而不是像成人那样只是脚趾和脚跟着地),手臂抬到较高的位置摆动,行走中两腿的分开程度较大,这些与成人行走的成熟模式相比均存在很大差别。

为达到成熟和高度自动化的行走模式,一般而言,个体需要经历以下四个阶段的行走动作模式的发展过程(Wickstrom,1977)。

1. 阶段一:12~14 个月

总体表现:身体僵硬,行进时身体不平稳。儿童尽力想保持身体平衡,有明显的左右摇晃的动作。

下肢:步子很小,腿抬得很高,膝盖弯曲厉害,脚重重着地,着地时前腿膝关节弯曲,脚尖先着地。

上肢和躯体:躯干从臀部处向前倾,手臂在肘部弯曲,并且正好处于稍高于腰的地方,手臂紧张,处于高度防备状态。

2. 阶段二:约 2 岁

总体表现:较少有明显的肌肉紧张表现,行进时也比前一阶段要平稳。

下肢:两脚之间分开的距离与两肩同宽。大步行走时,每条腿的运动及生长的一致性都有所增加。夸张的"高抬腿"动作消失了。先迈出的那条腿在落地时膝关节不再摇晃。已经出现从脚跟到脚尖的着地动作,没有明显的脚尖着地的现象。

上肢:手臂放在身体的两侧,但仍有一些左右摇摆的现象。

3. 阶段三:4~5 岁

总体表现:成熟的运动模式中所应有的因素都已经出现。腿部动作连贯,每步只有轻微的颠簸。

下肢:在前腿脚跟到脚尖的着地过程中,身体重心移动自如,而膝关节轻微的弯曲使前腿的伸展和直立动作自如产生。前腿在支撑阶段中膝关节稳定,即腿是直的。帮助身体重心移动时,胯部有轻微的扭动。

上肢:当前腿迈出时,同侧手臂向相反方向摆动(对侧运动),但手臂的同步动作在这一阶段没有得到很好的发展。

1.阶段四.成熟模式（约7岁以后）

成熟的行走模式有节奏上流畅,步长保持一定,手臂和腿随着身体的扭动在两侧作方向相反的运动。一条腿的摆动紧跟另一条腿,两脚的间距小,只有很少的脚尖点地的动作。

行走是儿童自主位移动作发展的必要阶段,也被认为是神经系统、肌肉组织进一步成熟和儿童心理发展的具有里程碑意义的动作。行走进一步解放了个体的双手,使得精细动作有机会得到进一步增强,有利于儿童心理能力的发展。

第六节　人体基本动作发展科研动态

人体基本动作发展一直是研究热点内容,人类发展的所有领域彼此影响,并且贯穿一生。这种效应可能非常微小以致不能觉察,也可能是很引人注意的,然而,交互作用是无处不在的。正如前面所言,人类动作影响情绪、智力能力和社会相互关系,当然也影响身体本身。而作为日常生活中无时无刻不在运用的人体基本动作的发展也不容小视。

一、基本动作技能与训练

张莹(张莹,2012)对3~6岁的幼儿基本动作进行研究得出:①重视幼儿动作的准备与经验;②重视练习动作的身体素质构成;③重视练习动作的负荷强度大小;④重视练习动作与环境的关系;⑤练习动作与特定体育项目基本技术相结合等。文中还进一步提出了幼儿体育活动内容选择的一些相关建议,以期为幼儿体育活动的设计提供有益参考。陈月文等人(陈月文等,2013)通过多对浙江省900多名研究得出幼儿园户外场地与设施质量高于户外活动组织质量;设施适宜性得分相对较高,活动机会与时间得分最低;设施器材的数量与种类、户外活动保护与儿童动作发展相关性显著,但户外活动质量与幼儿动作发展整体相关性较低。幼儿园在提供充足多样的户外活动器材的同时,应主要保障幼儿户外活动的机会,丰富活动内容,改善组织形式,增加幼儿主动活动和自由游戏时间,并建立动态质量和儿童评估数据库。周喆啸等人(周喆啸等,2016)在功能性训练促进5~6岁幼儿粗大动作发展的实证研究中采取随机抽样的方法,抽取石家庄某公立幼儿园5~6岁幼儿143名为研究对象,将其分为实验组与对照组,实验组70人,对照组73人。实验组进行12周的功能性训练干预,对照组保持幼儿园原有体育活动内容,干预前后,通过美国大肌肉动作技能发展测试系统第二版(TGMD-2),对受试幼儿粗大动作能力进行测试。结论:根据幼儿身心特点所设计的功能性训练能够较好促进5~6岁幼儿粗大动作水平发展。王兴泽等人(王兴泽等,2014)通过个人教学实践总结出动作整体与部分发展序列的相关特征价值,即整体发展序列的阶段性、可预见性、基础动作与生理年龄的相关性;部分发展序列中特定项目的动作特征形象与特征途径的组合性。剖析动作发展序列的应用局限性。同时采用教学案例方式针对跑步、立定跳远项目的发展序列特征与体育教学中内容设计进行分析和相关原理阐述。

二、大脑发育对人体基本动作发展的影响

人体基本动作的发展和大脑的发育息息相关,米伊娜·哈德斯－阿尔格拉认为运动的感官信息对于使运动适应环境很重要。网络的活动通常位于脊髓或脑干,通过下降的运动途径从脊柱上区域控制。脊柱上活动本身组织在大规模网络中,其中皮层区域通过直接递归相互作用或中间皮层或皮质下(基质、小脑)结构进行功能连接。米伊娜·哈德斯—阿尔格拉,总

结了人类早期的运动发展,解释了正常运动发育变化的框架。从胎儿早期开始,运动行为基于自发神经活动:脑干和脊髓中由脊柱上活动调节的网络活动。脊柱上活动,首先主要由皮质子板引起,后来由皮质板引起,诱导运动变化。最初,运动变化特别有助于探索;其相关的传入信息主要用于塑造发育中的神经系统,而不是适应运动行为。在下一阶段,从功能特定年龄开始,运动变化开始为适应服务。在吸吮和吞咽中,这个阶段在学期结束前不久出现。在演讲、粗运动和精细运动发育中,它从学期后 3~4 个月出现,即初级感觉和运动皮层的发育焦点转移到永久皮质回路时。随着年龄的增长和反复探索的增加,婴儿提高了使用适应性和高效形式的直立粗糙运动行为、手动活动和属于母语的发声的能力。罗伯特·M. 马里纳对特定运动模式阶段的动态系统框架的扩展;基因型对运动发育的贡献;运动发育的代谢和生理相关性;运动发育与大脑生长、出生状态和产后早期生长的关系,以及运动发育的社会背景进行了批判性评估。

三、基本动作发展与身体素质的关系

李静等人(李静等,2019)通过研究发现:①男童的体能和操控技能优于女童,但女童的位移技能要优于男童;②3~5 岁幼儿的基本动作技能与其体能水平存在中低程度相关;③在基本动作技能可以预测其体能水平方面,对立定跳远(14.3%)和 10m 折返跑的解释率(11%)要高于对网球掷远的解释率(5.4%)。研究发现,可通过发展幼儿的基本动作技能来提升其体能水平。建议后续研究应扩展儿童年龄范围,探讨不同年龄段儿童的基本动作技能对体能的影响。桂春燕等人(桂春燕等,2019)通过分析得出动作技能与体力活动两者呈现正相关关系;关联方向上更侧重于儿童基本动作技能对体力活动的促进;关联程度随年龄的增长而增强;不同性别关联程度存在一定的差异性,女童更侧重位移技能,男童操作技能比女童高;在两种技能形式中,操作技能比位移技能对体力活动更具有影响力;部分中介或调节变量影响两者关联程度。但从报告的文献看,两者的关联呈低度或微弱正相关,需要更多的纵向跟踪或实验研究进一步探究影响两者关联的核心要素,确定相互促进的双向关系及关联程度,进而确定两者是否存在量效关系、因果关系。

张柳等人(张柳等,2020)通过研究得出 5~6 岁幼儿身体素质整体发展水平可正向预测其手部精细操作能力($B=0.24$,$P<0.05$)。典型相关分析显示,在单项身体素质测试中,网球掷远和走平衡木的成绩与手部精细动作能力和动静态平衡能力的得分呈正相关($r=0.43$,$P<0.01$),立定跳远与双脚连续跳也与手部精细操作能力呈正相关($r=0.35$,$P<0.05$)。结论:5~6 岁幼儿身体素质与基本动作技能之间存在一定的联系,其协调性、稳定性的良好发展会对动作技能的发展起到促进作用。

【复习与思考】

1.人体基本动作有哪些?

2.可能影响技能表现的因素大致可以分为哪些?

3.婴儿最先学会的基本动作是什么?

4.健康成年人侧卧动作的普遍运动模式是什么?

5. 侧卧动作的顺序？不同阶段的要点是什么？

6. 肘撑动作的实现机理是什么？

7. 起立与坐下动作运动模式的普遍特征？

8. 步行运动中站立期和摆动期的占比分别为？

9. 思考从走到跑的动作学习过程特征。

10. 思考不同时期人体动作发展的不同特征。

11. 思考复杂动作到精细动作的变化和联系。

课程思政元素：

以人为本，科学健身

课程思政举例：

案例：认识自我，珍爱生命

(1)人体基本动作发展从新生儿阶段就不断发展，充分使学生认识自我的意识。

(2)从完成人体基本动作个体节之间相互协同工作，培养学生分工合作，和学生的团队意识。

(3)从课程目标设计与达成，构建运动科学与运动科学的理论指导，传播科学锻炼的原理与方法。

(4)从发展的角度介绍人体基本动作从反射时期到自主动作的形成，构建学生发展观，感受生命的神奇教育学生珍爱生命。

第三章　胚胎期的成长与动作发展

第一节　概　述

胚胎期是人类的生命过程中主要的发展阶段之一。这一阶段的生长发育比生命中的任何其他发育阶段都要迅速,是所有身体系统发育的基础。本章主要介绍胚胎期的身体结构发育,并讨论遗传和环境因素在胚胎期发挥的重要作用以及对生物进化发展的长期影响。

根据运动发展理论,生物、环境和任务相关因素及其相互作用包括在纽维尔的三角模型中,在研究任何年龄段的运动发展时,它们都是动作发展制约因素的主要来源。制约因素可以被定义为对动作的促进或限制,也就是说制约因素可以限制或促进动作的发展,这取决于制约因素的性质。本章的后面部分说明生物、环境和任务约束将如何影响胚胎运动的发展。

生物制约因素包括基因构成和个体的独特特征,例如身高、肢体长度、肌肉群、注意力集中、动机和唤醒水平。环境约束包括这些生物体生活和生长的环境,例如光照、温度、湿度、空气质量、营养、时间、法律、文化信仰和实践、公认的行为标准等,都代表了环境制约。任务方面的约束包括什么构成了对成功执行行为的约束问题,例如技术标准、规则、可用空间、使用的设备和装置以及任务本身。

使用纽维尔的模型来描述和解释胚胎时期的行动发展,可以看到不同的制约因素在这个重要的生命阶段所发挥的重要作用。此外,在胚胎期和胎儿期,母亲的子宫环境可能是对胚胎期发育最重要的制约因素。产前环境受到孕妇身体和活动的影响,例如饮食习惯、身体活动的习惯、睡眠类型、压力水平以及生活质量等。另外,胎儿根据其生长和大小的变化,对其在子宫内的任务要求作出反应,例如在胚胎期发育中的胎儿会进行各种活动和运动,为出生后的生活做准备。母体子宫内的可用空间和羊水的体积影响着妊娠期最后几周胎儿活动的数量。

第二节　胚胎期的发育变化

在胚胎期,一个生物体从一个单细胞发展到完整的人体形态大约需要四十周。这一阶段的生长速度比生命的其他阶段要快,胚胎期的发展,展示了人体在一生中所经历的发展变化。

一、妊娠早期(妊娠的第 1~2 个月)

受孕是指精子和卵子结合受精的时间。由精子和卵子结合形成的单细胞生命体,被称为受精卵。受精卵植入子宫壁的内层并形成胎盘,胎盘围绕并保护受精卵,为其输送营养和氧气,同时进行排泄。从受精卵植入子宫壁时起,它就成为一个胚胎。从排卵到受精卵接触子宫壁(植入)被称为胚芽期。从生存的角度来看,这个时期是胚胎阶段最重要和最脆弱的时期。在早期妊娠结束时,胚胎将过渡到胎儿阶段,生成正常的心脏和许多器官;产生激素后,骨骼开始骨化、中枢神经系统开始发育。胚胎生长发育到妊娠早期结束时,胎儿的面部特征可以识别。受孕后前14周的变化和发展是惊人的,如果发育中的生命体在这个阶段接触到子宫内的有害物质,就会导致不同程度的缺陷。

受孕后的第1~2周受精完成时,受精卵比大头针的头还小,它形成的内胚层、外胚层和中胚层被称为胚芽。内胚层发育成消化和呼吸系统,外胚层发育成神经系统、感觉感受器和皮肤,中胚层发育成循环系统、肌肉、骨骼、排泄和生殖系统。生长中的胚胎(又称囊胚),在子宫内寻找着床点。在植入前,胚胎在子宫内自由漂浮48小时。当植入发生时,母亲和胚胎之间发生复杂的联系,导致胎盘的形成。受精一发生,胎儿的性别就确定了,精子的性质决定了胎儿的性别。在怀孕周期的第2~3个月,通过超声波可以清楚地识别正在成长中的胎儿的性别。

孕妇在这一时期需要警惕的主要问题是避免计划外怀孕。在受孕前,准妈妈要采取许多预防措施,以确保健康的怀孕,包括定期参加体育活动,保证充足的睡眠和健康的饮食,并向医生咨询健康运动、产前维生素和饮食中叶酸是否充足。准妈妈应该为怀孕做好充分的休息和心理准备,应该计划一个没有压力的怀孕,以及远离毒素。这些问题应该在整个孕期保持。

第3周:中枢神经系统和脊柱开始形成,消化系统随着肾脏、肝脏和肠道的形成而发展,心脏在第3周形成(Schats et al.,1990)。在这一时期,胚胎的中枢神经系统对神经管的缺陷非常敏感,并继续表现出易受损害的特点,直到妊娠16周。在孕期的第3和第6周,心脏对致畸因素也非常敏感。在这一时期接触致畸因素可导致先天性心脏缺陷的发生(如主肺动脉缺陷、心房间隔缺陷、心室间隔缺陷)。

第4周:神经管开始形成,发展到形成神经系统。头发和皮肤也开始出现。发展中的胚胎在这一时期有了思考、感觉和知觉的基础。心脏的原始循环系统正在迅速形成。有趣的是,此时胚胎产生的荷尔蒙导致母亲的月经周期停止。胚胎的上肢和下肢在第4周迅速发育,对致畸因素敏感,直到妊娠第5周。发育中的眼睛和耳朵在这一时期也对致畸物敏感,并分别在第8和第9周之前处于危险之中,此时接触致畸物会导致视觉并发症,即青光眼、白内障和小眼症。耳朵的易感性可导致耳鸣或耳聋。

第5周:第一次心跳出现,胚胎心脏每天跳动约21次,四个心室都开始运作。早期的心跳可以通过超声测量孕妇的心跳回声来确定。胎儿的肺和大脑开始出现,大脑已发育成5个区,一些脑神经可见。可以看到手臂、腿、眼睛、嘴唇和鼻子正在形成。脊髓的生长速度比身体的其他部分快,这使胚胎在发育早期呈现出尾巴状。脐带在这一时期发育,作为胎儿在子宫内生存的生命支持。脐带泵入氧气、清除废物,并为剩余的妊娠期提供必要的营养物质。胎盘开始为胎儿提供营养。在此期间,上唇迅速发育,在妊娠第5和第6周对致畸因素非常敏感。在这个胚胎发育阶段,胎儿生长迅速,许多器官和系统对致畸因素非常敏感。例如,中枢神经系统、心脏、上肢、下肢、上唇、耳朵、眼睛、牙齿和外生殖器。

第6周:胚胎长约5毫米,原始的胎儿心脏开始跳动。头部、口腔、肝脏和肠道开始发育,而胳膊和腿继续发育。大脑迅速发育,到妊娠的最后几个月胎儿的大脑中有1亿个神经元,这些神经连接对胎儿的健康发育至关重要。此外,眼睛的晶状体开始出现,鼻孔形成,鼻子移位,鼻子和大脑之间的神经开始出现。在这一时期,肠道开始生长,最初是从脐带内开始,最终成为胎儿身体的一部分。胰腺处理消化酶,负责处理胰岛素和胰高血糖素。在整个第6周,牙齿和腭部为生长发育做准备,前者在第8周末,后者在第9周末,两者对致畸因素非常敏感,接触致畸因素后对成形牙齿的损害包括釉质发育不全和牙齿颜色异常,腭部容易受到损害导致腭裂。

第7周：膝盖和肘部形成，手指和脚趾开始发育，形成小的压痕，可以看到耳朵、眼睛和鼻子等面部特征，眼睛有视网膜和晶状体。主要肌肉已经发育，胚胎能够移动。毛囊和乳头在这一时期形成；肠道继续在脐带中形成；牙齿开始在牙床下出现；所有主要器官开始形成。

胚胎形成自己的血型，而外生殖器从第7周到第9周对致畸因素非常敏感，如果胚胎接触到有害物质，女性生殖器会发生男性化。

第8周：骨骼和软骨开始形成，眼睛的基本结构正在发育，舌头开始发育，胚胎可以在羊膜囊内游泳，对周围环境有反应。肠子从脐带上分离出来，进入胚胎腹部。到第8周末，婴儿完成了1/5的产前生活，开始进入胎儿期。在这个时期，中枢神经系统、眼睛、耳朵、牙齿、上颚和外生殖器仍然非常容易受到致畸因素的影响。

二、第9～14周

第9周：心脏几乎完全发育，通过专门的医疗仪器可以听到胎儿的心跳。到第9周，大部分主要器官和组织都已发育，在此期间，红细胞在肝脏中产生；面部完全形成，眼睛几乎完全发育，眼睛和面部闭合，直到第28周才再次睁开。大多数关节在第9周时形成；胳膊、手、手指、腿、脚和脚趾完全形成；指甲和耳垂开始形成；牙龈中开始出现牙芽；胎儿能够将手指握成拳头；男性胚胎的睾丸开始移动。皮肤上有明显的手印。直到第16周，所有器官都发育相当成熟，不会因为致畸因素的存在而有高风险，但中枢神经系统除外，它对致畸因素仍然非常敏感；其余系统将继续发育，但已经进入一个不太脆弱的生长和发育时期。

第10周：胚胎大约长25mm，可以辨认出面部的特征，肢体、手、脚、神经系统开始对外界有反应，大多数内脏器官开始有功能，胚胎期过渡到胎儿期，个体发展最关键的部分已经完成。这段时期是胎儿迅速发展的一个时期，在这个阶段，胎儿的头部大约占整个身体长度的一半；眼睑闭合，虹膜开始发育；到第10周或11周，胎盘开始具有功能；在胎儿期，胎儿大脑某些区域的神经正在迅速发展，应该警惕的是保证胎儿不暴露于有害的致畸源，并且母亲应该为胎儿大脑的发展摄入健康的富含蛋白质的食物。胎儿的耳朵、眼睛、牙齿、腭和外部生殖器继续发展，但已不易受致畸因子的伤害。

第11周：胎儿身体的所有结构和器官已形成并开始有功能。手指和脚趾已经可以分开，头发和指甲开始生长，生殖器开始呈现出性别特性，羊水主要由水组成，为子宫中的胎儿提供保护，当肾脏开始有功能时，这种液体开始积累。肠壁的肌肉开始在消化过程中尝试着收缩。

第11周开始到第16周，中枢神经系统对致畸因子一直都高度易感。中枢神经系统、眼睛、牙齿和外部生殖器一直都存在产生轻微发育缺陷的危险，直到胎儿出生。心脏、肢体、唇和腭到第9周后对致畸因子不再那么敏感。耳朵从第10周到第16周不易受影响，但仍然易形成小的缺陷。

第12周：声带开始形成，并且在出生之后立即要用到；眼距开始缩短；两只耳朵位于头部的两侧；小肠继续向胎儿的腹腔移动；肝脏开始有功能，负责血液的清洁，储存营养物质，并且提供人体需要的其他物质；胰腺开始产生胰岛素；胎儿平均长度是5.4cm，平均重14克。

第13周：胎儿开始出现呼吸运动；眼睛和耳朵继续生长和发育；胎儿脖子的长度正在增加，并且下巴不再紧贴胸部；手开始有更多的功能。这个时期，胎儿生长所需的全部营养物质均从胎盘中获得。

第14周:甲状腺已经发育成熟,胎儿开始产生激素;男性胎儿,前列腺开始发育;女性胎儿,卵巢从腹腔移向盆腔;胎儿能够吸吮自己的拇指;胎儿的骨质开始钙化,从而使其骨骼变得更加强硬;皮肤非常透明。胎毛(非常细微的毛发)覆盖于胎儿的身体,并且继续生长直到第26周,它的作用是帮助保护皮肤,通常这些胎毛在出生前脱落。

三、妊娠中期

妊娠的第15周直到第24周,胎儿的生长在此期间是迅速的,到此期间的第1个周末为止,胎儿的主要器官已经发育成熟。心脏和肾脏继续发育,眼眉和指甲形成,胎儿的有皱褶的红皮肤被细微的毛发所覆盖。胎儿能够吞咽,能听到声音。根据胎儿的活动,如踢、睡觉、觉醒,可将其分为高活动期和低活动期。

第15周:当胎儿踢、扭及转身时母亲能感受到胎儿的颤动。胎儿能够抓、斜视、皱眉头、吸吮拇指;它的腿已经生长得比臂长,身体比头长;胎儿中耳的3块小骨头开始变硬;大脑内听觉中枢还没有成熟,所以不能理解声音,但听觉的能力在发展;指甲和趾甲继续生长;眉毛和头发开始生长。

第16周:脂肪开始在胎儿皮肤下形成,为身体提供隔热层;胎儿的头和脖子已经长出成形;可以辨别外生殖器,在这个时期,使用一台外部显示器能够听到心跳,心脏每日泵血23升,心率约是其母亲的两倍;胎儿有吮吸、眨眼及吞咽反射的功能;到第16周为止,胎儿已经学会呼吸,且下颌可以活动。

第17周:这个时期看起来更像人形了。胎儿头部的生长要比身体和肢体迅速得多;指尖和脚趾上有肉垫形成;胎儿的眼睛向前方看,但仍紧紧地关闭着;胎粪(由小的细胞碎片、分泌的消化液及咽下的羊膜水组成)正在胎儿的肠道内累积,这种黑色的胶黏物质最终成为胎儿最早的大便,胎粪含有许多微量元素和矿物质等,这些物质首先由母亲消耗,然后才传给胎儿;脐带生长得越来越厚实强壮,并且继续将血液和营养物提供给生长的婴儿;骨骼正从软骨转变为骨,但仍然是相对柔韧的,以利于胎儿能通过产道出生。

第18周:胎儿能够眨眼、用手抓、张嘴;头和身体上有毛发生长;胎儿皮脂(一种白色的乳酪样的保护物质)沿着胎毛在胎儿皮肤上产生;胎盘继续生长,给胎儿提供营养物质;胎儿肺内开始形成极小的气囊称为肺泡;声带已经形成,胎儿有哭的活动,但由于没有空气,胎儿不能发出声音;通过超声波检查能够观察到胎儿心脏的心室和心房。

第19周:胎儿有与新生儿相同的觉醒和睡眠状态,有最喜爱的休息姿势,其活动期和休息期能够被识别;胎儿全身的神经被一种脂肪物质所包裹,这种脂肪物质称为髓鞘,髓鞘的形成对神经传导非常重要,这种物质使神经与外界隔离,从而使神经冲动的传导很平滑,神经传导控制着身体的自主活动,很大程度上影响出生后的动作控制;头发在第19周变得很明显,并且继续生长;乳齿芽已经发育,随后的几天,恒齿芽开始在乳齿芽下面形成;如果是女性胎儿,子宫开始发育,阴道、子宫和输卵管都在形成;如果是男性胎儿,可以很清晰地辨认外生殖器;胎儿吞咽羊水,从肾脏产生尿液。

第20周:胎儿期发育的中间点,迅速生长的胎儿已接近完成,在胎儿期发展过程中,其后的阶段对生存至关重要。胎儿的心脏越来越强壮,将一只手放于母亲腹部可以辨别到胎儿心脏的跳动;胎儿腿的长度达到其相对大小,肌肉组织得到增加,母亲能感觉到胎儿更强烈的踢动和活动。这个时期,母亲将免疫物质转运给胎儿,一旦出生,这些免疫细胞将保护婴儿免受母亲已有病毒的攻击,这种免疫保护一直持续到出生后6个月;控制味觉、听觉、视觉和触觉的神经细胞和神经连接正在大脑的某些特定区域发育,当现有的神经细胞生长更大并且建立更为复杂的连接后,其生长减速;胎儿开始表现出莫罗反射(moro reflex,惊跳反射,即对响亮的声音反应出惊恐),胎儿实际上能听到子宫外的声音并习惯于听熟悉的声音和音乐,直至出生时胎儿仍能够辨认出这些声音,因此人们认为出生后的婴儿听到这个时期的声音是一种安慰。如果是女性胎儿,子宫继续发育,其卵巢约有600万个卵子,出生时仍有大约100万个。

第21周:白细胞获得生长,形成了身体的防御系统,帮助抵御感染和疾病;舌头完全形成;如果是女性胎儿,子宫和阴道在这个时期形成;这一周,胎儿通过吞咽羊水来锻炼其消化系统,胎儿吞咽羊水后,其机体吸收液体中的水分,并将剩余物质移入肠道;另外,觉醒和睡眠变得更加合理,有证据表明,胎儿在这个发育时期,其内部生物钟被调整得与外部世界一致,母亲的饮食和睡眠习惯以及不同水平的声音和光亮都成为胎儿识别的信号。

第22周:胎儿能更加清晰地听到谈话、读书和唱歌的声音,有证据表明在新生儿出生后,再朗读胎儿在母体子宫内听到的书本时,新生儿表现出更加强有力的吸吮动作;汗腺开始发育,并且外部皮肤已经从透明转变为不透明;胎儿的眼睑和眼眉完全形成;指甲已经生长到手指的末端;胎儿的大脑进入一个迅速的发育阶段;胎儿的肝脏开始降解胆红素,后者是一种红细胞产生的物质。如果是男性胎儿,这周的发育过程中,其睾丸开始向阴囊移行,原始精子已经形成。

第23周:胎儿的身体比例类似于新生儿,但较新生儿瘦,还没开始形成身体脂肪;位于中耳的骨质变硬,胎儿更容易听到低频声音,是由于它比高频声音更易穿透腹腔和子宫壁;虽然眼睛已经形成,但虹膜仍然缺乏色素沉着;胰腺在这个时期正在发育并已开始产生胰岛素。

第24周:重量主要在肌肉、骨骼和器官,随着分娩的临近,胎儿身体继续发育得更像新生儿;味蕾开始形成,如果母亲吃些奇怪的或者苦的物质,胎儿可以通过反应来表现对其厌恶;手掌开始出现小的皱襞,当它吮吸拇指时,手部肌肉的协调能力得到改善;汗腺在皮肤内形成;肺支气管正在发育,肺细胞产生表面活性物质,这种物质能够帮助空气更好地在肺表面弥散,这周出生的胎儿,一般认为是可能存活的。

四、妊娠后期

妊娠后期的3个月是从第25～40周。胎儿能踢、扭曲、转身,直至增长到很大,以致子宫内最后极少有空间可供活动。因为全部主要的器官具备了一定的功能,各个系统的功能变得更为强大和有效,在这个时期出生的婴儿有更大的存活机会。到这个时期开始,胎儿已有300块骨头;在这个发育阶段,胎儿形成了脂肪储备和肌肉块;胎儿的毛发继续生长,并且替换在子宫中保护皮肤的胎毛;胎儿的肺脏继续发育成熟,直到出生。

第25周:脊柱结构开始形成关节、韧带和环,这些结构保护脊髓,脊髓是机体信息的传感器;肺的血管正在发展;胎儿的鼻孔开始打开,这个阶段的婴儿有气味喜好的能力;位于嘴唇附近的神经在第25周时变得更加敏感,这就使得胎儿一旦出生更容易寻找食物,吞咽反射在这个时候继续发展;灵巧性在继续改善,胎儿能表现出手掌的抓握反射,通过握成拳头来抓住放于其手掌的物体。

第26周:胎儿开始有了呼吸动作,由于肺部发育不完全,不会吸入空气;舌头已有味蕾发育;为了支持身体的发育,脊柱变得更为强壮,由150个关节,33个环和1000个韧带组成;肺内形成肺泡,肺开始分泌表面活性物质,防止肺粘在一起和婴儿出生之后肺不能膨胀,眼睛已完全形成,尽管胎儿的眼睛在过去几个月里是闭着的,但这一周其眼睛是睁开的并且开始眨眼,根据种族的不同,有些婴儿出生时眼睛是蓝色或者灰蓝色(在出生后最初的 6 个月内可以改变颜色),有些婴儿的眼睛是棕色或者黑色的,视网膜开始形成;听觉和视觉的脑电波可以被检测到,对胎儿的大脑进行扫描显示有触觉,视神经也逐渐有功能,将光照到母亲腹部可引起胎儿转头;在特殊医疗环境中,胎儿在子宫外有 50% 的存活概率。

第 27 周:胎儿的大脑继续迅速发育,强烈建议母亲在怀孕的这个时期听音乐、参加交谈、大声读书,到怀孕的第 7 个月底,胎儿对声音的反应更加和谐,就在这个时期,耳朵的神经网络发育完成,胎儿的听觉继续发展,胎儿能够认出母亲的声音和与母亲在一起的其他人的声音;肺脏继续发育,为出生后有呼吸功能作准备,在子宫里每多过一天都大大增加出生时胎儿的存活率,胎儿也继续在子宫里做小的呼吸;眼睑现在睁开得比以前更大,能区分光亮和黑暗,视网膜已经形成。

第 28 周:眉毛和睫毛明显,胎儿的头发生长得更长,眼睛已完全形成;胎儿在大小与形体方面的大多数变化是由于肌肉组织和骨组织的增加,脂肪继续增加,肌肉的紧张度继续改善,胎儿在这个时期非常活跃;肺脏仍处于不能独立呼吸的不成熟时期;母亲应该读故事、唱歌、听音乐、哼调、保持生活节奏、想一些令人舒适的事情,并且在这个时候要高声笑出来,胎儿能认出母亲的声音。

第 29 周:头与身体成比例,胎儿每过一天都更像新生儿;脂肪继续在皮下累积,为出生作准备;胎儿的大脑能控制原始的呼吸和体温;眼睛可在眼窝内移动,不久,胎儿将能在视觉上跟踪闪光;发育中的胎儿对光线、声音、口味、气味越来越敏感,研究显示,第 29 周时胎儿就能够表现出对某种特殊的口味或者气味喜欢与否;胎儿也从一侧移动到另一侧,但仍是保持头在上位,在后面的数周,胎儿将移动至出生时的位置即头在下位。

第 30 周:胎儿能在子宫外存活,这时出生称为早产。胎儿的头变得更大,以适应这一时期大脑的快速发育,在这一时期,通过给未出生的胎儿听音乐、文学、谈话和积极的情感情景,有助于胎儿神经系统的发育;胎儿周围约有 700mL 羊水,随着胎儿长大占据子宫,羊水的体积在减少;胎儿越来越多地练习睁开和关闭眼睑,胎儿的眼睛能沿着光源方向,从一侧转向另一侧,甚至能伸出手去接触光线,并且能够在子宫里产生眼泪;早期能在子宫里保护胎儿皮肤的胎毛消失,毛发继续增长;趾甲正进入其最后的生长阶段;骨髓开始产生红细胞,这些红细胞继续通过运送氧,并且清除废物二氧化碳和其他气体,来满足胎儿身体发育的需要。

第 31 周:身体的生理生长速度下降。胎儿的身体在第 3 个 3 个月末增长得不是很多。不过,胎儿在剩下的这段胚胎期,体重上获得相当数量的增加,脂肪继续累积,从而使皮肤颜色从红色变为粉红色;胎儿体内正在储存钙、磷和铁,骨骼继续生长和变硬;大脑进入另一个快速生长期,产生成千上万个新的神经细胞和神经连接,胎儿能够根据音乐节奏起反应并动作,有证据表明根据胎儿心率的反应,可以知道胎儿对音乐的喜好。到这个时期,肺是唯一没有发育完全的重要器官。

第 32 周:由于这一时期体重的迅速增加,导致其只有非常有限的活动空间,胎儿在这个时候较少活动;胎儿具有五种感觉;趾甲完全发育成熟;头发继续生长;对大脑扫描显示,在这个时期左右,胎儿有快速眼动睡眠,并且能够做梦。

第 33 周:由于大脑的迅速生长和发育,胎儿的头大约增加 0.9cm,神经元和神经突触迅速发育,从而为分娩和生存做准备;在这一周,发育中的胎儿能够伴随呼吸,做吮吸和吞咽动作;尽管大多数骨骼在变硬,但头颅是柔软的并且不完全连接,以更容易出生;胎儿间歇性地深呼吸,呼吸活动帮助锻炼肌肉,并且促进肺细胞产生更多的表面活性物质,有助于肺的健康发育,到这一时期很重要的是,胎儿仍然从胎盘获得氧气;男性胎儿,睾丸从腹腔下降进入阴囊,有时一侧或者双侧睾丸直到出生后仍没有进入阴囊。

第34周:当胎儿觉醒时眼睛是睁开的,睡觉时是闭着的,并且能够眨眼,胎儿开始了规律的睡眠,当母亲腹部上有亮光时,胎儿能看得更清楚,母亲体内的抗体被转送到发育中的胎儿体内,这种免疫物质的提供直到胎儿出生,一旦出生,母乳能提供更多的保护给胎儿,以抵御疾病;胎儿可能已经为出生做好了头向下位的准备;胎儿的指甲已经生长到指尖末端,并且有功能。

第35周:在这一周出生的大多数胎儿能够存活,并且没有许多长期的问题;脂肪开始在胳膊和腿部累积,以帮助胎儿调节体温;胎儿的听力已发育完全,在这一时期,由于高调的声音更易被胎儿听到,因此鼓励对子宫中的胎儿用高调的声音谈话;胎儿占据了子宫内的大多数空间;男性胎儿,睾丸已完全进入阴囊。

第36周:唯一没有发育完全的器官是肺,肺将继续发育直至出生;这一周,胎儿可能开始进入产道;肘和膝出现小凹,脖子和腕部也形成了皱褶;皮肤生长得很光滑;齿龈非常坚硬;一对肾脏已发育完全,肝脏也开始处理一些废物;从现在开始到出生,大约每天增重28g。

第37周:公认为发育完全的时期,胎儿继续练习呼吸运动,直到出生;手有抓握反射;胎儿能够对子宫外的光线起反应并转向光线,子宫壁伸展变薄,从而使更多的光线穿入,促进胎儿形成依赖光线的睡眠模式,此时期孕妇应该为自己建立健康的睡眠模式,以免影响胎儿的睡眠模式。

第38周:胎儿容易打呃,因为呼吸运动将羊水吸入气管;胎粪继续在胎儿的肠道内累积,在出生后第一次排便时排出;头围和腹围差不多一样大。

第39周:大多数胎毛已经消失,剩余一些在胎儿肩部、臂部和腿上,将自行完全消失;肺脏继续成熟,表面活性物质的数量继续增加;身体继续储存脂肪,以用来在出生后调节体温,除正常脂肪外,在颈部、两肩之间还累积了一些褐色脂肪,褐色脂肪对出生后第一周产热非常重要。

第40周:标志着正常妊娠期的结束。大部分皮脂已经消失,胎儿平均有15%的身体脂肪来帮助调节体温;头发和指甲继续生长;这一周,不管是男性胎儿还是女性胎儿,都有乳头的出现;肺脏继续发育直到出生,它产生大量的表面活性物质以保持肺泡张开;在胎儿准备出生前,胎儿产生一种启动出生过程的物质;出生时,一般胎儿平均长 49.5cm,平均重 3200g,体重的 60% ~75% 是水。

第三节　产前期的各种约束因素

一、环境约束

未出生的胎儿的健康受很多环境因素的影响,孕妇所接触的环境中有些物质对胎儿的生长和发展的影响是正面的,有些物质的影响是负面的。可能会损害胚胎或胎儿的环境因素称为致畸因子。在胚胎期,致畸因子对胎儿的发育破坏作用最大,这些有害物质作用的大小取决干许多细节,例如作用的数量和时间长短,作用发生时所处的孕期的阶段以及胎儿的遗传易感性。下面将介绍一系列的致畸因子以及它们是如何影响出生前胎儿的发展的,还将着重介绍为保证胎儿的生长和发育,孕妇们可以采取的预防措施。

(一)酒精的危害

孕期饮酒曾经被认为是安全的,现在大家知道孕期饮酒(如啤酒、葡萄酒及酒饮料)存在很多的危险。分娩前饮酒,即使在怀孕的最早阶段,都会对胚胎和胎儿产生危害。孕妇即使喝少量的酒,也可能会导致婴儿在出生时有身体和精神上的残疾,这些残疾可能会持续一辈子,这些与酒精有关的先天缺陷是可以预防的,专家建议无论数量多少的酒精,在怀孕前或怀孕期间饮用都是不安全的(美国疾病控制和预防中心 CDC,2006)。

在怀孕期间饮酒会导致胎儿多种机能紊乱,称为胎儿酒精谱群疾病(FASD)。在怀孕期间饮酒的母亲,其孩子可能会有不同程度的先天缺陷,包括身体生长缓慢、异常的面部特征、中枢神经系统损伤、神经元缺失、行为问题和脑力发育迟缓。胎儿酒精综合征(FAS)被认为是最严重的胎儿酒精谱群疾病,出生时患有胎儿酒精综合征的孩子智力迟钝,并且有明显的生理缺陷和精神残疾。

(二)吸烟的危害

香烟中的尼古丁、一氧化碳、焦油以及很多的其他化学物质不仅仅危害女性的健康,同时也夺走了发育中胎儿健康生长和发展所必需的营养物和氧气,那些吸烟的孕妇,她们的婴儿在胚胎期间以及出生后都存在着发生并发症和健康问题的危险。有研究显示,在怀孕期间妇女吸烟越多,未出生的孩子面临的危险越高,因此有人建议没有安全的吸烟剂量(Martin et al.,2003)。同样,在新生儿周围成年人应该克制吸烟,因为二手烟也可能增加婴儿发生健康问题和死亡的可能性。

(三)空气污染

燃煤是造成室内空气污染的主要原因。世界卫生组织(2005)提供了强有力的报告,证明室内空气污染使幼儿患肺炎的危险性增加两倍多,肺炎是小于 5 岁的儿童致死的最重要的单一因素,每年死于肺炎相关疾病的儿童有 200 万,其中 90 多万的单一死亡原因是肺炎。成年人由于燃煤的污染,使得肺癌的危险性加倍,并使发展为慢性阻塞性肺疾病的危险性增加三倍(如慢性支气管炎)。

室内空气污染与人类患哮喘、白内障、肺结核病以及不良的怀孕结果[如低出生体重(VL-BW)、缺血性心脏病、鼻咽部和喉部的癌症]之间也有明确的关联。在室外空气污染的城市以及那些户外空气被严重污染的乡村地区,成年人有发展形成严重疾病的危险,如呼吸疾病、传染性疾病、肺癌、肝癌和铅中毒(世界卫生组织,2001)。

(四)水污染

水是维持生命的基础,孕妇每天喝足够的水是很重要的,但孕妇应该清楚所喝水的质量以及饮用污染的水(如含氯、铅、杀虫剂等)所导致的危害。虽然研究结果仍不确定,但饮用通过高浓度的含氯物质来杀灭水中致病微生物而处理过的水,可能会增加流产和胎儿生长不足的危险。

当一名妇女在怀孕期间暴露于高浓度的铅环境中,她的婴儿有流产、早产、低出生体重和发展延迟的危险,即使暴露于低浓度的铅,也可能使幼儿会有学习和行为困难以及贫血的发生。为了避免暴露于铅和潜在的含铅的毒性物质,孕妇应该避开如下物质的侵害:从物体表面脱落的含铅颜料的灰尘（如砂磨或者刮除产生的）；饮用来自铅管水龙头的水或流经铅焊接的铜管、铜锌合金管水龙头的水；使用含铅的水晶制品和陶瓷的盘子，特别是那些由工匠手工制造的盘子；含有铅的工艺品材料等（March of Dimes，2006）。如果担心水中或其他家庭用品中含有化学物质（如氯和铅），建议孕妇喝瓶装的饮用水或者对所饮用的水进行检测以确保安全。

（五）非处方药、处方药和中草药

虽然一些非处方药（如对乙酰氨基酚、布洛芬、萘普生）、处方药和中草药在怀孕期间服用是安全的，但在服用任何药物之前，最好征求一下医生的意见。妇女在怀孕期间应该避免服用的药物包括：治疗粉刺的药物（如异维 A 酸、Amnesteem、Claravis）；治疗银屑病的药物（如阿维 A 酯和 Soriatane，这些药即使在怀孕的 3 年前服用都可能导致胎儿先天缺陷）；中枢神经系统药物（如反应停，过去常常用来治疗多发性骨髓瘤、艾滋病的某些并发症以及麻风病）；乙酰胆碱酯酶抑制剂（如卡托普利和 Enalopril 过去常常用来治疗高血压病）；非处方药物（如阿司匹林和含有酒精成分的感冒药物）；中药的茶剂、片剂、胶囊剂和提取物服用大剂量的草药制品是不安全的，包括草本植物的茶（如薄荷和红覆盆子叶）、黑色或者蓝色的生麻类药草、麦芽汁、迷迭香和金钟柏，但并不仅仅是这些。这些草本植物的产品会导致子宫收缩，增加流产和早产的危险性。

所有这些药物和很多其他的药物，如果在怀孕之前和（或）怀孕期间服用，都有可能导致严重的妊娠并发症和先天缺陷，建议孕妇在服用任何药物之前，无论是处方药、非处方药还是中草药，都应该征得医生建议，并得到许可。

二、传染性疾病

（一）风疹（德国麻疹）

风疹是以疱疹为特点的一种具有高度传染性的疾病，伴有腺体发炎、低热、关节痛、头痛、食欲不振和（或）喉咙发炎的症状。虽然以前曾有过多次风疹的暴发流行，但有效的接种疫苗已经能够控制风疹的暴发流行。不过，小型的风疹暴发流行仍有发生，特别是在那些还无法提供接种疫苗的国家，这说明胎儿仍然会因为母亲在怀孕期间感染风疹而受到侵害，造成先天缺陷的危险仍然存在。

在胚胎发育的早期，孕妇接触到风疹，风疹病毒进入胎盘内，通常会导致流产、死胎和胎儿器官（如眼睛、耳朵、大脑和心脏）的缺陷。在第一个三个月期间怀孕的母亲如果接触风疹，大约有 25% 的婴儿在出生时会有至少一种先天缺陷，如视觉缺损或者失明、听力缺失、心脏缺陷、智力障碍或动作失调。因为胎儿大多数器官的发育在第一个三个月期间发生，所以在第二个和第三个三个月期间接触风疹病毒对胎儿发育的破坏性减少。因此，母亲在怀孕 20 周之后染上风疹，其婴儿的先天缺陷则很少发生（Shonkoff et al.，2000；March of Dimes，2006）。

为了防止母亲感染风疹病毒，并且消除先天性风疹综合征，建议妇女在怀孕之前对风疹病毒具有免疫性，并且在整个怀孕期间不要接触那些已经被诊断为得了风疹的病人。

（二）人类免疫缺陷病毒（HIV）和获得性免疫缺陷综合征（AIDS，艾滋病）

艾滋病是一种在全世界正迅速增长的疾病，特别是在那些农村和贫困地区。2003 年中国大约报告了 130 万个艾滋病的病例，这些人中有 2%～3% 的人是孕妇（联合国艾滋病和世界卫生组织全球人类免疫缺陷病毒和艾滋病监测工作组，2004）。由于这种疾病的特性，感染

HIV 的妇女在怀孕和分娩的时候能够将病毒通过血液传染给胎儿,或者在母乳喂养的时候通过母亲的乳汁传给婴儿。如果进行有效的彻底的药物治疗,从母亲到胎儿的 HIV 病毒的传播危险能够显著地降低。因此,建议妇女们,如果在怀孕前或怀孕的任何时候只要诊断出感染了 HIV,就应当接受抗 HIV 的药物治疗,避免胎儿感染上 HIV,妇女应该接受保健机构的药物治疗。

为了防止感染 HIV 和(或)把病毒传给孩子,建议有性生活的妇女做好如下事项。

(1)在怀孕之前进行 HIV 检测;避免与以下情况的人发生性接触:静脉注射毒品的人;有多个性伙伴的人;有其他性传染疾病的人(如梅毒、淋病等);避免接触已感染了 HIV 病人的血液和体液所污染的所有物品(如针、剃须刀等)。

(2)通过剖宫产手术分娩婴儿,这将使 HIV 从母亲传到婴儿的危险降低到少于 2% 的概率;参与 HIV 的处方药的治疗。

另外,女性需要了解婴儿患有艾滋病的症状。虽然大多数感染 HIV 的婴儿出生时看起来很健康,但大约有 15% 的婴儿发展成严重的疾病,并且在 1 岁之前死亡。新生儿在出生之后 48 个小时内接受 HIV 检测是很重要的,如果检测结果显示婴儿感染了 HIV 或者显示有艾滋病的并发症状(即肺炎或其他严重的细菌感染疾病),应该立即接受药物治疗。

三、遗传疾病

许多的疾病和先天缺陷是遗传的结果,父母亲都可能提供导致胎儿发育的先天缺陷和遗传疾病的潜在基因。先天缺陷是婴儿在出生之后一年内死亡的主要原因,并且一些遗传疾病很具有破坏性。因此,人们进行检测是非常重要的,以鉴定是否存在可能会导致破坏性结果的基因遗传给胎儿,正考虑怀孕的人应该进行检测,以确定是否是某些疾病的遗传携带者;同样,处于生育年龄的人应该进行疾病家族史的调查,看看是否有一般遗传病和先天缺陷的家族史。人们需要了解一些一般遗传病和先天缺陷,包括软骨发育不全、囊性纤维病、血友病和肌肉萎缩症,但并不局限于这几种。

染色体疾病:当生殖细胞(即卵子和精子)在受孕时相结合,卵子和精子都把染色体遗传给新生成的受精卵。体细胞通常包含 46 条染色体,而生殖细胞则包含 23 条染色体。正如本章开始所讨论的,当卵子和精子相结合时,就产生了拥有 46 条染色体的受精卵,当这些新生成的生殖细胞分裂成更多的生殖细胞时,就可能会出问题:染色体可能分离错误或者有超出数额的染色体生成。染色体的错误分离导致的一种常见的结果是出现 21 三体综合征(即唐氏综合征),就是在 21 号染色体分离不正确时,形成了一条额外的染色体。因此,婴儿就有 3 条 21 号染色体。21 三体综合征的普遍特性是认知、动作、生长的延迟,心脏病、超重和(或)肥胖症以及面部的缺陷。虽然还没有治愈方法,也没有已知的预防 21 三体综合征发生的方法,但已发现 21 三体综合征的患病与不能充分地摄入叶酸的妇女有关,与已经生了一个 21 三体综合征的孩子的妇女有关以及与 35 岁以后生孩子的妇女有关。

四、母源疾病

Rh 不相容:Rh 不相容是由于母亲和胎儿的血液类型的不相容,换句话说,当血液是 Rh 阴性的母亲怀了一个血液为 Rh 阳性(从 Rh 阳性血的父亲那里遗传)的胎儿时,婴儿就会有发生 Rh 疾病的危险。在怀孕期间,产程中以及分娩的产道中,胎儿的 Rh 阳性血液可能会进入母亲的血液,血液从胎儿到母体的转移会导致母体的血液中产生抗体。对于第一个孩子,抗体的这种发展通常不会对胎儿产生影响,然而,在这个孩子之后出生的每一个孩子,其患 Rh 疾病的危险性都增加了。在以后的怀孕过程中,母体中那些破坏胎儿血细胞的抗体的相似物增加了,因此胎儿患 Rh 疾病的危险性更大了。Rh 疾病不会对母亲产生影响,但胎儿在最严重的情况下可能会发生死胎、黄疸病、贫血、大脑损伤和心力衰竭等并发症。Rh 疾病很容易预防,对 Rh 阴性的母亲只需在分娩了 Rh 阳性的婴儿后的 72h 内,接受一次 Rh 免疫球蛋白的注射,这样就阻止了大多数 Rh 阴性的女性体内抗体的形成,从而防止了下一胎婴儿患病。

五、父源因素

胎儿在宫内的生长发育不仅与流产、难产、畸形、早产、低体质量儿等不良妊娠结果密切相关,而且能用于评估成年期罹患某些疾病的风险。近年国内外关于胎儿生长发育的研究大多关注的是母源因素,对父源因素的研究相对较少。父亲影响胎儿发育的主要因素可以分为两类,即包括年龄、疾病、体型、生活方式、暴露环境在内的遗传因素和以心理状态、职业、经济收入为代表的社会环境因素,前者直接影响父源基因的完整性和表达情况,而后者主要影响母体的生活环境和生活质量,这两类因素的不良发展均可能导致胎儿在宫内的生长发育发生异常,从而出现各种不良妊娠结果。

六、慢性应激

对于孕妇来说产生身体上和情绪上应激的来源有很多,这些应激源中一些只是暂时的(如担心胎儿的健康状况,呕吐、频繁的小便、腹部的隆起以及背痛),而有些应激源是慢性的(如经济的负担、单亲父母身份以及不予支持的伴侣)。能够鉴别并且处理好慢性应激源对于胎儿健康的发展非常重要。虽然大多数孕妇不会因为应激出现问题,但某些孕妇会有如下的问题:睡眠困难、胃口下降、免疫功能降低,而且在高度的慢性消极应激的情况下,会产生血压的增高。因为母亲的身体是以一种消极的方式应对压力,胎儿也会出现因母亲的压力而产生不良结果的危险。特别是,那些经历了高度的慢性应激的孕妇,她们的婴儿存在更高的流产和发育不全的危险,并且在出生时更可能出现早产和低出生体重(针对足月的婴儿而言)。如果孕妇完全地被慢性的应激所挫败,她们应该尽快与主管医生或心理保健专家联系。另外,孕妇可以从事下列活动以使压力引起的不良结果减到最小:规律进食有营养的膳食,并饮用充足的水;遵从保健医师的意见,进行有规律的身体活动;获得足够的睡眠,并把休息的时间安排到每天的日程表中;通过沉思、听音乐、阅读或者参加瑜珈班来进行放松;有一个强有力的、积极的,包含朋友、家庭和健康保健专家的社会支持网络;参加全部的产前期医生预约;如果可能的话,避免可能导致应激的情形;避免采用饮酒、吸烟以及服用违禁药物作为应对压力的方法。

七、营养状况

在整个怀孕期间,孕妇食用足够的营养丰富的食物很重要(如水果、蔬菜、各种谷类、富含蛋白质的肉类以及豆制品)。这些食品可以以每天三顿正餐和两次零食的形式来吃,保证正餐和食用足够数量的蛋白质对孕妇来说很重要。孕妇通过吃有营养的食物、不省略正餐并且摄入足够的蛋白质,才能有助于促进胎儿的健康生长和发育。

孕妇每天增加摄入的热量的数量也很重要。具体地说,孕妇应该每天多摄入 300 千卡的热量,这么多卡热量的摄入相当于使体重增加 11.4 ~ 13.6kg。如果孕妇在怀孕前超重,那么应该在怀孕期间增加较少的体重;如果孕妇在怀孕前体重不足的话,她就应该增加更多的重量。另外,对于那些在怀孕期间体力活动积极的孕妇,应该根据热量消耗的情况,对每天摄入的热量进行调整。通过在怀孕期间增加合适的体重,这样可以减少孕妇生产期死亡的危险。

八、身体活动

体育活动(如散步、慢跑、瑜伽、太极拳、游泳、水中有氧运动、原地骑自行车和低强度阻力训练)是健康怀孕的一个重要部分,可以使孕妇保持健康,减少一些健康问题和怀孕期间的不适(如糖尿病、高血压、背痛、便秘和压力)。活跃的孕妇能够更好地应对分娩的疼痛,分娩的孩子更小,并且在分娩后恢复得更快。此外,体育活动不会伤害胎儿,也不会增加流产、早产或出生缺陷的风险。因此,孕妇应该每天参加大约30min的中等强度的活动。怀孕前不爱运动的孕妇在怀孕后应逐渐增加活动量,即使从事短时间(即10min)的生活方式相关的活动(即散步、园艺和购物,每天数次)也同样有益。分娩后,妇女应在4~6周内恢复体育活动。产后运动有助于妇女恢复怀孕前的体重,感觉更好,并更快地适应做母亲。由于体育活动对所有孕妇来说都是不安全的,所以妇女在参加或恢复产后体育活动之前,应征得医疗保健提供者的同意。

以下是对怀孕期间体育活动的一些建议。

(1)随着怀孕的进展,调整活动方式和活动强度。

(2)在运动之前、之间和之后喝足够的水。

(3)不要运动到筋疲力尽的程度。

(4)不要做需要躺着或站着的活动。

(5)不要做导致过热的活动(即不要在湿热的日子里运动,避免泡热水澡、桑拿和喷射式泡泡浴,特别是在怀孕的前三个月)。

(6)不要做这些活动 可能造成腹部创伤的活动,有跌倒风险的活动,需要高度平衡的活动,以及包括跳跃和冲击的运动。

(7)不要在海拔高于1800m的地方运动。

(8)如果出现以下情况应立即停止运动:阴道出血、头晕、气短、头痛、胸痛、肌肉无力、小腿腓肠肌疼痛或肿胀、子宫收缩和(或)羊水渗漏。

第四节　胚胎期人体动作发展的科研动态

一、胎盘在胎儿生长调控中的作用

胎盘在母体和胎儿之间接收和传递内分泌信号,是营养和废物交换的场所。足月时用于交换的胎盘总表面积(包括绒毛膜表面积)为$11m^2$,胎儿生长受限时,胎盘绒毛表面积和胎盘体积均减小。充足的胎盘生长对胎儿的充分生长至关重要。早产儿与相同出生体重的正常生长新生儿相比,胎盘重量显著降低。胎盘功能的几个方面对人类胎儿的生长发育至关重要,包括滋养细胞的充分侵入、妊娠期间子宫胎盘血流量的增加、葡萄糖和氨基酸等营养物质从母体向胎儿的转运以及生长调节激素的产生和转移。

胎盘是一个代谢活跃的器官,提取子宫循环供应的总葡萄糖和氧气的$40\%~60\%$,剩余的营养物质和代谢物通过被动扩散、易化扩散、主动运输、内吞或胞吐等方式跨胎盘转运至胎儿。被动扩散(氧气、二氧化碳、尿素)受胎盘交换面积和血流量的限制。易化扩散(葡萄糖和乳酸)是通过载体分子向下传递浓度梯度,不需要消耗额外的能量。主动运输既需要载体蛋白,也需要额外能量的输入胎盘,转移随着胎儿生长速度的增加而增加。

在妊娠过程中,胎盘是重要的内分泌器官,它产生许多激素,包括雌激素和孕激素、hCG、人类 GH 变异体和人类胎盘泌乳素。其中一些激素在胎儿生长调节中发挥作用。一项针对营养不良或贫血孕妇的研究发现,与健康孕妇相比,脐血中人胎盘泌乳素、GH 和 IGF - I 的浓度升高。另一项研究发现,使用超声测量评估的孕妇血清中胎盘泌乳素的变化与胎儿生长速度之间存在联系,胎盘泌乳素可促进早期胚胎生长,并被认为通过刺激其他激素如 IGF - I 和胰岛素的产生而对胎儿产生影响。很少有数据表明雌激素和孕激素在人类胎儿生长调节中的直接作用。然而,一些研究表明这些激素的浓度与出生体重或胎盘重量之间存在相关性。

二、胎儿编程(fetal programming)

Barker 和他的同事首次提出了"胎儿编程"一词,以说明宫内环境对晚年疾病风险的关键作用。具体来说,他们发现了低出生体重与生命后期发展、Ⅱ 型糖尿病风险之间的联系,将这一过程描述为成年后疾病风险的印记跨度。胎儿编程的这一过程包括母体的体成分、母体膳食摄入、子宫胎盘血流、胎盘物质转移能力和胎儿基因组,进而可导致胎儿的代谢和内分泌改变。它特别关注胎儿发育,为提高人类福祉提供了一个特别关注胎儿发育的理论框架。DOHaD 的概念是指早期生命和后期的疾病风险,并不支持"预定的轨道发展过程和后期功能,而不是可塑性"。然而,在研究胎儿生长及其与出生后生理的关系时,孕期生长的纵向测量是最佳的,并且在动物实验中也是可能的。越来越多的证据表明,怀孕期的因素,包括母体的营养史,母体的营养、激素和代谢环境,以及其他胎儿的存在,可以改变胎儿的生长轨迹。这些因素也可能影响胎儿发育的其他方面,包括妊娠时间的长短、出生后长期的生理状态等。

出生时体重小是成年后疾病发展的强预测因子,包括糖尿病、心血管疾病、动脉粥样硬化、高血压和卒中等。然而,并非所有研究都支持这一假设。最近,Huxley 等对 100 多项研究进行了分析,这些研究报告了出生体重与晚年收缩压之间的关系。他们发现出生体重对晚年血压影响的大小随着样本量的增加而减少,这样较小的研究更有可能报告相反的关系,而更大的研究报告的相关性较小,更不可能受到发表偏倚的影响。同样,出生体重与晚年胆固醇水平之间的关联被发现受到小样本量研究的严重影响,由于出生体重与当前体重和当前体重与胆固醇水平之间的独立关系,对当前体重的调整也可能夸大了这种关联。胎儿对子宫内母体环境的适应被认为会导致身体结构、生理和代谢的改变,并持续到宫外生活。这种适应可能适合宫内环境,但不适用于宫外情况。节俭表型假说被提出来解释胎儿生长与 2 型糖尿病发生发展的关系。Hales 和 Barker 提出,生命早期营养缺乏(无论是胎儿还是婴儿)导致胰腺等关键器官系统发育改变,导致胰岛素抵抗,同时保留了大脑等其他器官。当个体在出生后经历环境的变化时,这些适应就不再合适,从而导致疾病。额外因素的存在,如肥胖,可进一步增加患病风险。证胎儿在出生后环境中营养减少的情况下始终能够存活。然而,当产前和产后环境不匹配时,无论是由于胎儿需求相对于母体供给的增加,还是由于母体供给相对于胎儿需求的减少或增加抑或是由于产后环境的改变,晚年患病的风险都会增加。

成人肺功能的这些变化可能与母体营养不足对肺发育和结构的永久性影响有关,而男女之间的差异可能与宫内,肺生长的性别特异性差异有关。Lopuhaa 等发现孕中期暴露于饥荒的男性和女性有更高的阻塞性气道疾病发生率,提示胎儿营养影响肺发育,尽管他们没有发现血清 IgE 变化的证据。成年期肺功能,在慢性胎盘功能不全或母体贫血诱导的 IU-GR 绵羊模型中,研究了出生体重低与生命后期肺功能差的潜在机制。在这些研究中,胎儿生长受限导致肺结构和功能的改变,包括气血屏障增厚,肺表面活性物质基因表达增强,肺总容量减少。

低出生体重儿发生子痫前期的风险是出生体重 2500～2999g 的 2.3 倍,随着出生体重的增加,发生子痫前期的风险进一步降低。然而,当考虑到成人体重时,也有一个重要的影响,出生体重的降低结合高的成年体重可能在成年生活中产生最大的疾病风险。低出生体重的瘦妇女没有增加子痫前期的风险,而超重的低出生体重妇女患子痫前期的风险增加了 16 倍,低出生体重也与学校中的行为问题有关,如缺乏动力、攻击性以及 10 岁时的注意力集中困难和 6 岁时的低智商。布雷斯劳等研究了密歇根州内城区和郊区不同出生体重儿童的结果。在两个人群中,低出生体重儿的平均 IQ 得分比正常出生体重儿低 5 分,导致 10% 的低出生体重儿的 IQ 低于平均值 1sd 以上。此外,还观察到了梯度效应,在小于 1500g 的极低出生体重儿组中降幅最大。

三、如何评估胎儿健康状况:方法与途径

评估胎儿的健康状况有不同的途径和方法,心腔造影(CTG)监测和脐动脉多普勒是妇科最常用的方法。CTG 用于同时记录胎心率(fHR)和宫缩。fHR 采用国际妇产科联合会(FIGO)常见的评分,通过基线、振荡和变异来判断。如今,计算机增强 CTG(Oxford-CTG)也已问世。总体目标是确定胎儿是否患有缺氧或是否处于紧急状态,如酸中毒,并要求立即剖宫产。脐动脉多普勒主要用于评估胎儿与胎盘之间的血流情况,显示舒张末期血流中的阻力。对于生长受限胎儿的监测是一种行之有效的方法。这也有助于医务人员决定何时分娩,从孕中期的子宫血流筛查开始。然后可以通过扫描两侧子宫动脉来预见整个妊娠后期的高血压并发症。在某些情况下,多普勒超声可以通过使用脑—胎盘—子宫的比例来研究胎儿循环系统,如脐动脉和大脑中动脉,以观察胎儿的中枢化。在中心化过程中,胎儿为大脑等重要区域节省了资源。在这一阶段,没有进一步的相关增长;胎儿单纯成熟。

在一些研究中,曼宁的生物物理轮廓(biophysics profile, BPP)被用来判断胎儿的健康状况。BPP 结合 CTG 和超声两种方法,使用五个指征:fHR,胎动和呼吸,胎调和羊水量。众所周知,在高风险妊娠中,BPP 是一种不充分的确定胎儿生理活动的手段。测量大脑中动脉(middle cerebral artery, MCA)多普勒的另一个指征是检测胎儿贫血,即在细小病毒 B19 感染或 Rhesus 病中,由于大脑中动脉的最大流速与胎儿血液中血细胞的百分比有关,因此贫血儿童大脑中动脉的流速较高。静脉导管(DV)多普勒是一种将脐静脉腹内段与膈下腔静脉左段相连接的方法,其结果测量是这些区域之间的血流量。脑—胎盘—子宫比是一种可以测量母体、胎儿和胎盘血管中的血流量来预测胎儿生长受限的方法。

最近,心脏电活动和磁活动的直接生理测量已经成为可能。电学测量仅限于妊娠晚期,而生物磁记录可用于记录胎儿心脏活动、胎儿呼吸活动和胎儿大脑活动,尤其是妊娠晚期。在高时间分辨率的基础上,可以通过 HR 和心率变异性(heart rate variability, HRV)的测量来评估胎儿自主神经系统的状态,这种无创性的技术被用来研究胎儿的神经生理学。此外,胎儿脑磁图使我们能够研究功能性的胎儿大脑发育。另外,核磁共振成像(MRI)可用于胎儿神经元评估。

【复习与思考】

1.理解生物因素、环境因素、任务相关因素对胎儿生长发育的影响后,母亲可以采取哪几种活动来增强胎儿的生长发育?

2.胎儿生长发育的第1~3个月有三个重要的阶段,包括胚芽期、胚期、胎儿期,这三个阶段分别有哪些独有的特征?

3.整个胚胎期都是非常敏感的阶段,一位母亲如何才能确保她的宝宝不致暴露于致畸因子?

4.通过任务需要,母亲可以采取哪些措施来促进胎儿的动作发展?

5.母亲在胎儿期进行锻炼的要点是什么?

6.什么是推荐的胚胎期健康发育营养策略?

课程思政元素:

生命教育、弘扬健康、自信阳光、珍爱生命、天使情怀

课程思政举例:

(1)通过本章对胎儿期动作发展的描述,让妊娠期父母深刻的了解到胎儿发育中的注意事项和影响因素,从而起到了一个**"弘扬健康"**的作用。(传递生命教育理念)

(2)通过对胎儿产前期的环境约束和动作发育中各自特点的描述,教育学生**"珍爱生命"**。还能够能够培养学生的**"天使情怀"**,树立传播健康知识和方法,关爱和维护健康的乐趣。(树立养成健康的意识和行为)

(3)能够提醒母亲在胎儿期注意避免一些危害要素的影响,让胎儿能够以足月儿、出生时非低体重儿的情况下出生奠定了基础,这样对孩子的长期发展降低慢性病的产生起到重要的作用,让孩子在生活中能够更加**"自信阳光"**。(传播母亲科学妊娠的原理和方法)

第四章 婴儿期的人体动作发展

第一节 概　述

　　婴儿的动作发展是个体发展过程中一个重要的时期,在医学中婴儿期主要是指出生的前12个月;在心理学中大多指0~3岁的时间段。从刚出生无助的幼儿到蹒跚学步的孩子,婴儿的体魄、智力迅速发展,在这个时期婴儿综合身体素质的发展可能影响其往后生长发育的情况。

　　在婴儿期内可以同时观察到其身体发育和动作成长都是非常迅速的,刚出生的新生儿体积很小,婴儿最初很难控制并移动自己的头部或胳膊,在几个月后便可以将头部转向侧方;手臂支撑着俯卧、坐位、爬行等。12个月后,婴儿的重量大约是出生时的三倍,而且能够独立地行走、捡玩具玩、玩游戏等。这说明婴儿的精细动作技能、粗大动作技能以及身体平衡和动作协调能力的发展越来越成熟,这些都是婴儿自身成长的重要组成部分。

　　在0~3岁期间的婴幼儿,其动作发生和发展是有一定规律性和顺序性的。主要有四大规律:①头尾规律:动作结构是从婴儿的头向婴儿的脚发展的顺序方向;②近远规律:即从身体的近心端向远心端的发展方向;③大小规律:即从婴儿身体大肌肉群参与的、运动幅度较大的动作结构向有小肌肉群参与的、较为精细的动作发展方向;④整分原则:婴儿早期对外界刺激做出反应是整体性的,随着年龄的增长,动作结构渐渐地具有局部的、精准的、专门化的特点。

　　婴儿期动作结构的良好发展是保证儿童时期动作技能顺利正常发展的前提,为其将来参加集体活动项目、增强个人的自信心、提高个人社交能力以及培养德智体美劳全面发展的优秀青少年奠定了良好的基础。为了避免儿童由于婴儿期动作技能发展迟缓,在生活中的一些运动项目上遭受挫折,从而导致其自信心的丧失以及同学关系也会受到不好的影响。儿童动作与婴儿期动作发展还有一些较直接的关系,例如婴儿期精细动作技能的发展(如抓握功能和对指功能)与儿童的写字、绘画等存在着紧密的联系。婴儿期动作发展协调障碍会导致在儿童期时会表现出写字困难的现象,如写字速度太慢、字迹潦草难以辨认、握笔姿势不协调等。

　　婴儿时期的动作发展是个体动作发展研究过程中的一个重要领域。婴儿动作结构的发展与神经系统的完善是相辅相成的,婴儿在动作的协调控制中对视、听、触觉等感觉的整合中枢也在不断地完善,还能有效地预防儿童感觉统合失调。完善的神经系统反过来又能够促进身体各部位肌肉的协调活动。但是,动作的良好发展受到各方面的影响,婴儿精细动作发展和婴儿粗大动作发展的主要受到性别、胎龄、新生儿疾病、动作训练、出生时的体重的影响等。除了上述因素以外,家庭环境、父母文化程度、生育年龄、分娩方式、出生的季节等均是影响婴儿时期动作发展的因素。举个例子,如果出生在寒冷的冬季的婴儿,由于穿着过多的衣物会束缚婴儿的身体运动,且为了防止婴儿冻伤手指,家长常保护性地给婴儿戴上手套,这样严重阻碍了婴儿粗大运动和精细动作的发展。在婴儿时期是身体素质、智力发育最快的时候,在此时期婴儿的良好发育可能直接影响其长大后的生长发育情况。早期以科学合理的营养供给为前提,并给予生长良好的环境刺激和科学合理的养护对婴儿的生长发育是十分重要的。

婴幼儿期是人体动作结构发展的一个重要时期,婴儿的动作发展需要在家长的悉心照料与相适应的环境中。父母可根据婴儿在不同月龄阶段的动作发展水平、规律等,采用亲子互动的方式给予适当的、有目的的训练刺激,以确保婴儿的认知、心理情感、社会性、身体动作能力和知识水平得到充分的提高,从而有利于其独立、自信、专注等良好品格的培养与形成,为婴儿认识和探索精彩的生活奠定坚实的基础。

第二节　反射活动时期

一、反射性动作的发生和发展

反射性动作,既是在人类进化过程中建立并遗传下来的,也是人类最基本的动作结构。婴儿出生后存在的脑干的非自主运动反应主要表现为某些固定的刺激作用于一定的感受器引起的特定活动。大多数新生婴儿出生时就拥有了一系列的反射活动,其目的是保证自己在新生环境中能够顺利生长发育,如觅食反射和吸吮反射,用棉签触碰婴儿的嘴巴时就会产生反射性动作,婴儿期的大部分反射活动一般会十二个月左右消失,婴儿在获得随意控制能力后,这些反射活动会减弱并且慢慢的消失。但是有些反射是长期存在或者伴随终生的,例如一些肌腱反射。

二、反射性动作的适应和发展价值

反射性动作是人类生存发展过程中对环境进行适应并能够继承和发展的活动。从胎儿期起,个体就拥有了一系列反射性动作来适应子宫内的生活;出生后,一般认为婴儿期的反射活动最主要的目的是个体的生存和保护,即确保营养充足,以及对婴儿起到保护作用以防止处于危险之中,例如,吸吮反射和觅食反射就是确保婴儿摄取和寻找食物的反射性动作。直线加速反射能使婴儿处于跌倒风险时手臂和大腿朝着相同的方向伸展,避免跌倒产生损伤。随着婴儿年龄的增长,反射性动作的练习还有利于婴儿自主控制动作的发生和发展。

除上述描述之外,由于反射性动作和婴儿神经系统的发育之间具有密切联系,因此反射性动作发育的情况,在临床工作中常作为对婴儿神经系统发展状况评价的重要指标。如果这些反射动作的发生、结束和持续的时间严重偏离了平均发育水平,或者某些反射的缺失、明显减弱、婴儿的动作不对称,则提示婴儿神经系统的发展状况可能出现了异常,例如,吸吮反射消失或异常是新生儿神经系统功能障碍的间接指标。当吸吮反射异常与中枢神经系统受损的其他体征相关时,提示基底神经节或脑干功能障碍;莫洛反射消失提示中枢神经系统功能障碍;如果强直性颈反射在婴儿出生3个月后仍然存在,则说明婴儿动作发育迟缓甚至中枢可能存在异常。原始反射持续超过4~6个月或在应该存在的时间之前不存在是脑瘫的预测,5种或更多异常反射的存在与脑瘫或精神迟缓的发展有关。但在检查过程中需要注意的是,婴儿在测试过程中注意如果不集中时,也可能对刺激不产生反应或者产生不正确的反应。除此之外,给予刺激的强度是否适合也会影响婴儿的反射产生,因此这些进行反射检查的人,必须是受过培训的专业人员,并且检查需要在适当的时间、环境中实施。

三、反射性动作的分类

对于反射性动作而言,不同学科的专家学者依据不同的专业角度进行了划分。Twitchell

等人根据婴儿的反射性动作是否贯穿生命始终来进行划分。一类是生来就有且伴随终生的反射性活动;另一类是婴儿约12个月龄就会逐渐减弱直至消失的暂时性的反射活动,暂时性的反射性活动又可分为原始反射和姿势反射。原始反射一般在胚胎时期便已经获得,是婴儿生来就有且不经过任何训练产生的能力,和条件反射的形成刚好相反。在婴儿9个月龄左右后消失的有吸吮反射、拥抱反射、莫罗反射、脚掌抓握反射等多种动作,能够确保婴儿获得充足的营养和保护。姿势反射大多在婴儿出生的12个月后逐渐减弱或者消失的有游泳反射、走路反射、跳伞反射等动作,主要帮助婴儿在新生环境中保持平衡、协调有控制的姿态。

朱智贤等人根据先天反射活动对个体生存和发展的意义来进行划分的。第一类是生来就有且持续终生的,对人体的生存和发展具有较为持久的生物学意义的反射性活动,如咳嗽反射、瞳孔对光反射、吞咽反射、膝跳反射等、对人体的某些组织器官具有保护功能;第二类为对我们的生存发展没有太大的生物学意义,他们大多数在婴儿出生后半年左右便逐渐减弱直至消失的反射性活动,如觅食反射、抓握反射、走路反射、迷路翻正反射反射、颈翻正反射等,是人类进化过程中对生存环境生物适应的重要体现;第三类反射活动对临床的科学诊断具有重要意义,如巴宾斯基反射,它在婴儿期呈阳性反应,大多数一年左右逐渐减弱直至完全消失,但正常成年人在睡眠和昏迷中进行适当刺激仍可出现,如果在清醒状态下仍然存在,则可能提示存在反射发育迟缓的指征或者脑性病变。

(一)主要的暂时性先天反射动作

1. 手掌抓握反射

手掌抓握反射是婴儿的一个重要的先天反射动作之一。当用棉签棒或手指对婴儿的手掌进行刺激时,新生儿则表现为被刺激侧除了拇指以外的四个手指就会立即屈曲,并握住刺激物体。刺激婴儿的双侧手掌引起婴儿两只手的抓握反射,婴儿双手较大的握力能够紧紧握住刺激物,使他整个身体悬挂在刺激物上离开支撑面片刻,一些早产儿也能抓紧物体直至身体被提起。这个反射一般于胚胎期的第5个月期间胎儿就有了,在出生后5周左右该反射达到最强,这时婴儿的握力可达到2.2kg。随着大脑皮质对下级中枢抑制作用的加强,此反射一般在出生后3~4个月消失。

2. 吸吮反射

吸吮反射一般胎儿时就已经出现,在妊娠期的4~5个月期间,表现为用棉签或手指触碰新生儿嘴唇时,新生儿会相应出现嘴唇及舌头的吸吮动作。吸吮反射是最强的反射之一,一旦婴儿开始进行吸吮时,任何活动都会被抑制。此反射活动约在婴儿出生后3~4个月时自行消失,逐渐被主动的进食动作所代替,但睡眠中的自发吸吮动作仍可持续较长的时间。

3. 强直性颈部反射

不对称性的强直性颈部反射表现为新生儿处于仰卧位或俯卧位时,将婴儿的头部转向一侧,就可以观察到婴儿同侧的肌张力升高使得手臂和腿伸直,对侧的手臂和腿则会屈曲,呈现出类似击剑手击剑的姿势,因此也有研究者称为"击剑反射"。不对称性的强直性颈部反射的存在有效阻止婴儿在出生后的数周内由仰卧位滚向俯卧位姿势,从而避免婴儿因为处于俯卧位的姿势状态下而窒息死亡。事实上,大多数婴儿清醒时,其姿势都类似这种情况。此反射在婴儿出生后3个月左右时消失。对称性的强直性颈部反射则表现为婴儿取坐位时,将婴儿的头部向前倾使颈部屈曲时,可见到婴儿的手臂屈曲,双腿伸直的现象;而将婴儿的头部向后倾使颈部后伸时,手臂呈伸直状态,双腿出现屈曲的动作。此反射6个月左右时出现,大约在8

个月时消失。一般婴儿到练习爬行时,强直性颈部反射就会消失。若继续存在会影响到很多自主活动的发展,婴儿无法获得自主性爬行动作,也提示可能有脑性疾患或者反射发育迟缓的指征的存在。

4. 巴宾斯基反射

巴宾斯基反射由法国神经学家巴宾斯基首先发现,用棉签棒或叩诊锤等物的钝端由脚跟向前轻划过婴儿的足底外侧缘时,其大拇脚指会缓缓上翘,其余各脚趾呈扇形散开并伸直。该反射在婴儿出生时就存在了,在 6 ~ 18 个月逐渐消失,但在此之后睡眠和昏迷中还可引发此反射。2 岁后,婴儿出现与成人相同的脚底反射,若再出现巴宾斯基反射,一般被诊断为婴儿发育迟缓或者锥体束受损的指征。

5. 莫罗反射

莫罗反射又称拥抱反射。此反射表现为当婴儿遇到突然刺激时(如突然地失去支持或受到高声、疼痛等刺激时),就出现头朝后仰、背稍微向前弓、双腿伸直、经常伴有身体的扭动和双臂向两边伸展的动作,然后缓慢向胸前合拢呈拥抱的姿势,同时发出哭声,这在婴儿采取仰卧位的姿势时表现得最清楚。此反射是正常婴儿刚出生时就有,出生后 4 个月左右时消失,并逐渐被另一种与之类似并终生保持的反射形式——惊跳反射所替代。

两者都由突然的、强烈的刺激所引起,不同的是,前者随个体成熟而逐渐减弱至消失;而后者属于前庭反射,且终生保持。

6. 脚掌的抓握反射

类似于手掌的抓握反射,当用刺激物体对婴儿脚掌的跖球部位施加轻微的压力时,被刺激的脚的全部脚趾将屈曲,好像试图用屈曲的脚趾抓住刺激物体的样子。这个反射在出生时及之后的 9 个月可以被观察到,为了正常行走,这个反射一定会消失。

(二)姿势反射

1. 走路反射

走路反射又称踏步反射或者跨步反射,是婴儿习得行走这一里程碑的前身。正常新生儿处于清醒状态时,用两手托住其腋下使其处于直立姿势时,并使上半身稍向前倾,脚能够触及支撑面,作用于足底的压力会引起婴儿交替伸脚,做出似乎要向前行走的跨步动作,看上去很像动作协调地行走。早产儿也有此反射,但他们往往是脚尖着床,与足月婴儿用整个脚或脚跟着床的步行动作不同。此反射在新生儿出生后 2 个月内出现,6 ~ 10 周时消失。若婴儿 4 个月以后仍有此反射,则可能提示反射发育迟缓。

2. 游泳反射

游泳反射类似于走路反射,表现为把新生儿俯卧位放在水中的时候,他就会用四肢相互协调做出类似游泳状的不随意动作。这种反射可能也是种系发生过程中遗传下来的,与个体在母体内的液态环境有关。这种反射在出生后几周内可以观察到,在 4 ~ 5 个月后,此反射消失,若再将婴儿放入水中他就会挣扎乱动;直到 8 个月后,婴儿才可能出现随意的游泳动作。

3. 颈翻正反射、身体调正反射

这两个反射性动作与之后获得自主动作的婴儿期反射有关。颈翻正反射,主要变现为当婴儿仰卧位的时候,主动或被动地将婴儿的身体转向一侧时,婴儿的头部也会向旋转侧相同的方向转动,以与其身体保持一致。在出生后 6 个月阳性反应是正常的,超过 6 个月仍存在可能提示发育迟缓,超过一个月的婴儿阴性反应是反射发育迟缓的指征。身体调正反射,让婴儿保

持仰卧位,将婴儿的头部主动或被动地转向一侧,身体也会有节段的转向头转动的方向,主要是骨盆和肩之间的躯干部分旋转,如先是转动肩部,然后转动骨盆。大约出生后6个月直到18个月出现阳性反应,6个月仍是阴性反应可能提示反射发育迟缓。

4. 迷路翻正反射

此反射与身体的直立姿势的控制非常相关,反射主要是体现在,当掩盖住婴儿的眼睛后,使其身体向左、右、前、后不同方向偏移,让婴儿的头部不在身体的重力线上的时候,婴儿的头部会自动抬到正常的位置。一般出现于出生后2~3个月期间,并且在出生后一年内持续存在,它并不会完全消失,健康的成年人在某些条件下也会出现这种反射。

5. 直线加速反射

直线加速反射又称跳伞反射,此反射是当婴儿的身体偏离直立姿势失去平衡时的一种保护性反应。突然将婴儿朝一个方向推动,会刺激婴儿的迷路,就会引起婴儿在跌倒的时候,手臂或腿朝着相同的方向伸开,例如突然使婴儿向前倾斜,将导致婴儿的双臂向前伸直以支撑躯干不至于跌倒。这些加速反射是以一种特定的发展顺序出现的,首先出现的是向下加速反射(4个月),然后是侧方加速反射(6个月),后来是向前加速反射(7个月),最后是向后加速反射(9个月),这些反射在婴儿发展坐、站立和行走动作时,具有重要的保护作用。直线加速反射出现后是终生存在的,如果婴儿一岁后仍没有出现,则提示可能患有四肢瘫痪或痴呆。

(三)反射的出现和消失

反射性动作是个体最早的活动形式,反射活动随着个体年龄的增长而逐渐消失,这是由于自主控制动作逐渐成为占主导地位的原因。婴儿反射性活动的出现和消失的原因及其对自主动作的发展价值是动作发展研究领域内普遍关注的问题之一。

首先,在先天反射性动作消失、自主动作出现原因的解释上,存在不同的观点。一些学者认同的神经成熟理论所说婴儿先天反射的出现和消失依赖于中枢神经系统结构的发展,无条件反射随中枢神经系统的成熟而逐渐地消失,被自主控制活动所代替。这是由于大部分婴儿的反射活动由脊髓或低级的大脑中枢控制,随着中枢神经系统的发展成熟,高级中枢会对低级中枢控制,先天反射就会受到抑制从而实现自主动作。但另一些学者认为婴儿的先天反射其实并没有消失,而是被纳入了自主控制动作的系统之内。从这个角度看,先天反射的发展终点实际上并不是被取代,只是被纠正和重新组织。

其次,更重要的是关于先天反射动作对于自主控制动作发展的价值问题或两者相互联系的问题。Bower和他的同事认为,婴儿的先天反射常常在相对应的自主动作产生前就消失了。比如,走路反射在出生后不久出现,在婴儿6个月左右消失。并且从反射消失到自主动作的出现,这中间有很长的一段"空白"时间。Zelazo和他的同事在一项研究中对出生后8周的婴儿每天进行走路反射的练习,正常情况下这个时期走路反射应该在退化中,但是研究结果发现婴儿的走路反射的发生率反而增加了。因此先天反射的退化并不是自主动作发展起作用的必要条件。与之相对立的是,有学者认为,二者之间并非毫不相关,先天反射的出现和运动练习,有利于自主动作的发展。如Fiorentino(1981)等发现,姿势反射的发展、融合最终形成了复杂的自主运动。先天反射动作和自主控制动作发展的关系可能是十分复杂的,既可能有直接的关联,也可能存在着更广泛的间接的联系。无论是自主动作还是非自主动作,他们的出现和发展都需要神经、骨骼和肌肉系统的支持与参与。婴儿先天反射的正常出现,不仅表明了婴儿的神经通路以及与其相对应的肌肉群的结构与功能的正常,其动作的被动训练和练习还可能促进神经系统功能的发展。已有研究证明,神经系统及脑的发育与外界环境给予的教育和训练密切相关。如果在个体早期给予适当训练,有利于包括突触等在内的整个神经系统的发展,使得个体的反应更加迅速和精确。

自主动作的出现必须基于一定成熟程度的神经、骨骼和肌肉系统。因此先天反射性动作的正常发展和练习,是自主控制动作出现及发展的重要前提和基础。多年来,研究者已经建立了婴儿期反射出现和消失的大概时间表,反射出现和消失的模式通常被用来评估婴儿的发展,任何婴儿期反射的缺失或者延长通常都与中枢神经系统的病变有关。

第三节　自发动作发展时期

反射动作是人类最初的运动形式,是婴儿早期动作发展的重要组成部分。婴儿在出生大约4周后,出现了更高级的脑皮层控制的初步自主动作。涉及的全身各部位的活动,例如踢腿、挥手臂和活动躯干等粗大的身体活动。涉及手部小肌肉活动比如手指的抓握活动,对指活动等的较为精细的动作结构,为动作技能的发展奠定了重要基础。这些动作的模式是相对固定的,所以又常常被看作为刻板动作。他们是获得更加协调动作的基础条件,说明婴儿动作的发展具有一定的连续性。

一、动作发展的分期

婴儿期是身体的成长发育和动作结构快速发展的时期。从弱小无助的新生婴儿,到逐渐可以控制自己的四肢,躯干进行粗大活动,然后掌握一些更加协调精细的基本动作技能。在动作结构发展的同时神经系统也在不断地完善发展,二者是相辅相成的。出生后12个月是婴幼儿大脑发育的关键时期,也是可塑性最强的时期,此时给予适当有效的环境刺激,能够充分挖掘婴儿大脑的潜能,以促进婴儿神经系统的早期发展。人类动作发展的基本规律将人从出生到死亡的运动技能发展分为五个时期,分别是反射时期(出生到两周)、预先适应期(两周到1岁)、基本动作模式时期(1~7岁)、特定环境的动作技能期(7~11岁)、技能熟练期(11岁之后)。基于婴儿动作结构的行为特点,婴儿期主要参与二个时期:反射时期,预先适应时期。反射时期主要指从出生开始到婴儿出现自主动作为止。在这个时期,婴儿的动作行为主要包括反射活动和刻板动作。预先适应时期主要是从婴儿能够进行随意动作,到获得自我进食和独立行走这两个重要的动作里程碑为止,时间通常是在出生后12个月末,在这个时期,婴儿不停地获得许多动作,为后面更加精细协调动作技能的发展,奠定了深厚的基础。婴儿的动作不断发展和完善过程中,其本身的稳定性、灵活性、灵敏性、平衡能力、姿势控制、协调能力、感知和感觉的整合能力等核心要素逐渐地成熟和完善。

二、预先适应时期

预先适应时期的动作发展是从自主动作(在出生后的第二周或者第三周)的出现而开始,之后持续到婴儿能够独立进食和行走的出现而结束。预先适应时期动作结构的发展在正常发育的婴儿中以一种可预测的、普遍的、有一致的顺序获得他们基本动作技能,如伸手够物、坐、爬行、站立以及最后的行走能力,这个时期动作发展的主要目的是获得独立的功能,这些基本的动作技能称为动作的里程碑,每个动作的里程碑都在婴儿动作发展中都是一个重大的事件,这些被认为可能是神经系统逐渐发育成熟的结果。

虽然这个时期动作结构的发展需要一些因素的支持来保证他们的出现,例如环境因素,有目的对婴儿活动的训练、生物因素等,其中生物因素在这个时期起着非常重要的作用。在预先适应时期,婴儿基本动作技能一般可以分为三类:姿势动作、位移动作和手部的动作,其中前两种被称为粗大动作,手部的动作主要为精细动作。

(一)粗大动作

粗大运动行为是在婴儿时期中最早观察到的。从粗动作的发展过程而言,婴儿时期首先获得的是头部和躯干部分基本的姿势控制能力,随后爬行、走路等自主位移动作的发展也相继趋于完善,最后才发展起跑、跳及其他技巧性粗大动作技能。这些自主动作不仅是儿童神经肌肉系统发育成熟的重要标志,也是个体适应生存、实现自身发展所必不可少的条件。婴幼儿粗大运动发育的详细行为有助于临床的行为测量。

(二)姿势的发展

姿势控制是个体能够在某些环境中维持某一特定的身体姿势和控制身体重心维持身体平衡的能力。在婴儿的体重中头部占比较大,因此婴儿的发展规律主要是从颈部开始,一般遵循从头到脚的发展方向(先是颈部的活动,然后是躯干、四肢的自主控制)。

1. 头颈和躯干控制的发展

头颈部的控制和身体的控制是最早出现的自主运动,也是更复杂动作发展的基础。婴儿获得头部控制能力后,开始由上至下地发展躯干部分的自主控制能力。

人类自主动作的获得是从头部开始的。刚出生时,头颈部只存在一些先天反射性动作。从出生到第一个月末期间,随着神经、肌肉系统的发育,婴儿头颈部运动逐渐显现,刚开始婴儿能够进行头部的转动、到俯卧位状态下能够抬头。2~3个月时,婴儿在俯卧时自主地俯卧位抬头,竖抱时婴儿能够维持头部竖直的姿势。还可以偶尔使自己胸部抬离支撑面,但在此过程中,手臂的支撑并不是完全有意识的,其发挥的作用也是有限的,因此这并不表明婴儿已经能有效地自主控制手臂的运动。4~5个月时,婴儿能在俯卧状态下轻松的将手臂伸直支撑在支撑面上以托起胸部和头部,此时头抬起的高度已是颈后伸的最大关节活动度。6个月时婴儿的头、躯干、下肢持平,而且可以在仰卧位的姿势下将自己的头部抬离支撑面。

虽然头部活动并不完全是身体大幅度的运动,但对婴儿来说,这是他们扩大视线范围、拓展可探索环境的最早途径。头部自主控制能力使婴儿在逐渐获得直立姿态的复杂过程中,能较全面地审视周围的环境状况、了解自己的身体位置,为身体控制的进一步发展创造了条件。

2. 翻滚

身体从一侧翻滚到另一侧,动作的完成需要身体的头部、躯干、四肢之间的相互协调配合。婴儿出生后第2个月开始在俯卧抬胸的动作出现之后,大约到3个月末的期间开始出现了翻身动作(由仰卧转为俯卧)。到4个月左右时,婴儿能够从仰卧位翻滚为侧卧位。在5~6个月时,婴儿在躯干不旋转的情况下由仰卧位翻滚为俯卧位,反过来从俯卧位翻滚为仰卧位姿势需要再等几周后才能完成。在第7个月左右,出现躯干旋转式的翻滚,即肩部、躯体上部、躯体下部的自主控制运动。这一发展过程中,婴儿自主控制的翻身动作模式,最初一般显示为仰卧翻身。逐渐地,躯干运动模式发展得更为全面、灵活、协调、有控制。

3. 坐位

坐位是婴儿获得的第一个直立的姿势。出生后2~3个月婴儿半前倾着坐位;4~5个月婴儿能够在家长扶腰施加外力的帮助下坐着;6个月左右时婴儿在坐立时已不需要腰部支撑的帮助,但由于背的下半部和腹部的控制能力较差,婴儿必须用手抓住外物通过手臂的支撑以维持坐姿的平衡,此时表现为驼背坐姿;7个月左右时婴儿能够独立坐着,并保持背部直立的姿势;到8个月左右时,不管是在仰卧还是俯卧状态下,婴儿在需要少量帮助的情况下可以完成从卧位到坐立姿势的转换;在9个月左右时,婴儿可以在不需要任何帮助的情况下,独立坐直,并且能够扭动身体和四肢,自主坐立能力的获得更进一步解放了婴儿的双手,从而使婴儿的手眼协调能力和其他自主控制动作在此基础上得到迅速发展。

4. 站立

通过双腿站立是人类生命过程中第一年内一个重要的里程碑,直立姿势是跳跃、行走和跑步等动作技能的基础。站立姿势需要下肢有足够的力量支撑身体的重力,神经系统成熟的协调功能保持身体各部肌肉力量的协调,以维持身体直立姿势的平衡。婴儿的肌肉力量从头颈部、躯干发育的同时,下肢的力量也是不断的发展,比如婴儿的抬腿,下肢屈伸等不断进行力量的训练。头颈、腰、腹等部位自主控制能力的发展,为个体自主位移能力的获得提供了重要基础。但是站立姿势对下肢的肌力、骨和关节要求较高,所以是最后形成的姿势。在充足的训练之后,婴儿在8~9个月时,能够用手抓住某一支撑物将自己从坐位拉到站立位。因此可以观察到,婴儿常常会在家具的附近尝试着自己站起来,并偶尔伸手去扶一下家具来维持身体的平衡;在10~11个月时,通常在学会行走的前2~3周,婴儿偶尔能够不需要任何支撑物的情况下独立站立。到1岁时,婴儿通常都能独立站直,这是行走动作发展的前提。

(三)婴儿位移的发展

随着婴儿身体素质的提高,婴儿逐渐掌握位移的技能(爬和行走),婴儿可以通过他们在各种各样的环境中,进行有效的互动。每一种位移方式的获得,都会以全新的方式改变着其身体与周围环境之间的关系,并预示着神经系统和肌肉骨骼系统的发育逐渐趋向成熟,同时也提高了婴儿与人之间交往的主动性。

1. 爬行动作的发展

爬行动作是婴儿期最早出现的主动位移动作,是婴儿神经系统和肌肉骨骼系统发育良好的标志。爬行动作的完成需要婴儿的大脑和小脑之间的相互协调配合,所以爬行动作的发展能够促进大脑和小脑神经之间的相互联系,从而促进整体神经系统的良好发育。爬行动作由最初的爬行反射,经过抬头、翻滚、匍匐爬行等环节的日益熟练,最终发展为成熟的爬行动作。通常七八个月大的婴儿会出现匍匐爬行,并且这个一动作技能遵循着一定的发展规律,先是腹部与支撑面保持接触情况下先将手伸向前方的地面,然后用手臂弯曲的力量拖动身体前进,下肢几乎不发挥作用的匍匐爬行方式。这种爬行方式的初期由于婴儿四肢的力量不够可能非但不会使其前进,反而出现后退或原地旋转的现象。随着婴儿手臂力量的发展支撑婴儿的肩部和胸部离开了地面,并且已经能利用膝关节弯曲,髋关节周围肌肉群有足够的力量有目的地向前移动,但在爬行中仍用腹部作为支撑点,即表现为腹地爬的姿势。在7~9个月时,婴儿能够进行腹部悬空的手膝爬行方式,在手膝爬行的过程中由于脊柱和骨盆后部肌肉力量的不足,出现脊柱前凸和骨盆前倾的现象。因此手膝爬行对婴儿身体素质的要求更高,也更为有效的俯卧位姿势的位移方式。在此之后,婴儿的爬行运动逐渐发展得更为自主和成熟,成为探索环境与环境互动的有效活动方式。

根据婴儿爬行时两侧对称性的角度,还可以将婴儿的爬行模式分为两种类型。第一种为同侧爬行模式,指婴儿在爬行时身体同侧的肢体与对侧的肢体交替运动,即婴儿左侧上肢运动的同时左侧下肢也运动,然后换为右侧上肢和右侧下肢的同时运动;第二种为对侧爬行模式,指婴儿爬行时身体一侧的上肢与对侧的下肢同时运动。对侧爬行模式是较为有效的爬行方式,一般在对侧爬行之前会出现同侧爬行的姿势,但有小部分的婴儿只具有同侧爬行而没有对侧爬行的经验。

爬行动作是个体发展过程中获得的第一个自主位移动作。婴儿爬行动作需要经历反复的学习和实践,每一次学习与实践的过程中都是对大脑积极性的调动与激发,随意爬行动作逐渐完善的同时也标志着神经系统的良好发育。在家中婴儿的自由移动,一方面扩大了婴儿接触和探索环境的范围,增加了与环境互动的机会,从而有利于他们问题解决能力的发展。另一方面,婴儿在爬行中通过自己的努力去达到目的,这种目的性行动使婴儿的运动技能和意志都得到锻炼。但由于婴儿发展的个体差异性,在实际的爬行动作发展中,不同个体的爬行姿势及其发展过程都各不相同,比如有的儿童只出现腹地爬,有的儿童只表现出手膝爬的姿势,有的儿童甚至在学会行走之前都不会表现出爬行动作。

2. 行走动作的发展

行走是成熟个体高度自动化的动作技能,在个体成长过程中拥有十分重要的意义。婴儿直立姿势的学习,为行走动作的发展提供了基础,主要是因为行走过程中需要婴儿保持身体直立的姿势,而且在站立姿势下要将重心由一侧腿转移到另一侧腿,并保持一只或两只脚始终与地面接触。一般而言,婴儿在 9～11 个月就能够手扶物行走。12 个月左右随着婴儿的不断练习逐渐开始独立行走,总体表现为身体僵硬,行走时身体不平衡,上下肢协调较差,总是努力地维持身体平衡,有明显的左右摇晃的动作。迈出的步子很小,大腿抬得很高,膝关节弯曲得厉害,脚重重踏地,着地时摆动腿的膝关节弯曲,脚尖先着地。躯干前倾,手臂在肘部弯曲,并且正好处于稍高于腰的地方,手臂肌肉紧张,处于高度防备状态。

行走是儿童自主位移动作发展的必要阶段,也被认为是神经系统、肌肉组织进一步完善成熟和儿童心理健康发展的具有里程碑意义的动作。随着行走的开始,独立进食也开始发生,预先适应期大肌肉群的动作发展就结束了,接着开始下一时期的发展,即基本模式时期。但需要关注的是,虽然婴儿获得了独立行走的能力,但是他们行走的动作结构与成人有很大差别。从生理发育的角度来看,良好的行走能力与神经系统的成熟、身体平衡能力的发展、认知能力的发展、躯干四肢协调控制能力的发展、身体肌肉力量素质的发育程度、视动协调能力等因素密切相关。Thelen 提出促使行走出现的三个主要限制因素是姿势控制、肌肉力量和动机。行走进一步解放了个体的双手,使精细动作有机会得到进一步发展。同时,使儿童的活动范围进一步扩大,主动探知环境的愿望进一步得到增强,有利于儿童心理能力的发展。

(四)精细动作的发展

精细运动指个体主要凭借手以及手指等部位的小肌肉或小肌群的运动,主要反映婴儿在感知觉、注意、肌肉协调等多方面相互配合完成特定任务的能力,它对个体适应生存及实现自身发展具有重要意义。随着神经系统发育成熟、动作结构的发展以及年龄的增长,精细动作技能出现渐趋提高的现象。3 岁前是精细运动能力发育极为迅速的时期。手在婴儿认识事物的各种属性和联系、知觉的完整性和具体思维能力的发展方面起到至关重要的作用,婴儿的抓握动作是个体最初的和最基本的精细动作,也为日后的学习活动,如写字、绘画、拿筷子、够取物体等更加精细活动的发展,奠定了良好的结构基础。早期精细运动技能的顺利发育和有效发展可能利于早期脑结构和功能的成熟,也是评价儿童发展状况的重要指标。手部精细动作的获得拓展了婴儿获得环境信息的途径,丰富了婴儿探索环境的形式,使婴儿的探索行为更为主动和有效。

抓握动作是最基本的手部动作之一,是各种复杂的工具性动作发展的基础。通过日常的观察可以发现,约从 3 个月起,婴儿开始了一种不随意的手的抚摸动作,经常无意地抚摸被褥、亲人或玩具。到第 5 个月左右,就开始发展起自主随意的抓握动作。6 个月以后,手的动作有了进一步的发展,主要表现为学会拇指和其余四指对立的抓握动作,抓握动作过程中的手眼协调能力逐渐增强。

动作发展领域的研究者,应用特定工具在实验室里对抓握动作进行研究,总结出抓握动作发展过程的阶段性特征(Halberson,1931)。Halberson 设计了一个边长 1 英寸的红色立方体作为实验工具,通过观察记录不同年龄阶段的儿童抓握这个红色立方体的动作特征,来描述和分析婴儿在出生 16~52 周后抓握动作的发展过程。他认为,任何阶段的抓握动作都包括四种连续的动作过程:①视觉搜索物体;②接近物体;③抓住物体;④放开物体。依据在这四种动作过程中的表现,他具体描述了 4~13 个月儿童抓握动作发展的过程,认为抓握动作的发展是逐渐由最初的肩、肘部的活动发展为成熟阶段的指尖活动的过程,可以分为以下九个阶段。

第一阶段:在约 4 个月大时,婴儿够不着红色立方体。

第二阶段:发生在 5 个月初,婴儿能碰触到红色立方体,但却不能“抓握”。

第三阶段:被称为“原始抓握”,发生在 5 个月末,婴儿用手臂圈住立方体,然后在另一只手或者胸部的支撑帮助下使立方体离开支撑表面,但这一动作过程中手指的精细肌肉运动不占据主要地位,并不是真正意义上的“抓握”动作。

第四阶段:约 6 个月大的婴儿已经有真正意义上的抓握动作,能够弯曲手指“包住”立方体,然后用手指的力量稳稳地抓住立方体。

第五阶段:出现在婴儿约 7 个月大时,动作形式与第四阶段的动作非常相似。不同的是,婴儿这时手指的力量已能克服重力作用,使立方体离开地面。婴儿在抓握时其拇指保持与其他四指平行,同时用力“抓握”立方体。

第六阶段:婴儿表现出初步的“对指”能力,即抓握过程中拇指与其他四指相对(拇指的指腹与其他四指的指腹相对)。

第七阶段:出现在婴儿约 8 个月大时。抓握过程中,婴儿的手在立方体一侧放下,拇指接触立方体的一个平面,食指、中指接触与拇指所在立方体的平面平行的另一个平面,然后在 3 个手指的共同“努力”下抓起边长 1 英寸的红色正方体。

第八阶段:发生在婴儿 8~9 个月大时,抓握时拇指与食指相对,可用两个手指抓起立方体。

第九阶段:区别在于前八个阶段“抓”的动作中使用全部手指的情况,13 个月左右的婴儿可以拇指与食指、中指进行对指活动,用指尖抓起立方体。

由此可知,儿童从不成熟的抓握模式发展到成熟的“对指抓握”模式,要经过一个复杂的过程。就手部的动作而言,婴儿最初是没有对指抓握能力的,够取物体时一般拇指向下或在与手背平行的高度弯曲,这时儿童即将实施的抓握形式是相对于“对指抓握”的不成熟的抓握形式。只有当儿童的手接近立方体时,其拇指预先表现为向内弯曲,对指抓握的成熟手势才可能产生。由于生活水平的提高和对儿童动作发展的日益重视,今天的儿童抓握动作的发生、发展可能稍早于 Halberson 研究中描述的时间表,抓握动作的发展阶段和时间顺序可能与 Halberson 所描述的有所不同,但儿童抓握动作发展所遵循的"由中间到两端"的发展顺序,以及动作发展的大致顺序依然存在。目前,研究者更为重视从动作任务特点出发,考察抓握动作发展及其表现形式的变化。

综上所述,在先天反射性动作之后,包括坐、爬、走、抓握等在内的婴儿自主动作结构逐渐发展起来。由于婴儿这些动作结构的发生、发展必须以神经、肌肉等生理结构的成熟为基础,所以它是婴儿身体发育状况的重要外在表现特征。而且婴儿的自主动作是有意识、有目的的活动,在动作实施过程中主体必须瞄准目标、通过意志努力克服所遇到的困难和障碍以达到特定目的,因此有利于个体良好心理健康的发展。此外,皮亚杰认为,婴儿的智力来自于主体对客体的动作,是主体与客体相互作用的结果,自主动作为婴儿认知发展带来了有益经验。故此我们认为,婴儿自主动作的意义不仅仅在于它本身是婴儿早期重要的发展内容之一。

第四节　婴儿期人体动作发展的科研动态

一、婴儿动作发展的影响因素

婴儿身体的发育是由体格生长、成熟和学习等相互关联的过程中产生的,是基因与环境相适应的外在表现。成熟在胚胎时期的器官分化、神经纤维髓鞘化以及初级和次级骨化中心的出现期间发生的身体变化中引导发育。生长是身体大小和形状发生改变的过程,在青少年时期,面部和身体生长发生剧烈变化。另外,适应是机体对环境刺激的反应。肌肉随着力量训练体积增大,免疫系统在接触病原体时产生抗体,骨折后骨骼愈合。所有这些过程都说明了适应。而婴儿动作结构的发展始终满足着我们生活中对一些动作的需求(如行走、拿东西、爬行等),所以这些较明显的运动结构的表现,都是生物因素对环境因素的刺激做出适应性的改变。

在环境方面主要包括物理环境、家庭结构、获得运动学习经验、家庭文化水平、经济能力等。需要与生存、安全、动机、心理发展和社会文化期望有关。所有这些因素共同作用于婴儿的运动行为产生改变或适应。接下来更加细致地介绍下一些常见的影响因素。

(一)出生季节和抚养方式对婴儿动作发展的影响

婴儿的出生的季节不同动作发展的速度也是不一样的,秋冬季婴儿衣着较厚,身体活动受到限制,春夏季婴儿衣着较薄,身体活动受限较少,所以大多数春夏季节的婴儿动作结构的发展要早于秋冬季出生的婴儿。同样地,很多家长尤其是家里的老年人经常错误地认为婴儿爬行和其他位移活动会使婴儿处于不安全的环境之中,对婴儿过度保护、过度包办,从而导致婴儿练习技能、发展能力的机会大幅度减少,最终造成动作结构的发展严重落后于同龄婴儿。

研究证明丰富的环境刺激可改变个别神经元的大小、脑组织结构的总体重量和突触的数目,增加神经元之间的连接和通路。婴儿的大脑需要丰富的环境刺激和体验才能不断成熟和发展,即使是正常的婴儿剥夺了他的体验和锻炼机会在受制约的环境下成长,婴儿大脑发育会受到阻碍导致运动功能落后。而婴儿发育的早期是大脑完善其功能的"机会窗口",它需要外界丰富的环境刺激才能不断地成熟和发展。过度的保护和溺爱会影响婴儿运动发展,反之适当的放松会促进婴儿运动能力的发展。婴儿的动作结构发展成熟了,才能为其他方面打下坚实的基础。

（二）训练对婴儿动作发展的影响

动作发展指的是在神经系统的控制下,肌肉骨骼系统协调身体动作发展。动作发展在婴儿期主要包括坐、立、行走为主的粗大运动和以手的抓握等的精细动作的提高和发展。从出生至12月龄是大脑发育的关键时期,也是大脑可塑性最强的时期,在此阶段如果给予婴儿适当的、有计划、系统性的运动训练,可以促进运动系统与其他系统的发育,如认知、适应功能等相互融合。我们在进行婴儿的动作发展训练时,要注意进行感觉和认知的刺激,从而不断地进行动作强化。按照婴儿不同的月龄为他安排符合其发展规律的游戏活动。可以激活婴儿的大脑潜能,促进婴儿的身体生长和动作发展。特别是生命的前两年在这种快速发展的情况下,适应、更新和修改技能以适应新的目标是至关重要的。

在训练时放一些欢快优美有节律的音乐可以培养婴儿的节奏感;婴儿仰卧位姿势时,父母可以拿着铃铛或者玩具,从婴儿头部的一侧缓慢地移动到另一侧,这样可以有效的训练婴儿眼球的活动能力以及颈部肌肉群的肌肉力量,为翻身活动奠定基础;父母可以利用抓握反射,在仰卧位姿势下父母拉着她的手,将其拉到坐位姿势,不断重复下,婴儿会下意识地跟着父母的节奏,从而有效训练坐起相关的肌肉,为婴儿独自坐位姿势奠定基础;父母可以扶着婴儿进行站立,这样可以有效训练相关肌肉,获得支撑体重的力量,培养婴儿的身体平衡能力,为独自站立和进一步的行走奠定基础。总的来说,通过操作玩具、婴儿操、进行游泳训练等多元化的娱乐活动,可以提高孩子活动兴趣,更是对婴儿身体各个部位的肌肉力量、身体的平衡感、协调能力、敏捷性、速度的训练,而且能够培养婴儿的节奏感和增强亲子之间情感。

适当的身体活动是促进婴儿骨密度良好发育的重要因素。因为一些活动受限,粗大动作和精细动作迟缓的婴幼儿,其身体的总体骨密度低于正常婴儿。通过进行适当的活动训练,一方面肌肉收缩时对骨骼局部产生压力负荷,增强成骨细胞活性,使骨质生成增强,增加骨密度和骨小梁的排列顺序;另一方面运动训练能提高IGF-1水平,而IGF-1是引起骺软骨细胞分化和再生、促进骨形成的重要激素,是有效地促进骨合成代谢和生长的内分泌生长因子。运动训练是改善儿童骨密度的有效方法。

婴儿早期因其生理基础(如大脑、神经系统及发音器官等)发育尚未成熟,他们对所有围绕在他们周围环境的物和人的认识也极其有限的。因此味觉、嗅觉、听觉、触觉和视觉等感官为新生儿提供了所需的基本感知手段,以保证其与世界的即时联系。然而,在几周后,婴儿就知道如何用他们的手来抓取物体,这种新的能力标志着另一个重要的发展转变,对应于物体操纵的开始。以前只被触摸过的物体现在可以被拿起、带到嘴边、敲打、投掷、拖动等。这些对客体的操纵为探索新颖的动作及婴儿对物体的影响提供了新的机会。这些行动反过来又有助于对物体众多物理特征的发现,例如拿起物体会提供关于它们重量的信息,晃动物体可以显示里面有没有东西,敲击物体也可以产生响声等有趣的反馈。对于仍在学习抓握的婴儿来说,这些涉及看到、触摸、抓握和操纵的瞬间体验都构成了关键的感觉运动经验,为学习自己对物体操作提供了方法,而且每次活动的操作都是越来越准确、快速和消耗更少的能量。

我们发现这种反复、细致的感知—行动环的每一步都起到了重要的作用,帮助提炼和选择适当的行动,以达到预期的目标,增加行为与环境的契合度。每个重复的周期提供了孩子和环境之间的瞬间动态交换,提供了关于孩子行动的各种参数的直接信息,从而促进学习。所以我们认为感知—动作耦合是运动发展的潜在机制、基础、限制,因为感觉的持续加工和运动的计划和执行是大脑如何产生运动行为的重要基础。许多有影响力的发展心理学家(吉布森,

1988,2000,2003;皮亚杰,1936,1952;Thelen,1990,2000)已经强调了感知和行动对于发展和学习的关键作用。但是感知—行动环并不是影响婴儿动作发展的唯一机制。所以在进行动作训练的同时,不单单是婴儿期动作的发展先于同龄人,更重要的是对认知、各种感觉的培养。

幼儿模仿他人动作的能力是社会学习,即获取新知识的重要机制。新生儿模仿的证据也被认为是一种特殊的神经机制,是人类婴儿和成人模仿行为的基础,推测这种神经机制"镜像系统"是遗传的,因为人类与生俱来的模仿能力会有力地证明特定的知识是可以遗传的,模仿只有在很多知识已经存在的情况下才有可能,比如在婴儿面前做出张嘴和吐舌头的表情时,婴儿也会进行张嘴和吐舌头动作的模仿。婴儿无法亲眼看到的舌头伸出和张口的模仿尤其依赖于丰富的内化知识。很难想象新生儿如何能够用自己看不见的动作再现另一个人看见的动作,除非他已经知道自己和他视野中的物体是同一种类的物体,而且两者具有相似位置。模仿能力的组成部分很可能包括各种不同的知觉、认知、运动知识和社会沟通能力。我们通过对婴儿进行一些可模仿的简单动作训练,来提高婴儿的知觉、认知、社会和运动知识和能力,塑造一个全面发展的婴幼儿。

通过运动训练可以提高婴儿的神经系统的完善、骨骼肌肉系统的发育、认知系统的发展、感觉系统的敏感性以及婴儿的社会性和运动知识和能力的发展。为培养心灵更丰盈、精神更饱满、人格更完善、能力更彰显的青年儿童奠定坚实的基础。

(三)营养对婴儿动作发展的影响

新生婴儿对周围的环境非常敏感,因此婴儿需要被提供良好的营养和刺激来适应周围的环境。特别是妊娠晚期和新生儿早期的营养对整个生命周期的大脑发育和动作发展至关重要。精确的在这大脑生长的"敏感时期"给予足够的营养干预以促进神经系统的发育。良好发育的神经系统,必然促进身体素质的发展,二者是相辅相成的。从妊娠期最后三个月开始到婴儿出生后 12~24 个月的时间段,具有重要功能的神经初级回路在此期间快速发展。

这期间,脑消耗的氧气是全身氧气消耗的 60%,进行有氧代谢需要消耗掉大量的营养物质。如果此时支持生长的关键营养物质没有提供足够的数量,那么快速生长的组织器官就更容易受到损伤。婴儿的可塑性和修复能力较强,营养物质及时补充后便可抵消损伤。但是营养物质无法得到补充,可能会使得神经系统发育异常,比如碘缺乏(甲状腺激素)导致先天性甲状腺功能减退症和不可逆性神经发育迟缓;缺铁性贫血对大脑代谢和神经递质的传递、髓鞘的形成、基因和蛋白质的表达都有影响。营养不足,出生时体重较低,会导致儿童期、青春期的注意力不集中、多动症和内化问题(被称为"过度控制的、过度抑制的或害羞—焦虑"问题,亦或是情绪问题)。在成年后也会较高概率地出现一些社会社交问题、抑郁和焦虑。所以早期提供营养物质(蛋白质、碘、铁、锌、糖类、胆碱等)是保证婴儿神经系统,运动功能良好发育,优化长期发展的关键因素。

(四)其他因素

婴儿家庭基因;个人卫生的清洁(有效降低婴儿被感染的风险);生态环境状况(生长在生态环境差的地区,孩子泌尿系统、呼吸和消化器官的慢性病理频率在统计上显著增加);父母的育儿知识(例如婴儿按摩操的学习,有规律、有目的、正确的按摩方法,可以促进婴儿的新陈代谢,能量消耗的多以加快婴儿的饥饿感,吃的奶更多了,自身的体重便增加,同时促进他们的运动发育。再如父母经常与婴儿进行交谈、安慰、唱歌等可以增强婴儿的语言交流,认知等功能的发展);母体、胎盘和遗传因素的影响(母体的社会经济地位、年龄、抑郁、妊娠期体重指数、是否吸烟等对婴儿出生时的体重、胎龄有很大关系。胎盘功能障碍导致婴儿营养物质和氧气供应不足，以及胎儿畸形也是影响胎儿生长的重要因素）；睡眠休息（婴儿一天睡眠较多，是因为睡眠时身体发育速度远大于清醒状态下的发育速度）等。

二、常用婴儿动作发展的评估

运动发育评估在婴儿生长发育的监测中十分重要，主要通过早期评价婴儿的动作发展结构可以了解婴儿发育的状况，识别是否存在发育水平落后与异常，并及时进行早期干预和预防发育进一步的恶化。婴儿运动发育状况主要依赖于神经系统发育的完善和成熟，在婴儿原始反射的消失，站立反射和平衡能力建立的基础上，实现从简单的、整体的运动模式逐渐向复杂的、局部有选择的运动模式发展，所以我们可以通过评估婴儿的运动发育情况来反映其神经系统的发育水平。婴儿的发育评估是依据婴儿动作发育的里程碑，结合反射活动、姿势的发展、肌张力及运动模式，主要是采用询问父母、观察和检查等手段结合相应的评估量表，综合评价婴儿运动发育水平。身高、体重、头围是评价婴儿身体生长变化的常用指标。国外有一些运动量表是针对儿童运动技能的评估，已经在国内广泛应用的 Peabody 运动发育量表（peabody development motor scales，PMDS）。还有香港小肌肉评估、一般运动评估（GMA）、Bayley 婴幼儿发育量表第 3 版（Bayley - Ⅲ）、普雷希特尔神经检查、新生儿行为评定量表（NBAS）、Hammersmith 婴儿神经检查（HINE）这些临床评估工具均为合格指标测试。

Peabody 运动发育量表主要是在连续的八个步骤中完成诊断过程，包括不同运动障碍的识别、临床综合征的识别、获得性病因的考虑、包括二代测序在内的基因检测、测序后的表型分析以及检测结果的解释。该方法提高了婴儿运动障碍的识别率和诊断率。

Hammersmith 婴儿神经学检查对严重运动发育迟缓的预测准确性最高。HINE 对严重运动延迟（伴或不伴脑瘫的诊断）具有出色的预测能力，但对于较轻的运动发育迟缓结果的评价有限。在对认知结果的预测方面，HINE 与认知自适应测验、临床语言和听觉里程碑量表的认知自适应测验表现出较强的相关性，可能对认知延迟的预测具有实用性。

一般运动评估（GMA）是预测轻中度运动和认知发育迟缓的最佳工具。GMA 是预测包括脑瘫（CP）在内的神经运动功能障碍的标准临床工具，其与认知结果的关系尚不明确，但越来越多的证据支持其对后续认知功能障碍的预测作用。本系统评价的一个重要发现是，在校正年龄 24 个月时，出生前三个月阶段的全身运动表现出对认知延迟的预测准确性，GMA 作为认知结果的预测工具提供了相当大的支持。全身运动的评估对极早产儿运动和认知功能障碍均具有预测效度。作为一种纯粹的观察性评估，它具有出色的临床实用性，并有必要的培训要求，以确保良好的界面可靠性。与其他规范参考、标准化的临床工具（如磁共振成像）和其他调查模式相结合，GMA 可以使父母更清楚地了解孩子的不良结果风险，并协助临床医生优先提供服务和早期干预计划。

Bayley - Ⅲ 是一种广泛使用的评估认知、语言和运动领域发育功能的方法。对典型发育的高特异性的运动识别能力较强，但对非典型发育的识别能力较差。普雷希特尔神经学检查是一种较少为人所知的床旁神经学检查。普雷希特尔神经学检查被应用于足月矫正年龄的指标测试。这是一种标准的姿势、音调和反射的神经学检查，是与《一般运动定性评估方法》不同的临床工具。此量表对运动延迟和认知延迟预测的准确性是较为客观准确的。

但是总体而言，婴儿的运动发育评估量表的使用种类在国内还是比较缺乏，并且缺乏国内的相关研究,现在非常需要国内引进或研发适合我国婴儿发育情况的评估工具。

【复习与思考】

1. 什么是婴儿期动作发育的里程碑?

2. 我们如何利用婴儿的视觉、听觉、嗅觉等感觉系统设计一个运动方案?

3. 精细动作技能和粗大动作技能的区别是什么?

4. 婴儿运动发展的影响因素有哪些?

5. 如何有效避免不利因素对婴儿发育的影响?

6. 动作结构发展与神经系统发育、认知系统的发育之间有什么联系?

7. 人类动作可以分为六个时期。其中哪两个时期发生在婴儿期,这两个时期婴儿的动作行为都有哪些主要特点?

8. 如何通过婴儿的反射性活动来推测发育情况?

9. 你认为婴儿期各个分期的动作行为都有哪些联系?

课程思政元素:

生命教育、弘扬健康、健全人格、珍爱生命、自信阳光、天使情怀

课程思政举例:

(1)通过本章对婴儿期动作发展的描述,让婴儿的父母深刻的了解到婴儿动作发展的规律,起到了一个**"弘扬健康"**的作用。

(2)通过对婴儿反射活动时期、自发动作时期发展(粗大动作结构和精细动作结构)各自特点以及婴儿动作生长的影响因素的描述,教育学生**"珍爱生命"**。(传递生命教育理念)

(3)本章节内容的遴选和组合,能够培养学生的**"天使情怀"**,树立传播健康知识和方法,关爱和维护健康的乐趣。(树立养成健康的意识和行为)

(4)对婴儿的有目的,且符合发展规律的训练,在运动能力提高的同时也在促进神经系统、认知系统、社会化综合发展,这样对孩子的发展起到**"健全人格"**的作用。为孩子能够在生命过程中"自信阳光"的成长奠定基础。(传播科学训练的原理和方法)

第五章 婴幼儿的人体动作发展

第一节 概 述

一、概述

人类生来就具备一些基础性的支配人体的动作,如吮吸母乳、进食、避免刺激、维持自身的平衡、走和跑等,这些都是人类先天动作行为。婴儿进入这个世界时具有无与伦比的灵活性,并不断地进行着自然发展。通过研究婴儿成长和发育过程中的动作模式——滚动、缓慢爬行、快速爬行、跪和行走,我对运动有了新的看法。一种动作模式起着一块垫脚石的作用,实际上是建立下一种动作模式的基础。从婴儿期到成年期,身体和大脑的发育有许多加速生长的阶段。生长不是线性的,也不受运动命令控制。一个孩子可能擅长运动,后来由于生长过于迅速或住院而造成运动能力发展受阻。

近年来,许多人都忽略了婴幼儿的重要性,以为他们的年纪太小,无法理解许多复杂的概念。但是现代科学研究则得到了这样的事实:婴儿一岁时的认知能力比我们想象的要强,比如记忆、感觉、感知、思考和想象,这推翻了长期以来众所周知的“婴幼儿弱而无能”理论。近几十年来,国内外各种研究进一步表明,婴幼儿早期教育对其终身能力的发展具有重要的影响和现实意义。一个孩子全面发展的重要组成部分之一就是精细动作的发展,这是米歇尔的观点。美国教育家心理学家布卢姆说过:假如一个 17 岁的正常人能达到的智力水平为百分之百,那么这个人 4 岁之前就获得了现在智力水平的一半。蒙台梭利——意大利享誉全球的著名教育家也曾对婴幼儿的早期教育的重要性进行过阐述,她在著作中明确提出,人类多种能力发展的关键期存在于早期阶段,如感知能力发展关键期、语言发展关键期等。

婴幼儿阶段的生长发育特别快。一周岁的婴幼儿的体重比出生时显著提升,有的甚至可以达到 3.5kg,有的则可以达到 7kg;而且他们的身高也有了显著的提升,有的可以达到40cm,有的甚至可以达到 60cm(表 5 – 1)。自从第二个月开始,婴儿可以抬头、爬行、翻身、坐直、站直。婴儿的乳牙在 6 个月时开始长出来,到 1 岁时 6~8 颗。渐渐地,他能辨认环境和人,能说一些简单的话。一周岁末的时候就开始学走路。这期间应该注意喂养,4 个月起可增加辅食,同时注意传染病的预防,培养讲卫生的习惯。

表 5 – 1 婴幼儿基本信息抽样调查表

年龄/岁	男(n)	女(n)	平均身高/cm	平均体重/kg
0~1	2	3	66.0 ±0.59/65.0 ±0.23	7.0 +0.74/7.0 ±0.18
1~2	1	4	84.0 ±0.15/82.0 ±0.91	11.0 ±0.61/10.0 ±0.97
2~3	3	2	94.0 ±0.32/93.0 ±0.12	13.0 ±0.88/13.0 ±0.31

婴幼儿动作的发展,是其神经系统发育的重要标志。婴幼儿从先天的无条件反射到形成复杂动作技能的发展过程中遵循着一定的原则。人的动作发展和智力、心理的发展是密切相关的,心理和智力的发展都离不开动作和活动。

二、动作与动作发展

几乎人们生活的每时每刻都会伴随各种各样的动作,动作是每个个体的基本能力。动作也是一个复杂的系统,它远远不止肌肉外显活动模式这一个方面。不同学科对动作的认识也各有侧重、各不相同。

运动学中,动作主要被视为在一定的时空限定之下,躯干肌肉和关节共同工作的模式。它既可以表示某一部位的具体活动模式,也可以表示由几个部位组成的完整活动模式。根据神经科学,任何动作,无论是简单的还是复杂的,都是在神经系统的控制下进行和完成的。神经系统对运动具有全程、协同、多层次的控制特点,尤其对人体运动,大脑的调控更为明显。心理学上,把动作视为加工信息的过程和结果,认为动作是心理功能的外化表现。内外信息在个体心理系统中的登录、编码、储存与提取,实际上决定了动作发起和完成。动作外在表现背后的心理活动过程在心理学中相当受重视,例如思维、注意、记忆、动机、感知觉、情绪等心理因素通常被认为在动作过程中发挥着重要作用。

要研究动作发展,就要研究人一生的动作行为变化和变化所经历的过程及影响这些变化与过程的种种因素。一方面,要关注的是这些零散的动作行为之间是如何进行转变,例如,婴儿站立的动作是如何从"站得不稳"发展到"站得很稳"的问题。另一方面更多的关注放在为什么这些动作行为会变化,并且探讨其背后的原因等问题,例如,为什么在婴儿1岁左右开始发展行走的动作。这些研究旨在通过对可见动作行为本身变化的观测,进一步总结和研究出现这些变化的原因。

动作发展对婴幼儿认知世界、同人相处、了解熟悉周围环境,有着重要影响。在人类生命的发展过程中,成人运动能力的发展水平直接受婴儿运动发展水平的影响,并与其未来身心素质的全面发展密切相关。运动发展可以训练儿童形成正确的姿势、卫生习惯、睡眠、合作、群体、人际关系等健康行为。正确的走、跑、跳、投球等游戏和适当的运动强度(影响身体发育和睡眠质量的重要因素)是培养孩子形成健康行为的主要手段。

通过各类动作发展获取的客体经验对婴幼儿心理表征能力的发展有着至关重要的作用,它直接决定着概念的形成和巩固,从而在根本上左右婴幼儿的情感、感知觉、社会性、认知等方面的发展。

三、动作行为

婴幼儿动作能力是所有能力中产生最早的能力,同时也是最基本的能力,它像高楼建筑的地基一样,奠定了其他能力发展的基础,建立了纷繁复杂的心理世界。人类的动作行为主要有如下几种类别。

(一)先天反射性动作

先天反射性动作是新生儿最重要的动作行为。贯穿生命全程并终生保持的反射有:吞咽反射、定向反射、角膜反射、瞳孔反射等。在一岁内会慢慢消失的暂时性的反射有:游泳反射(swimming reflex)、抓握反射(grasping reflex)、踏步反射(stepping reflex)、巴宾斯基反射(babinski reflex)、降落伞反射(parachuting reflex)、强直性颈部反射(tonic neck reflex)、吸吮反射（suckingreflex）、莫罗反射（moro reflex）、觅食反射（rooting reflex）、迷路翻正反射（labyrin-thine righting reflex）、颈翻正反射（neck righting reflex）等。

（二）自发动作

在众多新生儿常见的动作行为之中，先天反射性的动作只占很小一部分。经常表现出来的是他们的自发动作，又被叫作自主控制动作。这些动作，有一定的相对固定的模式，有节奏性，因此又被称刻板动作。它是反射动作与自主动作的一种连接体。

最常见的婴儿自发动作有摇头、挥动手臂、踢腿、手指屈曲、躯体摇摆、弓背、身体蜷缩等。

有关婴儿踢腿的这一自发动作，Thelen（1983）及其同事们做了详细研究和说明：这种动作在婴儿1个月左右时出现，在成长到6~8个月时达到峰值。婴儿的踢腿动作是协调髋、膝、踝关节共同工作的有效节律性动作。这种动作和成人的行走方式类似，但也有不同点。婴儿在经过一年的训练后，其关节间协调、肌肉收缩方式变得和成人行走方式越来越接近。这说明婴儿的自发动作为婴儿动作连续发展起着很重要的承前启后作用。

挥动手臂自发动作，同样也显示动作发展是一个连续过程，只是经 Thelen 等研究，婴儿自发挥动手臂的动作也许是后来获得的，是自主而且有目的的伸够动作的前身。

摇头这类的自发动作可帮助婴儿寻找奶头、光源、声源或跟随注视其感兴趣的人或事物。

（三）大运动动作

这涉及婴儿全身大肌肉活动的粗动作，我们称为大运动动作。主要有对姿势的控制和移动之分。具体姿势控制包括对头部和对上部躯干的控制、站立、坐立、翻滚、下蹲等。姿势控制是很多动作技能发展的根本条件。婴幼儿会运用身体在环境里进行移动，这些移动行为包括爬行、双脚跳、扭转、跑、投掷、单脚跳、行走、踢、接、滑行等。

（四）精细动作

精细动作主要是由小型肌肉或肌肉群运动进而产生的动作，主要是手的活动，包括婴幼儿的手腕转动、手眼协调、手指伸展、指尖捏、指、点、按等小的局部动作。对一岁婴幼儿进行精细动作的训练会对婴幼儿认知、神经系统等多方面的发展起到重要促进作用。针对一岁婴幼儿精细动作训练有着极重要的价值。典型的精细动作分为三类：手有关的动作行为（如自理动作、伸够、抓握、绘画、书写、双手协调、使用工具等）、非手部的精细动作（如用脚趾够拿物品、面部运动、眼球运动）、手眼协调发展（可以完成更加精细和复杂的手部动作）。

四、动作发展规律

最初时婴幼儿对外界的动作反应是尚未分化的整套反应，也是全身性的活动。例如1~2个月时的婴儿，成人走近他、逗他，便会引起他全身的运动，不停挥舞手足。随着神经系统和肌肉的逐渐成熟，婴幼儿会有局部精确的动作。如婴幼儿从4~5个月开始学习抓握东西，开始时手眼不协调，全身用力，但手不能抓到物体，随时间渐渐可以摸到，最终再发展手眼可以协调地，准确地抓到想要抓取的东西。

（一）身体发育和动作发展方向的三大原则

一是头尾原则，即生命的发育和动作的发展都是由上至下、从头到脚的。二是近远原则，指婴儿身体和动作发展从中部开始的，由近到远，从中央至外周，依次进行。三是大小原则，这是指婴儿身体的大肌肉发展要先于小肌肉的发展。这样的理论是1954年，格赛尔首先提出的。我国的陈帼眉和朱智贤率先研究，通过学者们的不断完善，最终得以确定。

（二）婴儿动作发展都有一个类似的模式

婴儿动作发展大多都有一个类似的模式，婴儿动作发展是按照一定的方向，有系统、有秩序地进行。克拉克在其研究综述中提出，应将动作的发展分为六个时期，他认为这些时期是所有婴儿都会经历的，并且在很大程度上有相似性。我国儿童心理学家林崇德认为：所有的婴儿动作发展都具有相似模式，动作发展是有序开展的，并且一个阶段的发展奠定了下一阶段的基础。谷传华在对比研究中同样指出：总体上看，两种文化背景下，婴儿的主要动作出现的时间是基本相同的。

（三）每个婴儿的身体发育和发展速度不同

一方面，不同婴儿之间的身体增长和发展速度也不尽相同。另一方面，同一个婴儿自身不同动作和行为发展的速度也不一样。这里还需说明，男女的动作发展也存在着一定的差异。例如，男孩在长肌肉动作协调方面强于女孩，像掷铅球；而女孩子在短肌肉方面更强，如跳跃就要强于男孩。

五、婴幼儿动作发展与大脑发展的关系

运动看似简单，但是对大脑而言，即使是最简单的运动，也要精确计算物体的速度和轨迹，就运动时大脑的处理能力来说，运动并未获得其应有的重视，运动本身是一种智能形式，现代脑科学方面研究表明，动作学习可以让脑结构和功能改变，如改变神经元、突触、脑的激活方式等，可以提升智力、感知、协调等能力。这是由于在动作练习中婴幼儿会被迫减速、犯错误、自我改正，这一过程中婴幼儿就好像在冰面上打着滑，跌撞前行一样，但只要不放弃，就会发现婴幼儿的动作会在不知不觉中变得敏捷、协调、优雅，这也正是大脑不断发展的最好体现。

练习的方法会影响神经的可塑性，水平不同的婴幼儿进行集中练习，更能有效促进大脑的发展，这是由于有了对比，这样会使水平差的婴幼儿为了提升水平，被迫离开自己的舒适区，从而进入学习的最好状态，对神经的可塑性来说，运动就是最好的催化剂，过去人们低估了运动对大脑的帮助，运动可以很有效解决焦虑、抑郁等问题，并能使学习和记忆的能力大幅度增强。而运动对于神经可塑性的影响源自脑源性神经营养因子蛋白质含量大幅增加。它使得神经元生长，并启动了神经突触可塑性。《运动改造大脑》一书中说：我把运动视为大脑神奇的生长肥料。通过运动，不但能让大脑有关运动区域的脑源性神经营养因子含量增加，还能使得参与新记忆形成的海马体的脑源性神经营养因子含量也会增加。

通过研究，我们发现，愉悦的运动可让大脑释放多巴胺，多巴胺可以提示脑神经的可塑性，帮助大脑巩固已学过知识的记忆。在运动后学习，而不是运动前学习，我们要利用这种从内在提高学习效果的方法。特别是手指的精细动作可以使大脑皮质得到充分的刺激，让大脑灵活性大大增加，手脑并用能使婴幼儿更加的心灵手巧。其次婴幼儿做动作时依靠神经的支配和调节作用，肌肉中的神经将各类刺激传入大脑，进而促进脑功能，使大脑对动作的反应更加灵敏、协调。从生理学的角度来看，动作练习可以促进血液循环，加大其携氧量，供给脑细胞更多养料和氧气，这样对婴幼儿大脑的发育有诸多好处，进而促使婴幼儿智力发展。

六、婴幼儿动作发展与心理发展的关系

动作发展对婴儿心理的发展有重大意义。婴儿动作发展是在脑、神经中枢、神经、肌肉等控制下进行的，因此，婴儿动作、身体、大脑和神经系统的发展都密切相关。动作发展为新生儿的无条件反射和继而发展来的条件反射，动作发展为心理的发展创造了必要条件，心理从活动

产生,并表现在活动当中。

　　婴儿身体的发展具有先后的顺序,动作发展也表现出了一定时间顺序。早期的动作发展水平标志了心理发展水平,在婴幼儿智能发育检查当中,大动作与精细动作的发展是进行检查的一个重要角度。若是动作的发育过于缓慢,则意味着将来的智力发展也许会存在障碍。

　　除此之外,动作发展与儿童个性形成也存在着较大的关系。掌握一定数量的动作技能可帮助儿童更加独立自由活动,尽早使他们离开成人的帮助,还能开阔眼界,增加自身知识。动作发展较好的儿童也能更好的与同龄人交流玩耍,从这方面来看可以增强自信心。通过动作的发展,儿童与客观世界就建立了直接的相互作用关系,在此过程中,儿童建立了自我和客体的概念,并且产生了最初的自我意识和主客体意识的分化。总之,动作对于儿童心理发展既有促进作用,又有诱导作用。

七、婴幼儿动作发展与身体姿态的关系

　　运动是人类适应环境的重要方式和手段,也是人类发展和成长必不可少的活动能力。神经系统与本体感觉的关系是神经系统支配肌肉运动,肌肉将获得的机械刺激信息传递到神经末梢,反馈给中枢神经系统。两者相互促进,共同发展和提高。本体感觉与人体运动系统的关系最为密切。运动时肌肉收缩产生的力作用于骨骼系统,影响骨骼的发育方向,进而对"身体姿态"产生重要影响。幼儿时期,骨骼中有机成分较多,无机成分较少,因此骨骼相对柔软,是儿童身体姿势形成的关键时期。身体姿势会随着动作的发展而不断变化。这是因为"运动发育"实际上是一种肌肉、骨骼、关节协同运动的方式,肌肉产生的收缩力不断作用于骨骼。骨骼形状和位置的变化是不可避免的。

　　幼儿期是身体姿势发展的第一个关键时期,这是因为孩子天生是 O 型腿,都是扁平足,脊柱类似一条直线,没有颈部弯曲、胸部凸出、腰部弯曲。根据婴儿运动发展规律,前 3 个月主要是平躺在床上,在此期间婴幼儿会通过踢腿、摆臂、摇头、抬头等动作不断发展自己的力量,但这一阶段主要促进的是婴幼儿躯干前肌链;3 个月大时,婴幼儿会翻身。翻身后,婴幼儿就会抬起头,这是躯干背部肌肉链发育的开始,也是颈部曲线逐渐形成的开始。婴幼儿在 6 个月会坐,7 个月打滚,8 个月爬行,这个时期很好地促进了婴幼儿脊柱生理曲度的形成,所以如果想让孩子脊柱发育,一定要让孩子在婴儿期多爬行;10 个月大的婴儿可以拿着东西站起来,将近 1 岁的婴儿可以走路。

　　在此期间,婴幼儿"头重脚轻",不断摔倒。很多家长怕孩子撞到一起,就把孩子放在"学步车"里。腿型自我矫正,脊柱曲度进一步形成的关键期,导致儿童后续生长发育的一系列问题——O 型腿、牛型腿、脊柱侧弯、瘦腿、感觉统合障碍。婴幼儿 1 岁站立走路都是小腹站立,这是骨盆前倾的一个重要特征,这是因为婴幼儿先天大腿前方股直肌、髂腰肌过紧,随着年龄的增长,奔跑、跳跃动作发育,前股、髂腰肌不断拉伸,后臀大肌、腿筋肌不断增强,膝关节周围的韧带也能发育增强,骨盆前倾会自然得到纠正,膝盖过伸问题也不会发生。但由于生活方式的改变、久坐少动、缺乏运动、行为习惯不良等原因,很多孩子力量发展不平衡,无法完成自我矫正,形成不良的身体姿势。由此可见,婴儿运动发育对其身体姿势的形成有着重要的影响。

八、0～3 岁婴幼儿身体动作发展分类

　　通过对 0～3 岁婴儿活动的观察、分析和比较,0～3 岁婴儿的身体动作可以概括为以下两

类,第一类是精细运动发育,其中小肌肉通过自身的进化和遗传反射,对婴儿神经系统和肌肉的成熟起着重要的作用。表现为吮指、抓握、觅食反应、眼动和表情反应。一般来说,新生儿来到这个世界上时,他们的手都紧握在拳头里。当他们长到 1 个月大时,握拳的手会更紧,2 个月后握拳的紧度逐渐降低。3 个月后,手开始出现不自觉的抚摸和试图抓东西;6~10 个月双手之间能有意识地转移物体,拇指能配合其他四指抓握物体;10~12 个月可以拿笔涂鸦或翻书;2~3 岁后,他们可以搭 6~10 个方形木块,一页一页地翻书,复制直线和画简单的符号。第二类是婴幼儿的大肌肉运动发育,逐渐获得对身体小肌肉群运动的控制,并将其整合成一个更复杂、更高层次的整体。其表现有趴着爬、侧翻、交替踢腿、手臂托着上半身微微抬起头、独自坐着或在成年人的支持下跳跃、四肢爬行到独自行走、随着年龄的增长双脚交替上下楼梯等。

新生儿的运动是未分化的大肌群运动。1 个月时,婴儿会出现俯卧位的反射性爬行,可轻微抬头,但时间较短;2~4 个月的婴儿可以抬起头,与床面形成 45°以上的角度;5 个月大的婴儿独坐时身体会前倾,躯干坐直;5~6 个月的婴儿可在大人手臂支撑下两腿负重上下跳跃;婴儿 7~8 个月大的时候就可以把上半身抬离地面,站在地上。婴儿在 8 个月大时可以用上肢向前爬行。大多数婴儿在 15~16 个月时就能独立行走,2 岁左右就能掌握双脚双跳和单脚独立的技能,3 岁左右就能交替双脚自由上下楼梯。

九、各年龄阶段身体动作发展表现与婴幼儿情绪的关系

情绪是人类情感的一种形式,通常与安全、饮食、运动和生理需求有关。婴儿动作完成后产生的刺激反馈,也可以反过来调动人的情绪发生不同的变化,达到宣泄的效果,也可以带来各种不同的情绪体验。苏联心理学家雅库布松将儿童情绪的发展变化概括为"情绪的冲动性和环境性逐渐减少,稳定性逐渐增加,情绪生活逐渐社会化"。根据这一特点,0~3 岁婴儿的情绪表现可以在每个成长年龄再次细化。

(1)新生儿出生不久,对人有了大致的认识。

(2)2~3 个月,在饱腹状态下会笑或全身活跃。

(3)3~4 个月,可以表达痛苦,视觉和谐波刺激可以触发微笑。

(4)5~6 个月,新奇事物能引起注意,并知道在愉快的心情下积极学习,或在生气的心情下不学习或不听,甚至产生攻击行为。

(5)在 6~7 个月大时,开始表现出对亲人的陌生或依恋的情绪。这种情绪在 13~15 个月时最强,1 年半后逐渐减弱。它伴随着对事物关系的体验,就像情感的产生。

(6)2 岁时,会有对亲人和同伴的爱、快乐和兴奋、恐惧和厌恶、痛苦和嫉妒等情绪表现。婴儿的这些情绪反应非常不稳定,来去匆匆。湖南省儿童医院儿童健康科副主任医师丁大伟认为:"情绪直接影响婴儿行为,对婴儿认知活动起刺激和促进作用。"婴儿最初的智力发展是从感觉动作开始的,动作可以促进婴儿的心理发展。在某种程度上,婴儿早期运动发展的水平标志着婴儿心理发展的水平。俗话说"二举四转六必坐,七滚八爬周必走"。这些粗大动作的发展过程是每个孩子在成长过程中都会经历的,但婴儿动作和行为的发展也需要成年人有意的训练。如果能遵循婴儿神经系统发育规律,从儿童实际发育水平出发,结合早教和保健,坚持对婴儿进行早教和年龄运动发展训练,就会使 0~3 岁的婴儿早教达到一个新的运动发展阶段。

第二节　反射活动

一、反射性动作的产生发展

反射性动作从胎儿期开始,是人类生命中最早的运动发展形式。主要表现为固定刺激作用于某些感受器而引起的不断运动,主要包括反射运动和刚性运动。自发性和刚性是这一时期的主要特征,胚胎早期的运动是内在和自发性的。这些随机的运动被认为是动感神经和跨神经元活动运动触发起来的。这些早期的运动是天然的冲动,而不是对感官刺激的简单反应。对感官信号反应的第一个迹象是一系列的反射,它们帮助成长中的孩子,通过一些特殊能来获得一定程度的自我控制。

反射是人体对某些具体刺激的先天性的反应。新生儿大脑皮质兴奋性低,感知与运动能力均非常弱,每天睡眠时间 14h 以上,但是有先天性反射动作来感知外界。新生儿先天性反射具体有觅食反射、吸吮反射、吞咽反射、握持反射、拥抱反射、踏步反射等。觅食反射、吸吮反射和吞咽反射是指婴儿一出生就具备吃的本领。婴儿的手心接触到东西就会用力去握,这就是握持反射,这是婴儿在感受外界。妈妈可将手指放在婴儿的手掌中让宝宝握住,也可用摇铃等玩具代替妈妈的手指让婴儿握住。拥抱反射又称惊吓反射,是婴儿对声音感受的特殊反应。当婴儿听到突发的大声音,会两手张开,做出要求别人抱的动作。踏步反射表现是竖直把婴儿抱起时,让婴儿的足背接触到桌边或床边等,会主动出现"迈步"的样子。例如,轻触婴儿脸颊的一侧会使他的头朝触碰的方向转动;如果你把手指放在宝宝的手掌里,他就会握住你的手指。婴儿反射大致可分为原始反射和姿势反射,每一种反射又可分为几种反射。其中一些条件反射开始时不一致,当婴儿对自己的动作有了自主控制后,一些条件反射会减弱或消失,但有些条件反射会伴随人存在很长时间或终生(如膝跳反射)。

二、反射性动作的价值

在出生时原始反射行为是新生儿中枢神经系统发育状态的一个表现。新生儿总共应该有 33 种原始反射显现出来。其中有几个反射在出生时会被用作评估新生儿神经发育检查的一部分。它们是莫罗反射、手掌反射、非对称性颈紧张反射和踏步反射。事实上一些原始反射是用来在生产过程中,辅助婴儿从产道中下降的。这个刺激对于后续对称性紧张性颈反射和脊柱格兰反射的持续性发育是非常关键的。

医学数据表明早产和剖宫产的婴儿以后出现多动和学习困难的几率更高。原始反射在生命最初几个月的求生存阶段意义非常重要。它们使婴儿经过在母亲子宫内完全被支持的度过了 9 个月之后,能够独自应对一些情境,并在需要时获得帮助。现在有观点认为出生后的 9 个月是人类的第二个孕期。在原始反射发育之前还有一组反射,它们被称作早期子宫内反射,它们在怀孕第 5 周左右开始出现;应该在受孕第 7 周到第 9 周之间完成它们的发育使命,从而允许原始反射在子宫内正常出现并开始它们的工作。这些早期原始反射由脑干(或爬虫脑)产生并控制。脑干控制很多我们的基本生命程序,如呼吸、消化和血压。所以当婴儿出生的时候,高级脑(大脑皮质)功能还未发育好(还需要好几年的时间来发育),所以自然地,婴儿依赖于脑干接收到的信息来生存。这些早期和原始反射是自动的、本能的、无意识的身体反应。它们和大脑皮质(高级脑)几乎没有连接。这里的高级脑是指两半脑,大脑和额叶中负责思考和学习的部分。如果婴儿的运动符合正常儿童发育阶段的规律,早期和原始反射应该在大脑颞叶部分的自然神经成熟过程中被整合(抑制)。这些早期和原始反射形成了神经通路的基础。在这基础之上,后期的发育和学习才能够正常发生。正是通过重复性的反射运动,婴儿获得了对世界的认知,形成了大脑中关键性的早期神经通路。基于这些早期神经通路连接,下一阶段的发育和学习得以全面发生。每个早期和原始反射都为胎儿或幼儿准备了下一阶段发育的通路。之后被中央神经系统整合到能主动控制的运动中,这些主动性运动是一个逐渐增加复杂性的队列,例如坐、趴、爬、走、跑和学习模式。这也包括了人的生物化学基础、神经、情绪、心理和灵活性各个方面。残留的原始反射会对生活、学习和健康的很多方面有影响。早期和原始反射在中枢神经系统成熟的过程中是一个必要的组成部分,它们辅助激发并发展前庭及眼动系统,肌肉张力,启动所有感官动力技能的发育,使肌肉、肌腱和身体关节成熟。

(一)适应价值

一些反射具有生存价值,例如觅食反射,它帮助哺乳儿童找到母亲的乳头。在我们过去的进化过程中,其他条件反射也帮助婴儿生存下来,如莫罗反射,它帮助婴儿依附在母亲身上,满足早期婴儿整天被抱着的需求。

(二)促进运动技能的发展

一些反射为以后复杂运动技能的发展奠定了基础。例如,强直性颈部反射可能会使婴儿做好自愿伸手行为的准备。

(三)检测婴儿神经系统的指标

反射行为是婴儿神经系统是否健康的信号。反射减弱或缺失,反射僵硬或夸张,以及应该消失,但正常情况下没有消失的反射都是脑损伤的信号。

三、反射性动作的分类

(一)寻乳反射

当妈妈用指尖轻触婴幼儿某一边的脸颊、嘴唇或嘴角时,婴幼儿会张口并把脸转向被碰触的那一边;若轻触其上嘴唇,婴幼儿的头会往后仰;轻触下嘴唇,下巴则会向下压,试图寻找碰触的来源,这些反应就是寻乳反射。当婴幼儿饥饿时,寻乳反射会相当明显;当婴幼儿吃饱或睡熟时,寻乳反射就不明显了。

消失时间:随着婴幼儿年龄的增长,寻乳反射逐渐消失,特别是在他们清醒的时候,在6个月左右完全消失。

动作的意义:寻乳反射是婴儿出生后获取食物的生存需要。当物体接触到婴幼儿的嘴巴时,婴幼儿会立即尝试寻找物体的来源,做出吸吮动作。然而,当婴幼儿长到三四个月大时,他们会意识到饿了就哭,会有人来喂他们,他们会逐渐转变为行为表达来表达自己的需求。因此,寻乳反射逐渐消失。

(二)吸吮反射

其实,当胎儿在妈妈肚子里的时候,为了能在出生后立即吮吸,嘴巴已经开始活动,以此来锻炼吮吸能力。出生后,如果妈妈把手指放在婴幼儿嘴里,他就会自然吮吸,而且经常吮吸自己的手,甚至直接吮吸碰到嘴唇的东西。婴儿吸吮能力好,摄取充足营养的能力不成问题。

消失时间:吸吮反射并没有消失,但随着它成长为一种自我控制的能力,它会从吸吮发展到咀嚼。

动作的意义:新生儿的咀嚼功能还没有发育完全,摄入母乳或配方奶的唯一方法是通过吸吮动作。吸吮反射和哺乳反射是互补的反射,使婴儿能够找到乳头吸吮。再加上吞咽反射,宝宝可以顺利喝奶,获得足够的营养。

(三)抓握反射

当有物体接触到婴幼儿的手掌时,婴幼儿会立刻将物体握紧;若是刺激脚掌,则脚趾头会立刻向下,脚掌紧缩(脚底反射)。很多妈妈会为婴幼儿表现出这样的"依依不舍"而大受感动,其实这是一种原始反射。

消失时间:抓握反射通常在 2~3 个月大渐渐消失,与此同时婴幼儿开始学习抓、握、捏等精细动作的运用,有时也会持续到 5~6 个月大;脚底反射则能持续到婴幼儿 10 个月大。

动作显示意义:是灵长类血统的一部分,也是保护本能。这种反射作用会随着婴儿的年龄增长逐渐消失。通过认知学习,孩子写字的时候一定要握笔,不写字的时候就放下笔等,逐渐学会握着手掌和脚的动作。如果握力反射完全消失后再次出现或单方面出现,就会出现神经病症。

(四)吞咽反射

吞咽羊水是胎儿的一种吞咽反射。它的功能将随着时间的推移而成熟。人体会有咳嗽反射或呕吐反射来保护气管。出生后,婴儿的吞咽反射是健康的,但有时会因为打翻牛奶或吃得太快而咳嗽,轻微的呕吐是正常的。

消失时间:吞咽反射不会消失,随着呼吸、吮吸、吞咽的动作,婴儿的整个嘴的动作发达,吞咽食物变得容易。

(五)蒙洛氏反射

妈妈用一只手支撑住婴幼儿的肩膀,另一手将其头部抬高 15°,再突然让婴幼儿的头轻轻往下坠落,这时会看到婴幼儿的两手臂会先伸直且外展,手掌也张开,脊柱与躯干亦伸直;之后双臂交叠成一个拥抱状,手掌握拳,看起来很吃惊,经常伴有泪水。这被称为蒙洛氏反射或拥抱反射。有时婴儿会有类似的反应,被称为惊吓反射,当有突然的巨大声音或振动时。婴儿的惊吓反射通常在出生后的前八周最强。

消失时间:通常到了 3~4 个月大之后就会消失。

动作的意义:通过蒙洛氏反射,可观察婴儿神经传导路径及两只手的功能是否正常。有些婴儿可能有臂神经丛损伤,使得反射反应只出现于单边;反射动作过于频繁、剧烈,或出生后很快消失,需怀疑可能的神经病变;超过 6 个月还有明显的蒙洛氏反射,则要仔细检查评估。

如果连突然的巨大声响也不能吓到婴幼儿,除了怀疑有神经病变以外,妈妈还得留意婴幼儿的听力是否有问题。对于听力缺损的婴幼儿,声音刺激较不容易引起惊吓反射。

据统计,新生儿先天性严重且极其严重的双耳耳聋发生率为千分之一左右,双耳或单耳轻微和中度耳聋加在一起,发生率高达千分之三左右,概率并不低。听力缺陷不容易被发现,当被发现时,很多情况下会影响语言和幼儿的其他发育。

父母可以让新生儿出生后接受听力检查,尽可能早一点发现异常并进行治疗,以免让聋哑人错过学习语言的黄金时期。

(六)牵引反射

婴幼儿平躺时,握住婴幼儿的双手,并顺势往上拉,此时婴幼儿的脖子先往后仰,然后会用力往前方提起,手脚会自动弯曲,看起来仿佛想要自己撑起来似的。

消失时间:头部和颈部能够进行更自主的活动3个月以上的话,就不容易晃动了。

动作显示意义:此检查用于评估婴幼儿的肌肉张力状况,婴幼儿刚出生时会利用此反射稳定头部的姿势和位置,等到大约3个月时就能真正靠自己的力量抬头了。

(七)踏步(走路)反射和抬步(缩脚)反射

扶着婴幼儿的腋下,使婴幼儿保持站立姿态并让脚着地,当他的脚底碰到硬物时,会自然地做出交替往前踏步的动作,这一连串的反应即为踏步反射。如果在他的前方放置一个硬的障碍物,当婴幼儿脚背接触到障碍物,还会抬起脚踩上去好像要迈步。事实上,婴幼儿要等到约1岁时才会走路。

消失时间:通常在婴幼儿8个月大后变得不明显。

动作意义:这类反应可由婴儿产生,是外界刺激传导到婴幼儿的脚底和脚背,刺激通过神经传导到嵴髓,产生反射,髋、膝关节弯曲,从而产生踏步行走或使脚能够抬起、踩上障碍物的动作。早产儿也会产生这种反射,但不同的是,他们通常用脚趾着地,这与足月婴儿全脚或脚后跟着地不同。

(八)不对称颈张力反射

将仰躺的婴幼儿的头转向一侧,其同侧的手脚会伸直,对侧的手脚则会弯曲,犹如"拉弓射箭"的动作,此反射并不一定一出生就有,妈妈最好等婴幼儿约1个月大后再试试看。

消失时间:通常在婴幼儿6~7个月大时消失。

动作显示意义:部分学者相信这种反射在胎儿期即已出现,其有助于胎儿肌肉张力的成熟,甚至可以帮助生产;在出生后的数周内,此反射动作能阻止新生儿翻身,并且反映婴幼儿初期的手眼协调。正常情况下,每次检查不一定都能引发这种反射,若每次操作都会引发明显的反射,要考虑为异常的反应;时间过久反射仍未消失的婴幼儿,日后其需要手眼协调的动作(如写字、平衡、运动等)往往会受影响。

第三节　婴幼儿的自发动作与精细动作

一、自发动作的产生和发展

婴儿的自发运动指婴儿在没有明确指导和外在动作模型的条件下出现的运动,它是婴儿实现动作发展的基本途径。当婴儿获得了某种动作能力后,他们就会出现一些自发的运动,例如满一周岁的婴儿在发育的过程中逐渐获得了身体的平衡能力后,产生了包括横向行走、倒退行走、绕圈走、单脚行走、使用脚尖行走等动作的自发运动,成人往往会诧异于婴儿的这些自发运动。自发运动范围扩大、方式增多为婴儿动作发展提供了广阔的背景和途径。随着婴儿在运动中对动作的控制越来越自如,动作也将逐渐成为他们与环境、社会交往的一种手段。婴儿开始尝试主动探索环境,他们会把在运动中获得的动作方面的自我意识和自信心,迁移到日常交往当中,建构着包括神经系统、认知结构等身心诸方面的发展水平,为婴儿获得更高级动作提供基础。可以看出,在婴儿的这些自发运动中,动作不仅成为婴儿与外界的交往手段,而且促使身心水平与动作发展之间形成了相互促进的"自组织机制"。

婴儿的运动经历了从非条件动作、无意识动作到操作性动作和有意识动作的转变,从简单单一的适应动作到复杂分化的综合动作的转变。这些变化意味着幼儿从行动学习潜能发展到行动学习主动性。此种变化对婴儿有双重意义:第一,具有生命意义,不同的行为有助于婴儿适应环境生存。一些无条件的无意识行为,虽然简单,但对婴儿早期的生存非常有价值,在婴儿发育的一定时期会逐渐消失,否则就意味着婴儿可能有一些生理缺陷。那些对婴儿具有生存价值的相关刺激容易促进条件性动作形成,当一些生活事件经常相邻出现时,婴儿会逐渐形成动作习惯来应对生活的秩序。最后,婴儿终于认识到在特定的环境中必将出现特定的事件即婴儿可以预料生活事件时,他们就可以主动地采取动作适应甚至企图改变外在环境。研究认为,婴儿的操作性动作可以由吮吸、头部旋转此类简单的外部动作过渡到复杂的外部动作,甚至是记忆等内部动作扩展,并且保持的时间越来越长。第二,实现动作与心理的双向互动。个体心理从凭借外部动作、产生动作表征到形成动作智力,与婴儿动作性质、动作水平的改变,它使个体与环境的互动方式更加紧密地联系在一起,是行动在发展的同时也一并促进了心理发展;心理发展为婴儿复杂动作的持续发展提供了心理基础和动力。

　　婴儿的动作学习具有明显的认知特征,各种认知因素主动体现在婴儿的动作学习中。可以表现为:一是动作观察。当婴儿看到新的动作时会转向它、看着它、停止自己的动作。二是动作记忆。当一些曾被婴儿看到过的新动作再次出现时,婴儿会表现出极大的兴趣。但当这些新动作出现一段时间后,婴儿对它们的兴趣会降低——这种被称为"习惯化"的现象常被用于研究婴儿记忆的发展状况。婴儿对一些动作的延时模仿也表明了他们在动作学习时的记忆特征;三是动作知觉选择。上述婴儿对不同动作模仿对象采用了复制、选择和变化等模仿方式就说明了婴儿具有控制知觉对象的兴趣和能力。四是动作想象。当动作与情景、动作与另一动作之间保持相对固定的呈现顺序时,情景与动作会引发婴儿主动发生与之相联系的动作。婴儿的认知发展与动作发展相互促进。一方面,婴儿的认知发展提高了动作水平,在这个过程中,婴儿是积极主动的。皮亚杰的认知发展理论揭示出婴儿是通过主动地探索环境,寻求环境的刺激,促进自身认知的发展,并且不断地整合借助于爬行、抓握、行走、触摸、观察、聆听等途径获得的经验,协调动作,增强动作的目的性与适应性,来促进动作发展。另一方面,动作发展同样促进了婴儿认知发展,伴随着动作学习水平提高,婴儿在物体、空间、时间、自我以及自我与客体间的关系、因果关系等方面的认知水平也逐渐发展起来。

　　打破关于婴儿动作发展的"预先成熟论"和"教育训练论"传统观念,强调婴儿在动作学习方面上的主动性,对于正确认识婴儿在其发展中的主动性及主体地位具有重要意义,同时也将引起人们反思我国当前婴儿教育中不利于婴儿有效发展的消极因素。"婴儿动作发展的个体能动范式"承认婴儿的主动性并尊重其在发展过程中应有的主体地位。动作的发生发展有其生物遗传特性,也有其社会性。尤其是当婴儿对自己、对他人、对物体有了一定的动机、认识、情绪和态度后,他们在动作学习上主动性的痕迹就明显增加了。婴儿有着独特的学习方式,他们的主动性不仅表现在动作学习上,还表现在其他的心理过程和个性发展中。持"社会性遗传"观点的研究者认为,婴儿已经以隐性、潜态和萌芽态的方式,将包含着自主性、合作性和创造性的人类主体性植根于自己的遗传素质中,在适当的外部条件下外化为具体活动,并在活动中生成出个体的主体性。因此教育的主体性原则也应该贯彻在婴儿教育过程中,教育者要为婴儿主动性的发挥创造必要的条件。

二、精细动作的产生和发展

(一)精细动作的产生

　　精细运动是指个体在知觉、注意力等各种心理活动的配合下,主要依靠手、手指等部位的小肌肉或小肌肉群的运动,完成特定任务的能力。精细运动是儿童智力的重要组成部分,是衡量脑神经系统是否正常发育的重要指标。早期精细运动功能的发展和大脑认知能力的发育在时间和空间上是相同的。早期精细运动技能的顺利有效发展,能够促进早期大脑结构和功能的成熟,进而促进认知系统的发展。同时,儿童精细运动技能与其智力水平、学业成绩之间存在协变关系。可见,精细运动能力的发展对儿童来说意义重大。0~3岁幼儿精细动作的发展,有利于婴儿自理能力的培养,婴儿认知能力的发展,婴儿神经系统的生长发育,婴儿骨关节和小肌肉群的生长发育。

(二)精细动作发展水平

案例一:A女婴儿的精细动作整体发展慢于同龄群体。具体表现如下。

主要较慢的动作有:"以拇指和食指尖夹起葡萄干"发生于14个月,晚于常模2个月。"重叠两块积木"发生于13.5个月,晚于常模1.3个月。"喜欢拿笔在纸上随意地画"发展较晚,发生于20个月,晚于常模2个月。

案例二:B男婴儿精细动作整体发展快于同龄群体。具体表现如下。

主要较快的动作有:"喜欢拿笔在纸上随意地画"发生于15.1月,早于常模2.9个月。"重叠四块积木"在16个月就可以完成,早于常模1.5个月。

案例三:C女婴儿精细动作整体发展和同龄群体同步。具体表现如下。

主要动作和同龄群体一致,但是有部分动作是稍快或者稍慢的。"双手端小碗"发生在16.4月,早于同龄人1个月。"模仿画直线"发展较慢,在28个月才能完成,晚于常模1.2个月。

案例四:D男婴儿精细动作整体发展和同龄群体同步。具体表现如下。

主要动作和同龄群体一致,但是有部分动作是稍快或者稍慢的。"折纸长方形"在29月就可完成,早于常模11个月。"照样式画"在32.5个月即可完成,早于常模15个月。"一手端小碗"发展较晚,达到标准的时间是28.8个月,晚于常模18个月。

幼儿的动作发展通常从粗大的动作开始。随着宝宝的成长,能掌握的精细动作类型也会逐渐变多。精细动作主要是指小肌肉群完成的动作,如抓、写、捏等。精细的动作属于一个人的早期智力。它是人的一种重要的行动能力,也是个人进行活动、劳动和实践的必要手段。婴幼儿精细运动的发展(主要集中在手部)通常分为三个重要时期:第一个时期是出生后4至12个月。4个月前婴儿手的抓取动作主要表现为手、臂的摆动,不能准确地抓取东西;4个月时的抓取动作属于全掌抓取;6个月时,抓握会发展为四指与拇指相对的抓握,也称为桡侧掌抓握;10个月时出现手指钳捏式抓握(食指和拇指相对);12个月时食指和拇指捏的动作发展得成熟而熟练。第二阶段是出生后12~18月,婴儿学会用勺子自己吃东西。最常见的握法是手握法(勺子向下,勺柄夹在拇指和食指之间),这种握法非常不稳定。夹起来一勺米饭可能会掉到桌子上,还不能很好地送到嘴里。当婴儿获得更多的经验时,他们开始捏勺子,发展更多的手眼协调能力,变得更擅长吃东西。第三阶段是4.6~5岁,孩子应该学会用筷子吃饭。初级阶段是衡量婴儿大脑发育水平的阶段。精细运动发育的这三个阶段对婴儿大脑发育至关重要。如果人类干预这三个时期,精细运动技能发展水平越高,大脑发展越好。例如第一时期家长怕孩子抓握住东西往嘴里放不卫生,把孩子身边的小物品收拾得干干净净;第二时期嫌孩子用勺子吃饭掉满桌子,干脆来喂;第三时期怕孩子用筷子危险,不让孩子用,这样会对婴儿精细动作的发展带来极大的阻碍,带来的后果是,孩子学习写字时字写得会比较大,往往跑出方格,字体结构也不好、大小不均,书写的力量也不稳定,反映出的问题是孩子的神经系统发展不好——大脑发展不好。

(三)影响精细动作发展的因素

1. 家庭因素

首先,父母的受教育水平会对孩子精细动作的发展产生深远的影响。父母受教育程度越高,往往对婴儿精细运动发展的能力和水平了解越多。一开始,他们会为孩子安排合理、科学的运动训练,并有针对性地进行指导,为孩子创造适合运动发展的环境和氛围。相反,如果家长对幼儿运动发展的教育和指导不够重视,没有正确培养幼儿的运动发展,就会对婴幼儿的发展产生很大的影响,从而阻碍其能力的全面发展。

2. 幼儿心理因素

由于儿童的精细动作是由肌肉运动控制的,因此儿童的心理状况对其精细动作有非常重要的影响。心理活动的微小变化会影响其动作的准确性和完成度。内向的婴儿不适合与他人进行过多的交流。当他们的行为引起周围人的围观或试图与他们交流时,很容易进一步增加他们的紧张情绪,影响他们的心理水平,从而影响精细动作的稳定性,不利于他们自身精细动作的发展。

3. 先天性因素

如果孩子本身有影响正常发育的因素,如早产或体重低于正常水平,他们的神经系统就会发育不好,导致大脑功能不足,从而影响他们的反应能力。婴儿神经系统发育不良将影响未来婴儿精细运动能力的发展。0~3岁婴幼儿精细运动能力的发展与其自身大脑的生长发育密切相关。从胎儿时期开始,人的大脑神经系统就开始生长发育。由于早产,早产儿在母体子宫内生长发育的时间比足月婴儿短,因此早产儿神经系统发育的水平和状态略显不足。早产儿脑功能发育水平低,在一定程度上造成了脑供血末端蛋白质损伤,从而影响了婴儿的神经系统功能。婴幼儿的运动发育障碍可分为大运动发育障碍和精细运动发育障碍,一定程度上是神经系统受损引起的。

婴儿精细运动发育水平是大脑神经系统成熟与否的关键。在时间和空间上,婴儿精细运动的发展水平与脑神经的发展过程在一定程度上是同步的。因此,科学训练婴儿早期精细动作,可以大大促进脑神经结构的发育,进一步提高认知能力和各项功能。加德纳通过研究将人类智能按照功能结构分为多种类型,其中运动智能是极其重要的一部分。婴幼儿精细运动能力是其自身智力能力的重要组成部分,也是衡量大脑神经系统是否成熟的重要标准。

(四)精细运动在不同时期的发展

0~1岁婴儿单手运动的发展顺序为:1个月时,可以伸展和触摸自己的手;在两个月内能握住细长物体;三个月后,可以用手把食物放进嘴里;在四到五个月内它能够伸够物体并到达目标;六七个月大的时候,可以用手指和手掌抓握物体;八九个月可以用食指拿东西;大约10个月后,将能够用拇指和食指拿起东西并把它们握在一起。

0~1岁婴儿双手的发展顺序是:两只手可以交换一件物品,两只手可以同时握住一件物品,一只手可以同时移动,两只手可以同时做出不同的动作。

1岁以后,孩子可以手里拿一支笔,在纸上用笔画出痕迹;能准确地把一些小零食装进小口径的瓶子里。在大约15个月时,可以打开盒子,可以把瓶子从小物体中倾倒出来并抓握它们。18个月前后,可以用细线穿过扣孔。21个月时能够画出线条。在24个月内,可以一页一瓦地打开书术。

大约 27 个月后,孩子们可以自己参照书本画直线,几乎类似;可以用线准确地穿入纽扣;在 36 个月前后,他们可以把纸折叠成整齐的正方形、矩形和三角形;能模仿画圆和基本图形。

(五)促进婴幼儿精细动作发展的原则

婴儿精细动作训练应遵循一定的科学原则。第一,游戏场景应该融入婴儿的精细动作训练中。第二,应注意婴儿精细运动发育与日常生活的融合。第三,要结合遗传、环境、教育等方面的影响,关注每个婴儿的不同身心发展水平。婴幼儿精细动作训练首先应遵循个性化原则。其次是安全原则。婴儿的精细运动训练应充分考虑到婴儿的安全性,例如场所和所选择的教具是否安全。最后,对于婴幼儿精细动作训练的发展原则应以促进个体发展为导向。

第四节　婴幼儿人体动作发展的科研动态

婴幼儿阶段是人类动作发展的黄金时期,作为人类生命进程的起步阶段,在这一时期动作发展显得尤为重要,具有独特的意义。婴儿动作发展的水平不仅能够对个体后续成长过程当中的动作发展起到决定性的作用,同时也是婴幼儿个体在这一时期对于自身的智力水平、心理成长、认知程度的重要反映。在这一时期,婴儿个体的语言能力尚未得到充分发育,因此对于自身情绪和需求的表达以及对外部世界的反馈也十分依赖动作。因此,婴儿动作的发展与自身多个方面都相互影响,相互促进。同时对于研究人类动作发展也具有十分重要的意义,研究好婴幼儿的动作发展情况有助于我们对当下有关婴儿的生理水平、心理状态、营养、保健等提供科学的指导,同时也能依据研究发现对人体未来各个时期的动作水平、运动能力等指标作出推演。在早期,婴幼儿的语言能力水平还没有得到完善的发展,无法精确地与外界进行互动与交流,因此能够表现出自身心理发展水平的途径主要由动作来完成。因此,有关婴幼儿人体动作发展的科研一直以来都是人们研究的焦点和重点。

一、婴儿动作发展与智力水平

在一项研究中,一个社区对潜在的不利因素进行干预,以减少运动发育不良的发生,以了解婴儿的语言能力和运动发育。详细分析了社区婴儿的语言、运动发育水平和运动状况。选取社区内男性 50 名,女性 50 名(3～12 月龄,严重先天性疾病、先天性心脏病、脑瘫患儿除外),通过观察和直接询问照护者的方式,详细记录其抬头、翻身、坐起、爬行、站立、行走等发育情况。根据世界卫生组织儿童发育评价指标和标准,3 个月大的婴儿头颈可以伸直,并能随视线旋转 180°。俯卧位时,上肢可以支撑上半身,抬头,仰卧时也可以抬头;6 个月时,牵婴儿手,头部可主动抬离床面,可坐在摇篮里;8～9 个月时,可以用上肢向前爬;9 个月时可以在助手的帮助下独立站立;12 个月时,婴儿可以单手走路。一段时间后,婴儿就能独立行走了,能有自主意识去叫父母。

婴儿的运动、动作快速发展阶段主要体现在出生后的第一年,在这一年之内需要实现从躺卧到站立,期间要经过翻身、坐立、爬行、站立,最后再到独立行走。随着动作的发展,自身视野的发展会扩展婴儿的活动范围。婴儿的运动、动作能力发展对于其智力水平的发育有着至关重要的影响,一般而言智力低下的孩子,动作迟缓。因此,婴儿智力发展完善与否对于动作发育水平具有举足轻重的地位,小儿运动能力常被作为测定智力发育的主要指标。

至于男性和女性之间发育速度的差异性,其中男性婴儿能够在搀扶下走路的时间显著提前于女性婴儿,其他指标没有发现明显差异。家长和婴幼儿保健工作者在这一时期应充分认识婴儿的发展水平,重视培养良好生活习惯,科学根据多元智能理论,及时发现婴幼儿在运动发育过程当中的不良状态,第一时间采取科学有效的干预措施,来保证婴儿在成长过程中健康发育。家长要注意把握婴儿运动发育水平的指标,以保证在重要阶段能够及时准确发现问题并妥善解决。学会将教育与快乐相结合,并将教育情境引入生活当中。玩具和其他工具设备可以用来正确引导婴儿的运动,从而确保他们的健康发育。通过运动的方式促进婴儿运动发育,运动能力和智力水平稳步提高。

二、婴儿动作发展与心理发育

针对婴幼儿的动作发展的研究,在心理学界普遍存在有成熟说、经验说以及动力系统说三种传统的观点。

(一)成熟说

根据成熟说,运动发育取决于人类的基因成熟度,全世界的婴儿都有大致相似的运动发育史。另外,生物成熟度不是后天经验,是决定运动发育的关键因素。著名的双胞胎爬梯实验证明了这一点,在实验中,成对的双胞胎被训练爬楼梯。其中一名婴儿在头八周内接受了每天10min的爬楼梯训练,并在六周内爬了五级台阶。两周后,可以爬到楼梯的顶端。另一名婴儿在头六周内完全没有接受任何训练,在实验开始前两周接受同样的训练,两周后爬楼梯。这个心理学实验的目的是证明生物成熟在运动发展中的重要性,这决定了运动发展的水平。

因为成熟主义者关注的是生物决定论。因此,在他们的理论框架中,他们总是试图描述生物体的先天生长模式,但很少或巧妙地避免设计限制个体生长的其他原因,也不探索决定个体发育的具体机制。

(二)经验说

经验理论认为生理成熟是运动发育的必要条件,但这并不是决定性的。体育的发展需要实践。丹尼斯研究了20世纪60年代初在伊朗收容所收养的孤儿,发现到一两岁时,他们就不能走路,甚至不能自己坐起来。到三四岁时,只有15%的人能够独立行走,因为他们前两年都在摇篮里度过,从不练习坐着或站着。这项研究的结果证明了经验在运动发展中的作用。

(三)动力系统说

20世纪90年代,美国心理学家埃丝特·特伦(Esther Thelen)对动态系统进行了真正的研究。她没有强调体育发展的决定性作用是成熟或实践,而是孩子在探索自己的兴趣或目标的同时发展体育。当孩子发现一些有趣的东西时,他们会协调自己的基本个人动作,逐渐发展协调的运动技能。事实上,孩子们被鼓励使用现有的行动和感知能力来形成具体的行动系统。说到攀岩,并不是婴儿的基因编程和肌肉发育在驱动它。更有可能的是,当婴儿的肌肉和感知能力得到充分发展时,他们会看到感兴趣的物体,并具有爬行的能力。这种动机促使他们抓住物体,并结合手臂、头部、颈部和腿部的运动来提高攀登技能。不同的运动技能给个人带来不同的挑战。从这个意义上说,运动技能实际上是一个以目标为导向的动态系统。这种观点强调儿童探索环境的动机在体育发展中的作用,强调儿童与环境之间的作用和相互作用。古德菲尔德的研究证实了这一点。研究发现,7~8个月大的婴儿只有在学会定期改变方向和抬头看有趣的东西(发现有趣的东西)后才能学会爬行。动作系统观对动作发展的一个重要的贡献就是它的动作整合伴随着思想。我们知道,动作行为和婴儿的知识不是分离的和截然不同的。正如 Thelen 与 Smith 所描述的:"知识是我们动力系统的产物。"因此,可能当我们期望看到婴儿站起来、独自站立或者独自行走的时候,动作发展比其常模所表明的含义远远多得多。动作技能的出现是复杂的,它与知觉认知发展紧密相关。

三、婴儿动作发展对心理发展的意义

(一)心理学的发展源于体育的发展

皮亚杰的理论与此一致。婴儿可以通过运动感知和响应外部刺激,因此可以证明心理发展来自运动。

(二)行动是心理发展的外在表现

通过对体育发展的研究,可以进一步研究儿童心理发展的内容和水平。大精细电机的开发是儿童智力发展测试的重要组成部分。

(三)体育的发展促进了空间认知的发展

掌握运动和自主行走可以促进儿童空间认知的发展。特别是自主行走可以扩大儿童的活动范围,增强儿童的认知能力。

(四)体育的发展促进了社会交往技能的发展

体育的发展可以促进儿童社会交往能力的发展,从依赖到主动。

(五)婴儿运动发育和社会适应性

随着婴儿年龄的增长,他们的动作变得更加成熟。大学生的体育发展水平往往影响他们的社会适应能力。同样,儿童的社会适应也可能反过来影响他们的体育发展。也就是说,在孩子的成长发育过程中,他们的运动发育水平和社会适应能力一直处于相互促进和影响的状态。儿童社会适应能力的发展与他们的运动之间的互动主要是因为在学习各种运动技能的过程中,儿童可以将控制身体运动的能力应用到日常生活中,形成强烈的意志、乐观、合作态度等,从而促进儿童更好地适应社会环境。研究发现,儿童运动发育的差异使他们在参与群体活动时表现出明显的差异。运动发育良好的孩子更容易被同龄人接受,而运动发育不良的孩子则不容易被接受。

随着近年来对于婴幼儿时期人体动作发展的有关科研、实验不断深化,系统理论不断完善,对于婴幼儿的成长也有了科学的指导体系,但是也存在着一定的短板。从研究难度的角度讲,选择婴儿为受试者,首先在试验的过程当中与受试者沟通交流的难度较大;其次能够作为选择的方法和器械场地等也受到限制,这对于科研工作者在实验进行中的方方面面提出了更高的要求,但是有关此类方面的研究对于研究人类生命的起源与发展具有重要意义,也有助于增进对自身认知、身心关系等基础问题的理解,广大科研工作者们在此方面还应当继续努力,除此之外,国家也应当加大投入,促进这一方面能够取得更大的进步。

课程思政元素:
生命教育,树正确三观,科学育儿,良好亲子关系

课程思政举例:

(1)本章通过对婴幼儿时期动作发展的讲述,弘扬健康,加强生命教育,让婴幼儿父母及相关从业人员对该阶段婴幼儿有更加深入了解,有助于婴幼儿得到更好的身心发展和锻炼。

(2)婴儿期运动的发展水平直接关系到未来运动能力的发展水平,与未来身心素质的全面发展密切相关。学生通过本章学习,有助于培养学生对于婴幼儿群体的人文关怀与社会责任感,树立正确的三观,严谨学术态度,提升科研能力。

(3)提高广大家长对婴幼儿动作发展的重视,增强科学育儿能力,使婴幼儿父母更好地帮助和照顾、更加科学地关心孩子,使其拥有健全的人格,促进亲子关系。

第六章 儿童期的人体动作发展

第一节 概 述

儿童期的人体动作发展是整个人生动作发展的重要阶段,在此期间形成多种基本动作技能的基础。这些基本动作技能的基础将使儿童在动作反应中有更多的选择,为他们的动作表现提供更大的自由度。而且这一时期儿童的动作发展与学习成长、心理发展也密切相关。本章将对儿童动作发展的概念、分类、规律、意义以及儿童期精细动作与大肌肉群的动作发展、儿童期的学习成长与动作、心理发展、体育活动对儿童动作发展的影响进行详细阐述。儿童动作发展对儿童的体质健康、大脑发育、心理发展等方面具有重大意义,通过参加体育活动可促进儿童动作发展,为后续学习和生活中掌握更高难度的动作技能奠定良好基础。

一、儿童动作发展概念

动作发展对个体的认知、情感和社会性发展具有重要意义(谢红,2022)。目前关于动作发展有两种观点,一种观点认为动作发展是研究人类一生中动作行为的变化、构成这些变化的过程以及影响这些变化的因素(Payne et al.,2017)。另一种观点认为动作发展是指人们一生中所体验到的动作行为的变化(V.G. Payne et al.,2017)。

儿童动作发展是指儿童的神经系统通过对肌肉、骨骼、关节的控制,提高全身或身体局部的柔韧性和协调能力,进而提高其运动能力的过程。儿童的动作发展是人类动作发展的一个关键时期,儿童期的粗大、精细动作发展水平对青少年、成人和老龄时期运动发展起着举足轻重的作用。儿童阶段获得大量基础动作技巧,在以后的发展将会获得较高水平的基础运动技巧和特殊的运动技巧,从而掌握更为精细的动作,这将有助于孩子日后在日常生活、学习、技术掌握等方面的发展(周喆啸等,2021)。由于孩子在重复的训练中,能够有效地刺激神经突触的发育,形成相应的神经通路,从而形成相应的神经——肌肉运动,也就是所谓的"动作经验",这一经验是后续动作高质量发展的基础(李宁艳,2017)。因此,儿童时期身体动作的发展显得尤为重要。

二、儿童动作发展分类

动作是个体进行运动的最基本组成部分,按在做动作时肌肉所参与大小属性可分为大肌群动作(粗大动作)和小肌群动作(精细动作)(潘期生等,2022)。

(一)粗大动作发展

粗大动作是利用全身大块的肌肉或肌肉群进行的运动,它的作用是维持人的姿态和运动,比如走、跑、跳、爬、滚等身体运动都属于粗大动作(文蕊香等,2021)。儿童时期是行为、语言和生活方式形成的关键时期,以粗大动作作为主要的训练方法,可以有效地提高身体机能、心肺功能和身体健康(马瑞等,2017);粗大动作对幼儿的认知情绪、社会行为、交际能力等发展也有重要作用(查萍等,2018)。粗大动作的强化练习还可以提高学龄儿童的灵敏素质、爆发力、平衡能力、协调性和下肢肌肉力量以及腰腹部肌肉力量(周喆啸等,2016)。粗大动作影响幼儿的身体活动习惯,在长期的粗大动作练习中对幼儿的心肺耐力和心血管功能都有提升,粗大动作的发展能力会随着年龄的增加不断提高,对幼儿的灵敏素质、爆发力、平衡能力、协调性和下肢肌肉力量的影响都会逐渐增大(王雪芹等,2020)。

(二)精细动作发展

儿童的动作发展通常从粗大动作开始,随着年龄的增长精细动作逐渐增多。精细动作主要是指个体手以及手指小肌肉或小肌肉群在感觉、知觉、注意等心理活动的配合下完成运动的能力,最重要的是手的运动(姜桂萍等,2016)。著名手外科专家顾玉东先生认为,精细动作涵盖27种:侧捏、肚捏、尖捏、捻捏、搓捏、握、屈曲、旋转、叩、压、拧、弹、鼓掌、夹、穿、抹、拍、摇、撕、推、抓、托、扭、刮、拨、挖、绕(王晶,2019)。精细动作是人类最重要的基本能力之一,也是个体进行实践活动的必要手段(马芷筠,2017)。

三、儿童动作发展规律

儿童动作发展随着时间、心理、生理、环境、教育的变化而发生改变,其动作发展也遵循一定的规律,这些规律主要包括从上部动作到下部动作(首尾规律);从中央部分的动作到边缘部分的动作(近远规律);从整体动作到局部的、准确的、专门化的动作(从整体到局部的规律)、从大肌肉动作到小肌肉动作(大小规律);从无意动作到有意动作(无有规律)(张颖等,2019)。在动作发展中,首先学会抬头,然后是翻身、爬行,最后才学会走路,这便是首尾规律;先发展头部和躯干的动作(抬头、翻身),再发展四肢的动作(爬行、行走),动作由躯干的大肌肉群运动发展到手部的精细动作,这便是近远规律;儿童最初的动作是全身性的、笼统的、弥漫性的,以后动作逐渐分化、局部化、准确化和专门化,这便是从整体到局部的规律。儿童动作的发展,先从粗大动作开始,而后才学会比较精细的动作,例如婴儿先是用整只手臂和手一起去够物体,以后才会用手指去拿东西。这就是大小规律。婴儿最初的动作是无意的,以后越来越多地受到意识的支配,比如,初生婴儿会用手紧握小棍,这是无意的、本能的动作,几个月以后,婴儿才逐渐能够有意地、有目的地去抓物体,这就是无有规律。

此外,儿童基本动作的发展也呈现出一定规律。李静(李静,2009)对山东省3~10岁儿童动作发展进行研究。结果显示,儿童粗大动作的发展能力随着儿童的生长发育不断提高,但动作发展的幅度和速率存在一定差别。研究还发现儿童位移动作的情况优于物体控制动作,表现为儿童移动身体时的跑、侧滑步、踢球等动作比击打和接住物体的动作表现要好。研究还发现儿童的听觉肢体动作、被动性动作、周期性动作和精细动作在3~4岁时呈现出快速增长的特点;而儿童的上肢动作、姿势平衡性动作、随意动作以及操作控制动作的快速增长期出现在4~5岁;5~6岁是儿童手眼协调能力和上下肢协调能力快速发展时期。

儿童动作发展在个体之间也存在一定差异。在开放情境下使用六角反应球抓球测试法,测试儿童动作灵敏性发展,结果显示,男生与女生在灵敏性方面存在性别差异,且灵敏性出现随年龄增长而逐渐提高的变化趋势(柴娇等,2011)。张云(张云,2010)对3~6岁儿童协调能力进行研究,结果发现同年龄段男生和女生的身体协调性没有显著差异,而同性别儿童的身体协调性在年龄的不同阶段上表现出显著差异。

第二节 儿童期精细动作与大肌肉群的动作发展

行动是个人的基本能力,人们的生活几乎每时每刻都伴随着各种各样的行动。人们通常会关注肌肉活动的明确模式,例如,在运动分类中,从肌肉伸展性的角度来看,运动被分类为粗运动或大肌肉群运动(gross motor),像四肢爬行,双腿直立行走等动作;精细运动(fine motor),如用拇指和食指相对拿起物体,拿着笔或勺子等。从涉及肌肉部位的角度来看,人们将运动分为上肢运动,如伸手、投掷物体等;下肢运动,如抬腿、踢腿等;全身运动,如游泳、击剑。事实上,对于运动来说,人们可以观察到的主要是肌肉的显性活动。然而,从产生、执行和结果等方面来看,肌肉的显性活动背后有相当复杂的生理、心理、生理和社会原因和过程。

一、儿童期的精细动作发展

术语"精细运动技能"(fine motor skill)是指主要由小肌肉或肌肉群运动产生的运动。因此,它不同于由躯干或腿部等大肌肉群产生的粗运动技能(gross motor skills)。精细的运动技能通常指手的动作,如伸手、拿东西、吃饭和写字。虽然有一些非手的精细动作,例如用脚趾捡石头、眼睛动作等,但在本章中,我们将重点介绍从婴幼童期即开始发展的涉及手的精细运动。

在婴儿期,精细运动发育的一个主要部分是成功地接触和触摸物体的能力,这一能力的实现代表了婴儿整合外部感知和内部运动的能力。在接下来的几年里,这种基本的手眼协调(hand-eye coordination)发展成为更加精细和复杂的动作。当婴儿接近他们的第一个生日时,他们可以成功地接触和抓住他们视野中的物体,例如玩具和食物。不久,他们可以用蜡笔等书写工具涂鸦;在接下来的几年里,这些早期的精细动作将演变为文化特定的动作,例如写字、用餐具吃饭和手势。在本章中,我们将重点关注婴幼儿手眼协调的发展,这与日常生活密切相关。

(一)抓握动作

人们普遍认为,新生儿早期的抓握反射(grasp reflex)是各种抓握动作后期发展的基础。通常,胎儿的抓握反射早在怀孕五个月就可以在子宫中检测到。当外界刺激击中胎儿的手掌时,除拇指外的四个手指都向内卷曲。握力如此之大,大人甚至可以通过这种反射将婴儿举到空中。抓握反射在出生时最强,然后随着自主运动的出现而减弱。

传统观点认为,外部刺激引发的新生儿的手部运动是非随意的、反射性的和刻板的。但最近,一些研究表明并非如此。Adamson Macedo 和 Barnes(2004)发现,一些随机抓握早在出生后的第一周就发生了,并受到表面纹理的影响,这对出生后仅四个月发生随机抓握的传统观念提出了挑战。此外,在一项针对 1 个月至 5 个月大婴儿的描述性研究中,发现这个阶段的婴儿已经完成了许多独立的手指动作和抓握动作(Wallace 和 Whishaw,2003)。

Halverson(1931)是第一个全面描述婴儿握力发育的人。他向 16 周至 52 周的婴儿展示了一个 2.5cm 的立方体,报告了抓握行为的具体进展。然而,Halves 选择的捡立方体的实验任务并不能很好地反映婴儿抓握发育的多样性和适应性,也不能用来解释手眼协调发展的深层机制,例如,Newell 等人(1989)证明,4 个月大的婴儿可以根据物体的特征系统地改变他们的握力,并且他们的表现与 8 个月大婴儿无异。纽厄尔指出,婴儿主要依靠触觉和视觉来判断特征,但 8 个月大的婴儿主要依靠视觉信息来调整抓握。婴儿最早期的握法是全手掌式的抓握

（power grip）（含手掌、拇指和其他手指）。出生后大约半年,这种握法发展成拇指对手掌的握法（其他四个手指面向拇指）。然后,出现了钳捏式抓握（pincher grip）（食指和拇指相互面对）（Butterworth 等人,1997 年）。

从出生时的抓握反射到一岁左右根据物体形状调整手部动作的能力,婴儿的抓握动作已经演变为自愿和适应性行为,这种基本的手指—手协调确保婴儿能够触及和操纵各种大小和形状的物体。在此基础上,各种精细动作得以发展,如用手或器具吃饭、写字、做手势和穿衣。然而,单靠抓握不能满足生活的需要。婴儿在抓住物体之前,必须能够准确地将手移向物体。这种行为称为"到达"。

（二）伸够动作

对于婴儿来说,伸手拿食物或其他东西,抓住物体只是任务的一部分。另一个问题是如何触碰到物体,这是伸够（reaching）动作的发展。婴儿期伸展运动的发展可分为三个阶段:预伸够（pre-reaching）、成功伸够（successful reaching）和熟练伸够（skillful reaching）（Bushnell,1985）。出生后,婴儿立即表现出视觉上引起的"向前伸手"运动,这种运动速度快,轨迹呈抛物线,通常无法成功到达目标,也没有抓握动作（如手掌的张开和闭合所示）（Hofsten,1982—1984）,直到 3 个月或 4 个月后,这种"向前伸手"的动作逐渐消失,婴儿开始表现出"成功地触及物体"。

伸够发展的第二个阶段是成功到达物体,这发生在四个月左右。在这个阶段,婴儿可以接触到放置在附近的物体,但由于他们依靠即时的视觉反馈来调节手臂的运动,因此接触不顺畅,运动呈锯齿状;此外,婴儿可以抓握物体,但他们不能将抓握运动与手臂伸展运动结合起来。他们只能先移动手臂,接近物体,然后张开双手抓住物体。这与第三个熟练的伸手阶段不同,在这个阶段,当你接近物体时,手会张开。通常,成功伸展的阶段从 4 个月到 7 个月大。

根据 Bushnell（1985）的说法,伸展运动发展的第三个阶段是熟练伸展。当婴儿 9 个月大时,他们开始表现出这种运动。他们的动作变得更加精确,手臂运动变得更加流畅,他们开始协调伸展和抓握,此时不需要视觉反馈。

随着婴儿的伸展,他们使用视觉信息的方式发生了变化。在到达预伸够阶段,视觉信息引发婴儿伸手（visually elicited）,只有当婴儿看着视觉呈现的玩具时才进行伸手（Hofsten,1984）。在成功的伸展阶段,婴儿的动作受到视觉引导。当婴儿有更多的伸展经验时,他们不像过去那样依赖视觉,但如果一项任务需要视觉信息的帮助,比如一项要求高精度的任务,他们仍然会依赖视觉反馈来完成。

总之,到了出生的第一年,婴儿就可以成功地够到并抓住眼前的玩具,拿起食物并成功地将其放入嘴里。在接下来的几年里,孩子们开始用餐具（勺子、筷子）吃饭,或者用书写工具（如蜡笔）涂鸦。不久,多种工具和更复杂动作的使用开始发展,准确的手眼协调也开始发展。

（三）使用工具的动作发展

当婴儿快一岁时,他们可以成功地触及和抓住视野中的物体,例如玩具和食物。精细动作发展的下一个重要部分是如何使用工具。工具是用来帮助完成任务的工具,例如用铅笔写字和用勺子吃饭。以下将重点介绍与使用餐具吃饭和写字相关的运动发展。

勺子是一种常见的餐具,可能是婴儿最早使用的工具之一。总的来说,当婴儿六个月大时,成人通常会选择用勺子喂食。20 世纪初,研究人员（Gesell 和 Ilg,1937）描述了幼儿如何学会使用勺子。在最初的喂养过程中，婴儿对勺子的反应是被动的，但不久，他们就会张开嘴，等待勺子给他们喂食。然而，除非成人操作勺子并喂养婴儿，否则他们不能自己吃勺子中的食物；出生九个月左右，宝宝吃饭时喜欢触摸勺子。他们把头往后挪，用嘴唇把食物从勺子上取下来。当大人喂食时，他们会慢慢地玩勺子；一岁左右，婴儿可以用各种方式玩勺子，例如，手对手或偶尔在嘴里玩；12～15个月时，大多数幼儿开始自行进食。此时最常见的握法是手掌握法，手掌向下，手柄在拇指和食指之间。此时，孩子们还需要一名成年人的协助才能完成用餐。

最显著的改善发生在出生的第二年。Connolly 和 Dalgleish（1989）描述了婴儿这种行为改变的基本模式。图6-1显示了他们观察到的11个不同的勺保持位置。这些行动不仅表明在工具使用的开发过程中存在系统性的变化模式，还表明他们将根据不同的需求改变自己的行动。一般来说，随着经验的增加，幼儿的饮食行为也变得更熟练，更直接地由视觉监控。随着孩子学习这项技能，勺子从盘子移动到嘴里所需的时间更少。熟练使用勺子需要练习，但这项技能在人生早期就已经充分发展。

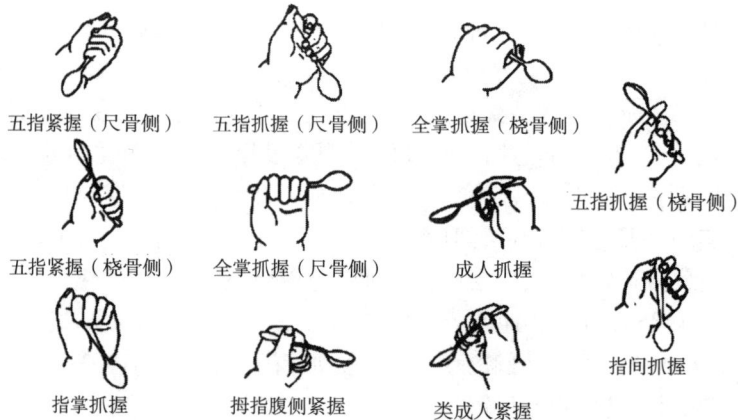

图6-1　11种抓握模式（引自 Connolly 和 Dalgleish，1989）

在中国，筷子是主要用具之一，每个孩子都需要知道如何握持和使用筷子。一开始接触筷子有很多方法（图6-2）。父母通常在早期训练孩子使用勺子作为主要餐具，只有在他们觉得孩子有一定能力时才开始教他们使用筷子。在中国，许多父母将筷子作为衡量孩子能力的标准之一。

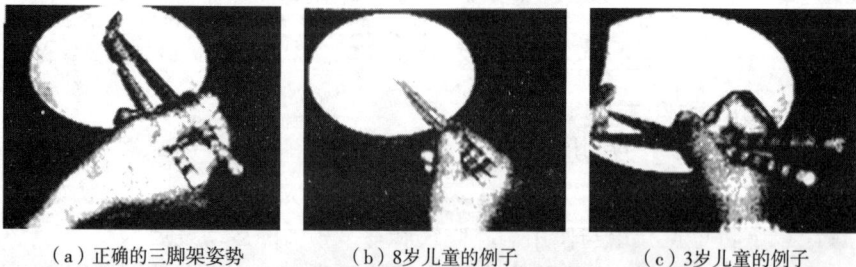

（a）正确的三脚架姿势　　　（b）8岁儿童的例子　　　（c）3岁儿童的例子

图6-2　抓握筷子（引自 Greg Payne、耿培新等，2008）

在一项关于筷子使用的研究中,Wong 及其同事(2002)根据儿童的独立饮食行为来定义饮食得分,其中 7 分代表完全独立使用餐具的能力,1 分代表完全需要成人帮助。在他们的研究中,能独立用筷子吃饭的孩子平均年龄为 4.6 岁,大多数人在 5 岁时就能用筷子吃饭。这表明,在中国社会,如果一个五岁的孩子不能使用筷子,他的父母需要区分缺乏练习和发育迟缓的迹象。林磊等人(2001)根据手指的分工、合作完成任务的稳定性和适应性等几个不同指标,将筷子的使用模式分为八类。他们发现,随着年龄的增长,单个筷子的动作逐渐转向高效的动作;此外,儿童和成人在筷子使用模式的选择上有一定的相似性。5 岁初制定的行动模式会对以后的行动模式产生影响。

有趣的是,成年人可以用多种方式握持筷子,如圆柱式、剪刀式或成熟的三脚架,这些差异与智力或精细运动能力无关。然而,一些研究也表明,学校成绩好的孩子有更强的精细绘画和使用筷子的能力(Lietal,2002)。

(四)握持书写工具

在儿童早期发育阶段,掌握书写工具(如蜡笔)和绘制有意义的符号的能力是后期写作的基础。起初,婴儿用整个手抓住书写工具,也称为全掌抓握,其特点是将铅笔完全包裹在四个手指和拇指上。渐渐地,在写作和绘画过程中,拇指与其他四个手指的功能分离,孩子们开始学习控制和调整和手指以完成不同的任务。

无论是绘画还是写作,都必须以灵活使用手笔工具为前提。一般来说,2 岁至 6 岁的儿童是握笔技能快速发展的阶段。在这个阶段,孩子不断尝试画画和写字,大多数家长也会注意让孩子学会模仿画画和写字中必要的握笔动作。

手持书写工具的成熟姿势是动态三脚架,它出现在 7 岁左右(Ziviani,1983)。孩子们用拇指、中指和食指将手举成三脚架形状,进行小而高度协调的手指动作。

从儿童握笔姿势的调整来看,刚学会握笔的儿童一般通过手臂和肘部的运动来调整笔的位置,但随着手指协调运动能力的发展,儿童逐渐变得更习惯于使用手指来调节笔的姿势和位置,手臂和肘部的运动频率迅速降低。此外,孩子们逐渐将笔靠近笔尖。在 3 岁时,指导孩子握住笔尖附近的部分,主要依靠肩关节的运动进行绘画和书写,然后逐渐发展为使用肘部控制笔的运动,最后使用手指控制笔的移动。

Rosenbloom 和 Horton(1971)研究了儿童如何使用动态协调模式来协调书写动作。他们发现,儿童最初使用躯干附近的关节(例如肩关节)来帮助控制笔;随着写作水平的提高,肘部会产生必要的动作来移动笔;最后,手开始靠近笔尖,而拇指和四个手指能够完全控制笔的移动。这种熟练的动态控制通常发生在 4～6 岁之间,7 岁左右就可以实现正确的三脚架书写握力。这种动态三脚架位置的精细控制持续到 10～14 岁。目前还没有关于握笔运动发展的研究。

基于现有研究,可以发现,随着年龄的增长,个人所采用的运动模式和技能特征的发展遵循"经济原则"。一方面,如上所述,儿童的握笔部分逐渐靠近笔尖。另一方面,随着笔的运动变得更加成熟,身体倾向于垂直地坐着和站着,这减少了手臂的支撑,并允许手更自由地移动。换言之,当儿童进行握笔、绘画和写作时,靠近躯干中心线的部分的活动越来越少,而躯干远端肢体的活动则越来越频繁。

(五)绘画动作

绘画和写作是使用技能和图形相关运动的工具,这些运动的熟练程度极大地影响学龄前和学龄儿童的各种发展结果，儿童通常在 15 个月大时首次尝试以涂鸦的形式绘画（Kellogg，1969），到两岁时，儿童可以在适当的指导下绘制粗糙的曲线、垂直线和水平线（Knobloch 和 Pasamanick，1974），但此时的绘画表现并不稳定。

对于大多数儿童来说，绘画的发展从 15 个月到 20 个月时便已经开始，他们使用书写工具涂画。凯洛格（1969）将绘画能力的发展描述为四个阶段：①涂鸦阶段，孩子们主要是通过做一些随机或重复的动作来画类似的圆形和重复的直线；②结合阶段，孩子们尝试绘制基本的几何形状，如螺旋形、圆形、正方形、矩形、三角形以及这些形状的组合；③聚合阶段，儿童可以绘制更复杂的形状，因为他们有能力组合至少三种不同的形状；④在绘画阶段，孩子们可以画出更准确、更复杂的图形。他们开始描绘他们生活的世界。人、动物和房子是他们最喜欢的对象。尽管大多数儿童都会经历这四个绘画发展阶段，但很难确定这些阶段发生的标准年龄，而影响绘画能力发展的主要因素之一是儿童在这方面的经验。随后的系列研究（Dian&Carol，1999；Lange kuttner et al.，1998）也表明，几乎所有儿童在绘画能力的发展中都经历了这些阶段，但他们达到每个阶段的具体年龄有很大的个体差异，许多因素在其绘画能力的发展中起着重要作用。

在绘画中，图形复制是衡量儿童眼手协调能力发展的常见任务之一。Knobloch 和 Pasamanick（1974）报告了孩子们通常完成一些常见的抄写任务的年龄：圆圈（36 个月）、十字（48 个月）、正方形（54 个月）、三角形（60 个月）以及菱形（72 个月）。在六岁左右，大多数孩子已经具备了复制形状的能力，例如三角形和菱形。

家庭环境是影响绘画发展的重要因素之一。在家长的有意培养下，孩子的绘画能力可以得到更好的发展，例如，让绘画和书法工具更早地出现在儿童的生活游戏中，并为儿童提供大量观看成人绘画的机会。在这种家庭环境和教养中，儿童绘画运动发展较早，绘画可以达到更高的水平。

（六）书写动作发展

对于幼儿来说，用书写工具拼写字母和数字可能比画画更具挑战性。儿童的写作在两岁到六岁之间开始发展。到四岁时，大多数孩子都能写一些清晰的字母。到了六岁，许多孩子就可以写自己的名字了。

Hamstra Bletz 和 Blote（1990）在一项纵向研究中报告了小学生英语写作运动的发展。他们最初测量了 127 名二年级（大约 7 岁）的儿童，然后每年在三、四或五年级重新测量他们。测量的 13 个书写特征被分为几个不同的方面：①精细运动技能的发展，包括字母和单词是否排列整齐，字母是否规则连接，大小是否一致，书写能力是否稳定；②文体偏好，包括字母是否缺乏联系或重叠；③结构偏好，包括单词间距不足、字母的刚性转向和不明确的字母形式。

他们的结果表明，时间和空间稳定性（时间和空间一致性）是发展手写技能的两个主要因素。年幼的孩子经常写大的字母和数字，占用了可变的空间和时间。有了经验，他们写得更小更快，直到小学晚些时候（大约 9 岁），才出现了更稳定的绘画和写作模式。

一些研究侧重于儿童写作的时间和空间特征。与书写连续形状（类似于字母 1 和 e）相比，儿童（7、8 岁）在书写不连续形状（如花冠：逆时针圆形线，类似于字母 u，拱门：顺时针圆形，类似于单词 n）时表现出更大的时间和空间可变性。在英语环境中，书写连续的数字比书写不连续的数字相对容易，这需要孩子在书写过程中停顿（Wann et al.，1991）。最难书写的是那些方向频繁变化的书写,需要顺时针和逆时针运动,儿童书写不连续形状的时间变异性直到10岁才达到成人水平(Bo et al.,2006)。

书写困难是发育协调障碍(DCD)儿童最常见的症状之一(Smits Engelsman et al.,2001)。写作问题(如书写困难)的特点是即使给予适当的指导和练习,儿童也无法发展出相应水平的精细写作。如果孩子有书写障碍,他们的书写动作缺乏时间和空间稳定性(Keogh和Sugden,1985),这种不稳定性不是由于任何心理语言问题。在研究患有DCD的儿童笔迹的少量实验中,Smits Engelsman等人(2001)发现,绘画和书写中的发育障碍是相关的。

除了手部动作的发展,值得注意的是,写作是一个复杂的感知和运动过程,写作的成功完成需要许多因素的密切配合。因此,当判断一个人是否患有书写困难时,应调查写作过程中的其他因素。例如,写作活动的进展和完成在很大程度上取决于视觉信息的引导和反馈,视觉感知信息与运动器官之间的协调与合作是完成既定任务的重要保障。

对儿童视觉运动整合能力的研究发现,尽管一些儿童在简单的视觉能力和运动能力方面没有障碍,他们在学习书写和复制几何图形方面仍有很大困难(Berry,1982;Berry,1989;Benbow,1992)。因此,可以看出,一定程度的视觉和运动整合是成功完成书写任务的先决条件。Sovik(1975)和Maeland(1992)等人的研究证实,视觉运动整合能力对书写技能的准确性具有良好的预测能力。

此外,中文的书写动作研究起源于几千年前的象形文字,一些象形文字已经使用了两千多年。汉字的书写是独特的,比英语更复杂。虽然英语只有26个大写和小写字母,但书中的汉字使用各种形式的点和线来形成复杂的形状。显然,学习书写汉字是一项极其困难的任务。笔画顺序是学习汉字的一个难题。汉字的基本书写单位叫作笔画。汉字中的所有笔画都是按一定顺序书写的。大多数汉字在10画左右,一些汉语笔画超过30画。一项关于儿童顺序发展的研究(Thomas和Nelson,2001;Thomas et al.,2004)发现,4岁的儿童不能明显依赖先前的知识来学习顺序,但大多数10岁的儿童可以清楚地展示关于顺序的知识。在学习顺序方面,10岁和12岁的儿童在预测顺序上的表现明显好于5岁至7岁的儿童。

空间结构是学习汉语的另一个难点。与英语相比,处理汉字激活了更多的大脑区域,尤其是负责空间信息处理的额叶(Chee et al.,2000)。3岁或4岁的儿童无法区分相对的左右结构,确保笔画的正确空间结构对儿童来说非常困难,通常要到5岁(小学前)才能开始。在一项评估小学生汉字书写缺陷的研究中,空间结构是识别汉字写作缺陷的主要问题之一(Chang和Yu,2005)。一份关于发育协调障碍的中国病例报告显示,书写障碍儿童在视觉和空间能力方面也存在障碍(Meng et al.,2003)。

对于学龄前儿童来说,识别汉字比学习写字更重要。即使是一年级学生(7岁)也应该专注于理解而不是书写汉字。一般成年人都能记住八步的顺序,而大多数汉语笔画都是八步左右的顺序。因此,在学习汉语时,孩子们应该首先学习笔画较少的字符,并专注于理解基本笔画(偏旁部首)的含义,而不是一开始就接触复杂的字符。

这些书写技能的学习受到环境的高度影响,例如练习的机会和教学方法,因此很难建立与汉字书写相关的年龄标准。在一项罕见的汉语书写研究中,Tseng和Chow(2000)发现,六年级学生的汉字书写速度(18.1个汉字/分)是二年级学生的2.5倍(7.3个汉字/分)。三到五年级的女孩比男孩写得快。然而,二年级和六年级的男孩和女孩的写作速度相似。汉语的写作速度与学校经历有显著关系。

（七）双手的协调发展

所有这些都是关于发展单边工具和双手，但大多数日常活动都需要二项式行动，即协调。有些双手动作需要双手以类似的方式参与（对称双手协调，对称双手协调），如拍手。其他动作需要双手扮演不同的角色：在支撑或稳定物体时，一只手扮演被动角色，而另一只手负责操纵（不对称双手协调、不对称双手协调）。类似的例子包括拉小提琴和穿针。负责操作的手称为主机械手，负责稳定物体的手称为互补方式。

出生时，可以观察到许多对称的运动，例如莫罗反射包括手臂伸展、手掌张开和手指放松。婴儿的莫罗反射，也称为惊吓反射，是一种全身运动，最常在婴儿仰卧时看到。通常由突然的刺激引起。

对于惊吓反射，婴儿的手臂伸直，手指张开，背部伸展或弯曲，头向后仰，腿伸直。这种反射在出生后 3～5 个月内消失。此外，三个月左右，婴儿开始表现出双臂动作，例如交叉或将双手勾在身体前面。这些活动最初都不是由视觉触发的。

到了 4 个月，尽管婴儿的手臂运动仍然是对称的，但开始出现自愿的伸展运动，婴儿可以用一只手触及物体。在 5～6 个月时，视觉引导的伸展开始发育，婴儿的双手伸展开始减少（Gesell 和 Ames，1947）。一般来说，不对称的双手协调要到年底才能开始。

儿童在两岁后不对称协调双手的能力会增加，他们的早期发展受到不同任务约束的影响。Fagard 等人进行了一系列研究，以检查不同任务对手部运动的影响。在一项研究中（Fagard，1990），当双手速度相同时，儿童在镜像运动中的表现比平行运动更好。然而，这两个动作之间的差异随着年龄的增长而减小，大约 9 岁的儿童可以同样出色地完成这两个运动。

速度也是影响运动协调性的重要因素（Fagard，1987）。对所有孩子来说，以相同的速度旋转双手比以不同的速度旋转要容易得多，但区分双手之间时间差异的能力随着年龄的增长而提高。一个九岁的孩子可以训练成一只手的旋转速度比另一只快两倍，而一个五岁或七岁的孩子则不行。另一个有趣的现象是，儿童的优势手不仅比非优势手移动得更快，而且表现也比非优势手好（Fagard et al.，1985）。

（八）儿童手眼协调的发展

1. 控制系统研究

控制系统视角是当前运动控制和发展理论中的主要行为视角之一，用于解释神经系统如何触发协调运动。该理论强调两个重要机制，即反馈和前馈。

反馈过程是指将身体产生的感官信息传递回大脑。反馈控制涉及通过对身体状态进行反馈来诱导目标状态的系统。这种包括感觉反馈的系统称为闭环系统。图 6-3 显示了该系统的结构。在该系统中，目标状态和输出信息由效应器（肌肉骨骼系统）执行，然后将感觉信息（反馈）传输回比较器。

这种反馈回路为系统提供了必要的信息，以使身体保持在其目标状态，人们一直使用这种反馈机制来控制运动。例如，当到达物体时，人们将使用视觉（反馈）提供的物体和手的位置来计算目标位置（物体）和手的实际位置之间的距离。如果两者之间存在间隙，主机会将其视为错误，并通过纠正错误将手移动到目标位置。

当感官信息和动作之间的关系没有改变时，重复多次后，实际状态和目标状态之间可能没有差异，个人可以准确预测动作的结果。在这种情况下，一个动作是在实际操作之前计划的，通常只根据大脑发出的动作命令完成，而不依赖于感觉反馈，这被称为前馈控制。仅包括前馈控制的系统称为开放回路系统。

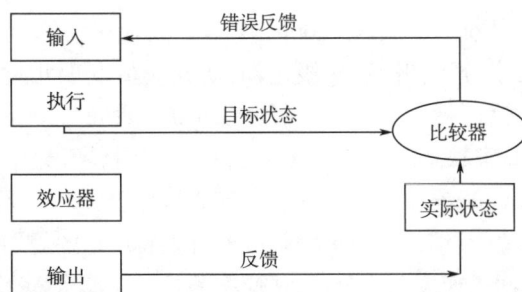

图 6 – 3　闭锁回路系统(引自 Schmidt 和 Wrisberg,2004)

一些研究人员认为,在有目的的到达过程中,两个控制过程可以反映在时间—速度曲线上:①初始爆炸运动(弹道运动)阶段(即初级运动),根据大脑运动计划(前馈机制)引导运动朝着实际目标前进;②结束矫正阶段(即二次运动),根据反馈修改动作,并在接近目标时进行调整(反馈机制)(Meyer et al.,1988)(图 6 – 4)。通过比较儿童和成人的速度曲线,可以发现成人的速度线呈现平滑的钟形,而儿童则表现出短暂和不同的爆炸动作阶段和较长的矫正阶段(Yan et al.,2000)。

Hay 和她的同事们认为,儿童使用反馈机制控制手臂运动的过程中存在发育不连续性。7岁至 8 岁的儿童比年龄较大或较小的儿童更依赖反馈。在一项棱镜适应研究中,Hay(1979)发现,5 岁的孩子表现出更多的前馈运动,而 7 岁的孩子更多地使用反馈来纠正运动,9 岁和11 岁的孩子可以整合两种控制模式。后来,Hay 等人(1984)研究了 6 岁、8 岁和 10 岁儿童接触视觉对象时的运动速度特征。结果表明,8 岁的儿童更倾向于使用反馈控制,而 6 岁和 10岁的儿童更多地使用前馈机制。因此,Hay 和他的同事认为,伸展运动的发展存在不连续性,并且在八岁左右,使用感官信息指导伸展运动的方式通常会发生变化(1991)。

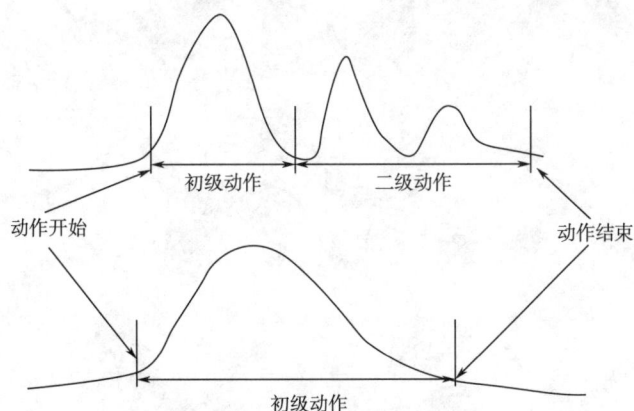

图 6 – 4　时间—速度曲线示意图(引自 Meyer et al.,1988)

这一观点遭到了其他研究人员的质疑,在对 5 岁及 5 岁以上儿童的重复实验中,他们没有发现 5 岁儿童更有可能使用前馈控制。Pellizzer 和 Hauert(1996)认为,7 ~ 8 岁之间的低准确度反映了感觉运动映射的重组,这种重组只发生在开路系统中。7 岁的儿童与成年人相比,观察到完成动作的时间呈线性下降,表明前馈和反馈过程的比例在 7 岁后没有变化。

已经有许多其他研究(Thomas et al. ,2000;Yan et al. ,1998;Yan et al. ,2000)也使用这种时间—速度曲线分析方法来分析初级和次级运动,研究人员发现儿童视觉运动协调性的发展表现出线性改善。最近对这两种运动水平的研究(Thomas et al. ,2000 年)发现,与 6 岁至 9 岁的儿童相比,年龄较小的儿童缺乏对爆炸性运动的前馈控制。研究中的所有参与者都能通过练习改善初级运动,但儿童(25% ,30%)的改善程度明显高于成人。这些发现表明,实践可以帮助幼儿逐渐减少对视觉反馈(反馈控制)的依赖,并改善主要运动的规划(即依赖前馈控制)。

除了两阶段动作的时间—速度曲线分析,适应实验也是衡量儿童手眼协调动作发展的实验方法。在这种方法中,计算机软件被用来处理视觉空间和动作空间之间的关系。在实验中,孩子们看不到自己的手,但他们可以通过电脑屏幕看到自己使用的笔的移动轨迹。在实验的适应部分,电脑屏幕上提供的有关儿童实际动作的视觉信息被扭曲,因此儿童需要适应这种扭曲的环境。

最初,孩子使用反馈控制来调整失真,通过不断练习,孩子能够直接使用前馈控制来做出准确的动作。在使用这种方法的一个实验中(Contreras Vidal et al. ,2005),要求 4 岁和 8 岁的儿童在两种不同的条件下在水平面上的两点之间画一条直线:在第一种条件下,儿童在电脑显示器上看到的铅笔运动没有变化;在第二种情况下,孩子们在电脑显示器上看到的铅笔轨迹逆时针旋转 45°。

在第一种情况下,年龄较大的孩子画得更直、更稳定,而在第二种情况中,当手部路径和视觉反馈之间存在 45°的差异时,所有年龄段的孩子都可以在 60 次练习后适应变形,并且在练习过程中他们画出了越来越直的线条(图 6 – 5)。

图 6 –5　旋转运动轨迹(引自 Contreras – Vidal et al. ,2005)

　　然而,当变形消失时,只有在 8 岁的儿童组中才看到明显的延迟效应(扭曲消失后,孩子们在最初旋转的相反方向上画出曲线)。这一现象导致研究人员认为,视觉信息和动作命令之间的视觉运动映射在年龄较大的儿童中更精细,而在年龄较小的儿童中则更粗糙。

2. 动态系统研究

　　除了控制系统视角之外,其他几个视角也被广泛应用于扩展范围和视觉运动协调的发展,其中最著名的是动态系统视角。这类研究的一个例子是 Thelen 及其同事(Thelen et al. ,1993)进行的婴儿伸展纵向研究,该研究发现,不同的婴儿沿着不同的发育轨迹获得了成功的伸展。在这四个婴儿中,有两个婴儿在他们能够够到物体之前表现出巨大、有力、自发的动作,但这些动作在他们能够到物体时就消失了,而另外两个安静的婴儿只有在他们能够摸到物体时才表现出快速、活跃的动作。基于这些结果,Thelen 及其同事提出,婴儿运动系统通过自我调节来检测和解决问题,这与控制系统的观点截然不同。然而,这两种观点都为理解婴幼儿的视觉和运动行为提供了重要的理论基础。下面将提到一个新的想法。

3. 行为神经科学研究

　　最近,行为神经科学的视角已经成为发展研究的主要研究方法之一,许多研究包括对残疾、专业人员、受伤人员等(Black et al. ,1998;Chen et al. ,2002;Cotman et al. ,2002;Dawson et al. ,2000)一致表明,行为改变和大脑发育在人的一生中都是相互作用的。

　　人类发展是从基因到环境等各种因素之间动态相互作用的产物。出生后,人的大脑体积在 3~18 个月之间增加 30%,在 2 岁至 4 岁、6 岁至 8 岁、10 岁至 12 岁和 14 岁至 16 岁的每个阶段增加 5% 至 10%(Kolb et al. ,1999)。整个童年时期,大脑白质的体积都在增加,这表明髓鞘形成正在进行,大脑灰质的体积直到青年早期才停止增加,到了青年晚期才开始减少(Giedd et al. ,2001)。大脑发育与外部行为变化之间的相互作用是行为神经科学的一个主要研究领域。在参与运动的众多大脑区域中,小脑是参与精细运动发育的重要大脑结构之一。

　　这里,以小脑的发育为例来理解大脑功能和精细运动发育之间的潜在关系。小脑的发育比其他脑区更慢、更晚(Griffiths et al. ,2004),最早的小脑发育发生在受精后 32 天左右,直到出生才完全发育。有证据表明,早产儿的小脑体积明显小于足月婴儿(Allin et al. ,2001;Gramsbergen,2003)。出生前三个月到出生后两年是小脑发育的关键时期。小脑在出生后继续发育。大脑成像实验(Giedd et al. ,1996)发现,小脑在整个童年时期都在继续发育。

　　使用行为神经科学的方法,Bo 等人(2006)研究了儿童连续和不连续绘画中时间变异的发展。Wann 等人(1991)发现,2 年级至 6 年级的孩子在进行不连续书写(如 u,n)时的表现比进行连续书写(如 l)时的更差。最近,Spencer 等人(2002)发现,小脑损伤患者在完成快速和不连续书写时会出现计时缺陷,但这种缺陷并未在连续圆圈图中显示出来。

　　这些行为上的相似性使研究人员相信,幼儿表现出的时间不稳定性是由小脑功能发育水平决定的。小脑负责快速和精确运动的协调和微调,特别是多关节运动中复杂动态运动(如牵引力矩)的调节(Schweighofer et al. ,1998 a;Schweighofer et al. ,1998 b);小脑还负责控制与不连续绘画中的时间可变性相关的"显式计时",但不负责连续绘画中"隐式计时"(Spencer et al. ,2002)。

　　基于这两种关于小脑功能的不同假设,Bo 和她的同事研究了婴儿表现出的高度不稳定性是否是由于肢体的显性时间进程和/或多关节运动控制的缺陷造成的。通过要求孩子完成连续和不连续的运动来改变"明确的时间进度"要求,并通过画圆圈或线来改变对肢体多个(单个)关节的控制。

结果表明,高度的时间不稳定性仅存在于不连续的圆周运动中,而不存在于不间断的直线运动中,这表明具有多个关节的肢体协调发展可能是时间可变性的决定因素,并在儿童绘画和书写运动技能的发展中发挥重要作用。结合动物实验(Gramsbergen,2003)和人类实验(Giedd et al.,1996)的结果,这些行为实验都支持小脑发育在绘画和写作运动技能发展中的作用。

注意,大脑结构和观察到的行为之间没有一一对应的关系,重点是小脑发育。其他大脑区域,包括所有皮层和皮层下结构,也有助于运动发育。例如,抓握、伸手和工具使用。此外,限制因素(常雨),如经验,与大脑发育相互作用。人类大脑的巨大多样性也表明,行为改变不能由单一因素解决。大脑发育和行为改变之间的相关性不能确定因果关系。因此,需要更多的研究来充分了解精细运动技能的发展。

二、儿童期大肌肉群的动作发展

动作发展是一个跨越整个生命周期的复杂过程。通常婴儿固有的姿势反射和基本动作(rudimentary movements)被称为"刻板动作"(stereotypes),是在整个童年时期练习组合动作和学习更多自主运动技能的基础。从童年到成年,人们在影响技能表现的所有可能因素的影响下学习、应用、改进和改变各种各样的运动模式。Newell(1984)将这些因素称为约束,并将其分为三个方面:任务、环境和个人(包括功能和结构)。

例如,当孩子的身高和体重增加时,结构约束会影响孩子运动模式的变化。还有许多环境制约因素影响终身运动发展的例子。例如,操场上草地的状况和体育馆木地板表面的平整度将影响儿童跑步运动技能的发展。球的大小不同会影响接球动作的发展。一个蹒跚学步的孩子在实验室测试中走得很好,被房间里的垫子绊倒了。孩子的母亲解释说,这是因为地板的高度没有差异。显然,孩子缺乏环境来发展适当的运动,以应对不平的地面。同样,对于数千项不同的任务,例如用双手抓篮球或用双手抓气球,孩子需要采取相应的动作模式才能成功完成任务。

所有这三个制约因素相互作用,影响个体的运动发展,从而解释了一个人一生中运动技能的发展和变化。更重要的是,教师和研究人员可以通过修改和控制任务和环境因素来影响儿童运动技能的发展。虽然有多种因素影响运动技能的发展,但本章的重点主要是基本运动技能如何随着年龄或经验的变化而变化,这些基本运动技能对儿童的发展至关重要。

基本动作技能涵盖了各种各样的技能,如跑步(running)、连续前滑跳步(galloping)、单脚跳(hopping)、连续垫跳步(skipping)、双脚跳(jumping)、投掷(throwing)、接(catching)、踢(kicking)、扭转(twisting)、转身(turning)和弯腰(bending)等。基本动作技能(fundamental motor skills,FMS)可以被分为位移技能(locomotor skills),如跑步;非位移技能,如扭转;以及操作技能(manipulative Skills,也称为物体控制技能)如投掷等。

发展和提高基本运动技能对于掌握所有类型的运动、比赛和舞蹈至关重要。儿童掌握的基本运动技能是他们有效完成动作的基础,也是他们探索环境和获取周围世界知识的重要手段和途径。

基本运动技能的发展可以比作学习字母表中的字母或字符。字母构成了学习单词的基础(相当于运动技能组合),孩子们将这些单词以各种组合重新组合,形成句子和段落(相当于专门的运动技能和舞蹈动作序列)。如果孩子没有掌握字母或字符的基本含义,那么语言能力的发展就会遇到障碍;同样,在运动技能的发展过程中,如果儿童没有掌握正确的基本运动模式,那么他们完成由基本运动技能组成的不同运动的能力将大大降低。

儿童在其三岁至八岁的早期至中期形成了各种基本运动技能的基础。这些基本运动技能的基础将使儿童在运动反应方面有更多的选择,在运动表现方面提供更大的自由。例如,当一个孩子有很多机会踢不同大小和重量的物体时,无论是移动的还是静止的,无论是在原地还是在运动中,他都会发展出一系列的运动模式,能够胜任许多特定的任务。

当孩子们参加足球或橄榄球等需要快速改变动作顺序和方向的游戏时,这些充分发展的运动技能让他们有更多的选择来应对队友或对手的动作。

这个概念有点类似于把钱存入银行的储蓄账户。如果存款人将钱存入账户,他可以在需要时提取不同金额的钱。坚持练习并因此在账户中拥有不同运动技能模式的儿童能够依靠这些基本运动技能来应对更复杂的运动情况。

操作技能是指操作或控制杆和球等物体的运动技能。它包括一系列运动技能,如投掷、接球、踢、凌空抽射、摆动、滚动和弹跳(盘带)。

(一)投掷

投掷,是体育活动中常用的基本运动技能之一。它是棒球、垒球的主要组成部分,也存在于篮球、足球和板球中。此外,投掷动作也是网球发球、羽毛球后场高球和排球扣杀的运动技能模式的一部分(Butter field et al.,1993;East et al.,1985)。

在北美,投掷发生在许多学校和社区体育活动中,对于儿童来说,精通投掷并积极参与学校和社区的体育活动非常重要(McKenzie et al.,1998)。有很多种类型的投掷,如手抛、双手抛(如足球投掷模式)、上手抛等。然而,大多数有关运动技能发展的文献都涉及上手抛,这可以被视为迄今为止研究最充分的基本运动技能。

研究人员发现,投掷动作似乎是大肌肉群的运动技能,但手腕和手指等精细的运动技能在准确的投掷动作中也非常重要(Payne et al.,2005)。

在中国,投掷沙袋等活动也是小学常见的儿童游戏。在沙袋投掷活动中,不仅对投掷力有一定要求,对投掷精度也有较高要求。在小学,衡量投掷技能掌握程度的垒球距离曾经是体育期末考试的一部分,尤其是在四年级和六年级之间。

目前,投掷实心球已成为从小学三年级到大学的"国家学生体质健康标准"的一项测试内容,其中小学测试球为1kg,初中超过2kg。在高中阶段,少数拥有运动场的学校的学生还可以通过投掷标枪来发展上手投掷的运动技能。

历史上,研究人员曾使用"过程"和"结果"两种方法来测试投掷动作的掌握程度。在结果法中,投掷技巧的掌握主要通过投掷距离或投掷速度来衡量。过程方法的主要目的是找出孩子如何进行投掷动作,即关注投掷动作模式。

研究表明,当孩子的投掷模式正确时,他们的投掷速度更快、更远(Barrett et al.,2002)。例如,精英运动员不仅有标准的投掷动作,而且他们可以投掷远而快;此外,他们调整投掷模式以适应任务和环境的变化(Hamilton et al.,2002;Langendorfer et al.,2002)。

1. 上手投掷动作技能

投掷是大肌肉群的复杂运动技能。投掷时,身体的不同部位需要协调努力。根据复杂的生物力学原理,肌肉收缩产生的力被传递到球上。美国联盟最好的投手可以被称为投掷高手。他们可以以每小时160km以上的速度投球。然而,当七个孩子在投掷时,很明显他们不能像棒球投手那样投掷。那么投掷运动是如何产生和发展的呢？

Wild（1938）是最早研究儿童投掷运动模式发展的人之一。她分析了32名2岁至12岁儿童的投掷动作模式，并确定了投掷动作发展的四个阶段。在第一阶段，2岁至3岁的儿童，他们的脚是静止的，躯干不会扭曲，投掷的动作主要由手臂完成（Wild，1938）。在第四阶段，大于6岁半的儿童已经发展出了双脚向侧踏并扭动躯干的能力。

此后，其他学者研究了投掷运动的复杂领域，并提出了自己的投掷发展模型。其中，两个主要的被广泛使用不同方法进行投掷分析的发展序列理论：密歇根州立大学研究人员提出的投掷运动全局序列理论（Seefeld，Reuschlein et al.，1972）和威斯康星大学和随后的鲍林格林大学研究人员提出的投掷运动部分序列理论（Roberton et al.，1984）。

2. 上手投掷的整体发展序列

研究投掷运动发展顺序的全局序列方法确定了投掷运动过程的五个阶段（Seefeldt，Reuschlein et al.，1972）。表6-1描述了上手投掷的五个阶段。为了便于记忆，每个阶段都用一个或两个斜体的总结词来描述。与Wild的发现类似，当力量通过下肢的静态支撑以及臀部和手臂的挥杆动作传播时，投掷的第一阶段并不有效。到第三阶段，孩子能够采用相同的侧跨（相同的手和脚）运动模式。直到第四阶段，孩子们才采用横向跨步（双手和双脚朝向相反方向）投掷模式，这让他们能够更有效地投掷。在第五阶段，孩子已经养成了成为熟练投手所需的投掷姿势和肌肉力量。

表6-1 操作技能基本动作技能发展阶段总述表

基本动作技能	第一阶段	第二阶段	第三阶段	第四阶段	第五阶段
投掷	"砍" 面向前方；手臂的砍切动作；下肢静态支撑；躯干无扭转	扔掷 手臂上挥；扔掷；组块"转体；后续动作手臂跨越身体	同侧跨步 手臂高挥；同侧上步；躯干小幅度的扭转；后续动作手臂跨越身体	异侧跨步 手臂高挥；异侧上步；躯干小幅度的扭转；后续动作手臂跨越身体	熟练者 手臂向下后挥；异侧上步；分层次的转动；上肢和下肢的后续动作
接	延迟反应 手臂的延迟反应；手臂向前伸展，触球后，把球搂在胸前	抱球 手臂先向两侧伸展，然后做一个弧线的画圈动作，用胸将球抱住；原地或跨出一步	捞球 用胸触球；手臂前伸到球的下方，用胸将球抱住；可能移动一步接球	用手接球 只用双手接球原地或者迈出一小步	移动接球 移动身体用双手接球
踢球	原地用脚推球 一点点（没有）腿的摆动；原地站立脚"推"球；踢球后（经常）后退	原地腿摆动 腿向后摆动；原地站立；手臂和腿反向摆动	移动踢球 脚以较低的弧度迈出；胳膊反向运动；踢球后向前或侧做后续迈步	跨—踢—单脚跳 快速接近球；躯干后倾；踢球前有跨跳步；踢球后表现出单脚跳	

基本动作技能	第一阶段	第二阶段	第三阶段	第四阶段	第五阶段
踢凌空球	推球 腿无后摆抛球不稳;身体原地不动;推球/脚步后退	原地腿摆动 腿向后摆动;抛球依然不稳定;身体原地不动;试图用力踢球	移动踢球 预先踏出一步;一些腿臂的互动;抛球或坠落球	跨—踢凌空球—单脚跳 快速接近;控制球的下落;触球之前最后一步是跨跳;踢球之后支撑腿离地跳起	

注:引自 Greg Payne、耿培新等,2008。

图 6-6 是儿童投掷运动发展的每个阶段的线性跟踪分析。通过随机抽样儿童进行纵向分析。图中所示的投掷运动的五个发展阶段已在第一步中得到验证(Haubenstricker, Branta et al.,1983)。

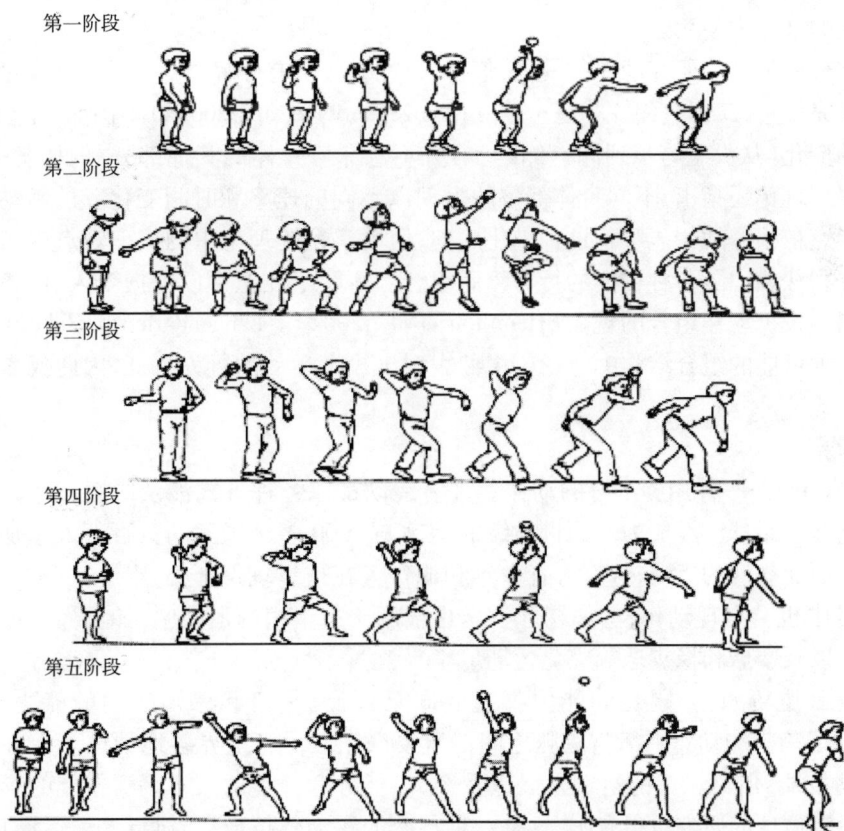

第一阶段

第二阶段

第三阶段

第四阶段

第五阶段

图 6-6 投掷动作发展阶段图(引自 Greg Payne、耿培新等,2008)

根据投掷的部分顺序法,投掷运动的发展应该基于身体各部分运动的发展,也就是说,该运动步骤应该分解为向后引导、躯干旋转、上臂前摆和前臂前摆以及其他分解运动进行分析(Roberton,1977)。表 6-1 列出了这五个行动部分的各自发展顺序,每个分解行动包括 3 到 4 个发展阶段。每个孩子都可以根据此进行排名,例如步骤 1,手臂向后引导 1,躯干 1,上臂 1,前臂 1(S1,B1,T1,H1,F1)意味着儿童处于非有效投掷状态,既没有脚运动,也没有手臂向后引导或转身。上臂与前臂倾斜,但不向后倾斜。这个动作类似于整体序列方法第一阶段的"斜线"动作,其中几乎所有的动作都是用手臂完成的。然而,与全序列法相比,部分序列法为全抛运动提供了更完整的生物力学因素分析,例如,如果一个熟练的投手用一个长的跨边步骤投球,部分序列方法可以将这一步骤分成短的(S3)和长的(S4)异侧跨步(Langendorfer et al.,2002a)。此外,部分序列方法还可以检测躯干运动的机械原理,并区分两种不同的旋转(先不同,然后扭动身体;先不同,稍后扭动身体,最后一次肩部旋转)。这同样适用于上臂和前臂运动,即在手臂传递和投掷力增加的过程中,上臂滞后(完成肩部扭转后上臂向前摆动)和前臂滞后(前臂向后摆动)的重要性(Langendorfer et al.,2002a)。因此,高水平的投掷者,如棒球投手,可以演示 S4、B4、T3、H3 和 F3 的动作。在这个投掷动作中,投手采用长跨步,将球握在手臂上,从底部向后和逆时针摆动,拇指、躯干和肩膀依次扭转,以产生足够的旋转惯性。上臂滞后于肩部,前臂滞后于上臂。"鞭笞力"是在投掷棒球的那一刻产生的。所有这些身体各部分的运动共同作用,为球提供巨大的力量。手臂作为最终的动力源,必须使用全身产生的能量,并通过后续的动作来使用。

使用部分序列方法研究动作的发展,值得注意的是,所有分解的部分并非如全序列方法所描述的那样完美连接,但它们并非完全独立(Langendorfer et al.,2002a)。例如,儿童从第 1 步到第 2 步的变化(从没有跨步到同一侧跨步)并不意味着身体的其他部分,例如躯干,也会跟随。部分序列理论还指出,不同身体部位的运动以不同的速率和时间变化。虽然动态系统理论的概率观点被很好地用于解释这种进化序列,但动态系统理论中的概率观点也被很好的使用。部分序列法描述了各种可能的行为障碍组合。解释了儿童可以根据个人、任务和环境约束做出不同的投掷动作组合的现象(Hamilton et al.,2002)。Langendorfer 和 Roberton(2002b)发现,在 27 种可能的组合结构中,只有 14 种表现出投掷运动的行为特征,因此代表了投掷运动的一般模式。

(二)踢

踢(Kicking)是一种用脚击打的动作。许多运动都以各种方式涉及踢腿技术。最受欢迎的运动是足球。足球已经成为一项世界级的运动,有 200 多个国家的数百万人参加。足球在中国也是一项受欢迎的运动,数百万青少年和成年人在这里玩得开心,组织比赛。除了足球,在其他项目中也会出现动作,例如踢球技术也被用于有组织的运动中,如世界各地的美式足球、橄榄球,以及藤球和橡皮球等文化运动。

无论踢腿技巧如何,踢腿的能力都需要眼足协调、平衡和感知运动的能力。Overlock(2004)发现了静态和动态平衡与踢腿之间的重要联系。尽管世界各地的许多人都可以完成踢腿的运动技能,但对相关的运动发展以及个人、任务和环境约束对踢腿技能的影响知之甚少。关于踢定位球的研究也很有限,这是一种基本的踢动作技巧;当执行这种运动技能时,孩子的目标是地面上的一个静止球。一旦掌握,孩子可以继续学习其他更复杂的技能,例如传球和盘带。

1. 踢球动作的发展

只有一组研究人员研究了踢腿运动技能的发展(Haubenstricker et al.,1981)。研究团队使用全局序列法列出了四种踢腿的发育序列。表 6－1 和图 6－7 描述并展示以距离为目标的踢腿动作的四个阶段。第一阶段描述的是一个技能发展处于萌芽阶段的孩子。孩子一动不动地站在球后面,抬起腿,把球敲到他前面一点。孩子基本上保持这种踢腿动作,直到第三阶段发生。在第三阶段,即跨步踢法或助跑踢法。在这个阶段,孩子用力踢球,将腿摆动到躯干后部。到了第四阶段,孩子可以用支撑腿大步或跳跃的步伐接近球,用踢腿摆动球,并跟随球,以缓冲踢出的冲击力。

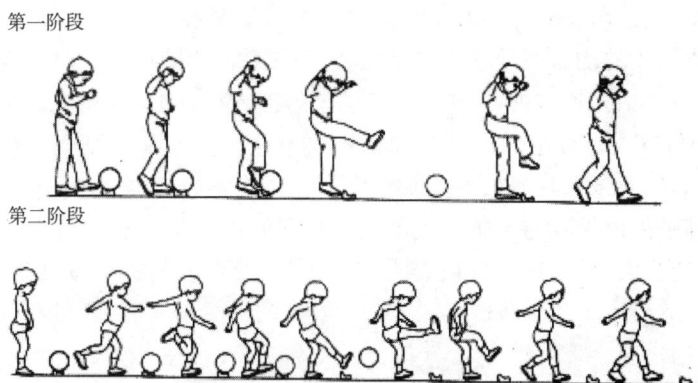

图 6－7　踢球动作整体序列法的各个阶段的线性轨迹(引自 Greg Payne、耿培新等,2008)

图 6－7 显示,超过 60% 的男孩和女孩在其年龄段足球比赛的特定阶段具有适当的运动技能发展水平。在第一阶段的早期,男孩和女孩在出生的第 20 个月会出现踢球动作。从这一点开始,男孩的表现优于女孩,这一趋势随着年龄的增长而变得更加明显。男孩在大约 40 个月时进入第二阶段,但女孩在大约 46 个月时才进入第二个阶段,比男孩晚六个月。男孩在 54 个月时进入第三阶段,女孩需要 74 个月才能进入第三个阶段。然后,经过更长、更慢的过渡期,男孩在 87 个月时表现出第四阶段的运动技能,而女孩则要等到 99 个月。男孩在踢腿技能的发展上表现出更大的优势。这种优势不仅体现在动作过程的发展上,还体现在动作的表现上,例如,踢球的距离比女孩更远。因此,性别影响踢球的发展。随着年龄的增长,运动技能发展的巨大性别差异往往会变得更加明显(Deoreo et al.,1980)。简而言之,随着踢球技术的发展,人们发现踢球的动作是以大步、腿的宽后摆、更有力的接触、身体的大幅度倾斜和更一致的缓冲动作完成的。

关于踢腿的实证研究并不多,主要与力学有关,来自欧洲。Ga'mez 等人(2004)为了比较成年人的文献数据,对 5 名 8～10 岁的有经验足球运动员的踢腿动作进行了三维分析,发现有经验的儿童的关节、膝盖和脚踝的最高运动速度比成年人慢。儿童和成人在时间上也存在差异。儿童踢腿动作的运动链主要是按照躯干到四肢的顺序来获得最佳表现。然而,在成人中,关节的最大线速度不会发生在踢的同时,也不会发生在儿童踢之前。Bransdorfer(1999)研究了 20 名 3 岁至 8 岁儿童的踢球动作运动学特征与技能发展水平之间的相关性。结果表明,在所有四个运动技能发展阶段的儿童在踢球时都有膝盖弯曲。此外,正如预期的那样,经验丰富的球员大腿减速和小腿加速之间存在部分相关性,这 关系在第二阶段踢球者中也存在。

有限的研究也关注了环境因素(如教学)对踢腿运动技能发展的影响。正如预期的那样,Bargren(2000)发现,在运动发展项目中接受指导的儿童的踢腿技能有所提高,而对照组中缺乏指导的儿童踢腿技能没有改变。Poole等人(1996)研究了62名三年级儿童的感知运动技能与实际运动技能之间的关系,并随访至四年级。研究发现,许多孩子在踢足球时的运动技能发展水平并没有他们认为的那样高。建议孩子们通过长时间的练习来培养更精湛的足球技能。

几项研究考察了影响足球技术的许多因素,如踢球。Butter field 和 Loovis(1994)研究了716名5~14岁儿童的年龄、性别、平衡(静态和动态)和运动参与等个人约束对踢球动作的影响。结果表明,性别(六年级男孩比女孩好)、静态和动态情况下的平衡是踢球运动发展水平的重要预测因素。在这项任务中,确实需要进一步了解踢腿以及个人、任务和环境因素的影响。此外,还需要适当的测试系统来向儿童教授踢腿技能,以便能够针对不同年龄、技能水平和性别对教学进行评估。坎波斯(1993)研究了年龄因素(8~10岁和12~14岁)和运动技能发展水平(熟练和非熟练)对足球运动员知识和决策能力的影响。结果表明,无论年龄大小,技能发展水平较高的儿童都具有较高的知识水平和决策能力。当运动技能在同一水平上发展时,年龄较小的孩子可以拥有与年龄较大的孩子相同的技能和战术。此外,运动技能水平会影响孩子在比赛中的决策能力,这一发现表明,应该给孩子更多的机会发展足球技能,而不必考虑他们的年龄。

2. 位移技能的发展

位移技能是指能够使个人在空间中移动的移动技术。对于儿童来说,位移技能是一项重要的运动技能,它影响着儿童能否参与健康的体育活动,以及他们能否在各种运动、游戏和民间舞蹈中有效地移动。如果没有这些技能,幼儿的运动发育将受到阻碍。跑步、连续向前跳跃、单脚跳跃、连续跳跃和双脚跳跃是最常见的位移技能。

(三)跑

跑步是一种位移技能,身体通过交替的双脚作为支撑点向前推动。跑步是步行的延伸,涉及双脚同时离开地面的阶段。跑步包括一系列的形式,从慢跑到短跑,后者是最常被研究的。大多数儿童和青少年的竞技活动和游戏都需要跑步。在中国,跑步也是一项非常常见的运动技能,在各种体育游戏中被幼儿广泛使用。例如,一个比较流行的追逐游戏叫作"警察和小偷",扮演警察的孩子必须抓住扮演小偷的孩子。游戏通常在禁区内进行,但要求所有参与者在参与时保持跑步。此外,跑步也是中国体育课程的重要组成部分。教师通常会组织学生进行不同形式的跑步练习,如短跑和长跑。跑步是青少年最早培养的能力之一。

已经有许多关于跑步速度和跑步次数的定量研究。Payne 和 Isaacs(2005)提供了一个表格,对现有研究结果进行了全面总结。他们发现,平均跑步速度因年龄、性别和距离而异,但男孩和女孩在20岁之前都跑得更快。Branta、Haubenstricker 和 Seefeldt 等人(1984)发现5~10岁儿童的跑步速度提高了30%。在他们的后续研究中,5岁男孩和女孩的30码短跑平均时间分别为6.77s和6.88s,10岁男孩的平均30码短跑时间分别为4.75s和4.85s。对于14岁的孩子来说,分别是4.24s和4.46s。同样,与5岁儿童相比,14岁和4岁儿童进行120英尺(约37m)快速和约122m往返测试所需的时间呈线性下降。此外,所使用的跑步动作模式(即发育阶段)对跑步成绩有重大影响。发育阶段的影响可占男孩跑步速度差异的19%,女孩跑步速度差异29%(Fountain,Ulrich et al.,1981)。由于儿童跑步运动的形式或模式会影响他们的跑步成绩,因此本文讨论了跑步运动技能的质的变化。

研究人员提出了跑步动作的发展顺序。全局序列法和分解序列法用于描述个人获得熟练跑步的不同阶段的变化。

如表6－2和图6－8所示,全球序列法将跑步技能分为四个发展阶段(Seefeldt et al.,1972;Fountain et al.,1981)。在所有这些发展研究中,孩子们都尽可能快地跑,以更好地理解自己的冲刺。从整个身体部分的运动发展顺序来看,当孩子刚开始跑步时,手臂主要用于保持平衡。随着他们运动技能的发展,他们学会通过摆动手臂来提高速度和效率。在第一阶段,孩子们小步快跑,大腿抬高,双手和肩膀抬高以保持平衡。这种姿势被称为"高度保护",帮助孩子在摔倒时用手保护自己。这一阶段的跑步也称为快速摇摆行走。只有在发育的第三阶段,孩子们才会将手臂放在身体两侧,并用腿部动作来回摆动。在第四个阶段,可以看到孩子的手臂弯曲,有力而和谐地摆动。

表6－2　位移技能整体发展序列的描述

基本动作技能	第一阶段	第二阶段	第三阶段	第四阶段
跑	高位保护跑 手臂—高位保护 脚扁平着地 小步子 两脚与肩同宽	中位保护跑 手臂—中位保护 身体直立 腿接近完全伸展	脚跟—脚趾手臂伸展 手臂—低保护 手臂反向摆动 肘关节几乎完全伸展 脚跟—脚趾着地	手臂有力摆动 脚跟—脚趾着地(疾跑时是前脚掌—脚跟着地) 手臂与腿反向摆动 脚后跟大幅度动作 肘关节弯曲
连续前滑跳步	断续跑 类似有节奏的不平衡跑 腾空阶段,后腿超过前腿并且着地时保持在前面	后腿僵硬 速度缓慢,断续节奏 后腿僵硬 臀部常侧倾 垂直方向的动作夸张	有节奏的连续性前滑跳步 流畅地、富有节奏地连续前滑跳步 适中的速度 脚距离地面近 髋部向前移动	
连续垫跳步	不连贯的连续垫步跳 不连贯、或缺乏节奏 缓慢而勉强的动作 缺效的手臂动作	手臂和腿抬高 有节奏的连续垫跳步 手臂高抬帮助身体上升 过度的垂直提升动作	有节奏的连续垫跳步 臀部动作减少或者双手低于肩部 轻松有节奏的动作 单脚跳时支撑脚接近地面	
单脚跳	摆动脚在体前 非支撑的大腿置于身体前面与地面成水平线的位置 身体垂直 手臂处于肩部位置	摆动脚在支撑腿的侧面 非支撑腿的膝关节弯曲在前而使摆动脚后于支撑腿 身体稍微前倾 两侧手臂的动作	摆动脚落后于支撑腿 非支撑腿直摆且摆动腿在支撑腿的后面,保持膝盖弯曲 身体有较大的前倾 两侧手臂的动作	摆动腿自由协调摆动 非支撑腿摆动 身体前倾 手臂与摆动腿反向摆动

续表

基本动作技能	第一阶段	第二阶段	第三阶段	第四阶段
立定跳远	手臂制动 手臂动作像闸一样 过分垂直向上跳的动作 腿没有伸展	手臂摆动 手臂如钟摆 垂直向上跳的动作依然很大 腿部接近完全伸展	手臂向上摆动 起跳时,手臂向前移动/肘位于躯干的前面 手臂摆动至头 起跳角度依然大于45° 腿部经常完全伸展	身体完全伸展 起跳时手臂和腿部完全伸展 起跳角度接近45° 落地时大腿与地面平行

注:引自 Greg Payne、耿培新等,2008。

第一阶段

第二阶段

第三阶段

第四阶段

图 6 - 8　跑动作整体法的各个阶段的线性轨迹(引自 Greg Payne、耿培新等,2008)

　　随着运动发育水平的提高,孩子的身体在跑步时从直立变为水平向前。对于动作成熟的跑步者,臀部与肩膀之间的假想线和垂直方向之间的角度约为 10°(密歇根州的示范体育课程项目,2006 年)。这种倾斜促使其在水平方向上移动得更快。当跑步者在跑步过程中向前移动体重时,这种向前倾斜意味着他们有更好的动态平衡,并能够控制因体重超出支撑而产生的不平衡感。在第四阶段,跑步者将蹬踏腿伸展至脚趾,推离地面,以提供动力。

　　儿童正处于成长阶段,正在发展和提高身体能力,每个孩子身体功能成熟的年龄也不尽相同,全面的筛查对于他们正在成长中的身体是一个挑战,但这正是获得全面分析的最佳途径,全面筛查可以提供更好的风险评估,更准确的表达训练或竞技运动的需求。

如果儿童参与了有组织的体育运动或正式监督下训练,全面动作筛查是慎重而适合的筛查,可以暴露与风险相关的运动缺陷,让身体进行更好的准备工作,孩子们可能在全面查中表现不佳,但他们正在成长,只要不存在身体受限,筛查得分也会随之提高。

第三节　儿童期的学习成长与动作、心理发展

早在半个世纪前,就有学者设计了以教育为目标的分类体系。这个分类系统主要包括三个主要研究领域,即认知、社会情感和行为心理学。认知领域是指人们所经历的智力变化;社会情感领域是指人们通过不同的社会背景所经历的情感变化。短期和长期的情感感受以及与练习者的社会互动变化是情感领域关注的话题;行动心理学领域指的是人类的行动,特别是那些通过自己的努力,通过高级大脑中心的运动感和神经冲动指令完成的行动。这包括大多数形式的人类行为,如伸手、抓住我、保持坐姿、站立、行走,以及其他由意识活动和来自大脑高级中枢的神经冲动产生的活动。

学习、动作发展和心理发展都是儿童成长为成年人不可或缺的因素。童年的成长为以后的生活活动做了充分的准备。儿童发育有时快,有时慢。身体的生长发育不仅随着年龄的增长而发展,还遵循从身体近端到远端的发展方向。起初他们只能在身体中线内完成动作,随着儿童时期的生长发育,才能完成身体中线以外或全身的任务。例如,在羽毛球比赛中,年幼的孩子只能接住扔到身体中线的羽毛球,但不能尝试接住扔到他们身体中线以外或任何一侧的球。随着儿童神经系统的生长发育,他们可以开始完成身体中线以外的动作。从婴儿到成人,头部的大小是出生时的两倍,躯干是出生时三倍,四肢是出生时四倍。这是头到尾和近端到远端发育模式的示例。

一、儿童时期的学习与动作学习

(一)儿童时期的学习

当前,基础教育课程改革无疑是21世纪初教育改革与发展中最激动人心的"运动"。在这场运动中,有许多与传统完全不同的观点和新的实践方法,学习风格的改变是"亮点"之一。

它有助于改变孩子的思维方式,改善他们的生活方式;促进儿童科学精神与社会主义人文精神的融合;它有助于丰富孩子的感受和体验,培养他们的独立意识和健全人格,增强他们的人生价值和意义。在孩子的学习中,我们不仅要关注原始"科学世界"所倡导的分析性、归纳性、个体化、智力性、客观性、普遍性和概念性思维,还要关注甚至更关注孩子的直觉思维、形象思维、灵感和洞察力,关注体验、情感、态度、价值观等。随着时间的推移,思维方式和学习方式将相辅相成,形成并积累成一种新的生活方式,而这种基于思维方式和学方式的改变而改变的生活方式将非常稳定,这将影响人们的生活。到那时,长大成人的孩子不仅会在情感上生活,在智力上也会影响到孩子生活。

(二)儿童时期的动作学习

"运动行为"是一门研究人类遗传力和目标导向行为表现的科学。

行动学习是指人们通过实践掌握熟练动作的过程,这决定了人们完成动作能力的内在变

化。人们的运动学习水平随着实践不断提高,这通常是从观察者相对稳定的运动表现水平推断出来的。其研究对象主要是人类运动技能和影响这些学习过程的各种变量。其研究内容包括运动技能的获得,已经学习或具有丰富经验的运动表现水平的提高,以及受伤后再次获得的运动技能。

"动作控制"是指与熟练动作的执行相关的一系列神经、生理和行为机制。其主要研究对象是动作产生、执行和控制的过程,以及影响这些过程的各种变量。其研究内容包括神经肌肉系统如何发挥作用,以确保动作的协调和新技能的学习,并确保已掌握的运动技能的良好执行过程。

"行动学习"和"行动控制"的研究内容辅以行动发展。"动作发展"是指人类技能动作表现随时间变化和发展的过程。其主要研究对象是人体生长发育与环境相互作用所反映的行动行为变化。在儿童时期,运动发育可以显示身体的生长和发育。因此,我们说"行动学习""行动控制"和"行动发展"的研究对象都是人类的行动行为,甚至在某些理论内容上是相互的,但在研究方向上各有侧重。它们之间的关系不仅是独立的,而且是相互依存和互补的。它们都是人类行为科学的重要组成部分。

1. 儿童时期掌握的基本运动技能

基本运动技能一般指身体的大环节运动活动,这是实施成熟技能所必需的。在人类生长发育的儿童期(3~12岁)应更早获得的,也可能在2岁时获得,主要包括以下三类。①位移技能:跑步、跳跃、踮起脚尖跳跃、快速奔跑、单腿跳跃、跳跃和滑翔等;②无位移运动技能:转弯、拉伸、拉伸、弯曲等;③物体控制技能:投掷、接球、踢、击、滚、弹跳物体等。以上三类基础动作技能将作为动作熟练性屏障、成熟动作技能和高级动作技能的基础。四者可作为"食物链"逐级进阶:基础动作技能→动作成熟性屏障→成熟动作技能→高级动作技能。

开式动作技能和闭式动作技能的学习如下(表6-3)。

(1)开放式行动技能。区分动作技能的第三种方法是在执行动作时考虑周围环境的稳定性和可预测性。"开放式技能"是指在不断变化和不可预测的环境中执行的动作技能。行动执行者需要对不断变化的环境做出反应,以调整他们的行动。例如,足球、排球等球类运动,以及跆拳道、摔跤、柔道、拳击等格斗项目中运动员遏制和对抗对手的技术动作。在这种情况下,运动员很难预测对手会采取什么战术行动,以及你需要做出什么样的反应。在短跑运动员双人配合牵引跑的训练中,辅助用力运动员的配合动作也是一种开放式动作技巧。他需要根据培训师行动的变化做出适当的协调和调整行动,

(2)封闭式动作技巧。"封闭式技巧"是指在稳定、可预测或静止的环境中进行的动作技巧。练习者可以提前计划自己的动作。例如,预先安排的艺术体操动作、太极拳表演、短跑运动员在没有干扰的空跑道上的起跑练习等。事实上,开放式动作技能和封闭式动作技能是两种极端情况,大多数运动技能都是两种。其中,不同的只是环境变化的程度。

表6-3 开式动作技能和闭式动作技能的特征和示例

不同动作技能	闭式动作技能	介于开式与闭式间的动作技能	开式动作技能
特征	可预见的环境	部分可预见的环境	不可预见的环境
示例	跳高 太极拳表演 掷标枪	自行车比赛 公路赛跑 自行车比赛	跆拳道 网球 曲棍球

2. 行动学习的一般特征

行动学习的一般行动表现特征包括行动表现的改进、一致性、稳定性、持久性和适应性,如图 6 - 9 所示。这五个基本特征从以下方面进行分析:动作学习和练习过程中动作表现水平的提高程度、特定时间段内动作表现的一致性、通过练习过程获得的动作表现改善状态的稳定性、提高行动绩效质量的可持续性,以及行动绩效在各种环境和变化条件下的适应性。提高状态的稳定性提高了行动绩效质量的连续性,以及行动绩效在各种环境和变化条件下的适应性。由于儿童时期有许多不确定因素,儿童在学习行动时必须注意确保正确的指导。

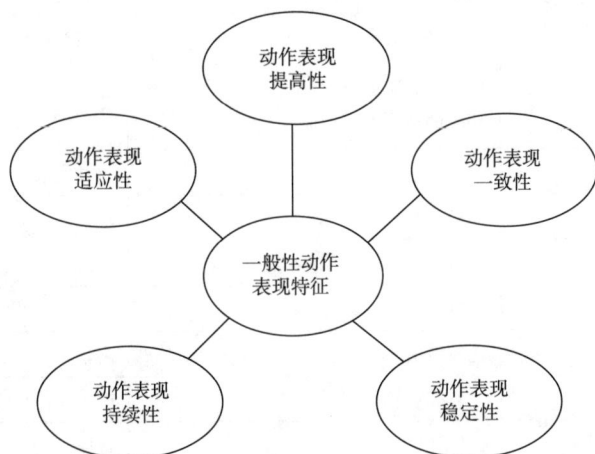

图 6 - 9　动作学习的一般性动作表现的五个基本特征(引自张英波,夏忠梁《动作学习与控制》,2019)

3. 行动学习的高效水平特征

从动作的目的、构成和练习形式进行分析,我们很容易理解动作学习中高水平动作的三个基本特征。

(1)任何运动技能都有其特殊目的。

(2)运动技能全部由身体各部分肌肉和肢体的随机运动组成。

(3)任何动作技能的获得和提高都需要一定的动作练习和经验。

从行动实现目标的有效性来看,行动学习的高水平表现特征可以归纳为以下三种类型:实现目标的最大确定性、最小能耗和最短行动时间。

4. 行动学习和表现

(1)行动学习和行动表现之间的差异　行动表现和行动学习的概念有一些主要的区别。行动表现通常是一种可观察的、随机的外部行动形式,受到许多临时因素的影响,如动机、注意力、疲劳和身体状况。相比之下,行动学习是决定一个人完成行动能力的内在过程的变化。人们的运动学习水平随着练习而提高,这通常是从观察者相对稳定的运动表现水平推断出来的。为了让人们学习行动任务,我们必须让他们参与实际实践,从而提高他们做理想行动的能力,这就是我们所说的行动学习。因此,体育教师、教练和物理治疗师评估行动执行者行动学习的最佳方式是观察行动执行者的行动表现。如果动作表演者的动作表演技能水平在不同情况下的多次观察中相对稳定,那么可以认为动作表演者的行动技能可以准确地反映他们的动作学习水平。

（2）行动学习和表现阶段　许多学者试图区分技能学习过程不同阶段的人的动作表现特征。表6-4提供了一些示例。总的来说，表中的信息很好地描述了人们早期和晚期的行动学习活动，也提供了一些可观察到的行动表现特征。

表6-4　行动学习阶段和相关行为表现特征的理论描述

文献	学习前期阶段	学习后期阶段
菲茨和波斯纳（Fitts et al. ,1967）	认知（不断尝试和犯错）	联系（入门）自动（轻松自如）
亚当斯（Adams,1971）	词语性动作（更多语言）	动作（更多行动）
根泰尔（Gentile,1972）	获得动作概念	固定/变化（闭式和开式技能）
尼维尔（NeweU,1985）	协调（获得动作模式）相关的动作表现特征	控制（根据需要适应动作模式）
外观紧张	比较放松	自动完成
不准确	比较准确	准确
不一致	比较一致	一致
慢和停顿	比较流畅	流畅
胆怯	比较自信	自信
不确定	比较确定	确定
僵硬	比较适应	适应
无效	比较有效	有效
许多错误	较少错误	发现错误

注：引自 Schmidt et al. ,2000。

5. 学习和控制

（1）认知阶段　"认知阶段"也称为行动学习的前期。无论如何，行动学习的早期阶段的特点是行动执行者试图获得行动的概念或理解行动的基本协调模式。为了实现这一点，行动执行者必须进行大量的问题解决练习，包括认知练习和语言沟通过程。认知阶段（行动学习的前期）的特点是行动活动粗糙、缓慢、不稳定和紧张。练习者的注意力范围相对狭窄，动作不协调，完成的动作在时间和空间上都不准确。初学者缺乏信心和犹豫不决。即使他们做出了正确的行动，他们也常常不知道该怎么做。

（2）联系阶段　随着学习的深入，在许多因素（如先天能力、动机、以前的经验和行动任务的难度）的影响下，行动学习进入第二阶段——"联系阶段"或者联想阶段。它的特点是动作表现变得更加准确、连贯和稳定，练习者对整体动作形式有了清晰的理解。此时，他们开始修改和调整动作的细节，并将这种动作模式与特定的环境和动作任务需求相联系，因此得名。Gentile 指出，如果学习行动任务属于封闭式行动技能，那么在固定的监管环境和条件下，学习行动的效果最好。然而，如果学习行动任务属于开放式行动技能，那么学习者可以在不断变化的监管环境和条件下更好地修改和优化自己的学习行动。例如，弓箭手和射手在相对恒定的条件下练习相同的动作，而足球守门员则学习不断调整和适应他们需要做出的动作，以应对不断变化的环境条件。

（3）自动阶段 经过大量实践,只有少数人能够达到以自动生成动作为特征的动作学习阶段,这在中国许多教科书中被称为自动化阶段。菲茨和波斯纳将其称为"自动阶段",亚当斯则称其为"运动阶段",这意味着在很大程度上,学习者专注于行动而不是对行动任务的认知。当学习者在这个阶段的动作达到有效和熟练的水平时,他们的动作表现的特征是我们之前提出的三个高水平特征:达到目标的最大确定性、最小的能量消耗和最短的动作时间。此外,自动阶段的另一个显著特点是学习者的自我控制运动能力得到了极大的发展,他们可以及时发现并纠正偶尔的运动错误。

要清楚地确定行动执行者从行动学习进展的哪个阶段进入了哪个阶段并不容易。然而,我们可以从表6-5中描述的行动表现特征合理推断行动执行者的行动学习水平。我们也可以利用这些知识,根据学生不同的行动学习阶段,选择合适的教学方法。

行动学习阶段的模式如图6-10所示,它清楚地显示了上述三个阶段及其特征。一些学者还根据行动技能的社会生态特征划分了行动学习阶段,如图6-11所示。

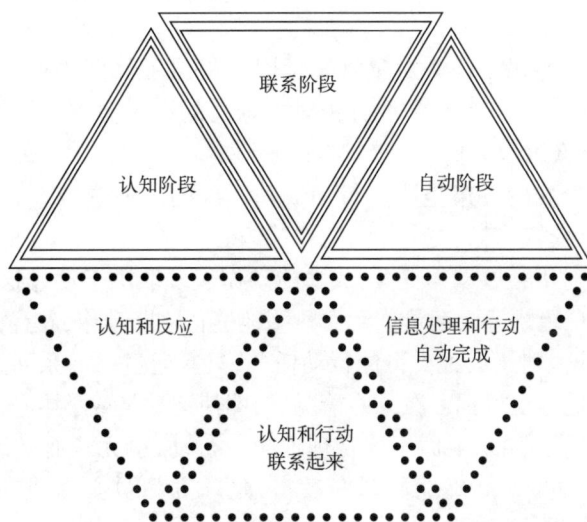

图6-10 3个动作学习阶段的模式图(推论自菲茨 波斯纳"自动阶段")

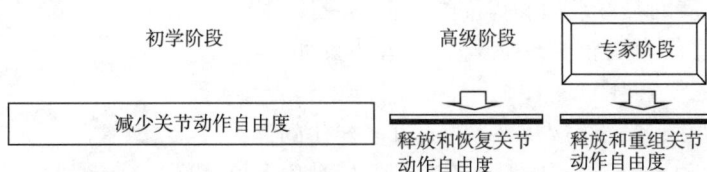

图6-11 根据动作技能的社会生态学特点对动作学习阶段的划分及各阶段目的
(引自张英波,夏忠梁《动作学习与控制》,2019)

6.行动的外显和内隐学习

（1）明确学习行动 外显学习通常是指可以提供指导的"正常"学习方式。例如,我们为行动执行者提供明确的外部行动要点指导,以便行动执行者能够专注于完成当前的行动任务。

在外显学习过程中,更简单的形式是行动执行者有意识地使用解决行动表现问题的方法。外显学习需要使用人类有意识的注意力和工作记忆资源。通过外显学习获得的知识称为陈述性知识,并以长期陈述性记忆的形式存储在大脑中。

(2)行动的内隐学习 内隐学习指出了行动表现与行动学习之间的密切关系。动作的内隐学习是指当动作执行者没有意识到在执行动作任务中促进动作技能提高的因素时,由于对重复产生的动作做出正确反应而导致的动作执行能力的提高。当动作执行者确定学习执行动作任务的目标时,他或她将开始练习动作。在这种情况下,表演者会将动作表演视为一种"载体",然后决定采取什么合适的动作模式,并不断修改这种动作模式,使其更易于控制。通常,行动执行者会意识到,在他们自己努力改善绩效特征的方向上发生了许多明显的变化,然而,有时表演者所经历的表演改进是潜意识的,无法自己解释。例如,当练习者刚刚学会骑自行车时,任何人都很难解释学习过程中动作细节的变化和原因。

体育教师、教练和物理治疗师需要考虑的第二个重要因素是学生执行的动作任务的性质。其中,有三个因素对运动任务的执行非常重要,即感官感知因素、决定性行动因素和执行行动因素。

A. 感官感知因素:一些运动任务对感官知觉因素提出了许多要求。例如,网球运动员需要识别球的方向和速度,足球守门员需要分析对方球员的进攻类型。依靠这些感官感知活动来帮助运动员决定做什么以及如何做。

B. 行动决定因素:准确的决策是决定行动成功程度的另一个因素。例如,乒乓球运动员决定如何回球和反击,足球守门员决定如何防守球门。

C. 执行行动因素:对于某些动作任务,成功的动作表现取决于动作执行的因素,即如何控制和生成动作。例如,三级跳远运动员连续而熟练地进行跳跃动作,花样游泳运动员进行优美流畅的"水下芭蕾"动作。对于其他类型的行动任务,只有通过对一系列感官感知和决策行动活动做出反应,才能实现行动目标。在某些情况下,即使运动员或学生正确地感知外部环境条件并做出适当的行动决定,如果他们不能合理地执行行动,也无法有效地实现行动任务的目的。例如,乒乓球运动员必须准确地回球并反击,足球守门员必须成功地做出挽救进球的动作。

7. 身体素养

身体素养指人的身体就像他的头脑会读写一样,需要具备自主、自由发展的基本素质和可能性。根据身体素养,可将幼儿阶段体育教育的核心理念概括为运动激励、运动信心和运动能力三要素(图6-12)。

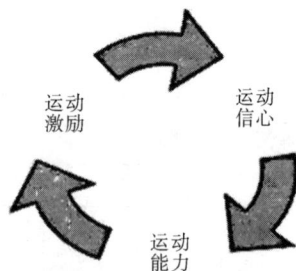

图6-12 儿童体育教育核心理念的三要素

(1)运动激励(motivated to move) 通过多样化的体育环境创设、分层次的教学策略,让幼儿不断积累运动中美好的体验和动作经验。幼儿对运动富有好奇心、热情,能深切体会到运动带来的快乐,养成积极参与体育活动健康生活方式,从而潜移默化影响幼儿专注、专心做好生活学习中每件事的习惯。

(2)运动信心(confident to move) 体育活动能全面发展幼儿的基本动作技能,提升幼儿的基础体能水平,开发幼儿与自身和周围环境的关系意识。在体育活动中,让幼儿感知自己参与各种运动的自信,相信自己可以享受运动乐趣,体验不同运动之间的共性,享受同伴间的融洽自在。

（3）运动能力（competent to move）　身体素养的培养初始要引发幼儿的运动好奇心,通过积极有趣的游戏互动,让幼儿不断探索动作活动,通过结构化和非结构化的重复动作练习,熟练基本动作技能,建立运动自信。教学过程中要激发幼儿参与体育的兴趣动机,让幼儿有信心参与运动并完成活动任务。不断积累的动作经验、成熟的基本动作技能和协调发展的体能又会再次激发幼儿运动的好奇渴望,形成一种良性循环的运动生态。

A. 个体差异:个体差异（individual differences）是由稳定和持久的先天能力差别造成的人们动作表现的差异。先天能力是通过遗传获得的、相对持久的、稳定的,决定或支持完成各种活动或技能的特性。在个体差异上,先天的区别主要表现在性别、年龄、种族、性格、文化背景、生活阅历等,除了先天的区别外,人们还拥有其他决定动作表现质量的后天能力。后天能力是练习的结果所引起的人的特征变化在执行动作任务中能发挥的潜力。表6-5列出了一些可能影响人们动作质量差异的因素。

表6-5　影响人动作表现差异的因素

因素	实例
先天能力	手指灵活性、耐力、躯干力量
态度	对于新经历的开放、封闭或中立态度
身体类型	粗壮、高、矮、瘦、胖、健美或全面
文化背景	民族、种族、宗教、社会地位、经济状况
情绪	烦躁易怒、好激动、恐惧、快乐
身体素质水平	低、中、高
学习类型	视觉型、语言型、运动感觉型
发育水平	尚未发育、中等发育、发育成熟
动机水平	低、中、高
社会交往经历	一人对一人、小组人群、大组人群
以往运动经历	休闲娱乐性、教育指导性、竞技性

B. 能力和技能:人们在生活中经常混淆"天生能力"和"技能"这两个词。例如,当人们看到一个女孩打羽毛球展现出高水平的技术时,他们可能会说这个女孩羽毛球打得很好。这是这两个词的混淆。因此,有必要正确区分涉及能力和技能的概念。行动技能是通过训练获得的,能够以最大的确定性和最小的能量消耗或时间完成某些行动任务。体育科学家可能会说,这个女孩有很多打羽毛球所需的运动技能。与之前的随机陈述相比,体育科学家区分了"能力"和"技能"这两个概念。他们认为,在大多数情况下,先天能力是由遗传决定的,在很大程度上,不能通过训练或个人经验来改变。然而,技能主要是一种后天的能力,这是训练和实践的结果。

先天能力可以被视为我们与生俱来的"便携式设备",可以与扑克游戏中的计算机硬件或纸牌相比较。如果这些"硬件"更复杂、更先进,手中的"卡片"更好,成功运动的潜力就会更大。然而,没有能够充分发挥其有效性(动作)性能的软件程序支持,任何复杂和先进的计算机设备都无法实现其功能。同样,除非玩家知道如何使用,否则一手好牌不一定会赢。因此,动作技能反映了人们执行特定动作任务的熟练程度,如体操、武术套路或花样滑冰。

一个人最终达到的运动技能水平取决于他完成运动任务的先天能力,另外,也取决于执行运动任务的锻炼的数量和质量。为了更好地理解先天能力和技能概念之间的重要差异,表 6-6 给出了一些比较。

表 6-6　先天能力与动作技能概念上的一些重要区别

先天能力	动作技能
遗传获得	通过训练获得
稳定和持久	通过练习修正
数量少	数量多
许多不同技能表现的基础	依赖于不同的(先天)能力构成

二、儿童期的成长

儿童期成长的正常顺序是可以被测量和观察到的,因此,了解儿童的成长和发展,将有助于教师、教练、休闲指导、医生和父母对儿童的身体活动做出有益的决定。事实上,身体活动是会受成长的影响。举例来说,儿童的手臂和双腿会随着成长而增长,这些成长进而会影响他们的动作表现。这里主要介绍儿童期成长的测量及变化记录。

(一)成长的测量

1. 身高

身高每年至少需要测量一次,最好是每隔六个月测量一次(身高成长曲线在第九章和第十章有过相关介绍),身高测量的标准过程如下:

(1)每次测量身高时,需记录被试准确的年龄,精确到年和月。

(2)脱鞋测量。

(3)被试需靠墙笔直站立,脚后跟和头部需同时触墙,年龄小于 3 岁的儿童需使用一种便于儿童平躺的测量工具。

(4)使用钢卷尺进行测量。

(5)最接近的厘米数记录为被试的高度值。

(6)进行永久性的数据记录——计算机记录是非常有效的一种方式,便于成长曲线的绘制和与其他标准值的比较。

2. 体重

(1)体重计需进行精确度校准。

(2)被试进行体重测量不能穿戴鞋袜及厚重衣物,接受测量的被试应该按照建议穿着尽量少的衣物(尤其女孩);然而,学校测量时的着装要求应该统一,并且保持每年不变,以保持测量的一致性。

(3)最接近的千克数记录为体重值。

(4)与身高测量相同,需要进行永久性的数据记录,建议保存为计算机文件。

3. 体重指数

体重指数（BMI）通常作为人口学指标使用，尤其在流行病学研究中，它反映了胖瘦两种身体形态。BMI 是通过计算体重相对于身高的比率而得到的。每次进行身高和体重测量时，都应该计算和记录 BMI。计算 BMI 的公式为：BMI = 体重/身高^2（Morrow et al.，2000），其中体重的单位为千克，身高的单位为米。Jequier（1987）报道了成年人 BMI 的值域。

（二）身体活动与健康

保持身体活动是动作发展的最重要目标之一，积极参与身体活动的儿童更加健康，并更可能成长为健康的成年人。贯穿一生的有规律的身体活动有益于心血管和心理健康，能够促进长寿。因此，需要测量儿童期和青春期的男孩和女孩的各方面的身体活动，从而对儿童的状态进行有效的评估，可以通过用于与健康相关的体能的多方面标准，对男孩和女孩加以比较。学校应该对学生的体能记录进行保存，并应至少每年进行一次测量，这一节将介绍一些与健康相关的有用的身体活动测验，这些测验易于测量学龄儿童。

1. 心血管耐力测验

最好的心血管耐力测验都是由运动生理学实验室进行管理的，包括让受测者跑步或骑车至最大负荷，同时用一个系统收集呼出的气体进行最大吸氧量测验（Max VO$_2$ tests）。然而，这些测验必须单个施测，并且需要昂贵的设备。幸运的是，户外测验包括距离跑步与实验室测验具有良好的相关性（也就是说，这些测验是有效的），并且结果可靠、实施简单。

距离跑步测验包括两种：固定距离（如 1km）所用时间或测量在固定时间内跑的距离（如 12min 持续跑的距离）。这些测验可以成组进行，但要求儿童在正式测验之前进行几次练习，以便他们能够熟悉将要跑的距离及采用的合适的步速。教师或教练需要清晰地标示出将要进行距离跑步的区域（通常使用彩色锥形筒），并准备一块秒表用以计时。例如，美国儿童中，50% 的 10 岁男孩跑 1km 的时间为 9 分 52 秒，而同年龄的女孩为 11 分 14 秒；与此类似，14 岁男孩是 7 分 51 秒，女孩是 10 分 32 秒。

2. 肌肉的力量与耐力

实验室采用特殊的设备能够对肌肉的力量和耐力进行很好的测量，而现场测验也经常使用，与实验室测验相比，它也具有很好的信度和效度。

仰卧起坐测验常用于测量腹部肌肉的力量和耐力。参加测验的儿童平躺在地板上，双膝屈曲，保持双脚平放于地板之上；双手沿着腿部滑向膝盖，同时儿童向膝部屈体，测验分数为 1min 内儿童坐起的次数。通过不同的测验，获得了适用于不同年龄和性别的常模。举例来说（来自美国的数据），9 岁的女孩可以完成 26 次，男孩可以完成 28 次（50%）；15 岁的女孩可以完成 35 次，男孩可以完成 42 次（50%）。

引体向上测验用于评估手臂和肩部的力量和耐力。11 岁的男孩能够完成 2 个，而女孩 1 个都无法完成（50%）；15 岁的男孩能够完成 7 个，女孩还是 1 个都无法完成（50%）。这个测验发现女孩（50%）从 11 ~ 18 岁的平均成绩始终为 0，这一结果可能不是非常的合适，因为"0"在这里无法代表女性的力量为"0"。其他的测量方式，包括屈臂悬垂，然而屈臂悬垂的分数无法与引体向上的分数进行直接的比较，因为两者具有不同的单位，一个是时间"秒"，另一个是完成的数量"个"。

3. 柔韧性

最常用的测量柔韧性的现场测验为坐位体前屈。接受测验的儿童坐于地板之上，双腿在体前伸直,双脚放置丁木盒的□侧,木盒上刻有量表,初试指针位置为 0,测验分数为儿童手指能够触够到的距离(厘米或英寸)。正式测验前,儿童需要进行一些练习,保证其能够平稳缓慢地伸够到尽可能远的位置。美国儿童(50%)的典型分数为:8 岁女孩 14 英寸(约35.6cm),男孩 13.5 英寸(约 34.3cm);14 岁女孩则能够达到 17 英寸(约 43.2cm),男孩还是13.5 英寸(约 34.3cm)。

4. 体能

(1)FITNESSGRAM 测验　　在美国最流行的体能评估是 FITNESSGRAM(Cooper Institute,1999),该测验包括三个组成部分。①有氧能力。可选项有:A. 步测器测验(PACER test)(随着 CD 音乐 20m 往返跑的次数);B. 1.1 英里(约 1609m)跑或走;C. 行走测验(13 岁或以上)。②体成分。测验项目可两者选一:A. 体脂百分比(根据肱三头肌和腓肠肌两处的皮褶测量计算);B. 体重指数(BMI)。③肌肉力量和耐力、柔韧性。测验项目有:A. 腹部力量和耐力(仰卧起坐);B. 躯干伸肌力量和耐力(俯卧抬体,trunk lift);C. 上肢力量和耐力(可选项包括俯卧撑、跪式俯卧撑、屈臂悬垂);D. 柔韧性,可选项包括有坐位单腿屈膝体前屈(back-saver sit-and-reach)和肩部伸展。

(2)总统挑战测验　　总统挑战测验(President's Challenge test,PCPF,2006)包括有三个水平,总统水平代表了最好水平的健康状态(85%),还有国家水平(50%)和参加者水平(完成测验但在某个或某些项目上的成绩低于 50 个%)。该测验的项目包括有:①有氧能力:根据年龄分别进行 0.25 英里、0.5 英里或 1.0 英里的(约为 402m、804m、1609m)定距跑步。②腹部力量和耐力:仰卧起坐或部分仰卧起坐;上体力量及耐力:引体向上或俯卧撑。③柔韧性:V 形坐体前屈或坐位体前屈;往返跑。

从发展的视角来看,使用体能测验的分数时需谨慎。因为原始数据被转换为奖项或类别("健康范围")时,会导致体能成绩的发展方面的信息丢失。例如,一些项目在很多年里具有相同的标准,俯卧抬体、引体向上、步测器测验、V 形坐、体重指数、1 英里(约 1609m)跑和坐位体前屈,而其中一些项目的内涵也是从发展的角度加以考虑的,引体向上项目用于女孩时,在所有的年龄阶段,其标准(50%)均为 1,可以看到,女孩在这一项目的成绩几乎没有变化,且收集到的数据也不遵循典型的发展曲线。而屈臂悬垂项目,50% 的女孩成绩表现出臂力提高(6~8 岁)、下降(11 岁)、增加(13~14 岁)和下降(15 岁)的过程。至于男孩,引体向上和屈臂悬垂项目的表现都如预期增长。这表明,这些项目对于测量女孩上体的力量和耐力做得不是很好。此外,另一担心是,由于这些测验对 6 岁男、女儿童可能采用不同的标准,而夸大了实际的性别差异,虽然标准间的差异可能很小(如 1 个仰卧起坐 5s),但传递给女孩的信息却是巨大的。在男女儿童之间,有 5 年或者更长的时间,应该并不存在性别差异,但评价结果给出的信息却是女孩不必和男孩做得同样好或者超过男孩(Thomas et al.,1985;Ransdell et al.,1999)。青春期后的生物学因素对性别差异产生了重要影响,可以解释这些项目中的性别差异上的 10%。

三、儿童时期的动作发展

平衡能力在人一生的动作发展中具有重要的作用。婴儿维持身体平衡的能力弱,1 岁多开始行走时,往往是同侧手和腿移动,双臂屈肘外展维持身体平衡,动作呈试探性前行。2~3岁时,走、跑速度慢,身体容易失去平衡,易摔倒;3~4 岁的幼儿,在走、跑、跳或遇到障碍躲闪时,一般都能保持平衡,但遇到快跑、转弯、急停、跳跃落地等动作,往往不能及时调节身体平衡,常常摔倒。随着神经系统和运动机能的发展,5~6岁的幼儿平衡能力发展很快,锻炼效果也很显著。他们可以比较协调、自然、稳定地走平衡木,而且可以在平衡木上做上下肢动作变换、套圈等动作,进行其他活动也能够保持身体姿势,维持平衡。幼儿期间的平衡能力呈现快速提高的趋势,抗眩晕的能力比成人强,一般来说,女孩比男孩表现出更好的平衡能力。

(一)自我照顾能力的发展

基本自理能力是家庭和社会为儿童提出的重要早期发展任务之一,包括穿衣、洗漱、吃饭等基本技能。其中,穿衣、洗洗、吃饭等也包括各种类型的动作。

成年人眼中的这些简单的自我照顾行为,只有在处于早期发展阶段的孩子付出了巨大努力,达到了一定的发展水平后才能实现。例如,只有当运动技能的控制和协调能力发展到一定程度时,儿童才能使身体的各个部位进入相应的服装空间。对孩子来说,一只手伸到袖子的末端或一条腿伸到裤子上不是一项简单的任务。他们需要视觉和动态整合以及灵活的双手来辅助。不同自理行为的发展需要不同的个人能力,因此他们的发展过程也不同。各种生活自理动作技能的典型出现时间见表6-7。

表6-7　自理动作技能发展时间表

动作技能名称	获得时间/月
稳稳地拿住茶杯	21
穿上衣和外套	24
拿稳勺子不打翻	24
在帮助下穿衣服	32
穿鞋	36
解开够得到的纽扣	36
扣上纽扣	36
独立进餐,几乎不撒食物	36
从水罐中倒水	36
洗手、洗脸并擦干	42
独立穿衣服	43
系鞋带	48

注:引自 Keogh J,Sugden D. Movement skill developmnt. New York:Macmillan Publishing Company,1985:77。

在检查生活中的自理能力时,我们应该注意一个事实,即个人的自理能力比其他行动能力更受社会习俗、文化传统、父母养育方式和其他环境因素的影响,因此表现出相当大的个体差异。例如,在许多自我护理技能中,着装技能是人们学习较多的技能之一。不同的研究对穿衣技巧的出现时间有不同的结论。Frankenburg 等人在使用丹佛发展筛查量表时观察到,32 个月大的儿童可以在成人的指导下穿衣服,42 个月大儿童可以在没有指导和帮助的情况下独立穿衣服。Knobloch 和 Pasamanick(1974)重新分析了 Gesell 的研究数据,发现 24 个月大的婴儿可以自己穿上简单的外套,36 个月大孩子可以自己穿鞋子,48 个月大儿童可以在指导和帮助下脱衣服、穿衣服和系鞋带。再如,饮食技巧是一种与特定社会和文化背景密切相关的自我保健活动。筷子是中国、韩国和日本等东亚国家使用最广泛的餐具,而西方国家的主要餐具是刀叉。因此,不同国家的儿童在饮食技能发展方面表现出显著差异(在第三章中,我们将讨论与文化和运动发展相关的问题)。上述结果启示我们,当我们对待不同研究者得出的关于自我照顾运动能力的结论时,我们应该澄清地区文化背景、选择的对象和研究中使用的工具等具体条件,以便我们进一步比较和分析它们。综上所述,在先天性反射动作之后,自主控制动作,包括坐、爬、走和抓,逐渐发展起来。由于自主控制动作的发生和发展必须基于神经和肌肉等生理结构的成熟,因此它是儿童早期身心发展的重要外部行为特征。此外,自主控制行动是一种有意识和有目的的活动。在行动实施过程中,主体必须保持目标,通过意志克服遇到的困难和障碍,以实现特定目的。因此,它有利于个人良好人格的发展。此外,皮亚杰认为,儿童的智力来自主体对客体的动作,这是主体与客体互动的结果。自我能动性为儿童的认知发展带来有益的经验。因此,我们认为自主控制运动的意义不仅在于它是儿童早期发展的重要内容之一。更重要的是,儿童的认知和社会性也可能在探索环境的过程中借助自主行动得到进一步发展。

(二)行动发展的规律与内在机制分析

儿童各种行为的发展是其生活和学习活动顺利进行的直接前提,也是其心理发展的重要表现。因此,行动发展规律及其内在机制已成为发展心理学家密切关注的重要研究领域。行动发展本身具有严格的内在规律,遵循一定的原则,是一个复杂、多变、基于规则的动态发展系统。

动作发展的准备性

特定动作行为的发展需要具备一定的生理和心理基础,为了有效应对外界刺激,机体必须达到一种准备性的状态。如果机体对某种动作活动尚未达到所需的准备状态,那么提前开始的训练不一定能产生预期的效果。

将孩子在测试任务中拿起物体的次数作为衡量使用筷子准确性的指标。孩子们拿起东西的次数越少,使用筷子的准确率就越高。我们在研究中发现,儿童使用筷子完成任务的次数逐渐减少,即使用筷子的准确性随着年龄的增长而增加(林磊等,2003),儿童需要使用筷子完成测试任务的次数迅速减少,在5岁至8岁期间发展相对缓慢。为了进一步调查儿童使用筷子准确性的特点和变化趋势,了解他们与成人发展水平的差异,我们比较和分析了每组受试者在成对使用筷子准确性方面的得分。研究发现,4岁组和5岁组在使用筷子的准确性方面存在显著差异。相邻的5~8岁儿童组、5岁儿童组和7岁儿童组之间没有显著差异。8岁儿童组与成人组之间有显著差异。结果表明(表6-8,图6-13),4~5岁是儿童快速提高使用筷子准确性的特殊阶段,而5~8岁之间的增长相对缓慢。总的来说,尽管在4~8岁期间,儿童使用筷子的准确性随着年龄的增长而提高,但这一阶段的总体发展水平较低。

表6-8 儿童与成人使用不同动作模式时的精确性比较

模式类型	N	儿童组 M	SD	N	成人组 M	SD
一	19	21.9	13.3	15	16.6	9.2
二	3	20.1	13.2	1	18.7	15.2
三	18	23.7	15.9	2	16.4	8.9

续表

模式类型	N	儿童组 M	SD	N	成人组 M	SD
四	70	24.6	15.4	3	18.6	11.8
五	3	28.9	15.2	1	16.1	10.5
六	5	24.8	16.2	1	19.6	15.8
七	9	24.5	16.0	3	15.8	6.9
八	22	24.4	15.1	4	16.3	9.7

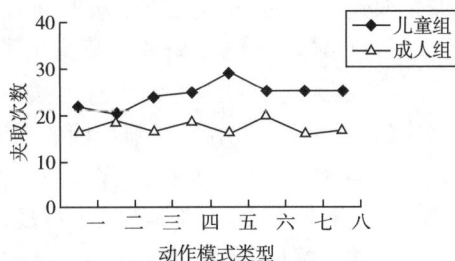

图6-13 儿童组与成人组筷子使用精确性比较图(引自林磊,李蓓蕾,董奇等.
儿童筷使用技能特性的发展及与其学业成绩的关系.心理科学,2003,5:7-89)

(三)成熟在动作发展中的作用

格赛尔和 McGraw 最早提出了动作发展成熟论的观点。他们主要立足于从个体肌肉骨骼与神经系统成熟的角度去解释和说明动作产生的特定阶段性和出现的序列性,并将动作发展的主要原因归于个体的成熟因素。他们认为,动作的发展起源于称为中枢模式产生器(central pattern generators)的中枢神经系统结构,这个产生器决定着肌肉运动的顺序和时间序列性。随着高级神经中枢——脑皮层和皮层下结构的成熟,更高级的动作才逐渐产生。动作能力随着儿童生理成熟水平的提高而逐渐发展,环境因素在发展过程中基本不起作用,基本动作不可能通过提早训练而得到很大促进。成熟是动作发展的决定性因素,只要儿童的生理成熟达到一定程度,个体就能自然获得某种动作。成熟决定动作发展的观点也得到了其他一些研究的支持,如有研究表明,那些在集体教养机构里长大、缺少成人指导的儿童和那些在家庭中单独成长的儿童都以差不多相同的时间表和水平发展(Pikler,1972)。

但很多研究者对单纯强调成熟作用的观点提出了质疑。首先,成熟水平相当的个体的动作发展仍有很大个体差异性。其次,有研究发现,与人类社会完全隔离、缺少社会学习经验的儿童不能获得和正常个体一样的动作发展水平。例如,从小在狼群中长大的"狼孩",他们不会直立行走,只会四肢着地走。最后,在不同环境中,个体动作发展的顺序有所不同。儿童的动作发展顺序和动作发展时间表都会因所处文化区域不同而不同。因此,成熟因素虽然重要,但不是决定儿童动作发展的唯一因素。

20 世纪20~30 年代,格赛尔和其他研究人员使用同卵双胞胎的方法进行了一系列实验,即其中一对双胞胎接受了某种运动训练,而另一对作为对照组的双胞胎则完全没有接受训练。如果被训练的双胞胎的某种运动能力通过训练得到提高,这表明学习将在一定程度上超越成熟的作用。然而,如果与未经训练的双胞胎相比,受过训练的双胞胎在特定运动能力方面没有取得显著进步,那么成熟比学习更有影响。在他们的双胞胎攀爬训练实验中,10个月大的同卵双胞胎中的一个(T)提前接受了攀爬动作的训练,而另一个(C)没有接受训练。在此期间,测量了他们梯子的高度,发现T无法一直学习爬梯子;T直到一岁才学会爬楼梯;然而,C经过两周的训练后,他们的攀爬速度和敏捷性没有什么不同。据此,研究人员认为成熟是行动发展的决定性因素。只要孩子的生理成熟度达到一定程度,个体自然就能获得一定的动作。

(四)学习在行动发展中的作用

与成熟理论的观点相反,学习理论认为,个人行动必须通过学习获得,后天环境和训练因素对儿童的行动发展起着决定性作用。儿童不能自然地自己获得行动。环境的演示和训练决定了孩子们选择发展哪些行动,以及这些行动的级别、顺序和时间表。

学习理论不能完全解释行动发展的原因。许多研究人员指出了学习理论的问题。首先,未经训练的儿童在运动发育方面也可能超过受过训练的儿童,例如一个双胞胎实验发现,一个只在第46周接受训练的双胞胎比另一个在早期给予特别帮助的双胞胎在积木和攀爬活动方面发展得更快(Gesell et al.,1934)。其次,采用了训练儿童某些动作并将其与其他未经训练的儿童进行比较的研究方法。结果表明,两者之间的差异很大程度上取决于研究中使用的训练任务。例如,对几对双胞胎进行特殊训练可以提高他们在复杂投掷任务中的表现,但他们在相对基本的自主动作训练中没有取得显著的效果。Minerva(1935)、McGraw(1935)进行的双胞胎训练实验也发现,经过训练的婴儿在攀爬能力的发展方面具有优势。然而,两个双胞胎在同一年龄获得行走动作,因此学习并不是动作发展的唯一决定因素。

成熟和学习确实是行动发展的重要原因,但成熟和学习都不是行动发展的唯一关键因素。同时,成熟和学习在儿童早期运动发展中的作用通常混杂在一起,无法严格区分。对于坚持成熟理论观点的研究者来说,毕竟不可能将儿童与人类社会隔离开来,从而肯定了行动发展不受学习的影响;然而,坚持学习理论观点的研究人员无法控制训练过程中儿童生理成熟因素的影响。

(五)影响行动发展的认知因素

认知系统在许多方面帮助儿童获得和应用运动技能方面发挥着重要作用。首先,认知水平高的儿童可以使用体验式学习来选择合适的技能,并从记忆存储系统中提取相关信息,以适应当前情况。其次,认知成熟有助于孩子在开始发出动作序列之前形成有效的计划。再次,儿童可以使用外部或内部语言信息来提示自己以明确的目标完成行动任务。最后,日益完善的思维和元认知系统可以帮助孩子选择适当的策略,发现和模仿有效的行动模式,并在行动期间和之后评估自己的行动。接下来,我们主要讨论感知、记忆、思维、元认知、计划、言语指导和行动发展之间的关系

1.知觉和动作发展

感知和运动发展之间的关系是近年来研究人员最感兴趣的领域之一。在动态系统理论的指导下,人们逐渐认识到感知和行动系统在人类活动中共同发挥作用,它们不能分离,形成了统一的功能单元和行为系统。首先,感知信息决定了个人在当前环境中对特定目标可能实现的操作控制,也就是说,对物体的感知决定了个人可能对其采取的行动。例如,在成年人眼中,椅子是供人坐的,但对婴儿来说,它可能只是他们抓住的物体。随着婴儿感知经验的丰富,椅子被赋予了新的意义,然后产生了坐姿。其次,如果没有行动,感知过程就无法很好地完成。环境中的个体活动可以提供丰富的感知信息。相应地,获得的丰富信息也有利于行为者更好

地完成各种动作。最后,当行动随着时间不断变化时,感知信息也会不断变化,因此本质上,感知和行动会形成一个连续的链条。"我们必须感知才能行动,但我们也必须行动才能感知(J. Gibson,1970)"。

感知行动链的发展。皮亚杰认为,"孩子们看到的、感知的和做的越多,他们就越想看到、感知和做"。吉布森还总结道,在对感知和行动发展进行广泛研究的基础上,很难将感知学习与行动学习完全分开。因此,许多研究人员使用"感知"和"行动"来描述儿童的发展,强调感知和行动发展之间的联系。具体而言,儿童对世界的感知控制不仅取决于感知系统的敏感性,还取决于个体通过行动探索世界所获得的反馈。例如,简单的视觉跟踪和抓握动作的协调和控制将随着练习变得越来越好,个人获得的感知信息将变得更加准确和具体。同样,感知分化的增加使婴儿能够更好地控制自己的运动。因此,可以认为,感知和行动的发展是相互关联和互利的。两个过程交换信息,并相互提出更高的要求,以更好地适应任务和环境因素的要求。

自主运动的认知控制需要运动的记忆表征的参与。从个人终身动作的发展角度可以发现,更基本的动作逐渐存储在记忆中,并成为自动的,成为下一个更高动作技能的基本动作单元。通过这种方式,不同的运动不断地融合在一起。最基本的练习单元是反射。随着孩子的成熟和练习,不同的反射动作被组合成一种自动的活动模式,从而形成一种基本的运动模式。在复杂的运动技能通过练习变得高度熟练之后,它们也被存储为自动练习单元。例如,我们可以不用思考就骑自行车、写字。在写作动作发展的过程中,个人需要首先在脑海中对目标文本进行编码。一些编码信息使手指能够移动以书写符号,而其他编码信息则用于促进对不同信息渠道(如视觉、听觉和触觉)整合的感知(Arbib,1984;Roy,1978),他们可以在记忆中存储关于字符不同方面(如大小、方向、强度和空间特征)的神经感知代码,并开发自动书写动作程序,使书写更快、更准确。因此,这种运动表征记忆过程不仅有助于解释儿童如何形成熟练的运动技能,而且有助于说明当运动的距离、时间、强度和空间发生变化时,他们如何产生不同类型的运动模式,例如儿童在黑板和纸上书写的速度和特征不同。

2.思维困难、元认知与动作发展

在儿童发展的中后期,儿童逐渐开始对自己的思维产生认知,即元认知。随着儿童元认知水平的提高,行动技能形成阶段的行动与思维的结合过程将发生质的变化。因此,儿童可以采取更好的行动和行为策略来解决当前任务,在行动执行之前更加关注规划过程,并为他们分配更多的认知资源。通过这种方式,儿童在特定情况下选择和实施相关运动技能以解决特定任务的能力也得到了提高。

通过采取一项计划来帮助孩子制订行动计划,从而获得更好的行动表现,他们不仅可以提高孩子在行动任务和一般运动自我控制能力方面的表现,还可以提高他们的学习成绩(如阅读和数学成绩),这也表明,从另一个角度来看,提高行动元认知有助于提高儿童的思维水平。总之,元认知参与了个体行动获得和执行的每一个过程,并在儿童计划、执行和反馈行动技能的整个过程中发挥着重要作用。

3.计划和开发

行动计划是指个人以有计划的方式发出一系列行动的能力。具体来说,它是指个体根据目的选择性地使身体的每个部分发出准确的运动,同时控制身体的其他部分而不是任务所需的额外活动。行动计划使个人能够正确应对自己和外界发出的命令、当前形势和自身情况,并发布一系列适当而复杂的行动系列。因此,使个人行动更有针对性和有效性是人类行动发展的重要组成部分。

研究表明,当孩子6岁时,如果他们看到了他们文化中常见的某种行为,并且这种行为不太复杂,他们就可以完全执行。例如,6岁的孩子可以准确地响应以下指令:"假装你在喝一杯水""拍手""假装你正在与人握手"。8岁以后,大多数孩子都能模仿许多简单或复杂的动作,这些动作具有生活意义或与生活无关。此后,复杂行动计划的能力不断提高和成熟。同时,我们应该注意到,这种行动计划能力在不同儿童和不同类型的行动中的发展可能是不平衡的,表现出巨大的个体差异。首先,这种行动计划能力的获得并不是以同样的方式对所有儿童进行的。例如,一些孩子不能有效地将一系列动作组合成一个整体,而另一些孩子可以(Kool et al.,1975;Cratty,1984)。一些孩子甚至很难完成简单的日常任务(如系鞋带),但另一些孩子不仅可以快速获得基本的自理能力,还开始学习许多运动技能,并在精细的手部动作中表现出很高的能力,如绘画、写作等。其次,不同动作的计划发展也不平衡。

为什么儿童行动计划会呈现上述发展趋势?研究人员认为,这大致可以归因于他们持续呈现动作片段的注意力、记忆力和组织能力的提高,中枢神经系统综合过程的成熟以及动作执行正确性的提高。具体而言,注意力广度的增加使个人能够更仔细地观察其中涉及的动作片段;短期记忆和工作记忆能力的提高增加了呈现动作的保持时间;最后,随着动作神经中枢的成熟,个体对每个动作片段的综合能力增强,这进一步增加了执行更复杂动作的可能性。

四、儿童时期的心理发展

"一个行动"的本质:多学科融合的愿景。行动是个人的基本能力,人们生活中几乎每一刻都伴随着各种各样的行动。当被问及这些熟悉的动作是什么时,人们通常会关注肌肉的明确活动模式。例如,在动作的分类中,从肌肉的普遍性来看,人们将动作分为粗动作,如四肢爬行、双腿直立行走等;精细运动,如拇指和食指拿起物体、握笔、拿勺子等。从涉及肌肉部位的角度来看,人们将动作分为上肢动作,如伸手、投掷和接住物体等;下肢运动,如抬腿和踢腿;全身运动,如游泳、击剑等。事实上,人们可以观察到的主要是肌肉的外显活动。然而,从动作的产生、执行、结果和其他方面来看,肌肉显性活动背后有相当复杂的生理、心理和社会原因和过程。

(一)从多学科融合的角度理解行动

在运动学中,躯干肌肉、骨骼和骨骼的完整活动模式主要被视为肢体和身体关节在一定时间和空间约束下协调活动的模式。它既可以指某一部分的特定活动模式,也可以指几个部分的组合。例如,步行是全身大部分肌肉、骨骼和关节参与的位移动作模式,包括手臂摆动、下肢交替步等多种局部动作;射击主要涉及上肢和躯干,包括躯干倾斜、手臂发力、手指轻弹等一系列局部动作。运动学侧重于动作模式的组成及其力学和生理规律,旨在揭示动作的技能特征及其影响因素。

神经科学认为,任何动作,无论是简单的还是复杂的,都是在神经系统的控制下进行和完成的。神经系统对动作的控制具有全范围、协调性和多层次的特点。特别是对于人类的行为,大脑的调节更为突出。

近年来,人们越来越认识到,行动绝不是肌肉、骨骼和关节的简单、盲目或本能的连接,也不仅仅涉及运动皮层、小脑、脑干和大脑其他局部区域的活动,而是与前额叶、枕叶、顶叶、丘脑、边缘系统和大脑的其他区域(Nishitami & Hari,2000;徐凤燕和张静茹,1989)。大脑通过控制脊髓运动神经元来调节动作。大脑皮质(运动区和非运动区)、丘脑、小脑和基底节、脑干等各级脑组织具有独特的动作调节作用,并形成一个分级的功能系统。小脑和脊髓主要控制不自主的反射动作,如呼吸、吞咽等;此外,小脑还负责调节动作的稳定性和协调性;皮质运动区和前额叶主要控制有目的的动作。

心理学将行动视为信息处理的过程和结果,认为行动是心理功能的外在表现。实际上行动启动过程完成取决于个人心理系统中内部和外部信息的登录、编码、存储和提取。例如,投篮不仅是身体和躯干的联合活动,还涉及对篮圈的大小、距离、自身力量、投掷角度的感知、分析和判断,甚至涉及对过去经验的唤醒,在一系列这样复杂的认知加工的基础上形成和执行动作程序。即使是技术要求较低的步行,也是在感知、分析、判断路况、旅行空间和时间要求、自我力量、平衡等内外部条件的基础上产生和完成的。感知、注意力、记忆、思维、情绪和动机等心理因素通常被认为在行动过程中起着重要作用。因此,行动通常被称为心理行动。

毫无疑问的是运动学、神经科学和心理学在从不同角度理解运动方面具有重要价值。在现实生活中,行动作为确保个体生存和发展的基本功能,是个体与环境有效互动的基本手段。在这样的功能意义上,个人行为不可避免地成为运动器官、神经系统和心理系统密切协调的产物。新的科学研究结果表明,行动是在多个大脑区域的协作活动下,在一定认知评估和情感体验的背景下,对个体特定环境中有意义信息的适应性反应,包括"计划、选择、决策、实施、反馈、调整"等一系列环节。从本质上讲,人类的行为是大脑在多层次调节下对环境的"身体心理"反应。只有结合运动学、神经科学和心理学等不同学科,从多个角度对动作进行全面分析,才能获得全面深入的理解。

在整合多学科观点的基础上,行动可以被视为运动器官、神经系统和心理系统在一定环境要求和条件下协调活动的过程和结果。这意味着,对行动的全面理解取决于从多个层面进行的全面讨论,包括外部行为、内部神经和心理活动,以及行动主体与环境之间的关系。

(二)生理和心理过程之间的相互作用

特别值得注意的是,为了完全理解行动,行动必须置于个人生活的环境中,并在个人与环境之间的关系中进行检查。以儿童接触玩具为例,这个动作源于儿童对玩具的兴趣,指向环境中的对象,这是儿童与环境之间的心理关系;有了兴趣和目标,行动的产生也取决于孩子的行为是否被社会环境所允许。如果孩子想要的玩具是危险的,或者获取足够的活动违反了社会规则,那么获取足够的玩具的行为将被禁止,因此获取足够的游戏也是孩子与社会环境关系的体现。同时,到达行动的实施也受到物理环境特征的直接制约。

如果目标是活动的,则伸展动作的轨迹必须协调目标的方向和速度,这反映了儿童与物理环境之间的关系。只有将上述关系及其变化结合起来,我们才能深刻理解行动作为个人与环境之间互动的手段的重要性质,并为人们理解神经系统、其他与行动相关的生理系统和心理系统的活动机制和生态意义提供启发。

在整个发展过程中,个人发展的每个阶段对行动重要性的具体表达是不同的。在婴儿期,个人将大量时间和精力用于行动学习、实践和各种行动活动。独自坐着、爬行、站立、行走、奔跑、跳跃、抓握、使用工具等构成生存活动基本要素的动作,都需要个体在一定的成熟基础上通过反复尝试来掌握。在儿童中期和青春期,虽然个体已经具备了基本的运动能力,但在这一时期他们仍然对运动活动有着明显的偏好,而个体面临的首要任务之一———学校学习的重要目标是帮助个体增加各种运动体验,制定适合他们学习和工作需要的更高层次的行动。成年后,虽然基本运动能力没有显著变化,但由于职业发展和生活的特殊需要,成人特定动作仍在继续发展。老年时,由于身体机能下降,通过各种方式保持生活所需的基本运动能力极为重要。由此可见,在个人发展的每个阶段,行动都是不可或缺的发展任务。

作为观察、监测个体身心发展的窗口,行动与个体心理发展之间的功能关系越来越受到关注。一方面,认知、情绪、心理氛围等因素对行动的产生、执行和结果的影响得到了广泛认可;另一方面,行动对心理活动和功能发展的影响越来越受到重视。

在理论上,J. Piaget 将行动视为主体和客体之间的互动,并认为心理学的个体发生和发展源自主体和客体的互动,而不是来自主体或客体。可以得出结论,行动对个人心理发展具有建设性作用。在不同的开发阶段,这种构造功能的性能是不同的。在发展的早期,行动是主客体互动的主要手段。因此,儿童与环境关系的建立、维持和变化与运动的发展和变化密切相关,个人对外部世界的理解主要来自各种行动活动。例如,当婴儿的腿绑上铃铛时,婴儿会在偶尔的腿部运动后听到铃铛声,并逐渐在腿部运动和铃铛声之间建立起稳定的联系,这是他对因果关系的初步理解。随着孩子的成长,他们的认知结构发生了变化。早期行动模式是儿童后期认知结构的发展,因此,行动对心理发展的影响是长期的,这反映了个体参与后期发展的主动性作用。

第四节　儿童期人体动作发展的科研动态

动作发展作为个体发展的一个重要方面,关系到个体全面发展的质量。尤其是处于动作发展敏感期的儿童,动作发展的优劣不仅决定了其身体健康和动作能力,还与其智力、认知、情感情绪以及社会适应性等多个领域息息相关。

一、儿童动作发展与体质健康

儿童动作的全面发展会促进儿童良好姿势的形成。正确的动作发展是姿势发展的基础。因此,儿童动作的发展对于促进儿童正确优美的体态和姿势发展有着非常积极的作用。吴升扣等人(吴升扣等,2015)对儿童粗大动作与身体健康水平之间的联系进行研究。该研究以《国民体质测定标准手册幼儿部分》为标准,对儿童身体健康的各项指标进行测试与打分,研究发现儿童粗大动作与身体健康之间存在非常显著的正相关关系。胡水清等(胡水清等,2018)通过对北京市 3～6 岁儿童国民体质测试成绩与粗大动作技能发展进行比较,结果显示体质测试成绩差的儿童,其动作发展低于一般水平,特别是其球类动作技能发展方面。他们还发现随年龄增长儿童动作发展的差距有逐渐扩大的趋势。

因此,儿童动作的全面发展对儿童的身体控制、平衡、躲闪和协调等能力具有促进作用。儿童期动作良好发展为其在今后社会生活中预测风险、自我保护、处理突发事件、预防事故的发生打下良好的基础。

二、儿童动作发展与大脑发育

儿童动作发展对大脑的发育有非常深远的影响。婴幼儿大脑发育不仅受遗传因素的调控,其发育规律与环境刺激有着密切关联。李红等人(李红等,2003)研究发现早期儿童与环境的相互作用通过动作来完成。儿童在与环境的相互作用过程中动作得到发展,与此同时也促进了认知发展。李俊峰等人(李俊峰等,2022)通过使用精细动作量表《动作发展测试量表

《Movement-ABC》》和认知能力量表《韦氏幼儿智力调查量表第4版（WISC-Ⅳ）》对3~6岁儿童进行测试,发现精细动作发展与认知能力发展存在显著的相关性。高龄组幼儿的精细动作得分与视觉空间、流体推理、加工速度得分均有显著的正相关性,而与言语理解和工作记忆得分未显示出显著的相关性。低龄组幼儿的精细动作得分与言语理解、视觉空间得分均有显著的正相关性,与工作记忆得分未显示出显著的相关性。儿童动作的发展将促使儿童的认知发展不断高级化、复杂化。

精细动作发展对儿童学业成绩具有显著促进作用。李蓓蕾等(2003)发现,儿童筷子使用技能的稳定性和时效性等精细动作显著影响其学业成绩。Grissmer等人(Grissmer D et al.,2010)对两所小学的学生进行调查发现,儿童的精细动作发展水平对小学数学和阅读成绩表现出积极的促进作用。Cameron等人(Cameron C E et al.,2012)通过实验研究发现,儿童的精细动作对其在幼儿园的学业成绩具有显著的正向预测作用。其他学者(Luo Z P et al.,2007;Kercood S et al.,2007)的研究也得到了类似的结果。

儿童在动作发展的过程中促进了感知觉,特别是本体感觉的发展,在这个过程中还促进了分析、判断、思维等各方面能力的发展,促进认知水平和智力水平的提高,促进大脑发育。

三、儿童动作发展与心理发展

儿童动作发展对儿童心理发展的影响是当前体育教育、心理学领域研究的重要课题之一。首先,儿童动作发展会增强儿童的自信心。儿童早期动作发展的程度对儿童自信心的建立起不可或缺的作用。动作发展良好的儿童远比动作发展较差的儿童更有自信。其次,身体活动能力影响儿童自我概念的形成。身体活动能力较强的儿童,可能会逐步形成积极的自我认知。这样的自我认知和自信心会促进他们在以后的学习和社会生活中大胆尝试、积极探索,独立勇敢地面对各种挑战(雷晓花,2019)。同时,自信心的增强不仅促进儿童对体育活动的兴趣,也有助于儿童良好品格的形成。Livesey等(Livesey D et al.,2010)对9岁至12岁的小学生进行一项研究,发现儿童动作发展与同伴关系之间存在显著相关性,动作发展水平越高,受到同伴的接受程度越高。在儿童动作发展的过程中,通过运动与游戏为儿童提供了宣泄和表达情绪的机会,这对培养儿童积极的情绪和情绪调节能力有很好的作用。

四、体育活动对儿童动作发展的影响

（一）体育活动对儿童粗大动作发展的影响

增加体育活动、提高运动能力可以有效促进儿童粗大动作的发展。Kipling等(E. Kipling Webster et al.,2019)发现儿童的大肌肉动作发展与身体活动量呈正相关,与久坐不动行为呈负相关。儿童早期动作发展水平对其未来的运动能力造成极大影响。李静等(2019)的研究发现,学龄前儿童的基本动作技能与其身体活动能力存在一定程度的相关性。陈爱国等(2011)对10岁儿童进行研究,发现短期中等强度有氧运动对儿童执行功能的提高具有显著效果。尹海艳等(2022)对3~6岁儿童进行体育活动干预,发现参加体育活动可以促进儿童粗大动作发展,包括身体位移能力和操控物体能力,其中身体位移能力提高程度更明显。儿童时期适当参加体育活动可以提高儿童的大肌肉运动能力。国外学者也发现,参加水上运动有助于进一步提高儿童动作的发展。例如,游泳可以显著提高儿童的物体控制技能(Nissim M et al.,2014)。此外还有学者发现,运动干预后儿童的心血管耐力有明显的提高(Cohen K E et al.,2015)。

（二）体育活动对儿童精细动作发展的影响

体育活动对儿童精细动作发展也具有积极意义。研究发现，体育游戏能有效促进4~6岁儿童精细动作发展。体育游戏对促进4~6岁儿童精细动作的准确性、整体性和灵活性具有显著效果。其中，体育游戏对4~6岁儿童动作的准确性、整体性和可操作性影响最大，其次则是动作的移动性、灵活性和稳定性（黄辉，2021）。Brown（Brown C G，2010）在英国小学实施了"基本运动计划"干预项目，旨在帮助患有基本条件反射障碍的儿童，通过对65名8~11岁儿童进行系统干预后，发现受试者的精细动作发展水平有了明显改善。

（三）体育活动对发育异常儿童动作发展的影响

国内外学者对发育异常儿童的研究主要集中在发育迟缓、自闭症、脑瘫等方面。国外对发育异常儿童进行的干预项目主要包括CHAMP干预、综合训练、游戏干预等；国内则主要以大肌肉运动干预、功能性训练、幼儿体操、动作教育课程为主。可见，国内外针对发育异常儿童的干预措施均倾向于综合训练、体操、游戏、大肌肉运动干预（陈宏等，2021）。研究表明，体育活动对发育异常及基本动作技能发展落后的儿童具有积极作用（Kirk M A et al.，2011）。王立苹（王立苹等，2015）对4~6岁脑瘫患儿进行运动控制训练，治疗前后分别观测粗大运动功能量表（GMFM-88）的D区、E区分值及粗大运动功能评定分值改善程度，发现运动控制训练能有效改善脑瘫患儿粗大运动功能。还有研究显示，运动干预对发育异常儿童的姿势控制能力改善效果十分显著。平衡训练能够有效促进自闭症（ASD）儿童的姿势控制能力（Cheldavi H et al.，2014）。Gómez等人（Gómez lvarez Nicolás et al.，2018）对唐氏综合征儿童进行Wii平衡板结合虚拟游戏训练，结果显示唐氏综合征儿童粗大动作显著改善。体育活动可改善发育异常儿童的动作发展，提高其自理能力和日常生活能力，使其更好地融入社会生活。

儿童期人体动作发展是人一生中动作发展的重要时期，儿童期良好的动作发展不仅可提高其体质健康、运动能力，还对儿童的认知、大脑发育、心理健康、社会行为方面的发展具有重要影响。研究显示，体育活动可促进儿童动作发展，因此，儿童应该积极参加体育活动，促进其动作良好发展，为以后更好地学习、生活打下良好基础。

学者在动作发展领域对儿童动作发展研究的重要性、体育锻炼对儿童动作发展和心理发展的影响、儿童动作发展的规律和特殊儿童动作发展等相关领域进行了系列研究，取得了一定的研究成果。但在研究对象、研究内容和测量工具等方面还存在需要改进的问题。今后的研究需要加强多学科综合研究、编制符合中国儿童的测量工具和评价标准、加强纵向追踪研究，以提高动作发展研究的质量，促进动作研究的科学化。

【复习与思考】

1. 精细动作技能和大肌肉动作技能的区别是什么？

2. 请举例说明可能影响使用工具动作发展的外部因素，你能设计一个实验来证明这些例子吗？

3. 设计验证手眼协调发展实验。

4. 对于儿童来讲，为什么拥有丰富的基本动作技能体验是重要的？

5. 总结各阶段基本动作技能特点。

6. 你如何确定什么在儿童成长和动作发展或表现中是重要的,是需要测验、测量和评估呢?

7. 除了笔顺和空间结构,还有其他可能区分汉字和英文书写因素吗? 阅读一些文献并举例说明。

8. 儿童时期抓握筷子的动作变化?

9. 儿童行动计划会呈现怎样的发展趋势,请简要描述。

10. 动作控制学习与控制的方法,请简要论述。

11. 儿童时期的心理发展会随着动作发展而有不同的发展吗,请说说你的看法。

12. 儿童时期的精细动作是如何一步步成熟的。

13. 为什么说儿童时期是一个人成长的黄金时期,请根据儿童时期的生理、心理、动作发展展开叙述。

课程思政元素:
身心健康发展、健康生活认知

课程思政举例:
案例:体育为本,助力身心健康。

(1)从儿童期的动作发展是人类动作发展的关键时期,构建学生**发展观**,建立**认识自我**的意识。

(2)从儿童期的粗大、精细动作发展水平是青少年、成人和老龄时期运动发展起的基础,**教育学生要尊重自然规律、注重关键时期的教育和发展**。

(3)从儿童阶段获得基础动作技巧,是将来获得较高水平的运动技巧和特殊运动技巧的基础,建构**运动科学与科学运动的理论框架和方法指导**;

(4)从儿童期动作发展有助于孩子日后在日常生活、学习、技术掌握等方面的发展,培养学生的**天使情怀、园丁责任感**,树立**传播健康知识与方法**、引导儿童体育教育正规有效开展的**责任感和使命感**。

第七章 青春期的人体动作发展

　　动作发展是动作行为的一个分支学科,当我们在学习人体的动作发展时,对动作行为就要有所了解。

　　"动作行为"(motor behavior)是一门研究人类遗传性和目标导向动作表现的科学。包括"动作学习""动作控制""动作发展"三个重要的分支。

　　"动作学习"是指人的内在完成动作能力的过程发生的变化,是由人对技巧动作的掌握程度的练习决定的。随着练习而提高的人的动作学习水平,往往是根据观察人的动作表现水平的相对稳定来推测的。它的主要研究对象是影响这些学习过程的人类动作技能的学习过程和各种变量,其研究内容包括获得动作技能,提高已经学习过或经验丰富的动作表现水平,以及运动技能在受伤和生病后的再次获得等。

　　"动作控制"(action control)是指以动作产生、执行和控制的过程以及影响这些过程的各种变量为主要研究对象的一系列与人进行技能性动作有关的神经学、生理学和行为学机制,其研究内容包括神经肌肉系统为保证动作的协调性和新技能的学习而如何发挥功能,以及保证已掌握动作技能的良好执行过程等。

　　"动作学习"和"动作控制"的研究内容与动作发展互为补充。"动作发展"是指随着时间的变化和发展,人的技能性动作表现的过程,它的主要研究对象是人的身体生长发育所反映的动作行为的变化和环境的互动。因此,我们说"动作学习""动作控制""动作发展"的研究对象,除了在研究方向上各有侧重外,其他都是人的动作行为,甚至在某些理论内容上存在着交叉。它们的关系既相互独立、各有侧重,又相互依存、互为补充。它们在人类行为科学中都是举足轻重的一环。

第一节　概　述

　　青春期是人一生发展的转变期,男孩、女孩的身材、面容、性器官,在青春期的几年里,都会有很大的改变,心理上会产生一定的波动。因此他们成年后什么样,未来会过什么样的生活,在很大程度上取决于这段青春岁月。

　　青春发育期是决定人一生体魄、体质、心理、智力发展的关键时刻,是儿童发育到成年的过渡时期,是发育突飞猛进的阶段,是性发育逐渐成熟的阶段。这一时期一般定在 10~20 岁,从 10~14 岁是生长发育较快的阶段,15~20 岁生长发育逐渐变慢。每个人都会因为性别、种族、遗传、环境、营养和身体锻炼等因素的影响,在青春发育期的开始年龄、发育速度、成熟年龄和发育程度等方面存在较大的个体差异。女生的青春发育期一般比男生早两年开始。不论男女,性发育成熟有三种类型:早熟、正常和晚熟。

　　目前定义青春期一词的趋势是陈述与青春期有关的生物、文化和社会经济特征,发生在绝大多数个体身上的时间性年龄(chronological age)范围,最常被提及并为人所熟知的是身高的增长和性成熟的获得。根据世界卫生组织的定义,在时间性年龄的 10~18 岁之间,应发生青春期及以上所说的生物指标。然而,对于生物系统来说,变异性是很大的,也就是说,一些个体发育和成熟的速度较快,而另外一些个体则以较慢的速度发育和成熟(Payne et al.,2005)。事实上,最近有些国家的儿童比过去一些年的儿童发育和成熟得更早。因此,更符合实际的全球时间性年龄范围应是女孩在 8 ~ 19 岁之间,而男孩在 10 ~ 21 岁之间。

青春期可分为三个阶段,分别是青春的初期、青春的中期、青春的后期。在此过程中,青少年会经历生理发展和心理发展变化,包括第二性征和其他性发展的出现,体格发育,认知能力发展,个性发展,社会性发展等。遗传、营养、运动等因素导致每个青少年进入青春期的年龄和时期都不一样。

一系列形态、生理机能、生化、内分泌及心理、智力、行为的突变,是青少年发育期的主要特征。这一时期身体各器官和系统发育迅速,而这一时期全身发育最晚的生殖系统也发育迅速,逐渐走向性成熟。

第二节 青春期身体各系统发育特点

儿童期和青少年期作为青春期身体发育的重要阶段,身体各系统的发育对动作的发展起决定性作用。

一、青春期内分泌系统的发育特点

青春期少男少女的身体和心理为什么会变化很快? 这都是因为激素的作用。激素是内分泌腺分泌的一种物质,它会直接进入血液,并分布至全身,起重要的调节作用,可以调节身体的代谢、生长、发育和生殖等。关于人体重要的激素,男孩有甲状腺素、肾上腺素、胰岛素、性激素等,女孩有生长激素、促甲状腺激素、促性腺激素等,这些激素再促进相应的内分泌腺(如甲状腺、性腺等)分泌有关激素。

随着青春期男孩的下丘脑—垂体—性腺轴的逐渐发育成熟,下丘脑促黄体生成并释放激素,使得垂体分泌促性腺激素,睾丸受到促性腺激素的刺激,开始分泌大量性激素,从而触发青春期的开始。女孩随着下丘脑—垂体—性腺轴发育成熟,下丘脑分泌促性腺激素释放激素,使垂体分泌促性腺激素,卵巢受到促性腺激素的刺激,开始大量分泌性激素,使女孩进入青春期。进入青春期后,女孩有了初潮,身高和体重增长迅速,声音变得尖细,体形玲珑有致,更具有女性特征,情绪多变,这些都与激素有关(图 7 – 1)。

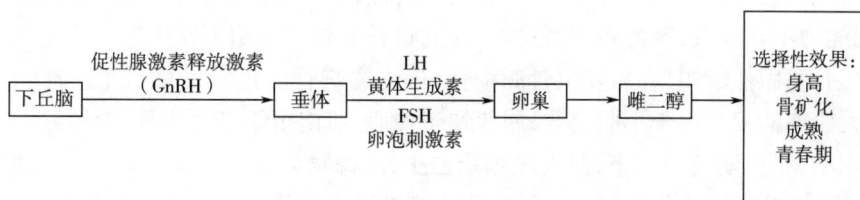

图 7 – 1 雌二醇的生成与交互作用演示

没有激素就没有成长,激素负责调节人的睡眠、体温以及饮食等。激素不但促进成长,也影响了心情。在人脑中,有一个较高级的神经中枢——下丘脑(也叫下丘脑下部),对内脏活动有调节作用。下丘脑能分泌多种释放激素,这些释放激素作用于脑垂体,引起脑垂体分泌各种激素。

所以生物性的改变都是由内分泌系统引起并受其影响的,而在调节内分泌系统和本章提到的激素的产生中起主导作用的是下丘脑(hypothalamus)和垂体(pituitary)。青春期发育开始的标志是下丘脑开始释放促性腺激素释放激素(gonadotropin releasing hormone,GnRH),促性腺激素释放激素刺激垂体。垂体的激活致使卵泡刺激素(FSH)和黄体生成素(LH)的释放,这一过程会持续下去,而卵泡刺激素和黄体生成素又会反过来激活性腺类固醇,即卵巢释放的雌二醇(estradiol)和睾丸释放的睾酮(testosterone)。另外,当甲状腺(thyroid)分泌的激素的水平达到临界值时,就会促使垂体释放更多的生长激素;同时肾上腺激素和甲状腺激素在成长和成熟的过程中也扮演着重要的角色,这将在本章的后面进行阐述。简而言之,负责调节与青春期有关的大部分生物性标志的是下丘脑—垂体—性腺轴(hypothalamus-pituitary-gonadal axis)。这些生物性标志如身高、体重、肌肉群以及与其相联系的身体成分、性成熟等特征就是伴随着这一时期发生迅速变化的(图7-2)。

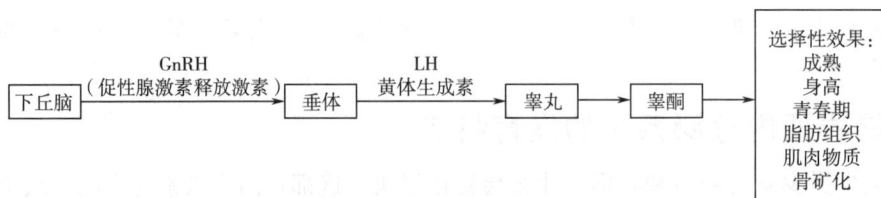

图 7-2 睾酮的生成与选择性交互作用演示

二、青春期运动系统发育特点

运动系统是由骨、骨连结和骨骼肌三部分组成,占成人体重的60% ~70%,无论是复杂的全身运动,还是简单的四肢运动,都是以骨骼为杠杆、关节为枢纽、构成人体支架,骨骼肌附着于骨骼,通过骨骼肌收缩提供动力,在神经和体液调节下进行收缩和舒张,产生各种运动。三者相克相依、缺一不可。因此,在青春期阶段,青少年的运动系统发育日趋完善,可根据自身爱好和身体健康选择一项体育运动来加强运动系统的能力。

儿童和青少年的骨骼都处在生长发育期,骨骼中有机物比较多,无机物比较少。一方面,儿童青少年骨骼具有弹性大、韧性好、不易骨折等特点;另一方面,其硬度小、坚固性差,承受压力和张力的能力不如成人,容易在用力过大、时间过长的外力作用下发生弯曲或变形。骨骺未完全骨化之前,坚固性较弱,容易发生骨骺损伤,进而影响骨的正常发育。儿童青少年肌肉发育不平衡,大肌肉群发育快于小肌肉群,屈肌快于伸肌,肌肉组织富含水分,弹性好。肌肉较细嫩,肌纤维细小,肌肉横断面积小,肌肉收缩蛋白少,能源物质储备(如肌糖原)少,神经调节机制不完善。因此,儿童青少年的肌肉力量和耐力都较成人要弱。儿童青少年关节面软骨较厚,关节囊较薄,关节内外的韧带薄弱而松弛,关节周围的肌肉较细长。关节的伸展性与活动范围较大,关节的灵活性和柔韧性好,但牢固性和稳定性较差。

青少年时期骨骼正处于生长发育期,此时的骨骼是人一生中变化最大的时期,软骨组织较多,包括变长、变粗等,其中变化最明显的就是长骨(上下肢的量)。软骨(称为骺软骨)长在长骨的各端,内有软骨细胞,迅速繁殖,青春期发育成熟;随着血液和营养物质的充分供应,促使软性骨化,这些骨骼随着人的身体显著长高而向两头用力生长,下肢骨骼也随之变长。骨膜内的成骨细胞随骨骼变长而不断增生,产生表面增厚、骨骼变粗的新骨组织。同时,附着在骨头上的筋也渐渐结实起来。决定人高矮的因素是青春期发育特别快的下肢和脊椎,因此身高增长较快。人的身高,在十七八岁之前,主要是靠四肢骨骼发育,到了十七八岁之后,则是靠脊椎发育而成。女性的身高发育大多停止于 19 岁,最多可到 23 岁,完成骨化,身高不再增长;男性身高发育停止的年龄多在 23 岁,个别可达 26 岁,完成骨化,身高停止增长。此时,骨内有机物质和水分与无机盐的比例大致是 3∶7。

青少年时期也是肌肉发展最快的时期,随着体育锻炼的规律性,肌肉日益发达,大约有一半的青少年由于肌肉的增长而导致体重的增加。同时,肌肉的锻炼使机能也得到了很快的改善。以肌力为代表,包括握力、拉力、肌耐力等,在女孩 10～11 岁、男性比女性晚 2 年的青春期,男性和女性都有一个突然发育的阶段。比起女性,男性突增的幅度明显要高一些。

运动素质的提高,如速度、耐力、下肢爆发力、协调性、柔韧性的提高等,也都是符合身体形态和功能的发育。女性是 11～14 岁以前,男性是 19 岁以前,随着年龄的增长,各项指标都有所增加。19～22 岁是男性暴增的高峰;11～14 岁为女性第一高峰,在 14～17 岁下降,19～23 岁为第二高峰。男性在 12 岁前各项指标略高于女性,13～17 岁后差别迅速增大,到 18 岁后则更大,渐趋平稳。其中发展较早的是速度、耐力和腰腹肌力,然后是下肢爆发力,臂肌的静力等。

最大耗氧量是反映身体有氧能力大小的主要指标,男女在青春期前无明显差异。在青春期开始后,随着年龄的增长,男女双方的最大耗氧量都有所增加,但男性的增加更为显著,女性在青春后期的最大耗氧量平均值只有男性的 70% 左右。

男性和女性在青春期运动系统的功能上有明显的区别,所以在制订体能训练计划和劳动安排上要做到男女有别。

三、青春期心血管系统和呼吸系统的发育特点

儿童、青少年的心脏血管系统正处于发育中,与成人相比,儿童、青少年心脏的心肌纤维短而细,弹力纤维分布较少,心脏瓣膜发育尚不完善,心脏的重量和体积都比成人小,由于儿童少年心脏在结构上的这些特点,导致心脏收缩力量较弱,心脏的每搏输出量和每分输出量也较成人少,但如果按每千克体重的相对值来说并不少,而且年龄越小,相对值越大。因此从而保证了由于新陈代谢旺盛而需要更多的氧气量供给的儿童少年在生长发育过程中,能够在较短的时间内胜任较为紧张的肌肉活动,体现了儿童少年适应人体总体发育水平的心脏发育状况。

儿童少年心率较快,是因为心脏输出量较少,且儿童少年新陈代谢旺盛,交感神经兴奋占优势等原因。迷走神经紧张性会随着年龄增长而提高,心肌纤维随之变粗,心脏重量和体积增加,收缩力量增加,输出量增加从而逐渐减慢心率。儿童少年血管内径比成人相对宽,血管长度比成人短,所以儿童少年的血流阻力小,血液循环一周(循环时)的时间也比成人短,再加上儿童少年的毛细血管丰富,所以在单位时间内,各组织器官的血流量都比成人相对大,这就保证了他们在生长发育过程中,氧气和营养的供给能得到更充分的补充。7 岁以前,儿童血管的发育超过心脏的发育水平,到青春发育期后,血管的发育又落后于心脏的发育。儿童少年的血压较成人低,随着年龄的增长,血压逐渐升高。至 18～19 岁以后,血压接近成人,基本趋于

稳定。

在青春发育期,女性过了16岁,男性过了18岁,有的人就会出现高血压的症状,这就是所谓的青年性高血压。这多是由于性腺和甲状腺分泌旺盛使交感神经加强了对心脏的紧张性影响,血管发育落后于心脏,使血管外周阻力增加所引起。

收缩压升高,安静时可达14.63~19.95kPa,并有起伏,是青年性高血压的主要特点。不过一般多不超过19.95kPa,但舒张压正常。一般没有如头痛、头昏等自觉的症状。随着年龄的增长,内分泌功能逐渐稳定,神经系统对心血管活动的调节逐渐完善,血管进一步生长发育,血压也能逐渐恢复正常。青年高血压者如果参加运动后没有不适反应,则患者可以继续活动,但要适当降低运动强度和密度,不宜进行力量性练习,如举重、憋气等定期观察血压变化,要注意运动强度和密度的降低。青少年高血压者适当参加一些体育活动,对血压的恢复有帮助。运动中的儿童和青少年,其心血管系统功能的改变有:①心率的改变。儿童少年心肌发育尚未完善,交感神经调节占据优势,儿童少年在进行相同的锻炼时,心率增幅比成人要大。反映出儿童和少年为了适应肌肉工作的需要,在运动中更大程度上仍是通过提高心率来提高心脏输出量;②血压变化情况。收缩压升高、舒张压下降、脉压差增大,运动中血压的变化趋势与成人基本一致。与成人不同的是,从事同样的运动,儿童收缩压的上升幅度比成人小,而舒张压的下降幅度比成人大,与成人相比也有更多的人出现舒张压的下降。这反映出儿童和少年的心脏功能还不如成人,血管的神经调节还不够健全;内脏血管在舒张肌肉血管的同时,由于代偿性收缩不能有效进行,减小了血管外周的阻力,从而造成了极度的舒张压下降。

另外,个别生长速度快、个头高的少年,其心脏发育往往比躯体落后,从而相对加重了心脏的负担。参加运动时,心血管系统的锻炼一定要循序渐进地加强,心血管功能定期检查也是必不可少的。性发育迟缓的学生,其心脏发育较慢,适应能力较低,在安排运动量的时候,要注意区别对待。合理的体育锻炼能促进儿童和青少年的心脏血管系统发育,使他们的机能水平得到提高。运动时,当冠状动脉循环改善时,心脏的工作负荷增加,使心率升高,心脏血流量增加,心肌代谢增强。因此,系统的体育锻炼能使心肌发达,增强心脏的收缩力,增加每搏输出量,从而使心脏的贮存力得到改善。安静时的脉率和血压也低于一般的同龄少年,脉率增加的幅度较小,经过定量的负荷后,恢复的速度也较快。儿童和青少年胸阔窄小,呼吸器官发育不完善,呼吸道狭窄,呼吸肌发育落后。此外,纤毛运动能力差,极易受尘埃和微生物的侵害引起黏膜充血、发炎等。因此,儿童青少年呼吸表浅,肺活量小,频率快,剧烈运动时易产生疲劳,供氧能力较差,耐缺氧能力较低。随年龄增长,呼吸的深度会加大,呼吸频率将逐渐的减慢。经常参加体育锻炼的儿童和青少年,其呼吸系统的抵抗力都得到了显著的增强。

四、青春期神经系统的发育特点

新生婴儿脑重380g左右,1岁时已达950g,这时脑神经元已达成人(约140亿)的水平;7~8岁时脑重已达1400g,与成人脑重接近;在9~16岁时,大脑以细胞内部结构和机能的复杂过程为主。

在神经系统结构变化的基础上,儿童和青少年神经系统功能主要表现为:大脑皮质神经过程兴奋与抑制不均,兴奋占优势,兴奋过程比较强,易于扩散,兴奋与抑制转化较快,灵活性较高。表现为活泼好动,富于模仿感,不容易集中注意力。儿童和青少年很容易建立条件反射,对新动作的学习和掌握更快,但因为兴奋容易蔓延,做动作时容易出现多余的动作,而且动作不够精确,不够协调。需要注意的是,条件反射在儿童和青少年中建立得比较快,消退的速度也比较快,但是恢复的速度也比较快。

13～14岁的儿童少年,大脑皮质的抑制过程有所发展,动作的协调性有所提高,但由于分化能力不是很强,分析综合能力不及成人,再加上受小肌肉群发育较晚的制约,导致他们在运动中对距离、时间、速度、力量的判断能力不强,肌肉运动感觉不够精细,因此对复杂精细的技术动作掌握起来仍有一定的难度。

14～16岁的青少年,运动反应的潜伏期大大缩短,动作错误百分率大大降低,一些较复杂的动作也能掌握,这是由于大脑皮质分化能力的进一步发展。这一年龄阶段的女子能胜任复杂、高难动作,在体操、花样滑冰和杂技三个项目上表现尤为突出,这是因为女子分化抑制发展较早。

在儿童和青少年的神经活动中,第一信号系统的活动占主导地位,第二信号系统的活动还在发展中,抽象的语言思维能力较差,分析综合能力的发展还不完全,对于形象具体的信号,很容易建立条件反射。所以,在体育课的教学过程中,要多用一些直观的、形象的语言、口诀来说明他们的教学和示范的教学手段。同时,要注意对其思维能力的培养和发展,以推动更快地开展第二信号系统的活动。

儿童和青少年大脑皮质神经细胞的工作能力较低,容易疲劳,但由于神经细胞物质代谢旺盛,神经过程的兴奋和抑制转换较快,灵活性较高,因此疲劳消除也较快.在青春发育期时,动作的协调性可能会在形成动作技巧时暂时下降,因为性腺活动加强,内分泌腺活动改变,影响神经系统的稳定性,这在少女时期较为明显,但在运动训练一定时间后,可逐渐克服这一状况。

五、青春期身体各器官、系统发育的不均衡性和统一协调性

尽管人体各器官系统的发育速度和起止时间各有不同,但由于人体是一个统一的有机整体,因此,各器官、系统的发育与其生理机能相适应,同时彼此密切相关与整体发育一致。如神经系统支配调节全身各组织器官的活动,实现机体与外界的联系,使新生儿脑重约380g,为成人脑重的25%,到6岁时已达到成人脑重的90%,胚胎时期神经系统迅速生长发育。

脑重增长的同时,大脑皮质内部结构与功能也日益发展,在6～20岁之间,脑的重量虽然只增加了10%左右,但脑细胞的结构和功能却发生了显著变化,最终达到神经系统功能的完善。10岁以前的淋巴系统发育迅速,以增强机体对疾病的抵抗力,因为儿童时期机体对各种疾病的抵抗力较弱,主要靠淋巴系统来保护。进入青春发育期后,淋巴系统逐渐萎缩,这是由机体各系统发育成熟,抵抗力增强所致。生殖系统开始发育的最晚,10岁以前发育很缓慢,青春期开始后才迅速发育并逐渐成熟(图7-3)。

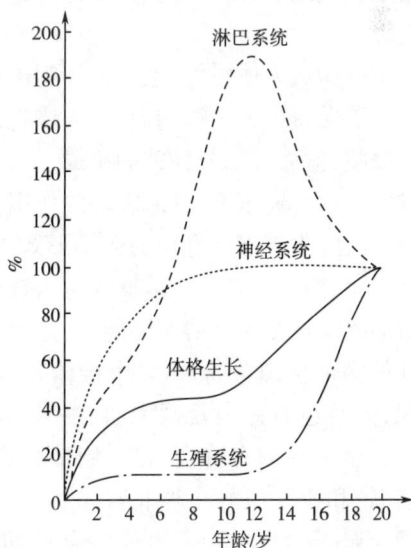

图7-3　出生后各器官、系统的生长发育规律
资料来源:王安利.运动医学[M].北京:人民体育出版社,2007.

掌握儿童和青少年的普遍生长发育规律,对合理安排体育活动和根据其不同时期的发展特点进行科学训练是有帮助的。在体育锻炼和运动训练过程中,应制订适合于儿童青少年身心发育系统的训练计划。在儿童青少年生长发育的不同阶段,科学地选择适宜的方法、训练内容和手段,促进其身心生长发育。由于人的生长发育是不均衡的,但又是统一协调的,因此,应全面考虑运动训练对机体的影响,促进儿童青少年身心全面发展。

第三节　脊柱稳定性与青春期人体动作发展

脊柱稳定性与人们的工作、学习与生活息息相关,脊柱稳定性强,人们的脊柱运动节段刚度就不会下降,活动度也不会增加,与不稳定的脊柱相比,在同样的负荷作用下可发生较小的位移;从另一个角度分析,脊柱稳定性强,就不会导致下背痛或脊柱侧弯等疾病的发生,反之,人们脊柱过度活动可以导致疼痛、潜在的脊柱变形和神经组织受压损伤。人体脊柱失去稳定性的危害是很明显的,轻则会肩背疼痛,重则导致脊柱侧弯、脊柱椎间盘突出等病症。

一、脊柱的结构和功能

脊椎位于人体中轴,具有传导力量、运动及保护脊髓及其神经的功能,并由参与保护各脏器器官的胸腔、腹腔及盆腔组成,也是许多骨骼肌的附着部位。脊柱由 24 节独立的椎骨,1 节骶骨,1 节尾骨,还有 23 节椎间盘组成,关节和韧带装置连接在一起。它的中央有椎孔相连的椎管,内藏脊髓,两面各有 23 个椎间孔,通过了脊神经。椎骨的一般形态:除个别椎骨外,每块椎骨由 1 个椎体,1 个椎弓,1 个椎孔,还有 7 个突起构成。椎体呈块状位于前部,主要由表面骨密度较薄、易发生挤压性骨折的椎体前缘和最弱的骨松质构成;作为脊椎肌肉的附着点,横突和棘突是基础之一,使脊椎保持动态稳定;第 7 颈椎又称为隆椎,体表骨性标志之一是第 7 颈椎棘突较长。

脊柱不仅构成人体中轴,也是人体躯干的支柱。它的生理弯曲能使身体的总重心稍稍向后移到有利于保持身体平衡、有利于人体直立、有利于行走的人体中轴的垂线上。脊柱参与椎管、胸腔、腹腔、盆腔等部分腔壁的组成,借以对脊髓及内脏器官等起保护作用;脊柱为拱形结构,弹性好,起到传递压力、缓冲震动的作用,脊柱在运动时可以完成各种基础动作,成为杠杆,或是许多肌肉的附着点。脊柱的运动形式多种多样,有三维方向(前后、左右、旋转),六自由度,脊柱的矢状面运动以前屈后伸为主。脊柱的稳定性是指人体保持脊柱正常的姿势,限制脊柱过度活动或脊柱活动不协调的能力,是实现脊柱各种运动的前提。

脊柱的四个生理弯曲,由多个椎体和多个关节组成,增加了脊柱的灵活性,增强缓冲震动的效果,同时也有许多紧紧围绕在一起的肌肉和韧带,使脊柱具有稳定性和运动性。参与保持脊柱稳定性的有胸腰筋膜、韧带和肌肉系统。胸腰筋膜是连接肋骨、椎骨、髂骨和骶骨,以及韧带和躯干肌的一种非常坚韧的结缔组织,其作用是提举重物超过头和高速投掷物体时稳定躯干。脊柱韧带对保持脊柱的稳定性有非常重要的作用,包括前纵韧带、后纵韧带、棘间韧带、棘上韧带和黄韧带。此外,环绕脊柱的肌肉对保持脊柱的稳定性也有很大的意义,与脊柱有关的肌肉可分为前侧肌群与背侧肌群,在脊柱前侧的上胸与中胸段并无明显的肌肉粘连,而在脊柱前侧肌群的下胸与腰段则以腰方肌与颈长肌最为重要;脊椎背侧肌群可分为浅层肌(骶棘肌)、中层肌(半棘肌)和深层肌(多裂肌、横突棘肌、回旋肌、肋提肌),这些肌群共同形成了一条张力带,一旦损伤将导致脊椎矢状面失衡,脊柱矢状面上前屈后伸运动受限。

二、脊柱的稳定性

脊椎稳定性的概念为脊柱各结构在生理条件下可以维持彼此间正常的位置关系,不会造成脊髓或脊神经根的压迫与损害,称为"临床稳定",而当脊柱失去此功能时,称为"临床不稳定"。

影响脊柱稳定的因素包括四大类,如下所示。

(1)结构性稳定器——椎体的形态和大小,关节面的形态、大小和方向。

(2)动力性稳定器——韧带、纤维环、关节面软骨。

(3)流体力学稳定器——髓核膨胀度。

(4)随意性稳定器——整体运动肌和局部稳定肌。

上述四种因素的病理改变均可引起脊柱稳定性下降,如随年龄增长、髓核膨胀度逐渐下降、各种原因的脊柱骨折引起结构性稳定器损伤,腰部急性扭伤引起动力性稳定器损伤,肌肉功能减退等。临床上一般采用卧床、矫正器保护、药物、牵引、理疗等保守方法治疗结构稳定器、动力性稳定器、流体力学稳定器的问题,以及运动治疗技术解决随意性稳定器的功能障碍的问题。

Panjabi 在 1992 年提出了"被动亚系""主动亚系""神经控制亚系"的"三亚系模型"理论,以维持脊柱的稳定性。

被动亚系的组成主要有椎体、小关节突,并有关节囊、韧带等成分。被动亚系可以作为本体的感受器,在脊柱活动的中位区域感受椎体位置的变化,反馈信息给神经控制亚系。它的感受器主要在椎间盘、韧带、关节面上。被动亚系损伤能使中位区间的范围增大,提高神经控制亚系活动的要求。

中位区域(neutral zone)是指当总内应力(活动阻力)保持最小状态时,脊柱节段活动的内部阻力较小,在此脊柱活动范围内属于生理性活动范围的一部分。张力性区(Elastic Zone)是指在脊柱节段活动的极限范围内,从中位区域(NZ)到活动极限区域,脊柱节段会遇到较大的内在阻力。在 NZ 范围内,被动亚系并不参与脊柱稳定性的维持,而此刻的脊柱稳定性则要靠保持局部肌肉活动(local muscle);在 EZ 区间,脊柱稳定性的保持有被动亚系的参与。

主动亚系由与神经控制亚系协同活动的肌肉和肌腱构成,在中位区域内共同维持脊柱的稳定性。通过去除肌肉的实验证明,在极其轻微的负荷下,腰椎会变得很不稳定,因为缺乏相应的肌肉的支撑。由于肌肉体积较小,位置接近脊柱旋转运动的中心,肌肉密度较高,因此单节段肌肉如横突间肌和棘突间肌主要作为一种向神经控制亚系提供脊柱姿势和运动状态反馈信息的张力感应器。

多节肌肉的体积较大,主要是参与脊椎运动及其控制。完成搬举动作的背伸肌群主要是腰部的竖脊肌;完成旋转运动的肌群以腹斜肌为主;但腰部节段运动的控制主要是通过控制平时的搬举动作和旋转动作时腰椎节段运动的稳定性和腰部多裂肌活动来完成的;脊柱在额状面上运动的稳定性,一般被认为主要与腰方肌活动有关。腹肌和脊椎的稳固性是有关系的,有研究认为,腹肌在维持背伸运动中起主要作用的是它的收缩活动可以增加腹部内压,提高腰背筋膜张力,但也有研究指出,这种作用不可能长期保持下去。

神经控制亚系是指神经肌肉运动控制系统,它能够接受来自脊柱稳定性与肌肉相关的信息,进而对主动亚系的相关肌肉活动进行控制,使脊柱保持稳定。神经控制亚系主要接受主动亚系和被动亚系反馈的信息,以判断特定的需要来维持脊柱的稳定,进而展开有关肌肉的活动,以达到稳定性控制的效果。

研究发现,神经控制亚系可以在上肢运动发生前,先启动多裂肌和腹横肌活动,以预知即将发生的肢体运动,再启动相关肌肉活动,以维持肌肉稳定性。而慢性腰痛的患者,这些肌肉活动都是比较晚才开始的,表现出明显的神经调控功能失调。腰椎稳定的慢性腰痛患者,由于初期损伤后,其神经控制功能较差,不能自动进行功能恢复,因此,需要通过特殊的手段进行训练和康复。

三个亚系是维持脊柱稳定性的三个独立性因子,通常可以用其他因子来补偿某一因子的损害。当脊柱稳定性逐渐丧失,出现各种临床症状时,各个亚系之间的功能就无法代偿了。

三、局部稳定肌和整体运动肌

脊柱周围肌肉按功能和解剖位置的不同分为两类,一类是局部的稳定肌,另一类是整体的运动肌。

在肌肉保持脊柱稳定的作用中,局部稳定肌肉起主要作用,局部稳定肌肉通常起源于脊椎,它们的主要作用是控制脊柱的弯曲度和保持脊柱的机械稳定性,通常位于深部,具有单关节或单一节段分布,通过离心收缩控制椎体活动,具有静态保持能力,脊柱最重要的局部稳定肌是多裂肌,其他如腹横肌、腰大肌等也起着类似的作用。多裂肌主要作用是提供脊柱节段的稳定,保持脊柱自然的生理前凸,控制小关节的运动,调节椎体间的压力,分配负荷。腰椎多裂肌的每一条肌束都有来自腰背部神经支的内侧分支分布,并且都是来自腰椎同一节段的神经,这意味着在节段间的多裂肌是唯一一块主要起到保护椎骨作用的肌肉,进而调整并控制相应节段的去承载负荷。多裂肌和椎骨关节突的关节有十分紧密的联系,主要控制椎骨关节突关节在头和尾方向的滑动,进而可以控制椎骨上的压力和负荷的分配。

负责做功的整体运动肌主要作为身体运动所需的动力来源,起辅助作用,使脊柱保持稳定。整体运动肌位于表层,按照关节类型可分为双关节或多关节分布,比如连接胸廓和骨盆的肌群,通常能产生较大的力量,通过向心收缩,来控制椎体运动和产生力量,如骶棘肌(分三组肌肉,腰部主要是腰部最长肌和髂肋肌)、背阔肌等。

四、青春期脊柱的渐进性损伤对其稳定性影响

(一)脊柱疾病的病理过程

从生物力学的角度讲,脊柱退变性疾病的发展过程是逐渐丧失脊柱稳定性的过程。导致脊柱稳定性逐渐丧失的常见原因通常有以下几种。

1. 脊柱长期姿势不当或长期处于超负荷状态

研究表明,长期从事座位工作的人更容易患上慢性腰痛。同理,反复弯腰搬动重物的体力活动,也容易造成损伤,如腰背部肌肉劳损,韧带椎间盘损伤等。

2. 椎间盘的退变问题

椎间盘在 20 岁以后开始退变,髓核和纤维环的水分逐渐减少,髓核张力下降,椎间盘的高度也逐渐降低;同时,髓核内的多糖蛋白减少,胶原纤维增多,从而降低了髓核的弹性;玻璃样变性逐渐在纤维环各层发生,逐渐产生裂隙;软骨板退变,稀薄状并呈囊状。椎间盘退变的主要原因是积累性损伤。椎间盘在日常工作和生活中反复受到纵向的压力和扭转、屈曲的应力作用,纤维环由内向外逐渐产生裂隙,髓核常在该处突出或脱出。它退变的后果是椎间盘减少了对脊柱稳定性所做的贡献,脊柱出现了不稳定的倾向。

3. 肌肉机能失调

研究表明,正常人在卧床 48 小时后,重新进行下床活动,其多裂肌功能开始衰退,且恢复不过来。日常生活中,各种原因如长时间负重、姿势不当、急性损伤、长时间卧床等诱因均可导致脊柱局部稳定肌群出现萎缩、失活、功能障碍等,从而引起脊柱稳定性下降;由于整体运动肌是大脑的随意性控制,而局部稳定肌是按照一定的程序模式工作的,也就是所谓的"下意识"控制,当局部稳定肌功能发生紊乱时,人体往往不能自行恢复,这时人体通过提高整体运动肌的收缩程度和收缩时间,试图增加脊柱局部的稳定性。

局部稳定肌为姿势肌,紧贴脊椎,耐力好,可长时间工作,在耐力活动时激活(维持脊柱节段稳定),整体运动肌为快肌,远离脊柱,在爆发性活动时激活(完成日常动作),以上肌肉能力的差异导致整体运动肌即使过度工作仍不能替代局部稳定肌的作用,一方面患者脊柱稳定性持续下降,另一方面整体运动肌长时间持续收缩导致肌肉痉挛、劳损、肌筋膜炎症和肌肉及筋膜短缩,患者会感到颈部或腰背部沉重、僵硬、疼痛。

以上三个因素,都是经过长时间的积累,逐渐导致脊柱的稳定性下降,最终导致一系列临床症状的出现,从而导致脊椎的稳定性下降。早期脊柱三亚系保持脊柱稳定性靠的是彼此间的相互代偿。患者的临床表现多为颈部、腰部疼痛,其原因主要是在身体外层的整体运动肌过度劳损,检查患者会发现在表层的大型肌肉紧绷、僵硬,肌肉的止点可以出现明显的压痛,轻度限制了脊柱的活动度。

随着病情的进一步发展,内层的局部稳定肌进一步萎缩、失活、被牵拉长,外层的整体运动肌出现了肌肉和筋膜的炎症和短缩,并导致脊柱的活动度进一步下降,在体检时可以发现,在外层的大型肌肉中都会出现纤维条缩的变化、肌肉的僵硬和无力等现象。

如果你的身体由于主动亚系的能力下降,被动亚系承担了更多的负荷,使椎间盘的退变进一步加快,同时过度的应力集中导致韧带肥厚、硬化、小关节突增生,随之而来的可能是椎间盘突出、椎管狭窄、椎间不稳等情况,临床表现为颈部或腰部慢性疼痛、上肢或下肢麻木疼痛、间歇性跛行。

(二)脊柱稳定性失衡及其治疗

脊柱疾病的演变,从生物力学的角度讲,是逐渐丧失脊柱稳定性的过程。早期主要是主动亚系和神经亚系功能减退,出现以局部疼痛为表现的一系列症状,其内在原因是局部稳定肌失活、萎缩,整体运动肌过度工作以补偿局部稳定肌,以及两者之间的失协调作用(discoverycomplex)所致。

这个阶段采用积极的锻炼疗法效果更好,使局部稳定肌迅速活化,马上就能减轻疼痛随着病情的发展,整体运动肌则因过度工作,出现肌肉痉挛、短缩、筋膜炎,骨关节因失去肌肉对其的保护而被迫承受过长时间的应力,可能出现炎症、骨质增生等一系列代偿性表现,此时可根据具体病情,在进行运动训练的同时,辅助以药物、理疗、牵引、制动、健康教育等一系列治疗手段。

在脊椎疾病后期,炎症变慢、脊柱变形、椎管狭窄、腰椎间盘突出等一系列问题使病情复杂,此时应综合运用手术、药物、理疗、运动治疗等治疗技术,根据具体病情,在康复训练中优先考虑神经症状的缓解和神经功能的保护。

神经肌肉系统和感觉运动系统(视觉,前庭觉,本体感觉)是人类在进化过程中逐渐固定并编码遗传下来的,作为控制和修正运动的中枢。大量研究证明,疼痛或长期停用有促使稳定肌"闭合"的倾向,从而导致运动质量和肌力降低,进而使控制神经肌肉系统的能力也随之下降,生活质量也随之下降。这时,即使初期疼痛减轻,但由于缺乏积极治疗的介入,稳定肌的"闭合"仍会继续,并可能导致再次损伤和疼痛,最终导致慢性损伤的恶性循环。这也是治疗非特异性背部疼痛的主动运动被推荐作为欧盟健康指导原则的原因之一。

治疗的核心在于使"休眠"或失活的肌肉重新活跃起来,使其功能恢复正常。在无痛的情况下完成失活肌肉的再活化,这种技术主要依赖于能使大脑、脊髓或肌肉内的感受器发出或接收到的信息重新整合,并重新编码运动程式的感受性运动刺激技术。简单地说,就是把以前"休眠"的肌肉唤醒,重新建立它的正常机能模式和神经调控方式。

第四节　青春期人体动作发展的研究动态

一、青春期的身高体重与人体动作发展

青少年的生长发育监控最直观的反馈就在身高和体重上,在所有青少年中,身高和体重的变化模式几乎是一样的。但是,在某一个特定的时间段,不同个体之间的身体大小、生长率以及青春发育突增期的时间却非常不一致。青春发育突增期的时间被认定为个体发育的标志,在个体的生长发育过程中,大部分青少年的实际年龄与生理成熟程度是有一定差别的:实际生活的年龄与生长发育的速度,往往存在不一致性,即实际的日历年龄,可能无法精准反映个体的生长发育成熟程度,无法准确体现个体到底处于哪一个青春期阶段。但是对于学校、家庭甚至个体自身来说,找到一个准确、便捷、有效的评价方式来掌握个体所处的生长发育阶段,对了解生长发育的具体状况、做好青春期相关教育、把握住个体的关键时期都具有十分重要的现实意义。人体发育的程度可以通过发育年龄或者生理成熟度来反映。个体在生长发育过程中,生理上存在变化的、可以被测定或者辨认出来的、确定有一定的演变过程的因素都可以作为衡量的标准之一。

(一)中国儿童青少年身高和体重变化情况

通过查阅文献了解到发生在青春期最明显的身体改变之一是身高的加速增长,由很多激素的变化引起,这个 2.5 ~ 3 年的快速增长期被称为青春期生长突增期(adolescent growth spurt)。成人身高大约20%在这一时期获得,这一里程碑式的过程通常从男孩的 11 岁开始,在 14 岁达到增长速率的高峰(Roche et al. ,2003)。在这个青春期的发展阶段,男孩的身高每年增长大约 10cm;女孩的生长突增阶段则稍慢些,每年大约增长 8cm。

2016 ~ 2017 年,中国城乡 6 - 17 岁儿童青少年总体来说各年龄组身高与 1992 年、2002 年、2012 年相比,均有增长(表 7 - 1)。6 ~ 17 岁的男童和女童各年龄组身高与 2012 年相比,平均分别增加了 16cm、10cm。城市和农村男童均为 12 ~ 13 岁增长幅度最高,城市女童为 8

岁、9 岁增长幅度最高,农村女童为 9 岁、10 岁增长幅度最高。与 1992 年、2002 年、2012 年相比,2016～2017 年中国城乡 6～17 岁儿童青少年各年龄组体重均有增长(表 7-2)。与 2012 年相比,6～17 岁的男童和女童各年龄组体重平均分别增加了 1.4kg、0.6kg。

表 7-1　中国 6～17 岁儿童青少年身高变化/cm

年龄/岁	城市								农村							
	男童				女童				男童				女童			
	1992年	2002年	2012年	2016～2017年	1992年	2002年	2012年	2016～2017年	1992年	2002年	2012年	2016～2017年	1992年	2002年	2012年	2016～2017年
6	113.5	118.4	122.1	122.2	112.6	117.0	120.6	121.4	110.2	113.1	118.4	120.8	109.6	112.9	117.5	119.5
7	120.8	124.0	126.0	126.9	118.7	122.6	124.4	125.6	116.1	119.6	123.9	124.1	114.7	118.2	122.6	122.8
8	125.7	129.0	131.4	132.1	124.9	128.3	130.5	131.0	121.3	124.6	128.7	130.1	120.1	123.8	128.0	128.4
9	130.7	134.4	136.1	138.2	130.7	133.5	136.0	137.8	126.0	129.1	133.3	134.1	125.5	128.8	133.1	133.5
10	136.5	139.6	141.7	143.2	135.7	139.9	141.4	144.3	130.9	134.2	138.4	138.0	130.3	134.3	139.2	140.1
11	141.3	144.9	147.5	149.9	141.9	145.8	148.5	150.5	135.1	139.2	144.0	144.1	135.5	140.0	144.4	146.4
12	146.1	149.5	153.3	156.1	147.9	150.5	152.8	155.9	140.4	144.5	149.6	150.5	141.3	145.4	149.8	151.4
13	154.1	156.4	160.0	163.5	152.1	154.5	156.6	158.7	147.6	149.9	155.9	157.6	146.7	150.1	153.5	153.5
14	158.7	162.0	165.6	166.3	154.9	157.2	158.6	158.3	152.9	157.2	161.3	162.9	150.6	153.2	156.0	155.9
15	164.1	167.6	167.7	171.3	156.5	158.3	158.8	160.2	158.1	161.4	165.2	168.6	151.9	154.8	156.9	158.0
16	166.6	168.4	170.1	172.3	156.7	158.8	159.6	160.3	161.4	165.2	166.8	170.4	154.4	156.0	157.5	158.5
17	167.6	170.2	171.0	173.2	157.2	158.6	159.3	160.1	163.4	166.3	168.3	170.3	154.5	157.0	158.1	157.9

表 7-2　中国 6～17 岁儿童青少年体重变化/kg

年龄/岁	城市								农村							
	男童				女童				男童				女童			
	1992年	2002年	2012年	2016～2017年	1992年	2002年	2012年	2016～2017年	1992年	2002年	2012年	2016～2017年	1992年	2002年	2012年	2016～2017年
6	20.7	22.2	24.6	24.2	20.0	21.1	23.3	22.9	19.1	19.4	22.4	23.1	18.4	18.7	21.6	21.7
7	23.1	24.8	26.2	26.8	22.0	23.2	24.5	24.9	21.1	21.7	24.9	24.6	20.2	20.6	23.7	23.3
8	26.0	27.2	29.7	30.1	24.9	26.0	28.0	28.3	23.1	23.9	27.4	28.1	22.3	22.9	26.6	26.3
9	29.3	30.4	33.1	34.0	28.3	28.6	31.4	31.8	25.3	26.1	30.8	30.8	24.6	25.4	29.0	29.0
10	31.5	33.8	37.3	37.7	31.0	32.8	34.5	36.2	27.6	28.6	34.0	33.5	27.1	28.2	33.1	33.3
11	34.8	37.4	41.8	43.4	34.2	36.7	40.1	41.4	30.1	31.9	37.8	37.3	30.0	31.8	36.3	37.8
12	38.0	40.5	45.2	48.0	40.5	40.5	43.9	46.2	33.2	35.4	41.8	42.0	34.1	35.8	41.0	42.1
13	44.1	44.9	50.6	55.7	43.2	44.5	47.5	49.1	38.7	39.3	46.3	47.2	39.1	40.5	44.8	45.3
14	49.3	49.4	56.2	56.7	46.2	47.2	50.5	50.8	42.4	45.1	50.7	51.6	43.2	44.1	47.7	47.5

年龄/岁	城市								农村							
	男童				女童				男童				女童			
	1992年	2002年	2012年	2016~2017年	1992年	2002年	2012年	2016~2017年	1992年	2002年	2012年	2016~2017年	1992年	2002年	2012年	2016~2017年
15	52.8	55.2	57.7	63.0	48.3	50.8	51.5	54.1	47.5	48.6	54.0	57.7	45.2	46.7	50.0	51.5
16	54.8	57.2	60.4	64.6	49.8	52.2	52.9	54.3	51.3	53.0	56.3	60.1	48.6	49.2	50.8	51.8
17	56.1	58.7	61.7	64.7	50.1	51.9	52.7	52.8	52.9	54.9	58.0	59.7	49.3	51.2	51.6	52.1

（二）美国儿童青少年身高和体重变化情况

图7-4和图7-5分别展示了美国男孩和女孩的生长速度,而图7-6则表示的是身高的累积增长。可以看出,美国男孩和美国女孩的身高在生长突增期之前几乎没有差异,但是在生长突增期后,美国男孩的身高就要显著高于美国女孩。在生长突增期大部分身高的增加,主要不是由于腿部的加长,而是由于躯干的加长。美国男孩腿部增长的高峰通常要早6~9个月的时间。"所以美国男孩裤子的增长(至少是长度)早一年停止了,而不是上衣的变化"(Tanner,1990,p67)。美国女孩到17.3岁和美国男孩到21.2岁时,已经基本达到了成人的身高。与身高的改变相似,青春期也会带来体重的急剧增加。事实上,在这一时期的前三年,男孩的体重增加大约20kg而女孩的体重增加大约16kg,很多体重的增加来自身高的增长和身体成分的改变。体重增长的峰值速度(peak weight velocity)是指体重增加的最大速度,这一时期一般晚于身高增加的峰值期(Beunen et al.,1988)。图7-7和图7-8展示的是美国男孩、女孩典型的体重发展曲线。成熟的体重大约是出生时体重的20倍。

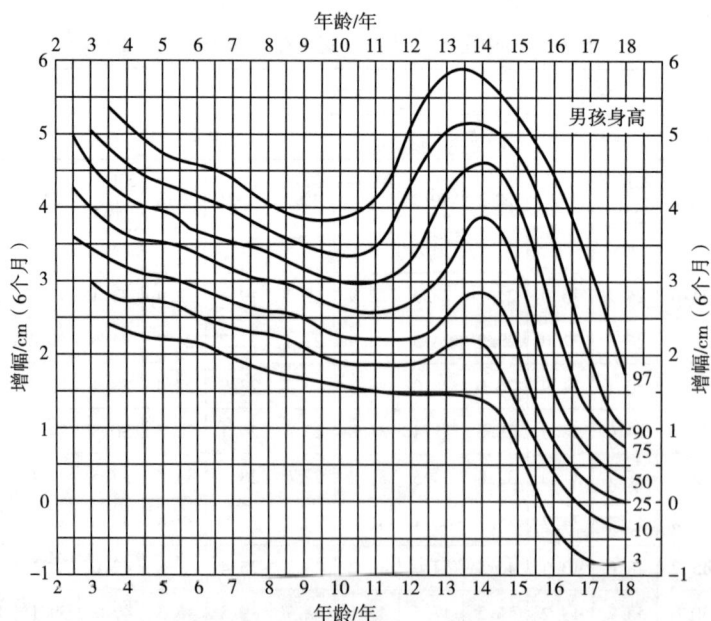

图7-4 美国男孩生长曲线图

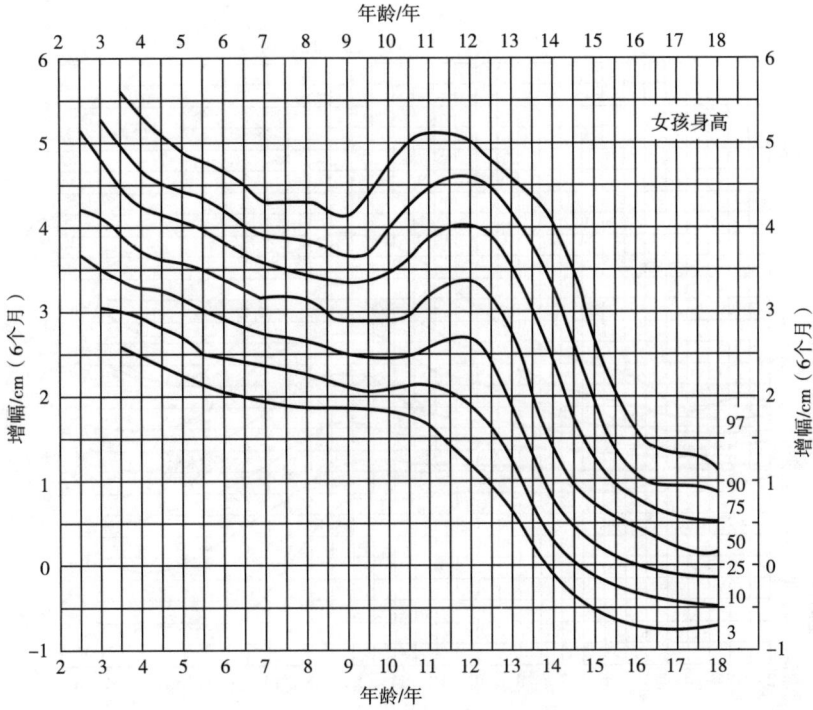

图 7 - 5　美国女孩生长曲线图

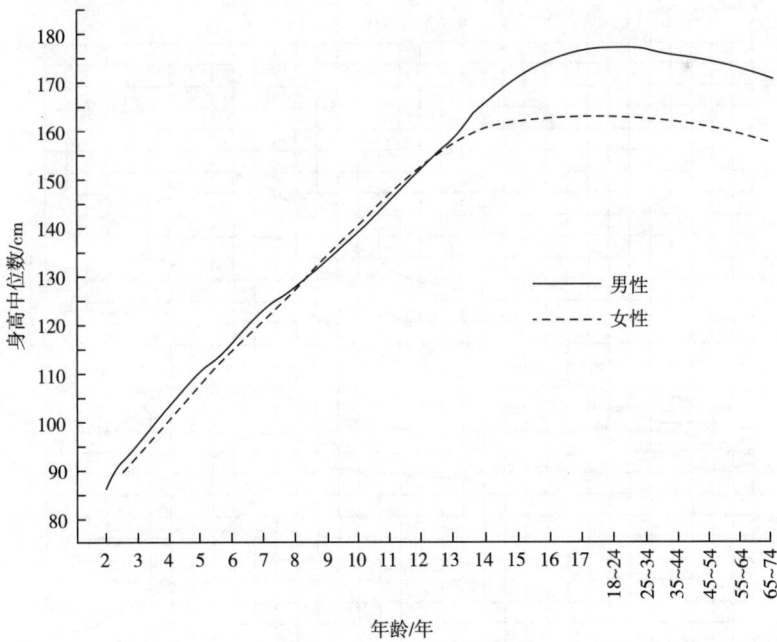

图 7 - 6　美国男孩、女孩身高的累积增长曲线图

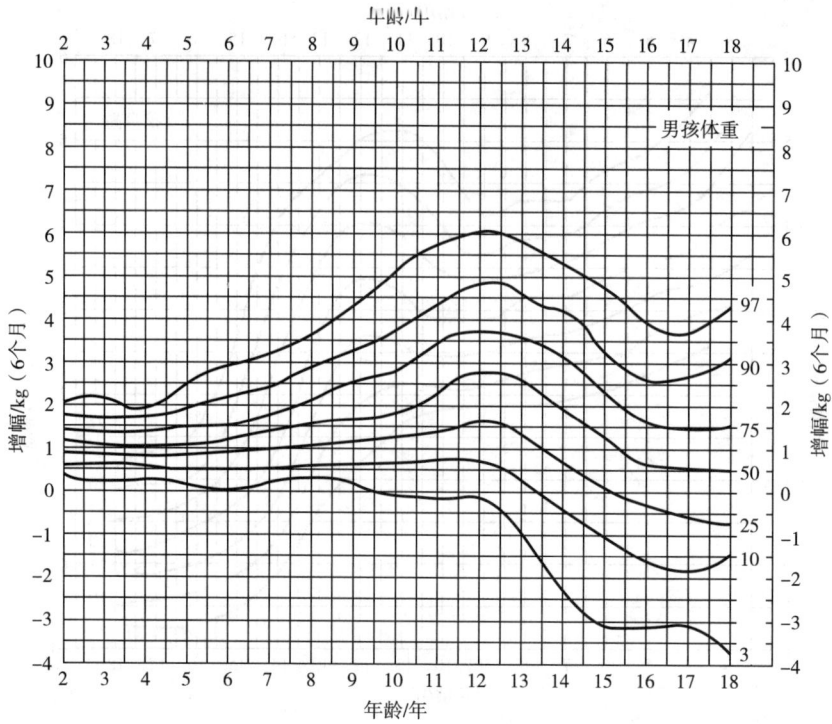

图 7-7 美国男孩体重发展的速度曲线图

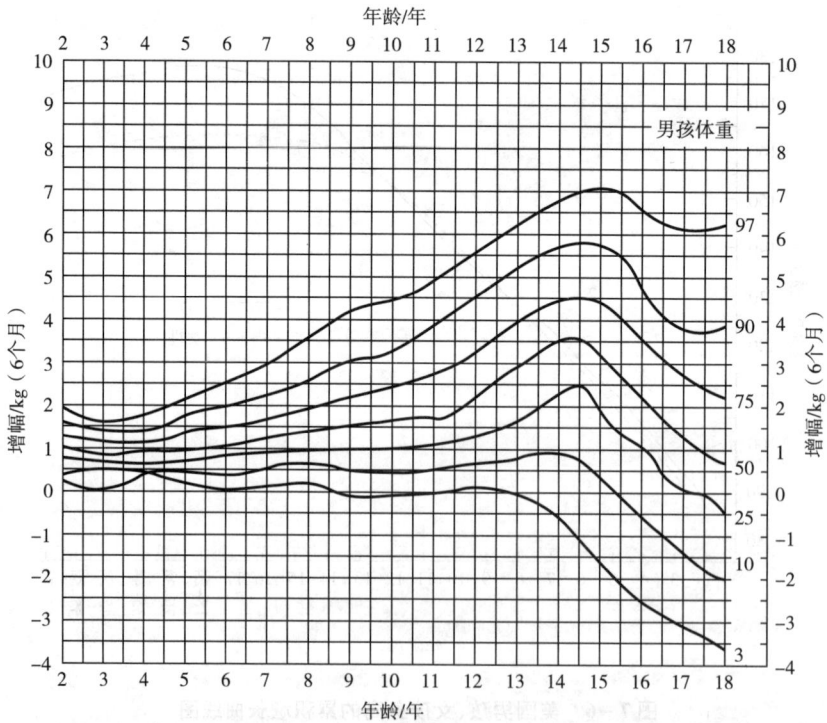

图 7-8 美国女孩体重发展的速度曲线

不同的研究中会采用不同的方法来划分青春期发育阶段。除了身高体重外,还有生殖系统的发育状况和功能状态也能作为青春期发育阶段的评定指标,如性器官的发育和第二性征的发育等。不仅如此,骨龄、神经发育年龄、智龄、初潮年龄等也可作为有效指标来衡量个体发育阶段。

二、青春期的骨龄与人体动作的发展

骨龄全称骨骼测定年龄(age determination by skeleton),是人体生长发育的重要评价指标。虽然说个体具有显著的差异性,每个个体在生长发育过程中都会表现出参差不齐的现象,但是不同个体随着年龄的增长,在骨骼发育上所呈现出来的变化基本上是一致的,因此利用骨骼评估来反映个体生长发育水平是比较准确的。一般来说,骨龄的测试需要借助 X 光射线一些研究采用了骨龄作为判断生长发育的依据。ADG Baxter – Jones 等人在其研究中以 8~19 岁的健康英国人作为测试对象,对测试对象进行定期的随访,并对其进行了骨龄的测试来对比实际日历年龄和实际生理年龄的差别,以及随着年龄的增长骨密度等指标的演变变化。Jeddi Marjan 和 Bagheri Zahra 等学者以 476 名 9~18 岁的伊朗健康青少年作为骨龄测试对象,来判定他们的实际生理年龄并与美国的同日历年龄的青少年作为对比。朱琳在其文章中提及,骨龄作为一种评估生长发育状况较为简便准确的方法,可以主要用在青少年儿童生长发育的评价和预测当中来。X 光射线需要专业人士进行解读和分析,一般的体育教育工作者或是家长根本无法对所测结果进行准确的评价。因此,用骨龄测试来反映个体生长发育水平不大适合大样本量的测试。

三、青春期的肌肉力量与人体动作的发展

肌肉力量是人体完成动作的基础,在人类整个生命过程中具有无可替代的作用。更重要的是肌肉力量和基本运动技能熟练度被认为是持续参与整个生命周期的基础身体活动,对疾病预防和健康促进具有深远的影响,因此对儿童青少年肌肉力量的研究至关重要。Ruiz 等在系统综述中研究了肌肉力量、柔韧性和协调与健康之间的关系。Ortega 等表示,下半身力量与腹部肥胖呈负相关,而综合力量评分(握力、立定跳远和肌肉耐力指标)与女性青少年的脂质水平降低和血糖水平改善有关。过去,人们更加重视心肺功能与儿童青少年健康促进之间的关系。随着对青少年身体素质和儿童青少年的健康发展认识的加深,关于肌肉力量与健康之间关系的研究不断增加。Smith 从 6 个外文数据库检索到 118 篇关于儿童青少年肌肉力量与各类健康指标关系的研究,并对这些研究结果进行 Meta 分析,显示肌肉力量与心血管健康、骨骼健康、自尊指数和运动成绩有很高的相关性。因此,从儿童时期开始,肌肉力量似乎就是监测健康的重要指标。研究证据强调了肌肉对健康的重要性,肌肉力量水平与全因死亡率呈负相关,阿尔茨海默病、代谢综合征、肥胖症和骨质疏松症的患病概率也与成年人的肌肉力量呈负相关。低水平的肌肉力量与炎症蛋白、心血管疾病危险因素、骨矿物质含量、膝盖受伤的风险以及心肺健康程度有关联。

课程思政元素:
综合能力、身心健康发展、健康生活认知。

课程思政举例:

案例:体育为本,助力身心健康。

(1)从青春期的动作发展是人类动作发展的过渡时期,构建学生发展观,建立认识自我的意识。

(2)从青春期所发生的生理变化和心理变化,老师可引导学生结合自身感受并通过观察、调查、讨论的方式,探讨青春期发生的生理和心理变化,培养学生独立解决问题的能力和交往合作精神,进而提高他们的综合能力。

(3)从青春期动作发展与脊柱稳定性原理,使同学们关注脊柱健康,了解脊柱稳定性破坏对人体健康的影响,注意平时身体姿态,培养健康生活方式。

(4)从青春期身体各系统发育特点,认识到青春期不同阶段身体各系统发育程度以及体力活动对各系统的积极作用,选择合适的运动项目,在青春期提高健康的动作发展,增进身心健康,认识到健康的重要性,促进人体后续时期的健康发展,将健康第一理念深深烙印于读者的心中。

第八章 老年期的人体动作发展

第一节 概 述

随着年龄的增加,老年人的神经系统功能发生减退,脑的功能不断发生各种障碍则必然将带来老年人的多方面变化,许多身体机能发生不可逆转的衰退,其中运动能力的下降更为明显。日常生活动作发展的水平与老年人生活自理能力下降息息相关。

在日常生活中,老年人不仅会出现因大肌群动作能力下降而导致的行走缓慢、平衡控制困难等现象,还往往伴有使用餐具、刷牙或穿衣等动作技能的不佳,这些动作的执行更多的依赖于手部精细动作能力。手部精细动作能力是指个体主要凭借手以及手指等部位的小肌肉或小肌肉群在感知觉、注意力等多方面心理活动的配合下完成特定任务的能力,包括操纵物体的稳定性、灵活性和协调性等。老年人经常出现的动作能力障碍,如视、听及认知功能障碍比慢性疾病的患病概率更大。正视老年人动作发展的现状并考虑采取相应干预及训练措施以提高老年人生活自理能力,提高其体育活动参与水平是提高老年人群健康水平、降低老龄负担的务实举措。

一、老年期的生理变化

1.骨质变化带来身体和动作的变化

老年人的骨骼中骨物质较少,骨变得多孔容易骨折,这种骨物质的减少导致的结果在医学界称为"骨质疏松症"。骨质疏松症的外在表现为人体身高变矮,驼背现象等,这些生理现象在老年人群中随处可见,且他们极易发生骨折,尤其在腕部、髋部和脊柱等部位。脊柱弯曲严重给老人带来极大的痛苦,导致老人颈部和头转动困难、行走困难,严重者甚至难以坐起。

2.力量变化带来身体和动作的变化

老年人的力量衰退主要是因为肌肉中的肌纤维(由以快肌纤维)体积和数量减少的同时身体的脂肪还在增加。力量的衰退会影响到老年人平时的许多活动,如提行李、爬楼梯等,力量减退严重者自己站起和坐下动作都会非常困难。

很多研究表明,老年人在完成相对简单的日常任务时也会遇到困难,如爬楼梯、提包裹(如行李)、从椅子上痛快地站起或坐下。随着年龄的增长,人们变得越来越不爱活动,以致失去力量。老年人力量的丢失,很大程度和老年人肌肉物质的下降有关,这种现象也被称为"肌肉物质减少症(sarcopenia)"。

通常,肌肉力量的顶峰是 20~30 岁,40 岁中期保持稳定,随后肌肉力量开始下降,男性每10 年肌肉力量下降12% ~15%。有研究发现女性的力量下降早于男性,但下降的速度比男性缓慢,女性力量的下降幅度也小于男性。

大部分85 岁以上的人都经历了运动功能的严重丧失,老年人生活质量显著下降,摔倒的风险升高。这种活动能力下降的过程虽然是多因素的,包括认知功能下降、骨脆性增加和关节灵活性降低,但在很大程度上取决于肌肉性能受损。随着年龄增长肌肉功能的变化不仅因为肌肉质量减少、结构改变和神经支配中断之间的相互作用,而且因为观察到肌肉功能程度不同的下降,且各肌肉之间的下降速度不均匀,这使理解肌功能的变化变得复杂。此外,与年轻人相比,衰老还伴随着运动表现的更大变异性,这种个体间的变异性随着年龄的增长而增加,在老年人中可能表现得更大。值得注意的是,许多因素也与衰老过程相互作用,并可能加剧运动表现中与年龄相关的变异性,包括遗传背景、体力活动水平、营养状况、激素和炎症水平。体力活动水平对保持肌功能的影响是有争议的。

Delmonico 等对 3000 多名老年人进行了为期 5 年的随访,随访时间共持续 80 年,膝伸肌扭矩的年损失率归一化为股四头肌面积的 2%,并将其部分归因于肌内脂肪的积累。Hughes 等对 120 人进行了大约 10 年的跟踪调查,调查对象的年龄在 46~78 岁之间,根据肌肉群和性别的不同,每年的力量损失率在 1%~2% 之间,比预期的肌肉减重损失率高出 60%。Frontera 等在一项对 12 名男性进行的长达 80 年的纵向研究中,膝伸肌和屈膝肌等速力矩的年下降率分别为 2%~3% 和 0.5%~1%。横截面和纵向研究都一致证明,在第 8 个十年中,肌肉质量和力量的下降速度加快。事实上,对于给定的大肌肉群(如腿部伸肌),在整个寿命期内,年龄与肌肉质量(kg)、力或力矩(N 或 N·m)之间的关系可以通过二次函数而不是线性函数更好地插值。随着年龄的增长,骨骼肌萎缩加剧,肌肉自愿性力量明显减少,这强烈表明,其他生理机制共同导致了这种功能损伤。神经控制改变,肌肉结构恶化,脂肪和结缔组织积聚增加,收缩单位改变,即单个肌肉纤维都可以被确定为可能的决定因素。然而,值得注意的是,这些与年龄相关的骨骼肌质量和功能的变化似乎是肌肉和肢体特有的。上肢肌肉的体积受年龄影响较小。因此,随着年龄的增长,手臂肌肉中肌肉纤维的损失非常有限。此外,在下肢,屈肌受到的影响小于伸肌。与此一致,对比分析表明胫骨前肌(踝屈肌)比股四头肌更能抵抗萎缩。有趣的是,与后肢相比,啮齿类动物的前肢对随年龄增长的肌肉质量损失具有更大的抵抗力。目前,尚不清楚腿和手臂、前肢和后肢之间的这种差异的确切机制是什么,但轴突长度或活动量等结构差异可能会起作用。有研究发现,骨骼肌纤维本身并不是导致老年人发力能力下降的主要因素,而是由肌肉纤维之外的一系列因素共同导致的,例如皮层输入的减少,大脑皮质萎缩加剧,运动神经元凋亡加剧,以及与线粒体功能障碍引起的活性氧(ROS)水平增加相关的神经肌肉连接处损伤。

3. 心血管变化带来身体和动作的变化

肌肉纤维的减少导致动作的代谢消耗增加,很明显这会影响心血管系统,那么,心血管系统的变化会对活动能力产生什么影响呢?根据 Spirduso,rancis 和 MacRae(2005)的研究,老年人的健康心脏,除了休息时收缩压增高,较年轻时没有别的太大的变化,但锻炼的时候,情形就会有很大不同。例如,可能由于脂肪以及结缔组织渗透引起动脉硬化,从而导致血压升高,最大心率也每 10 年下降 5~10 次,这很大程度上是因为心血管系统对激素的感应不那么灵敏了。因此,老年人对剧烈的身体活动的适应能力降低。

姿势性低血压(Postaral hypotehsion)在老年人中常见,它发生于个体迅速地从卧姿或坐姿到站立的姿势改变过程中。年轻健康的个体站立时,对心血管系统的神经刺激会加快心脏跳动,血压足以给大脑供血,这种对神经刺激的反应,老年人却不会发生,事实上,血压可能是下降的,这就引起眩晕、无力、晕厥,并常常导致跌倒。

老年人"血管壁弹性减退,常伴有血管脂质沉积",导致血管硬化,脆性增加,这也是为什么老人的血压常会升高。老年人肌纤维体积和数量的下降,当老年人运动时必将致使心血管系统工作负担的加剧,会带来一系列不良的身体反应,如老年人从卧姿迅速到坐姿或者从坐姿迅速到站姿时会发生眩晕、无力,常常导致老人摔倒现象的发生。

4. 感觉变化带来身体和动作的变化

视觉、本体感觉和前庭感觉三种感觉系统对平衡和运动能力来说很重要。视觉对整个一生的平衡维持都很重要,正常的视觉衰老包括外周视野、视敏度、深度知觉的减退以及视对比感受性降低。此外,很多老人患有视觉疾病,如黄斑性视力退化(影响整个视野,由中央开始)、青光眼(影响周围视野)以及导致整个视野模糊的白内障。即使存在这些减退与病变,老年人仍然依赖视觉维持平衡和运动。

本体感觉系统的衰退主要体现为对触觉变得迟钝和对四肢空间位置的监控能力变低,这将会导致老人身体失去平衡时难以做出快速调整。Ⅱ型糖尿病的发展,使得本体感觉能力下降变得更加严重,常常导致感觉神经疾病或感觉灵敏下降。研究人员发现,这种下降在需要做快速调整的运动,如失去平衡时,尤其容易出问题。此外,即使老人做出了回应,这种调整可能对情境来说并不合适,从而导致跌倒。

对平衡来说,最后一个重要的感觉是前庭感觉(vestibular),前庭系统位于内耳,它帮助定位头部的空间位置。前庭器官的组成成分在整个成年期逐渐下降,到70岁时,前庭神经系统的反应下降了40%。这些感觉能力的下降导致身体不稳,并经常头晕眼花。

5. 认知变化带来的身体和动作的变化

衰老不仅仅引起肌肉、骨骼肌、心血管功能的下降,并且出现中枢神经系统的衰退,因此显著地影响认知功能。根据Matlin(2005)定义,认知是知识的获得、存储、转变和使用,具体地说,认知过程包括知觉、记忆、想象、问题解决以及决策,这些认知功能是健康的、有质量的生活的重要组成部分。随着人年龄的增长其自身的中枢神经系统功能也会衰退,这是导致认记忆、注意力、信息加工速度以及反应等认知功能减退的主要原因。这些认知功能的减退对老年人动作的影响主要表现为动作的迟缓,严重者会丧失自理能力。这些认知功能下降是老人失去自理能力以及发生老年痴呆的一个主要风险因素。例如,老年痴呆或其他痴呆的患者比健康人摔倒的概率要大得多。

从寿命发展的角度来看,正常老化或老化字面意思是个人可能会经历预期变化的多个方面(如神经、生理、心理或社会)。在生命早期(儿童期、青年期和青春期),甚至在老年阶段,都可以看到功能的增加或进展;回归发生在后期。认知老化是一组认知能力的逐步功能回归(例如注意力、记忆、推理、决策和处理速度)。认知能力在整个生命周期中都会持续下降,并且在年轻或中年后会加速下降。老年人的运动功能也会大幅下降,例如行走速度减慢、手眼协调能力较差以及学习能力受损。

功能衰退在认知、运动、社会、心理和生理领域都很明显。通常观察到更大的行为可变性,老年人会感到更大的焦虑,记忆力和注意力较差,处理速度较慢;运动控制和学习能力下降。这些下降区域共同导致神经退行性疾病,如轻度认知障碍(MCI)、阿尔茨海默病(AD)或与AD相关的痴呆。然而,功能退化并非不可避免。积极的生活方式是减少认知—运动老化对日常功能的负面影响和提高生活质量的关键。

随着年龄的增长,神经行为功能逐渐下降,这对65岁或65岁以上的成年人有很大影响。然而,运动、身体和精神活动经常促进大脑适应性或健康(如学习、提高和满足各种认知需求的能力)和运动能力应对日常挑战。积极参与身体、运动或智力锻炼，或主动接受多感自刺激，可以防止功能衰退并保持认知功能。一般来说，由于不积极的生活方式、生物老化和认知障碍，认知和运动能力会显著下降。

认知和运动发育对人脑成熟和各种日常功能起着至关重要的作用。为了更好地理解认知技能和运动技能在整个生命周期中的密切相互作用，确定人类发展的生物和环境因素尤为重要。在过去的几十年里，研究人员在理解处于不同发展阶段的人的功能变化和结构重组的大脑机制方面做出了重大努力并取得了进展。

终身认知和运动发育密切相关。本质上，大脑可塑性、神经成熟和认知发展在认知和运动学习中起着重要作用。有证据表明，根据训练内容和测试能力，身体和心理练习都可以不同程度地刺激经验依赖性神经可塑性。与体育训练相比，认知训练后执行功能有较大改善。心血管和协调训练导致感觉运动和视觉空间网络的不同变化。这些观察对认知改善和运动学习都很重要。

二、老年期的活动能力和平衡

对维持一个人的自立性来说，行走是一个最基本的动作技能，哪怕是很短的一段距离。除此之外，个体的行走还必须能适应一定的环境而不至于跌倒，如杂乱的房间、有障碍的人行道、灯光昏暗的走廊。大家都熟悉老年人走路变慢变小的步子，大多数人都看到过老人拖曳着走路，好像极难抬起脚来。每个人年老时都会这样走路吗？在本节里将描述随着年龄增长位移能力（行走）的变化以及老人跌倒的危险是如何增加的。

由于位移能力是最基本的需要，因此对老年人已经进行了广泛的研究，其中，对行走的很多方面都已经进行了研究，包括对其运动学和运动能力学特征的研究。研究者描述的伴随衰老的变化包括：减缓的步速、变短的步长、加快的步频、双脚支撑的时间更长以及在迈步的时候后脚力量变小，这类研究中大部分都没有关注到参与者的总体健康状况。并且，对这些步行特征的详细分析显示出，这些特征都是有关联的。也就是说，起步时后脚的力量变小，会导致更短的步长；更短的步长，会引起更慢的步伐及双脚支撑的时间更长；更慢的步伐也同时导致行走同一段路程，要迈出更多的步子。其他的步行动作特征也会出现，如变慢的行走速度会使胳膊摆动幅度减小，老年人走路时有更多的呈现出外八字的姿势。

三、身体活动对生活质量的影响

衰老会给老年人造成很多负面的影响，身体逐渐变得衰弱、孱弱、更易跌倒，从而造成髋骨骨折，身体不能完成一种或多种的日常活动或出现某些慢性疾病。很多老年人罹患多种疾病，常常导致行动能力障碍或失去自理能力。

1. 心血管系统的锻炼

身体活动的减少，妨碍了危险因素的改善，如心血管系统不够健康、高血压、胰岛素抵抗或葡萄糖耐量异常以及肥胖等。除了上面这些与生活质量相关的因素，有证据表明参与任何身体活动都可以降低死亡的发生率。Manini，Everhart 和同事们（2006）发现，总体上消耗能量多（无论完成何种身体活动消耗的，包括家务）、活动功能强的老人，比不怎么活动的老人死亡风险要低32%。即使是80岁的老人，锻炼之后心血管系统的耐力也可以获得提高（Vaitkevicius et al.，2002），提高的幅度和锻炼强度有关。Taylor 和同事（2004）报告，长期低强度（最大摄氧量强度为40%～60%）的锻炼促使心血管耐力提高12%，而最大摄氧量75%强度的锻炼提高

20%~30%;同时,耐力训练之后血液和脂肪成分有所改善,血压下降。肥胖是个体一生关注的问题,耐力训练也可以减轻60~70岁老人的肥胖(Kohrt et al.,1992),即使有心脏病史的人,也可以观察到改善。Gary(2006)发现,在12星期的步行训练后,患有Ⅱ型心脏病的女性,步行时可以多走6min,同时生活质量有提高。

也有证据表明,耐力训练可以提高脊椎、前臂以及大腿骨的矿物密度(Taylor,2004)。并且,有证据表明,50岁以上的人参加摄氧量强度高的运动,可以抑制溶骨细胞对骨的再吸收过程,从而改善骨的结构。

老人参与的锻炼心血管系统的活动,最常见的是步行,参与锻炼的人中有四分之三都参与了步行。在一个步行锻炼计划结束后,不仅有前面所总结的那些生理上的改善,也可以观察到很实际的改变。Clark(1996)发现,在参与了每周步行锻炼4~7次的老人中,下半身不能活动的比例,白人降低了1/3,黑人则降低了2/3。Ouslander和同事们(2005)发现,在8周的干预训练(内容包括迅速躲避以及视个体具体情况而定的耐力和力量训练)之后,老人们在步行行走或轮椅行走距离、由坐到站起和小便失禁情况等测量项目上表现出提高。已证明锻炼在许多健康项目上对老人有益,列举的研究仅仅是几个例子。有趣的是,大部分这样的研究也报告说锻炼没有增加负面性事件,比如跌倒的发生。

但是,在设计老年人的锻炼强度的时候要谨慎,Fitzsomons,Greig及同事(2005)发现,进行自选轻快步速时,老年女性的步速的最大摄氧量强度为67%时,这种步速对女大学生来说,最大摄氧量强度仅为45%。专业健身人员需要考虑这些年龄相关的差异,以制订合适的锻炼计划。

2. 力量训练

对力量训练的研究表明力量训练可以使老人生活的多个方面得到改善,包括骨质的保持、维持和改善日常生活活动表现以及为保持自理所进行的基本活动(包括平衡和移动能力)。更根本地,Rantanen(2003)描述了肌肉力量与死亡率之间的关系,她列举了几项研究,其中包括"檀香山心脏计划",该计划里,手的握力相对弱者的死亡率高于握力强者。这些研究里的个体被追踪了4~30年,在所有的个案中,身体虚弱者死亡率更高,并且,患急性病时的死亡率也会更高。

Fiatarone(1990)和Frontera(Frontera et al.,1988)早年的研究已经证明力量训练对老年人身体机能的功效:老年人腿部肌肉力量提高227%;在Fiatarone的研究里,养老院里超过90岁的老人在8周高强度训练后,这些老人的股四头肌力量显著提高了174%,大腿中部肌肉也提升了9%。

3. 平衡训练

许多干预研究考察了训练对平衡的影响。一些研究实施了特定的平衡训练方案;另一些研究,考察了力量训练或心血管训练的结果对平衡可能存在的、额外的影响。前面曾经提到过,在Fiatarone(1990)的研究中,参与者不仅提高了腿部力量,其中的一些人还减少了对助行器的依赖。另外的一些研究将力量训练、伸展和姿势稳定活动组合在一起。一般而言,那些惯于久坐的老人在测试中广泛有所提高。在干预活动结束的时候,他们变得更加强壮、灵活,具备更好的平衡能力。重要的是,参与者在更有挑战性的任务(如站在不稳固的表面如床垫或其他会动的东西上)中的平衡能力提高与在平地上任务的提高一致。这也许是因为简单条件下的平衡能力,已得到了充分锻炼,过度的训练并不会产生多少明显的变化,或者要产生变化则需要比所能够允许的时间更长时间的练习。因为肌肉虚弱和平衡能力差与跌倒风险增大密切相关，所以针对改善腿部力量的干预训练也能够使平衡能力获得全面改善，这一点就不足为奇了。人们需要知道的是，如果干预训练的首要目标是平衡的训练，在减少参与者跌倒次数的同时，平衡能力是否会有显著的改善。一系列平衡和稳定性活动可以被采用，包括前后和躯干四肢姿势转换的练习，在充气平衡球上坐、躺，在各种不稳定的表面行走等。此外，平衡能力的评估也采用了一系列临床和"高技术"的手段。总体上，平衡训练是"奏效"的，与未经训练的对照组比较，平衡干预训练组的成员明显地改善了平衡能力。Rose 和 Clark（2000）发现：经过8 周的干预训练，很多方面得到改善，提高了动态平衡以及整合视觉、前庭感觉和本体感觉信息的能力。另外的一些研究者（Sihovnen et al.，2004；Wolf et al.，2001）在考察各种不同时间的干预训练时发现，参与者的平衡能力提高，跌倒次数减少，对跌倒的恐惧也减少了。正如其他锻炼活动一样，只要持续地进行平衡锻炼，这些效果才能得以维持。Wolf 和同事报告说，这些改善在锻炼之后一个月仍然存在，但是在训练中止一年后，就不复存在了。

4. 认知和身体活动

许多不同类型的身体活动对老年的认知活动改变的可能影响已经获得研究。因为老年的低认知能力、痴呆等都和缺乏身体运动相关（Rogers et al.，1990），所以锻炼可以成为一种生活方式的修正，从而安全可行地降低老年的认知损伤（Latuten-schlager et al.，2006）。虽然不同的活动模式都得到了检验，但研究集中考察的活动形式是心血管系统的活动。研究者考察了长期锻炼和短时锻炼的方式，以及参与人员的一般身体体能水平。

第二节　老年人的动作发展

一、老年人生活自理能力与动作发展的关系

生活自理能力是指个体独立应对日常活动的能力，它是对个体身体客观状况的估量。通常采用 katz 量表对个体进行就餐、穿衣、如厕、洗澡、室内步行及上床和下床进行测量，以确定个体的生活自理能力水平。生活自理能力的高低与基础动作技能如平衡、站立、抓握、行走、起身、下蹲等动作发展的水平有直接关系。基础动作技能是自理动作的前提，只有具备了一定的自理动作，才能实现一定程度的生活自理。由于我国对动作发展的研究多集中在婴幼儿、青少年时期动作技能的获得，较少有学者将视角放到老年人动作技能的维持与下降问题上，因此与老年人日常生活自理能力紧密相关的动作多被人们所忽视。且考虑到平衡能力在粗大动作及精细动作中的综合调节作用，故本文将平衡能力独立于粗大动作与精细动作之外纳入老年人动作发展的分析范畴内。

二、老年人群的精细动作变化情况

老年人的动作表现倾向于随年龄增加而下降，其中越复杂的动作随年龄的增加而下降越多，精细动作技能的完成涉及的小肌肉/肌肉群比粗大动作技能要多，因此老年人动作技能的下降首先从精细动作开始。精细动作技能涉及手腕、手掌、手指、脚掌及脚趾所发生的较小动作。手的精细动作则指个体主要凭借手及于指等部位的小肌肉/肌肉群的运动而完成的动作。其中抓取、捏、握、搓、扣、系等都是老年人平时生活中最常用到的，在此基础上形成的拿勺子、独立进餐、倒水、穿衣服、穿鞋、扣/解扣子、洗漱、如厕、刷牙等自理动作则是精细动作生活化的

应用。老年人因生理和环境原因产生精细动作质量在速度和准确性两个方面发生下降。精细动作在速度和准确性方面发生的下降对老年人独立生活能力产生影响的具体表现有自己穿衣和鞋子、扣纽扣、系鞋带、洗漱、洗澡、倒水、吃饭等自理动作存在困难甚至严重障碍，因此减弱了老年人的生活自理能力，而增加了对他人照护的需求。针对老年人精细动作退行性变化，建议及早加强对老年人手部灵活性、敏捷性等的专门训练，从理论上分析是可以延缓老年人精细动作的衰退的，从而维持一定水平的生活自理能力，而减少家庭照护的成本支出。

1. 老年人手部精细动作能力下降的表现

和大肌群功能衰退趋势相仿，老年人手部精细动作能力的下降也具有一定的年龄规律，双手精细动作能力下降的幅度还可能呈现非对称性，并且在特定的精细动作任务中表现为性别差异。

目前针对老年人手部精细动作能力变化的研究并不完善，多以手部灵活性评价为代表。综合来看，老年人手部精细动作能力随年龄的增长呈下降趋势，但下降的年龄规律并不十分清晰。老年人手部精细动作能力的快速下降可能始于 60 岁左右，之后持续下降，并在 75 岁左右之后急剧下降。Smith 等早期的研究中就观察过年龄对手部精细动作能力的影响，结果表明在衰老过程中老年人的手部精细动作能力可能存在下降拐点。研究者将 95 例受试者以 60 岁为界分为低年龄组（18 ~ 58 岁）和高年龄组（61 ~ 94 岁），以不同难度条件下手指移动螺母的完成时间，即手部灵活性来评定精细动作能力。他们发现年龄对手部精细动作能力的影响非常显著，在任一种难度条件下，高年龄组都表现出更长的移动螺母完成时间。另外，回归分析显示在执行较简单的任务中手部精细动作能力下降与年龄增长呈线性关系，而在执行难度较大的任务中二者却并非是线性关系，表现为个体手部精细动作能力在 60 岁左右加速恶化。由于此研究的样本量偏少，研究结果需要进一步证实。普度钉板是评价手部精细动作能力的常用仪器。Flink 等使用此测试仪器调查 104 例 20 ~ 84 岁个体的手部灵活性，研究者将所有受试者按 10 岁一个年龄段分为 7 组，以 30s 时间的插钉子数量来评定手部灵活性。他们观察到60 ~ 70 岁组，受试者定时插钉的数量明显减少，并且 20 ~ 60 岁各年龄组之间并未发现差异性，这也提示了老年人手部精细动作能力的快速下降可能是在 60 岁左右。值得注意的是，研究者以 10 岁一个年龄梯度分组，年龄跨度较大，可能会影响对老年人手部精细动作能力下降拐点的判断。Cacola 等则认为个体手部精细动作能力的快速下降可能是在 65 岁左右。他们将 99 例受试者分为年轻组（18 ~ 32 岁）、中年组（32 ~ 64 岁）和老年组（65 ~ 93 岁）3 个组，以反映手部灵活性的不同难度水平的手指序列运动完成时间来评定手部精细动作能力。研究者发现，老年组在所有难度水平的手指序列运动完成时间中均显著大于其他组，且年轻组与中年组没有差异。因该研究中老年组的起始年龄为 65 岁，所以研究者认为老年人手部精细动作能力的快速下降可能在 65 岁左右，这可能与 Smith 等的结果并不冲突。目前，有关老年人手部精细动作能力下降的年龄规律中仅有一篇较大样本量的调查。Hoogendam 等选取 1912 例 45岁以上的社区居住人群，45 ~ 65 岁者划为一组，从 65 岁起按 5 岁一个年龄段划为一组，使用涉及手部灵活性和稳定性的螺旋图描记法来调查年龄对手部精细动作能力的影响。研究者发现随着年龄段的增长受试者描记螺旋图的手部动作表现越差，其中 75 岁之后描记螺旋图的偏移度明显增加。这提示了老年人手部精细动作能力可能在 75 岁左右呈现急剧下滑的趋势。此研究的不足在于 65 岁之前组的年龄范围过大（45 ~ 65 岁为一组），可能会影响对老年人手部精细动作能力下降的年龄规律的判断。

总的来说,老年人手部精细动作能力随年龄增长呈下降趋势是肯定的,但下降的年龄拐点、幅度、速度等规律还不够清晰。这与现有的研究数量有限,且存在着受试者样本量偏少、分组年龄跨度较大等局限有关。此外,现有的研究对老年人手部精细动作能力的评价方法并不一致,且较为单一,针对手部稳定性、协调性的年龄变化特点研究尤为缺乏。因此,需要更多的实验证据予以补充。明确老年人手部精细动作能力下降的年龄规律对把握早期预防和早期干预的时机十分必要。

人的双侧肢体功能具有非对称性,通常优势侧的动作表现好于非优势侧。有关儿童和成人双手运动功能的明显差异已经建立。但随着年龄的增长,老年人优势手的精细动作能力是否还具有优势性,相关研究结论尚不一致。有研究表明,随着年龄的增长老年人双手精细动作能力的下降幅度可能呈现非对称性,表现出优势手的精细动作能力下降更明显的现象。Kalisch 等选取了 60 例健康个体,将其分为[25(24.8±3.1)岁]、[50(51.8±3.2)岁]、[70(70.9±2.7)岁]和[80(80.7±4.7)岁]4 个年龄组,研究者采用手部精细动作表现系列评估系统(motor performance series,包括稳定定位任务、曲线描记任务、快速瞄准任务等)来调查双手的精细动作能力随年龄的变化趋势。结果表明从 50 岁年龄组之后,出现优势手动作表现优势性减弱的现象。在稳定定位任务和曲线描记任务中,优势手的碰壁次数随年龄增长的变化更加明显,且在 80 岁年龄组时,优势手的碰壁次数已超过非优势手。此外,优势手完成曲线描记所需的时间随年龄增长明显延长,而非优势手并未见与年龄相关的显著性变化。同时,在快速瞄准任务中还观察到优势手和非优势手快速瞄准的完成时间随着年龄增长更趋于均衡。与此结果类似,Skrzek 等也发现在执行插钉任务和敲击任务中,存在老年组优势手精细动作表现下降更明显的现象。Przybyla 等的研究也支持老年人双手精细动作能力的下降幅度呈现非对称性的结果。研究者调查了年轻组(28±6)岁和老年组(68±3)岁双侧手及手臂的运动路径,结果显示年轻组中双侧运动偏移率差异较明显,而在老年组中并未有差异。老年人优势手的精细动作能力下降更加明显,可能与"使用依赖可塑性"的理论有关。为了验证这一假设,他们尝试使用加速度传感器来监测受试者双手的使用频率,结果显示,在年轻群体中优势手的使用频率较高,而在老年群体中双手使用频率并无差异。研究者认为,老年人不再保持年轻时的身体活动水平且久坐时间延长等对老年人手部的使用产生了影响,并且对优势手的影响更明显。这可能是导致老年人优势手使用频率接近于非优势手使用频率的原因。因此,老年人双手使用频率的改变可能是优势手的精细动作能力下降更明显的原因之一。但 Sebastjan 等则认为老年人优势手的精细动作能力依然好于非优势手,双手精细动作能力仍然呈非对称性,年龄造成优势手和非优势手的精细动作能力下降的幅度差异并不明显。研究者选取 635 例 50岁以上的健康个体,并按年龄和性别分成 50～59 岁、60～69 岁、70 岁以上 6 组来调查年龄对双手精细动作能力变化的影响。结果发现,绝大多数年龄组在稳定定位任务、快速瞄准任务、敲击任务和插钉任务中均显示出双手精细动作能力的非对称性。Flink 等的研究同样支持这一观点,他们的结果显示,虽然双手的定时插钉数量均受到与年龄相关的影响,但优势手的插钉数量仍然显著多于非优势手。研究者推论老年人双手精细动作能力依然呈非对称性可能与"大脑半球不对称衰老"的理论有关。目前,因评估测试任务不同、受试人群差异等原因,老年人双手精细动作能力的下降幅度是否对称还不够明确,需要进一步研究,但这一现象仍然提示我们,在对老年人手部精细动作能力进行康复评估和训练时要注意双手精细动作能力变化的可能差异。

2. 老年人手部精细动作能力的性别差异

老年人在执行速度依赖性、协调性、稳定性等不同性质的精细动作任务中还可能存在性别差异。Jiménez 等在调查老年人手部精细动作能力是否存在性别差异的研究中发现,在速度依赖性任务(包括快速旋前旋后任务、敲击任务、两点间快速移动任务等)中老年男性手部精细动作表现好于女性。Bowden 等的研究也观察到类似的结果,在 20s 的敲击任务中男性的敲击速度明显快于女性。这提示了老年男性在手腕、手指的快速重复性精细动作中表现可能好于女性。但在协调性、稳定性、灵活性的任务中老年女性手部精细动作表现可能更佳。Sebastjan 等在 2014 年的研究中初步观察到老年人双手协调性可能存在性别差异。研究者将 50 岁以上的个体按 5 岁一个梯度分为男女各 6 组,在每个年龄组的性别差异比较中发现,除 75 岁以上组外,其余各年龄组中女性完成协调任务的时间均少于男性。之后,其在 2017 年的研究中进一步观察到,女性在执行快速瞄准任务时表现出更少的碰壁次数和更精准的运动控制。此外,Vasylenko 等以插钉任务来比较手部灵活性的性别差异,研究发现老年女性完成插钉的时间更短。但 Flink 等的研究采用同样的测试仪器并未观察到性别差异,这极有可能与其设定的执行任务时间较短(30s)有关。这些研究均提示了老年女性手部在抓握、移动等精细动作过程中更稳定、敏捷、协调。因评估手部精细动作能力采用的测试任务不同、执行任务的时间长短不一等因素,老年人手部精细动作表现是否存在性别差异尚不能完全定论,但这仍提示我们在对老年人手部精细动作能力进行评估和康复训练时应考虑性别影响。

3. 老年人手部精细动作能力下降的中枢机制

手部精细动作的执行,首先是通过感觉的反馈将"动作执行"信息传输到大脑中枢,大脑中枢将信息整合再通过神经传导至手部肌肉,控制肌肉的收缩来执行精细动作任务。此过程需要完整的通路,任何一个环节出了问题,都会导致手部精细动作执行不佳。老年人手部精细动作能力下降的机制非常复杂,可分为中枢机制和外周机制。

研究表明由衰老引起的脑容量减少和脑结构的改变是老年人手部精细动作能力下降的重要原因。目前,影响老年人手部精细动作能力的中枢机制可能主要与大脑、小脑和胼胝体等部位的结构和功能变化有关。Hoogendam 等的研究使用磁共振来监测脑容量,观察脑容量变化与手部精细动作能力变化的关系,研究者发现较大的大脑灰质和白质体积与较好的手部精细动作能力有关。与此一致,Holtrop 等的研究也表明手部精细动作控制能力下降与白质结构的不完整有关。小脑的作用主要是维持肢体平衡和协调,其对运动控制具有重要意义。尽管已有研究表明随着年龄增长出现运动加速度减少的现象。但在 Hoogendam 等的研究中却未发现小脑结构的改变与手部精细动作能力的改变有相关性,可能仅使用螺旋图描记法来检验小脑结构与手部精细动作能力之间的关系并不够充分,还需要更多的研究来补充说明。胼胝体起到传递大脑半球间的信息,增强半球间的功能连接,提高双手协调能力的重要作用。在单手运动中,可抑制同侧运动皮质兴奋。研究表明,老年人相较于年轻人在执行手部精细动作时,胼胝体出现同侧初级运动皮质的兴奋增加而抑制减少的现象。这一改变对老年人双手执行协调、灵活性任务造成一定的干扰。总之,关于老年人手部精细动作能力下降的中枢机制非常复杂,尚需要更多的研究。

4. 老年人手部精细动作能力下降的外周机制

外周系统的退化是导致老年人手部精细动作能力下降的另一个重要因素,包括肌肉功能和感觉功能的衰退等。随着机体老化,手部肌肉力量在逐渐衰退,且固有肌肌力下降速度比外在肌更为明显，手部精细动作的执行主要依靠手部固有肌的收缩。握力是评价手部肌肉收缩力的常用指标之一。Martin 等的研究表明握力是影响老年人手部精细动作能力的重要因素，尤其是在执行快速瞄准任务和敲击任务中更加明显。但 Kobayashi-Cuya 和 Murata 的研究发现，在执行插钉任务时，手部精细动作能力与握力并未有显著相关。这可能是由于握力与手部精细动作能力的关系是特定的，也就是说当需要较大握力参与运动任务时（如拧瓶盖、手提重物等），其可能成为一个重要因素。另外，握力也是反映手部固有肌收缩能力的一项重要指标。但是目前对于老年人握力与手部精细动作能力的关系关注较少，其极有可能是影响老年人手部精细动作能力的另一个重要因素。除绝对力量减小之外，老年人在执行手部精细动作过程中力量控制也变得更差。其中，Galganski 等的研究观察到，相对于年轻人，老年人在抓握过程中需要更大的力，这种用力方式可能导致在运动过程中过早疲劳或者维持困难。此外，Marmon 等发现老年组（>65 岁）与年轻组（18～36 岁）和中年组（40～60 岁）相比，食指外展力和拇指、食指对握力控制的稳定性明显下降，而年轻组与中年组之间并无差异。在多元回归分析中显示老年人力量控制的稳定性下降与手部灵活性和精确性下降密切相关。此外，手部精细动作的执行还离不开感觉系统的配合，老年人感觉功能也随着年龄增长而下降。Murata 等以定时插钉数量和触觉阈分别评定手部精细动作能力和食指触觉功能，结果表明老年人手部灵活性的下降与老年人食指触觉功能的下降显著相关。还有研究者尝试测试手部多个部位的触觉阈，结果显示掌侧的触觉功能可能是影响老年人抓握动作表现的重要因素。除触觉功能外，Landelle 等的研究表明手部精细动作能力的下降可能是本体感觉功能下降的结果。总之，老年人肌肉功能和感觉功能的衰退，会对手部精细动作能力产生显著影响，维持和改善手部肌肉功能和感觉功能可能是提高老年人手部精细动作能力的有效手段。手部精细动作能力的下降严重制约着老年人生活的独立性和幸福感。目前，老年人手部精细动作能力下降的年龄规律尚不完全清晰，老年人精细动作能力的双手对称性及性别差异也存在争议，其下降机制更需要深入探讨。这些领域的研究对制定针对性的预防和康复干预措施具有重要意义。

三、老年人粗大动作技能在步行方面的变化表现

步行作为人类进行一切活动的基础动作，是维持一个人自理生活最基本的动作技能。步行的能力在幼儿时期建立成熟以后至老年期，其步行的基本动作并未发生质变，但在步行质量上会出现变化。Williams 等在 1992 年研究了老年人的步行速度发现随着年龄的增长，步行速度减慢，爬楼梯的速度比平地行走的速度下降幅度更大，该结论也得到了其他研究的证实，且女性比男性下降地更快。有研究认为，步速与老年人的死亡率高度相关。老年人的步行随衰老所发生变化的具体表现为步长变短、双脚支撑地面的时间更长、迈步时后脚力量变小、胳膊摆动幅度减小、呈现外八字姿势等情况。

四、协调能力的变化

在我们逐渐衰老的过程中，我们的协调能力也在下降。双侧协调是指人们在运动过程中协调身体左右两侧的能力，可以说，双侧协调能力是人们日常生活中的一项基本技能。双边协调能力受损的人在完成日常生活中的一些基本任务会存在困难，比如拍手或打开罐子等。

协调主要分为两种类型：同相位和反相位。在同相位运动期间（比如双手接球），两侧相同的肌肉同步收缩。在反相位运动（比如同时将双臂向同一侧移动）期间，肌肉以交替的方式收缩。衰老与双侧协调能力下降有关，特别是反相位协调能力。研究人员提出，与年龄相关的

协调能力变化可能反映了这些过程是由大脑中与神经振荡相关的不同机制控制的。

马克斯·普朗克人类认知和脑科学研究所[（莱比锡）MaxPlanck Institute for Human Cognitive and Brain Sciences（Leipzig）]的一组研究人员在 *Neurobiology of Aging* 上发表了一项研究成果，该研究表示，与年龄相关的双侧反相位运动下降与 α 和 β 神经活动的差异有关。为了验证这一假设，研究人员使用脑电图（EEG）进行了一项实验。参与者包括 25 名平均年龄在 26 岁的年轻受试者和 25 名平均年龄为 70 岁的年长受试者。

参与者戴着一个通道的脑电图帽，坐在 KINARM 里。他们的脖子和手臂由 KINARM 支撑，而手则握着气缸握把。增强现实屏幕显示了这个范例。受试者中线处有白色固定十字架。双边协调任务中的测试条件设置为条件 1 ~ 2：单侧左手（UNIL），条件 3 ~ 4：单侧右手（UNIR），条件 5 ~ 6：双侧反相运动（AP），条件 7 ~ 8：双侧同相运动（IP）。

如图 8 - 1 所示，受试者坐在一张透明的桌子旁，桌子上显示了八种可能的手臂圆周运动。他们能看到桌子下面自己的手臂。实验要求受试者用节拍器重复屏幕上显示的圆周运动。这八种运动中有两个是同相位的，两个是反相位的。剩下的四种动作只需要使用一只手臂。研究人员使用多通道脑电图来记录受试者的大脑活动。

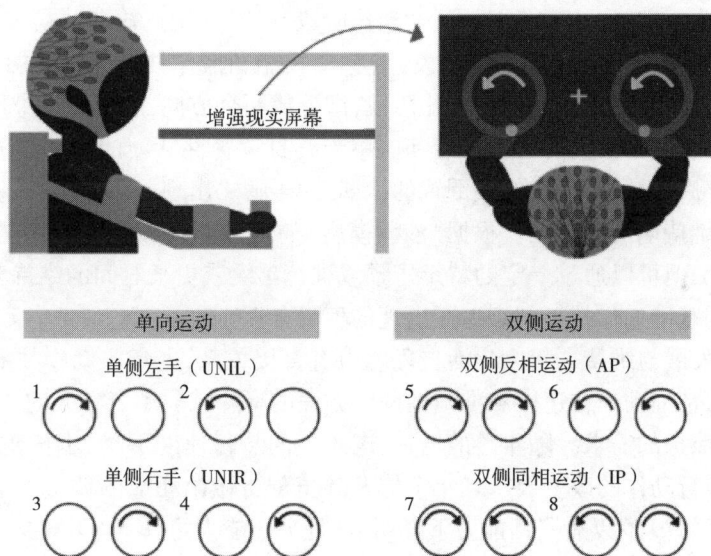

图 8 - 1　实验设置

研究人员发现，与年轻组相比，年长的受试者在完成反相位运动时身体不同部位的同步性较低。这也就解释了为什么随着年龄的增长，做这些动作会变得越来越困难。

同步性的降低与进行反相位运动时大脑活动的差异有关。在年轻的受试者中，大脑右侧非支配半球的 α 波的功率在同相位运动中下降较少。在年纪较大的受试者中，α 波的功率在这两种运动中下降幅度相同。

有人认为，α 波的功率与参与解决特定任务的积极程度有关。非支配半球的 α 波功率没有下降，可能反映了对老年人失去这些技能的一种补偿，例如，他们需要更积极地专注于任务。

两个年龄组的 β 波功率之间也观察到可比较的差异。在年轻的一组中，两种运动的 β 波下降幅度相同,而在年长的一组中,反相位运动的 β 波下降幅度大于同相位运动。这种更大的下降幅度可能反映了在反相位协调过程中需要额外处理感觉运动信息。

马克斯·普朗克人类认知和脑科学研究所的 Vadim Nikulin 表示:"神经变化发生在大脑各种病理的早期阶段。在双侧运动时进行脑电图测量可能会发现运动障碍的早期发展,比如帕金森病。"

五、老年人动作技能变化的解释性机制

动作是每个个体都会具备的基础能力,人们在生活的每时每刻差不多都会伴随着大大小小的动作。它是个体与环境互动的重要手段,是每个人都一定会体验到的历程,在这一过程中人的动作行为随生命历时的变化而变化。动作发展是一个贯穿个体一生的变化过程,且有时段划分:婴幼儿时期以学习、练习基本的移动及操控物体等动作技能为主;儿童中期及青少年时期以掌握熟练的特定动作为主;进入成年期,特定动作技能继续发展;到了老年期,通过各种途径维持生活必需的基本动作技能则成为极其重要的任务。解释个体动作技能发展变化的模型有多种,其中 Gallahue 等的"沙漏模型"对动作发展的过程做了解释性说明。从上到下散落到沙漏的沙子代表着受遗传、环境影响的动作技能的发展过程。动作发展的年龄与动作发展的阶段可进行初步标定,即从婴儿期的反射动作阶段开始,到幼儿初期的初步动作阶段(如爬行和行走),到幼儿中后期的基础动作阶段(含移动技能和操作技能,如抓、握、垫步),学龄期末的特殊动作阶段之后的动作技能的分化阶段,即分成两个方向:应用于终身休闲性活动的运动技能,应用于终身日常活动的运动技能和应用于终身竞赛性活动的运动技能。随年龄的增加,个体进入成年后期及老年期,像被倒置的沙漏,沙子随之出现回流情况,即动作技能在到达成熟之后即进入维持期及退行期。根据"沙漏模型"的解释,老年人动作的退行性变化是正常的过程,无可避免,但可以通过一定的特定干预或训练延缓或更长时间的维持动作发展的现有水平,从而延缓因基础动作技能的衰退而出现的生活自理能力下降。

精细动作的发展与维持老年人生活自理能力有直接关系,老年人动作技能的下降首先从精细动作开始的,精细动作在速度和准确性两个方面的下降减弱了老年人的生活自理能力,从而增加了对他人照护的需求。随年龄的增加,老年人的步行速度下降、步长变短、双脚支撑地面的时间更长,步行动作的改变要求老年个体及环境配备做出相应的调整。平衡能力与年龄之间是非线性关系,70 岁以后平衡能力下降明显,且平衡能力可作为 75 岁及以上老年女性死亡率的预测因子之一。可通过太极拳、秧歌、健身走、爬楼梯、科学的登山等提高老年人的平衡能力。老年人应尤其注意预防跌倒。根据"沙漏模型"对动作发展阶段的解释机制可知,老年人动作技能的退行性变化是正常的过程,无可避免,但可以通过一定的特定干预或训练延缓或更长时间的维持动作发展的现有水平。从深层次的神经生理因素,到外在层次的环境因素,综合解释并找出延缓老年人动作技能衰退的方法手段,以提高老年人的自理能力,在一定程度上减轻未来老龄化的压力。

第三节　老年人平衡能力的变化及跌倒的发生

大约30% 的 65 岁以上的人每年都会经历一次或多次跌倒,导致全球医疗保健费用高昂。越来越多的行为、神经心理学和神经影像学证据表明,缓慢的步态、姿势不稳和跌倒风险与认

知能力有关。更具体地说,衰老时行动不便与认知运动双重任务、认知障碍、支持执行功能(EF)以及与运动区域相关联的前脑区域灰质和白质退化的夸大效应有关。与年轻人相比,老年人在执行认知任务时通常会激活更多的大脑区域,这表明认知参与运动行为可能对老年人和年轻人有不同的影响。尽管如此,我们建议更多地考虑衰老认知神经科学的发现可以加强对两个主要实验范式的解释,如下所示:

(1)认知—运动双任务范式 旨在限制或占据假设支持老年运动功能的可用认知能力,并评估对表现的影响。

(2)认知矫正或训练范式 旨在增强可用的认知能力和(或)提高神经效率,从而释放认知资源以支持运动功能。

一、老年人平衡能力的变化

平衡能力是稳定性技能的一种。稳定性是粗大动作技能和精细动作的基石,所有的动作技能中都含有稳定性要素。任何动作技能都是在维持一定稳定的基础上才能操作执行的。当某人处在平衡状态时,穿过个体重心的地心引力方向与支撑点一致,若地心引力的方向与支撑点的方向不一致,人体便无法维持平衡,或做出补偿性动作才能保持平衡。

平衡能力对老年人有至关重要的意义。从医学角度来界定的平衡是指身体所处的一种姿态及在运动或受到外力作用时能自动调整并维持姿势的能力。因平衡能力的维持与调节涉及复杂的生理学问题,目前尚无确切的研究结果能够清晰解释人体的平衡状态是如何维持的。平衡能力的高低与个体生理年龄有关,但并不由年龄决定,二者之间并非线性关系,生理年龄的增加并不意味着平衡能力一定下降。已有研究揭示了平衡能力从少年时期的视、听、本体感觉逐步成熟,在20~50岁的平衡能力最稳定,随后开始减退,70岁以后降幅更加巨大。Lord的研究发现了平衡能力强弱可用中国老年人口的年龄标准来划分:60岁(含)以前的平衡能力保持较强的恒定状态,而到61岁以后,每10年将会下降16%或更多,80岁以后平衡功能将会下降的更为迅速。Blain等对1300名75岁及以上的健康老年女性进行8年生存率的研究发现,较差的平衡能力和身体活动水平可能是75岁及以上老年女性死亡率的预测因子。由此可见,老年人平衡能力的下降不仅有理论依据更有实证检验,平衡能力的维持与提高对于老年人日常生活自理能力很有意义。不同学者的研究发现,太极拳、秧歌、健身走、爬楼梯、科学的登山等运动能有效提高老年人维持平衡的能力。

运动协调对老年人动作平衡具有一定的影响。通常影响老年人动作平衡的疾病主要有:帕金森综合征、脑卒中、偏瘫等。对这些动作失调相联系的动作控制机制的了解,可以为老年人的动作康复和身体的平衡提供理论基础。Morris发现患有帕金森综合征的老年人在维持身体平衡时,其动作控制和协调方面具有两个主要的特点,第一是有关运动准备的维持,第二是有关设立内部动作提示学习的机制。Tucker的研究结果显示,当整个身体的运动方向产生快速变化时,有病理的老人采取了更加严格的协调策略来维持身体平衡,从而来弥补增加的危险以维持肢体稳定性。Swinnen等人也讨论了同侧前臂和小腿协调的脑血管意外患者康复的平衡,结果表明,通过实践来克服同侧偏瘫患者肢体协调的做法有相当大的困难。

二、老年人跌倒的发生

在中国因意外伤害而造成的老年人死亡,成为老年人死因中位居第四的因素,排在第一位的是心脑血管疾病。其中,跌倒是导致老年人受到严重意外伤害的主要原因。国外曾有研究总结了每年将会有将近三分之一 65 岁以上的老年人发生摔倒,且每年至少跌倒 1 次,80 岁以上老年人跌倒的发生率增加到 50%。Blake 等研究表明,约有一半比例跌倒的老年人是由自身在走路/站立时的身体不稳定造成的。Lilley 的研究认为,75 岁以上老年人突发性死亡的第一原因便是跌倒的发生,且跌倒会伴随一系列的不良健康事件,如骨折、身体功能下降、对跌倒产生心理恐惧、丧失信心和生活质量下降等。预防跌倒的措施一方面是增强肌肉和骨骼力量,加强对平衡能力的训练,另一方面是提前识别跌倒风险因素,对平衡能力进行日常初步估判。可通过计时起身行走测试(TUG)、习惯步速及单脚站立试验(SLS)等对老年人的平衡能力及发生跌倒的可能性进行初步估判。跌倒会伴随着严峻的后果,轻则磕伤,重则危及生命。平衡能力的不足是造成跌倒的关键原因。因此提早预判老年人的平衡能力水平,并注意加强对老年人有针对性的平衡能力训练是减少因跌倒而造成严重后果的两种路径。

第四节　老年期人体动作发展的科研动态

一、运动对老年人的认知功能的影响

认知是指个体大脑处理信息的过程,也称为认知活动或认知功能。认知功能在人们的日常生活中扮演着十分重要的角色,引起了不同领域,尤其是心理学领域科学家的广泛关注。同时,国家大力提倡的体育锻炼,除了众所周知的强身健体的作用外,对于认知功能也有其特殊的效益。已有大量研究关注身体锻炼对认知功能的积极影响,即锻炼的认知效益。同时,有研究表明身体锻炼对认知功能的影响存在选择性。Colcombe 等人对 18 项实证研究进行了元分析来检验有氧健身训练对久坐不动老年人认知功能的影响,效果量范围为 -0.9~6.4,结果发现健身训练对认知功能存在积极的影响,但其影响具有选择性,对于需要大量执行功能的认知任务,其积极影响更大。Kramer 等人在 6 个月的时间内对 124 名久坐不动的老年人进行了研究,结果表明,与接受无氧运动训练的老年人相比,接受有氧训练的老年人在需要执行控制的任务中表现出了更为显著的进步。在此研究的基础上,Kramer 等人提出了运动对认知功能的"选择性促进"假说,该假说的观点认为,运动对认知功能的改善是具有选择性的,对于与额叶相关的执行控制有关的认知功能,其改善效果最为明显。由此可知,身体锻炼对认知功能的影响存在选择性,对执行功能有关的认知功能的影响更为积极。

总的来说,有广泛的证据表明老年人存在运动表现缺陷,包括依赖认知和运动系统相互作用的(视觉引导的)运动,例如手动伸展动作或步态和平衡任务。这些运动表现缺陷通常归因于老年人的一般减慢(即处理速度降低)和更高的运动可变性,这是由于随着年龄的增长控制机制发生转变(即从较低水平的自动到较高水平的注意力)以及大脑的功能和结构变化;并伴随着执行任务的认知能力下降。在这方面,可以预期老年人的 ESC 计划表现会下降,因为认知过程有助于生成适当的运动计划,例如伸手和喘气。

关于老年人认知技能的发展,人们普遍认为,随着年龄的增长,许多认知能力会下降。在这里,重要的是要考虑到执行功能的测试激活了一个主要由额叶(以及非额叶)大脑区域组成的分布式网络。同时,人类衰老与神经变性有关,这可以在额叶脑区的结构变化和体积损失中观察到。因此,认知能力,尤其是执行功能,例如抑制、工作记忆、计划和解决问题和认知灵活性也会随着年龄的增长而下降,正如各种研究表明的那样。

二、运动对老年人执行功能的影响

执行功能与大脑额叶及相关子区域的发展密切相关。同时,已有研究证明,不同的运动项目对于执行功能的影响存在差异性。Coetsee 等人研究了不同的运动项目对老年人执行功能的影响,结果表现:阻力训练和中等强度连续有氧训练在增强老年人执行认知功能方面优于高强度间歇有氧训练,而高强度间歇有氧训练最有利于老年人的提高信息处理速度。可见,不同的运动项目对于执行功能的影响存在差异性。

文世林等人研究了急性短时中等强度有氧运动对老年人执行功能的影响,采用了 10min 中等功率强度的自行车运动作为运动干预方案,通过 fNIRS 技术和 Flanker 任务对执行功能进行量化,得出的结果为:急性中等强度有氧运动对老年人执行功能的提高具有积极作用。

Coetsee 等人研究了不同的运动项目对老年人执行功能的影响,选用了 67 名 55 ~ 75 岁之间的老年人作为研究参与者,运动方案包括 16 周的阻力训练或高强度间歇有氧训练或中等强度连续有氧训练,采用的认知功能测试任务为 Stroop 任务。结果表明:阻力训练和中等强度连续有氧训练在增强老年人执行认知功能方面优于高强度间歇有氧训练,而高强度间歇有氧训练最有利于老年人的提高信息处理速度。

由此可见,运动项目代谢供能形式的不同也会对执行功能产生不同的差异。但不同代谢类型的运动,除了在代谢供能形式方面存在差异外,在其余方面也存在不同,比如在动作技能方面,实验中选用的障碍跑有氧运动为开放、序列的运动,而仰卧起坐等阻力运动为封闭、分立的运动,运动项目在这些动作技能方面的差异或许也会引起对执行功能影响的差异性。因此,仅从代谢供能形式入手对运动项目进行划分还不够全面。

Pesce 对锻炼与认知领域的相关研究进行了回顾,提出了运动—认知锻炼的概念,并表明:采用联合训练比单独的进行体能训练或认知训练的效果更好,尤其是结合力量、平衡和复杂协调联系的多成分认知运动干预可以改善老年人在单任务和双任务条件下的执行功能是老年人获得认知效益的重要因素。

三、运动项目对老年人动作技能的影响

动作技能的一维分类系统中,根据操作技能时环境背景的稳定性,将动作技能分为开放动作技能和封闭动作技能。根据动作技能的环境背景特点,将运动项目分为操作环境背景不稳定、可预测程度较低的开放运动(如篮球、网球、羽毛球、户外跑等)及操作环境背景较为稳定、可预测程度较高的封闭运动(如游泳、太极拳、功率自行车等)。

Chia-Liang 等人研究了开放性—封闭性运动对老年人认知功能的影响。研究将 69 名老年人随机分为开放性运动组、封闭性运动组和对照组,经过 24 周、每周 3 次、每次 40min 的运动干预,老年人的认知功能(执行功能)有所改善。其中,在 2 - back 任务中,封闭性运动组的准确率更高。

【复习与思考】

1. 老龄人口中经常出现的动作能力、视、听及认知功能障碍比慢性疾病的患病概率更大,为什么。

2. 骨质疏松症有时被认为是"致命"的疾病,为什么?

3. 肌肉物质减少症(sarcopenia)可以引起肌肉结构和功能的哪些改变?

4. 在静止和运动情况下,视觉、前庭感觉以及本体感觉在获得与保持平衡中是怎样相互影响的?

5. 随着年龄的增长,位移会有什么改变? 为什么这些改变可以不随年龄的"自发"而改变?

6. 描述三个与年龄相关的动作能力改变的实地现场研究,与实验室研究相比,这些研究对人们的认识有何扩展?

7. 在以下三种情形下,你分别会采用什么平衡策略?

a. 在结冰的人行道上行走时;b. 从椅子上站起来时;c. 走过拥挤的购物区

8. 对于害怕跌倒受伤的老人,请给出三条建议。

9. 身体活动的锻炼可以怎样影响老人们日常生活活动的完成?

10. 对阻力锻炼的安全与好处,一些老人表示疑问。列出你说服家里老人或老年朋友锻炼的主要论点。

11. 对许多老人来说,心血管系统的训练可以怎样提高他们的生活质量?

12. 很多老人都担心认知能力的下降,有哪些类型的身体活动被证明可以维持和提高人的认知功能?

课程思政元素:
身心健康发展、健康生活认知、健康生活方式。

课程思政举例:
案例:改善老年人体力活动,助力老年人身心健康。

(1)从老年期动作发展变化,构建关爱老年人身心健康发展观,弘扬尊老敬老优秀中华传统文化,助力构建健康中国老龄化人群健康观。

(2)从老年人的粗大、精细动作发展水平变化机制,预防老年人防跌倒、预防老年认知障碍、运动功能丧失等关键问题,教育学生要尊重自然规律、注重老年人的教育和发展,尊重科学,正确认识衰老。

(3)从老年人协调动作的运动技能以及运动对其认知功能及执行功能的影响机制,建构运动科学与科学运动的理论框架和方法指导。

第九章 人体精细动作的发展

第一节 概 述

精细运动能力(fine motor skills)这一术语是指那些主要由小型肌肉或肌群运动而产生的动作。因此,它不同于大肌肉群,如躯干或腿部所产生的大肌肉动作技能(gross motor skills)。典型的精细动作技能通常是指与手有关的动作行为,如伸手够、握持物体、进食和书写。

第二节 婴幼儿期人体精细动作的发展

在婴儿期,精细动作发展过程中最主要的一环是可以成功地伸手接触到一个物体,这个动作的完成代表着婴儿已经具备了整合外部知觉和自身动作的能力。随后几年中,这种基本的手 - 眼协调(hand-eye coordination)会逐步发展成更加精细和复杂的动作,当婴儿接近一周岁时,他们可以成功地伸手够到并抓握呈现在视野内的物体,如玩具和食物;不久之后,他们可以使用书写工具(如蜡笔)进行涂鸦;再过几年之后,这些早期的精细动作会演变成各种文化范畴下特定的动作,如书写、使用餐具进食以及各种手势动作。

一、手功能发育

手是最复杂最精细的器官,是认识客观世界、与外界交往的一种重要器官。由于有一双灵巧的手,才使人和动物有了本质的区别。但是手的这种灵活并非与生俱来,而是要经历一个相当长的发育过程且遵循一定的发育规律。

精细运动多为小肌肉或小肌群的运动,在全身大肌肉发育后迅速发育。上肢运动功能的精细化使得手具备了操作能力,随着操作过程的不断进行,手识别物体的能力也逐步提高。

手的基本动作包括:非抓握动作与抓握动作两大类。非抓握动作包括悬浮、约束、推、压、触、勾状抓握等;抓握动作又分为力性抓握与精细抓握,前者包括球形抓握、柱状抓握及拉,精细抓握包括指尖捏、指腹捏、侧捏及三指捏。

精细动作主要包括伸手取物,手掌抓握较大物品,拇指与其他手指分开取一些小的物品,拇指与食指分开准确捏取一些很小的东西,如花生、纽扣、小豆子、小丸等,或拿铅笔画画、翻书、搭积木、串珠子等。而包括进食、更衣、书写等在内的各种精细运动活动均以抓握物体、将手伸向物体随意放下物体、腕关节可在各个方向活动 4 项基本动作为基础,也就是说,4 项基本动作是婴幼儿能进行更复杂任务的前提。

(一)抓握动作发育

抓握动作(grasping)是个体最初的和最基本的精细动作,在此基础上发展写字、画画和生活自理动作技巧。手部动作丰富了儿童探索环境的方式,拓展了获得信息的途径,使其能够主动、有效地探索环境。抓握动作不断发育表现在:一方面是掌握更加复杂、准确而灵巧的动作,使手开始成为使用工具的工具。另一方面是动作的概括化,就是能把某一动作推广到同一类的物体上,或把同一类的物体用于某一种动作上。例如,把给小狗(玩具)"喂食"这个动作推广到"小猫""小熊""小马"等;把饭碗、茶杯、酒杯都当作喝水的用具等。

抓握动作发育过程:抓握动作的发育是由最初的肩、肘部的活动逐渐发展为成熟阶段的指尖活动的过程,需要经过一个比较复杂的过程,参考前文 Halberson 的实验。

(二)双手协调动作发育

双手协调(hand coordination)是指同时使用双手操作物体的能力,如将物体从一只手中传递到另一只手中,同时使用双手进行游戏(一只手固定小棍,另一只手将圆环套取下;一只手固定容器,另一只手从中取或向其中放物体;串珠子;一只手固定纸张,另一只手在上面写字;拍手等),随双手协调动作的发育,每只手可完成不同的动作。

双手协调动作发育规律如下。

4~5个月:能够有意识地控制伸手,可能会同时向物体伸出双臂,并用双手抓住物体并保持在身体中线处。

6个月后:能抓住物体,可以用双手抓住,或是夹在手指与手掌之间,这时的灵活控制能力还不强。能够区分出物体的大小,并能根据物体的大小张开手。特别喜欢感受物体。仰卧位时会抓住自己的脚,再将其放到口中。会抓住给他的一个方块,如果再给他一个方块,便会扔掉第一块,去接第二块。

7个月后:手的动作又有了进一步的发展,这时不仅是简单的抓握,而且开始摆弄抓到的物体;不但玩一个物体,而且能同时摆弄两个物体,并用种种不同的方式来摆弄各种物体。例如,把小盒子放在大盒子里,用小棍敲击铃铛,把一只手里的玩具传递到另一只手等。此阶段不但要求手眼协调,而且要求双手配合,所以这个阶段可以称为双手开始协调动作阶段。

8~11个月:开始学习操作动作,可以在物体上做挤、拍、滑动、捅、擦、敲和打动作。用手探索所有的东西,包括食物等,并混合在一起,可以涂抹或倒出流质物质。可以准确地把大多数固体物质放入口中,例如脚、手指、塑料玩具或盖子等。随着操作能力的不断提高,不再喜欢把东西放进口中,而开始玩一些游戏。

12~15个月:可一只手固定容器,另一只手从中取或向其中放物体;会打开瓶盖。

(三)生活自理动作发育

包括更衣、进食、保持个人卫生(如厕、洗漱、修饰)在内的自理活动(self-care activities)是基本日常生活活动(basic activities of daily living,BADL)的重要内容。这些在成年人看起来很简单的生活自理活动,对于发育早期的儿童而言却要付出极大努力、达到一定的发育水平后才能完成。例如,只有当动作协调能力发育到一定水平后,才能使身体各部分进入相应的衣服空间中。不同生活自理动作发育对个体能力的要求不尽相同,因此其发育过程与顺序也存在一定的差异(表9-1)。

表9-1　生活自理动作发育时间顺序

动作名称	出现时间/月
稳稳地拿住茶杯	21
穿上衣和外套	24

续表

动作名称	出现时间/月
拿稳勺子,不倾斜	24
在帮助下穿衣服	32
穿鞋	36
解开能够到的纽扣	36
扣上纽扣	36
独立进餐,几乎没有食物外溢	36
从水罐中倒水	36

(四)书写与绘画动作发育

1. 握笔姿势与动作发育

无论绘画还是书写都要以灵活运用手中的笔类工具为前提。一般而言,2~6岁是儿童握笔动作技能迅速发育阶段。

(1)手掌向上的握笔动作　是最早的握笔动作形式,包括整个手和手臂的运动,表现为抓笔时手掌心向上,手掌与手指一起活动来抓握笔。运用这种笨拙的握笔动作形式,儿童很难进行有目的的绘画和书写动作[图9-1(a)]。

(2)手掌向下的握笔动作　手掌向上的握笔动作逐渐被手掌向下的握笔动作取代,拇指与其他四指开始在绘画和书写动作中起到越来越重要的作用[图9-1(b)]。

(3)手指握笔动作　主要以拇指、食指及中指握笔[图9-1(c)]。随着手的协调运动能力发育,儿童握笔的部位逐渐向笔尖部位靠近,可用手指调整握笔的姿势和位置,手臂及肘部的动作频率逐渐减少。2~3岁儿童可握住靠近笔尖的部位,主要依靠肩关节的活动进行绘画和书写,之后,逐渐发展为用肘部来控制笔的运动,最后发展为用手指的活动来控制笔的运动。

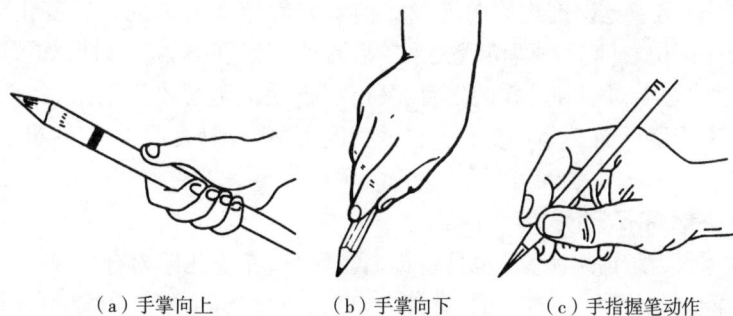

(a)手掌向上　　　(b)手掌向下　　　(c)手指握笔动作

图9-1　握笔动作示意图

2. 绘画动作发育

大多数幼儿在15~20个月就开始出现无规则、无目的的乱涂乱画动作。4岁11个月左右能达到完成水平线、垂直线、圆圈、正十字、右角平分线、正方形、左角平分线、交叉线和三角形9种图形的水平。随着手的动作控制能力的发育以及练习经验的增多,从最初无目的地涂抹到开始有目的地画画需要经历以下四个阶段。

（1）乱涂阶段（scribbling stage）　主要是获得绘画所必需的手眼协调能力。

（2）组合阶段（combining stage）　主要是图形的出现与混合，开始学会描绘螺旋、十字等基本几何图形，2岁左右的幼儿能画出一系列螺旋和圆圈，随着动作协调控制能力及目的性的增强，能对正方形、长方形、三角形等基本图形进行较为精确的临摹和绘画。之后，能够进行简单的几何图形组合的绘画。

（3）集合阶段（aggregate stage）　不仅能够完成多个简单图形混合的较为复杂的图形，而且将多个图形、图像组合，例如，同时有人物和图像的图片。

（4）图画阶段（pictorial stage）　在绘画中混合的图形的数量增多，图画的内容也更为复杂，绘画动作也更为精确、复杂。

几乎所有幼儿绘画动作的发育都经历上述四个阶段，但达到每一阶段的具体年龄存在较大的个体差异。

（五）手的知觉功能发育

眼睛和耳是人们认识事物的重要器官，人们获得的各种信息绝大多数是通过视觉和听觉获取的。除此之外，手的触觉也是人们认识事物的重要途径。只有视觉和听觉而没有触觉参与，人们对事物的认识就不全面，也不准确。例如，棉花和铁，通过肉眼可以知道体积大小和形状异同，如果从未通过手的触摸，就无法感知轻重、粗细、软硬等。所以，对事物认识要做到精细准确，必须要有各种感觉共同参与，互相补充。

（1）基本概念　触觉识别（tactile gnosia）是人类单凭用手触及物体而无须用眼看就能识别物体的能力，是手指的精细感觉。发育初期触觉识别能力优先发育，功能完善后通常通过视觉功能弥补。

（2）手的知觉功能发育规律　对一些物体属性的触觉，如尺寸、温度，在出生后前几个月就发育得很好。但对于质地、重量等属性的感知却需在6~9个月之后。对物体形状的探索则更晚。手的知觉功能发育与手的动作发育密切相关，新获得的动作技能与越来越精确的感知功能均在彼此的进一步发育中起到重要作用。

（3）手识别物体与视觉识别物体的区别　前者能够感知身体的位置变化。通过触摸，了解手部动作与身体部位之间的空间位置关系。后者能够识别物体的属性，如形状、大小、质地、重量、性质等。手的触觉识别和动作的发育，又可以促使大脑思维更活跃，并且可以代替其他感觉器官。如在不能说话而又必须交流思想的情况下，手可以表示语言，在黑暗中手可以代替眼睛。

（六）婴幼儿精细运动发育顺序

随着年龄的增长，动作的随意性也日益提高。但是，在婴儿期内有目的、有计划、有预见性的随意性动作不能被忽视，因为有目的、有计划、有预见性的随意性动作与言语的发育直接相联系。有人对婴幼儿精细运动发育顺序进行研究，发现动作发育有规律可循（表9-2）。

表9-2　婴幼儿精细运动发育顺序

年龄/月	精细运动
1	双手常常握拳，手碰到物体时，握得更紧
2	偶尔能张开手，能拿住物体。偶尔把手或手里的物体送到口中舔

续表

年龄/月	精细运动
3	用手摸物体,触到时偶尔能抓住。手经常呈张开姿势,将哗啦棒放在手中,能握住数秒
4	仰卧清醒状态时,双手能凑到一起在眼前玩弄手指,称为"注视手的动作",此动作6个月以后消失。常常去抓东西,但距离判断不准,手常常伸过了物体。用整个手掌握持物体,手握哗啦棒的时间较以前长些,而且会摇晃,并用眼睛看手里的哗啦棒片刻,出现最初的手眼协调
5	手碰到物体时出现主动抓握动作,但动作不协调、不准确。会玩衣服,把衣服拉到脸上。能玩玩具并将玩具抓握较长时间。往往双手去拿,把东西放到口中
6	迅速伸手抓面前的玩具,玩具掉下后会再抓起。用全手抓积木,能握奶瓶,玩自己的脚。准确地拿取悬垂在胸前的物体。会撕纸玩。当手中拿着一块积木再给另一块积木时,会扔掉手中原有的积木然后去接新的一块
7	可用拇指及另外2个手指握物。会用一只手去触物,能自己将饼干放入口中,玩积木时可以将积木从一只手倒换到另一只手上(传递)。手中有积木再给一块积木时,能保留手中原有的一块不扔掉,会模仿对击积木
8	桡侧手掌或桡侧手指抓握,用拇指和三指捏起桌上的小物体。会用多种方法玩同一个玩具,如放入口中咬、敲打、摇晃等。能将物体递给旁边的人,但还不知道怎样松手、怎样给。喜欢从高椅或是小车上故意让物体掉下去
9	能将双手拿的物体对敲。可用拇指和食指捏起小物体(大米花、葡萄干等)
10	用拇指与另一手指准确捏起0.6cm的串珠,很熟练。可用食指触物,能扔掉手中的物品或主动将手中物品放下,向婴幼儿索取玩具时,不松手
11	喜欢将物体扔到地上听响;主动打开包方积木的花纸
12	能用拇指与食指捏较小的物体,单手抓2~3个小物品,会轻轻抛球,会将物体放入容器中并拿出另一个。全手握住笔在纸上留下笔迹
15	搭2块或3块积木(边长2.5cm的正方体)。用匙取物。全手握笔,自发乱画。会打开盒盖(不是螺纹的)。能倾斜瓶子倒出小物体,然后用手去捏
18	搭3~4块积木,能翻书,用小线绳穿进大珠子或大扣子孔,用勺外溢。自发地从瓶中倒出小丸
21	搭4~5块积木,模仿画线条,但不像,用双手端碗
24	搭6~7块积木,会转动门把手,旋转圆盖子,穿直径1.2cm的串珠,正确用勺,开始用手指握笔,模仿画垂直线,能一页一页翻书,用匙稍外溢
27	能模仿画直线,基本像,会拆装简单拼插玩具,会脱鞋袜
30	搭8~9块积木。模仿画水平线和交叉线,基本像。能较准确地把线绳穿入珠子孔,练习后每分钟可穿入约20个珠子。会穿裤子、短袜和便鞋,解开衣扣。一手端碗

二、视觉功能发育

婴幼儿视觉功能发育的关键期是出生后6个月,眼球运动的自由控制能力在出生后6个月左右完成。视觉功能首先发育,于1岁左右接近成人,进而引导了精细运动能力的发育,并使其更加精细准确、更为协调迅速。因此,1 岁前是婴幼儿视觉发育的黄金时期。婴幼儿的视觉功能发育尚未完善,需在外界环境不断刺激下才逐渐发育成熟,其中,出生后 6 个月内视功能发育最快,7 个月~4 岁相对变慢,9 岁发育基本完善。

(一)视觉发育过程

视觉发育包括:视觉定位、注视、追视、视线转移等,分为以下 3 个阶段。

1. 视觉信息反馈处理阶段(0~2 个月)

新生儿调节晶状体的能力较差,不能准确聚焦,以致视物成像模糊,无论物体距眼 1m 或 10m,看到的图像都是模糊的。只能接受单纯和强烈的光线和颜色,例如黑色、白色、大色块或简单的线条及图形。有瞳孔对光反射、眨眼反射。能感觉到眼前摆动的手,不过距离很有限,能看清约 20cm 距离处的物体。眼球只能随头颈转动而转动,头部和上肢活动限制了眼球运动,对于快速运动的物体表现更为明显,追视范围比较小,如果在 20~25cm 处悬挂一个直径 8~10cm 红色圆环,左右摆动,能注视 45°范围。

能够通过周围视野捕捉运动中的物体,然后再由中心视野矫正并识别捕捉到的物体。对于刺激强烈的目标物体会出现视觉定位和注视。由于眼球控制不充分,可出现眼球向一侧固定,单眼看物体的情况。虽然非对称性紧张性颈反射会妨碍眼球随意运动,但有助于向伸手侧注视。

2. 物体辨认阶段(3~6 个月)

随着头颈部稳定程度提高,眼球控制能力不断增强。出现眼球随意运动,能够辨别不同的面孔。双手向中线合拢时,双眼能够注视物体。

4 个月时,随着头部左右转动动作的出现,追视和视线转移也随之发育。

6 个月时,眼球已能进行快速运动,并能通过正确调整眼球转动来辨认不同焦距的物体。双眼同视功能获得。

眼球运动控制发育规律:首先是水平方向追视功能的发育,其次是垂直方向追视功能的发育,最后是斜向追视功能的发育。

3. 精细辨认物体阶段(7 个月以后)

随着追视功能的发育,眼球的精细运动能力提高,开始能够辨别物体。辐辏运动是双眼朝相反方向运动的形式,比眼球在水平方向的追视运动难度大,空间深度知觉需通过眼球调节辐辏运动来实现。正确辨别空间深度不仅能对运动的物体进行辨别,而且有助于了解到自身运动时与周围物体之间的位置关系,进而能感觉到物体的存在,避免与物体发生碰撞。

(二)婴幼儿视觉功能发育顺序

新生儿:有分辨人面孔能力;出生 1 周内视力 0.01~0.02,即正常人的 1/6。

1 个月:能看见面前 20cm 左右的物体,双眼能跟随水平方向移动的物体追视范围可达 45°;视力 0.05~0.1;能辨识红、黄、蓝三原色。

1.5 个月:双眼表现出轻度的辐辏。

3 个月:能注视近处的物体,眼球能自由运动。眼球并不能注视,但会被面孔、灯光或运动物体所吸引。中间色也没太大问题,虽然无法认识颜色的名称,但对光线的反应及辨识能力已经相当不错。双眼追视移动物体范围可达 180°。

4 个月:双眼辐辏协调得好,开始会辨别颜色,能对双眼的视线进行调整。

5 个月:头眼协调好,能凝视物体。

6 个月:视网膜已很好发育,看物体时用双眼同时看,已获得正常的"双眼视觉",因此,眼睛和双手可以相互协调做简单动作。对距离及深度的判断已有一定发育。

6~8 个月:从卧位发展到坐位,同时也代表着视力范围从左右发展到了上下,视野完全不同。此阶段眼睛、手脚、身体等协调能力较佳,所以是视觉、听觉和表情反应最佳的统合时期。

8~12 个月:此时通常会喜欢坐着丢东西,然后爬行追物品,或者想要站立拿东西等。那是因为宝宝看到物品,以丢东西的方式来测距离,也有了空间感,同时也证明了视觉发展程度。视力为正常人的 2/3。

1~2 岁:随着生长发育以及环境的不断刺激,视力逐渐在发展,1.5 岁时视力可达 0.4 左右。1 岁后喜欢看图书,能够看见细小的东西如掉在床上的头发等,能注视 3m 远的小玩具。

2~3 岁:是双眼视觉发育最为旺盛的阶段,视力达到 0.5~0.6,已经快接近成人视力。

通过游戏提高儿童视觉认知能力,如七巧板拼图、彩纸拼图、搭积木、木珠拼图、猜谜、分类、各种智力拼图、摹写图、几何形状的匹配、纸牌游戏、数字、简单字或词的游戏、迷宫训练、手影游戏、视觉记忆训练等可提升视知觉落后儿童的能力,练习眼睛对各种图形、线条和空间的认识,如果不断地给予练习或视觉刺激,就能由简而难地提升视知觉能力,从而奠定儿童以后识字、写字和阅读的基础。

三、手眼协调能力发育

为了抓握物体,除需要把抓握的对象从周围其他事物中区分出来,还需学会拇指与其余四指对立的抓握动作和手眼协调。

手眼协调(eye-hand coordination)是指在视觉配合下手的精细动作的协调性。手眼协调能力的发育随神经心理发育的成熟而逐渐发展起来,标志着发育的成熟度。

随着精细运动能力提高,手眼协调能力越来越占重要地位,贯穿于精细运动之中,精细运动能力发育离不开手眼协调能力发育,手眼协调能力发育是精细运动能力发育的关键。

从婴儿手的抓握动作发育可以看到,婴儿期抓握动作出现了初步的手眼协调摆弄物体的动作。但是,这些动作往往还不是准确而灵活的。在日常生活和教育条件下,进入幼儿期,在经常接触日常生活中的物体过程中,由于成人反复示范和儿童不断模仿,逐步学会了熟练地摆弄和运用这些物体的动作能力,例如,用茶杯喝水、用匙子吃东西、自己穿衣服、扣纽扣、戴帽子、擤鼻涕、洗手等。

虽然手眼协调能力的发育是一个缓慢的过程,但是如果平时注意培养训练,手眼协调能力会不断得到提高。

(一)手眼协调能力发育过程

1. 手张开及双手抱握阶段(0~3 个月)

(1)俯卧位 由于紧张性迷路反射作用,全身呈屈曲状态,四肢活动多见,上肢无法做分离运动,一旦紧张稍有缓解可见到腕关节背伸,五指张开的动作。但由于俯卧位时颈部尚不能保持稳定,会再次出现手握拳状态。偶尔出现无意识抓握物体动作,随着肘关节伸展手掌会突然张开,致使手中的物体掉落。

(2)仰卧位 随着双肩对称姿势的出现,手可以移到中线位置。当手能够移到口的位置时,首先必须由视觉确认手和口之间的身体位置,然后可看到一只手,进而看到另一只手。伴随颈部控制能力的进一步提高,不仅可以看到自己运动的手,视线还会从手移向物体,再从物体移向手。

（3）上肢与躯干运动分离、眼和手协调运动发育机制　①腕关节的不规则运动；②拥抱反射、非对称性紧张性颈反射等使上肢出现强制性伸展反射；③俯卧位时抬头、压低双肩，双肩压低又促使头的上抬，这种抗重力状态使身体各部位间产生相互作用。

（4）原始反射的作用　原始反射具有双刃剑的作用，虽然妨碍身体的自由活动，但对协调运动起到促进作用。触摸手指甲和手掌尺侧会出现逃避反应，这在发育早期占主要地位。随后出现握持反射并逐渐增强。逃避反应表现为腕关节背伸和手指伸直外展，而握持反射则表现为腕关节掌屈和手指屈曲内收。由于两种反射的相互拮抗作用，最初的握拳姿势逐渐发育成为具有腕关节背伸和手指屈曲、内收能力的功能手。

2. 手功能开始发育阶段（4～6个月）

（1）仰卧位　从颈部到肩部乃至躯干的抗重力伸展活动得到进一步发育，身体的姿势位置对上肢的影响逐渐减弱，仰卧位时手能向前方伸出。此时，随着躯干稳定性的提高，上肢能够带动肩部一起向前伸出。

（2）俯卧位　与仰卧位不同，当需要将一侧上肢向前伸展时，为了支撑躯干维持姿势平衡，会诱发整个腕关节呈过伸展状态。因为在这一时期，无论上肢还是下肢，只要有某个关节出现伸展或屈曲动作就会引起其他所有关节的伸展或屈曲，即各关节间还未出现分离运动；同样，不仅仅是上下肢，躯干的伸展也会诱发四肢的伸展以致波及全身。随着躯干向抗重力方向的伸展幅度增加，要使俯卧位时髋关节呈完全伸展状态，必须使身体重心转移至臀部下方，只有这样，才能比较容易地完成向前伸出一侧上肢的动作。

（3）视觉功能　眼球运动已经平稳，能够完成视觉诱导下的伸手和握持动作。握持反射有助于手伸向目标物体，这是视觉诱导的握持能力获得前的伸手动作。在双上肢支撑下身体左右移动促进了上臂回旋动作的熟练，上臂的外旋动作使得眼睛容易看到手中握持的物体。随着视线同时对手和物体注视，使得手的活动、手的感觉以及视觉信息有机统合在一起，最终经视觉神经传导通路对物体产生感知觉和认知，即只要是看到过的物体，就能回想起该物体的性质、质地、大小、形状、重量等。

（4）机制　在上肢支撑还不充分阶段，常通过颈部过度伸展状态、利用对称性紧张性颈反射来增加上肢的支撑能力。婴儿早期上下肢运动受颈部活动的影响较大，随着用手支撑并抬高身体使得身体重心可以向左右移动，上肢渐渐出现选择性动作的发育。通过不断的俯卧位维持及姿势变换练习，促进了上肢支撑能力增强，进而促进手的伸展、物体握持及维持动作的发育。

3. 手功能多样化发育阶段（7～9个月）

独坐能力的获得解放了婴儿的双手，使婴儿手眼协调能力和双手协调自主控制动作得到迅速发育，即进入了用眼睛引导手的动作、手功能呈现多样化发育阶段。

（1）姿势变换对手功能多样化发育的作用　坐位和膝立位姿势有利于婴儿对环境的探索，所需的发育时间也比较长。但又不能一直停留在某一种姿势上，还必须学会从卧位到坐位、从坐位到膝立位等多种姿势的变换。姿势变换时常通过伸展上肢动作作为支撑，跌倒时常通过伸展上肢动作以保护身体，这样使得手功能得到迅速发育和提高。随着抗重力伸展姿势的稳定发育，腕关节背伸和伸手功能得到发育。在坐位按住某物时，躯干已经具备了伸展能力。由于目测距离准确性的提高，伸手抓物时手够不到或伸过头的情况开始减少，逐渐发育成手能伸向目标物体。

（2）爬行对手功能多样化发育的作用　爬行练习使得手掌逐渐具备了支撑体重的能力，同时也促进手掌拱形形状的形成以便能稳固地抓住物体。承重与手功能发育关系密切，承重可提供信息反馈使小儿注意到手，同时有助于手张开，上肢伸出。

婴儿通过手掌向前后、左右做爬行运动，也促进手指的外展、伸展，以及手掌挠侧和尺侧功能的分离。这些活动均有利于促进拇指与其他手指对指功能的发育，也为下一阶段手指的抓捏或翻阅动作发育奠定基础。

4. 手功能熟练阶段（10～12 个月）

（1）坐位　不再需要上肢保持身体平衡，使得腕关节和手指得到解放，逐渐能用指尖转动物体，使得手指功能得到进一步发育。

（2）立位与步行　当获得稳定的立位平衡后，上肢运动功能发育逐渐从姿势的影响中摆脱出来，能够完成更有自主选择性的够取、抓握、放下等动作。但在学步过程中，需借助上肢伸展（挑担样姿势）来保持步态的平衡。独立行走能力的获得更进一步解放了婴幼儿的双手，使精细运动有机会得到进一步发育。

（3）手指分离动作发育　当尺侧 3 个手指能够屈曲之后，使得尺侧有了较好的稳定性，能够完成使用食指指物的动作，能将小的物体放入比较小的容器内等取物动作的获得，为分离动作的完成提供保证。

开始时，使腕关节保持在悬空的位置进行手指动作非常困难，可以先将手放在容器的边缘以固定腕关节，然后进行操作。此外，由于手指伸展常常会引起前臂旋后的联合运动，因此，当前臂旋后时可能会出现手指张开、手中物体掉落的现象。

手的动作开始前，一般先由视觉引导手指的活动，熟练后，即使眼睛不看手指也能顺利完成操作活动。

5. 手眼协调能力快速发展阶段（1～3 岁）

"涂鸦"、挖沙、捞鱼、串珠子、玩积木、堆各种建筑、捏橡皮泥等都进一步加强了手眼协调能力的发展。"涂鸦阶段"的孩子，不仅能发展创造力、想象力，而且极好地训练了他们自身的手眼协调能力。鼓励孩子捏各种简单的东西，如苹果、香蕉等，借以锻炼两手揉、搓、按的能力。在水池中捞金鱼、塑料鱼或漂在水面上的玩具，也可以采用捉昆虫、摘花草、蔬菜等游戏活动，锻炼手眼协调能力，促进智能等多方面发育。这个时期的孩子能穿脱简单的衣裤、袜子等。

第三节　儿童期人体精细动作的发展

一、用工具的动作技展

在儿童早期发展中，握持（holding）书写工具（如蜡笔）并画出有意义符号的能力是今后书写的基础。最开始，婴儿用整个手来抓住书写工具，也称为全手掌抓握，特点是用四指和拇指将铅笔完全围住；逐渐的，在书写和绘画的过程中，拇指和其他四指的功能区分开来，儿童开始学习根据不同任务来控制和调节拇指和其他手指。

握持书写工具的成熟姿势是动态的三脚架式（dynamic tripod），这种姿势大致会在 7 岁左右出现。儿童利用拇指、中指和食指将手摆成三脚架的形状来固定书写工具，可以完成细小的、高度协调的手指动作。儿童最初是利用近躯干的关节(如肩关节)来协助控制笔;随着书写能力的进步,肘关节产生必要的动作来带动笔;最后,手开始逐渐靠近笔的尖端,同时,拇指和四指能够充分控制笔的运动,这种熟练的动态控制通常在 4 ~ 6 岁间出现,在 7 岁左右能够做出正确的三脚架式书写握持姿势。对这种动态三脚架式姿势的精细控制还会继续到 10 ~ 14 岁后。

二、绘画动作的发展

绘画和书写都是使用工具的技能,且是与图形相关的动作,这些动作的熟练程度会极大地影响到学龄前和学龄早期儿童的各种发展成果。儿童常在 15 个月左右第一次尝试以涂鸦的方式来绘画,到两岁时,儿童可以在适当的指导下,画出粗糙的曲线、垂直线和水平线,但是,此时的绘画表现并不稳定。

对大多数儿童来说,绘画的发展开始于 15 ~ 20 个月大,他们会利用书写工具涂鸦。Kellogg 将绘画能力的发展用四个阶段来表述:①涂鸦期(scribbling stage),儿童通过做出一些随机或重复的动作,主要画出类似圆形(circular shape)和重复的直线;②组合期(combine stage),儿童尝试着画出基本的几何图形,如螺旋线、圆、正方形、长方形、三角形以及这些图形的组合;③整合期(aggregate stage),儿童可以画更复杂的图形,因为他们有能力组合至少三种不同的图形;④绘画期(pictorial stage),儿童能画出更准确和复杂的图形。他们开始用画笔来表现自己生活的世界,如人物、动物和房屋都是他们最喜欢画的对象。虽然大多数儿童的绘画发展会经过这四个阶段,但很难确定这些阶段出现的常模年龄,而影响绘画能力发展的主要因素之一是儿童在这方面的经验。

三、书写动作的发展

儿童的书写能力在 2 ~ 6 岁开始发展,大多数儿童在 4 岁时能够写出一些可以辨认的字母,许多 5 岁儿童可以写自己的名字,到 6 岁时,儿童基本上可以写出字母表和数字了。Hamstra-Bletz 和 Blote(1990)在一项纵向研究中报告了小学生英文书写动作的发展。他们最初测量了 127 位二年级小学生(7 岁左右),并在随后的三、四或五年级时,每年对这些儿童进行重新测量。他们的研究结果显示,时间和空间的稳定性(temporal and spatial consistencies)是书写技巧发展的两个主要因素。年龄小的儿童通常写的字母和数字都比较大,占用的空间和时间也不固定,随着经验的累积,他们会写得越来越小,速度越来越快,直到小学阶段的后期(大概 9 岁),较稳定的绘画和书写模式才出现。

第四节　青春期人体精细动作的发展

青春期(adolescence)是由儿童发展到成人的过渡时期。从体格生长突增开始,到骨骺完全愈合、身体停止生长、性发育成熟而结束。这一时期人体在形态、功能、内分泌及心理、行为等方面都发生着巨大的变化。青春期最重要的是性成熟期(puberty,开始具备生殖能力的时期),对身体和动作发展都有重大影响。

青春期的年龄范围和分期很难明确划分。目前国内外一般将青春期的年龄范围定为10 ~ 20 岁,女孩的青春期开始和结束年龄都比男孩早 2 年左右。青春期可分为早、中、晚三期。青春早期的主要表现是身高生长突增,出现突增高峰,性器官和第二性征开始发育,一般约持续

2 年;青春中期以性器官和第二性征发育为主要特征,出现月经初潮或首次遗精,身高生长速度逐渐下降,通常持续 2 ~ 3 年;青春后期体格生长缓慢,但仍有所增长,直至骨髓完全融合,性器官及第二性征继续缓慢发育直至达成人水平,此期一般为 2 年左右。上述各期在身体发育的同时,还伴随着心理社会发育。

一、青春期体格发育

(一)生长突增

进入青春期,在神经内分泌作用下,身体迅速生长,出现生长突增。生长突增(growth spurt)可用按年龄绘制的生长速度(每年生长量)曲线表示。突增开始的年龄女孩比男孩早 2 年左右。女孩在 9 ~ 11 岁,男孩在 11 ~ 13 岁。在生长突增过程中出现的身高增高峰值及出现突增高峰的年龄男孩与女孩也不一样。男孩的突增高峰值为 6.8 ~ 13.2cm/年,女孩为 6.1 ~ 10.2cm/年;突增高峰的年龄男孩为 11.5 ~ 15.5 岁,女孩为 9.7 ~ 14.0 岁。

(二)各部位发育顺序

青春期各部位发育时间及发育速度不同。肢体生长早于躯干;脚最先加速增长,也最早停止增长,脚加速增长 6 个月后,小腿开始增长,然后是大腿;上肢突增稍晚于下肢,其顺序是手—前臂—上臂;最后是躯干加速生长。由此可见身体各部突增顺序为从远端到近端,这一现象被称作青春期生长的向心律。由于这一生长特点,青春期出现长臂、长腿不协调的体态;但这是暂时的,随着躯干长度及各部横径的增长,各部比例将恢复正常。因脚先突增及先停止生长的特点,可利用脚长预测身高。

(三)体型的差异

男、女孩在进入青春期后身体各部出现一系列变化,使得男、女孩具有不同的体型:男孩较高,肩部较宽,肌肉发达结实;而女孩较矮,臀部较宽,身材丰满。造成这种现象的原因是身高、体脂及体重的性别差异。

(四)骨骼发育

骨骼发育是体格发育的重要组成部分,人体许多形态指标的大小都取决于骨骼的发育状况。判断骨骼的发育程度可应用骨骼年龄(骨龄)。骨龄(skeletal age)可较时间年龄更好地反映机体的成熟程度。通过骨 X 线摄片,观察身体某一部位骨钙化的程度与标准骨龄比较,即可确定该儿童的骨龄。一般以手腕部最为理想。骨龄可应用于下列几方面:①预测成年身高;②预测月经初潮;③协助诊断某些疾病。

青春期,在儿童骨发育的基础上,已经出现的骨化中心继续发育,并出现新的骨化中心,各骨化中心相继钙化或与骨干的干髓端愈合。长骨骨干与骨髓完全愈合,女孩在 15 岁、16 岁,男孩在 17 岁、18 岁,椎骨体与骨髓要到 20 岁以后才能完全愈合。

二、青春期的功能发育

伴随体格发育的同时,青春期的呼吸、循环、消化、代谢、造血、免疫、运动等各种生理功能也发生着明显的变化。一般常以循环、呼吸功能及肌肉力量反映功能发育状况。

(一)心肺功能

常用于反映心肺功能的指标有心率、血压、肺活量等。随着测定技术和仪器的发展,在实验室条件下,应用极量运动负荷下的最大耗氧量测定,可以更全面地反映心肺功能。随着年龄的增长,心率呈现负增长,青春期后逐渐接近成人水平,男性心率略低于女性。运动时,心率随运动强度增大而增加,到极量运动时的心率为最大心率。最大心率随年龄的增大而下降,通常以 220 减去年龄估计最大心率。最大心率与安静心率之差,在一定程度上反映心脏的储备能力。青春期之前,女孩血压值高于男孩,青春期来到后,男孩血压值即高于女孩。肺活量随着年龄而增长,女孩的增长量低于男孩。在青春期,男孩可增长 2000 ~ 3000mL,年增长 200 ~ 500mL;女孩只增长 1000 ~ 2000mL,年增长 100 ~ 300mL。

人体在极限状态下吸收和利用氧的能力为最大有氧活动能力,说明这种能力的指标为最大吸氧量。最大吸氧量绝对值随年龄增长而逐渐增加,青春期后达最大值,随后逐渐下降。按体重计算的最大吸氧量相对值,男孩在 13 岁前呈增长趋势,以后不再增长;女孩在 13 岁前比较稳定,以后呈下降趋势。成年期,男、女性均缓慢下降。

(二)肌力反映

肌力的常用指标是握力和背肌力。握力用于表示手及臂部肌肉的力量,青春期时,男孩可增长 25 ~ 30kg,年增长 4 ~ 10kg;女孩增长 15 ~ 20kg,年增长 2 ~ 5kg。男孩握力值始终高于女孩,随年龄增长性别差异增大。背肌力具有相同趋势。

(三)运动能力

人体在肌活动中所表现出的力量、速度、灵敏及柔韧性,统称为运动能力。青春期运动能力的发育有明显的阶段性和性别差异。男孩的快速增长发生在 7 ~ 15 岁,15 ~ 20 岁增长趋缓,20 ~ 25 岁为一生中最高峰;女孩的快速增长期为 7 ~ 12 岁,但在 13 ~ 16 岁阶段部分女孩可停滞或下降,16 ~ 20 岁间又可出现缓慢增长。在青春期,男孩各项运动指标均高于女孩,并随着年龄的增长而差距增大,形成性别间运动能力的差别。但女孩在柔韧性、协调性及平衡能力方面往往比男孩更具有发展潜力。各项运动能力的发育顺序大致为:速度、耐力、腰腹肌力先发育,其后是下肢爆发力,较晚的是臂肌静止耐力。

第五节　老年期人体精细动作的发展

老年人随着年龄的增加身体功能下降,包括神经系统、心血管系统、呼吸系统、骨骼肌肉系统等方面,而精细动作控制能力的减退是老年人中普遍存在的现象。老年人手部精细动作控制能力在日常生活中发挥着重要的作用,老年人的手部精细动作控制能力随年龄的增加而减退,直接影响老年人的独立生活能力和生活幸福感。

一、老年人手部精细动作控制特征

手部精细动作控制能力是老年人的一个重要生理功能。随着年龄的变化,老年人的整体身体素质降低,手部精细动作控制能力同样是呈下降趋势。抓握动作作为手部最典型的精细动作之一,是日常生活中涉及最多的精细运动。老年人存在以下抓握特征,在抓握易碎物体时,与年轻人相比,老年人的目标加速度降低、运动时间增加、抓握产生的肌力增加、抓握与力的负荷的相关性下降。与年轻人相比,老年人的手部精细动作控制能力存在时间变异性和空间变异性。时间变异性表现在随着年龄的增加,老年人在执行相同的精细运动任务时,运动持续时间及相对的减速时间的变异性增加。空间变异性表现在老年人手部精细动作的轨迹不流畅、速度和准确性下降,空间的协调性降低。在研究中将老年人的精细运动分解为时间(规定的时间或间隔)、顺序和运动执行控制能力,均呈现随年龄的增加而出现下降的状态。

手部精细动作控制能力很大程度上依赖于执行精细运动时对手部肌肉肌力的控制。与年轻人相比，老年人控制小关节运动小肌群的肌力变异大，随着年龄的增加而减退，Oliveir 等发现不管老年人还是年轻人手指伸展时所需的肌力比屈曲时所需的肌力大，但是老年人这种手指屈伸肌力差异性更大，日常操作任务中频繁地做手指弯曲动作使得老年人手指的屈曲独立性更高，这里的独立性是指老年人没有执行精细动作任务的手指靠近执行任务的手指比靠近无任务的手指时所需的肌力更大且不存在性别差异。快速的运动需要产生较大的肌力来完成，在执行精细动作任务时，运动速度的增加将导致精细动作的精确度减低。Christou 等研究表明老年人第一手骨背间肌随意收缩产生的精细动作的加速度存在波动，导致老年人手部精细动作控制的精确度下降。而 Aoki 等通过手指敲击实验发现老年人的手指敲击能力的下降与老年人相关手指的最大手指等距收缩力减小的相关性较小。这表明手指肌力大不代表老年人的手部精细动作运动控制能力强，需通过拮抗肌和主动肌的协调才能达到速度—精确度的平衡。

二、老年人手部精细动作控制机制

老年人手部精细动作的执行首先是通过视觉的反馈得到所需执行的精细动作的要求，将信息传输到大脑中枢，大脑中枢将信息整合再通过神经传导到达手部肌肉，控制肌肉的收缩执行精细动作任务。老年人手部精细运动能力减退存在外周和中枢机制。

中枢机制是指手部精细动作的执行受与运动相关脑区的指挥。老年人随着年龄的增长出现脑萎缩现象，老年人出现的运动功能障碍与脑萎缩相关，如运动控制的顶叶皮质和额叶前皮质、初级运动皮层、躯体感觉皮质、感觉—运动区等。小脑对运动时间及运动的协调性有重要的作用，随年龄的增加出现运动加速度减少的现象。胼胝体控制双手的协调性，在单手运动过程中起到同侧运动皮层抑制的重要作用，老年人相较于年轻人在执行手部精细动作时，胼胝体同侧初级运动皮层的兴奋性增加和皮层内抑制减少。

外周机制是指老年人的运动缺失部分原因是外周结构的改变，包括感受器、外周神经、肌肉、关节等。这些结构随着年龄的增加而退化，老年人手部的关节灵活度下降，感受器和外周神经的反应能力和传递信息的能力下降，手部肌肉功能下降等。老年人手部精细运动能力下降的外周机制，表现为在执行手部精细动作时手部肌肉运动控制能力的下降。

三、精细动作控制能力的影响因素

年龄是影响老年人手部精细动作控制能力下降的主要因素，同时性别、认知、老年疾病等因素对老年人的手部精细动作控制能力同样产生影响。Jimenez 等研究表明老年人的运动表现随年龄的增加恶化，且受性别的影响，表现在老年人的运动表现中男性的速度明显比女性要快。老年人随着年龄的增长而出现不同程度的认知损伤，会出现运动功能的损伤。Yan 等研究表明，老年痴呆或者是轻度的认知损伤者出现精细运动控制能力和协调特征的感知运动缺陷的恶化，与健康的人相比，表现为书写运动的速度、运动曲线的平滑度、运动的协调性和运动的持续性减退。偏瘫和脑卒中在老年人中的发病率较高，运动功能障碍是常见的症状，包括手部精细动作控制能力的损伤。而一些运动功能障碍类疾病也会影响手部精细动作控制能力。

第六节　人体精细动作发展的科研动态

动作能力是人类赖以生存和发展的基本技能,动作发展会影响婴儿感知、认知和社会适应能力。动作的发展水平是生长发育程度的一个重要表征。研究显示,动作训练的确能够很好地提升动作发展的水平,以此促进生长发育。但动作训练需要考虑生理、心理、身体等方面素质的发展,过早的动作训练成效甚微。当各方面能力达到某一阶段时,动作发展能力会迅速提升,且动作训练有利于促进其过程的发生。目前国内外学者关于动作练习方面的研究,分析动作练习对生长发育的影响,旨在提高对动作练习的重视,并提供实践方面的指导意义。

一、国内外对精细发展及动作练习相关研究

国外最早对儿童动作发展研究的人是一名德国医生提得曼,他采用观测法详细记录了自己儿子两岁半前的所有行为,并在此基础上进行了研究整理出版了《儿童心理发展的观察》。美国著名心理学家格赛尔对儿童动作发展进行了深入的研究,并做了著名的"格赛尔孪生儿爬梯试验"。格赛尔通过比较一对同卵双生子(A 和 B)先后接受爬梯与肌肉训练的表现水平做出如下结论:儿童训练的成果并非单纯取决于训练的早晚,训练效率受到儿童生理成熟度的影响,特定年龄阶段的身心特点制约了最终的训练效果,正如晚 6 周开始接受训练的 B 在训练第二周就赶上了 A 爬楼梯的表现。长期追踪研究儿童心理的格赛尔编写了《格赛尔婴幼儿发展量表》,该表用于评估儿童适应能力、粗大运动能力、精细运动能力、言语能力以及社交能力发展水平。其中,精细运动能力测试量表主要评估精细动作如抓、握、控制等运动能力的完成程度。这些对精细动作能力的评估形成了对婴幼儿成熟程度估计的起点,开创了根据动作评估和监测儿童发展的方法和思路。

1967 年,美国医生 W. K. 弗兰肯伯和心理学家 J. B. 道兹制定丹佛发展筛选测验,简称DDST,主要用于检测 0～6 岁婴幼儿的发展水平,其中"精细动作"是对儿童精细动作的测验,能够有效检测出儿童动作发展是否正常,及时发现婴幼儿潜在的问题。

作为国内首部研究动作、认知与社会性的著作,董奇、陶沙等人在《动作与心理发展》一书中,阐述了个体成长中动作发展的规律,将精细动作的发展分为抓握动作的发展、绘画和写字动作的发展与自理动作的发展,并且研究了这一类动作与儿童学习成绩、儿童社会性之间的关系。

二、国内外关于动作发展对婴幼儿影响研究

国内外很早就有关于动作练习方面的研究。婴幼儿时期,随着年龄增加,动作器官与感知觉器官作为婴幼儿连接周围世界的中介,往往呈现互相增强,互为基础的关系。一方面,婴幼儿的感知觉为其不断完善动作提供了可能,往往越是高级、复杂与完善的动作,越需要感知觉器官与动作器官的协调配合,尤其是在面对陌生环境之时。同时不断地训练与重复,使得动作也会越发熟练。另一方面,动作发展可以发展幼儿的身体意识及空间意识,在听力、视力以及专心注意的能力都会显著提高,感知觉更加精确,推动婴幼儿不断更新与建立自身的感知觉模式。

Jin H. Yan(1998)等人通过研究发现,儿童随着年龄增加,动作经验掌握得越多促使他们发现更多的视觉线索,动作训练得越多协助他们形成特定的搜索模式,空间搜索能力随之增

强。马明伟(2010)则认为,婴幼儿运动的每时每刻都在感知外界,接收周围环境的信息,运动在特定的理解上就意味着感知。Kagerer 等学者通过对儿童进行视觉—动作适应性诱导试验,发现可靠的感觉—动作的协调是实现最佳动作控制的先决条件,感觉—动作表现与视觉—动作表现是相互作用的。

(一)对认知方面的影响

自从 20 世纪 80 年代开始,国内外学者将目光投向婴幼儿动作发展水平与大脑认知发展水平之间的关系,试图发现这两者之间的联系。研究表明,动作发展水平与大脑认知发展水平往往具有一致性,即二者相关。婴幼儿的动作发展水平高,往往能提升认知发育水平,促进大脑功能的发展。正如伯恩斯坦、艾德尔曼等人的相关研究所显示:大脑感知系统、运动控制系统的发育离不开婴幼儿早期的动作发展,在这两大系统的共同作用之下,婴幼儿在潜意识下形成对外部环境分类的意识,并对如何应对外部环境形成固定的反应模式,从而更好地在外部环境中生存、发展。脑部认知水平的发展一方面可能受到脑与脑神经结构的变化的影响,另一方面也可能是外部环境刺激加上婴幼儿的动作发展刺激脑部,带来认知结构的变化。重复的动作练习,往往能提高动作水平,丰富动作技能,促进认知结构完善,从而有助于个体早期心理发育。婴幼儿动作发展使得个体早期的脑部认知结构得以持续地被改造。

(二)对社会适应能力影响

随着婴幼儿年龄增长,其表现出的动作发展日益成熟,其动作发展的水平往往会影响到社会适应能力,同样地,儿童的社会适应能力也会反过来影响其动作发展。也就是说,儿童的动作发展水平与其社会适应能力在儿童生长发育过程中一直处于相互促进、相互影响的状态。这主要是由于幼儿在各种动作技能的学习过程中,能够将对身体动作的掌控能力运用到日常生活中,形成坚强意志、乐观精神、合作态度等,从而促使幼儿能够更好地适应社会环境。研究发现,儿童动作发展的差异,使其在参与群体活动中表现出明显差异,动作发展好的儿童更容易被同伴接受,相反动作发展差的儿童不容易被接受。

三、国内外关于精细动作练习对儿童生长发育研究

精细动作的发展可以促进婴幼儿社会适应能力的发展,它有益于婴幼儿的生活自理能力,认知能力,心智潜力和心理健康。朱红英通过访谈与观察 0 ～ 3 岁婴幼儿精细动作发展的现状,认为有意识地训练婴幼儿精细动作能力有助于其小肌肉或肌肉群的生长发育,有利于大脑功能重塑,发展脑认知系统,而亲子游戏中的精细动作训练则增进了亲子交流,有助于形成热心、积极、有同理心等社会性能力。耿达等人经过研究发现,儿童认知能力的提高离不开精细动作能力的发展,尤其是高级认知活动需要大量的动作经验积累。一个很重要的表现在于反复的精细动作有利于提升婴幼儿注意力水平,有助于个体活动的执行。

四、Peabody 运动发育测量表在婴幼儿动作练习应用研究

目前国内常用的适用于评估婴幼儿精细运动能力水平的工作主要有贝利婴幼儿发育量表(BSID-Ⅲ)与 Peabody 运动发育测量表(PDMS-2)。在临床应用中,PDMS-2 量表由于不需要进行 2 天以上的培训,包含的项目数量充足且分布均衡,成为目前康复界与儿童早期干预领域广泛应用的一个全面性运动功能评估量表。PDMS-2 的实施主要包括六个分测验,其中测试项目包括反射、姿势、移动、操作实物、抓握等,分别对精细运动能力打分,计算出其发育商,是评估运动发育水平与运动功能障碍及康复水平的重要工具。

李海霞、郝青英选取 56 例 0～5 岁运动发育落后患儿借助 PDMS-2 量表进行运动发育水平评估,根据 PDMS-2 评估结果运用其配套训练方案对部分儿童进行干预。根据干预效果的反馈,她们认为 PDMS-2 量表是评估运动发育迟缓的患儿各运动能区发育水平的良好判断工具,它的配套方案对提高该类病人的运动技能效果十分明显。

杜开先、余丰侠、娄季宇对 Peabody 运动发育量表及配套运动训练方案在脑损伤患儿康复训练中的应用进行研究,显示 PDMS-2 可以对脑损伤患儿精细运动功能发育进行准确评估,其配套方案对提高脑损伤儿童运动技能效果显著,具有临床推广价值。

李海霞通过研究 Peabody 运动发育量表及配套运动训练方案在早产儿与足月儿中的应用,采用 PDMS-2 配套运动训练方案对早产组干预一个疗程后,其精细运动发育分离的人数及总的精细运动水平与足月组均无显著性差异,说明 PDMS-2 对早产儿运动发育水平评估准确,其配套训练方案能迅速提高早产儿动作技能。

【复习与思考】

1. 影响婴幼儿精细动作发展的因素有哪些?
2. 影响儿童期的精细动作发展的因素有哪些?
3. 儿童期的身高和体重是如何变化的?
4. 影响青春期精细动作发展的因素有哪些?
5. 老年期精细动作发展特点?

课程思政元素:
健全人格、珍爱生命、自信阳光、天使情怀
课程思政举例:

(1)通过本章对各时期精细动作动作发展的描述,让同学们了解精细动作发展的规律,起到了一个"**天使情怀**"的作用。

(2)通过对粗大动作结构和精细动作结构各自特点以及动作发展的影响因素的描述,教育学生"**珍爱生命**"。(传递生命教育理念)

(3)本章节内容的遴选和组合,能够培养学生的"**健全人格**",树立传播健康知识和方法,关爱和维护健康的乐趣。(树立养成健康的意识和行为)

(4)通过各时期动作发展规律的训练,在运动能力提高的同时也在促进神经系统、认知系统、社会化综合发展,这样对人体发展起到"**自信阳光**"的作用。(传播科学训练的原理和方法)

第十章 人体粗大动作的发展

第一节 概　述

粗大动作(gross motor)是指抬头、翻身、坐、爬、站、走、跳等运动发育,是人类最基本的姿势和移动能力的发育。个体在出生大约4周后,出现了更高级的脑皮层控制的初步自主动作。根据所涉及的全身各部位的活动,可以将其分为有关个体全身大肌肉活动的粗大动作和主要涉及手部小肌肉活动的精细动作技能(fine motor)。

从粗大动作的发展过程而言,个体首先具备的是头部和躯干部分的基本自主控制能力,随后爬、走等自主位移动作的发展也相继趋于完善,最后才发展起跑、跳及其他技巧性粗动作技能。这些自主动作不仅是儿童神经肌肉系统发育成熟的重要标志,也是个体适应生存、实现自身发展所必不可少的条件。

第二节　婴幼儿期人体粗大动作的发展

粗大运动是人类最基本的姿势和移动能力的发育。神经系统对姿势和运动的调节是复杂的反射活动,因此,反射发育是婴幼儿粗大运动发育的基础。粗大运动发育主要指反射发育及姿势运动发育两方面。

一、反射发育

与婴幼儿粗大运动发育密切相关的反射发育包括原始反射、立直反射和平衡反应。由于种族、个体、抚养方式的差别等因素,各类反射出现和消失的时间在一定范围内可以存在较大差别,以下各类反射出现与存在时间为一般现象。

(一)原始反射

原始反射(primitive reflex)是新生儿与生俱来的非条件反射,也是婴儿特有的一过性反射,其中枢位于脊髓、延髓和脑桥。众多的原始反射是胎儿得以娩出的动力,是人类初期各种生命现象的基础,也是后来分节运动和随意运动的基础。

原始反射往往不精确,常常容易泛化。伴随中枢神经系统的发育和逐渐成熟,神经兴奋的泛化性逐渐向着特异性发育,原始反射被抑制,取而代之的是新的动作和运动技能。原始反射在胎儿娩出以后逐渐失去实际意义,多于2~6个月内消失。

原始反射缺如、减弱、亢进或残存,都是异常的表现。脑瘫患儿原始反射多延迟消失、亢进或残存。原始反射有多种类型,本节介绍临床常检测的几种类型。

1. 觅食反射(moting reflex)

正常足月新生儿脸颊部接触到母亲乳房或其他部位时,即可出现寻找乳头的动作。该反射缺如提示较严重的病理现象,精神发育迟滞、脑瘫。

（1）检查方法　用手指触摸婴儿的口角或上下唇。

（2）反应　婴儿将头转向刺激侧,出现张口寻找乳头动作。

（3）存在时期　0~4个月。

2. 手握持反射(hand palmar grasp reflex)

手握持反射又称手把握反射。此反射出生后即出现,逐渐被有意识的握物所替代。肌张力低下不易引出,脑瘫患儿可持续存在,偏瘫患儿双侧不对称,也可一侧持续存在。手握持反射持续存在,将会影响小儿主动抓握和前臂的支撑。

（1）检查方法　将手指或木棍从婴儿手掌的尺侧放入并按压。

（2）反应　小儿手指屈曲握物。

（3）存在时期　0~4个月。

3. 足握持反射(foot palmar grasp reflex)

足握持反射又称足把握反射。此反射出生后即出现,随着独站功能的建立而消失。足握持反射持续存在,将会影响小儿站立功能,脑瘫患儿此反射可持续存在。

（1）检查方法　将手指或木棍从婴儿足掌的尺侧放入并按压。

（2）反应　小儿足趾屈曲。

（3）存在时期　0~1个月。

4. 拥抱反射(moro reflex)

拥抱反射又称惊吓反射。由于头部和背部位置关系的突然变化,刺激颈深部的本体感受器,引起上肢变化的反射。亢进时下肢也出现反应。

肌张力低下及严重精神发育迟滞患儿难以引出,早产、低钙、核黄疸、脑瘫等患儿此反射可亢进或延迟消失,偏瘫患儿左右不对称。该反射持续存在,将会影响小儿手的主动运动发育、双手中间位的发育、手口眼协调发育等。

（1）检查方法　小儿呈仰卧位,有5种引出的方法。①声法:用力敲打床边附近发出声音;②落法:抬高小儿头部15cm后下落;③托法:平托起小儿,令头部向后倾斜10°~15°;④弹足法:用手指轻弹小儿足底;⑤拉手法:拉小儿双手慢慢抬起,当肩部略微离开桌面(头并未离开桌面)时,突然将手抽出。

（2）反应　分为两种类型。①拥抱型:小儿两上肢对称性伸直外展,下肢伸直、躯干伸直,拇指及食指末节屈曲,呈扇形张开,然后上肢屈曲内收呈拥抱状态;②伸展型:又称不完全型,可见小儿双上肢突然伸直外展,迅速落于床上,小儿有不快感觉,多见3个月以上的婴儿。

（3）存在时期　拥抱型0~3个月;伸展型4~6个月。

5. 放置反射(placing reflex)

放置反射又称跨步反射,偏瘫患儿双侧不对称。

（1）检查方法　扶小儿腋下呈立位,将一侧足放于桌面,另一足背抵于桌面边缘,略向前方倾斜小儿。

（2）反应　可见小儿将足背抵于桌面边缘,侧下肢抬到桌面上。

（3）存在时期　0~2个月。

6. 踏步反射(stepping reflex)

踏步反射又称步行反射(walking reflex)。臀位分娩的新生儿,肌张力低下或屈肌张力较高时该反射减弱;痉挛型脑瘫患儿此反射可亢进并延迟消失。

（1）检查方法 扶持小儿腋下呈直立位,使其一侧足踩在桌面上,并将重心移到此下肢。

（2）反应 可见负重侧下肢屈曲后伸直、抬起,类似迈步动作。

（3）存在时期 0~3个月。

7. 张口反射(babkin reflex)

在脑损伤、脑瘫或精神发育迟滞时,此反射延迟消失,锥体外系损伤时明显。

（1）检查方法 小儿仰卧位,检查者用双手中指与无名指固定小儿腕部然后以拇指按压小儿两侧手掌。

（2）反应 小儿立即出现张口反应,亢进时一碰小儿双手即出现。

（3）存在时期 0~2个月。

8. 上肢移位反射(arm passage reflex)

脑损伤或臂丛神经损伤时难以引出,偏瘫时一侧缺失。

（1）检查方法 小儿俯卧位,颜面着床,两上肢放于脊柱两侧,稍候观察变化。

（2）反应 小儿首先将脸转向一侧,同侧的上肢从后方移向前方,手移到嘴边。

（3）存在时期 0~6周。

9. 侧弯反射(incurvation reflex)

侧弯反射又称躯干内弯反射。肌张力低下难以引出,脑瘫患儿或肌张力增高可持续存在,双侧不对称具有临床意义。侧弯反射持续存在,将影响躯干的自主运动,从而影响翻身、坐、站及体位变换功能。

（1）检查方法 婴儿处于俯卧位或俯悬卧位,用手指自上向下刺激一侧脊柱或腰部。该反射持续存在,将会影响小儿直立位的自由运动发育。

（2）反应 婴儿出现躯干向刺激侧弯曲。

（3）存在时期 0~6个月。

10. 紧张性迷路反射(tonic labyrinthine reflex,TLR)

紧张性迷路反射也称前庭脊髓反射。头部在空间位置及重力方向发生变化时,产生躯干四肢肌张力的变化。脑损伤及脑瘫患儿该反射可持续存在,将会影响小儿自主伸展、屈曲以及抬头的发育。

（1）检查方法 将婴儿置于仰卧位及俯卧位,观察其运动和姿势变化。

（2）反应 仰卧位时身体呈过度伸展,头后仰;俯卧位时身体以屈曲姿势为主,头部前屈,臀部凸起。

（3）存在时期 0~4个月。

11. 非对称性紧张性颈反射(asymmetrical tonic neck reflex,ATNR)

当头部位置变化,颈部肌肉及关节的本体感受器受到刺激时,引起四肢肌肉紧张的变化。该反射是评价脑瘫等脑损伤疾病的重要方法。该反射持续存在将影响小儿头于正中位、对称性运动、手口眼协调运动、躯干回旋、翻身、四肢支撑爬行等发育。

（1）检查方法 小儿仰卧位,检查者将小儿的头转向一侧。

（2）反应 小儿颜面侧上下肢因伸肌张力增高而伸展,后头侧上下肢因屈肌张力增高而屈曲,似"拉弓射箭"姿势。

（3）存在时期 0~4个月。

12. 对称性紧张性颈反射(symmetrical tonic neck reflex,STNR)

意义同 ATNR。该反射持续存在,将会影响小儿全身自主伸展与屈曲的发育。

(1)检查方法　小儿呈俯悬卧位,使头前屈或背屈。

(2)反应　头前屈时,上肢屈曲,下肢伸展;头背屈时,上肢伸展,下肢屈曲。

(3)存在时期　0~4 个月。

13. 交叉伸展反射(crossed extension reflex)

此反射胎儿期已经很活跃。

(1)检查方法　①小儿仰卧位,检查者握住小儿一侧膝部使下肢伸直,按压或敲打此侧足底;②小儿仰卧位,一侧下肢屈曲,一侧下肢伸展,检查者使伸展侧下肢屈曲。

(2)反应　①可见对侧下肢先屈曲,然后内收、伸直,似要蹬掉这个刺激;②可见对侧屈曲位下肢变为伸展。

(3)持续时间　0~2 个月。

14. 阳性支持反射(positive supporting reflex)

新生儿期不出现或 3 个月以后仍呈阳性者,提示神经反射发育迟滞。

(1)检查方法　使患儿保持立位,足底着桌面数次。

(2)反应　下肢伸肌肌张力增高,踝关节跖屈,也可引起膝反张。

(3)持续时间　0~2 个月。

(二)立直反射

立直反射(righting reflex)又称矫正反射,是身体在空间发生位置变化时,主动将身体恢复立直状态的反射,立直反射的中枢在中脑和间脑。其主要功能是维持头在空间的正常姿势、头颈和躯干间、躯干与四肢间的协调关系,是平衡反应功能发育的基础。

各种立直反射并不独立存在,而是相互影响。立直反射出生后可以见到,但多于出生后 3~4 个月出现,持续终生。

脑发育落后或脑损伤患儿立直反射出现延迟,肌张力异常、原始反射残存可严重影响立直反射的建立,进而影响平衡反应的建立。

1. 颈立直反射(neck righting reflex)

新生儿期唯一能见到的立直反射,是小儿躯干对头部保持正常关系的反射,以后逐渐被躯干立直反射所取代。此反射出生后出现,持续 6~8 个月。

(1)检查方法　小儿仰卧位,检查者将小儿头部向一侧转动。

(2)反应　小儿的肩部、躯干、骨盆都随头转动的方向而转动。

2. 躯干头部立直反射(body righting reflex on the head)

(1)检查方法　小儿呈仰卧位,检查者握住小儿两下肢向一侧回旋成侧卧位。

(2)反应　此时小儿头部也随着躯干转动,并有头部上抬的动作。

3. 躯干躯干立直反射(body righting reflex acting on the body)

(1)检查方法　如上述方法,使小儿转成侧卧位。

(2)反应　小儿主动回到仰卧位的姿势。

4. 迷路性立直反射(labyrinthine righting reflex)

当头部位置发生变化时,从中耳发出的信号经过前庭脊髓束,刺激支配颈肌的运动神经元,产生头部位置的调节反应。此反射 3~4 个月出现,5~6 个月明显。

（1）检查方法 用布蒙住小儿双眼，检查者双手扶住小儿腰部，使小儿身体向前、后、左、右各方向倾斜。检查时注意不要过分倾斜。

（2）反应 无论身体如何倾斜，小儿头部仍能保持直立位置。

5. 视性立直反射（optical righting reflex）

视性立直反射是头部位置随着视野的变化保持立直的反射，该反射在人类相当发达，是维持姿势的重要反射。此反射出生后 4 个月左右出现，5～6 个月明显。该反射缺如多为视力障碍，延迟出现提示有脑损伤。

（1）检查方法 双手抱起清醒、睁眼的小儿，放于检查者的膝上，然后将小儿身体向前、后、左、右倾斜。

（2）反应 无论身体如何倾斜，小儿头部仍能保持立直位置。

6. 降落伞反射（parachute reflex）

降落伞反射又称保护性伸展反射。由于其中枢在中脑，因此该反射的意义等同于立直反射。检查时注意观察两侧上肢是否对称，如果一侧上肢没有出现支撑动作，提示臂丛神经损伤或偏瘫；如果此反射延迟出现或缺如，提示脑瘫或脑损伤。

（1）检查方法 检查者双手托住小儿胸腹部，呈俯悬卧位状态，然后将小儿头部向前下方俯冲一下。

（2）反应 此时小儿迅速伸出双手，稍外展，手指张开，似防止下跌的保护性支撑动作。脑瘫患儿此反射也可出现双上肢后伸呈飞机样的特殊姿势，或上肢呈紧张性屈曲状态。

（三）平衡反应

神经系统发育的高级阶段，出现皮层水平的平衡反应（balance reaction），又称倾斜反应（tilting reaction）。当身体重心移动或支持面倾斜时，机体为了适应重心的变化，通过调节肌张力以及躯干与四肢的代偿性动作，保持正常姿势。平衡反应是人站立和行走的重要条件，多在立直反射出现不久即开始逐步出现和完善，终生存在。完成平衡反应不仅需要大脑皮质的调节，而且需要感觉系统、运动系统等综合作用才能完成。

1. 仰卧位倾斜反应（tilting-supine reaction）

6 个月出现阳性反应，终生存在。6 个月后仍呈阴性者，提示神经发育落后或脑损伤。

（1）检查方法 患儿于倾斜板上取仰卧位，上下肢伸展，倾斜板向一侧倾斜。

（2）反应 头部挺直的同时，倾斜板抬高一侧的上、下肢向外伸展，倾斜板下降一侧的上、下肢可见保护性支撑样伸展动作。

2. 俯卧位倾斜反应（tilting-prone reaction）

6 个月出现阳性反应，终生存在。6 个月后仍呈阴性者，提示神经发育落后或脑损伤。

（1）检查方法 患儿于倾斜板上取俯卧位，上下肢伸展，倾斜板向一侧倾斜。

（2）反应 头部挺直的同时，倾斜板抬高一侧的上、下肢向外伸展，倾斜板下降一侧的上、下肢可见保护性伸展和支撑动作。

3. 膝手位/四爬位倾斜反应（four-foot kneeling tilting reaction）

8 个月出现，终生存在。

（1）检查方法 小儿成膝手位/四爬位，检查者推动小儿躯干，破坏其稳定性，或小儿成膝手位/四爬位于检测台上，检查者将检测台一侧抬高而且倾斜。

（2）反应 头部和胸廓出现调整，受力侧上、下肢或检测台抬高侧上、下肢向外伸展，另一侧出现保护性伸展和支撑动作。

4. 坐位倾斜反应（sitting tilting reaction）

前方 6 个月左右出现,侧方 7 个月左右出现,后方 10 个月左右出现,终生存在。坐位后方平衡反应出现,标志着坐位姿势发育成熟,开始向立位方向发展。

（1）检查方法　小儿于坐位,检查者用手分别向前方、左右方向、后方推动小儿,使其身体倾斜。

（2）反应　小儿为了维持平衡,出现头部和胸部立直的同时,分别出现两上肢迅速向前方伸出;倾斜侧上肢立刻向侧方支撑、另一侧上肢有时伸展;两手迅速伸向后方做支撑动作。通过上述反应,保持身体的平衡。

5. 跪立位倾斜反应（kneeling-standing tilting reaction）

出生后 15 个月左右出现,维持一生。15 个月以后仍为阴性者,提示神经反射发育迟滞或脑损伤。

（1）检查方法　小儿取跪立位,检查者牵拉小儿的一侧上肢,使之倾斜。

（2）反应　头部和胸部出现调整,被牵拉的一侧出现保护反应。对侧上、下肢向外伸展。

6. 立位倾斜反应（standing tilting reaction）

前方 12 个月左右出现,侧方 18 个月左右出现,后方 24 个月左右出现,终生存在。

（1）检查方法　小儿于站立位,检查者用手分别向前方、左右方向、后方推动小儿,使其身体倾斜。

（2）反应　小儿为了维持平衡,出现头部和胸部立直以及上肢伸展的同时,分别出现腰部向前方、左右方向、后方弯曲以及脚向前方、左右方向、后方迈出一步。

二、姿势运动发育

（一）姿势运动的控制

姿势运动的控制需要身体形态结构、肌力、肌张力、平衡与协调功能以及运动系统功能的综合作用。

1. 身体形态

正常姿势主要靠骨骼结构和各部分肌肉的紧张度来维持,各种因素导致身体骨骼、肌肉等形态结构的变化以及比例不协调,都可导致姿势异常和运动模式的变化。

2. 肌力的作用

骨骼肌分为伸肌、屈肌、内收肌、外展肌、旋前肌和旋后肌,在运动神经支配下完成不同的功能。

任何一个动作都需要一组肌群共同完成,这些肌群来自关节的不同方位,使关节具有不同方向的运动:①原动肌是发起和完成一个动作的主动作肌;②拮抗肌是与原动肌功能相反的肌;③固定肌是固定原动肌起点的肌;④协同肌是配合原动肌,随原动肌一同收缩,产生相同功能的肌,或随原动肌收缩,限制原动肌产生不必要运动的肌。

只有这四种肌群在运动中协调作用,才能具有正常的姿势运动模式。

3. 肌张力的作用

正常肌张力是人体维持各种姿势和运动的基础,一般归纳为静止性肌张力、姿势性肌张力和运动性肌张力。肌张力异常,可导致姿势运动异常。肌张力的产生和维持是一种复杂的反射活动。中枢神经系统的许多结构都对肌张力有影响,中脑以上的各种结构对肌张力产生抑制作用,中脑以下的各种结构及前庭系统对肌张力产生易化作用。如在脑干网状结构中,中脑和脑桥的网状结构是肌张力易化区,而延髓腹侧部分的网状结构是肌张力的抑制区。小儿脑发育障碍或损伤,可导致肌张力的变化。例如:①锥体系损害所致的肌张力增高,称为痉挛性肌张力增高;②锥体外系损害所致的肌张力增高,称为强直性肌张力增高;③小脑损害、周围神经损害可导致肌张力降低;④锥体外系损害可导致肌张力变化和动摇。

4. 平衡功能

平衡(balance)是指在不同的环境和情况下,维持身体直立姿势的能力,主要包括:①保持体位;②在随意运动中调整姿势;③对外来干扰做出安全有效反应。人体能够在各种自身以及外环境变化的情况下保持平衡,有赖于中枢神经系统控制下的感觉系统和运动系统的参与、相互作用和整合。躯体感觉、视觉以及前庭三个感觉系统在维持平衡过程中各自扮演不同的角色。

(1)躯体感觉系统的作用 平衡的躯体感觉输入包括皮肤感觉(触、压觉)输入和本体感觉输入。皮肤触觉、压力觉感受器向大脑皮质传递有关体重分布情况和身体重心位置的信息;分布于肌梭、关节的本体感受器则向大脑皮质输入随支持面变化如面积、硬度、稳定性以及表面平整度等而出现的有关身体各部位的空间定位和运动方向的信息。这些感受器在人体支持面受到轻微干扰时能够迅速做出反应。因此,皮肤感觉输入和本体感觉输入及其反馈,对于姿势运动起到重要的作用。

(2)视觉系统的作用 通过视觉,能够看见某一物体在特定环境中的位置,判断自身与物体之间的距离,同时也知道物体是静止的还是运动的。视觉信息准确与否影响站立时身体的稳定性。当身体的平衡因躯体感觉受到干扰或破坏时,视觉系统在维持平衡中发挥重要作用,通过颈部肌肉收缩使头保持向上直立位和保持水平视线,使身体保持或恢复到原来的直立位,从而获得新的平衡。如果去除或阻断视觉输入如闭眼或戴眼罩,姿势的稳定性将较睁眼站立时显著下降。

(3)前庭系统的作用 头部的旋转刺激了前庭系统中两个感受器。其一为前、后、外三个半规管内壶腹嵴的运动位置感受器,感受头部在三维空间中的运动角加(减)速度变化而引起的刺激。其二是前庭迷路内的椭圆囊斑和球囊斑。感受静止时的地心引力和直线加(减)速度的变化引起的刺激。

无论体位如何变化,通过头的立直反射,改变颈部肌肉张力来保持头的直立位置是椭圆囊斑和球囊斑的主要功能。躯体感觉和视觉系统正常时,前庭冲动对于控制人体重心位置的作用很小。当躯体感觉和视觉信息输入均受阻时,前庭系统的感觉输入在维持平衡中变得至关重要。

当体位或姿势变化时,中枢神经系统将三种感觉信息进行整合,迅速判断,从中选择出准确定位信息的感觉输入,放弃错误的感觉输入。中枢神经系统整合感觉信息的这个过程被称为感觉组织(sensory organization)。

正常情况下,人体以躯体感觉输入为主保持身体的直立姿势,如果躯体感觉受阻,视觉成为中枢神经系统判断和利用的主要来源,当躯体和视觉均被干扰时,前庭系统发挥调节平衡的作用。当三个系统同时出现障碍时,失平衡的状况将不可避免。

5. 运动的协调性

协调(coordination)是指在准确完成动作的过程中,多组肌群共同参与并相互配合,和谐地完成动作。协调是姿势控制如站、走、跑、跳以及日常动作的基本条件,是完成精细运动和技能的必要条件。协调障碍可出现共济失调及不自主的运动,如震颤、舞蹈样动作、手足徐动、手足搐搦。

6. 运动系统的作用

中枢神经系统在对多种感觉信息进行分析整合后下达运动指令,运动系统以不同的协同运动模式控制姿势变化,将身体重心调整回原范围内或重新建立新的平衡。多组肌群共同协调完成一个运动被称为协同运动(synergy)。

自动姿势性协同运动(automatic postural synergies)是下肢和躯干肌以固定的组合方式,并按一定的时间先后顺序和强度进行收缩,用以保护站立平衡的运动模式,它是人体为回应外力或站立支持面的变化而产生的三种对策或姿势性协同运动模式,即踝关节模式、髋关节模式及跨步动作模式。

小儿在发育过程中,随着中枢神经系统的发育,运动系统的协同运动模式和控制姿势的功能不断完善。

(二)姿势运动发育的特点

不同发育阶段婴幼儿具有不同的体位特点。

1. 仰卧位姿势运动发育

婴幼儿仰卧位姿势运动发育的特点是:①由屈曲向伸展发育。可分为四个时期,即第一屈曲期、第一伸展期、第二屈曲期、第二伸展期(表10-1);②从反射活动到随意运动发育。小婴儿由于受紧张性颈反射及交叉伸展反射的影响,出现屈曲与伸展的动作以及非对称性姿势,随着原始反射的逐渐消失,出现了随意运动的发育、翻身以及四肢的自由伸展和屈曲;③手、口、眼的协调发育。从4~5个月开始出现对称性屈曲姿势,可用手抓住双脚放入口中,虽然肩部与臀部都抬高,躯干弯曲,接触床面积小,但仍能保持稳定的平衡状态,产生手、口、眼协调。8~9个月开始出现四肢自由伸展和屈曲活动(图10-1)。

表10-1 婴儿仰卧位运动发育特点

分期	年龄	特点
第1屈曲期	0~6周	四肢、躯干呈半屈曲位(主要为对称性屈曲)
第1伸展期	7~15/16周	躯干上部、四肢伸展(可有非对称伸展)
第2屈曲期	4~7个月	躯干稳定、用手支撑(对称性屈曲)
第2伸展期	8/9~12/14个月	可呈立位(自由伸展)

新生儿期:颜面向一侧或正中位,四肢呈屈曲或半屈曲状态,左右对称或稍有非对称,此期以对称性屈曲姿势为主,称为第一屈曲期。

2~3个月:头向一侧或左右回旋,由于头部位置的变化,受非对称性紧张性颈反射的影响,常呈非对称性的伸展模式,称为第一伸展期,可从仰卧位翻身至侧卧位。

4~7个月:头呈正中位,四肢对称性屈曲姿势,手指的随意动作明显,小儿可抓自己的脚送到口中,呈手、口、眼的协调动作,可从仰卧位翻身至俯卧位,称为第二屈曲期。

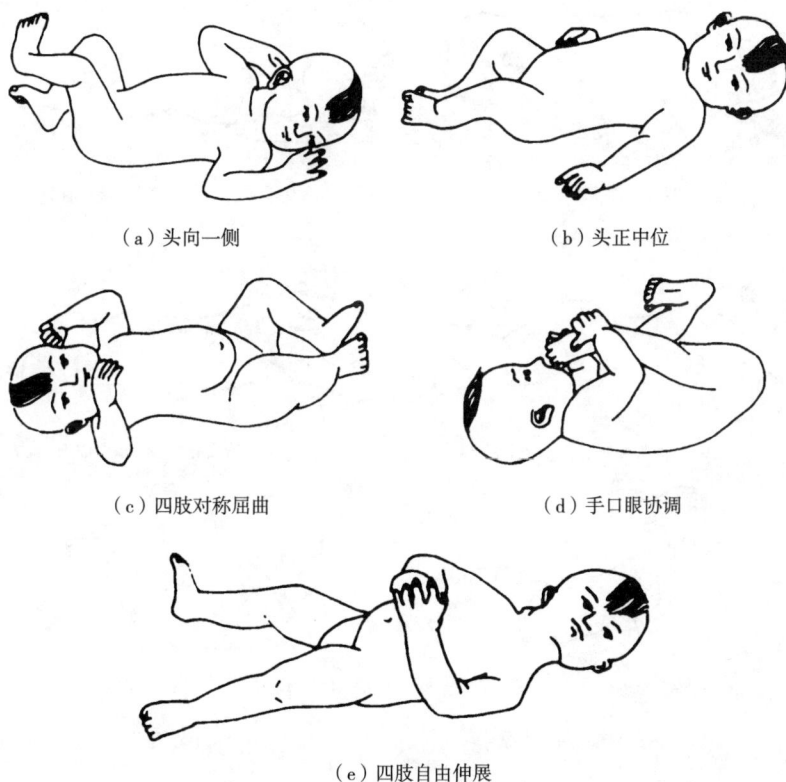

（a）头向一侧　　　　　　　　　（b）头正中位

（c）四肢对称屈曲　　　　　　　（d）手口眼协调

（e）四肢自由伸展

图 10 - 1　仰卧位姿势运动发育

8~9 个月：头部自由活动，四肢自由伸展，躯干有回旋动作，小儿可以灵活的左右翻身。这个时期的小儿主要以伸展姿势为主，称为第二伸展期。

2. 俯卧位姿势运动发育

俯卧位姿势运动发育是小儿克服地心引力，抗重力伸展的过程。主要特点是：①由屈曲向伸展发育。小婴儿由于受紧张性迷路反射的影响，屈肌张力占优势，下肢屈曲于腹部下方，因此表现为臀高头低。随着伸展姿势的发育，逐渐变为臀头同高，之后发展为头高臀低；②抗重力伸展发育。随着抗重力伸展、克服地心引力的发育过程，小儿经过了头部贴床、头离床、胸离床、肘支撑、手支撑、一只手支撑体重的抬头过程，体重的支点由头部、颈部、胸部、腰部逐渐向后移动，当支点移行到骶尾部时，便出现了爬行，为坐位和立位做好准备；③由低爬向高爬的发育。爬行是俯卧位发育的组成部分，也体现了抗重力发育的过程。爬行过程首先是无下肢交替动作的肘爬或拖爬，然后是下肢交替运动的腹爬或低爬，之后是胸部离开床面，用手和膝关节交替运动的膝手爬/四爬，最后是躯干完全离开床面，用手和脚交替运动的高爬。如果违背了这样的发育规律则视为异常（图 10 - 2）。

新生儿期：受紧张性迷路反射的作用，全身呈屈曲状态，膝屈曲在腹下，骨盆抬高呈臀高头低的姿势。头转向一侧，可以瞬间抬头。

2 个月：骨盆位置下降，下肢半伸展呈臀头同高状态。头经常保持在正中位上，下颌可短暂离开桌面。

3 个月：下肢伸展，下颌和肩部可抬起离开桌面，肘支撑抬头达 45°，呈头高臀低姿势。

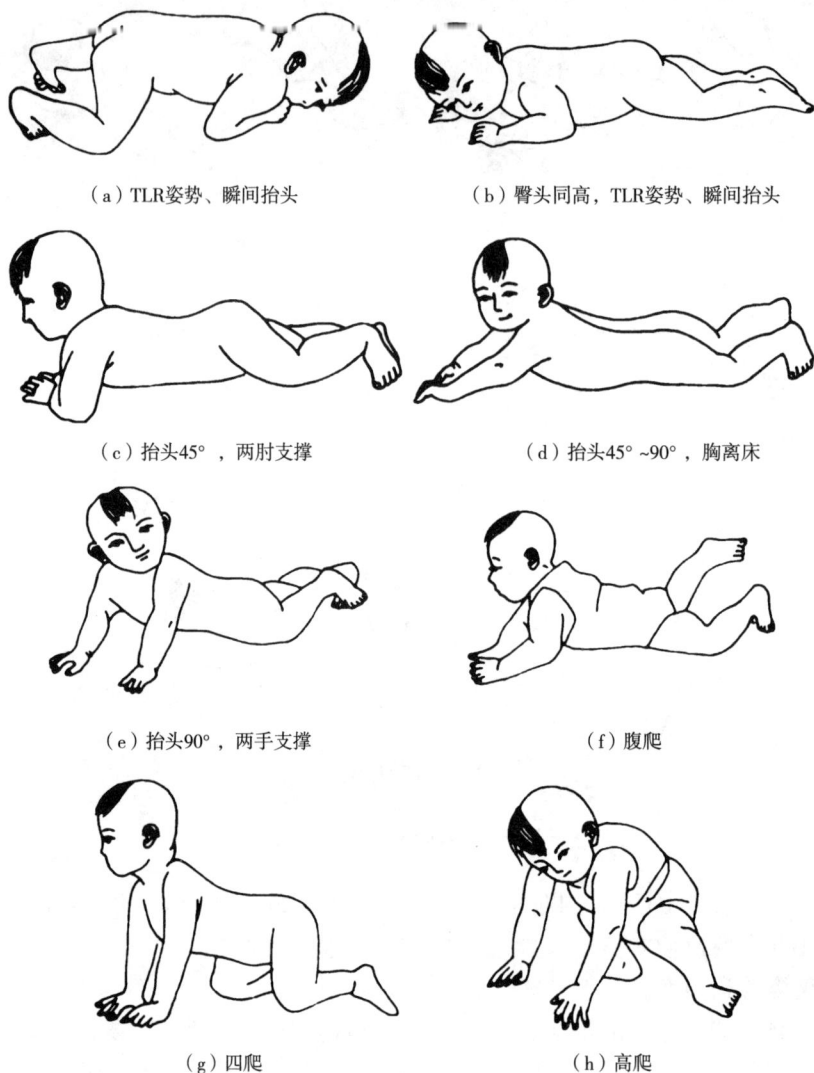

（a）TLR姿势、瞬间抬头　　　　　　　　（b）臀头同高，TLR姿势、瞬间抬头

（c）抬头45°，两肘支撑　　　　　　　　（d）抬头45°~90°，胸离床

（e）抬头90°，两手支撑　　　　　　　　（f）腹爬

（g）四爬　　　　　　　　　　　　　　　（h）高爬

图 10 - 2　俯卧位类势运动发育

4 个月:肘支撑,胸部离开桌面,抬头达 45°~90°,十分稳定,下肢伸展,头高于臀部,身体的支点在腰部。

6 个月:前臂伸直,手支撑,胸部及上腹部可以离开桌面,抬头达 90° 以上,四肢自由伸展,支点在骶尾部,可由俯卧位翻身至仰卧位。

8 个月:用双手或肘部支撑,胸部离开桌面但腹部不离桌面爬行,称为腹爬,可见下肢交替动作。

10 个月:用手和膝关节爬,成为膝手爬/四爬,腹部可离开桌面。

11 个月:可用手和脚支撑向前移动,称为熊步或高爬。

3. 坐位姿势运动发育

坐位姿势运动发育是卧位与立位的中间体位,其主要特点是:①发育顺序为全前倾→半前倾→扶腰坐→拱背坐→直腰坐→扭身坐;②与平衡反应密切相关。如拱背坐时前方平衡反应发育完成,直腰坐时侧方平衡反应发育完成,扭身坐时后方平衡反应发育完成;③是抗重力伸展以及相关肌群发育的过程(图 10-3)。

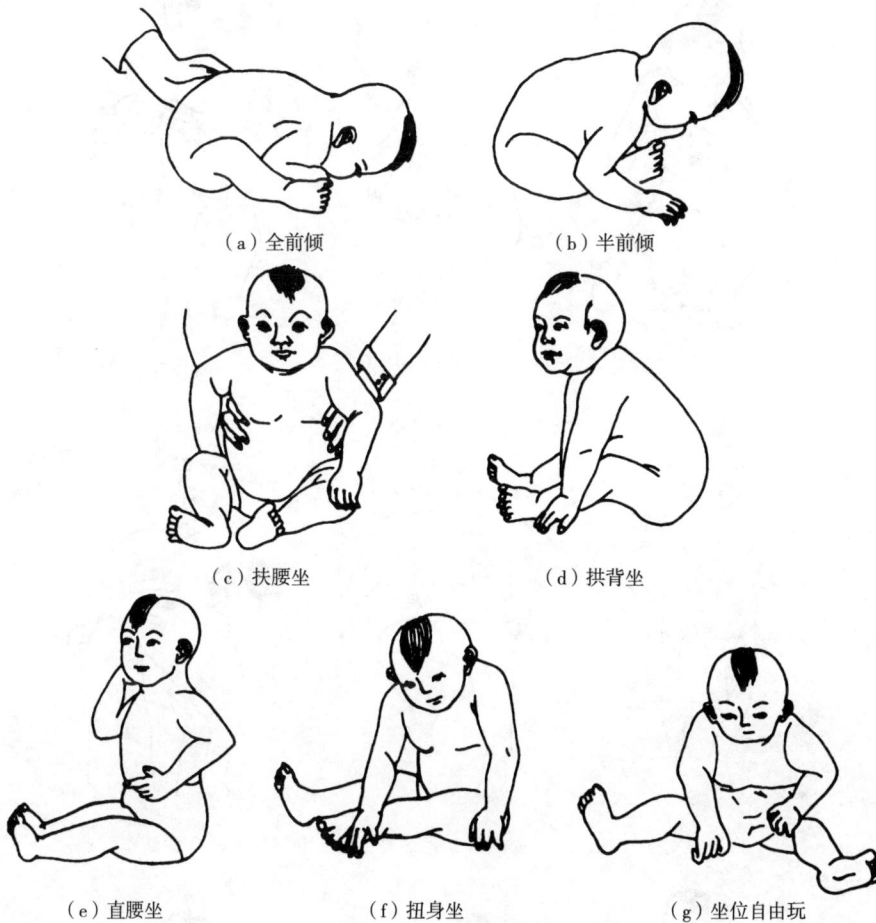

(a) 全前倾　　　　　　　　　　(b) 半前倾

(c) 扶腰坐　　　　　　　　　　(d) 拱背坐

(e) 直腰坐　　　　　(f) 扭身坐　　　　　(g) 坐位自由玩

图 10-3　坐位姿势运动发育

新生儿期:屈曲占优势,脊柱不能充分伸展,扶其肩拉起时,头向后仰,呈坐位时全前倾,头不稳定。

2~3 个月:脊柱明显伸展,坐位时脊柱向前弯曲呈半前倾姿势,头可竖直。

4~5 个月:扶持成坐位时脊柱伸展,为扶腰坐阶段,头部稳定。

6 个月:可以独坐,但需双手在前支撑,脊柱略弯曲,呈拱背坐。

7 个月:脊柱伸展与床面呈直角,是坐位的稳定阶段,称为直腰坐阶段。

8~9 个月:直腰坐位稳定,可以左右回旋身体,称为扭身坐阶段。可以在坐位上自由玩,也可以由坐位变换成侧卧位、卧位等其他体位。

4. 立位姿势运动发育

立位的姿势运动发育是由原始反射的阳性支持开始,立位平衡反应出现后,便出现了独站与步行,体现了由反射到随意运动和连续不断发育的特点。可以分为如下 10 个阶段:阳性支持反射→不能支持体重→短暂支持体重→足尖支持体重→立位跳跃→扶站→抓站→独站→牵手走→独走（图10-4）。

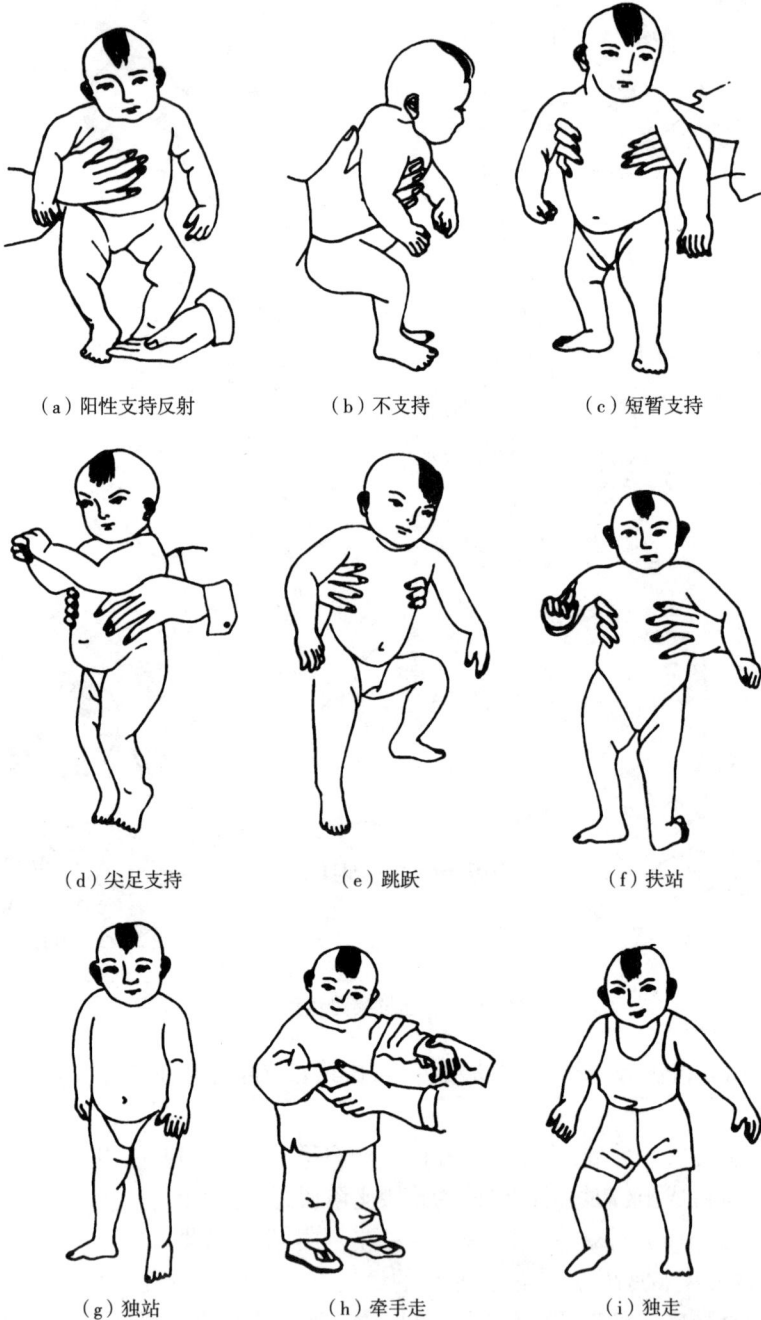

（a）阳性支持反射　　　　（b）不支持　　　　（c）短暂支持

（d）尖足支持　　　　（e）跳跃　　　　（f）扶站

（g）独站　　　　（h）牵手走　　　　（i）独走

图10-4　立位姿势运动发育

新生儿期：足底接触到支撑面，便出现颈、躯干及下肢的伸展动作，使身体直立呈阳性支持反射，也可引出踏步反射，这是人类站立的最初阶段。

2个月：阳性支持反射逐渐消失，下肢出现半伸展、半屈曲的状态而不能支持体重。

3个月:膝部与腰部屈曲,可以短暂支持体重。

4个月:由于伸肌张力较高,下肢伸展并支持体重,多呈足尖支持状态。

5~6个月:使小儿站立时,出现跳跃动作,此阶段称为立位跳跃阶段。

7~8个月:扶持小儿腋下站立,多数可站立,髋关节多不能充分伸展,称为扶站阶段。

9个月:小儿可抓物站立或抓住检查者的手后自行站起,脊柱充分伸展,称为抓站阶段。

10个月:在抓站的基础上,由于立位平衡功能的逐渐完善,小儿可以独自站立,开始时间较短,逐渐延长,称为独站阶段。

11个月:小儿站立稳定后,则可以牵手向前迈步,称为牵手走阶段。

12个月:可以独自步行,称为独走阶段。由于个体差异,发育速度有所不同。有的小儿独走较早,有的则较晚,一般不应晚于18个月。

5. 步行姿势运动发育

婴幼儿步行发育的特点如下。

(1)由两脚分开大足距向两脚并拢小足距发展　小儿的身体重心位置较成人高,为了稳定步态而保持步宽相对较宽,与地面接触的面积较大。

(2)由上肢上举到上肢下降发展　呈挑担样步态,双手维持平衡,肩胛骨内收,背脊呈伸展状,利于保持身体的稳定。

(3)由无上肢的交替运动到有上肢的交替运动。

(4)由肩与骨盆的无分离运动,到有分离运动。

(5)由小步跑,步幅不一致,到迈大步、有节律的步态发展。

(6)由缺乏骨盆的回旋到加强骨盆的回旋　随着小儿年龄的增长,踝关节支撑力量的增强,髋关节过度收缩减少,腹肌力量增强,骨盆回旋增强。

(7)足尖与足跟接地时间短,主要为脚掌着地　由于踝关节的支撑力不足,需要髋关节和膝关节的过度屈曲,使足上提,脚掌用力着地。

(8)站立位的膝过伸展　以便保持下肢支持体重,随着躯干平衡功能的完善和下肢支撑力量的增强,这一情况逐渐改善。

(三)姿势运动发育的顺序

姿势运动发育的顺序遵循如下规律:①动作沿着抬头、翻身、坐、爬、站、走和跳的方向发育;②离躯干近的姿势运动先发育,然后是离躯干远的姿势运动的发育;③由泛化到集中、由不协调到协调的发育;④先学会抓握东西,然后才会放下手中的东西;⑤先能从坐位拉着栏杆站起,然后才会从立位到坐下;⑥先学会向前走,然后才会向后倒退着走。按照这一发育规律,不同年龄婴幼儿粗大运动发育的特点见表10-2。

表10-2　婴幼儿粗大运动发育特点

年龄	头与躯干控制	翻身	坐	爬、站、行走
新生儿	臀高头低,瞬间抬头		全前倾	阳性支持反射
2个月	短暂抬头,臀、头同高		半前倾	不支持
3个月	肘支撑抬头45°	仰卧位至侧卧位		短暂支持
4个月	抬头45°~90°,头高于臀部,玩两手	仰卧位至俯卧位	扶腰坐	足尖支持

续表

年龄	头与躯干控制	翻身	坐	爬、站、行走
5 个月	双手或前臂支撑， 抬头 90°,手、口、眼协调			跳跃
6 个月	随意运动增多， 抬头 >90°	俯卧位至仰卧位	独坐手支撑	
7 个月	双手或单手支撑， 支撑向后成坐位		直腰坐	肘爬、扶站
8 个月	胸部离床		扭身坐	腹爬
9 个月	手或肘支撑， 腹部离床		坐位自由 变换体位	后退移动、抓站
10 个月				四爬、独站
11 个月				高爬、牵手走
12 个月				跪立位前移、独走
15 个月				独走稳、蹲着玩
18 个月				拉玩具车走、爬台阶
2 岁				跑步、跳
3 岁				踮着足尖走或以足跟走， 双足交替下楼

第三节　儿童期人体粗大动作的发展

　　儿童会在其童年的早期至中期,3～8 周岁期间,形成多种基本动作技能的基础。这些基本动作技能的基础将使儿童在动作反应中有更多的选择,为他们的动作表现提供更大的自由度。例如,当一名儿童有很多机会在原地或运动中踢大小和重量各异的物体,并且这些物体既有运动的也有静止的,那么他将建立一系列的动作模式并将会胜任许多特定任务。当儿童参加足球或橄榄球等需求动作的顺序和方向快速变化的比赛时,这些被充分发展动作技能就使其在回应队友或对手的动作过程中有更多的选择。这个概念有些类似于在银行用储蓄账户存钱。如果存款人持续将钱不断存放在他的账户,他便可以在需要的时候随时取出不同数额的资金来用。那些坚持不断的练习,从而在账户中储备了不同的动作技能模式的儿童,当遇到更复杂的动作情况时,就能够依赖这些基本的动作技能做出反应。

　　基本动作技能(fundamental motor skills,FMS)可以被分为位移技能(locomotor skills),基本动作技能涵盖了各种各样的技能,如跑步(running)、连续前滑跳步(galloping)、单脚跳(hopping)、连续垫跳步(skipping)、双脚跳(jumping)、投掷(throwing)、接(catching)、踢(kicking)、扭转(twisting)、转身(turning)和弯腰(bending)等。非位移技能,如扭转;以及操作技能(manipulative skills,也称为物体控制技能),如投掷等。在本节中,我们将主要讨论操作技能和位移技能这两种动作模式,因为它们是许多运动、竞赛和终身身体活动进一步发展的基础。

一、操作技能的发展

操作技能是一类操作或控制诸如棒、球等物体的动作技能。它包括投掷、接球、踢球、踢凌空球、挥击、滚球和拍球(运球)等一系列动作技能。在本节中将介绍前五项技能,滚球和拍球的内容读者可参考已有内容自行进行观察分析。

(一)投掷

投掷(throwing)是体育活动中常用的基本动作技能之一,是棒球、垒球的主要动作,也存在于篮球、足球和板球运动中。另外,投掷动作也是网球发球,羽毛球后场高球以及排球的扣球等运动动作技能模式中的一部分。投掷动作包含很多种类型,如下手投掷、双手投掷(如足球界外球投掷的模式)、上手投掷等。

投掷发展的五个阶段:

第一阶段:"砍"。面向前方手臂的砍切动作,下肢静态支撑躯干无扭转。

第二阶段:扔掷。手臂上挥扔掷"组块"转体,后续动作手臂跨越身体。

第三阶段:同侧跨步手臂高挥,同侧上步躯干小幅度的扭转,后续动作手臂跨越身体。

第四阶段:异侧跨步手臂高挥,异侧上步躯干小幅度的扭转,后续动作手臂跨越身体。

第五阶段:熟练者手臂向下后挥,异侧上步,分层次的转动上肢和下肢的后续动作。

(二)接

在运动、竞赛和日常活动中,接(catching)是一个常见的动作技能,它是一项用手的操作动作,并以抓住物体为目标的活动。接球的成绩取决于任务和环境的要求,例如,球的位置、空中球的速度、球的形状和大小、球的轨迹等。人们常用一只手或者两只手来完成接球动作。在这个动作的初级形式常见于儿童用手掌和手臂接气球、大球和沙包等。例如,幼儿园和小学生最普遍的游戏就是"叫号接球"和"扔沙包"。儿童经过小学阶段,其接球技术得到了提高,能更好地用单手和双手接住不同大小、形状和速度的球。在小学高年级和中学,儿童在接球和扔球的游戏中经常使用一种叫作实心球的医用球。在许多高水平的比赛中,可以看见一些惊人的接球动作,一些人在似乎不可能的情况下成功地接住了球。许多运动项目,如篮球、棒球、垒球、橄榄球和美式橄榄球都需要熟练的接球技能来进行比赛。

双手接球发展的五个阶段:

第一阶段:典型的延迟反应。手臂向前伸展,触球后,把球搂在胸前。

第二阶段:手臂先向两侧伸展,然后做一个弧线的画圈动作,用胸将球抱住。原地或跨出步。

第三阶段:捞球。用胸触球手臂前伸到球的下方,用胸将球抱住可能移动一步接球。

第四阶段:用手接球。只用双手接球原地或者迈出一小步。

第五阶段:移动接球。移动身体用双手接球。

(三)踢

踢(kicking)是用脚来击打的一种动作形式。许多运动都包含踢的技术,方式也是多种多样,最受欢迎的体育项目就是足球。足球已经成为超过 204 个国家和千百万人广泛参与的世界级运动项目。在中国,足球也是一项很受欢迎的体育活动,上百万的青少年儿童和成人以踢足球的方式进行娱乐并组织比赛。除了足球以外,踢的动作也在其他项目中出现,如踢毽子。踢的技能还被应用在如美式橄榄球和英式橄榄球这样的世界范围所开展的有组织的运动项目中,以及一些具有文化特色的体育活动中,如藤球和健球。

踢球发展的四个阶段:

第一阶段:一点点腿的摆动,原地站立脚"推"球,踢球后(经常)后退。

第二阶段:原地腿摆动,腿向后摆动,原地站立,手臂和腿反向摆动。

第三阶段:脚以较低的弧度迈出,胳膊反向运动,踢球后向前或侧做后续迈步。

第四阶段:快速接近球,躯干后倾,踢球前有跨跳步,踢球后表现出单脚跳。

(四)挥击

挥击(striking)也是一种球类的用力技能,有很多的运动形式,是身体教育课程中的重要教学内容。常见的挥击形式包括侧击、下手和上手击、单手和双手击。最初的挥击形式中,幼童可用手或身体的其他部位,以及短拍等挥击气球和球,他们可以单手或者双手去完成挥击动作。进入小学阶段,儿童可以学习单手挥击动作如打乒乓球,双手持棒挥击(棒垒球)以及其他一些运动项目中的专门的挥击形式,如羽毛球的正手击高远球、排球的上手发球和扣球动作等。乒乓球是中国的国球,很多家庭都会打乒乓球,儿童都是在手握球拍的环境中长大的。除了乒乓球以外,还有其他一些体育娱乐活动也以挥击为基本动作的,如羽毛球、网球、壁球、排球、棒球和垒球等。在介绍挥击动作发展序列时,可以发现挥击动作和投掷动作有很多力学相似处。

要想完成挥击一个物体的动作,一定要考虑下面几个因素。首先,手眼之间的协调很重要,因为它是连续跟踪和拦截物体的基本保证。近远法则是动作发展方向与序列的一个重要原则,即儿童动作技能的学习和发展是从身体中线向外开始的。当儿童在挥击气球时,最难以控制的部位是他们的手,因为手距离身体最远。但是用球棒来击球的时候,球棒的顶端则变成了距身体最远的部位。不言而喻,当儿童试着去支配比身体远端还远的物体的时候,他们需要更大的努力才能感知到球棒在三维空间的位置。经常可以看到一些幼儿园和学前班的儿童在用球棒挥击一个固定在球撑上的皮球的时候,经常出现打偏的情况。对于成人来说,面对静止不动的物体挥击球棒却打偏,这是一件不可思议的事情,但是对儿童来说,这是一个复杂而具有挑战性的任务,因为他们要感知球棒远端的位置,并且努力试图精确地使球棒远端碰到球。在这种情况下,孩子往往需要换成较短的球棒,抓住球棒的中间位置,或者就是用手直接来击球以降低任务的难度。当儿童经过训练能够熟练掌握挥击动作后,他们就可以做出准确的判断,在短时间做出精确的动作。

挥击发展的四个阶段:

第一阶段:用球棒将球砍出,双脚原地不动。

第二阶段:水平方向推出/摆动"组块"体,双脚原地不动或者迈出一小步。

第三阶段:同侧上步,迈出同侧腿,斜向下挥动。

第四阶段:异侧上步,迈出异侧腿,躯体转动,后续动作中手腕翻转。

二、位移技能的发展

位移技能是指能够使个体在空间产生位置移动的动作技术。对儿童来讲,位移技能是一项重要的动作技能,它影响到儿童是否能够参与有利于健康的身体活动,并能否在各种运动项目、游戏以及民族民间舞蹈中有效地移动。没有这类技能,青少年儿童的动作发展将受到阻碍。跑、连续前滑跳步、单脚跳、连续跳跃步和双脚跳是最常见的位移技能。

（一）跑

跑（running）是位移技能的一种，是由两脚交替作为支撑点来推动身体向前位移的动作。跑是步行的延伸，它包含一个两脚同时离地的阶段。跑包括从慢跑到短跑等一系列形式，对后者的研究最为普遍。大多数儿童和青少年的竞技活动和游戏是需要跑动的。在中国，跑步也是一项非常普遍的动作技能，并被青少年儿童广泛应用于各种体育游戏中。例如，一个较为流行的追逐游戏叫"警察与小偷"，扮演警察的孩子需要抓到扮演小偷的儿童。此游戏通常会在限定范围的区域内进行，但要求所有参加者在参与时不停地跑动。此外，在中国跑步也是体育课程中必不可少的教学内容。教师们通常会组织学生做不同形式的跑步练习，如短跑和长跑等。跑步是青少年发展最早的能力之一。

跑发展的四个阶段：

第一阶段：高位保护跑，手臂高位保护，脚扁平着地，小步子两脚与肩同宽。

第二阶段：中位保护跑，手臂中位保护，身体直立，腿接近完全伸展。

第三阶段：脚跟—脚趾手臂伸展，手臂低位保护，手臂反向摆动，肘关节几乎完全伸展，脚跟—脚趾着地。

第四阶段：手臂有力摆动，脚跟—脚趾着地（疾跑时是脚前掌—脚跟着地），手臂与腿反向摆动，脚后跟大幅度动作，肘关节弯曲。

（二）跳

跳（jumping）是一种身体弹射技能，它包括双脚的腾空及落地。为了正确完成这种爆发性的位移动作，应具备一定的力量并能保持动态平衡。起跳时，手臂、腿和躯干必须协调一致，在空中时不断调整彼此的位置并在落地时做好缓冲的准备。其他一些弹射技能有时也被认为是跳，如跨步（leaping）和单脚跳（hopping）。跳包含了双脚起跳和双脚落地的形式，它可以在多种方向上进行，其中研究纵跳和立定跳远这两种跳的形式是最多的。虽然在许多运动项目中，立定跳远并不是一种必备的技能，但在儿童早期，发展跳跃动作技能可作为发展协调性和腿部力量的辅助手段。在篮球、排球和体操等项目中，垂直弹跳能力是取得成功的必备技能之一。在中国，小学阶段体育课中常常利用"青蛙过河"这一游戏来发展学生的立定跳远的技能。在练习时，教师事先在地面上放些绳子或做些记号作为"河"，并引导学生们假想自己是青蛙，然后努力跳过"河"，通过改变"河"的宽度来适应学生们改善了的跳跃能力。

单脚跳发展的四个阶段：

第一阶段：摆动脚在体前，非支撑腿的大腿置于身体前面与地面成水平线的位置，身体垂直，手臂处于肩部位置。

第二阶段：摆动脚在支撑腿的侧面，非支撑腿的膝关节，弯曲在前而使摆动脚后于支撑腿，身体稍微前倾，两侧手臂的动作。

第三阶段：摆动脚落后于支撑腿，非支撑腿直摆且摆动脚在支撑腿的后面，保持膝盖弯曲，身体有较大的前倾，两侧手臂的动作。

第四阶段：摆动腿自由协调摆动，非支撑腿摆动，身体前倾，手臂与摆动腿反向摆动。

立定跳远发展的四个阶段：

第一阶段：手臂制动，手臂动作像闸一样，过分垂直向上跳的动作，腿没有伸展。

第二阶段：手臂摆动，手臂如钟摆，垂直向上跳的动作依然很大，腿部接近完全伸展。

第三阶段：手臂向头摆动，起跳时，手臂向前移动，肘位于躯干的前面，手臂摆动至头，起跳角度依然大于45°,腿部经常完全伸展。

第四阶段:身体完全伸展,起跳时手臂和腿部完全伸展,起跳角度接近45°,落地时大腿与地面平行。

第四节　青春期人体粗大动作的发展

青春期是生长发育的关键时期,机体的各组织器官在结构和功能上都会发生剧烈变化,动作表现也会随之变化。动作发展与青少年生长发育规律及参与活动状况高度相关。一方面,动作发展是青少年生长发育的一个重要组成部分,动作发展的趋势与身体的生长发育趋势一致。即便是在青春期,青少年生长发育速度及不同器官系统的发育顺序会出现阶段性特征,但整体向上的趋势是不变的,伴随着身体生长发育的动作表现也是逐渐提高的。从生理角度讲,影响青少年动作表现的主要系统是神经和肌肉系统。随着年龄的增长,神经系统及感知觉越来越趋向于成熟,神经对于肌肉控制更好,动作控制及躯体协调等趋于更加完善,动作表现更加自如。青春期到来,大小肌肉群绝对力量及相对力量随之增大,动作控制能力随之增强。虽然躯干和四肢长度的快速增长会影响神经肌肉对肢体的控制能力,但相对力量仍然持续增长,这在一定程度上抵消了四肢和躯干长度增加带来的消极影响。另一方面,随着年龄及生活经验的增长,青少年身体活动的空间不断扩大,活动类型逐渐丰富,各项生活技能和运动技能不断巩固和加强,也会带来动作表现持续进步。

第五节　老年期人体粗大动作的发展

人类身体和生理会随着人的衰老而发生变化这是经过大量科学研究已经证明的,老年人的粗大运动受生理变化的巨大影响

一、骨质变化带来身体和动作的变化

老年人的身体中骨物质较少,使骨变得多孔容易骨折,这种骨物质的减少导致的结果在医学界称为"骨质疏松症"。骨质疏松症的外在表现为人体身高变矮,驼背现象等,这些生理现象在老年人群中随处可见,且他们极易发生骨折,尤其在腕部、髋部和脊柱等部位。老年人的脊柱弯曲严重者给老人带来极大的痛苦,导致老人颈部、头转动困难、行走困难,严重者难以坐起。

二、力量变化带来身体和动作的变化

力量的衰退是老年人又一典型特征。老年人的力量衰退主要是因为肌肉中的肌纤维(特别是快肌纤维)体积和数量减少的同时身体的脂肪还在增加,这是导致老年人力量衰退的主要原因。力量的衰退会影响到平时老年人的许多活动,如提行李、爬楼梯等,力量减退严重者自己站起和坐下动作都会非常困难。

三、心血管变化带来身体和动作的变化

老年人血管壁弹性减退,常伴有血管脂质沉积,导致血管硬化,脆性增加,这也是为什么老人的血压常会升高的原因。加之上诉我们研究老年人肌纤维体积和数量的下降,当老年人运

动时必将致使心血管系统工作负担的加剧,会带来一系列不良的身体反应,如老年人从卧姿迅速到坐姿或者从坐姿迅速到站姿时会发生眩晕、无力常常导致老人摔倒现象的发生。

四、感觉变化带来身体和动作的变化

影响老年人晚年活动的感觉系统主要包括视觉、本体感觉和前庭感觉三种系统。视觉系统随着人的衰老在外周视野、深度视觉和视敏度方面均有大幅度衰退,这对老年人维持身体平衡非常不利,极易发生跌倒事件;本体感觉系统的衰退主要体现为对触觉变得迟钝和对四肢空间位置监控能力变低,这将会导致老人身体失去平衡时难以做出快速调整,这对平衡能力本就很差的老年人来讲无疑是雪上加霜;位于内耳的前庭感觉系统对于帮助定位头部空间的位置非常重要,它的功能衰退导致老年人身体不稳,并经常发生头晕眼花现象。

五、认知变化带来的身体和动作的变化

心理学中把认知定义为:是知识的获得、存储、转变和使用,它包括记忆、注意、反应时等。随着人年龄的增长其自身的中枢神经系统功能也会衰退,这是导致老人记忆、反应时、问题解决等认知功能减退的主要原因。这些认知功能的减退对老年人动作的影响主要表现为动作的迟缓,严重者会丧失自理能力。

第六节　人体粗大动作发展的科研动态

一、动作发展的概念及规律

动作发展是人类一生动作行为变化的结果与这些变化中演进过程的总和。动作是个体进行运动的最基本组成部分,动作分为粗大动作和精细动作,两者的发展都是神经和肌肉系统控制和改变动作变化能力的体现,人体动作的发展是幼儿进行体育运动等身体活动的前提条件,在动作变化过程中,通常情况下是从简单的条件反射到复杂性动作的一个过程。3~6岁是幼儿动作发展的"窗口期",也是肌肉动作发展的"关键期",幼儿只有在3~6岁获取广泛的基本动作技能,才有可能在后续的发展中达到更高层次的基本运动技能和专项运动技能,才能掌握更加复杂的动作,这对于今后幼儿在日常生活、学习、技术掌握等方面的能力发展至关重要,这是因为幼儿在反复进行基本动作练习的过程中,会有效促进神经突触的发展,使大脑建立相应的神经通道,产生相应的神经—肌肉运动印记,也称作动作经验,这一经验是后续动作高质量发展的基础。

二、幼儿动作发展的规律

幼儿的动作发展是随着年龄、心理、生理、环境、教育的变化而变化,其动作发展也遵循一定的规律,这些规律主要包括由首到尾、由近及远、由局部到整体,例如:幼儿动作发展中首先学会的是抬头,再进行翻身、爬行,而后才学习走,这就是由首到尾的规律;幼儿先发展头部及躯干的动作(抬头、翻身),而后发展四肢的动作(爬行、行走),动作由躯干的大肌肉群动作发展到手部的精细动作,这就是由近及远的规律;幼儿先发展局部的动作,像手臂的摆动、腿的蹬伸、躯干的扭转,而后发展到整体的协调运动,像爬行、行走、奔跑等,这就是由局部到整体的规律。幼儿的基本动作(走、跑、跳、投、攀、爬、滚、钻、踢、接、下蹲、缓冲、转体、平衡、挥击、躲闪、

悬垂等)发展也呈现一定的规律,下面重点介绍一下跑、跳、投动作的发展规律。

(一)跑动作发展规律

跑作为人的基本动作,几乎伴随了人生的大部分阶段。幼儿在 1 岁多开始学习跑,最初阶段只是走跑混合,只有跑的外形,没有跑的腾空阶段。这一时期幼儿下肢力量弱、平衡能力差,经常摔倒。2 岁半以后,幼儿跑动时的腾空阶段已经很明显,但步幅很小且不均衡,时大时小,一般为 55cm 左右;4~5 岁时的幼儿跑的能力发展非常快,到 6 岁时,步幅进一步增大,每步约 1m,身体前倾角度已经接近成人的跑步水平,动作也非常协调、放松,在跑动中可以非常好地完成转、停、躲闪等动作,跑起来的速度也大幅提升。男幼儿的跑速略大于女幼儿。

(二)立定跳远动作发展规律

跳是一种身体弹射技能,起跳时要求手臂、躯干、腿的动作必须协调一致,在空中时不断调整彼此的位置,并在落地时要做好相应的缓冲动作。幼儿立定跳远早期时,大约 1 岁,跳跃时呈现屈膝不足,动作连贯性差,手臂摆动幅度小,不协调,没有向前上方摆动意识的特征;3 岁时,手臂摆动幅度加大,并积极向头上摆动,但还不能做到腿部和手臂的完全伸展;5 岁时,手臂前后摆动幅度进一步加大,腿部蹬伸更加充分,但手臂、腿的伸展度还不够完全;通过不断地练习发展,随着技术的不断成熟,一直到 8~9 岁,起跳前预摆幅度加大,膝关节会随摆臂有节奏地弯曲,起跳时手臂前上方摆动更加积极,腿蹬伸充分,躯干在腾空时充分伸展,上下肢配合协调,技能发展成熟。

(三)上手投动作发展规律

投是体育活动中常用的动作之一,其动作需要身体各部位相互协调才能高质量完成;投的动作包含:上手投、下手投、双手投等。上手投沙包是幼儿常见的运动,对投掷力量和投掷的精度都有很高的要求。以男性幼儿为例,1 岁左右上手投沙包时,往往表现为两脚并拢静止不动,躯干也不扭转,投掷时只单纯靠手臂挥动来完成,类似于"砍切"的动作,因此效率非常低下;3 岁时,幼儿投沙包躯干成组块转体,手臂上挥,并随挥至身体前侧,类似于"扔";3.5 岁时,幼儿能够采用同侧跨步(同手同脚)的动作模式,手臂高挥,躯干有小幅度扭转来完成投掷;4 岁时,幼儿能够通过异侧跨步、异侧上步,躯干小幅度扭转,手臂高挥的方式增加工作距离来提高投掷远度;5 岁时,男性幼儿的投掷技术已非常成熟,可以分层次地通过异侧上步,转动躯干,由下肢发力过渡到腰腹、胸部、上肢、手依次发力来增加球速,最后高挥手臂投出。男孩投动作发展速度优于女孩,男孩 5 岁多就能达到最高水平,而女孩 8 岁多才能达到。

(四)幼儿粗大动作发展

粗大动作主要是指动用身体大肌肉群而产生的动作,粗大动作的主要功能是保持人体姿势和移动人体,像幼儿的走、跑、跳、攀、爬、滚等身体活动都属于粗大动作。幼儿阶段是动作行为、语言发展、生活方式形成的关键期,以粗大动作技能为主要锻炼发展手段,可有效改善幼儿的身体成分、心肺功能及身体适能;粗大动作对幼儿的认知情绪、社会行为、交际能力等发展也有重要作用。粗大动作的强化练习还可以提高学龄儿童的灵敏素质、爆发力、平衡能力、协调性和下肢肌肉力量以及腰腹部肌肉力量。粗大动作影响幼儿的身体活动习惯,在长期的粗大动作练习中对幼儿的心肺耐力和心血管机能都有提升,粗大动作的发展能力会随着年龄的增加不断提高,对幼儿的灵敏素质、爆发力、平衡能力、协调性和下肢肌肉力量的影响都会逐渐增大。

（五）幼儿动作发展与大脑发展的关系

运动看似简单，对大脑来说，即使最简单的运动也需要精确地计算物体的速度和轨迹。就运动时大脑的处理能力而言，运动并未获得应有的重视，运动本身就是一种智能形式。现代脑科学研究证明，动作学习可以使脑的结构和功能发生改变，即改变神经元、突触、脑的激活方式，提升智力、感知、协调等能力。这是因为在动作练习中孩子被迫减速、犯错、改正，这一过程孩子好像正走上一座覆盖着冰的山，打着滑，跌跌撞撞地前行一样，只要不放弃，你会发现孩子的动作最终不知不觉变得敏捷、协调、优雅。这正是大脑不断发展的表现，组织练习的方法也会影响神经的可塑性，水平参差不齐的孩子集中练习，更能有效促进大脑的变化程度。这是因为对比会迫使水平差的孩子离开舒适区而进入学习的最有效点。对神经可塑性来说，运动是最好的催化剂，过去人们都低估了运动对大脑的影响，运动可以有效解决焦虑、抑郁等问题，并能使学习和记忆能力大幅度提高，运动对于神经可塑性的影响源于脑源性神经营养因子的蛋白质含量激增。它使神经元生长，并启动神经突触的可塑性。《运动改造大脑》一书中提到：我把运动视为大脑神奇的生长肥料。运动不仅可以使大脑有关运动区域的脑源性神经营养因子含量增加，而且参与新记忆形成的海马体的脑源性神经营养因子含量也会增加。研究人员还发现，愉快的运动可以促使大脑释放多巴胺，多巴胺能提高脑神经的可塑性，帮助大脑巩固已经学过的记忆。尝试在运动后而不是运动前学习，你就能利用这种从内在提高学习效果的方法。特别是手指的精细动作能充分刺激大脑皮质，增强大脑的灵活性，手脑并用能使婴幼儿心灵手巧，其次婴幼儿在做动作时要靠神经的支配和调节，肌肉中的神经将各种刺激传入大脑，从而促进大脑的功能，使大脑对动作反应更加灵敏、协调。从生理学角度看，动作练习可以促进血液循环，加大携氧量，供给脑细胞更多的养料和氧气，这对婴幼儿大脑的发育有很大的益处，从而促进婴幼儿智力发展。

（六）幼儿动作发展与身体姿态的关系

动作是人类适应环境的重要方式与手段，也是人类发育、成长中必不可少的活动能力。神经系统与本体感觉之间的关系，即神经系统支配肌肉运动，肌肉又将获得的机械性刺激信息传入神经末梢，反馈回中枢神经系统，两者相互促进，共同发展完善。本体感觉与人体运动系统关系最为紧密，动作进行时肌肉收缩产生的力作用于骨骼系统，对于骨骼的发展方向产生重要影响，进而影响"身体姿态"。幼儿期的孩子骨骼有机成分较多，无机成分较少，骨骼比较柔软，是孩子身体姿态形成的关键期，身体姿态会伴随动作发展不断发生改变，这是因为"动作发展"其实就是肌肉、骨骼、关节协同活动的模式，在这一模式下肌肉所产生的收缩力不断作用于骨骼，必然引起骨骼形态、位置的改变。

幼儿时期是身体姿态发育的第一关键期，这是因为孩子出生时都是 O 型腿、都是平足，脊柱也类似一条直线，没有颈曲、胸凸、腰曲，按照婴儿动作发展的规律，前 3 个月主要平躺在床上，在这期间婴儿会通过蹬腿、摆动手臂、摇头、抬头等运动不断发展自己的力量，但这一阶段主要提升的是婴儿躯干前侧肌群链；3 个月时婴儿可以翻身了，翻身后婴儿会抬头，这是躯干后侧肌群链发展的开始，也是颈曲逐步形成的开始；6 个月婴儿会坐，7 个月滚动，8 个月爬行，这一时期非常好地促进了婴儿脊柱生理曲度的形成，所以要想孩子脊柱发育好，一定要让孩子在婴儿期多爬行；10 个月时婴儿扶着物品可以站立起来，快 1 周岁时婴儿可以行走，在这一时期婴儿"头重脚轻根底浅"，不断发生跌倒，很多家长怕孩子磕着碰着，给孩子放到"学步车"里，虽然再也不用担心孩子摔倒了，殊不知这是孩子腿部力量、感觉统合系统不断发展、完善，腿型自我矫正、脊柱曲度进一步形成的关键期,从而造成孩子后续生长发育一系列的问题——O型腿、OX型腿、脊柱侧弯、八字脚、感觉统合失调等。婴儿1周岁站立行走时都是挺着小肚子,这是骨盆前倾的重要特征,也是因为婴儿先天大腿前侧的股直肌、髂腰肌过紧,随着年龄的增加,奔跑、跳跃动作的发展,前侧股直肌、髂腰肌不断被拉伸舒展,后侧臀大肌、腘绳肌不断增强,膝关节周围的韧带也得以发展增强,骨盆前倾自然会矫正,膝关节超伸的问题也不会发生。但是由于生活方式的改变,静坐少动、运动不足、不良行为习惯等原因造成很多孩子力量发展不平衡,无法完成自我矫正,形成不良身体姿态。由此可见,婴幼儿动作发展对其身体姿态的形成产生了重要影响。

(七)影响幼儿动作发展的因素

影响幼儿动作发展的因素很多,第一,家庭影响,家庭教育对孩子的影响是最重要的,如父母的文化程度、早教知识水平、是否喜欢体育运动、是否知道动作发展对孩子的重要性、是否知道如何有效促进孩子的动作发展等,父母如果能够言传身教,给孩子做一个好榜样,将使孩子的动作发展事半功倍。第二,抚养人过分保护和关爱,日常生活中怕孩子磕着碰着,怕孩子摔伤,怕孩子危险,限制了孩子很多的运动;把孩子所有事情全部包办——给孩子喂饭、穿衣服、穿袜子、穿鞋等,无形中剥夺了孩子动作发展的机会。第三,肥胖。由于生活方式的改变,当前肥胖的孩子越来越多,孩子由于肥胖肢体臃肿,心肺负担加重,耐力下降容易疲劳,往往不喜欢参加体育运动,致使其动作发展深受影响。第四,体育教学。当前的体育教学普遍以运动"项目"为纲领,从幼儿园到大学都在学习运动"项目",大中小学生体育课上"篮球、排球、足球、乒乓球等",幼儿园的体育课上"幼儿篮球、幼儿足球等",这是不了解动作发展的基本规律,1~7岁是基本动作(走、跑、跳、投、攀、爬、滚、钻、踢、接、下蹲、缓冲、转体、平衡、挥击、躲闪、悬垂)模式形成期,所以幼儿的体育教学应以促进其基本动作的发展为教学内容。

【复习与思考】

1. 影响婴幼儿粗大动作发展的因素有哪些?
2. 影响儿童期的粗大动作发展的因素有哪些?
3. 青春期的身高和体重是如何变化的?
4. 影响青春期粗大动作发展的因素有哪些?
5. 老年期粗大动作发展特点?

课程思政元素:
生命教育、弘扬健康、健全人格、珍爱生命
课程思政举例:
(1)通过本章对各时期粗大运动发展的描述,让同学们了解到粗大动作发展的规律,起到了一个"**弘扬健康**"的作用。
(2)通过对粗大动作结构和精细动作结构各自特点以及粗大动作生长的影响因素的描

述,教育学生"**珍爱生命**"。(传递生命教育理念)

(3)本章节内容的遴选和组合,能够培养学生的"**天使情怀**",树立传播健康知识和方法,关爱和维护健康的乐趣。(树立养成健康的意识和行为)

(4)对婴儿的有目的,且符合发展规律的训练,在运动能力提高的同时也在促进神经系统、认知系统、社会化综合发展,这样对孩子的发展起到"**健全人格**"的作用。为孩子能够在生命过程中"**自信阳光**"的成长奠定基础。(传播科学训练的原理和方法)

第十一章　人体动作识别

第一节　概　述

人体动作识别能自动分析、理解人在环境中发生的动作变化,从而做出相应的决策,是视频图像语义分析方向的一个新兴研究课题。该研究融合了人工智能、模式识别、图像处理、计算机视觉以及认知科学等多学科知识,在智能视频监控、人机交互、运动分析、虚拟现实等领域有着广阔的应用前景,对推动经济和社会发展具有重要意义。

一、智能视频监控

通过人体动作识别技术自动对监控环境中人物的行为举止进行分析、预测,并对监控环境中任务发生的变化进行识别、定位和跟踪,及时发现可疑人员。

二、人机交互

人体动作识别是计算机感知视觉信息的基础。识别技术是智能人机交互系统的关键技术,与其他常见交互方式相比,人体动作包含更多的信息,可极大地提升计算机对外部视觉信息的感知能力,实现方便、快捷的人机交互。

三、运动分析

对视频中的运动员情况进行人体动作识别,通过评价,完善训练系统,从而提高运动员成绩,也可通过步态分析,为腿部受伤运动员的康复训练治疗方案提供一个科学的技术支持。

四、虚拟现实

人体动作识别是虚拟现实技术的重要组成部分,通过对人体动作进行建模分析,可更好地对场景进行仿真模拟,例如飞行员的模拟驾驶、虚拟现实游戏等,带给使用者更加优越的体验感受。

最初,人体动作识别主要是以 RGB 视频图像为研究对象,经过多年的努力,人体动作识别技术已取得了较快的发展。但是,由于环境光线、遮挡和动态背景等因素造成的影响,以及从三维空间到二维图像平面投影导致深度信息丢失等原因,造成了基于 RGB 视频图像的人体动作识别准确率较低、算法实用性较差。因此,人体动作识别还存在极大的发展空间。

深度传感器的发布,使人们对三维世界的感知能力得到了进一步的提升,研究者可方便地提取更丰富的底层视觉信息。Kinect 传感器提供的深度图像具有颜色无关性和纹理不变性,能较好地避免光照、阴影等因素造成的影响。因此,近几年基于深度图像和骨骼模型的人体动作识别研究受到了学者们广泛的关注。

本章使用 Kinect 传感器采集人体动作的深度图像信息,探讨人体动作识别的相关理论和技术难点,着重研究如何消除可能对识别结果造成干扰的因素,提高人体动作识别的鲁棒性与普适性,进一步分析人体动作行为的特性,提出鲁棒性更高的人体动作识别算法。

由于人体动作的多样性和周边环境的复杂性,使人体动作识别充满了挑战。因此,主要集中在以下 3 个方面:①环境影响:复杂背景、光照条件变化以及遮挡等外部环境影响;②视角变化影响:不同视角将会导致环境背景不一致,同一动作不同的视觉效果将会带来人体重叠和遮挡等问题;③动作多样性:不同人的动作习惯和同一动作个体表观的不同,将会导致动作类内差异性大和类间相似性高的问题。

第二节　基于深度图像和卷积神经网络的人体动作识别

基于 Kinect 传感器采集的深度图像数据,进行了交互动作识别研究。将交互动作行为作为整体图形结构进行分析,提取交互动作的边缘形状特征和运动特征,提出了多特征融合识别算法,分别在人物交互行为和双人交互动作行为数据集上进行实验,均获得了较好的识别效果。然而,交互动作行为之间存在着复杂的时空关系,如何更精确地进行特征描述仍然是一个十分具有挑战性的课题。

虽然使用人工提取特征进行人体动作识别研究已取得了可观的成果,但是仍然存在诸多挑战,例如,人工提取特征往往对训练数据的依赖性很大。随着深度学习在计算机视觉领域中的成功应用,越来越多的学者将深度学习应用到人体动作识别研究中。深度学习过程就是构建多隐含层模型,通过自下而上的学习方式,获取多层的信息表示,通过映射获取各层次的特征,以此来进行分类和识别。相对于人工提取特征,深度学习具有较强的自主学习能力,能从训练样本数据中学习到具有强判别力的特征,更真实地描述学习内容的本质特性,使分类效果更加精确。本节通过借鉴卷积神经网络结构,提出 3D 深度卷积神经网络模型,基于该模型进行人体动作识别研究。

3D 卷积神经网络通过下面 3 个概念解决人工神经网络面临的问题,是机器学习领域的研究热点。

(1)感受野　感受野是指卷积神经网络的每个神经元只与输入对象的局部区域进行连接。使用这个概念可解决当输入量很大时相对应隐含层数目多的问题。

(2)共享权值　针对每一个感受野设置相同的连接权值,进一步减少所需的连接权值,即对输入量使用同一个卷积核卷积达到权值共享的目的。

(3)下采样　根据局部相关性原理对图像序列进行抽样,在保留有用信息的同时减少后续处理数据量,提高抗形变能力。

因此,卷积神经网络是通过局部连接和权值共享方式构建的一种网络结构,既保持了深层结构,也减少了网络参数,使网络模型具有良好的泛化能力以及平移和旋转不变性。提取的图像特征不仅包含底层视觉特征,还包含深层次的语义信息。它得到了人体动作识别领域越来越多学者的关注。

一、卷积神经网络在动作识别应用中的优点

在人体动作识别研究中,卷积神经网络有别于常规的反馈神经网络,其独特的网络结构可有效地降低网络结构的复杂性,是一种高效的识别方法。该网络可直接对输入图像进行滤波和局部邻域的池化操作,得到分级特征并进行规则化训练,并能获得较好的输出结果,避免了使用传统人工设计特征提取方法的数据重建过程。

卷积神经网络的优点是同一特征映射的神经元共享相同的权值,从而可隐式地从训练数据中进行特征的并行学习,例如,前向神经网络输出层和隐含层的神经元都连接到上一层的所有神经元,而卷积神经网络的不同之处在于神经元只进行部分连接输出。卷积神经网络的这种局部连接、权值共享结构使其布局更接近于实际生物神经网络。在人体动作识别研究方面,它比以往的神经网络更具以下优势:

(1)卷积神经网络的拓扑结构和输入图像可很好地吻合。卷积神经网络采用相邻层节点之间的局部连接方式代替前馈神经网络的全连接,这种特性使卷积神经网络能更好地学习图像数据中如方向、边缘以及角点等底层视觉特征,借助卷积神经网络能生成更高级、更具语义信息的视觉特征。

(2)卷积神经网络引入多种形式的池化操作,可对特征提取过程产生的局部相似视觉特征、局部结构的尺度差异,甚至对局部几何畸变起到抑制作用,较好地保持了旋转、尺度和缩放不变性,能得到更加鲁棒的特征描述。

(3)通过独特的权值共享结构不仅可使神经网络的训练参数减少,使结构更为简单,还提高了神经网络的适应性。更为关键的是,卷积神经网络在每一个神经元节点使用相同的连接权值,可更有效地捕获图像不同部位的同类型视觉特征。

二、卷积神经网络基本结构

构建卷积神经网络的三要素,即卷积层、下采样层和全连接层。卷积层和下采样层构成网络架构的关键部分如图 11 - 1 所示。

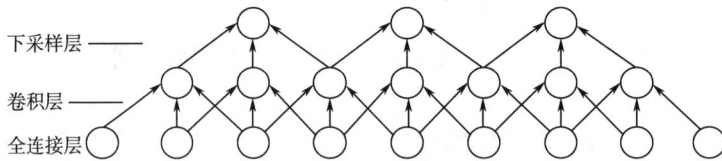

图 11 - 1　构建卷积神经网络的关键部分示意图

(一)卷积层

卷积层是卷积神经网络的重要组成部分。它由一系列可学习的滤波器对输入图像做卷积运算获得的特征图组成。其过程相当于将多个输入信号加权求和后通过一个激活函数输出。相关计算可表示为式(11 - 1)。

$$x_j^l = f\left(\sum_{i \in N_j} x_i^{l-1} * \boldsymbol{k}_{ij}^l + \boldsymbol{b}_j^l \right) \tag{11-1}$$

其中,$\boldsymbol{x}_j^l$ 表示第 l 层的第 j 个特征图矩阵;f 为激活函数;N_j 表示特征图组合;$*$ 表示卷积运算 &;$\boldsymbol{k}_{ij}^l$ 为卷积核矩阵;$\boldsymbol{b}_j^l$ 为偏置矩阵。

常用的激活函数有 Sigmoid 函数、Tanh 函数、ReLU 函数等。

卷积神经网络中,使用激活函数的目的是能进行非线性建模,拥有逐层的非线性映射学习能力。

特征图数目取决于滤波器使用的个数,权值共享可减少各网络层之间的连接,降低过拟合风险。权值共享示意图(图 11 −2)。

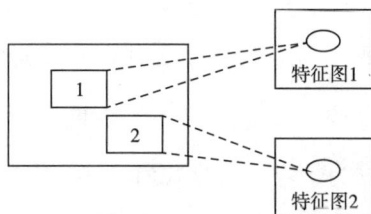

图 11 −2 卷积神经网络中权值共享示意图

(二)下采样层

输入向量通过卷积层输出后,图像特征向量的维度将会快速增加,容易出现过拟合现象。为了避免过拟合现象发生,引入下采样层对特征映射图的特征进行聚合统计,这样不仅能降低特征维度,也能避免分类器过拟合。

下采样层也称池化层,是一种非线性的采样方法。目前,常用的池化操作有两种:一种为平均池化 Mean-pooling;另一种为最大池化 Max-poolingo 平均池化是计算图像区域的平均值;最大池化是选取图像区域的最大值。尺度为 $S_1 \times S_2$ 的下采样计算公式为式(11 −2)。

$$y_{mn} = \frac{1}{S_1 S_2} \sum_{j=0}^{S_2-1} \sum_{i=0}^{S_1-1} X_{m \times S_1+i, n \times S_2+j} \tag{11-2}$$

即对特征图中划分的不重叠矩形区域进行操作,输出子区域中的最大值或平均值。例如,使用步长为 2、窗口大小为 2×2 的滤波器对图像进行 Max − pooling 操作示意图(图 11 −3)。

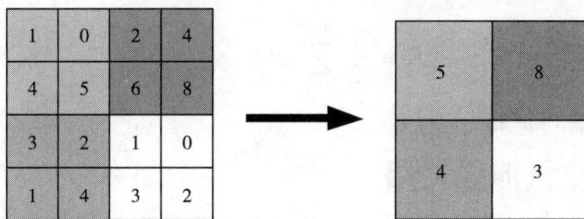

图 11 −3 最大池化操作示意图

假定输入矢量 $X = (x_0, x_1, \cdots, x_N)$,其中 N 为输入层的单元数量;中间层的输出为 $H = (h_0, h_1, \cdots, h_N)$,其中 L 为中间层的单元数量;输出层为 $Y = (y_0, y_1, \cdots, y_M)$,其中,$M$ 为输出层的单元数量。训练集的理想输出为 $D = (d_0, d_1, \cdots, d_M)$。$V_{ij}$ 为输出单元 i 到隐含层单元 j 的连接权值,W_{jk} 为隐含层单元 j 到输出单元 k 的连接权值,两种单元的阈值对应为 θ_k 和 φ_j,则神经网络的训练过程如下:

(1)输入训练集。

(2)初始化权值。

(3)计算中间层输出矢量 **H**,见式(11-3)。

$$h_j = f\left(\sum_{i=0}^{N-1} V_{ij}x_i + \varphi_j\right) \tag{11-3}$$

(4)计算网络的实际输出矢量 **Y**,见式(11-4)。

$$y_k = f\left(\sum_{j=0}^{L-1} W_{jk}h_j + \theta_k\right) \tag{11-4}$$

(5)计算输出误差 δ_k,并计算中间层误差 δ_j,见式(11-5)。

$$\delta_j = h_j(1-h_j)\sum_{k=0}^{M-1} \delta_k W_{jk} \tag{11-5}$$

(6)分别计算权值和阈值(α 为学习率),见式(11-6)~式(11-9)。

$$\Delta W_{jk}(n) = \frac{\alpha}{1+L} \times \left[\Delta W_{jk}(n-1)+1\right] \times \delta_k \times h_j \tag{11-6}$$

$$\Delta V_{jk}(n) = \frac{\alpha}{1+N} \times \left[\Delta V_{jk}(n-1)+1\right] \times \delta_k \times h_j \tag{11-7}$$

$$\Delta \theta_k(n) = \frac{\alpha}{1+L} \times \left[\Delta \theta_k(n-1)+1\right] \times \delta_k \tag{11-8}$$

$$\Delta \varphi_j(n) = \frac{\alpha}{1+L} \times \left[\Delta \varphi_j(n-1)+1\right] \times \delta_j \tag{11-9}$$

(7)调整权值,见式(11-10)、式(11-11)。

$$W_{jk}(n+1) = W_{jk}(n) + \Delta W_{jk}(n) \tag{11-10}$$

$$V_{ij}(n+1) = V_{ij}(n) + \Delta V_{ij}(n) \tag{11-11}$$

(8)调整阈值,见式(11-10)、式(11-11)。

$$\theta_k(n+1) = \theta_k(n) + \Delta \theta_k(n) \tag{11-12}$$

$$\varphi_j(n+1) = \varphi_j(n) + \Delta \varphi_j(n) \tag{11-13}$$

(9)判断指标是否满足精度要求。$E \leqslant \varepsilon$,ε 为误差进度控制参数。精度计算公式为式(11-14)。

$$E = \frac{1}{2}\sum_{k=0}^{M-1}(d_k - y_k)^2 \tag{11-14}$$

(10)迭代以上过程,直到满足要求。

三、构建 3D 卷积神经网络

本节研究的人体动作识别是基于 Kinect 传感器采集的深度图像序列,也是一个时间连续序列,具有空间和时间维度。在整个特征提取过程中,不仅要提取目标的外观特征,还要包括目标的运动特征、组成动作序列的时空特征。同样,利用卷积神经网络进行特征提取,也需要考虑上述因素。因此,有必要将卷积神经网络扩展到三维空间。

应进行三维卷积运算以获取多个连续帧的动态信息,见式(11-15)。

$$V_{ij}^{xyz} = f\left[\sum_{k \in M}\sum_{p \in P_i}\sum_{q \in Q_i}\sum_{r \in R_i} W_{ijk}^{pqr} V_{(i-1)k}^{(x+p)(y+q)(z+r)} + b_{ij}\right] \tag{11-15}$$

式(11-15)表示卷积神经网络第 i 层中第 j 个特征图中位置 (x,y,z) 的神经元。其中,3D 卷积核的时间维度为 R_i,位置 (p,q,r) 与第 k 个特征图相连卷积核的权值为 W_{ijk}^{pqr}。

通过三维卷积运算,特征图可以关联到前一层的多个连续帧,获取内部帧的空间结构信息和帧间关联信息。通过卷积运算可实现空间和时间上的局部相互作用,比传统的神经网络更接近于人脑的视觉工作原理。

与卷积层一样,同样需将下采样层扩展到三维空间。最大池化计算公式见式(11-16)。

$$Y_{mnl} = \max_{0 \leqslant i < s_1, 0 \leqslant j < s_2, 0 \leqslant k < s_3} (X_{m \times s + i, n \times t + j, l \times r + k}) \tag{11-16}$$

其中 s,t,r 分别是 3 个方向的采样步长;X 为输入矢量;Y 为输出矢量。

通过下采样层,可大量减少数据量,加快运算速度。同时,还可很好地保持时域和空域的传输不变性。

第三节　基于深度图像多特征融合的交互人体动作识别

在人体动作识别实验中,对复杂的动作行为,如双人交互行为或群体交互行为,由于运动轨迹数的增加以及多条运动轨迹的交叉,如何更精确地识别和理解交互动作行为成为计算机视觉研究领域中的一个热点和难点,这也是本节的重点研究内容。

Kinect 传感器采集的深度图像数据能较容易地实现背景剔除、前景人体检测和提取,与RGB 视频图像相比,深度图像能反映几何特性和形状信息,具有更好的辨识性,同时不受光照、色度和环境变化的影响,具有更好的稳定性。因此,本节使用深度图像数据对交互动作进行识别。

目前,分析交互动作行为的方法一般分为以下两种:一种是作为整体图形结构处理,不作任何分割;另一种是分别对交互行为的人或物体进行分割、识别。本节使用整体图形结构方法,对交互动作行为进行识别。

人体交互动作行为的识别除了具有单人简单动作识别所面临的光照变化、遮挡、较大的类内差异等,还存在以下问题:①交互动作特征的鲁棒性较差;②空间的复杂特性不能合理表示。例如,双人交互动作行为中存在的身体遮挡,执行者的不规则动作,以及真实场景的背景干扰等;③双人交互动作行为建模困难。其主要原因如下:一是人体在执行各种动作过程中,具有很大的空间自由度,导致动作行为包含复杂的运动特征信息;二是不同类型的交互动作行为存在空间上的高度相似性,增加了模型的空间复杂度,导致动作识别率不高。

上述原因导致人体交互动作行为的识别成为一个十分具有挑战性且有意义的课题。

一、底层视觉特征提取

特征提取是人体动作识别的一个重要环节,高效、准确地提取特征可极大地提高动作识别率。提取的特征应能反映动作目标之间的可分性,以及具有较强的独立性和鲁棒性,还能去除冗余特征,保留数据中的重要信息。学者们一般从两个方面进行底层视觉特征的提取:一是提取全局特征;二是提取局部特征。提取全局特征的思路一般是首先进行背景分割,其次对视频中的目标进行检测和定位,最后从整体结构对以目标为中心的兴趣区域进行特性描述。其目的是通过人体的形状轮廓信息获取全局特征。其优点是可提取大量与人体有关的信息,包含丰富的运动特征;缺点是容易受到噪声和视角变化因素的影响。而对局部特征的提取方法,目前主要集中在提取时空兴趣点和动作运动轨迹两个方面。其优点是不易受到噪声和遮挡因素的影响,缺点是对提取的特征点准确性要求较高。下面简单介绍 3 类特征提取方法。

(一)形状特征

形状特征是指采用自上而下的方式对目标行为的全局和局部的表观特征进行描述。通常采用的方法有边界质心距离、傅里叶描述子、HOG 特征、SIFT 特征、统计方法及上下文关系等。形状特征不受颜色以及光照变化的影响,具有较好的旋转、位移、尺度不变性,是一种包含了一定语义信息的高层次特征。

(二)运动特征

运动特征是指连续动作序列中目标运动状态变化的一种特征,如运动的方向、速度等。光流法是提取运动特征的一种常用方法。该方法通过计算图像相邻帧之间的像素变化情况来估计运动变化趋势,从而反映视频图像中目标的运动趋势。

(三)时空特征

时空特征是指随着时间推演动作在空间中的状态分布信息。首先将视频图像序列处理为一种三维数据,然后提取时空兴趣点、时空立方体或时空形状等特征来描述运动过程人体姿态的时空状态分布信息。

本节主要提取人体动作的边缘形状特征和运动特征,提出加权融合策略来进行人体动作识别。

二、边缘特征提取

Gabor 变换具有与生物视觉系统相近的特点,其空间形状与人眼的视觉感知区域有着相似的轮廓,对时域和空域有很好的分辨率,尤其对图像的边缘较为敏感,能准确地对其进行描述。Gabor 滤波器还可通过设置不同的参数,构造出多通道滤波器,可提取不同方向多个尺度的图像特征,提取的图像特征具有光照变化不敏感和旋转不变性等特性。因此,本节选用 Gabor 变换进行边缘形状特征的提取。

假定图像为 $f(x,y)$,二维 Gabor 小波变换,见式(11 - 17)。

$$I = \iint f(x,y)\varphi_{ml}(x - p\Delta x, y - q\Delta y)\,\mathrm{d}x\mathrm{d}y \tag{11 - 17}$$

其中,p 和 q 分别为图像中像素点位置;m 和 l 分别为 Gabor 小波变换的尺度和方向。Gabor 滤波器是一个带通滤波器,响应函数见式(11 - 18)。

$$g(x,y) = \frac{1}{2\pi\sigma_x\sigma_y}\exp\Big[\frac{1}{2}\Big(\frac{x^2}{\sigma_x^2} + \frac{y^2}{\sigma_y^2}\Big)\Big]\exp\big[i2\pi(ux + vy)\big] \tag{11 - 18}$$

其中,σ_x 和 σ_y 分别表示在 x 轴和 y 轴上的标准差,u 和 v 分别为 Gabor 滤波器的中心频率分量。假定 u_0 为 Gabor 滤波器的中心频率,θ 为方向,则有式(11 - 19)。

$$u_0 = \sqrt{u^2 + v^2},\theta = \arctan\Big(\frac{v}{u}\Big) \tag{11 - 19}$$

Gabor 滤波器响应函数的傅里叶变换见式(11 - 20)。

$$G(u,v) = \exp\Big\{-\frac{1}{2}\Big[\frac{(u - u_0)^2}{\sigma_u^2} + \frac{v^2}{\sigma_v^2}\Big]\Big\} \tag{11 - 20}$$

其中,σ_u 和 σ_v 是信号的带宽,分别见式(11 - 21)和式(11 - 22)。

$$\sigma_u = \frac{1}{2\pi\sigma_x} \tag{11 - 21}$$

$$\sigma_v = \frac{1}{2\pi\sigma_y} \qquad (11-22)$$

Gabor 滤波器响应函数是一个复函数,其实部可表示为式(11 – 23)。

$$h_e(x,y) = \frac{1}{2\pi\sigma_x\sigma_y}\exp\left[-\frac{1}{2}\left(\frac{x^2}{\sigma_x^2}+\frac{y^2}{\sigma_y^2}\right)\right]\cos(2\pi u_0 x) \qquad (11-23)$$

虚部可表示为式(11 – 24)。

$$h_0(x,y) = \frac{1}{2\pi\sigma_x\sigma_y}\exp\left[-\frac{1}{2}\left(\frac{x^2}{\sigma_x^2}+\frac{y^2}{\sigma_y^2}\right)\right]\sin(2\pi u_0 x) \qquad (11-24)$$

观察上述关系式,Gabor 滤波器响应函数的实部和虚部在相位上相差 90°,并且实部为偶函数,虚部为奇函数。这样,就可将空域和频域中的信号进行最优定位。通过改变 m 和 l 的取值,可设计一组方向和尺度不同的 Gabor 滤波器,从而获取多尺度、多方向的特性。但是,Gabor 滤波器的实部是一个偶对称函数,当中心频率较低,带宽不够窄时,两个高斯函数的末端就会发生交叠,导致在频域中出现一个直流分量。同时,高频分量部分表达能力不足,带宽受到一定限制,影响特征的提取效果,在一定程度上无法反映图像的真实性。

针对 Gabor 滤波器的缺陷,本节引入了 Log – Gabor 滤波器,表达式(一维线性尺度)见式(11 – 25)。

$$LG(u) = \exp\left\{-\frac{\left[\log\left(\frac{u_1}{u_0}\right)\right]^2}{2\left[\log\left(\frac{k}{u_0}\right)\right]^2}\right\} \qquad (11-25)$$

其中,u_0 与表示中心频率;k 表示滤波器带宽。

二维 Log-Gabor 的定义为式(11 – 26)。

$$LG(u,v) = \exp\left\{-\frac{\left[\log\left(\frac{u_1}{u_0}\right)\right]^2}{\left[\log\left(\frac{k}{u_0}\right)\right]^2}\right\}\exp\left[-\frac{v_2^1}{(2\sigma_v)^2}\right] \qquad (11-26)$$

其中,u_1、v_1 分别见式(11 – 27)、式(11 – 28)。

$$u_1 = u\cos\theta + v\sin\theta \qquad (11-27)$$

$$v_1 = -u\sin\theta + v\cos\theta \qquad (11-28)$$

其中,θ 为二维 Log-Gabor 滤波器方向角度;u_0 为中心频率;k 为该滤波器在 u_1 方向带宽的调控参数;σ_v 为滤波器在 v_1 方向带宽的调控。

Log-Gabor 滤波器不仅继承了 Gabor 滤波器多通道、多分辨率的优点,同时还克服了 Gabor 滤波器的缺点,具有以下特性:

(1)Log-Gabor 滤波器的函数不会再产生直流分量,带宽也将不再受限,可更灵活地进行多通道滤波器组设计。

(2)Log-Gabor 滤波器的传递函数在高频分量部分较 Gabor 滤波器的传递函数多出一个额外部分,能弥补对高频分量表达不足的缺点。

(3)Log-Gabor 滤波器覆盖的频率范围更大,较少的滤波器组可大大减少高维数据的运算量。

对数频率尺度上的 Gabor 滤波器是一个具有对数性质的非线性系统,符合人类的视觉系统。因此,使用 Log-Gabor 滤波器能更有效地对图像进行编码。

使用 Log-Gabor 滤波器对图像进行边缘特征提取相当于一次卷积运算过程。假定一幅图像 $I(x,y)$,则存在式(11-29)。

$$\varphi_{u,v}(x,y) = I(x,y) \otimes LG_{u,v}(x,y) \tag{11-29}$$

其中,$\varphi_{u,v}(x,y)$ 表示通过 Log-Gabor 滤波器提取的特征,$LG_{u,v}(x,y)$ 滤波器中的 u 表示尺度;v 表示方向,$\otimes$ 表示卷积运算符。

三、融合边缘与光流特征

对人体动作行为特征进行提取,不仅要提取目标的边缘形状信息,还要提取目标的运动信息。图像序列的光流场可提供目标的运动信息和表面结构信息,同时还具有不受运动背景干扰等优点。

光流是指图像中像素点的运动速度(包含运动大小和方向),即三维空间中目标与观察者之间相对运动的投影。因此,可根据动作序列中随时间演变的视觉运动,判断目标的空间状态。该方法具有很好的时域、空域特性,能准确地描述目标运动的趋势和变化。本节通过动作序列连续帧之间的光流变化提取动作运动特征。

使用光流法对图像序列中目标的运动状态进行估计,必须满足以下 3 个假设条件:①相邻图像帧的亮度要恒定;②图像序列必须是一个时间连续序列;③图像序列必须具有空间一致性。

假定当前帧时间 t,图像序列中的像素点 (x,y) 就可表示为 $I(x,y,t)$,下一帧时间 $t+\Delta t$,该像素点的坐标变为 $(x+\Delta x, y+\Delta y)$,可表示为 $I(x+\Delta x, y+\Delta y, t+\Delta t)$。根据光流的假设条件①,相邻图像帧的亮度恒定,则有式(11-30)。

$$I(x,y,t) = I(x+\Delta x, y+\Delta y, t+\Delta t) \tag{11-30}$$

成立。

根据假设条件②,光流随时间连续,将式(11-30)按照泰勒级数展开,即得式(11-31)。

$$I(x+\Delta x, y+\Delta y, t+\Delta t) = I(x,y,t) + \frac{\partial I}{\partial x}\Delta x + \frac{\partial I}{\partial y}\Delta y + \frac{\partial I}{\partial t}\Delta t + \varepsilon \tag{11-31}$$

忽略高次项,可得到关系式(11-32)。

$$\frac{\partial I}{\partial x}\Delta x + \frac{\partial I}{\partial y}\Delta y + \frac{\partial I}{\partial t}\Delta t = 0 \tag{11-32}$$

对式(11-32)中的 t 求导,可得关系式为式(11-33)。

$$\frac{\partial I}{\partial x}\frac{dx}{dt} + \frac{\partial I}{\partial y}\frac{dy}{dt} + \frac{\partial I}{\partial t} = 0 \tag{11-33}$$

令 $I_x = \frac{\partial I}{\partial x}$,$I_y = \frac{\partial I}{\partial y}$,$I_t = \frac{\partial I}{\partial t}$,则 I_x,I_y,I_t 分别表示图像序列中点 (x,y) 在时刻 t 处的梯度。

令 $u = \frac{dx}{dt}$,$v = \frac{dy}{dt}$,则 u 和 v 分别表示该时刻点 (x,y) 水平方向和垂直方向运动的瞬时变化量,即图像的光流场。根据以上定义可得式(11-34)。

$$I_x u + I_y v + I_t = 0 \tag{11-34}$$

向量形式为式(11-35)。

$$\begin{bmatrix} I_x I_y \end{bmatrix} \begin{bmatrix} u \\ v \end{bmatrix} = -I_t \tag{11-35}$$

分析式(11-35)可知,满足这一条件的 u 和 v 的解有无数个,不能求得唯一解。根据假设条件③,图像序列在空间分布具有一致性,即邻近像素点应具有相同的运动状态分布。因此,局部区域内的光流就可表示为式(11-36)。

$$\begin{bmatrix} I_{x_1} & I_{y_1} \\ \vdots & \vdots \\ I_{x_n} & I_{y_n} \end{bmatrix} \begin{bmatrix} u \\ v \end{bmatrix} = \begin{bmatrix} I_{t_1} \\ \vdots \\ I_{t_n} \end{bmatrix} \tag{11-36}$$

其中,n 表示局部区域内的像素点数。

式(11-36)可表示为 $A\vec{u} = \vec{b}$,然后使用最小二乘法求解得式(11-37)和式(11-38)。

$$A^{\mathrm{T}} A \begin{bmatrix} u \\ v \end{bmatrix} = A^{\mathrm{T}} \vec{b} \tag{11-37}$$

$$\begin{bmatrix} u \\ v \end{bmatrix} = (A^{\mathrm{T}} A)^{-1} A^{\mathrm{T}} \vec{b} \tag{11-38}$$

其中[式(11-39)],

$$A^{\mathrm{T}} A \begin{bmatrix} \sum I_x^2 & \sum I_x I_y \\ \sum I_x I_y & \sum I_y^2 \end{bmatrix}, A^{\mathrm{T}} \vec{b} = \begin{bmatrix} -\sum I_x I_t \\ -\sum I_y I_t \end{bmatrix} \tag{11-39}$$

上述计算光流的方法是在约束条件下完成的,不太适合大范围、大幅度的运动场景。在实际应用中,可引入高斯金字塔来实现。

虽然使用单一特征也能很好地描述动作特性,但其精度不够高,还不能完整地体现动作特性。因此,在动作识别过程中,为了获取更具表达性的动作特征,本节使用多特征融合方法对动作进行准确描述,以提高动作识别率。

融合策略分为以下3类:

(1)数据级融合 将原始数据按照像素为单位进行合成。该方法保留了更多的原始信息,但数据的损失较大,实时性较差。

(2)特征级融合 即针对不同特征信息进行综合分析和处理,去除各种特征之间存在的冗余特征,提高动作识别实时性。其优点是融合特征的辨识力较强,缺点是无法分析特征与类别之间的关系。

(3)决策级融合 将不同分类器对底层或中层特征信息的分析进行推理和统计,采取某种策略进行最终整合。该过程容错性良好,但最终的决策仍然会丢失一些原始信息。特征级融合介于数据级融合和决策级融合之间,在动作识别方面具有一定的优越性。本节采用多特征级融合方法,主要考虑以下3个方面:

A. 基于图像序列的动作识别,融合特征可更好地进行动作特征描述,优于传统的基于像素点的单一特征描述。

B. 中层特征的融合可更好地利用有区分度的特征,有效提高方法的泛化能力和辨识能力。

C. 特征级融合方法可很大程度地保留各种特征的鉴别信息,去除冗余特征,提高动作识别的实时性。

特征级融合方法主要分为以下4类:

a. 串联方法:即简单的一个首尾衔接。其缺点是组成的数据维数太高,存在大量的冗余信息。

  b. 并联方法：即将特征向量表示为复向量形式构造复数特征空间，计算量较大。

  c. 相关性方法：即对特征之间存在的相关性进行分析，通过融合策略组合相关特征。

  d. 加权叠加方法：即将不同权重分配给各个特征向量，融合的结果更具合理性，易于理解。

  本节使用加权叠加的方法对提取的轮廓边缘特征和光流特征进行融合，通过 Max-Pooling 方法进行特征降维，保留更多的边缘形状信息，很好地保持了旋转、尺度和平移不变性。

第四节　基于动作捕捉数据的人体动作识别

  人体是一个具有较高自由度的物体，执行的动作具有很大的灵活性。为了保证动作数据的准确性和连贯性，Kinect 传感器一般采用高频采样方式进行数据获取，因而采集的动作行为数据具有很高的复杂度，容易造成数据冗余，尤其对较慢的动作行为，采集到的动作数据往往存在大量的冗余信息，导致数据存储容量增大、数据处理速度减慢。因此，有效的关键帧提取可很好地解决此类问题，对运动分析、运动检索等应用具有重要意义。本节的重点研究内容是动作序列的关键帧提取。

  本节通过对骨架关节点运动过程形成的运动轨迹进行分析，提出空间曲度概念度量运动轨迹的弯曲程度，曲度值越大，表示动作姿态变化越明显。首先通过运动轨迹点和其近邻域点构造空间曲面，求取曲面上轨迹点的最小曲率值和最大曲率值，定义空间曲度；然后通过阈值判决法提取运动轨迹的关键点，利用关键轨迹点信息提取关键运动轨迹，整合以上信息，完成动作序列的关键帧提取。实验验证了该方法的有效性和可行性。该方法的特点是适合以运动轨迹为目标的关键帧提取，缺点是阈值设置对后续动作识别具有一定的影响。

一、人体动作数据集的关键帧提取

（一）关键帧提取的目的和原则

  关键帧提取的主要目的是通过提取动作序列中具有表征意义的帧来简洁表述该动作行为的内容。本节主要对 Kinect 传感器采集的骨架关节点数据进行关键帧提取方法研究。Kinect 传感器能实时跟踪人体骨架，采集关节点运动位置的三维坐标信息，能较好地保留动作细节信息，实时记录运动轨迹，数据精度较高，在计算机视觉领域得到了广泛的应用，具有极大的社会价值。但是，进行动作行为采集时，为了保证动作数据的真实性，Kinect 传感器一般采用高频采样方式获取动作行为数据，尤其对人体姿态变化的较小动作进行高频采样时，就会出现多个高度相似的连续帧，形成大量的冗余信息，导致运算复杂度增大，最终影响动作行为识别效果。因此，非常有必要去除冗余数据，并保留动作序列中代表性关键帧。本节将按照相关规则从动作序列中提取具有代表性的帧，此过程称为关键帧提取。良好的关键帧能保证动作序列的有效性，加快动作检索过程，提高动作识别率。

  通过关键帧提取对动作时间序列进行数据抽象，既可看成数据压缩，也可看成数据降维。但进行关键帧提取时，要考虑能更好地表示原始动作的关键帧数目和后续的动作识别效果。人体是一个具有对称结构的多个关节点连接的肢体组合，不同个体的身形、动作习惯差异都会造成同一类型动作之间的差异性，增加动作识别难度。因此，本节进行关键帧提取一般遵循以下原则:去除动作特征代表性不是很明显的帧,保证提取的关键帧能完整描述整个动作。在保证不漏检的情况下,尽可能去除冗余关键帧,得到一个冗余度较低的动作序列。

(二)关键帧提取方法的研究现状

人体动作数据是一个具有时序特性的高维度数据,传感器的高频采样方式导致动作数据中存在大量冗余信息,为了能更好地提高数据的有效使用性和动作识别率,需要提取具有代表性动作姿态的关键帧。如何对人体动作数据进行关键帧提取,国内外学者提出了不同处理方法,主要分为以下4类:

1. 聚类方法

聚类方法是一种根据样本相似度进行归类的方法。Liu 等提出一种基于内容的三维动作检索算法,采用最近邻规则的动态聚类算法对动作数据集进行分割,构建动作类型索引树,通过样本和数据集子库的相似度匹配,从而提取动作关键帧。Bulut 等提出使用聚类方法进行关键帧提取,首先在运动曲线中寻找显著性明显的动作帧作为重要帧,然后通过阈值选取法进行关键帧提取并进行聚类。Halit 等提出一种从动作序列中自动提取关键帧方法,将输入的动作序列作为运动曲线处理,提取曲线中运动性显著部分,并使用帧消减方法提取重要帧作为动作关键帧。Nie 等根据人体动作感知的特点,提出一个基于动作变化点提取关键帧的算法框架,其中引入极值搜索算法进行动作变化点获取,对获取的动作变化点进行聚类,提取对应的关键帧。Wang 等以动作的能量信息作为动作行为相似性准则,提出一种时间序列分割方法,首先将动作视频分割为各种单元动作,然后根据相似能量信息将单元动作合并、分组,提取各分组中最大能量信息范围内的重要帧,重新组织获取动作序列关键帧。Zhao 等提出一种基于关节点三维空间距离的 X - means 聚类算法,首先通过描述动作姿态与特定关节点的空间距离提取候选关键帧,然后采用时间约 X - means 算法对姿态序列进行聚类和滤波,从而获取动作序列关键帧。聚类的方法主要利用了动作之间的相似度判决,基于该算法提取的关键帧可很好地保持动作的真实性,但忽略了样本之间的时序相关性。

2. 曲线简化方法

曲线简化的定义是将采集到的运动轨迹点三维坐标信息按照时序进行连接,形成表示动作行为的一条运动轨迹曲线,通过提取运动轨迹曲线特征进行关键帧提取。Shao 等通过计算动作序列的帧内和帧间运动直方图,提出一种关键帧提取算法,首先对每个视频帧进行运动直方图分析,获取熵曲线中的峰值,其次通过显著性判决对峰值熵进行加权,最后通过直方图交集部分,提取动作关键帧。Zhou 等采用骨架关节点之间夹角信息描述动作序列中每个动作片段的动作特征,并根据夹角特性进行关键帧提取。Lim 等将运动轨迹曲线上动作开始的第一个轨迹点和动作结束时的轨迹点进行连接,依次求取轨迹曲线上所有轨迹点到该直线的距离,选取最大距离的轨迹点作为关键帧分割点,直至满足设定误差为止,确定的各个分割点就是要提取的动作序列关键帧。许多学者根据曲线简化的定义,相继又提出许多优化算法,如分层曲线简化算法、曲线特征算法等。Kabir 等提出一种通过分析帧和帧之间动作积累最大化进行关键帧提取的方法,首先计算两个骨骼关节点之间距离,提出自相似矩阵,然后根据自相似矩阵确定一个代价函数,表示帧之间的运动积累量,最后把运动积累最大值的点作为分割点进行分割,重复该操作多次,重新组织各个分割点形成最终的关键帧序列。Ji 等提出一种使用 t-SNE 算法进行关键帧提取的方法,首先通过改变 t-SNE 的函数宽度参数,获取动作序列的低维特征曲线,然后分别求取特征曲线的局部最大值和局部最小值作为初始关键帧,最后根据曲线幅度的计算方法提取关键帧序列。曲线简化方法虽然能有效地概括人体动作,但容易忽略动作的局部细节特征,不能有效地控制三维空间中骨架关节点位置,对相似度极高且复杂的动作很难保证其动作之间的一致性。

3. 帧消减方法

帧消减方法就是去除在动作序列中无意义的动作帧,从而保留有代表性意义关键帧。To-gawa 等提出一种基于骨架关节点位置的关键帧检测方案,根据骨架关节点的三维位置坐标信息,逐个求出相邻帧之间的位置差,给定一个度量因子,去除位置差最小的帧,将符合要求的剩余帧作为动作序列关键帧。Liu 等提出一种基于镜头级别的帧和帧之间差异性进行关键帧提取方法,首先在镜头级别选择一组候选关键帧,然后使用视频镜头内和镜头之间的信息过滤候选集,最后提取符合要求的动作帧作为动作序列关键帧。蔡美玲等提出基于重建误差最优化方法进行关键帧提取。该方法首先设定误差阈值,然后结合预选策略,去除不满足条件的动作帧,重新组织保留的动作帧,形成动作序列关键帧。

4. 智能优化算法

智能优化算法是利用现有一些特征选择算法进行人体动作关键帧提取。Liu 等使用遗传算法结合概率模型进行关键帧提取,首先通过骨架关节点位置和速度的加权差异计算原始动作与重建动作之间的重构误差,根据最小重构误差以及最优压缩率概念定义一个适应度函数,求取最大适应度值;然后以此为目标进行最优搜索,通过对随机生成的初始种群进行迭代,提取最优动作关键帧集合。杨涛等应用量子粒子群优化算法提取动作关键帧,首先计算原始动作与重构动作帧和帧之间的距离,然后根据距离值确定一个重构误差,最后使用重构误差和关键帧数目定义一个目标函数,采用有序整数编码方式进行关键帧提取。有些学者使用 Fisher score 和 Laplacian score 两个高效的特征选择方法进行关键帧提取,也有一些学者使用如蚁群算法、萤火虫算法等其他优化算法。Zhang 等在粒子群算法中加入异步学习因子,提出一种新颖的动作序列关键帧提取方法,首先初始化一系列关键帧粒子,然后通过异步学习因子搜索全局最优值,最后根据压缩比和重构误差率计算适应度函数,获取最佳动作序列关键帧集合。

上述介绍的关键帧提取方法各有其优缺点:帧消减方法容易忽略动作的边界帧,未考虑被消减帧和关键帧之间存在的相关性;聚类方法虽然能很好地获取代表性关键帧,但其算法太复杂,导致运算复杂度非常高;智能优化算法也取得了不错的效果,但其优化算法收敛速度太慢,容易出现抖动现象,影响后续识别结果的稳定性,不适合分割包含多帧动作数据视频的关键帧提取;曲线简化方法是以运动轨迹为研究对象,更适合提取以动作概括能力为目标的关键帧,缺点就是阈值设置对后续动作识别具有一定的影响。

二、基于空间曲度的关键帧提取

本节研究的关键帧提取方法是以 Kinect 传感器采集的骨骼模型数据为研究对象,提取动作序列中能代表动作姿态的骨架关节点位置信息。动作行为在空间中的运动轨迹一般为异面曲线,而具有代表性的动作姿态往往出现在轨迹曲线方向发生突变的地方。运动曲线在该点处的变化越大,表示该点处的动作特征越明显。根据这一思路,可使用空间曲线曲率来描述该点处的变化程度,曲率值越大,表示该点的突变越明显。因此,曲率值发生变化的地方就是曲线上轨迹点空间位置关系发生变化的地方,即具有代表性的动作姿态所处位置。

（一）空间曲度

曲率是反映曲线性质进行特征识别的重要特性。对 Kinect 传感器采集的骨架关节点数据进行曲率计算,首先应求出各骨架关节点在运动过程形成的运动轨迹曲线方程,可通过曲线拟合方法描述运动轨迹曲线方程。目前,学者们使用 3 类方法进行曲线拟合,即图像细化重建法、最小二乘法和模型重建法。

1. 图像细化方法

该方法根据原始数据点进行投影或是构造一个函数生成对应图像,对图像进行细化。重建曲线,重建后的曲线不能很好地反映端点处的形状,无法取得较高准确度,应用较少。

2. 最小二乘法

该方法通过局部最小二乘回归方法细化点云数据,连接细化后的各点,完成曲线重建。给定一组数据 $\{(x_i, y_i)\}_{i=0}^m$,利用式(11 - 40)在函数空间 $\Phi = \mathrm{span}\{\varphi_0, \varphi_1, \cdots \varphi_n\}$

求取函数 $P^*(x)$,即

$$P^*(x) = \sum_{i=0}^n a_i^* \varphi_i(x), n < m \tag{11-40}$$

使其满足关系式(11 - 41)。

$$\| \partial \|_2^2 = \sum_{i=0}^m \left[P^*(x_i) - f(x_i) \right]^2 = \min \sum_{i=0}^m w(x_i) \left[P(x_i) - f(x_i) \right]^2 \tag{11-41}$$

其中,f 定义为式(11 - 42)。

$$f: R \to R, \text{且满足} \ y_i = f(x_i), 0 \leqslant i \leqslant m \tag{11-42}$$

其中,$\omega(x)$ 是 $[a, b]$ 上的权函数;$\omega(x_i)$ 表示点 (x_i, y_i) 处的数据权重,权重的值一般取决于在该点出的观测次数。$P(x)$ 满足式(12.39),等价于求多元函数[式(11 - 43)]。

$$I(a_0, a_1, \cdots a_n) = \sum_{i=0}^m \omega(x_i) \left[\sum_{j=0}^n a_j \varphi_j(x_i) - f(x_i) \right]^2 \tag{11-43}$$

的极小值 $(a_0^*, \cdots, a_n^*)$。

3. 模型重建法

曲线主要分为参数曲线和隐式曲线两类。首先确定曲线模型,然后根据数据点的情况计算曲线参数,得出数学表达式。Zhang 等运用隐式曲线模型,首先使用已知数据直接计算曲线的参数,然后重建曲线。近年来,研究者们对隐式曲线的研究主要集中在以下两种表示方法:Bezier 曲线和 B-spline 曲线。Lin 等利用原始数据点作为控制点,根据 B-spline 曲线拟合原理生成一系列曲线,不断迭代直到逼近原始曲线为止。

假定曲线上的位置向量 $C(t)$,可通过式(11 - 44)~式(11 - 46)定义随着时间 t 演变 B-spline 曲线,即

$$C(t) = \sum_{i=0}^n N_i^k(t) P_i \qquad t \in [0, 1] \tag{11-44}$$

$$N_i^0 = \begin{cases} 1 & u_i \leqslant y < u_{i+1} \\ 0 & \text{其他} \end{cases} \tag{11-45}$$

$$N_i^k(t) = \frac{t - u_i}{u_{i+k} - u_i} N_i^{k-1}(t) + \frac{u_{i+k+1} - t}{u_{i+k+1} - u_{i+1}} N_{i+1}^{k-1}(t) \tag{11-46}$$

其中,$C(t)$ 是 B-spline 曲线;$N_i^k(t)$ 是基函数;u_i 是节点矢量;P_i 是控制点;k 是次数,当 $k =$

3 时,称为三次 B-spline 曲线。

骨架关节点运动过程形成的轨迹可看作一条光滑的运动曲线。事实上,它是由一组离散点构成,这些点不具备导数形式。因此,本节引入三次 B-spline 函数进行曲线拟合获取运动轨迹曲线方程。数学中,B-spline 曲线是一个足够光滑的多项式函数,且可进行分段定义,运用更低次的多项式描述复杂形状,在多项式连接处具有高度的光滑度。本节使用式(11-47)描述三次 B-spline 函数,即

$$\begin{cases} x(t) = a_1 x(t_i)^3 + a_2 x(t_i)^2 + a_3 x(t_i) + a_4 \\ y(t) = b_1 y(t_i)^3 + b_2 y(t_i)^2 + b_3 y(t_i) + b_4 \\ z(t) = c_1 z(t_i)^3 + c_2 z(t_i)^2 + c_3 z(t_i) + c_4 \end{cases} \quad (11-47)$$

其中,$i = 1, \cdots, n$,n 是曲线中断的数量,a_i,b_i 和 $c_i (i = 1,2,3,4)$ 是曲线的系数。可求每个点的曲率为式(11-48)。

$$k = \frac{\sqrt{(z''y' - y''z')^2 - (x''z' - z''y')^2 + (y''x' - x''y')^2}}{(x'^2 + y'^2 + z'^2)^{\frac{3}{2}}} \quad (11-48)$$

根据上述分析,可求出运动轨迹曲线上每一个轨迹点的曲率。根据曲率值大小,确定轨迹曲线上的突变位置。

深度传感器 Kinect 采集的骨骼模型数据,可认为存在某一种函数关系,即为式(11-49)。

$$R^3 \rightarrow R^1 : z = f(x, y, t) \quad (11-49)$$

则满足这一函数关系的点集合就可组成 4D 空间中的一个曲面,并且满足关系式(11-50)。

$$S(x, y, t, z) = f(x, y, t) - z = 0 \quad (11-50)$$

假定轨迹上某一轨迹点 P_m,此处选择最近邻域点数目 $k = 4$,在该轨迹点的最近邻域内选取上下文点 $P_{(1)}^m, P_{(2)}^m, P_{(3)}^m, P_{(4)}^m$,因这 5 个轨迹点均在同一条轨迹上,故满足关系式(11-50),即 5 个轨迹点在同一个曲面上共面。

根据以上的理论分析,本节使用能量来定义度量运动轨迹的弯曲程度,某轨迹点的弯曲程度越大,表示动作变化越明显,越具有代表性。该轨迹点则可作为关键轨迹点进行保留。本节将这个能量度量定义为空间曲度,用 $k_E(p)$ 表示为式(11-51)。

$$k_E(p) = \frac{\sqrt{k_{min}^2(p) + k_{max}^2(p)}}{2} \quad (11-51)$$

其中,k_{min} 为点集中各轨迹点求得的最小曲率值;k_{max} 为点集中各轨迹点求得的最大曲率值。空间曲度比单一的轨迹点曲率能更好地描述轨迹形状的突变情况。

(二)关键帧提取

关键帧提取在人体动作识别率中起着重要的作用。本节根据上一节提出的基于空间曲度概念进行动作序列关键帧提取。动作序列在空间的表现形式是多条运动轨迹曲线。因此,在动作序列分类之前,首先根据空间曲度概念确定每一条运动轨迹的关键轨迹点,然后对多条轨迹上提取的关键轨迹点进行规整,选取相对应的时间序列帧作为关键帧。

假定某类具有 n 条轨迹的动作序列 $T_n = \{P_n(t), t = 1, \cdots, L; n = 1, \cdots, N\}$,$P_n(t)$ 为某一类动作采样获取的三维点集,L 表示动作序列的时间长度,即时间序列帧长度,n 为该类动作序列在空间的运动轨迹数。关键帧提取的具体思路如下:

输入:$T_n = \{P_n(t), t = 1, \cdots, L; n = 1, \cdots, N\}$

输出：$T'_n = \{P_n(t), t=1, \cdots, L_k; n=1, \cdots, N\}$，其中，$L_k$ 表示关键帧组成动作序列的长度。

算法步骤：

（1）选择空间中的一条轨迹曲线　$P = \{P_i\}, P_i = (x_i, y_i, z_i) \in R^3, i \in \{1, 2, \cdots, L\}$

（2）选取曲线上轨迹点 P_i 的 k 个最近邻域点，构成点集 $\{q_{i,1}, q_{i,2}, \cdots, q_{i,k}\}$。

（3）选取最近邻域点数目 $k=4$，得到包括 P_i 点在内的曲线上的 5 个轨迹点，$q_{i,1}^k, q_{i,2}^k, q_{i,3}^k$，$q_{i,4}^k, q_{i,5}^k$。这些点满足式（11－50），属于同一个空间曲面。

（4）分别对这 5 个轨迹点利用式（11－48）求取各自的曲率，求出最小曲率 k_{min} 和最大曲率 k_{max}。

（5）根据式（12.50）求出轨迹点 P_i 的空间曲度值。

（6）重复该方法依次求出运动轨迹曲线上其他轨迹点的空间曲度。

（7）设定阈值有进行关键轨迹点选取，即式（11－52）。

$$P' = \{P_i \mid k_E(P_i) > \tau\} i \in \{1, 2, \cdots, L\} \tag{11-52}$$

空间曲度大于阈值的轨迹点予以保留，小于阈值的轨迹点进行消减。

（8）按照以上步骤依次求出其他轨迹曲线的关键轨迹点。

（9）整合各轨迹关键点，输出新的训练集 T_n'。

说明：对 n 条轨迹提取完轨迹点后，根据各轨迹点对应的时间序列号进行重新规整长度和数据重组，得到最终的动作序列关键帧。例如，轨迹 1 获取的关键轨迹点序号为 $\{3, 5, 6, 8, 10\}$，轨迹 2 获取的关键轨迹点序号为 $\{3, 5, 7, 8, 10, 12\}$，则动作序列关键帧就取包含轨迹 1 和轨迹 2 中所有轨迹点序号 $\{3, 5, 6, 7, 8, 10, 12\}$ 对应的帧，这样才能保证动作的连续性和准确性。关键帧提取数目的多少完全依赖阈值的设定，即阈值将是权衡动作识别准确率和运算复杂性之间的关键因素。

对简单的动作行为，参照 20 个关节点的人体骨架结构，如果以人体骨架关节点髋中心作为分界点，人体动作就可大致分为上半身肢体动作和下半身肢体动作。从视觉上看，本节给出的"Both Arms Pointing to Right Side"的动作序列可作为上半身肢体动作。由于每一个人体骨架关节点都有其定义和序号排列，动作序列在空间呈现的轨迹曲线也被相应地标上编号。因此，可根据提出的空间曲度进行动作序列关键轨迹的提取。同样，假定具有 n 条轨迹的某类动作序列 $T_n = \{P_n(t), t=1, \cdots, L; n=1, \cdots, N\}$，$P_n(t)$ 为采样获取的各关节点三维坐标点集，L 表示时间序列帧长度，N 为该类动作序列在空间的运动轨迹数。具体思路如下：

输入：$T_n = \{P_n(t), t=1, \cdots, L; n=1, \cdots, N\}$。

输出：$T_n = \{P_n(t), t=1, \cdots, L; n=1, \cdots, M\}$，其中，$M$ 表示动作序列的轨迹数。

算法步骤：

（1）选择空间中的一条轨迹曲线　$P = \{P_i\}, P_i = (x_i, y_i, z_i) \in R^3, i \in \{1, 2, \cdots, L\}$。

（2）选取曲线上轨迹点 P_i 的 k 个最近邻域点，构成点集 $Q = \{q_{i,1}, q_{i,2}, \cdots, q_{i,k}\}$。

（3）选取最近邻域点数目 $k=4$，得到包括 P_i 点在内的曲线上的 5 个轨迹，$q_{i,1}, q_{i,2}, q_{i,3}$，$q_{i,4}, q_{i,5}$。这些轨迹点满足式（11－50），属于同一个空间曲面。

（4）分别对这 5 个轨迹点利用式（11－48）求各自的曲率，获得最小曲率 k_{min} 和最大曲率 k_{max}。

（5）根据式（11－51）求出轨迹点 P_i 的空间曲度值。

（6）重复该方法依次求出轨迹曲线上其他轨迹点的空间曲度值。

（7）设定阈值 τ，根据式（11-52）进行关键轨迹点选取。

（8）定义一个置信度，即式（11-53）。

$$C(P_n) = \frac{l_k}{L}, N = 1, \cdots, N \tag{11-53}$$

其中，l_k 表示从一类动作轨迹曲线上提取的关键轨迹点数目；L 表示一类动作轨迹曲线上所有轨迹点数目。

（9）按照以上步骤依次求出其他轨迹曲线的置信度。

（10）设置一个阈值 τ，并输出新的训练集 T'，即式（11-54）。

$$T' = \{ P_n \mid C(P_n) > \tau_t \}, n = 1, \cdots, N \tag{11-54}$$

说明：各条运动轨迹曲线提取关键轨迹点时，共享同一个阈值。置信度越高，即比值越大，意味着在运动轨迹曲线上提取的关键轨迹点也越多，表明该运动轨迹在整个动作序列中起的作用也越大。设置一个阈值 τ，小于该阈值，意味着该运动轨迹在动作识别中具有很低的辨识力，可进行消减处理。大于阈值的轨迹，保留形成新的某类动作序列 Tn'。

第五节　基于三位骨架关节点信息的人体动作识别

人体动作是一个复杂的时间运动序列，如何科学、合理地建立模型是人体动作识别首先要解决的关键问题。人体动作大致可从两个方面进行描述：一方面是基于人体动作图像底层信息的人体模型结构；另一方面是基于更高层次信息的人体模型结构。通过模型结构可提取动作的三维姿态以及动作序列随时间的演变过程，如身体骨架关节点的运动轨迹和关节角度的时序变化等，这些特征都具有视角、尺度无关性。

人体是一个复杂的非刚性物体，其运动呈非线性状态，同时存在部分身体遮挡，如何精准地提取人体结构模型是一个极具挑战性的问题。随着传感器技术发展，微软公司发布的深度传感器 Kinect，可通过非接触方式方便地获取骨架关节点的位置信息，从而建立基于 20 个骨架关节点的骨骼模型。人体动作可看成骨架关节点的空间位置坐标随时间变化的过程。完整的人体动作行为会随着时间的推移呈连续的时空分布状态，形成光滑的运动轨迹。基于人体骨骼模型进行动作特征描述，可很好地反映整个动作行为过程人体骨架各个部分的运动变化情况。

在基于骨骼模型的人体动作识别研究中，因人体具有多个骨架关节点，故在运动过程形成多个自由度的时空特征是一个典型的高维时间序列。基于骨骼模型进行动作识别时，需要解决两个关键问题：一是由人体外观和姿态的多样性导致动作序列起止点不一致、长度不一致和速度变化等情况，这种时间维度的不一致性会导致动作序列匹配过程发生时序错位现象，从而影响动作分类的准确性。如何定位动作序列帧之间的对应关系，优化规整路径，称为时域对齐问题。二是因不同人的动作习惯不同，故存在局部肢体细微区别等情况，这种空间维度的不一致性可能导致动作序列中存在大量的空间冗余信息。如何利用骨架关节点的时空关系提取最能代表当前动作状态特征，去除冗余数据，称为空域压缩问题。

本节以骨骼模型作为研究对象，对基于骨骼模型的人体动作识别研究中需解决的问题进行探索。使用特征点检测或在其邻域内提取特征的方法进行动作识别，均不能很好地体现时空关系，缺失了动态信息。而以运动轨迹为研究对象提取的动作特征，能提供人体动作的形状、位置、速度及方向等时空信息,以及描述动作的整个形成过程和状态迁移过程。本节研究如何更好地从运动轨迹提取具有较强判别能力的特征,提高动作识别率和鲁棒性。

一、获取人体三维骨架关节点数据的原理

Kinect 传感器使用人体骨骼跟踪技术可实时地捕获身体各个部分的空间位置坐标信息并进行存储。

Kinect 传感器主要由 RGB 摄像机、红外摄像机和红外发射器构成,是一种 3D 体感摄像机。该设备融合多感知技术,可同时捕获 RGB 视频图像和深度映射图像,还能记录被测物体与 Kinect 传感器之间的距离。Kinect 传感器采用光编码技术采集深度数据,即发出红外光束,通过光学元件的散射,在物体上形成随机斑点,不同距离的散斑形成了形状各异的图案,红外接收器的 CMOS 传感器接收和发射的散斑图案,经过数据处理后,解码获取深度图像。利用深度图像中每一像素点包含的三维深度信息,可方便地获取骨架 20 个关节点的空间坐标信息。

获取人体骨架三维关节点数据主要有 3 个步骤:人体轮廓分割、人体部位识别和骨架关节点定位。

(一)人体轮廓分割

Kinect 传感器采用分割策略对背景进行分离。以运动检测技术为依据,结合人体结构特征,将完整的人体轮廓区域从深度图像背景中提取出来。在进行人体轮廓识别过程中,Kinect 传感器结合 RGB 视频图像和深度图像信息,对深度不同的平面逐一进行分析,提取图像的边缘信息,从而得到深度图像中的人体轮廓。

(二)人体部位识别

首先对目标进行背景去除,采用跟踪技术追踪目标,对目标对象的像素逐个进行评估,判断其是否属于人体像素点;其次进行特征值的分类匹配,确定其属于人体的具体部位,如头部、躯干和四肢等;最后将所有部位拟合到人体骨骼模型。

(三)骨架关节点定位

在识别出人体各个部位的基础上,首先将这些部位的相对位置数据放入一个已建立的虚拟骨骼模型中,得到一个包含 20 个关节点的人体骨架图;然后根据每一个像素点的位置确定具体的骨架关节点位置;最后将确定的 20 个关节点的空间位置信息进行存储。

Kinect 传感器采集的深度图像以及实时捕获的人体骨架 20 个关节点的示意图如图 11 -4 所示。

二、基于张量形状描述子的动作识别

骨骼模型是三维动作模型,可通过骨骼模型关节点的运动识别人体的动作行为。本节以 Kinect 传感器采集的 20 个骨架关节点的骨骼模型数据为研究对象,通过骨骼模型中骨架关节点的运动轨迹识别人体动作行为,解决人体动作识别过程的时域对齐和空域压缩问题,以获取较高的动作识别率。

对动作序列的时间维度不一致性问题,可通过隐马尔科夫模型、动态时间规整等序列匹配算法来解决;去除空间冗余数据的空域压缩问题,可通过特征提取或特征降维方法来实现。Zhou 等提出典型时间规整(canonical time warping,CTW)算法,将典型相关分析(canonical cor-

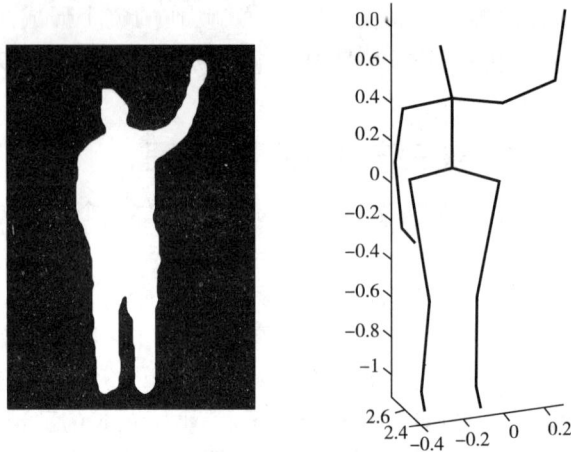

图 11 - 4　深度传感器 Kinect 采集的深度数据类型

relation analysis,CCA)方法和动态时间规整(dynamic time warping,DTW)算法相结合,对提取的动作特征进行时域对齐和特征降维。后续研究还提出广义时间规整(generalized time warping,GTW)算法处理多模态序列,实现多序列的同时对齐。Gong 等提出一种高效的时空对齐算法——动态流形规整(dynamic manifold warping,DMW)算法,用于计算多元时间序列中动作序列之间的相似度问题,可实现多模态多序列的同时对齐。上述方法大部分是通过分别求解来解决时域对齐和空域压缩问题,但是两个问题并不是完全独立的。因此,上述方法无法取得最优的识别效果。

利用张量模型可很好地解决此类问题。Davis 等将张量概念引入动作识别领域,使用三阶张量描述骨骼模型,并使用三维 PCA 算法进行特征降维。Kim 等通过扩展典型相关分析来测量张量之间的线性关系,提出张量典型相关分析(tensor canonical correlation analysis,TCCA)算法。目前,基于骨架关节点数据建立张量模型,进行人体动作识别的研究仍然很少。因此,本节引入张量运算,基于骨架关节点数据构建张量模型进行人体动作识别,解决时域对齐和空域压缩问题,以提高人体动作识别率。

(一)张量形状描述子

通过骨骼模型描述整个人体动作主要是依靠骨架关节点在三维空间的多条运动轨迹来实现的。运动轨迹是物体在时间维度上的位置变化。对三维运动轨迹进行表示和识别的一个重要问题是如何实现运动轨迹的旋转、尺度、平移(rotation,scale,translation,RST)无关性。当旋转、平移、尺度、镜像变换的影响被移除后,物体的形状特征就是所有剩余几何特性的集合。

1.形状描述

三维轨迹的形状描述子是对各个离散轨迹点之间位置关系的一种表示。它用来描述轨迹形状特征的方法,包括小波描述子、曲率、混合描述子、形状上下文及曲率尺度空间等。小波描述子是利用小波分解和重构,对每个维度的运动轨迹曲线进行小波变换,提取不同尺度的细节系数,然后进行小波重构,利用重构后的运动特征信息进行人体动作识别。曲率表示运动轨迹曲线的局部形状变换,提取多尺度下曲率的过零点值,即空间极值点,将其作为形状描述子,这种方法称为曲率尺度空间。该方法提取的特征维度较低,稳定性较好。还可通过曲线拟合的方法描述运动轨迹曲线,将轨迹表示成不同阶次的基函数组合,如 B-样条曲线等。下面对 3

种常用的形状特征描述子作简要介绍。

（1）曲率尺度空间形状描述子　曲率尺度空间（curvature scale space，CSS）形状描述子是指将图像轮廓的曲率过零点集合中的极值点和尺度信息提取出来，作为形状描述子。假设曲线的方程为 $L(s) = \{x(s), y(s)\}$，其中，s 为弧长。可计算各点的曲率为式（11 – 55）。

$$k(s, \sigma) = \frac{\dot{x}(s, \sigma)\ddot{y}(s, \sigma) - \ddot{x}(s, \sigma)\dot{y}(s, \sigma)}{\left[\dot{x}(s, \sigma)^2 + \dot{y}(s, \sigma)^2\right]^{\frac{3}{2}}} \qquad (11-55)$$

其中，$x(s, \sigma)$、$y(s, \sigma)$ 见式（11 – 56）、式（11 – 57）。

$$x(s, \sigma) = x(s) \times g(s, \sigma) \qquad (11-56)$$

$$y(s, \sigma) = y(s) \times g(s, \sigma) \qquad (11-57)$$

其中，$g(s, \sigma)$ 为高斯函数；$\dot{x}(s, \sigma)$，$\ddot{x}(s, \sigma)$ 分别表示 $x(s, \sigma)$ 的一阶和二阶导数；$\dot{y}(s, \sigma)$，$\ddot{y}(s, \sigma)$ 分别表示 $y(s, \sigma)$ 的一阶和二阶导数。通过式（11 – 58）绘制曲率 $k(s, \sigma)$ 曲线，其中，横坐标表示弧长的值，纵坐标表示尺度值。在弧长一定的条件下，求取局部极值点，从而构建曲率尺度空间形状描述子

$$S = \{(s_i, \delta_i) \mid i = 1, 2, \cdots, N\} \qquad (11-58)$$

（2）中心距函数形状描述子　中心距函数（centroid distance function，CDF）是一种利用几何特征进行形状描述的表示形式。对空间的曲线求取几何中心，即式（11 – 59）。

$$\begin{cases} x_0 = \dfrac{1}{n}\sum_{i=1}^{n} x(i) \\ y_0 = \dfrac{1}{n}\sum_{i=1}^{n} y(i) \\ z_0 = \dfrac{1}{n}\sum_{i=1}^{n} z(i) \end{cases} \qquad (11-59)$$

计算曲线上各点到几何中心的欧氏距离。该距离集合就是中心距函数形状描述子。该描述子可大致反映曲线的形状信息，但不能描述局部细节，是一种全局形状描述子。

（3）傅里叶描述子　傅里叶描述子（fourier descriptor，FD）是一种利用频域特征表示形状的描述子。它通过对目标边界曲线进行傅里叶变换。边界曲线上点的复数形式为式（11 – 60）。

$$s(i) = x(i) + jy(i), i = 0, 1, \cdots, n-1 \qquad (11-60)$$

进行傅里叶变换［式（11 – 61）］。

$$f(k) = \frac{1}{N}\sum_{i=1}^{N} s(i)\mathrm{e}^{-j\frac{2\pi ik}{N}}, k = 0, 1, \cdots, n-1 \qquad (11-61)$$

依次对边界曲线上采样点的傅里叶变换系数取模，并进行归一化处理，得到的集合就是傅里叶形状描述子。

使用轨迹形状进行图像轮廓特征描述，最具有代表性的一种描述方式就是形状上下文。形状上下文主要是完成目标轮廓的物体匹配，它对目标轮廓进行点采样，假设一共采样 N 个点，那么在轮廓空间位置中的任意一点就可由其他 $N-1$ 个采样点来唯一确定。目标轮廓的采样点越多，就会有更多点产生上下文关系，对目标轮廓的描述就越精确。随后按照角度和距离进行区域划分，统计区域内的点，作为形状特征和目标轮廓进行匹配。虽然使用形状上下文描述子可得到较好的效果，但其包含大量的冗余信息，不具有紧凑结构，不能作为一种完整形状描述子。

总而言之,上述方法虽然能取得较好的识别效果,但这些描述子都不能完整地提取形状信息,在理论和实际应用中尚有较多问题亟待解决。

本节通过运动轨迹点之间的欧氏距离集合对运动轨迹进行描述。假定一条运动轨迹存在 n 个点 $\{x_i, y_i, z_i\}_{n-1}^n$, d_{jk} 表示点集中第 j 点到第 k 点之间的欧氏距离,则轨迹的形状就可表示为 $\{d_{jk} | j = 1, \cdots, n-1, k = j+1, \cdots, n\}$。下面对该形状描述子是否能完整描述轨迹形状进行分析。

假定在空间三维坐标系中由 N 个不同点组成的运动轨迹为 $\{P_n\}_{n-1}^n$,其 N 个点之间的欧氏距离集合可表示为

$$D(N) = \{d(P_n, P_m)\}, n \in [1, \cdots, N], m \in [1, \cdots, n-1] \tag{11-62}$$

如果 $D(N)$ 经过等距映射后不改变轨迹形状,那么 $D(N)$ 就可作为完整形状描述子对运动轨迹进行描述。等距映射可分解为旋转、平移和镜像变换的组合。前文提到,形状定义为移除旋转、平移、尺度及镜像变换后物体所剩余的几何特性,即形状与旋转、平移、尺度及镜像变换无关,故见式(11-63)。

$$d[f(P_n), f(P_m)] = d(P_n, P_m), n \in [1, \cdots, N], m \in [1, \cdots, n-1] \tag{11-63}$$

其中,$f(\cdot)$ 为坐标系的等距映射,即等距映射不会改变运动轨迹形状。定义 N 个不同轨迹点相互之间欧氏距离的点距集合为 $C(N)$,即见式(11-64)。

$$C(N) = \{d(P_n, P_m)\} = \{d[f(P_n), f(P_m)]\}, n \in [1, \cdots, N], m \in [1, \cdots, n-1] \tag{11-64}$$

则 $C(N)$ 包含运动轨迹 $T_N = \{P'_n\}_{n-1}^N$ 全部的形状信息。

下面证明运动轨迹 $\{P_n\}_{n-1}^N$ 形状由 $C(N)$ 唯一决定。

假设存在另一条运动轨迹 $T'_N = \{P'_n\}_{n-1}^N$,该轨迹的点距集合 $C'(N)$ 与 $C(N)$ 相同,由于 T'_N 和 T_N 都属于三维欧氏空间,定义映射 $g: \{P_n\}_{n-1}^N | \to \{P'_n\}_{n-1}^N$,则存在关系为

$$C'(N) = \{d(P'_n, P'_m)\} = \{d[g(P_n), g(P_m)]\}, n \in [1, \cdots, n-1], m \in [1, \cdots, n-1] \tag{11-65}$$

因此,映射 $g: \{P_n\}_{n-1}^N | \to \{P'_n\}_{n-1}^N$ 为等距映射。由于等距映射不会改变运动轨迹形状,因此轨迹 $T'_N = \{P'_n\}_{n-1}^N$ 与 T_N 的形状相同,即 $C(N)$ 具有唯一性。

根据上述分析,将利用欧氏距离描述运动轨迹形状的描述子,称为完整形状描述子。该完整形状描述子具有旋转、尺度和平移不变性。虽然完整形状描述子可保存运动轨迹全部的几何特性,但存在一个问题,对一个由 N 个不同点组成的运动轨迹 $\{P_n\}_{n-1}^n$,特征维度为 $3N$,计算欧氏距离后,点距集合 $C(N)$ 的特征维度为 $\frac{N(N-1)}{2}$,数据的空间复杂度由 $O(N)$ 增加到 $O(N^2)$,空间复杂度的增加会降低动作行为识别效率,影响动作识别率。

点距集合 $C(N)$ 表示的是 N 个轨迹点相互之间的欧氏距离集合,是否可选取 λ 个关键轨迹点,用 N 个点到这 λ 个关键点的欧氏距离集合 $C(N, \lambda)$ 来代替整个点距 $C(N)$。

本节提出的完整形状描述子就可很好地结合上下文关系,得到一个紧凑结构。Wu 等提出"点上下文"概念就是基于这种思想。

对三维运动轨迹 $T_N = \{P_n\}_{n-1}^N$ 上的任意轨迹点 $P^m (m \subset [2, \cdots, N])$,从 P^m 之前(或之后)的轨迹段 $T_{m-1}(T_{m+1})$ 中选取 λ 个点,构成一个新的点距集合 $S_\lambda^{(m)} = \{P_{(1)}^m, \cdots P_{(\lambda)}^m\}$,选取的点称为点 P^m 的上下文点,λ 是决定选取点的个数,称为上下文数。在选择上下文点时,需要满足

以下约束条件：$S_\lambda^{(m)}$ 与 $T_{m-1}(T_{m+1})$ 的空间关系相同。定义 c_m 为轨迹点、P^m 到点集 $S_\lambda^{(m)}$ 的欧氏距离，即见式（11 – 66）。

$$c_m = \left[d(P_m, P_{(1)}^m), \cdots, d(P_m, P_{(\lambda)}^m) \right] \tag{11-66}$$

定义 $C(N, \lambda)$ 为轨迹点 $P^m(m \in [2, \cdots, N])$ 到其各自上下文点的欧氏距离，即见式（11 – 67）。

$$C(N, \lambda) = \left[c_2, \cdots, c_m, \cdots, c_N \right] \tag{11-67}$$

当 $\lambda \geq 4$ 时，$C(N, \lambda)$ 是 T_N 的完整形状描述子，具体证明详见文献。

根据上述分析，每一个轨迹点都可由 λ 个上下文点表示。因此，将 $C(N, \lambda)$ 称为"点上下文"形状描述子。

由于使用轨迹点之间的欧氏距离表示形状描述子，因此，该形状描述子具有尺度、旋转和平移不变性。点距集合 $C(N, \lambda)$ 的最小维数为 $4N$，即对一条包含 N 个点的轨迹 T_N 的 $\frac{N(N-1)}{2}$ 个点距集合中，从中选取大约 $4N$ 个距离特征就可构成完整形状描述子。因此，点上下文形状描述子压缩了完整形状描述子的特征维度，具有更低的冗余度。但当 λ 较小时，会牺牲掉一部分形状的完整性，影响动作识别率；当 λ 较大时，会增加空间复杂度，降低运算速度。因此，在实际动作识别过程中，要平衡动作识别率和运算速度之间的关系，从而科学、合理地确定点上下文数 λ。

综上所述，基于骨骼模型进行人体动作识别研究，可通过点上下文形状描述子进行特征表示。该形状描述子是一个含有多个维度独立的高维数组，为了解决向量输入模型引起的"维度灾难"问题，可通过建立张量模型进行人体动作识别研究。

2. 张量代数基础

张量可看作一维向量和二维矩阵的扩展，是具有多个维度的数组。张量空间是由若干个向量空间中基底的外积张成的空间，张量空间中向量空间的个数称为阶数。向量 $\boldsymbol{X} = \{x_i\}$ 可称为一阶张量，矩阵 $\boldsymbol{X} = \{x_{ij}\}$ 可称为二阶张量，三阶或更高阶张量表示为 $\boldsymbol{X} = \{x_{ij\cdots k}\}$。本书使用粗体小写字母表示向量形式，使用粗体大写字母表示矩阵形式，使用粗体大写字母表示张量形式。一个 N 阶张量可表示为 $\boldsymbol{X} \in R^{I_1 \times I_2 \times \cdots I_N}$。

张量是一个多重线性映射。定义一个映射：$T: V \to W$。所谓的线性，是指式（11 – 68）和式（11 – 69）对任意向量 $x, y \in V$ 和标量 α 都成立，即

$$T(x + y) = T(x) + T(y) \tag{11-68}$$

$$\alpha T(x) = \alpha T(y) \tag{11-69}$$

张量是多个向量到标量的多重线性映射，有别于一般的线性映射。假定在实数域，则有 $T: V_1 \times V_2 \times \cdots \times V_P \to R$，那么 P 就是张量的阶数。张量可表示成一个多维数组，因此，张量可构成一个向量空间，其维度为式（11 – 70）。

$$\dim(V) = \dim(V_1) \times \dim(V_2) \times \cdots \times \dim(V_P) \tag{11-70}$$

假设 N 阶张量 $X, Y \in R^{I_1 \times I_2 \times \cdots I_N}$，则张量的内积可表示为式（11 – 71）。

$$[X, Y] = \sum_{i_1=1}^{I_1} \sum_{i_2=1}^{I_2} \cdots \sum_{i_{N-1}}^{I_N} x_{i_1 i_2 \cdots i_N} y_{i_1 i_2 \cdots i_N} \tag{11-71}$$

一个 N 阶张量 $X \in R^{I_1 \times I_2 \times \cdots I_N}$ 和一个矩阵 $\boldsymbol{U} \in R^{J \times I_n}$ 的 n-mode（矩阵）乘积表示为 $(X \times_n \boldsymbol{U})$ $\in R^{I_1 \times I_2 \times \cdots I_{n-1} \times J \times I_{n+1} \times I_N}$。其定义为式（11 – 72）。

$$(X \times_n U)_{i_1 \cdots i_{n-1} j i_{n+1} \cdots i_N} = \sum_{i_n=1}^{I_n} x_{i_1 i_2 \cdots i_N} u_{j i_n} \qquad (11-72)$$

式(11 – 72)可写成沿 mode-n 展开的形式,即式(11 – 73)。

$$Y = X \times_n U \Leftrightarrow Y_{(n)} = U X_{(n)} \qquad (11-73)$$

n-mode(矩阵)乘积具有性质[式(11 – 74)、式(11 – 75)]。

$$X \times_m A \times_n B = X \times_n B \times_m A, m \neq n \qquad (11-74)$$

$$X \times_n A \times_n B = X \times_n (BA) \qquad (11-75)$$

一个 N 阶张量 $X \in R^{I_1 \times I_2 \times \cdots I_N}$ 和一个向量 $V \in R^{I_n}$ 的 n-mode(向量)乘积表示为$(X \bar{\times}_n V \in R^{I_1 \times I_2 \times \cdots \times I_{n-1} \times \cdots \times I_N})$。其元素定义为

$$(X \bar{\times}_n V)_{i_1 i_2 \cdots i_{n-1} i_{n+1} \cdots i_N} = \sum_{i_n=1}^{I_N} x_{i_1 i_2 \cdots i_N} V_{i_n}^{I_1 \times I_2 \times \cdots \times I_{n-1} \times I_N} \qquad (11-76)$$

3. 张量模型

根据上述分析,可通过点上下文形状描述子进行特征描述,即对每个轨迹点选取满足约束条件的 8 个上下文点,求取轨迹点到上下文点之间的距离,使用距离矩阵作为描述轨迹形状的特征向量。假设本书研究的骨骼模型,每帧骨架包含 K 个三维点,若提取 λ 个上下文点来表示每帧的空域信息,需要 $K * \lambda$ 个特征向量,对一个长度为 T 帧的动作序列,需要 $K * \lambda * T$ 个特征向量描述全部帧信息。该特征向量进行特征值分解时,时间复杂度达到 $O(n^3)$,导致较为严重的"维度灾难"现象。因此,需要一种更有效、合理的特征表示方法。

在基于张量处理高维数据的应用研究中,本节引入张量运算,将一类动作序列的骨骼点序号、点上下文序号、帧数作为张量的 3 个模,该类动作序列就可用一个三阶张量 $A \in R^{K * \lambda * T}$ 表示,称为张量形状描述子。在进行特征值分解时,张量按照模的展开进行迭代求解,三阶张量可按照 1-mode 展开、2-mode 展开、3-mode 展开作为输入量,则运算复杂度相当于 $O(K^3) + O(\lambda^3) + O(T^3)$,远低于作为向量输入的运算复杂度 $O(K^3 \lambda^3 T^3)$。又因张量可对多个维度的数据进行独立运算,不会破坏另一个维度之间的相关性,能更好地保留数据结构信息,非常适合处理像骨骼模型这种具有多个维度独立的高维数据。因此,本节引入张量形状描述子表示动作序列。

(二)多线性主成分规整

上面详细分析了基于骨架关节点运动轨迹进行动作特征表示的方法,提出了张量形状描述子。骨架关节点的运动轨迹是一个高维的时间序列,具有较高的空间复杂度。因此,有必要进行特征降维,即空域压缩。人体动作识别是对多种类型的动作序列进行识别,每个序列的动作持续时间不一致,动作变化速度也不一样。因此,需要将所有的样本统一到相同的长度,即时域对齐。

1. 特征降维

研究中,常用主成分分析(principal component analysis,PCA)和线性判别分析(linear discriminant analysis,LDA)两种算法进行特征降维。该算法主要用于线性映射,对特征维度之间的非线性关联不是很理想。近年来,有的研究者引入核函数概念进行非线性映射分析,分别提出核主成分分析(kernel principal component analysis,KPCA)和核判别分析(kernel discriminant analysis,KDA)方法。之后,又有学者在此基础上提出非参数化核判别分析(kernel nonparametric discriminant analysis,KNDA)和多核判别分析(multiple kernel discriminant analysis,MKDA)算法。

基于核函数进行特征降维,关键问题是选择合适的核函数及其参数,即对核函数进行优

化。核函数优化常用的方法是 k-折交叉验证(k – fold Cross Validation,CV),即将训练集分为 k 个不相交的子集,每次从分好的样本子集中拿出一个作为测试集,其余 $k-1$ 个样本子集作为训练集,选取分类准确率最高的核参数,依次进行 k 次迭代,得到最优的核参数。近几年,有的学者还提出基于 Fisher 准则的核参数优化方法。交叉验证方法不适合样本数不足的情况,运算复杂度高,而基于 Fisher 准则的核参数优化方法,运算复杂度低,但无法优化降维参数。本书提出的基于骨架关节点建立的张量模型是一个线性高维数组。因此,本书使用多线性主成分分析(multi-linear principal component analysis,MPCA)算法进行特征降维。

2. 时域对齐

时域对齐是指两个不同时间长度的序列进行最优匹配。常用的一种非线性规整算法称为动态时间规整(dynamic time warping,DTW)。它是将时间规整和距离测度结合起来进行时间序列匹配,沿路径进行搜索,当时间序列的匹配代价函数最小时,就得到最优的匹配路径。Corradini 使用 DTW 算法,有效解决了轨迹长度不匹配时的时域对齐问题。动态时间规整算法的优点是简单,易于实现。Zhou 等将正则相关分析方法与 DTW 算法相结合,提出正则时间规整(canonical time warping,CTW)算法,实现了对不同时间维度序列的时域对齐。本书基于张量模型进行动态时间规整,提出张量动态时间规整(tensor dynamic time warping,TDTW)算法。

给定一个参考样本 $X = (x_i)_{i=1}^m$ 和测试样本 $Y = (y_j)_{j=1}^n$,样本长度分别为 n 和 m,其中,$m < n$。DTW 算法就是实现参考样本和测试样本之间的非线性映射,寻找最佳的匹配路径,使累积失真最小。假定匹配路径 $W = \{w_1, w_2, \cdots, w_r, \cdots w_k\}$,其中,$k$ 为路径长度,$w_r = (i, j)$,表示匹配路径上第 r 匹配点是由 x_i 和 y_i 构成。其失真距离可表示为式(11 – 77)。

$$d(w_r) = d(i,j) = \| x_i - y_i \|_2 \tag{11 – 77}$$

为了使路径上所有匹配点的累积失真距离最小,搜索最优路径为式(11 – 78)。

$$W^* = \underset{W}{argmin} \left[\sum_{i=1}^k d(w_i) \right] \tag{11 – 78}$$

在搜索最优路径过程中,为了保证匹配过程的完整性和连续性,加入了边界限制条件,即匹配路径必须从第一点开始到最后一点结束,而且整个过程不允许有跳跃现象,必须随着时间单调进行且由相邻的匹配点对连接而成。因此,路径上任意匹配点 $w_r = (i,j)$ 和前一点进行匹配,只能从 $(i-1, j)$,$(i, j-1)$ 或者 $(i-1, j-1)$ 中进行选择,累积距离的递推为式(11 – 79)。

$$D(i,j) = min\{D(i-1,j), D(i,j-1), D(i-1,j-1)\} + D(i,j) \tag{11 – 79}$$

其中,$D(1,1) = d(1,1)$。

由此可知,通过 DTW 算法可对时间序列进行规整,使匹配过程中的累积失真距离达到最小,从而消除序列之间的时间差异,解决时域对齐问题。

下面将使用 DTW 思想分析张量空间的时域对齐问题。已知矩阵可用二阶张量表示。给定两个向量矩阵 $X \in R^{N \times n}$ 和 $Y \in R^{N \times n}$,用二阶张量表示为 $(A)_{ij}$ 和 $(B)_{ij}$,则存在关系为式(11 – 80)。

$$DTW(X, Y) = DTW(A \times_j U, B \times_j V) \tag{11 – 80}$$

其中,DTW 算法使用一个共享模式(索引 i)和一个 j-mode 乘积,U 和 V 均为转换矩阵。

点集序列可表示为具有 3 个空间轴(X, Y,时间 T)的三阶张量 $(A)_{ijk} \in R^{I \times J \times K}$,具有共同的索引 (i, j, k) 因此,可使用节点共享模式来共享任意的两个空间轴(即一个平面),单独对剩下空间轴的向量进行时间规整运算。TDTW 可视为 3 个不同空间轴上 DTW 的集合,即矢量 **IJ** 平面(k-mode 乘积)、矢量 **JK** 平面(i-mode 乘积)和矢量 **IK** 平面(j-mode 乘积)。例如,mode-j

向量是矩阵 $(A)_j \in R^{J \times (IK)}$ 的列向量,那么张量 A 的 y modo 乘积就可通过转换矩阵 $U \in R^{N \times I}$ 表示为式(11-81)。

$$(B)_{ink} \in R^{I \times J \times} K = (A \times_j U)_{ink} = \sum_J (A)_{ijk} u_{nj} \qquad (11-81)$$

其中,j-mode 乘积和 mode-j 矢量矩阵关系为 $B(j) = UA(j)$。

基于以上分析,假定使用的训练集包含 S 个动作序列,将每个序列用张量形状描述子进行表示,得到集合 $\{A_i\}_{i=1}^S$。首先确定训练集中最长序列长度 t_L,给定张量样 $A \in R^{S \times \lambda \times t_L}$ 和参考样本 $A_{ref} \in R^{S \times \lambda \times t_L}$。根据式(11-57)进行最优路径规整,其中,$d(i,j)$ 表示二阶张量 $X_i \in R^{S \times \lambda}$,$Y_i \in R^{S \times \lambda}$ 之间的 Frobenius 范数,即式(11-82)。

$$d(i,j) = \| X_i - Y_j \|_F \qquad (11-82)$$

$D(i,j)$ 表示到 A 的第 i 帧和 A_{ref} 的第 j 帧的总距离。定义一个扩展矩阵 $W \in R^{t \times t_L}$,将每个时间序列的长度扩展到 t_L。通过优化规整路径使得扩展矩阵 W 每一列只包含一个元素 1,其余元素全为 0。遍历整个训练集,得到规整以后训练集 $\{A'_i\}_{i=1}^S$,则有式(11-83)。

$$A'_i \in R^{S \times \lambda \times t_L} = A_i \times_3 W, i = 1, \cdots, S \qquad (11-83)$$

3. MPCW 算法框架描述

解决时域对齐问题之后,紧接着进行空域压缩。已知张量模型是一个多维独立的高维数据,本节使用多线性主成分分析(multi-linear principal component analysis,MPCA)算法实现特征降维。该算法通过一组映射矩阵,将训练集映射到低维张量空间。例如,给定一组映射矩阵 $\{U^{(i)} \in R^{I_i \times P_i}, i = 1, \cdots, N\}$,则映射得到的低维张量空间为式(11-84)。

$$S = A \times_1 U^{(1)} \times_2 U^{(2)} \qquad (11-84)$$

其中,$P_i < I_i$,$i = 1, 2$(训练集为三阶张量)。

多线性主成分规整算法框架主要分为 4 个步骤,如图 11-5 所示。

图 11-5 多线性主成分规整算法框架示意图

算法步骤:

(1)输入张量形状描述子 由于每类动作序列长度不一致,在构造张量模型之前,先对每类动作序列进行遍历,将最长序列作为参考序列,参考序列的长度作为张量模型的一个模。因此,整个训练集可用一个四阶张量 $A \in R^{S \times \lambda \times t_L \times n}$ 表示。其中,S 表示骨架关节点数目,λ 表示选取的上下文点数目,t_L 表示一类动作序列中最长序列长度值,n 表示一类动作不同受试者采集的样本数。若集合包含 S 类个动作序列,该数据集就表示为 $\{A_i\}_{i=1}^S$。

(2)张量动态时间规整 从集合中选择最长时间序列作为时域对齐的参考序列,使用 TDTW 算法为每个张量样本计算扩展矩阵 $W \in R^{t_i \times t_L}$。其中 t_i 表示集合中第 i 个动作时间序列长度,t_L 表示参考序列长度。遍历整个训练集,根据式(11-76)计算得到一个时间维度归一化的训练集 $\{A'_i\}_{i=1}^S$。

(3)多线性主成分分析 首先进行初始化,对 $\varphi^{(i)} = A'_{(i)} A'^{\mathrm{T}}_{(i)}$ 作特征值分解。其中,$A'_{(i)}$ 表示规整后训练集 A' 的 i-mode 展开,然后将降维矩阵 $\{U^{(i)} \in R^{I_i \times P_i}, i = 1, \cdots, N\}$ 中的 $U^{(i)}$ 设置为

$\varphi^{(i)}$ 最大的 P_i 个特征值所对应的特征向量。

下面计算 $U^{(2)}$ 和 $U^{(3)}$，假定输出的子空间张量为 $B \in R^{P_1 \times P_2 \times P_3 \times S}$，则子张量[式(11-85)]。

$$B' = A' \times_2 U^{(2)} \times_3 U^{(2)} \tag{11-85}$$

将 $\boldsymbol{B}' =$ 按 1-mode 展开，得到矩阵 $\boldsymbol{B}(1)$，对 $\varphi^{(1)} = B_{(1)} B_{(1)}^{\mathrm{T}}$ 作特征值分解，求得最大的 P_1 个特征值所对应的特征向量，并更新 $U^{(1)}$。同样，将 B' 中按 2-mode 展开，得到矩阵 $\boldsymbol{B}_{(2)}$，对 $\varphi^{(2)} = \boldsymbol{B}_{(2)} \boldsymbol{B}_{(2)}^{\mathrm{T}}$ 作特征值分解，求得最大的 P_2 个特征值所对应的特征向量，并更新 $U^{(2)}$，使用同样的方法更新 $U^{(3)}$，重复迭代求解映射矩阵若干次，直到收敛，得到最终的 $U^{(1)}, U^{(2)}, U^{(3)}$。

（4）输出张量计算　经过步骤（1）~ 步骤（3）处理后，可计算张量子空间为式(11-86)。

$$B' = A' \times_3 W \times_1 U^{(1)} \times_2 U^{(2)} \times_3 U^{(3)} \tag{11-86}$$

解决了时域对齐和空域压缩问题后，紧接着进行动作分类。人体动作识别研究中常用分类算法有决策树分类法、神经网络、最近邻分类器（k-nearest neighbor, KNN）及支持向量机（support vector machines, svm）等。决策树分类法能在较短时间内通过静态测试对模型进行评测，得到较好的结果，但易出现过度拟合问题。神经网络分类的准确度较高，但需要很长的训练时间和大量数据。KNN 算法主要依靠近邻域样本进行所属类别的确定，更适合处理类域的交叉或重叠较多的待分样本集。支持向量机的核心思想是寻找目标函数的全局最小值，而大部分分类算法都是采用贪婪学习策略进行空间搜索，一般只能获取局部最优解。

以上介绍的是一些常用的分类方法，还有其他分类算法，如遗传算法、逻辑回归和 Ada-boosting 方法等。本章中提出的张量模型是一个多维的线性结构，并且采用线性映射进行特征降维，故选择 KNN 分类算法进行动作分类。

第六节　人体动作识别的科研动态

一、基于深度图像的动作识别研究

深度传感器 Kinect 采集的深度图像与实时采集的骨骼模型深度信息相比，更能直观和完整地描述动作形状特征以及动态特征。

基于深度图像提取的特征主要包括全局特征和局部特征。提取动作全局特征就是对人体动作行为整体特征进行描述。全局特征主要包括人体轮廓形状特征、时空形状特征、运动特征以及一些更高层次的特征等。Yang 等将深度图像序列投影到指定的二维平面视图中，利用投影过程的时空特征构造动作特征描述子，提出一种深度运动映射（depth motion map, DMM）算法，即将深度图像分别投影到前视图、顶视图和侧视图 3 个正交平面，对每个平面上的连续图像帧进行差分计算，通过阈值判决法获取映射图像，并对该映射图像进行累积叠加，分别得到投影到每个平面的动作序列图像。Wang 等采用加权采样方案从深度图像序列中提取特征，首先对深度映射图像序列构成的四维时空体进行采样，获取不同时空位置和不同尺度的子时空体，统计每个子时空体中的像素个数，即各子时空体在四维时空体中的占有信息，将这种特征描述子称为随机占有模式（random occupancy pattern, ROP）特征描述子，经过稀疏编码后，使用 SVM 分类器进行动作分类。

基于深度图像的局部特征提取方法不需要进行人体目标检测、前景和背景分割，也不需要精准定位和跟踪运动目标，只对动作显著性区域进行特征提取。其常用的局部特征描述子包括兴趣点邻域内像素分布特征、梯度大小及方向、形状特征和光流特征等。Gilbert 等分别在 xOy, yOz, xOz 三个平面进行 Harris 兴趣点检测，通过数据挖掘技术筛选兴趣点，从而获取性能稳定的时空兴趣点。Willems 等将二维 surf 特征检测方法扩展到三维 Hessian 矩阵，提出显著度评价函数，利用非极大值抑制方法获取时空兴趣点。

近年来，人体动作识别采用了大量的局部特征提取方法，如词袋（bag of words，BoW）模型、稀疏编码（sparse coding，SC）、Fisher 核、局部矢量聚合描述符（vector of locally aggregated descriptors，VLAD）、朴素贝叶斯最近邻分类器（naive bayes nearest neighbor，NBNN）等。Zhen 等基于以上常用时空局部特征提取方法进行全面研究，在统一的实验环境下对 3 个公开使用的动作数据集进行比较实验，并对该特征表示方法进行评价。Cheng 等提出一种新颖的基于深度信息的描述子。该描述子用于描述动作的时空结构关系，首先使用 Harris 检测算法获取时空兴趣显著点，构建一个 $3 \times 3 \times 3$ 的时空立方体，然后计算立方体中心点到其他点的深度值，按照顺序进行编码，提出比较编码描述子（comparative coding descriptor，CCD）。Xia 等基于时空立方体特征相似性（depth cuboid similarity feature，DCSF），提出了时空特征描述子，通过比较动作内容的自相似性，获取局部区域的几何分布信息，从而描述图像序列的局部外观模式。Seo 等提出一种新颖的时空局部回归核（space-time local regression kernels，STLRK）特征表示方法，通过构建时空立方体进行动作匹配，完成人体动作识别。

在人体动作识别研究中，提取的时空兴趣点和底层视觉特征并不是独立存在的，而是具有一定的相关性，这种相关性称为视觉上下文关系。它主要包括以下两个方面：①人体动作行为过程产生的时空分布关系，这种关系称为时空上下文；②人体动作底层视觉特征的空间分布规律和潜在的语义信息具有一定的相关性，这种相关性称为语义上下文。

目前，应用在人体动作识别研究的上下文特征可分为 3 类，即场景上下文、时空上下文和尺度上下文。其中应用较广泛的是时空上下文特征。Wu 等针对人体动作和环境的上下文关系进行研究，建立词袋模型，融合动作的时空分布信息，进一步增强了对人体动作特征的描述能力。Wu 等基于马尔科夫逻辑网（markov logic network，MLN），研究时空兴趣点相对坐标的分布关系，使用多核学习方法融合时空上下文特征和外观特征。

除了上述常用的人体动作识别研究方法外，还有另外一种研究方法，即将图像序列转换为 3D 点云序列数据进行动作识别。

目前，关于该方面的研究相对较少，基本上可分为局部占有模式和曲面法线两种研究方法。局部占有模式（local occupancy pattern，LOP）是对人体骨架关节点邻域内的点云进行分析，按照一定尺度将点云构建的局部空间进行网格划分，计算每个网格在局部空间的占有率，最后构建时间金字塔提取骨架关节点特征。该方法提取的动作特征可很好地描述动作的类内差异。基于曲面法线进行动作描述的方法是通过关节点和周围点云构建空间曲面，计算空间曲面法线向量，利用该向量特性对动作几何特征和动态信息进行描述。Rahmani 等直接对 3D 点云序列数据进行处理，提出了主成分方向直方图（histogram of oriented principal components，HOPC）特征描述子。该方法将对 3D 点云序列中每一个点构成的球体内点的散布矩阵求取 3 个主成分向量，然后将其投影到正 20 面体的每个顶点向量方向，构成该点的 HOPC 描述子。该方法可对噪声、动作速度差异以及视角变化形成的干扰有很好的抑制作用。Oreifej 等将 3D 空间的点云序列扩展到 4D 空间，并对 4D 空间进行单元量化，使用 120 个顶点的四维体来表示每个量化单元，使用差分方式计算 4D 空间的曲面法线，计算 4D 曲面法线向量直方图（histogram of oriented 4D surface normal,HON4D),描述点云序列动作特征。Yang 等受 HON4D 方法启发,提出了一种新颖的超级法向量(super normal vector,SNV)动作描述子,即通过对点云序列中每个点邻域内的 4D 曲面法线进行聚类。该方法通过构建自适应时空金字塔捕获空间布局和时间顺序,相对于 HON4D 方法获取了更丰富的局部行为信息和几何结构。

Kinect 传感器不仅能同时采集 RGB 视频图像和深度映射图像,而且还能实时跟踪人体,捕获人体骨架关节点位置状态信息。在性能方面,数据的多模态可形成很强的互补特性。因此,研究者们开始对多模态数据或基于多模态数据提取的特征进行有效融合,提出了具有高判别性的动作行为描述子。

Chaaraoui 等提出一种将人体骨架关节点特征和 RGB 视频图像特征进行特征融合的算法,首先将骨架关节点数据进行归一化处理,提取动作特征,然后提取 RGB 视频图像剪影轮廓点特征,最后进行特征融合。Tran 等提出一个 3DS-HONV 描述子,用于捕获骨架关节点运动形状视觉线索,设计了一种有效的 RGB-D 特征融合方案,将深度信息和颜色信息进行融合。Ohnbar 等提出了基于人体骨架关节点数据和深度图像特征融合方案,首先计算深度图像的方向梯度直方图,然后提取人体骨架关节点之间的角度信息,并将其映射到深度图像,进行空间 HOG 运算,最后在时间维度上进行二次 HOG 运算,得到最终的 HOG2 动作描述子。Zhu 等提出一种决策级融合策略,该方法分别提取 RGB 视频图像的时空梯度自相关特征,人体骨架关节点数据的 Eigenjoints 特征,深度图像的 HON4D 特征。

综上所述,融合策略可很好地提高动作识别率。因此,越来越多的学者开始进行这方面的研究。

二、基于三位骨架关节点信息的人体动作识别

人体结构可被视为由若干个骨架关节点链接成的刚性系统。因此,可通过人体骨架关节点运动的位置状态信息进行动作描述,反映动作行为的语义信息。微软公司发布的 Kinect 深度传感器能主动跟踪两个人体的骨架关节点,将每个骨架关节点的位置状态信息存储为一个 X,Y,Z 的三维坐标。基于 Kinect 传感器跟踪的人体骨架 20 个关节点的平面示意图如图 11-6 所示。

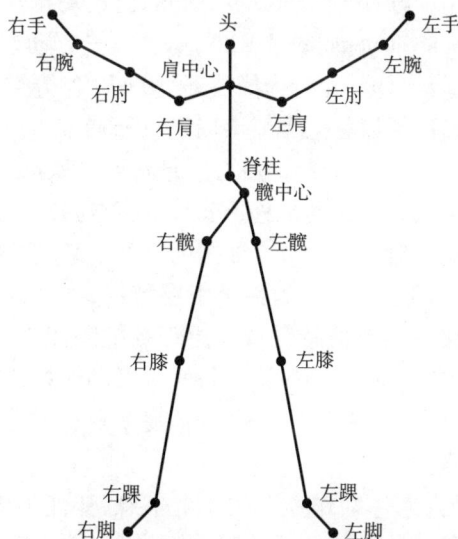

图 11-6 骨架 20 个关节点示意图

Kinect 深度传感器包含颜色和深度两个感应镜头,以及语言麦克风阵列和倾斜传感器机动调整部件。其可视范围为:水平视角,57°;垂直视角,43°。Kinect 传感器机身转动范围为:±27°;传感深度范围为:1.2~3.5m。传感器采集的数据流指标为:深度感应镜头,320×240,16bit,30fps;颜色感应镜头,640×480,32bit,30fps。

人体骨架 20 个关节点分别为头、肩中心、左(右)手、左(右)腕、左(右)肘、左(右)肩、脊柱、髋中心、左(右)髋、左(右)膝、左(右)踝、左(右)脚。人体骨骼模型数据不仅包含形状信息,还包含结构拓扑信息。

基于骨架关节点的人体动作识别研究最早出现在 1979 年 Johansson 提出了经典的 MLD(moving light display)实验,在人体骨架关节点处贴上亮点,获取黑色背景下亮点的运动轨迹信息,从而分析人体的运动行为。随着深度传感器的应用,基于骨骼模型的人体动作识别受到许多研究者的关注。

Li 等提出了一种词袋(bag of word,BoW)方法对人体动作行为进行建模,使用骨架关节点位置处的时空描述子构造视觉单词,用词典中单词出现的频率表示动作行为,计算每个动作的视觉单词直方图,使用支持向量机(support vector machines,SVM)分类器进行人体动作分类。Xia 等根据人体骨架关节点的位置状态,将 3D 空间进行特定方向的划分,并进行直方图计算,对骨架关节点的位置进行投影,构成关节点位置直方图(histograms of 3D joint location,HOJ3D),采用线性判别式分析(linear discriminant analysis,LDA)方法和 K-Means 聚类方法进行特征降维和聚类,使用马尔科夫模型进行动作分类。Li 等通过对骨架关节点运动特征相似性的判断,将人体的骨骼模型进行分割,分别对每个分割部分进行特征提取,采用逻辑回归方法计算每个特征的权值,用权值最大的类别进行人体动作识别。Ellis 等利用距离特征组合描述动作姿态,提取骨骼模型动作序列中包含运动信息的人体姿态,通过使用延迟感知学习训练逻辑回归分类器,从而解决人体动作识别时的高延迟问题。

具有时空分布特性的人体骨架关节点,其相互之间的位置关系能提供更丰富的动作信息。Yang 等基于人体骨架关节点数据分别提取姿态特征、运动特征和偏移特征构成 Eigenjoints 特征描述子,利用运动过程中当前帧和连续帧关节点间的位置差异表示动作行为,最后采用朴素贝叶斯最近邻(naive bayes nearest neighbor,NBNN)分类器进行动作分类。Lu 等利用人体动作过程中关节点的偏移位置进行人体动作行为描述,采用 NBNN 分类器进行动作分类。Wang 等基于人体骨骼模型和点云信息,提取骨架关节点周围点云局部占有信息(local occcupancy pattern,LOP),每一个骨架关节点对应一个局部占有信息特征。该特征能很好地反映人体骨骼模型各个部分之间的关联特性,具有良好的平移不变性,同时还提出由不同骨架关节点特征构成的 Actionlet 模型。Yu 等主要是对骨架关节点数据的空间信息进行编码,通过对骨架关节点之间欧氏距离的大小排序,将该排序信息作为一个中层特征,称为"orderlet"特征。该特征是原始特征值之间的对比关系,比一般数值特征具有更强的抗噪能力。Vieira 等将人体骨架关节点之间的距离构成一个矩阵向量,通过矩阵不变特性进行动作特征表示,矩阵中的每一个元素表示人体任何两个骨架关节点之间的欧氏距离,刚体变换具有很好的距离不变性。因此,该算法的稳定性较好,鲁棒性较强。

骨骼模型数据不仅能提供人体动作姿态的位置信息,还能提供骨架关节点的运动信息。大量学者利用骨架关节点运动形成的轨迹进行人体动作识别研究。Sheikh 等利用骨架关节点投影到归一化 X、Y、Z 空间的运动轨迹,构建动作行为轨迹包,通过不同样本轨迹之间的视角不变相似度进行人体动作识别。Xia 等利用骨架关节点的运动轨迹,匹配人体动作行为骨架图,使用混沌不变量和相关向量机原理进行空间轨迹重构,实现人体动作识别。Hammond 等使用小波变换频谱图,构建时空金字塔模型,从不同的时空尺度获取骨架关节点的运动轨迹信息,使用主成分分析(principal component analysis,PCA)方法进行特征降维,利用 SVM 分类器进行动作分类。Devanne 等基于流形学习的概念提出一种人体动作识别方法,在 Riemannian 流形上计算骨架关节点运动轨迹的形状相似性,该方法能同时获取人体动作的形状信息和动态特性。Slama 等通过分析人体骨架关节点空间运动轨迹特性,提出了自回归移动平均模型(auto regressive and moving average model,ARMA),将 ARMA 观测矩阵的列向量作为 Grassmann 流形上的一个点,通过流形学习进行人体动作识别。目前,还有很多基于人体动作识别的研究成果。

现有研究中,基于人体骨架关节点运动轨迹的描述大体上可分为两类:一类是将运动轨迹作为时间序列,采用序列匹配方式进行特征提取,如隐马尔科夫模型(hidden markov model,HMM)、动态时间规整(dynamic time warping,DTW)、条件随机(conditional random field,CRF)及连续动态时间规整(continuous dynamic time warping,CDTW)等方法,均有较高的准确率和实时性;另一类是将骨架关节点的运动轨迹作为三维曲线处理,使用形状描述子提取运动轨迹特征,其方法包括曲率特征空间、傅里叶描述子、小波描述子及曲线不变矩等。形状描述子具有维度低、稳定性强的优点,缺点是忽略了运动轨迹的时间信息,对形状相同的运动轨迹识别容易出现混淆现象。如何更好地结合动作序列和运动轨迹曲线特性进行人体动作识别研究,仍需要研究和探索。

课程思政元素:
严谨的科学态度,优秀的学习品质
课程思政举例:

(1)人体动作识别中需对所得的实验数据进行科学的处理和分析,为提高识别人体动作的准确度,必须培养学生**严谨的科学态度**。

(2)人体动作识别技术融合了人工智能、模式识别、图像处理、计算机视觉以及认知科学等多学科知识,在学习中要培养学生敢于吃苦,勇于克服学习困难的**优秀学习品质**。

(3)人体动作识别是将理论应用于实践的一门技术,是切实解决人体动作发展科学难题的重要知识,因此**激发学生科技报国的家国情怀和使命担当**对于推进人体动作发展学的进步具有重要意义。

第十二章 心理与人体动作发展

第一节 概　述

　　动作是人类适应环境的重要手段,对个体的生存和身心发展起着重要作用。人类个体动作的习得和学习实际上是其适应性行为发展的重要组成部分。在个体发育的早期,运动的发育是判断个体大脑发育是否正常的重要指标。不仅如此,因为动作的发展在个人的一生中一直持续,而且重要动作的获得和改变意味着个人与环境之间互动的改变,动作不仅在儿童和青少年认知、情感、社会行为等方面的发展中起着重要作用,而且在成人的发展中也起着重要作用。作为与环境互动的基本手段,动作的良好发展可以为个体认知、情感、社会性等方面的发展提供有利条件。相反,如果动作的发展存在障碍,那么也可能导致个人的心理发展存在各种障碍。正因为如此,自发展心理学诞生以来,个体动作发展及其与心理发展的关系不仅是运动学研究的重要课题,也是个体发展的重要研究领域。

　　根据该方面研究的历史发展过程,个体发展研究曾一度将动作的发展及其与心理发展的关系作为中心。然而,长期以来,由于受到理论、方法和技术的局限,人们对动作在个体发展中的重要价值主要停留于经验推测的水平,对动作与心理发展不同方面的功能联系等重要问题缺乏深入认识,这不仅影响了有关动作与动作发展研究的深化,而且在一定程度上妨碍了人类对自身心理发展内在规律的科学认识。20世纪七八十年代以来,随着研究方法和技术的进步,有关个体发展的科学研究日益关注发展现象背后的机制问题,重视探讨个体能动建构自身发展的过程等重要理论问题。特别是认知神经科学的兴起与科学界对经验和脑双向建构问题的重视,使动作及其与心理发展关系的研究得以复兴,并成为当前科学研究的重要前沿课题之一。

　　人体动作识别能自动分析、理解人在环境中发生的动作变化,从而做出相应的决策,是视频图像语义分析方向的一个新兴研究课题。该研究融合了人工智能、模式识别、图像处理、计算机视觉以及认知科学等多学科知识,在智能视频监控、人机交互、运动分析、虚拟现实等领域有着广阔的应用前景,对推动经济和社会发展具有重要意义。

　　在我国,动作与个体心理发展之间的关系问题已经开始受到心理学、认知神经科学研究的重视。在教育研究、儿童保健、临床医疗等领域中,动作发展的重要性也日益受到关注。但总体而言,我国在动作及其与心理发展的关系方面所进行的研究还相对薄弱,经验的描述与推测较多,系统、深入的科学研究较少。运动学的研究则较多重视动作本身的特点,而较少关注动作发展与心理发展的功能联系。这对于深入认识个体发展的机制、解决个体发展和素质教育中的重要现实问题是极为不利的。

　　十余年来,我们在国家攀登计划专项任务、国家杰出青年科学基金、美国 McArthur 基金会、卫生部重点基金等项目的支持下,较为全面地概括、分析了相关领域的最新研究成果,综合运用描述、相关、实验、纵向与跨文化比较等多种研究方法和途径。对动作与个体早期心理发展的关系问题进行了一系列研究,较为系统地探讨了动作与个体心理发展内在功能联系的特点和作用条件,揭示了能动活动经验对发展的重要促进作用以及家庭生态条件的制约性等重要规律。主要研究成果已在国内外重要学术刊物或学术会议上发表。本书既是对我们和同行研究成果的总结和概括,同时也反映了我们基于有关成果对动作及其与个体心理发展关系的基本观点和认识。本书在写作时力图使所讨论的问题不仅在认识发展的机制方面具有重要的科学价值,而且对于儿童保健、儿童教育等促进个体发展的实践工作也具有重要启示。

注意焦点指引导注意指向信息源的活动,或人注意的目标。人不但能够引导自己的注意焦点指向外部或内部信息源,而且还能够缩小或扩大注意焦点接受更少或更多的刺激。外部焦点指注意指向环境中外部信息源的活动。内部焦点指注意指向身体内部信息源的活动。窄焦点指注意一次指向小范围信息的活动。宽焦点指注意一次指向大范围信息的活动。有两种方法可以帮助动作执行者控制唤醒水平。第一,体育教师、教练员和物理治疗师需要强调动作过程目标,而不是动作结果目标。第二,体育教师、教练员和物理治疗师需要确保每位动作执行者确立的动作学习目标都是现实的,而且在目标要求上要因人而异、区别对待。引导方法指使用身体、语言或视觉过程引导动作执行者执行动作任务,减少错误或消除执行危险性动作时恐惧心理的方法。动作学习有效身体动作演练的一些技术包括:模拟器练习、分解练习、慢动作练习和差错练习。分解练习指以更简单的形式练习某项复杂的动作技能,主要包括单独分解练习、渐进分解练习和简化分解练习3种形式。单独分解练习是把复杂动作技能分解成两个或更多部分各自单独练习的一种方法。渐进分解练习是先练习目标技能的第一部分,掌握第一部分之后再加上第二部分共同练习,依次类推,直到能够进行完整的目标技能练习的一种方法。简化分解练习是把目标技能某些方面难度降低进行练习的一种方法。心理练习对包含大量认知性、象征性和过程性因素的动作任务更加有效。这些因素包括战略、战术、注意焦点以及一般指导性信息。对于初学者来说,将心理练习和身体练习轮流变换地采用,能够有效地提高动作执行者的动作表现水平。高水平运动员采用心理表象训练,在完善动作技能方面的作用要远远超过初学者,原因在于优秀运动员更加熟悉动作任务的肌肉和本体感受,所以他们的心理表象练习才能更加真切和有效。

教育过程不仅是促进学生增长知识、提高能力的过程,也是促进学生身体发展,心理发展,增强学生体质的过程。因此,在促进学生发展的过程中,有必要正确认识身体发展和心理发展之间的关系。

毋庸置疑,身体发展与心理发展之间有密切的联系。一方面,身体发展为心理发展提供前提和物质基础,心理发展离不开身体的发展。另一方面,心理发展对身体发展也有重要的影响。以神经系统和脑的发展为例,神经科学家的研究揭示了大脑发育与认知发展之间的密切联系。儿童在大脑快速发展的时期,认知能力也在快速增长。罗斯等学者(Rose&Fischer)在1995年进行的一项测量毕生大脑电活动的研究中发现,在1岁半至2岁间,大脑电活动非常活跃,这段时期也是语言能力快速提高阶段。在认知发展特别密集的年龄,也出现了大脑电活动的其他活跃期。其他的研究也显示,髓鞘的增加可能和学龄前儿童认知能力的增长有关。例如,网状结构是与注意力和专心有关的脑区,儿童在5岁的时候才能完成该区域的髓鞘化,这或许可以解释儿童在入学前注意力广度的发展。此外,学前期记忆的发展也可能与髓鞘的形成有关,在学前期,海马区完成髓鞘形成,该区域与记忆有关。

从学生的青春期的身体发展与心理发展来看,其主要的心理特征——独立性,在一定程度十说,是大脑变化的结果,这种变化为青春期认识发展的显著进步铺平了道路。一方面,在青春期,随着神经元数量的不断增加,它们之间的连接变得越来越丰富和复杂,青少年的思维也变得日益复杂。另一方面,前额叶在青春期开始显著发育,到二十一二岁发育成熟。前额叶是人们进行思考、评价和做出复杂决策的脑区。同时,前额叶也是负责控制冲动的脑区,前额叶发育完全的个体可以很好地控制自己的情绪,而不是简单地表现出愤怒或狂暴等情绪。由于前额叶在青春期发育还不完全,因此,导致青少年不能很好地控制冲动,进而出现一些具有青春期特点的危险行为和冲动表现。此外,青少年大脑发育也使涉及多巴胺敏感性和多巴胺生成的相关脑区产生了变化。这种变化的结果,使青少年对酒精效果的感受度降低,导致酒精摄入量提高才能得到快感。多巴胺感受度提高也使青少年对压力和应激更加敏感。

因此,在教育过程中,必须重视学生的身体健康,完善教育教学活动,促进学生身体的发展。多年来,在应试教育模式下,由于只注意考试成绩,片面追求升学率,许多学校搞题海战术,往往采取过度加码、强化训练、增加作业量的做法,使学生不堪重负,挤掉了必要的休息、健身和娱乐时间,严重影响了学生正常的身体发育,使他们失去了欢乐,失去了健康,尤其是使那些基础较差的学生遭受挫折,失去克服困难的信息和勇气,产生厌学心理,甚至患上抑郁症、恐校症等心理疾病。过重的学业负担,不仅影响了学生的身体健康,也造成了学生心理创伤。实践证明,在教育过程中,必须重视学生身体的健康发展,将学生的体脑活动结合起来,劳逸活动结合起来。只有这样,才能既有利于学生身体的发展,又有利于学生心理的发展。

第二节　认知与人体动作发展

动作是一种复杂的系统,远远不止肌肉外显活动模式这一个侧面。同样,人们对动作的研究也不仅限于运动学一个领域,而是综合了运动学、神经科学、心理学等多个学科。不同的学科对动作的认识各有其侧重点,试图从不同的角度揭示动作这一人类基本机能的实质。在运动学中,肢体、躯干的肌肉、骨骼的完整活动模式,大部分肌肉、骨骼和关节参与的位移动作模式,包括手臂摆动、下肢交替迈步等多个局部动作;投篮的动作以上肢和躯干为主,包括躯干倾斜、手臂送力、手指弹拨等一系列局部动作。运动学对动作的研究集中在动作模式的构成及其力学和生理学规律上,目的在于揭示动作的技能特征及其影响因素。

神经科学认为,任何动作,无论是简单的还是复杂的,都是在神经系统的控制下进行和完成的。神经系统对动作的控制具有全范围、协调性和多层次的特点。特别是对于人类的行为,大脑的调节更为突出。近年来,人们越来越认识到,动作绝不是肌肉、骨骼和关节的简单、盲目或本能的连接,不仅涉及运动皮层、小脑、脑干和大脑其他局部区域的活动,而且与前额叶、转叶、顶叶、丘脑、边缘系统和大脑其他区域密切相关(Nishitami et al. ,2000;徐丰彦等,1989)。脑对动作的调控是通过控制脊髓运动神经元完成的。大脑皮质(运动区与非运动区)、丘脑、小脑与基底神经节、脑干等各级脑组织具有独特的动作调控作用,并形成具有等级性的功能系统。小脑和脊髓主要控制不随意的反射动作,如呼吸、吞咽等;此外,小脑也负责调控动作的稳定性与协调性;而皮层运动区、前额叶等则主要控制目的性动作。

心理学将动作视为信息加工的过程和结果,认为动作是心理功能的外在表现。动作的发起和完成过程实际上决定于内外信息在个体心理系统中的登录、编码、储存与提取。例如,投篮不只是肢体和躯干的共同活动,还涉及对篮圈大小、距离、自身力量、投掷角度等的感知、分析、判断，甚至涉及对过去经验的唤醒，在一系列如此复杂认知加工的基础上执行动作程序。

即使技巧性要求不那么高的行走也是在感知、分析、判断路面情况、行进空间和时间要求、自身力量、平衡性等内外条件的基础上得以产生和完成的。动作外在表现背后的心理加工过程在心理学中受到重视，感知觉、注意、记忆、思维、情绪、动机等心理因素通常被认为在动作过程中发挥着重要的作用。因此，动作往往也被称为心理动作(psychomotor)。

毫无疑问，运动学、神经科学和心理学在从不同角度理解运动方面具有重要价值。在现实生活中，动作作为确保个体生存和发展的基本功能，是个体与环境有效互动的基本手段。在这样的功能意义上，个人行为不可避免地成为运动器官、神经系统和心理系统密切协调的产物。新的科学研究结果表明，动作是在多个大脑区域的协作活动下，在一定认知评估和情感体验的背景下，对个体特定环境中有意义信息的适应性反应，包括"计划—选择—决策—实施—反馈—调整"等一系列环节。

从本质上讲，人类的行为是大脑在多层次调节下对环境的"身体心理"反应。只有结合运动学、神经科学和心理学等不同学科，从多个角度对动作进行全面分析，才能获得全面深入的理解。在整合多学科观点的基础上，动作可以被视为运动器官、神经系统和心理系统在一定环境要求和条件下协调活动的过程和结果。这意味着，对动作的全面理解取决于从多个层面进行的全面讨论，包括外部行为、内部神经和心理活动，以及动作主体与环境之间的关系。

人类个体动作的复杂性来自于对环境的适应，这决定了动作是与环境相互作用的一系列生理和心理过程的产物和激励因素。因此，我们应该从显性动作行为、动作主体的内部生理和心理功能、外部物理和社会环境等要素之间的关系出发，来理解动作的特征。例如，儿童伸手够取玩具，这是一个在日常生活中极为普通的动作，但是它却反映着主体自身外在行为、生理与心理过程以及主体与环境的互动关系。

儿童胳膊伸展带动手以恰当的姿势趋近目标物，这一外显行为直接受皮层发出的神经冲动所控制，在儿童独特的肌肉、骨骼等特定生理条件的支持下得以实现。儿童之所以产生神经冲动，够向某个特定的目标物，是以知觉辨认、认知判断为基础，并受到情绪、动机等的影响。例如，个体根据对物体外显特性的感知，确定够取方向、轨迹和姿势；在情绪过于紧张时动作准确性会降低，在对目标物的兴趣减弱后会终止够取，或者个体喜欢某项动作活动，因此进行该动作活动的数量与质量较高。

在动作的执行过程中，一方面，目标物的距离、大小、形状、重量、空间位置以及运动状态等动作任务和物理环境的客观特性会影响动作的模式与执行进程；另一方面，主体所进行的动作活动也受到特定社会关系与环境特点的影响。如果儿童是在熟悉的环境中，或儿童所熟悉的依恋对象在场，那么他的动作活动发生的频率较高，动作的有效性也较好；而在陌生或不安全的环境中，儿童有效动作活动的频率、活动性水平会明显下降，而盲目、缺乏计划和准确性的动作则可能增多，因而导致儿童整个活动机能水平的降低。

可见，动作绝不只是肌肉的活动，也不仅仅是生理性的活动，而是以肌肉活动模式为表现形式，具有一定的目标，在特定的物理与社会环境中进行的、兼具生理性与心理性、客观性与主观性的功能活动。在动作的产生、执行、反馈和进一步引发其他动作的过程中，我们可以看到，动作所反映的是动作主体与外界环境的关系，以及动作主体内部生理与心理过程的相互作用关系。

特别值得重视的是,要达到对动作的完整认识,必须把动作置于个体所处的环境中,在个体与环境的关系中来考察动作。仍以儿童够取玩具为例,该动作产生于儿童对玩具的兴趣,指向于环境中的客体,这是儿童与环境的心理关系;有了兴趣和目标物,动作的产生还取决于儿童的行为是否得到社会关系环境的许可,假如儿童所想要的玩具是危险的,或者此时够取的活动违反社会规则,那么,够取玩具的动作将被禁止,所以够取玩具也是儿童与社会环境关系的体现。同时,够取动作的实施也直接受到物理环境特征的制约,假如目标物是活动的,那么够取动作的轨迹必须协调目标物的活动方向与速度,这是儿童与物理环境关系的反映。

只有结合上述各类关系及其变化,才能深入认识动作作为个体与环境互动手段的重要本质,并为人们认识与动作相关的神经系统、其他生理系统以及心理系统的活动机制和生态意义提供启示。

动作行为(motorbehavior)是研究人体遗传性和目标导向性动作表现的一门科学。行为科学方法,采用实验心理学手段和人体生物信息处理技术来研究人体运动动作和技能的外部动作表现变化,如观察、访问、刺激、反应测试和调查问卷等方法。这些人是生来就具有这些特殊动作能力,还是因为后天的练习而获得? 一个人的能力可以被测量和评价吗? 如果体育教师或教练员能够对人的这些能力有一定的了解,会对他们的教学和训练工作提供有力的帮助吗? 正是这些与人类能力有关的问题,构成了考察人体行为能力的心理学和动作行为科学所采用研究方法的基础,对于这个领域的研究也被称为个体差异研究。

一、反应选择阶段的控制和自动处理

(一)控制处理

一个人试图同时执行两个需要心理活动的动作时,经常会发生明显的运作任务干扰情况。如运动员一边运足球一边回答教练关于使用最佳进攻战术的问题。诸如此类的信息处理被认为是在反应选择阶段完成的,因为这个阶段需要在几种可能的反应中做出一种选择。这些活动是由"控制处理(controlled processing)"过程决定的,由于在反应选择阶段刺激信息的相互竞争产生了干扰。

控制处理是一种缓慢、按先后顺序、要求注意、受意识支配的信息处理方式,较普遍地出现于学习动作的前期阶段。它发生于处理其他动作任务之前或之后、受意识支配、把动作任务序列化地分出主次,并将无关紧要的活动终止或全部排除(表 12 - 1)。

表 12 - 1　控制处理与自动处理动作信息的特征

控制处理	自动处理
缓慢	快捷
要求注意	不要求注意
按顺序进行	平行进行
受意识支配	不受意识支配

注:引自 Schmidt et al. ,2000。

控制处理相对比较费力,因为它需要几个有意识信息处理活动的参与。对于还没有学习好的动作或初学者来说,完成控制处理就更加吃力。同时执行两种都需要控制处理的动作任务,可能由于信息超载(information overload)的作用,完全破坏一个人的正常动作表现。

（二）自动处理

与信息的控制处理相比，优秀的运动员或长期训练的人也可以表现出完全不同的信息自动处理方式。自动处理（automatic processing）是一种快速、并行、无须注意、无意识地控制信息处理的过程，这在学习动作的后期更常见，例如当一些奥运体操冠军被问及他们在比赛中的思维过程时，他们往往得到的答案是，他们更关注系列赛中的第一个动作，而其他后续动作几乎都是自动完成的。由于在后续动作的执行过程中只需要进行一些调整，优秀的运动员可以更专注于一系列动作中更高级别的要求，例如个人风格和高难度的动作表现力。下表描述了控制处理和自动处理之间的主要区别。与控制处理方法相比，自动处理方法更快且不需要注意。动作任务对注意力竞赛的干扰很小。同时并行处理多个动作任务的信息。动作不需要由意识控制，它们通常是自然的。

心理不应期（psychologicalrefi actoryperiod）是与人对第二个刺激单独出现时的反应时相比，对于两个紧密相随刺激中第二个刺激的反应时延迟，它是人动作表现中一个重要的现象。显然，在两个刺激意外地紧随出现的情况下，机体接受了第一个刺激并且开始对它做出一个反应。目前流行的观点是，这种情况在反应选择阶段，或反应程序阶段，或在所有这两个阶段，产生了一个暂时的"瓶颈"，因为这时只能组织和开始一个动作。

任何其他的动作，如组织和开始对第二个刺激的反应，必须等到第一个刺激完成反应程序阶段的处理之后。在刺激间隔很短时（约60ms），这种延迟最长。原因是在反应选择阶段刚刚开始对第一个刺激选择了反应，而这个反应必须在对第二个刺激开始做出反应之前进行。随着刺激间隔的增加，当第二个刺激出现时，第一个刺激的反应进入动作程序的完成量越多，所以第二个反应进入动作程序表现出的延迟也越少。这个道理很像我们在超市购物时在出口的排队付账。

刺激1进入，100ms后刺激2进入。两个刺激被平行处理直到刺激1到达反应程序阶段"瓶颈"，在那里对假动作做出反应（图12-1）。

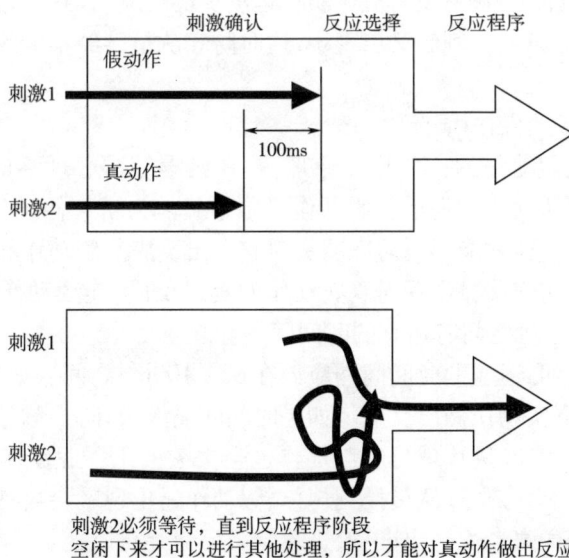

刺激2必须等待，直到反应程序阶段
空闲下来才可以进行其他处理，所以才能对真动作做出反应

图12-1

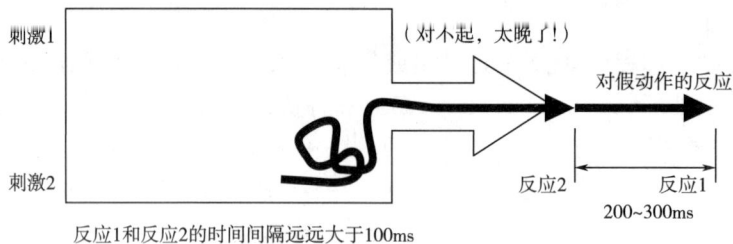

刺激1和反应2的时间间隔远远大于100ms

图 12 – 1　反应程序阶段的信息处理瓶颈
（引自张英波夏忠梁编著的《动作学习与控制》）

这里还有一个现象很有趣,当刺激间隔极其短时,如少于40ms,机体就以其他非常不同的方式做出反应。对两个刺激同时做出反应,就好像是一个刺激。这种现象叫作组合,发生于两个刺激被当作一个来感觉的情况。它导致了一个单独、更加复杂动作的组织和开始,如双手同时做出反应。

二、运动中的假动作与心理不应期的强化

在对抗性运动项目的比赛中,进攻一方运动员经常使用这样的战术,即在采用一个真实意图的动作之前先用假动作迷惑对方犯错误,而防守一方运动员如果急于对假动作做出反应,往往对随后的真实进攻动作则束手无策。所以,尤其在需要快速动作技能的运动项目中,假动作也常常是有效的制胜手段之一。

心理不应期现象对假动作发生作用的内在过程进行了很好的解释。例如,在篮球比赛中,运动员的投篮动作常常以更加复杂的方式完成,先做一个假动作看起来像要投篮,然后收回动作,然后再完成投篮。这3个动作步骤紧密相连,就像做出了一个连续动作。而对方防守队员常常把连续动作的第一部分(假动作)误认为是真实的投篮动作,造成防守失败。假动作相当于双刺激范例中的第一个刺激,诱发了对方防守运动员的反应,如封篮动作。正当对方防守队员对假动作做出反应时,第二个刺激又出现了,这时防守队员已经不能收回他对进攻队员假动作的反应性动作了。

(一)对于使用假动作的提示

在体育运动中使用假动作的一些重要原理,是在科学家对心理不应期的研究中发现的。现在我们做出一些使用假动作的提示。假动作必须逼真。为了使假动作有效,它必须看起来逼真,要像真动作一样,这样才能引诱防守队员对它做出反应。假动作和真动作之间有适宜的时间间隔。为了使对方防守队员出现对真实动作的延迟反应,连续动作程序必须保证假动作(刺激1)和真动作(刺激2)之间有适宜的时间间隔。

现有的研究结果表明,适当的时间间隔应该在60～100ms之间。如果时间间隔太短,防守队员会忽略假动作,对真实动作做出反应。如果时间间隔太长,防守球员对真实动作的反应时间也会比正常反应时间稍长,进攻球员的假动作也会失去效果。假动作不宜频繁使用。如果频繁使用假动作,就会被对方防守队员摸到规律,假动作一出现就会被马上识破。对方防守队员能够提早对预判出现的真动作做出准备,进攻队员反而弄巧成拙。

(二)动作信息输出集合

心理不应期除了它的应用价值外,它的作用对于我们理解动作的产生机制也很重要。由

于两个单独的动作是由两个单独的刺激引起的,不可能在时间上非常接近地产生。动作信息输出集合(movement-output chunking)是把组织和产生几个动作的信息输出活动集合成一个单独的单元,它是动作表现的一般特点。人体动作控制系统必须产生集合化的动作脉冲,每次脉冲大约几百毫秒的时间。研究结果表明,这些动作集合的时间间隔不能少于200ms。这种现象就是动作信息输出集合,例如我们在驾驶汽车时,每秒钟最多只能做出大约3个操作动作。科研人员认为,动作输出信息在反应程序阶段被组织起来,然后在动作程序的控制下表现出来,如图12-2所示。

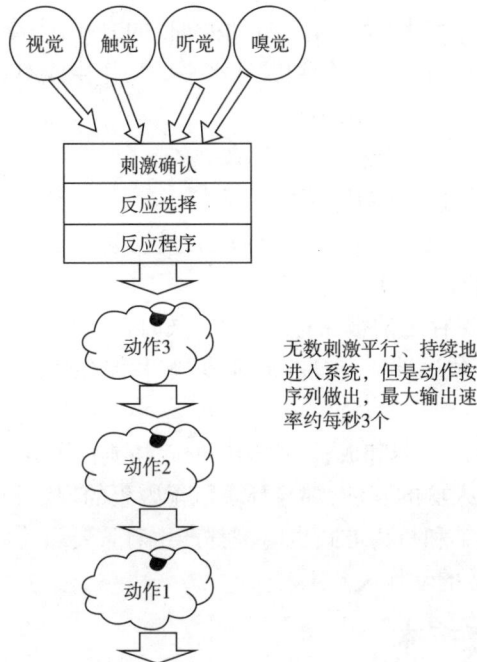

图12-2　获得感觉信息是持续的,但反应动作信息是集合成单位按序列输出的,
(根据 Schmidt&Wrisberg 资料改编)

(1)人体在接受环境信息(输入)至产生有效的动作反应(输出)过程是信息处理阶段。在这些阶段中所发生的信息处理活动,包括发现和感受环境信息线索(刺激确认)、选择一个适宜的动作(反应选择)和组织动作(反应程序)。

(2)确定人体处理信息速度的一个好的方式就是测量反应时。减慢信息处理速度的因素(增加反应时)包括许多不同的刺激—反应方式、刺激与反应之间的不兼容关系,以及比较难以预判的刺激事件性质。人体可以发展对于刺激事件的预判能力,来加快做出决定的时间。如果一个人能够预判将要发生的事情(事件预判)和它将在何时发生(时间预判),就能够提前准备他的动作和做出更快的反应。对于能够进行正确预判的运动员来说,预判是具有优势的。然而,当人产生错误的预判时,它所造成的反应时比根本不进行预判的还要长。

(3)一些其他因素也会影响人的信息处理质量,如唤醒水平、注意容量和记忆。人体确认并且达到一种在目标情景下,能够产生最有效目标动作表现的唤醒水平是重要的。一般来说,需要精细肌肉控制或更加复杂做出决定因素的动作技能,在较低的唤醒水平情况下具有较好的动作技能表现。而需要产生更大的力量或较少认知因素参与的动作技能,较高的唤醒水平有利于这种动作表现。

(4)人体的注意容量有限,它使人难以处理大量动作信息。对于需要在时间上紧密相连的两个刺激做出不同反应的情况下,这种局限是显而易见的。人对于第二个刺激的反应出现了延迟,叫作"心理不应期"。它是由于人在完成对第一个刺激所做出的反应之前,无法对第二个刺激做出反应。这种较慢的信息处理方式叫作"控制受控信处理",它具有按序列完成的性质,人的注意在两个不同的时刻,从一个信息源转移到另一个信息源。

(5)有限的注意容量使人难以同时控制两个动作,除非这两个动作的时间结构相似。然而,人体有时可以通过练习,使用一种叫作"自动处理"的方式,完成更加复杂的动作。自动处理能够把对于次级动作任务的控制,下传到较低水平的动作生成单位,或者把动作的若干组成部分结合成一个单一的反应(动作输出集合)。

(6)信息处理需要使用记忆系统完成以下功能。

A. 迅速持续地记录感觉信息(短时感觉储备)。

B. 提供一个暂时的工作空间,对于需要处理的感觉信息进行选择,以及储存需要使用的那些被提取出来的信息(短时记忆)。

C. 以更加永久的方式保存之前被储存的信息(长时记忆)。

(7)一个人如果能够有效地选择、提取、演练、理解和储存信息,就能够提高他的信息处理质量。

(8)在一个人或运动员的培养和成长过程中,种族和遗传因素、教育、训练和生活环境、社会和文化背景、与各种各样人群的互动,都与环境赋予因素的规定和指向作用有着广泛而深刻的联系,对于我们人类的思维和行为方式也时刻都产生着重要影响,当然很自然地也会直接地反映在我们每个人和运动员的动作决定上。

三、心理动作演练技术

心理演练(mental rehearsal)是人在没有明显运动的情况下思考动作技能的执行过程,它是动作学习的另一种练习技术。它是人在不实际进行动作练习的情况下,思想或想象正在学习的动作的各个方面。无疑,在动作技能学习过程中动作的实际身体演练所起到的作用远远大于心理演练的作用。但是,在有些特定情况下,心理演练也能够取得和身体演练几乎相同的动作学习效果。对于动作学习效果来说,采用心理演练技术比不采用心理演练会收到明显的动作学习效果,原因在于心理演练能够对人体动作产生过程的许多方面发生影响,如图 12－3所示。

身体演练所起到的作用远远大于心理演练的作用。但是,在有些特定情况下,心理演练也能够取得和身体演练几乎相同的动作学习效果。对于动作学习效果来说,采用心理演练技术比不采用心理演练会收到明显的动作学习效果,原因在于心理演练能够对人体动作产生过程的许多方面发生影响,心理演练技术有两种,即心理练习和心理表象。心理练习(mental practice)是人在没有明显运动的情况下思想动作技能执行的认知、特征、过程等各个方面的心理演练过程。心理表象(mental imagery)是人想象自己或他人执行动作技能的心理演练过程。在心理演练过程中,学生不断提醒自己动作技能的过程和各个细节,有时这个过程就叫作心理练习。有时,学生试图想象实际执行动作技能的感觉,这个过程就叫作心理表象。

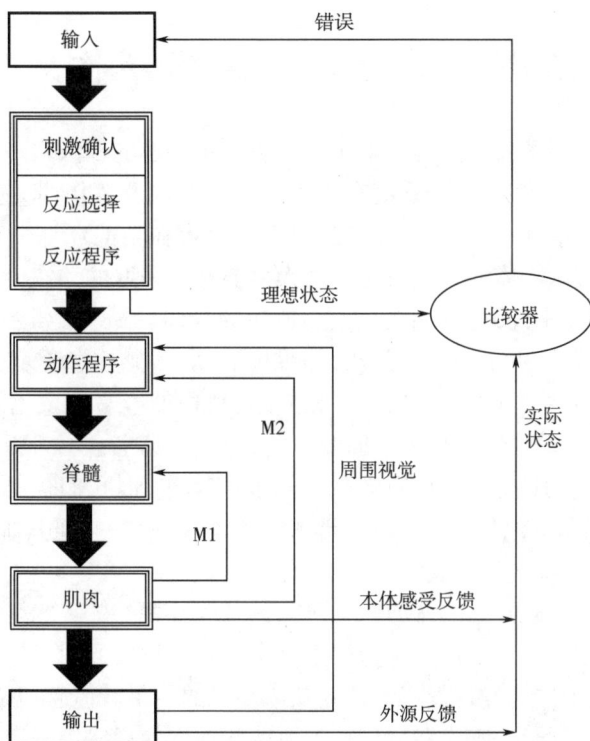

图 12 - 3 人体动作控制信息处理流程模型
（将心理演练产生作用的主要过程重点表示，根据 Schmidt&Wrisberg 资料改编）

（一）心理练习

研究人员发现，无论动作执行者的动作技能水平如何，心理练习对于包含大量认知性、象征性和过程性因素的动作任务更加有效。这些因素包括战略、战术、注意焦点以及一般指导性信息，对所有动作执行者进行心理练习时一般都不会遇到太大困难。

动作任务认知性、象征性和过程性因素的心理练习不需要专门器材，可以使许多人共同练习。很多证据表明，对于初学者来说，将心理练习和身体练习轮流变换地采用，能够有效地提高动作执行者的动作表现水平。体育教师、教练员和物理治疗师应该找到这两种练习最佳的结合方式，最大限度地获得动作学习效果。

（二）心理表象

在心理表象练习过程中，动作执行者试图体会和感觉他们实际执行动作的过程。这种动作体会可以来源于身体内部，如体会执行身体动作时对动作和动作环境的感觉。动作体会也可以来源于身体外部，如采用录像信息体会自己的动作。

心理表象训练对动作学习的作用在于：人在进行心理表象练习过程中，肌肉的运动单位就处于执行动作的准备状态。这种准备状态的适宜程度，取决于这个人以往执行这个身体动作的练习量和动作经验。所以有学者提出，高水平运动员采用心理表象训练，对于完善动作技能方面的作用要远远超过初学者，原因在于优秀运动员更加熟悉动作任务的肌肉和本体感受，所以他们的心理表象练习才能更加真切和有效。

第三节　感知觉与人体动作发展

感知和运动发展之间的关系是近年来研究人员最感兴趣的领域之一。在动态系统理论的指导下,人们逐渐认识到感知和动作系统在人类活动中共同发挥作用,它们不能分离,形成了统一的功能单元和行为系统。首先,感知信息决定了个人在当前环境中对特定目标可能实现的操作控制,也就是说,对物体的感知决定了个人可能对其采取的动作,例如在成年人眼中,椅子是供人坐的,但对婴儿来说,它可能只是他们抓住的物体。随着婴儿感知经验的丰富,椅子被赋予了新的意义,然后产生了坐姿。其次,如果没有动作,感知过程就无法很好地完成。环境中的个体活动可以提供丰富的感知信息。相应地,获得的丰富信息也有利于行为者更好地完成各种动作。最后,当动作随着时间不断变化时,感知信息也会不断变化,因此本质上,感知和动作会形成一个连续的链条。"我们必须感知才能动作,但我们也必须动作才能感知(J. Gibson,1970)"。所有的时空协调行为都需要感知和动作的统一,但其统一的时间、过程和方式仍存在争议。接下来,我们将简要讨论下主要问题。

感知和运动是什么时候开始协调的? 在过去的几十年里,皮亚杰的感知动作理论一直在这个问题上占据主导地位。这种观点认为探索是个人动作发展的动力。个体天生具有一定的探索行为,认知发展是个体通过自发探索行为获取知识的结果。但起初,新生儿的探索行为仅限于一系列先天性反射,此时,感知和动作是不协调和独立的;经过一段时间的实践,这两个过程在经验的影响下变得协调一致。新生儿无法将自己与外界区分开来。他们只会以"被迫"的方式对外部或内部刺激做出反应。所有动作都是自发的、内部驱动的反射,不需要任何感知信息。

Gibson 在个体动作的起源(婴儿天生就有)和功能(获得关于世界的知识)上与皮亚杰的观点一致,但在关于如何看待新生儿的能力、感知—动作的发展过程上则提出了完全相反的观点。Gibson 认为,感知—动作系统在婴儿出生时就是协调的,新生儿可以区分自身和外界的感知信息,其动作的对象直接指向外部世界。虽然 Gibson 也认为新生儿的行为"不成熟和不够技巧性",但是其执行过程仍需要关于外界的感知信息。他列举了 Siqueland 和 Delucia(1969)的一个实验作为例证。在这个实验的装置中,一端是一个奶嘴,可以传导关于婴儿吸吮频率的信息,另一端是监视器,呈现不同清晰程度的视觉图形,高频率的吮吸奶嘴可以使图形变得清晰,而在低频率吸吮动作的情况下则呈现模糊的图形,结果发现,婴儿为了得到清晰的视觉图形拼命地吸吮奶嘴。

当将皮亚杰理论与 Gibson 理论进行比较时,我们可以发现皮亚杰理论没有足够重视感知在动作发展中的作用,而只强调直接经验在感知—动作协调和动作发展中所起的作用。另外,Gibson 认为感知在出生时是协调的,感知对动作的发展有重要贡献,例如婴儿可以通过物体表面纹理的梯度和边缘推断深度,但他并不否认经验在感知和动作协调中的作用。总之,婴儿从出生起就具有受感知信息影响的目标导向探索行为,他们的行为与感知的分化更加协调(Reed,1989)。

皮亚杰认为,"孩子们看到的、感知的和做的越多,他们就越想看到、感知和做"。Gibson 还总结道,在对感知和动作发展进行广泛研究的基础上,很难将感知学习与动作学习完全分开。因此,许多研究人员使用"感知"和"动作"来描述儿童的发展,强调感知和动作发展之间的联系。具体而言,儿童对世界的感知控制不仅取决于感知系统的敏感性,还取决于个体通过动作探索世界所获得的反馈。例如,简单的视觉跟踪和抓握动作的协调和控制将随着练习变得越来越好,个人获得的感知信息将变得更加准确和具体。同样,感知分化的增加使婴儿能够更好地控制自己的运动。因此,可以认为,感知和动作的发展是相互关联和互利的。两个过程交换信息,并相互提出更高的要求,以更好地适应任务和环境因素的要求。

在实践中,已有研究表明了动作发展和外部感知发展的紧密相关性,例如要求婴儿探索的物体属性不同,对个体手部动作的控制要求也不同,对物体尺寸大小的探索只要求手部和手指很少的控制,而其他属性(如重量和形状)则需要更多的控制。已有研究也发现,婴儿对一些物体属性的触觉,比如尺寸和温度,可以在出生头几个月中就发展得很好,但是对于质地和重量等属性的感知却要到6～9个月之后,对形状的探索则更晚。

美国EXOS动作表现训练中心总裁马克·沃斯蒂根(Mark Verstegen)将“训练服务中心”的一项重要工作定位在优化动作模式服务,他的基本理念是:竞技运动的成功基于优质动作、心理状态、营养和恢复,高水平运动成绩的培养和保持犹如现代大型工业的生产流程。在这个运动成绩的生产流程中,人体与生俱来的每一个基本动作模式是运动成绩的“标准件”。

动作表现的基础是人体的动作行为,其影响因素主要包括遗传、动作信息处理、神经肌肉因素、内环境稳态、生理学因素、心理学因素、自然环境、人体生长发育、动作学习、身体练习、客观动作要求和竞赛规则等。

体育教师、教练员和物理治疗师必须记住:在任何情况下,动作执行者动作表现上的不同,只是在一定程度上取决于他们某种动作能力上的差异。这个观点可以从以下研究结果中得到验证。德塞斯、帕格曼和泰弗特(Deshaies,Pargman&Thiffault)等对116名16～17岁参加魁北克少年冰球联赛(Quebec Junior Major League)的运动员为对象进行研究。他们试图确定与冰球动作表现有关的,代表人体生理学、测量学、心理学和动作技能因素等14项变量的具体影响程度。他们发现4项变量的组合(前滑速度、成就动机、视觉感知速度和无氧功率)成为区别高水平动作技能队和低水平动作技能队员的“分水岭”。再进一步观察这些变量发现,优秀冰球运动员的成功动作表现是感知动作能力、动机和专门动作技能有机组合的结果。兰德斯等采用相似的方法发现,下肢相对力量、反应时、深度感知觉、体型、使用想象、自信和对以往错误的注意,是区分射箭运动员中上等和中等动作表现水平的变量。因此不难理解,必须通过各种稳定和不稳定因素的组合,才可以区分每一种动作技能类型人的动作表现。

短时感觉储备(short-term-sensory-store)是人体最外围的记忆系统,它只保持外界输入信息到得到确认为止,容量有限,并且时间极其短暂,它也被称为感觉性的记忆部分。正如我们前面讨论过的,无数的信息流(information streams)在刺激确认阶段同时和平行地被处理。在初期这些刺激进入系统,根据它们的形式(听觉、视觉、动觉、触觉等)被短暂地保持在不同的短时感觉储备内。信息在这些记忆系统保持的时间非常短暂,大约只有几百毫秒,很快就被下一部分的感觉信息流所取代。科学家认为,短时感觉储备出现在动作执行者的意识参与之前,因此它所发生的感觉信息转换也很少。

第四节　行为心理与人体动作发展

美国心理学家、功能心理学的代表人物之一罗伯特·塞钦斯·武德沃斯(Robert Sessions

Woodworth,1869—1962)就研究了动作速度和准确性的"互犯"现象,发现受试者在增加画线动作的速度的同时增加线的长度,他们动作的准确性就逐渐丧失。武德沃斯认为心理学应该研究人的全部活动,包括意识和行为。针对行为主义的"S(刺激)—R(反应)",他提出"S(刺激)—O(有机体)—R(刺激)",即在刺激和反应之间增加有机体的作用。

从第二次世界大战前,直至20世纪60年代,一些科技先进的工业国家(如美国)就已引导科学家投入很大精力研究人类执行军事任务时的动作表现,如驾驶飞机。绝大部分针对人而执行的相对"精细动作技能(finemotorskills)"的研究,都是由实验心理学家执行的。当时还很少有人花精力研究人在体育运动和舞蹈中表现出身体大环节的"粗略动作技能(grossmotor-skills)"。而在这种背景下,不轻易追随潮流的"有心人",在自身动作技能的研究领域有了突破性的进展。最典型的代表人物当属在伯克利加利福尼亚大学接受实验心理训练的博士生富兰克林·M.亨利(Franklin M.Henry,1904—1993)。他当时在体育教育系工作,对动作技能的实验研究开创出一套新方法。他主要研究身体大环节动作技能,还包括许多全身动作技能,如在大型球类和体操比赛中表现的技能。出于对其实验心理学训练的热爱,亨利在实验室研究人执行动作任务的表现,并亲自参加测试,这使他能够更加客观和清晰地观察动作技能的表现。在对运动技能的研究生涯中,他对大量重要的问题进行了探索,如人体动作技能表现差异的潜在基础、快速动作控制中的动作程序等。在20世纪70~80年代,亨利的研究成果在西方体育界产生了广泛的影响,被人们誉为"动作技能研究之父"。

运用实验心理学和人类生物信息处理技术,通过观察、访谈、刺激反应测试和问卷调查等方法,研究人类动作和技能的外部动作表现变化。一个高效、安全的训练系统必须确保能够完成的所有基本动作模式都具有可接受的质量,只有在这个前提下,才能涉及人体能量代谢等其他问题。学习和加强基本和专业运动模式必须与适当的心理状态培养和控制、营养和恢复措施有机结合。培训课程的实施遵循一个明确的过程。例如,动作训练课程的过程是预防训练、动作准备+动作强化、神经激活、快速拉伸负荷锻炼、动作技能、技能应用、再生和恢复;动作力量训练的过程是预防训练、动作准备+动作强化、动作力量训练、辅助力量和损伤康复训练、再生和恢复。

有效动作的另一个标志是执行动作过程中所消耗的最小能量,以及在某些特定情况下保持体力的能力。当然,这并不是所有动作技巧的目标,比如铅球。球员的唯一目标是将球推到最远的距离。但对于许多其他运动技能来说,减少能量消耗意味着减少不必要的运动。对于那些必须经济地使用能量并保持体力以获得比赛最终成功的运动员来说,这一特点至关重要。例如,高水平的攀岩、步行、马拉松和铁人三项运动员知道如何保持最经济有效的运动模式,优秀的柔道和跆拳道运动员知道如何在比赛的关键时刻保持体力以获胜。最低能量消耗也意味着一些体育项目的高水平运动员可以在减轻心理负荷的情况下完成动作任务。通过提高动作的自动化水平,运动员可以将更多的精力投入动作任务的其他要求上,例如改进中长跑运动员的战术,充分发挥其动作的创造性表达。

身体素养指人的身体就像他的头脑会读写一样,需要具备自主、自由发展的基本素质和可能性。根据身体素养,可将幼儿阶段体育教育的核心理念概括为运动激励、运动信心和运动能力三要素。

作为体育教师、教练员和物理治疗师,利用动作能力概念的另一种方式是根据动作执行者、学生或运动员现有的主导能力类型,预测他们未来的发展前景。在预测一个人未来的动作表现之前,需要考虑的一个重要因素是随着一个人训练过程和经历的改变,所引起他的能力类型的变化。对于初学者来说,在决定做什么动作之前掺杂着大量心理活动,如需要记住后续动作,想明白老师的指导,以及规则和战略等。随着他们经验的积累,动作执行者学习的重点,由开始学习动作任务时对"认知"部分和有效心理活动(由认知能力支持)的依赖,转移到更加重视动作的产生(由更加具有"动作"性质的能力支持)。在一个人的运动经历中,他可能在训练早期具有高水平的能力类型,使其有很好的初级水平动作技能表现,但我们很难知道他是否也具备在训练后期必要的高水平能力。因此,在实际教学或训练选材中,我们需要尽量多地给学生参与运动的机会,在尽量长的时期内让他们尽量多地展现和发挥他们的能力潜力,而后提出更科学的评价。

体育教师、教练员和物理治疗师知道如何和何时向动作执行者提供指导和帮助。本章介绍了体育教师、教练员和物理治疗师在执教和工作过程中可以使用的许多技术。他们可以通过建立一个开放的双向沟通方式,来提高动作执行者对于教学内容的接受程度。在这个过程中,体育教师、教练员和物理治疗师需要得到关于动作执行者需要和各种教学形式有效性方面的信息。体育教师、教练员和物理治疗师还可以通过使动作执行者熟悉学习环境,使他们做好获得学习经历的准备。当动作执行者了解体育教师、教练员和物理治疗师期待他们学会什么,以及他们能够从学习环境中学到什么的时候,他们就能够以更大的热情和较少的忧虑投入学习经历中。

在教学过程中,帮助动作执行者控制他们的注意焦点有助于促进学习过程。人的注意范围是有限的,体育教师、教练员和物理治疗师可以帮助动作执行者识别与执行目标技能最为关切的注意焦点。对于闭式动作技能来说,引导注意焦点包括对动作重要组成部分的注意(如掷标枪的鞭打出手动作路线)。对于开式动作技能来说,引导注意焦点包括对环境方面因素的识别(如乒乓球中来球的速度和旋转)。在动作学习的早期阶段,应该鼓励动作执行者,在外部环境信息和内部信息之间不断变化注意焦点(如观察预料中的网球发球目标、预料动作感觉、观察球的飞行路线等)。

焦虑是影响动作执行者注意焦点的一个重要因素。当一个人处于焦虑状态时,就不能有效地控制他的动作。体育教师、教练员和物理治疗师可以帮助动作执行者减少焦虑的一个方式,是协助他们确立可以达到和实现的动作表现目标。当动作执行者感到能够达到他们的目标时,焦虑程度就会降低。确立一个过程目标,往往能够增强动作执行者对于他们自己能力的自信。这是因为一个动作组成部分的过程目标,是在动作执行者的能力所及范围内的(如在短跑高速跑动作过程中,目视前方并保持头部的稳定)。通过鼓励动作执行者确立各种过程目标,体育教师、教练员和物理治疗师就能够帮助动作执行者体会到自己的控制能力,减少焦虑。减少焦虑的另一个好处是,能够使动作执行者进行更加有效的注意焦点控制。

在提供教学指导帮助时,需要思考的另一个因素是动作执行者身体和心理的疲劳程度。体育教师、教练员和物理治疗师应该根据动作执行者的身体素质水平、动作的能量需要、受伤的危险性、动作信息处理的要求,来确定训练课的时间长度和练习密度,并随着学生技能表现和身体能力水平的提高,循序渐进地进行调节。

在教授目标技能时,体育教师、教练员和物理治疗师通常需要确定,能够最好地传达动作一般信息的一些指导和示范组合方式。最有效的动作指导方式是那些简短的指导。它们强调了动作执行者所熟悉的概念,或提醒动作执行者他们能够从过去的动作经历吸取什么,来执行目标技能。更加有效的示范是那些能够传达动作关键特征的示范。有时动作执行者在理解动作的关键特征之前,需要体育教师、教练员和物理治疗师指出这些特征。

起初,体育教师、教练员和物理治疗师可能需要对动作执行者提供身体动作引导。但当动作执行者能够基本做出技能性动作,或不存在受伤的危险性时,就应该停止使用动作引导。其他修正的身体练习形式,还包括模拟器练习、分解练习、慢动作练习和查错练习。另外,体育教师、教练员和物理治疗师还要鼓励动作执行者在心理上演练动作策略或目标技能的过程,以及使用包含理想动作关键特征的心理表象练习。

在对人的动作表现进行阶段分析时,一些心理学家认为无论外界环境信息(输入)何时进入系统,都开始在第一个阶段(刺激确认阶段)进行处理。当完成在这个阶段的处理后,剩余的信息才进入第二个阶段(反应选择阶段)做进一步处理。处理的结果又被送往第三个阶段(反应程序阶段)做更多的处理。

心理学界一个非常古老的观点在今天仍然适用,就是在处理来自外界环境信息或者同时注意多项事物时,人的能力是有限的。在后面的学习中,我们将讨论"注意(attention)"的概念与限制人动作表现的信息处理能力是怎样的关系。

注意指对信息处理资源的集中和限制。一位保龄球运动员正在集中注意力准备完成掷球动作,这时他的注意力被观众席传来的儿童哭闹声所分散。声音分散注意力是因为它进入了运动员的注意空间,这个空间只能容纳有限的信息量。儿童的哭闹声音"闯入"了这个空间,并且干扰了与完成掷球动作更加相关的信息。由于注意空间有限,儿童哭闹声音可能造成一些与动作有关的信息被暂时"挤跑"。为了纠正自己的动作准备,这位运动员可能会稍等片刻,力图把儿童的哭闹声音从他的注意空间排除掉,重新"注入"只与成功完成动作有关的信息。

注意能力不仅有限,还具有序列性,也就是我们常说的"一心不能二用"。我们通常是先注意一个事物,然后注意下一个,只有在相当大的难度下才能同时注意两个事物。有时我们注意外部感觉的事物,如对手的动作;有时我们注意内部心理活动,如下一步采用的战术;有时我们又注意内部感觉信息,如来自肌肉和关节的感觉。试图同时处理这些信息的任何组合都是非常困难的,如同时拍头和揉腿,或一边开车一边用手机谈话。

一个人试图同时执行两个需要心理活动的动作时,经常会发生明显的运作任务干扰情况。如运动员一边运足球一边回答教练关于使用最佳进攻战术的问题。

第五节 动作发展与心理发展的关系

动作不仅是人类最重要的基本能力,也是个人开展实践活动不可或缺的工具。婴儿各种运动和动作的发展是其活动发展的直接前提,也是其心理发展的外在表现。在发展的早期阶段,个人的动作相当糟糕,因此需要更多的时间来学习人类特有的各种适应性动作,并不断提高动作与外界联系的有效性,从而更好地适应环境。因此,动作可以被视为个体的早期显性智力。动作在儿童心理发展中的作用一直是心理学中的一个重要问题。长期以来,心理学家对幼儿动作发展与认知发展之间的关系进行了大量研究,形成了"预成熟理论"和"可能成熟理论",并导致了关于"促进"和"诱导"的争论。"预成熟理论"认为动作是"预成熟"的结果。获得的运动经验只会加速或促进心理发展,而动作发展促进心理发展。"可能成熟理论"认为,功能的发展可以触发或转变一种新的结构,运动体验是心理发展的必要前提,动作发展"诱导"心理发展。然而,近年来的研究避免了对这一理论的争论,将注意力集中在动作如何促进认知发展这一更现实的问题上,为动作训练和训练提供了理论基础,从而促进儿童认知能力的发展。

许多研究证实,爬行经验在儿童的认知发展中起着重要作用。Adolph 等人对 15 名婴儿进行了纵向追踪研究。将他们的动作与成年人的有效动作进行比较,他们发现婴儿的初始动作不受主观意识的控制,婴儿需要大量的爬行和行走经验才能对环境变化做出适应性反应。同时,随着动作的不断发展,他们学会了适应新环境,从而促进了认知的发展。他们还对 29 名健康婴儿进行了一项纵向研究,从爬行的第一周到他们开始行走。他们发现,随着爬行经验的丰富,婴儿的判断变得更加准确,他们的探索活动变得更加有效,他们从中学习。施穆克勒和其他人还发现,步行体验可以促进认知发展。陶莎、董琦等人对爬行经验在婴儿迁移行为和物体持久性中的作用进行了详细研究。

迂回行为是指个人在面对空间障碍时无法直接实现其目标,并使用间接方式实现既定目标。绕过障碍物获取对象是典型的迂回行为。他们将 8～11 个月大的婴儿分成两组,这两组可以爬行或不爬行,并完成了相同的测试任务:将婴儿感兴趣的玩具放在透明有机玻璃下的中心区域,这样婴儿可以从透明盒子的顶部看到玩具,但不能从盒子的顶部直接接触玩具。如果你想得到玩具,你必须采取迂回的动作,从面对他的开口(但不能直接看到)将小玩具放在盒子下面。结果表明,会爬行的婴儿在迂回任务中的表现比不会爬行的婴儿好。

研究人员认为,爬行动作的获得与婴儿迂回行为的发展可能存在功能关系,即爬行可以通过为婴儿提供大量相关经验来促进婴儿迂回行为的发展。客体永久性意味着主体对客体存在的理解不依赖于直接感知,而是形成对客体存在稳定的内在理解。作为幼儿认知和情感发展的基础,客体持久性是幼儿心理发展的重要成果之一。

在一项研究中,研究人员比较了三组 8 个月大的婴儿的永久发育水平,这些婴儿不会爬行,但使用了学步车和膝盖。研究发现,不会爬行但使用学步车的婴儿和会用手和膝盖爬行的婴儿的发育水平高于不会爬行的婴儿,尤其是有超过 9 周爬行经验的婴儿表现最好。这一研究结果表明,爬行和其他运动的经验与对象的永久水平之间的关系不仅来自两者的成熟度限制。爬行和其他运动的经验可以显著促进婴儿物体的永久发育。此外,研究人员对发育落后的特殊婴儿进行的研究发现,爬行与其物体的永久发育有因果关系。对患有脊柱裂的运动残疾婴儿的物体永久性发育的研究表明,他们在爬行之前(大约 12 个月)物体永久性的水平很低;然而,在学习爬行的 6 周内,他们的物体持久性达到了比以前高得多的水平。对爬行运动延迟至 13 个月的婴儿的研究结果表明,没有一定的运动经验,即 1 岁以内婴儿的表现不一定会随着年龄的增长而增加。从这些研究中,我们可以看出爬行经验在儿童的认知发展中起着重要作用。Lepecq 等人发现,早期认知发展来自感官感知,并且由于儿童的动作发展不成熟,早期认知发育基于感官感知。Bertenthal 等人也证实了动作和感知之间的相互作用。Mark A A. 和其他人发现,丰富的视觉信息(光线、颜色)和自由的身体运动可以提高儿童搜索目标的表现。Yan. Jin H. 等人总结了 19 项研究。受试者包括 1029 名 4～144 个月的儿童(男性 510 名,女性 519 名)。他们发现,年龄越大的孩子,动作对空间搜索行为的影响越大。动作状态、搜索模式、动作帮助、测试条件和可靠性都是空间搜索行为的影响因素。儿童的动作训练可以显著提高他们的空间搜索能力;结果表明,儿童的运动体验是空间搜索行为的影响因素。

Eppler 等人发现,当物体的听觉和视觉信息可以指导婴儿的行为时,婴儿会增加对这些信息的关注。通过爬行,婴儿获得了自由活动的能力,并获得了大量经验信息,这促进了感官和知觉的发展,从而提高了儿童的认知能力。Siegel 等人发现,婴儿学步车能节省的不仅是收益。这是因为婴儿学步车来源减少了儿童爬行的机会,这减少了儿童本应获得的经验,从而影响了认知能力的发展。可以说,儿童通过爬行获得运动经验,这促进了感官和知觉的发展,影响了认知能力的发展。

手部动作的发展对儿童的心理发展起着重要作用。发展的规律和秩序也是从低到高,从简单到复杂。同时,儿童之间存在个体差异,甚至在不同年龄的手部动作发展速度上也存在差异。儿童在 3 岁前发育很快。在这个阶段,他们已经发展了许多基本动作,为未来各种复杂动作奠定了基础。根据李慧彤等人对 3 岁前儿童手部动作发育的调查,证明 3 岁前的儿童手部运动发育在出生后第一年和第三年发展迅速,第二年发展缓慢,出现阶段性发展。第二年手部动作的发展是为了发展和巩固第一年已经掌握的拇指和食指的合作动作,为第三年和未来手部动作复杂化做好准备。调查还证实,在第一年,儿童的手部动作从一无所有变成了用大手抓,用拇指和其他四个手指抓,进一步发展到拇指和食指的合作握持,以及手眼动作的协调,这为手部动作的未来发展提供了最基本的准备。出生后的第二年只巩固了第一年掌握的拇指和食指协调以及手眼运动协调的活动。第三年是基于第二年手部运动的发展和巩固的快速发展,手部的动态变得更加复杂。你不仅可以用手完成一些独立生活的事情,比如喝水、吃饭、穿衣等,还可以逐渐做一些技术动作,比如折纸、绘画、积木等。

从出生后大约 3 个月开始,出现了一种非随机的手触摸动作。大约 5 个月后,随着触摸动作的不断重复,相同的动作总是会导致相同的结果,这可以促进对因果关系的学习。通过不断的强化,孩子们形成了一种反映事物之间关系的稳定感觉,即他们学会了一种动作。通过这种方式,孩子们开始将触摸作为了解周围环境的一种方式。如果手的动作继续发展,情况就会变得越来越复杂。随着孩子年龄的增长,周围环境变得越来越复杂。新环境对儿童的手部动作提出了更高的要求。与此相一致,手的动作也有了新的含义,它不仅限于完成某种操作,而是具有某种意义,成为一种符号。这导致了各种手势,这些手势在调解儿童对各种抽象概念(如数字和语言)的掌握方面起着非常重要的作用。大量理论和实验证明,儿童早期的动作发展与认知发展有密切的联系。

首先,动作发展是认知发展的外在表现。知觉运动阶段的智力是个体智力的初始表现。个体对环境的最初适应是由先天的无条件反射介导的。为了适应外部环境,先天的无条件反射不断出现,形成了动作图式。在 1~5 个月内,婴儿通过基于先天无条件反射的身体整合,将个体动作连接起来,形成新的动作,但这种方式缺乏目的性。从 5~9 个月大,宝宝有目的的动作逐渐形成。这是智慧动作的萌芽。在此期间还实现了手眼协调。从 9~12 个月,开始协调动作的目的和方法。到一岁半时,婴儿可以有意识地根据某一目的尝试和犯错,并改进动作以解决新问题。格拉索等人发现,儿童可以很早就使用头部旋转来促进目标定向。

其次,动作使儿童的认知结构更加复杂和高级。皮亚杰、布鲁纳等人指出,主体对客体的行为是婴儿心理学的丰富来源和必要工具。动作可以为个体提供认知体验,丰富认知对象,使个体有更多机会从事物的外在表现中识别本质特征,从而获得对事物本质的理解。同时,运动也是儿童了解世界的工具。随着动作越来越复杂,儿童对世界的理解也越来越清晰。此外,随着运动的发展,儿童的认知方式也发生了变化。这使儿童的认知结构不仅在数量上丰富,而且在质量上发展。可以说,儿童早期动作的发展是其认知发展的外在表现,早期动作的开展也会促进儿童的认知发展。

因此,如何通过动作训练促进认知发展成为发展心理学的另一个重要课题。动作发展在多大程度上影响认知发展,是否存在动作训练的关键时期,以及什么样的动作训练对一定的认知发展起作用,这一系列问题需要进一步研究。尽管在这方面取得了一些成果。然而,它仍然是薄弱的,仍然有必要对运动的发展进行系统的研究,从而制定一套训练儿童运动能力的方法,从而促进儿童的认知发展。例如,杰夫曾提出一个离散控制方程(DCE)来解释人类行为和认知之间的交叉参考关系;Manjunath 等人对 14 名儿童(12～17 岁)进行了为期 10 天的瑜伽训练,并选择另外 14 名年龄和性别的儿童作为对照组。他们发现实验组的视觉敏感度增加,但对照组没有变化。

第六节　动作在个体早期心理发展中的作用

随着发展心理学研究的发展,对个体心理发展内在机制的探讨已成为国际发展心理学的前沿课题。动作是人类最重要的基本能力之一。通过研究个体早期动作发展的规律,特别是动作在早期心理发展中的组织和构建功能,可以发现这一点;研究动作对个体心理发展带来的各种认知、社会互动和情感体验的内在过程,以及特定动作角色的发挥与一定的文化和家庭生态环境之间的密切关系,个体早期动作在心理的起源和发展中起着非常重要的作用。

心理学的起源和发展是发展心理学的核心问题之一。在当前的发展心理学研究领域中,对这一问题的讨论普遍具有先天预成型的倾向,即主要强调生理成熟和遗传密码指令对个体心理发展的重要作用,并认为结构(大脑和神经系统的改善)决定了功能(心理发展)。我们认为,先天预设理论对心理起源和发展的解释是片面的,应从全面、辩证的角度来看待心理起源、发展、先天和后天的主客体关系。由于婴儿期是各种人类特定心理现象的萌芽和快速发展时期,如感知、注意、记忆、思维、情感、自我意识等,要探索心理起源的重大问题,有必要深入研究个体早期(婴儿期)心理发展的具体过程和内在机制。20 世纪 70 年代以来,随着发展心理学研究方法和技术的不断突破,在重视早期教育和早期智力发展的全球趋势的推动下,对个体早期心理学的研究迅速兴起。在个体发展的早期阶段,动作是个体与外部环境互动的主要手段,因此动作在个体早期心理发展中的作用已成为国际发展心理学研究的重要问题之一。在过去的十年中,我们也从多个角度对这一问题进行了系统研究,取得了许多宝贵的成果。在本文中,我们打算结合我们和其他人的相关研究成果,从理论上分析和讨论几个重要问题,如个人早期动作的发展规律、早期动作发展在心理起源和发展中的作用以及动作的心理构建功能。

动作不仅是人类最重要的基本能力,也是个人开展实践活动不可或缺的工具。对于个人发展而言,动作具有确保生存和促进发展的双重价值。尽管人类的动作极其复杂、灵活和可塑,但人类个体在发展初期的动作相当糟糕,因此需要很长时间来学习人类特有的各种适应性动作,并使动作日益丰富、差异化、整合,不断提高对外部世界动作的有效性,从而更好地适应人类环境。从这个意义上来说,动作可以被视为个体早期的显性智力。同时,由于早期个体言语能力极为有限,他们的发展和发展水平更多地通过动作来表达。由于动作在个体的早期发展中起着重要作用,许多发展心理学家研究了这一重要问题(如个体早期动作的发展规律及其内部和外部影响因素)。

自1916年以来,美国儿童心理学家格塞尔和他的同事们通过数十年的系统研究和发展,包括行为发展规范,制定了一个格塞尔发展量表,以评估婴儿行为。此外,Gesell还对动作发展的规律以及成熟度和经验对婴儿动作发展的影响进行了初步研究。后来,在20世纪三四十年代,W. Frankenberg、J. B. Dodds和N. Bailey也在编制儿童发展量表期间对婴儿运动发育的年龄特征进行了详细研究。在20世纪70年代和80年代,P. R. Chilezzo、S. Kolbw Denis、C. Sape、B. Brier、E. Seren等人在儿童动作发展的培训和不同环境刺激中发挥了作用。研究了个体早期运动发展的跨文化比较和运动动力学。迄今为止,学者们在动作发展的年龄特征、动作发展的顺序、婴儿动作的起源,以及成熟度、经验、文化和养育方式对个人动作发展的影响等方面取得了许多成就。

大量的科学研究表明,人类个体的行为从一开始就采取了与其他动物完全不同的发展路线。一般来说,当动物出生不久时,其天生的几个动作发展良好,可以自由活动;然而,人类个体动作的发展需要经历一个相对较长的时期。粗运动和细运动都经历了一个相对较长的产生、发展和改进过程。个体的初始动作是一系列先天的无条件反射。新生儿依靠无条件反射来实现与环境的平衡,从而维持生存。尽管这些无条件反射在数量上是有限的,而且是刚性的,但它们是个体形成大量灵活的人类特定条件动作的自然前提。例如,当新生儿的头转向一侧时,他将头伸到手臂的一侧,弯曲另一只手臂,并进行击剑动作的僵硬颈部反射。这个动作不仅可以产生更好的护理姿势,而且是儿童条件定向的开始,也是一些成熟技术动作的一部分。如果没有强化训练,各种无条件反射会在出生后六个月内随着神经系统的成熟而消失,或者被有条件的动作所取代。如果维持而不增强,则表明个体的神经发育可能存在一些病理问题。无条件反射的消失使个体有可能形成大量的条件动作。

个体动作的发展是从无条件的反射动作和无意识的动作到复杂、准确和有意识的动作技能的形成。主要发展原则如下:第一,动作的发展有一定的顺序。上动作先于下动作,大肌肉动作先于小肌肉动作;第二,动作的发展是系统的。它不是肌肉、骨骼和关节的孤立发展,而是与感知、动机、情绪等系统相互作用中的发展,并与感知形成不可分割的联系;第三,动作的发展过程是"分化和整合"的螺旋;第四,动作发展的过程和时间在不同的个体中可能有不同的具体表现。

影响个体行为发展的主要因素是生理成熟度和环境。一方面,人类个体动作的发展基于大脑、神经系统、肌肉、骨骼和关节组织结构完善的自然前提。生理成熟主要为动作发育提供必要的物质基础和生物学可能性。在20世纪二三十年代,格塞尔和其他研究人员进行的著名的"阶梯训练实验"揭示了成熟的作用。在实验中,他们训练10个月大的同卵双胞胎中的一个(T)提前爬梯子,而另一个(C)没有接受训练。当他们1岁时,T的攀爬水平显著高于C;然而,在对C进行两周的训练后,T和C的攀爬速度和敏捷性没有差异。C能在短时间内用较少的训练赶上T的原因被认为与其生理成熟度水平提供的可能性密切相关。然而,如果没有适当的环境刺激和经验,学习动作的潜在可能性是无法实现的。个体成长的物质生活环境、特定的养育观念和方法将直接影响孩子实践和获得动作反馈的机会,从而不仅影响动作发展的速度,还将影响具体动作的发展水平,以及动作发展的顺序和趋势。这一点已经在不同方面的许多研究中得到证实。例如,Zilezor 等人从出生的第二周开始训练他们的先天性无条件步行反射 6 周。他们发现,这些婴儿的行走反射通过训练变成了一种随机的运动反应,独立行走的年龄比正常年龄早 2~4 个月,这表明丰富和适当的环境刺激可以促进运动的发展。与此相关,丹尼斯通过调查孤儿院儿童的动作发展,发现缺乏实践机会和不良的动作激励环境会阻碍动作的发展。近年来,跨文化研究发现,不同的日常护理方式会导致儿童运动发育的差异,为环境的影响提供了更重要的证据。例如,新几内亚的阿拉佩西人经常直立抱着婴儿,这样婴儿在单独坐之前就可以拿着物体站立,表现出特殊的动作发展顺序。非洲婴儿的头部直立比其他地区的婴儿早得多。研究人员认为,这与他们出生后被放在母亲背上有关。中国上海和美国丹佛的比较发现,上海儿童的精细动作发展略早于丹佛儿童,而丹佛儿童的粗动作发展早于上海儿童。研究人员认为,两国儿童的抚养方式可以解释这种差异。我们的调查显示,尽管根据一般的动作发育规律,婴儿在独立行走之前会经历爬行动作发育阶段,但我们的一些婴儿已经学会了直接行走,没有明显的爬行阶段,这与我们家庭的生活条件和养育方法密切相关。由此可见,生理成熟度和环境因素在个体动作发展中起着重要作用。

从以上讨论中,我们可以看出,运动本身是个体早期发展的一个重要领域,并受到发展心理学研究者的广泛关注。然而,动作对个体早期发展的意义并非如此。过去 20 年的研究表明,个体早期动作发展的里程碑阶段(学习爬行和行走)只是其心理发展的主要转折点。这种时间上的"巧合"绝非偶然。根据我们的相关研究结果,我们认为从心理学的起源和发展来看,动作对个体的早期心理发展有着广泛而深刻的影响。

首先,个人心理学的起源与动作密切相关。从遗传认识论的角度来看,知识并非源自个体与生俱来的简单的感知感,而是感知的来源和思考的基础只能是动作。如果主体想要了解客观的外部世界,它必须对客体施加作用。在实施动作的过程中,主体和客体相互作用,相互改变。通过与物理环境的互动,主体可以获得物理经验和数理逻辑经验;通过与社会环境的互动,主体可以获得社会经验,了解人的主观世界。个体心理发展的真正原因是主体通过动作适应客体。

从个体智力的最初表现——对运动智力发生和发展的感知,我们可以清楚地看到动作在个体心理发展中的重要性。正如我们前面所指出的,个人和环境之间的平衡是由最初的动作——先天的无条件反射介导的。为了适应外部环境,先天性无条件反射不断重新强调"泛化和同化"三个层面的发展,然后根据反射的重新出现,通过"重新认识和同化""认知同化"和实践的结果,形成了一种新的运动习惯。在运动习惯和感知的形成阶段(1~4 个或 4、5 个月),婴儿开始形成一些经典的和操作性的条件反射,通过不同运动的连接形成了新的运动模式,但这种方式缺乏目的性。在有目的的动作形成阶段(4~9 个或 10 个月),婴儿开始对自己动作的结果感兴趣,并会重复相应的动作以重复他们感兴趣的结果,表明个体行为的"手段"和"目的"开始分化,智力的最初形式—运动智能的感知—开始形成。在范式之间以及手段与目标之间的协调阶段(9~12 个月),动作作为个人实现目标的手段的功能得到进一步确认,动作的目的和方法开始协调,现有的动作范式可以结合起来以实现新的目标。随后,婴儿可以通过偶然尝试发现新的运动模式(11~18 个月),并在实施动作的过程中初步了解客观的外部世界。由此可见,动作在个体思维和智力的过程中起着决定性的作用。

其次,从个体心理的发展过程来看,个体心理发展是从外部逐渐内化的,动作在心理内化过程中起着关键作用。在心理发展的早期阶段,外显动作是婴儿认知活动的主要工具:婴儿识别物体的基本方式是将动作应用于物体,并根据动作的结果进一步调整动作模式。随着婴儿在与客观外部世界进行有效沟通时动作的不断丰富、复杂和熟练,婴儿在 18~24 个月时开始发展心理表征能力。他们可以对自己的行为和客观事物进行内部表征,并开始心理内化的过程。此时,婴儿可以通过在头脑中结合动作模式来形成新的动作来实现他们的目标,而无须明确的试错动作。值得注意的是,尽管婴儿在解决问题时不需要完全依赖明确的试错动作,但动作仍然具有不可替代的重要性。一方面,因为婴儿的内部心理活动可以通过行为表征的方式进行,即婴儿通过动作组织和再现外部事物的特征和过去的经验;另一方面,长期以来,婴儿在面对新问题时,仍然需要通过与对象的直接互动,诉诸明确的动作来解决问题并扩展知识。因此,我们认为动作是个体心理持续内化的基础,并为个体内化的心理活动提供了丰富的素材,从而使个体心理的内化过程得以持续。

最后,从个体心理发展的生理基础和心理各个具体方面的早期发展来看,动作作为主观能动性的基本表现形式,在个体的早期心理发展中发挥着重要作用,使个体能够积极构建和参与自身的发展。具体而言,我们认为动作在个体早期心理发展中的建设性作用主要体现在以下四个方面:

第一,动作对大脑发育有相反的影响。过去,人们对大脑和动作之间关系的理解主要强调大脑结构的发展对动作的功能起决定性作用,并认为动作的发展和变化是大脑结构变化的结果。然而,关于大脑科学和动作的神经心理学研究的最新结果告诉我们,大脑(结构)和动作(功能)之间存在双向效应。B. Bernstein、G. Edelman 等人的相关研究表明,婴儿早期运动活动的结果将不可避免地导致大脑感知运动控制系统的重组,这将通过感知系统和运动系统的联合作用产生分类、记忆和整体适应功能。从大脑和神经科学的新成就来看,我们有理由相信,虽然结构变化可以带来功能变化,但功能发展也可以触发、转换和构建新的结构。动作的不断练习、丰富和改进可以促进大脑结构的改善,从而为个体早期心理的发展奠定良好基础。

第二,动作使个体对外界的各种刺激和变化更加警觉,并使感官感知更加准确。I. 考夫曼、J. 吉布森、埃德尔曼等人的研究表明,正是婴儿的自发运动使他们有可能对大小、形状、深度、方向等形成准确的空间感知,个人可以从充满环境的无限量信息中自动提取有用和准确的信息,从而准确地感知。我们认为,尽管个人动作直接表现为肌肉、骨骼和关节的有规律和连续的弯曲和伸展,但它们也涉及视觉、听觉和触觉的感知。动作越高、越复杂、越完美,就越需要感官知觉和动作器官之间的协调与合作。因此,动作的锻炼也在一定程度上锻炼了感官知觉。此外,动作的实施往往会导致主体和客体之间的相对关系及其各自的状态不断变化,这可以客观地促进婴儿对外部信息保持敏感,并使婴儿不断丰富、正确地扩展对外部世界的感知。

第三,运动使婴儿的认知结构不断重组和重构。动作是婴儿认知结构的基石,这不仅意味着个人的心理源于动作,还表明个人的早期心理需要不断进化,才能继续发展。J. 皮亚杰(Piaget)、布鲁纳(J. Bruner)等人指出,主体对客体的行为是婴儿心理学的丰富来源和工具。我们认为,动作首先可以为个体提供认知经验,扩大其认知范围,使个体有更多机会从不断变化的事物外部表现中识别出恒定的特征,从而获得对事物本质的认识。不仅如此,动作还可以不断创造情境,让个人体验新的问题和挑战,并使个人在协调和组合原有动作的基础上,实现心理结构的突破和重建,形成新的、更复杂、灵活和有效的动作。由此可见,动作不仅可以促进个体认知结构的内涵得到丰富,还可以通过提供新的经验,造成原有认知结构与新的环境刺激之间的冲突和不和谐,为打破原有认知结构,促进其向新结构的转变提供了现实的可能性。

第四,动作改变了个人与物理和社会环境之间的互动模式,使个人从被动接受环境信息转变为主动获取各种经验。这不仅促进了个体自主性和独立性的发展,而且深刻影响了个体社会互动的特征,从而影响了个体情绪、社会感知、自我意识等。马勒等人认为,运动可以使婴儿对自我效能有新的认识,促进自我的分化和发展,促进家庭内情感沟通方法和系统的重组。在这项研究中,我们注意到,婴儿会爬行后,自主探索的范围扩大了,他们开始改变家中存在的近距离安全感,像母亲这样的成年人是依恋对象,身体接触是主要方式。此时,婴儿必须与母亲发展一种新的沟通方式,从而形成新的安全感。这导致了同龄爬行婴儿和非爬行婴儿在依恋、社会参考能力等方面的差异。

在上述分析中,我们讨论了动作在个体的早期心理发展中起着重要作用。但这并不意味着动作本身是最重要的。相反,我们认为,动作的重要作用可能更多地体现在它扩大了个人与其周围环境之间的交流范围,这使个人能够从多个角度和深入地探索周围的物质世界和社会环境,从而为个人带来许多新的体验,即经验的丰富和扩展是真正重要的因素。换言之,具有一定运动技能的个体和没有一定运动技能个体之间的心理发展差异并非源自特定的运动技能,而是源自这些运动技能带来的不同活动体验和与环境的互动。因为经验获取的方式相当广泛,而且在逻辑上,动作并不是心理发展的唯一方式,所以我们可以认为,对于没有一定动作技能的个人来说,如果他们能够通过其他方式获得与动作技能所带来的经验类似的经验,那么他们的心理方面也可以得到发展。换句话说,动作发展本身并不一定与心理发展的速度和水平一一对应。在缺乏合适环境的情况下,虽然动作本身可能会正常发展,但由于一些限制,很难给个人带来新的体验,此时它不能对个人的心理发展产生重大影响。

第七节　心理与人体动作发展的科研动态

动作表现成功的可能性前景预测,作为体育教师、教练员和物理治疗师,利用动作能力概念的另一种方式是根据动作执行者、学生或运动员现有的主导能力类型,预测他们未来的发展前景。在预测一个人未来的动作表现之前,需要考虑的一个重要因素是随着一个人训练过程和经历的改变,所引起他的能力类型的变化。对于初学者来说,在决定做什么动作之前掺杂着大量心理活动,如需要记住后续动作,想明白老师的指导,以及规则和战略等。随着他们经验的积累,动作执行者学习的重点,由开始学习动作任务时对"认知"部分和有效心理活动(由认知能力支持)的依赖,转移到更加重视动作的产生(由更加具有"动作"性质的能力支持)。在一个人的运动经历中,他可能在训练早期具有高水平的能力类型,使其有很好的初级水平动作技能表现,但我们很难知道他是否也具备在训练后期必要的高水平能力。因此,在实际教学或训练选材中,我们需要尽量多地给学生参与运动的机会,在尽量长的时期内让他们尽量多地展现和发挥他们的能力潜力,而后提出更科学的评价。

对体育教师、教练员和物理治疗师的要求和挑战是为每个不同的动作任务确定适宜的注意焦点。对于开放式动作技能的学习,体育教师、教练员和物理治疗师应该把动作执行者的注意焦点引导到重要的环境信息,然后激发必要的动作反应。体育教师、教练员和物理治疗师还可以鼓励动作执行者在不同时间把他们的注意焦点指向目标技能的不同方面。例如,指导高尔夫球运动员先把注意焦点集中在环境上(评估),以便决定下一次击球的动作条件(分析);其次把注意焦点转移到选择击球动作方式上;再次缩小注意焦点范围在头脑中形成击球的准确动作过程(心理演练);最后把注意焦点集中在球面接触球杆的打击位置上(执行)。通过帮助学生确认与动作有关的线索,然后鼓励动作执行者时刻把注意焦点指向最重要的相关信息,就能够有效培养动作执行者控制注意焦点的能力。通过练习,动作执行者就能够更加善于运用他们的注意能力,更加顺利地达到动作学习目标。

1923 年,Oseretsky 发表了 Oseretsky 动作熟练测验。该工具试图测量出儿童动作障碍的严重程度。最初的测验版本在结构上类似于比奈智力测验,提供一个动作年龄指标,类似于智力测验中的心理年龄。高水平的动作发展和动作迟滞是根据动作年龄和日历年龄的差异进行综合性判断。Oseretsky 将动作熟练水平划分为如下等级:若测验得分低于常模水平 1~1.5 岁之间,属于"轻度动作迟滞";若测验得分低于常模水平 1.5~3 岁之间,属于"中度动作迟滞";若测验得分低于常模水平 3~5 岁之间,属于"显著动作迟滞";若测验得分低于常模水平 5 岁或以上,属于"动作痴呆"。

Oseretsky 测验的最初结构包括:一般性静态协调、手的动态协调、一般性动态协调、动作速度和同时性自主运动。为了进一步拓展测验内容,后又增加了节奏能力、动作力量、动作程式的形成、心理定势速度、自动化动作、空间定向、神经支配与非神经支配的调节和自动化防御反应。

Borovikov 曾采用 Oseretsky 测验工具研究了言语缺陷儿童和听障儿童。他发现,这类儿童的总体动作熟练水平低于同龄儿童,但他们的动作熟练水平会随年龄的增长而增长。Kemal(1948)的研究表明,在正常儿童群体中,心理发展指标与 Oseretsky 测验显示的动作发展指标二者并无什么相关,然而,在心理发展落后的儿童群体中,动作能力与智商之间的相关高达 0.70。

Kopp(1943)采用 Oseretsky 测验发现,口吃患儿中有 50% 的人存在明显的动作障碍。具体而言,在测查的儿童群体中,2% 的儿童动作发展属于"良好",6% 的儿童属于"一般",20% 的儿童属于"轻度动作迟滞",26% 的儿童属于"严重动作迟滞",46% 的儿童属于"动作痴呆"。基于此,研究者认为动作障碍是导致口吃和其他相关言语问题的重要因素之一。

尽管 Oseretsky 测验在世界各地被广泛地使用,但该测验的效度和信度问题尚有待商榷。该测验最初包括了 85 个项目,施测时间过长。而且,由于该测验采用二分法记分,很难对诊断结果的意义进行深入的解释。在 Oseretsky 测验的施测和记分中,主要存在如下方法问题:通过言语指导和示范来帮助儿童反应,尝试次数缺乏明确指导,在不同项目记分上缺乏一致性,未能考虑性别差异。尽管存在上述种种不足,Oseretsky 测验作为最早诊断动作障碍的工具迄今仍具有重要的理论和实践意义。

Stott 在对 Gollnitz 和 Oseretsky 的测验进行修订的基础上,于 1966 年出版了一套动作障碍测验。Stott 的主要目的是开发出一项行之有效的研究工具,可对因神经失调导致的儿童动作障碍进行评价。在选择测验项目时,Stott 尽量减少那些干扰性变量,如先前学习、知觉敏锐性、认知能力和文化影响。Keogh(1968)的研究表明该测验具有较高的信度(0.71)和效度(0.85)。

【复习与思考】

1. 什么是婴儿期动作发展的里程碑?
2. 精细动作技能和粗大动作的技能的区别?
3. 婴儿运动发展的影响因素有哪些?
4. 如何避免不利因素对婴儿发育的影响?
5. 如何通过婴儿的反射活动来推测发育情况?
6. 你认为婴儿期各个分期的动作行为都有哪些联系?

课程思政元素:

认知主体、思想政治教育、社会实践、个体行为、社会主义核心价值观

课程思政举例:

思想政治教育认知的发展客观上存在着关键期,即**认知主体**在成长发展的整体历程中所经历的矛盾性心理特征的转折阶段以及由此带来的世界观、人生观和价值观初步奠基的时期。在"关键期"给个体施以适当的刺激,会促进大脑相应神经元之间联结的形成,进而影响大脑某些认知功能的发展。现有研究表明,个体道德意识形成的关键期为学龄期(6~12岁),自我意识发展的关键期为青少年阶段(12~18岁),个体成熟稳定的人生观和价值观形成则在青年期(18~35岁)。在这些关键阶段,思想政治教育为个体提供适宜的环境和学习条件,可以有效促进其政治认知能力、道德判断能力、社会观点采择能力、媒介认知能力等思想政治教育认知相关能力的充分发展。

马克思指出,"全部社会生活在本质上是实践的。凡是把理论引向神秘主义的神秘东西,都能在人的实践中以及对这个实践的理解中得到合理的解决。"人的思想是在社会实践中得以实现并不断丰富、发展的。社会心理学家比姆的自我知觉理论认为,人们必须借由观察自己外显的行为和行为发生的情境来推论自己的态度、情感和内部状态。个体的自我知觉会根据自己的行为认可并接纳这种态度为自己的态度。

在现实社会生活实践的参与中,只有**个体的行为实践内化为态度和体验**,才可使思想政治道德观念得以萌生、检验、调整和强化,并在情感和信念的作用下,进一步定型为稳固的思想政治道德观念。同时,与传统的观点认为认知封闭于大脑中枢神经系统的内在过程不同,在第二代认知科学即自身认知的观点看来,认知是自身的,人的认知活动依赖于由认知、身体和环境构成的有机整体。身体不仅是认知的载体和实现者,同时也是认知的生产者和塑造者,身体在场并与环境不断交互对认知的形成具有至关重要的作用。可见,**认知的发生是对实践的反映**,知识不再仅是外在于个体的被认知对象,而是在实践探索、体验与感悟的过程中与个体的身心。

思政融入体育课程的每个专项运动教育实践中,当然有个融入方法的研究提炼问题,但"态度"还是第一位的。唯有把融入过程,看作是为学生的发展服务,是为学生今后做人做事和未来职业生涯提供后劲支持,看作教师教书育人的分内事。

毛泽东在《体育之研究》一文中论述到:**"体育一道,配德育与智育,而德智皆寄于体。无体是无德智也。**体者,载知识之车而寓道德之舍也。""体育之效,至于强筋骨,因而增知识,因

而调感情，因而强意志。筋骨者，吾人之身；知识、感情、意志者，吾人之心。身心皆适，是谓俱泰。故夫体育非他，养乎吾生、乐乎吾心而已。""欲文明其精神，先自野蛮其体魄；苟野蛮其体魄矣，则文明之精神随之。"

"社会主义核心价值观，承载着一个民族、一个国家的精神追求，体现着一个社会评判是非曲直的价值标准。"体育教师要在体育课程教学过程中，结合体育教学、运动训练等各专业门类的规律和特点，将社会主义核心价值观的基本内涵、主要内容等有机、有意、有效地纳入整体教学布局和课程安排，做到体育专业教育和社会主义核心价值观教育相融共进，引导学生做新时代社会主义核心价值观的坚定信仰者、积极传播者、模范践行者。

第十三章　人体动作发展的测量

人体动作测量是对人体的身体形态发育水平、生理功能水平、身体素质和运动能力水平、心理发育水平、适应能力等内容的数量化过程，并对测量的信息进行分析和价值判断，并赋予一定意义解释的过程。体质测量与评价是一门应用学科。

第一节　概　述

人体动作发展过程离不开测量和评价。无论是对于生长发育的评估，还是运动能力的判断，以及体质健康的测试，都离不开测量这一重要的环节。

从以下两个方面对人体动作发展的测量内涵进行了介绍。

一、系统科学角度

人体动作发展的测量，从大的科学体系来看，横跨自然科学和社会科学两大门类。测量是一个数量化的过程，过程中需要各种客观准确的方法手段，因此需要掌握严谨的自然科学的态度。测量结果服务于个体和社会，反馈的信息提供的各种意见和建议又都属于社会科学的范畴内。

从系统科学角度看，人体动作发展的测量指借助一定的工具，结合现象赋值，来获取评价对象的数量，将一些可以测得的物理量和非物理量转换为数值或符号，进行资料汇集、信息收集的过程。评价是参照一定的规范标准和公平法则对研究对象的观测结果（测量数据或其他信息）进行整理、分析和判断，并赋予一定价值和意义的全过程。简言之，是对测量结果做出价值判断。测量是基础、是前提；评价是结果、是目的；反馈是调整、是控制。三者之间密切关系、不可分割，形成一个有机的整体。

二、信息科学的角度

人体动作发展的测量是信息搜集的主要方法之一。针对信息的收集整理发现，人体动作发展的测量意义关乎国民的体质健康，需要全社会的共同行动，通过宣传教育提高国民的健康体重观念，养成积极的健康生活方式，创造支持性环境，引导大众科学健身，通过全民健身增强人民体魄，保障健康生活。

为了研究不同活动方式对腰围变化的影响，哈佛大学进行了一次较大规模的调查实验，实验分析对比了 1996～2008 年的 12 年期间，10500 名健康美国男性的体力活动与腰围、体重的相关性。在排除了其他潜在的干扰因素后，研究结果发现：相比中度到剧烈的有氧运动，重量训练更能有效起到减轻体重和减小腰围的作用。

纵观 2000 年以来的监测数据，我国成年人和老年人超重肥胖率呈持续增长的趋势且增速过快。最初超重率快速增长，但肥胖率还处于较低的水平，第五次全国国民体质监测发现肥胖率的增速加快，乡村居民超重和肥胖的增速快于城镇人群。另外，又同时存在低体重在农村老年人、年轻女性中上升的苗头。从历次监测结果看，随着我国经济的快速发展，虽然我国成年人体质总体水平有所提高,但部分身体素质指标却出现下滑。其中,力量素质的持续下降是最突出的问题。

2019年第八次全国学生体质与健康调研工作中全国6~22岁学生体质健康达标优良率为23.8%,优良率较高的地区为东部经济发达和沿海地区。自2014年教育部颁布实施《国家学生体质健康标准》以来,我国学生体质健康达标优良率总体呈上升趋势,13~22岁年龄段学生优良率从2014年的14.8%上升到2019年的17.7%。13~15岁、16~18岁、19~22岁学生体质健康达标优良率分别上升5.1、1.8和0.2个百分点,初中生上升最为明显。

第二节　人体动作发展测量的科学性

在自然生长发育过程中,大多数人体比例都经过了一系列变化。人大约需要20年的时间,身高才能达到最大值。在身体成熟期,身体各种器官的长度、宽度和厚度都稳定地发生变化,随后身体到了一定年龄后,身体各组织开始老龄化,如椎间盘的扁平使身高变矮,以及肌肉力量和其他能力下降等现象。由于营养增加、食物丰富,传染病的控制,城市化,体育锻炼以及不同种族间通婚等,人体测量变量发生了变化。这些因素的作用结果通常需要很长一段时间(通常是几十年)才能观察出来,例如现在人口中的中老年人群比历史任何时期都要多。因此一些长期的工程项目如建筑、公共设施等在设计过程中要考虑到这些变化。

环境因素,如海拔、气候寒冷和大气压力等同样能够影响人体测量比例。例如暴露在低压下,人体的关节和四肢水肿。这又反过来降低人的活动能力和关节活动范围。空间或是高海拔的旅行同样将影响身体尺寸,例如宇宙旅行时,由于加速度和重力的影响可使脊柱长度增加。

那么,人体动作发展的测量过程中科学性的保障?

一、测量的基本概念

什么是测量?

测量:人们借助专门的工具,通过实验的方法,对某一客观事物取得数量观念的认识过程。

测验:为了某种测量目的所进行的一系列测量构成的系统。

测定:对固有的属性或特征用数字记载下来。

测试:指对不甚了解的属性或特征的测量,用数字确定。又称试验,是科研中常用的,编制新的测验前必须进行测试。

实验:在有控制的情景中,操纵自变量,然后观察因变量变化的过程,目的是考察变量间的因果关系。实验包括测验和测试。

观测:指亲自执行的观察、测量,常用于连续性测量中。

二、测量三要素

人体动作发展的过程中,我们一直保持一个想法,我们为什么要测量?我们怎么测量?测量的数据的意义是什么?

因此测量具有重要的属性。待测属性或特征、法则、数字符号。

例如,我们想要指导儿童肥胖的程度,我们可以选择通过测试儿童的皮褶厚度方法,严格按照规则,选择测试的部位,得到相应的测量数据,代入公式中,得出结果,数字结果能够间接反映出儿童的身体成分,也就是体内脂肪含量,从而分析出儿童的肥胖程度。

三、测量误差

测量误差是指与测量目的无关的变因产生效应,引起观测值和真值之间的差异(图 13 - 1)。

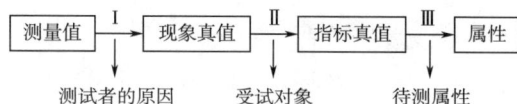

```
测量值 --Ⅰ--> 现象真值 --Ⅱ--> 指标真值 --Ⅲ--> 属性
         ↓              ↓              ↓
      测试者的原因     受试对象        待测属性
```

图 13 - 1　测量误差产生过程

(一)测量误差类型(表 13 - 1)

表 13 - 1　测量误差类型

分型依据	误差类型	定义
误差的产生源	基本误差	在标准使用条件下,测量仪器和方法本身具有的误差
	附加误差	在非标准条件下,测量仪器产生的误差
误差的表达形式	绝对误差	测量值与真实值之差
	相对误差	绝对误差与一个单位相同的参考值的比值,以百分数表示
误差的性质	系统误差	由于测量工具不准确,或因测试人员知识技术水平不同,致使测量结果呈倾向性偏大或偏小
	随机误差	误差分布呈正态,增加测量次数取均值可以减小随机误差
	过失误差	由于测试者的疏忽或不负责任造成的误差
	抽样误差	由样本的随机性引起的样本统计量与总体参数之间的差异

随机误差解决方案:测量条件高要求、科学测量、增加测量次数。系统误差解决方案:提高责任心、严格执行标准化测量、复测验收数据;抽样误差取决于样本数量、个体差异、抽样方法。

(二)测量误差的减小途径

(1)选择科学的测试方法,严格控制测量的条件。

(2)调整与控制好受试对象的身体机能和心理状态　大强度运动能力测试:适当做准备活动;定量负荷测验:通过休息,使心率达到安静水平,消除疲劳、疾病对测试的影响。

(3)测量的设计要科学、组织实施要规范。测试人员进行培训,合理分工;调试好仪器设备;提高测试人员责任心;加强测试现场的检查和指导。

(4)减小抽样及数据统计分析中的误差　进行人体测量时坚持随机抽样的原则,保证样本的质量。尽量增加样本量,提高样本对总体的代表性。测量数据统计分析,可对测量数据进行筛查和剔除可疑数据。

(5)合理选择测量次数及取值方法　测试 1 次,受试者需要承受极限生理负荷完成的测验;瞬时性、损伤性、操作难度大;测量误差小,可靠性比较高的测验。测试 2~3 次,持续时间短的大强度非极限负荷的最大能力测验。反复测试,负荷很小,测量结果波动大、敏感和易受干扰的测验。

四、测量的科学性

人体动作发展的测量如何科学？测量的科学性是由测量的可靠性、客观性和有效性来判断的(图13-2)。

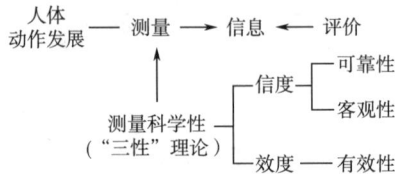

```
人体                 测量 ——→ 信息 ←—— 评价
动作发展 —— 测量 ——→ 信息 ←—— 评价
                                      ┌── 可靠性
                          信度 ──┼── 客观性
          测量科学性
          ("三性"理论)        效度 ──── 有效性
```

图13-2　人体动作发展测量的科学性

(一)测量的信度

测量的可靠性,在相同测量条件下,对同一受试者使用相同测量手段进行重复测量,测量结果的一致性程度。可靠性系数——r,r 的绝对值在 $0\sim1$ 之间,越接近 1 则可靠性越高。

测量的客观性(objectivity),评价者的可靠性。测量的客观性,不同测试者对同一受试对象同时测量,通过测量结果的一致性程度来衡量测试者误差的大小。客观系数,在 $0\sim1$ 之间,越接近于 1,说明测量的客观性越高,反之测量的客观性越低。

对于测量误差很小的测量数据和使用常规通用仪器进行的测量,没有必要计算信度。指标类型不同时,信度判断的标准和要求也应有所区别。对于社会学科没有评分标准的问卷调查结果,信度不能计算。在使用多种方法计算信度时,取最小值。

(二)测量的效度

测量有效性(效度)。测量结果(成绩)真实反映测量目的的程度。

效度系数 r:$-1\leqslant r\leqslant1$,绝对值越接近 1,效度越高,越接近 0,效度越低。

(三)测量三性之间的关系

测量三性,可靠性、客观性、有效性。从本质上来说,测量的三个科学性因衡量测量误差的要求而产生,都是用来衡量测量误差大小的指标;从意义上说,测量三性是统一的;从局部上来看,他们分别衡量三性的过程中误差大小,欲提高测量的科学性,三性都必须提高,三者缺一不可。

五、评价

评价:评定事物的价值,目的在于正确地解释事物现状,为改善现状和实现理想的目标而制定决策提供判断依据。

制定评价标准的要求？

(1)全面客观准确地反映群体的水平。

(2)较敏感地反映出个体的差异。

(3)评价的结果能做出定量描述。

(4)同性别不同年龄的评价标准具有连续性,便于动态分析。

(5)使用范围较广。

制定评价标准注意事项？

（1）要有足够的样本数量。

（2）要显示指标的特异性。

（3）要体现不同的权重。

（4）要反映性别、年龄特点、地区和种族的差异。

（5）要确定积极的评价观念。

（6）要定期修正，不断完善评价标准。

第三节 人体动作发展的测量指标

人体动作发展过程中的学习目标无外乎是提高人体的体质健康水平。体质健康这个目标又包含多个方面，不同人对其有不同的理解。

研究人体动作发展各阶段的指标的变化，更能有效提高体质健康的方向性，使人们在遗传潜力充分发挥的基础上，经过后天的努力，达到人体形态结构、生理功能、心理智力以及对内外环境适应能力全面发展的、相对良好的状态。

人体动作发展的测量指标主要包括身体形态指标、身体机能指标和身体素质及运动能力指标。

一、人体动作发展阶段中身体形态测量指标

身体形态，是指身体的概括性特征。身体形态测量是定量化研究人体外部特征的重要方法，测量获得的数据资料在许多专业领域中有着广泛的实用价值，是研究人体的生长发育规律、体质水平、营养状况和运动员选材的重要手段。

（一）身体形态测量指标

根据人体的测量点，找到相应的测量指标（表13-2）。

表13-2 人体形态测量

测量指标	描述
身高	从地面到头顶高，通常是自然伸直状态
眼高	从地面到内眼角的高度
肩高	从地面到肩峰高度
肘高	从地面到桡骨的高度
指节高度	从地面到中指的高度
坐高	坐立水平面到头顶
坐式时眼高	从坐立水平面到内眼角的高度
坐式时肩高	从坐立水平面到肩峰高度
坐式时肘高	从坐立水平面到肘的下方
大腿厚度	在坐立水平面上大腿软组织没有压缩的最高点间的最大厚度
臀部到膝盖的长度	水平面上没有压缩的臀部最高点到膝盖前方
臀部到腿窝的长度	从没有压缩的臀部的最高点到腿窝间距离（腿窝是大腿和小腿相交部位）
膝的高度	从地面到膝部上表面的垂直距离，通常是从地面到股四头肌

测量指标	描述
小腿 + 足高	从地面到腿窝的垂直距离
肩宽	两边三角肌间的宽度
臀宽	在座位置处穿过臀部最大距离（注意不是两边肩峰间的宽度）
胸宽	水平面胸部面的最远距离（注意不是前后胸厚）
腹部厚度	坐立时腹部平面前方的最大距离
两手展宽	双手用力向两边伸展时手指尖间的最大水平距离
头宽	双耳所在水平线上最大头骨宽度
头长	眉间到枕骨部间的距离
肩到肘长	标准站立姿势时，从肩峰到小指远侧端的距离
肘到指尖长	标准站立姿势时，从肘部到小指远侧端的距离
站立时最高抓住高度	站立姿势，当手臂垂直举过头顶充分握住上方圆柱形棒时，从地面到手握住处的距离
坐立时最高抓住高度	坐立姿势，当手臂垂直举过头顶充分握住上方圆柱形棒时，从地面到手握住处的距离
向前抓得最远距离（从肩向前）	坐立姿势，当手臂水平举起，手掌握住正前方的圆柱棒时，肩臂一侧到手握住处的距离

1. 体重

体重是人体横向发育指标，在一定程度上反映人体骨骼、肌肉、皮下脂肪及内脏器官综合发育水平。

体重的测量仪器：电子体重计或杠杆秤。不允许使用弹簧式体重计。体重计应放置在平坦的地面上。

体重测试方法：①测试前，应对体重计进行检验。灵敏度检验的方式是将备用的100g标准砝码加到体重秤上，如果显示屏上显示的读数增加了0.1kg，表示仪器灵敏度符合测试要求。准确度检验的方式是采用备用的10kg、20kg、30kg标准砝码分别进行称量，检验误差不得大于0.1kg；②测试时，男性受试者身着短裤，女性受试者身着短裤、短袖衫，赤足，自然站立在体重计中央，保持身体平稳；③测试人员读数时，以kg为单位，精确到小数点后一位。记录员复述后进行记录。使用电子体重计时，受试者按要求站立在体重计中央，3~5s后，显示屏显示体重数值，测试人员记录数值。

体重测试注意事项：测试前，受试者不得进行剧烈体育活动或体力劳动，不要大量饮水。杠杆秤每天都要按照要求进行校验，避免系统误差。

受试者没有站立在体重计中央，穿鞋站立于体重计上或持物品站立于体重计上，应纠正后再测。

2. 身高

身高为人体直立时头顶点至支撑面之间的垂直距离，反映人体骨骼发育状况、身体纵向发育水平的重要指标。

身高计是一种身高测试仪器。身高计应靠墙放置在平坦的地面上，立柱的刻度尺应面向光源。测试人员要检查立柱是否垂直，连接处是否紧密，有无松动，若发现问题要及时纠正。

测试前,应对机械身高计"0"点进行检验。常用方法是使用"标准钢尺"放置在身高计底板上,检验身高计刻度,最小刻度不得大于0.1cm,检验误差不得大于0.1cm。

身高测试方法:测试时,受试者赤足,背向立柱站立在身高计的底板上;躯干自然挺直,头部正直,两眼平视前方。保持耳屏上缘与眼眶下缘呈水平位。上肢自然下垂,两腿伸直,两足跟并拢,足尖分开约60°。足跟、骶骨部、两肩胛间与立柱相接触,呈"三点一线"站立姿势。读数时,测试人员双眼与水平压板水平面等高;记录员复述后进行记录。记录时,以cm为单位,精确到小数点后一位。

身高测试注意事项:测试前,受试者不得进行剧烈体育活动和体力劳动。测试人员读数完毕后,要将水平压板推回到安全高度,以防碰坏水平压板或碰伤受试者。

受试者头顶上的发辫、发结未放开,饰物未取下,应让其放开发辫、发结,取下饰物后再测。受试者头过低或过高,耳屏上缘与眼眶下缘未呈水平位;或足跟、骶骨部及两肩胛间未与立柱相接触;或穿鞋站立于身高计上,应纠正后再测。

3. 坐高

测量方法:受试者坐在坐高计的坐板上,骶骨部及两肩胛肩部靠立柱,躯干自然挺直,头部正直,两眼平视前方,呈耳眼水平位。两腿并拢,大腿与地面平行并与小腿呈直角。上肢自然下垂,双手不得支撑坐板。双足平踏在底面上。以cm为单位,精确到小数点后一位。

4. 头围

测量方法:将带尺上缘经眉间点绕至头后点。新生儿头围平均34cm,前半年增加8～10cm,后半年增加2～4cm,2岁时达48cm;第二年仅增加2cm,5岁时50cm,15岁时接近成人头围,为54～58cm。头围测量在2岁前最有价值,头围过大常见于脑积水和佝偻病后遗症,过小见于脑发育不全及小头畸形。

5. 胸围

将带尺上缘经背部肩胛骨下角下缘绕至胸前,测量时带状尺松紧度适宜,测量选择呼吸末端和吸气之前。胸围反映呼吸器官、胸部肌肉和脂肪发育情况的围度指标。

6. 腰围

最小腰围—腰部最细部位一周的围度。腰围反映腹部肌肉和脂肪的情况。测试者站在受试者的右侧或对面,将带状尺水平放在髂嵴上方3～4横指的位置(相当于腰部最细处)测量。

腰围是诊断中腹型肥胖的重要指标,并与多种慢性代谢性疾病密切相关。

男性≥85cm,女性≥80cm为肥胖。

7. 臀围

臀部向后最突出部位的水平围长。反映臀部肌肉和脂肪的情况。

8. 身体成分(皮褶厚度法)

用皮褶厚度计测量身体某些部位的皮褶厚度。受试者自然站立,暴露测试部位,选准测量点,用左手拇指、食指和中指将皮下脂肪捏起,右手持皮脂厚度计卡在捏起部位下方约1cm处,待指针停稳,立即读数并做记录,测量3次,取中间值或其中两次相同的值,单位mm,小数点后一位。

测量部位如下:

上臂部:肩峰与上臂鹰嘴连续的中点。皮褶走向与肱骨平行。

肩胛部:肩胛下角点约1cm处。皮褶走向与脊柱成45°,方向斜下。

腹部·脐水平线与锁骨中线垂线相交处。皮褶走向平行。

肩胛下区皮褶厚度男性为9.1~14.3mm,平均13.1mm;女性为9~12mm,平均11.5mm,如超过14mm可诊断肥胖。三角肌区男性为7.9~17.8mm,平均12.3mm;女性为13~25mm,平均为18.1mm,如男性超过23mm,女性超过30mm为肥胖。

全身均匀性肥胖者皮下脂肪的厚度与肥胖程度相关,测皮下脂肪的厚度在一定程度上反映身体脂肪的含量。

以皮褶厚度数值推测身体密度的公式很多,选择推测公式应考虑到受试者的年龄、性别、身体形态特点。这种测试方法简单实用,可了解体内脂肪分布,是监测运动员身体成分的常用方法。

第五次国民体质测试身体形态指标(幼儿和成年人)见表13-3和表13-4。

表13-3　第五次国民体质测试身体形态指标(幼儿)

性别	年龄组/岁	身体形态				
		身高/cm	体重/kg	坐高/cm	胸围/cm	体脂率/%
男	3	101.9	16.4	58.5	52.3	19.2
	4	108.0	18.4	61.4	54.1	18.7
	5	115.3	21.4	64.8	56.3	19.7
	6	119.6	23.1	66.7	58.1	19.2
女	3	100.9	15.8	57.9	51.2	23.0
	4	107.0	17.7	60.9	52.7	22.0
	5	114.1	20.2	64.3	54.6	22.1
	6	118.5	21.9	66.2	56.1	21.2

表13-4　第五次国民体质测试身体形态指标(成年)

性别	年龄组/岁	身体形态				
		身高/cm	体重/kg	坐高/cm	胸围/cm	体脂率/%
男	20~24	172.6	70.4	82.4	95.8	20.2
	25~29	172.1	72.8	85.3	97.2	22.5
	30~34	171.4	74.3	87.6	97.8	23.7
	35~39	170.4	74.0	88.5	97.7	23.9
	40~44	169.4	73.2	89.0	97.3	23.9
	45~49	168.7	72.5	89.3	97.1	23.9
	50~54	167.9	71.6	89.5	96.9	23.8
	55~59	167.5	71.0	89.8	97.0	23.8
女	20~24	160.6	55.7	72.8	91.4	24.9
	25~29	159.8	56.7	74.4	92.2	26.5
	30~34	159.1	58.0	76.5	93.2	28.1
	35~39	158.6	59.1	78.3	93.8	29.1

性别	年龄组/岁	身体形态				
		身高/cm	体重/kg	坐高/cm	胸围/cm	体脂率/%
女	40～44	158.0	59.7	79.3	94.3	29.9
	45～49	157.5	60.1	80.4	94.5	30.7
	50～54	157.2	60.8	82.2	94.9	31.6
	55～59	157.0	60.7	83.7	95.1	31.9

（二）身体形态测量结果的影响因素

1. 测量仪器

身体形态测量应使用精密度和灵敏度高的仪器。在大规模的群体测量中,更应如此,这样才能做到标准和规范。同时,在使用测量仪器前应严格检查和校正仪器。

2. 测量姿势和方法

在人体形态测量中,要严格规范受试者的姿势和测试人员的测量方法。测量过程中,对受试者姿势的细微变化与测试人员对测量部位的定点要给予高度的重视,任何疏忽都会对测量结果的准确性和可靠性产生影响。因此,测量方法必须做规范化的说明,且必须严格按照要求进行。

3. 测量时间

长时间测量会影响人体形态的测量结果。例如,在一天中,身高和体重变化最为明显。因此,测量身高在早晨或上午测量最好。另外,人体围度的变化,尤其是臂围、腿围和胸围,受运动因素的影响较大。运动后由于毛细血管充血,肌肉体积增大,其测量结果会大于安静时。若在运动后测量围度,应让受试者休息半小时左右。大规模的群体测量中需统一规定测量时间。

（三）身体形态测量的注意事项

1. 测试者应注意

测试者一般测量受试者的右侧肢体。

测量仪器应保持清洁,定期检验校准。

熟练掌握测试方法和测点。

测量仪器读数时,视线应垂直于测量仪器上的标度部分。

测量的计量单位和取值。

尽量减少误差。

2. 受试者应注意

身体测量时应保持标准的直立位姿势。

着装尽量减少。

测试前应排便。

（四）身体形态指标的评价

1. 身体质量指数（BMI 指数）

$$BMI = \frac{体重（kg）}{身高（cm）^2}$$

2001 年 6 月,我国将超重的 BMI 临界值定为 24,肥胖点定为 28。

世界卫生组织及苗，美国家为男性＞27，女性＞25 即诊断肥胖。

第五次国民体质监测报告显示，我国 20～59 岁成年人超重率高达 35%，肥胖率高达 14.6%，合并基本达到 50%，这也就意味着我国成年人中每 3 个成年人就有一个超重，每两个成年人就有一个超重肥胖。

虽然我国的肥胖率尚不及美国（美国人 1/3 超重、1/3 肥胖、只有 1/3 体型正常），但由于我国庞大的人口基数，我国毫无疑问是世界上超重肥胖人口最多的国家。

超重肥胖作为健康的重要独立危险因素，会引发胰岛素抵抗，并使包括心血管疾病、糖尿病、癌症在内的几乎所有慢性疾病的发病风险显著增加。

2020 年与 2014 年监测相比，我国成年人和老年人超重肥胖率继续增大，其中肥胖率的增长幅度明显加大。2020 年成年人超重率、肥胖率分别为 35.0% 和 14.6%，较 2014 年分别增长了 2.3 和 4.1 个百分点；2020 年老年人超重率、肥胖率分别为 41.7% 和 16.7%，较 2014 年分别增加了 0.1 个和 2.8 个百分点。成年人超重肥胖率的增长，以乡村人群超重肥胖率的快速增长为主要变化特点，且成年男性的城乡差异已不再明显，但进入老年期后，乡村老年人超重肥胖率迅速降低，城乡差异增大。纵观 2000 年以来国民体质监测数据，我国成年人和老年人超重肥胖率呈持续增长的趋势，但本次监测显示，肥胖率增长幅度明显增大，需引起注意。低体重人群在 30 岁前和 60 岁后均占有一定比例，特别是女性和乡村老年人。低体重也存在健康风险，需倡导健康体重。

BMI 的应用优缺点

优点：体重指数法是国际通用大样本测试身体成分的有效方法，简便实用，一般用来评估肥胖在不同人口的发生率。

缺点：BMI 不能评定体脂分布变化，如皮下脂肪或者腹部脂肪，另外由 BMI 所评定的超重和肥胖，未区分肌肉和脂肪组织，因此其不能用来代表身体脂肪含量。有研究人员指出，BMI 会漏诊近 4 成肥胖患者，特别是老年人因为身体肌肉质量的下降，BMI 值会偏低而漏诊。

2. 腰臀比

$$腰臀比 = \frac{腰围}{臀围}$$

腰围：一个重要的评价腹型肥胖的指标，腹型肥胖对于健康的危害更大，腹型肥胖非常容易引发胰岛素抵抗从而产生严重的代谢性问题，从某种意义上说，与 BMI 相比，腰围在预测健康风险方面更有价值。

中国居民腰围评价标准：男性不超过 85cm，女性不超过 80cm。如果超过，就是腹型肥胖。我国成年男性从 25 岁开始，平均腰围就已经超过 85cm，并且随着年龄增长呈现不断上升趋势。我国女性的腰围情况就要好得多，也就是说我国 50% 成年人超重肥胖在性别分布方面并不是均衡的，男性占比明显高于女性。

来自伊朗德黑兰医科大学的研究人员对腰围、臀围、大腿围、腰臀比等中心性肥胖指数与死亡风险间的相关性进行研究，发现中心性肥胖（腹部周围储存较多脂肪）与任何原因引起的早期死亡风险相关性均较高，而整体脂肪与其无关；相反，臀部和大腿脂肪偏多会降低全因死亡风险。腰围每增加 10cm，全因死亡风险便会增加 11%；而腰臀比每增加 0.1 个单位，死亡风险会增加 20%。这两种关联性在女性中表现的更强。大腿围增加 5cm 会使总死亡率风险降低 18%，而臀围增加 10cm 可降低 10% 风险。该关联在女性中较为显著，而在男性中无明显相关性。

在《欧洲心脏杂志》的相关研究中也证实了类似的结论,该研究选择了2683名50~79岁的BMI指数在正常范围内(18.5~25之间)的女性作为实验对象,经过了18年的追踪,结果发现,梨形身材、沙漏形身材的女性比苹果形身材的女性患心血管疾病的风险低91%。

德国糖尿病研究中心、蒂宾根大学医院(University Hospital of Tübingen)和波士顿儿童医院的Norbert Stefan教授在《柳叶刀—糖尿病及内分泌学》发表了一篇综述,详细阐述了不同脂肪分布表型与心血管代谢疾病风险的关系、影响脂肪分布的因素、改善体脂分布的方法等。研究指出,体重正常但臀部和大腿脂肪较多的梨形身材女性,心脏病、卒中和糖尿病的风险较低。因堆积在臀部和大腿的脂肪,属于皮下脂肪,有保护作用。而苹果型身材的脂肪则堆积在腹部,是内脏脂肪,容易向血液释放脂肪酸,会引起高胆固醇、胰岛素抵抗等疾病。

上海交通大学医学院附属新华医院内分泌科苏青教授和杨震教授课题组基于上海市9520人进行了细致的流行病学分析:粗腰细腿的苹果型身材人群患高血压风险最高,而细腰粗腿的梨形身材人群患高血压风险最低;大腿围与收缩压、舒张压、空腹血糖、总胆固醇水平均呈负相关,即大腿越粗,上述血压、血脂、血糖指标越低。

3. 体成分评价

常把体重划分为FM(体脂重,脂肪重)和FFM(去脂体重,瘦体重),即身体成分的生理二成分模型。身体成分又常以体脂百分比(体脂%)或FFM(kg)来表示。

体脂%是指体脂量占体重量的百分比。体脂越多,体脂%越高。肥胖者可以达到40%以上。

FFM和体脂的变化有年龄、性别、身材、种族和遗传等方面的差别。

青春期开始常伴有FFM的急剧增加,男孩的FFM增加更明显,而女孩的体脂增加较明显。成年女性体脂%较男性高,而其FFM仅为男性的2/3。进入成年后期,男女FFM平均值有轻度降低。研究表明,成年人FFM的波动小于体脂的变化,因此,成年人体重的波动主要是由于体脂的变动造成的。所有年龄段的FFM都与身高呈直线相关。东方人一般比白种人身材矮小,其体重也较轻,所以FFM也较低。身高和体重受遗传的影响,FFM、总体脂量和皮褶厚度同样也受遗传因素的影响。

二、人体动作发展阶段中身体机能测量指标

身体机能是指人的整体及其组成的各器官、系统所表现的生命活动。身体机能得到发展,可以使呼吸肌的力量增强,胸廓运动的幅度加大,从而改善呼吸机能。

男性在22岁以后,身体的肌肉、骨骼、心血管系统、生殖系统等各系统都已发育完善,进入成熟期和稳定期。这个时期,身体营养的重点已经从"发育成长"转为"提升健康"以及"预防疾病"上,而生活方式是男士健康非常密切的关联因素。

女性在35岁时骨质便达到最高密度,随后开始逐渐流失,如果未及时注意到这个问题,会很容易令骨骼内部变得单薄,造成中空疏松,无法承受体重或日常生活所造成的压力,容易骨折。围绝经期女性更会因为女性荷尔蒙的分泌减少,影响钙质吸收,令身体钙质流失速度加快。月经给女性带来了多方面的生理影响,如神经紧张、易怒、沮丧、失眠、头痛、恶心等。其中由于经期失血造成铁的丢失,尤其对健康的影响需要特别重视。据测算,育龄妇女平均每天丢失约1.5mg的铁。

针对人体动作发展过程中重要的身体机能的测量指标主要是心血管系统和呼吸系统的测量。

(一)心血管系统的测量

1. 安静心率的测量：动脉触诊法

测量仪器：秒表，误差每分钟不得超过0.2s。

测量部位：颈动脉、颞动脉、肱动脉、桡动脉，常用桡动脉。

测量方法：受试者静坐，右前臂平放在桌面上，掌心向上，测试人员坐在右侧，以食指、中指和无名指的触压受试者手腕桡动脉，测量脉搏。测量幼儿心率时，取平卧位，将听诊器的听诊头放置在心前区(左锁骨中线与第五类肋间隙交界处)。测量脉搏前应先确定受试者为安静状态，即以10s为单位，连续测量三个10s的脉搏，若其中两次测量值相同，并与那一次相差不超过一次时，即可认为受试者处于相对安静状态下，否则应适当休息，直至符合要求，然后测30s的脉搏，所得数值乘以2即为测量值，记录以次为单位。

影响心率的因素有：

(1)情绪　喜、怒、激动时脉搏明显加快。

(2)身体姿势。

(3)身体状况　疲劳或患病时，脉搏变化明显。

(4)环境　气温高或海拔高时，脉搏加快。

(5)饮食　如饭后脉搏加快。

(6)体力活动　如劳动、运动时脉搏加快。

(7)年龄、性别、时间等，一般地，儿童 > 少年 > 成年，老年脉搏加快，女性高于男性，清晨脉搏较慢。

2. 血压

血液在血管内流动时，对血管壁产生的侧压力。单位是mmHg(毫米水银柱)。

正常的血压值：收缩压90~139mmHg，舒张压60~89mmHg。

测量的血压一般是动脉血压，它反映心脏、血管的机能状态。因此，血压是检查、评定心血管机能的基本指标。

测量仪器：水银血压计或电子血压计、听诊器、袖带。

测量方法：受试者取坐位或仰卧位，露出上臂，袖口不可太紧，必要时脱袖，伸直肘部，手掌向上。测试者戴好听诊器，在肘窝内侧处摸到肱动脉搏动点，将听诊器胸件紧贴肱动脉处，不宜塞在袖带内，握住输气球向袖带内打气至肱动脉搏动音消失。从听诊器中听到第一声搏动音，即为收缩压，搏动音突然变弱或消失，此时汞柱所指刻度为舒张压。世界卫生组织统一规定，以动脉音消失为舒张压。

3. 哈佛(Harvard)台阶试验

最早的台阶试验是由美国哈佛大学研究设计的，称为哈佛台阶试验。台阶试验是评价人体心肺功能的一个非常重要的方法，该测试属于定量负荷试验，可以有效反映个体心血管系统机能。研究表明，心肺功能强的人在运动后3min恢复期内心跳频率更低。

测试仪器：电子台阶测试仪(含节拍器)；台阶高度：男子30cm；女子25cm(国民体质测量与评价标准)。

测试方法：①测试者在台阶前面站立，以节拍器发出的频率做上、下台阶运动。如此连续做 3min；②运动结束后，测试者迅速在椅子上静坐，把测试仪的指脉夹夹在测试者中指前方，测试仪器将对测试者 3 次脉搏数进行自动采集；对脉搏进行人工采集时，分别测量并记录运动后 60～90s、120～150s、180～210s 3 个恢复期的心率；③如果测试者无法坚持做完运动，或在测试中连续 3 次都跟不上频率，测试人员应即刻对测试者的运动进行阻止，然后用同样的方法测取测试者三次脉搏数，然后在卡上记录。

台阶实验测试公式

计算方法：

$$台阶指数 = \frac{运动持续时间（s）}{（3 次测量脉搏数之和）} \times 100$$

4. 肺活量

肺活量是指人在尽最大努力吸气后，再尽最大努力呼气所能呼出的气体量，是反映学生肺容积和通气功能的常用指标。它的大小与年龄、性别、身高、体重、胸围及体育锻炼程度有关。

肺活量测试采用肺活量计进行。应放在平稳的桌面或专用支架上。使用前，用标准气体容量测试器进行肺活量计的检验。测试应在通风良好的房间内进行。

测试方法：使用电子肺活量计时，测试人员打开电源开关，待显示屏上的闪烁信号定格在"0"时，表明肺活量计进入了工作状态。测试前，测试人员首先要将口嘴装在文式管的进气口上，交给受试者；向受试者讲解测试要领，嘱其不必紧张。测试时，受试者呈自然站立位，手握文式管手柄，使导压软管在文式管上方，头部略向后仰，尽力深吸气直到不能吸气为止。然后，将嘴对准口嘴缓慢地呼气，直到不能呼气为止。此时，显示屏上显示的数值即为肺活量值。测试 2 次，测试人员记录最大值，以 mL 为单位，不保留小数。2 次测试间隔时间不超过 15s。

注意事项：肺活量计计量部位的通畅和干燥是仪器准确的关键，导压软管必须在文式管上方，以免唾液等杂物堵住通气道。每测试 10 人及测试完毕后，要用干棉球及时清洁通气管内部。受试者测试时，导压管朝下或手堵住了出气口，应纠正再测。

第八次全国学生体质与健康调研，学生肺活量水平全面上升。肺活量显示人的心肺功能，肺活量大的儿童，身体供氧能力更强。近 10 年来，全国学生肺活量持续增加，初中生增长最为明显。

与 2014 年相比，2019 年全国 7～9 岁、10～12 岁、13～15 岁、16～18 岁、19～22 岁男生肺活量分别增加 82.5mL、153.6mL、209.7mL、161.2mL 和 92.3mL，各年龄段女生的肺活量分别增加 105.3mL、166.0mL、187.2mL、147.0mL 和 102.2mL。

5. 最大摄氧量

最大摄氧量的定义是人体在进行有大量肌肉群参加的长时间剧烈运动中，当心肺功能和肌肉利用氧的能力达到本人的极限力竭水平时，每分钟所能摄取的氧量就称为最大摄氧量（maximal oxygen uptake，$VO_2 max$），它是评价心肺耐力的金标准指标。在高强度或长时间的运动中，肌肉需要充足的氧气和其他营养物质才能正常工作。如果肌肉得不到足够的营养，就会导致疲劳。一个人的心肺耐力水平可以直接影响他们的身体表现。

最大摄氧量一直以来都是评价心肺耐力的最佳指标，而心肺耐力对于健康的重要性在近几年又得到高度重视，2016 年美国心脏病协会把心肺耐力认定为呼吸、体温、脉搏、血压之外的第五大生命体征。

研究证明心肺耐力较低人群患心血管疾病、癌症、糖尿病的风险较高，同时更容易早亡。

心肺耐力是一个更加敏感、更有预测价值的健康风险预测指标，哪怕你目前血压、血糖、血脂都是正常的,但你不运动,心肺耐力较差,那么未来发展成慢性疾病的风险还是很大。

在2020年第五次国民体质监测中,对于这个方法做了重大改进,这次采用了名为功率车二级负荷试验的心肺耐力测试方法,即让受试者在功率车上完成2级运动负荷,通过评估做功和心率来评价心肺耐力,最终得到的指标是最大摄氧量。

国民体质监测所进行的功率车二级负荷试验虽然不是一个力竭性测试,但通过次极限负荷测试借助数学模型也可以推算得到最大摄氧量,这也是国际上测试大样本人群心肺耐力的通行做法,毕竟采用昂贵的心肺测试仪,开展费时费力,尽管最大摄氧量直接测试的结果可能更准确,却不适合大样本人群普查。

第五次国民体质监测将最大摄氧量纳入体质指标体系,无疑是重大进步,也便于与国际接轨,同时也能够借助大样本人群数据,建立中国人群最大摄氧量评价标准(表13-5)。

从公布的结果来看,男性最大摄氧量在20~24岁达到峰值44.1mL/(kg·min),然后随着年龄增长逐步下降,到55~59岁下降至33.6。

女性则是在20~24岁达到峰值39.2mL/(kg·min),到55~59岁下降至29.5,符合最大摄氧量随年龄增长逐步下降的一般规律。

跑者的最大摄氧量肯定是要明显优于普通大众。

表13-5 第五次国民体质测试身体机能指标(成年)

性别	年龄组/岁	身体机能	
		肺活量/mL	心肺耐力测试值/$(mL \cdot kg^{-1} \cdot min^{-1})$
男	20~24	3751	44.1
	25~29	3729	42.5
	30~34	3607	41.5
	35~39	3467	41.3
	40~44	3322	40.1
	45~49	3182	39.5
	50~54	3009	34.1
	55~59	2845	33.6
女	20~24	2557	39.2
	25~29	2528	38.3
	30~34	2470	37.4
	35~39	2405	36.5
	40~44	2313	34.1
	45~49	2215	33.4
	50~54	2124	29.8
	55~59	2018	29.5

三、人体动作发展阶段中身体素质及运动能力测量指标

身体素质也称身体适应性,是指人体在运动过程中所表现出的力量、速度、耐力、柔韧、灵

敏、协调及平衡等机能能力的总称,是人体各器官系统机能在肌肉工作中的综合反映。

运动能力是指人体运动中掌握并有效地完成专门动作的能力,这种能力主要体现在大脑皮质主导下不同肌肉的协调性。

身体素质是基础,运动能力是身体素质在专门动作上的综合体现。这两个属性对于人体动作发展的测量都非常重要。

(一)速度素质

速度素质,是指人体进行快速运动的一种能力。

1.50m 跑

50m 跑,有效的反映学生移动速度、反应速度、灵敏素质及神经系统灵活性,是评价学生速度素质的常用指标。其成绩与体育锻炼程度有关。

场地:平坦地面,地质不限,长 50m,跑道宽 1.22m,终点要有 10m 的缓冲距离。

器材:发令旗、口哨、秒表(一道一块)。

测试方法:受试者至少 2 人一组,采用站立式起跑;当听到起跑信号后,立即起跑,全力跑向终点线。发令员站在起点线的侧面,在发出起跑信号的同时,挥动发令旗。计时员位于终点线的侧面,视发令旗挥动的同时,开表计时;当受试者胸部到达终点线的垂直面时停表。测试次数:1 次,记录单位:"s",保留小数点后 1 位。小数点后第 2 位数,按非"0"进"1"的原则进位。

注意事项:测试前,受试者需做充分的准备活动,受试者应穿运动鞋或胶鞋,不能穿钉鞋、皮鞋、凉鞋参加测试;测试时,如遇风,一律顺风跑。

2.选择反应时

选择反应时是反映人体神经与肌肉系统的协调性和快速反应能力的重要生理指标。反应时越短,说明机体对刺激发生反应越快。中老年人随着年龄的增长,反应速度呈下降的趋势。因此,反应时也是衡量衰老程度的一个指标。

场地器材:电子反应时测试仪。

测试方法:测试人员打开电源开关,显示屏上显示出"FYS"字样,表明测试仪进入工作状态。开始测试时,受试者五指并拢伸直,用中指远节按住"启动"键,当任意一个"信号"键发出信号时(声、光同时发出),用同一只手以最快速度按向该"信号"键;然后,再次按住"启动"键,等待下一个信号的发出,每次测试须完成五个信号的应答。当所有"信号"键都同时发出声、光信号时,表示测试结束,显示屏上显示测试值。测试 2 次,记录最小值,精确到小数点后2 位。

(二)力量素质

力量素质是指肌肉工作时克服内外阻力的能力。研究发现,年过 20 岁的人,每 10 年就要流失 2.25 ~3kg 的肌肉,预防肌肉流失的最佳方法就是进行肌力锻炼。

肌力训练研究表明,受试者在进行了为期 3 个月的肌力训练后能有效减掉脂肪,这一成绩还是在他们每日热量摄入增加 15% 的情况下取得的。由此可见,力量训练对于塑肌减肥是何等重要。

美国运动医学院(ACSM)专家认为:力量练习正是老年人(即使年龄很大或身体十分虚弱)所需要的运动项目,因为这种运动能够有效防止肌肉流失以及肌力衰退。健身专家指出,对于老年人而言,肌力练习结合有氧锻炼有助于减缓或防止因年龄增长而引起的许多功能衰退。大量的研究表明,经常手持哑铃或其他类型的力量训练器械进行一番运动,能够反馈给身体诸多好处:①防止肌肉流失;②改善肌肉功能,增强关节灵活性;③增加骨密度;④降脂减肥;⑤降低血压;⑥防治腰痛症;⑦防治关节炎;⑧治疗慢性疾病;⑨增强自信心;⑩提高办事效率。

需要强调的是,老年人在从事肌力训练时,每星期做 2~3 次即可。不过,在进行运动前,最好还是先征询医生的意见,看一看自己的健康状况是否适合这项运动,并且力量练习的强度一定要适合自己的体力状况并遵循循序渐进的锻炼原则。

1. 握力

握力主要反映前臂及手部屈肌群的静力力量,是上肢力量的常用指标之一。

测量仪器:指针握力计或电子握力计。

测试前,受试者用有力手握住握力计内外握柄,另一只手转动握距调整轮,调到适宜的用力握距,准备测试。测试人员打开电源开关,显示屏上出现闪烁信号,最后定格在"0"数值上,表明握力计进入工作状态。测试时,受试者身体直立,两脚自然分开,与肩同宽,两臂斜下垂,掌心向内,用最大力紧握内外握柄。

测试 2 次,测试人员记录最大值,以千克为单位,精确到小数点后一位。

注意事项:测试时,禁止摆臂、下蹲或将握力计接触身体。如果受试者不能确定有力手,左右手各测试 2 次,记录最大值。每次测试前,须按"按键"清空回零。

2. 背力

背力是躯干伸肌的力量。但测量背肌力时,也涉及下肢伸肌、手指屈肌以及上臂伸肌等的力量。

背肌力在一定意义上也反映全身肌力,是体质测定的有效指标。

测量仪器:电子背力计或背肌拉力计。

测试方法:打开电源开关,按"按键",显示屏上出现闪烁信号,最后定格在"0"数值上,表明背力计进入工作状态。受试者两脚尖分开约 15cm,直立在背力计的底盘上,两臂和两手伸直下垂于同侧大腿的前面。测试人员将背力计握柄与受试者两手指尖接触,背力计握柄至底盘传感器挂钩的距离即为背力计拉链的长度。测试时,受试者两臂伸直,掌心向内紧握握柄,两腿伸直,上体绷直抬头,尽全力做背伸动作。

测试 2 次,测试人员记录最大值,以 kg 为单位,不计小数。

注意事项:测试前,受试者应做好准备活动。测试时,受试者不能屈肘、屈膝。每次测试前,须按"按键"清空回零。

3. 立定跳远

立定跳远是反映学生下肢爆发力及身体协调能力的常用指标,其成绩与体育锻炼程度有关。

场地:沙坑或土质松软的平坦地面上进行测试。起跳地面要平坦,不得有凹陷,起跳线至沙坑近端距离不得小于 30cm。

器材:量尺,标志带。

测试方法:受试者两脚自然分开,站在起跳线后,双脚原地同时起跳。丈量起跳线后缘至最近着地点后缘之间的垂直距离。测试 3 次,记录最好成绩,以 cm 为单位。

注意事项:受试者起跳前两脚尖触线、过线或起跳时有垫跳、助跑、连跳等动作,应判犯规,须重跳。测试前,受试者需做充分的准备活动。发现犯规时,此次成绩无效,3 次均无成绩者,须再跳,直至取得成绩为止。可以赤足,但不得穿钉鞋、皮鞋、凉鞋参加测试。

4. 纵跳

通过纵跳的高度反映下肢的爆发力。

测量仪器:电子纵跳计。

测试方法:测试人员打开电源开关,按"按键"后,显示屏上出现闪烁信号,蜂鸣器发出声响,表明纵跳计进入工作状态。受试者踏上纵跳板,双足自然分开,呈直立姿势,准备测试。当看到显示屏上显示出"0.0"时,开始测试。

受试者屈膝半蹲,双臂尽力后摆,然后向前上方快速摆臂,双腿同时发力,尽力垂直向上跳起。当受试者落回纵跳板后,显示屏上显示出测试值。

测试 2 次,测试人员记录最大值,以 cm 为单位,精确到小数点后 1 位。

注意事项:起跳时,受试者双腿不能移动或有垫步动作。每次测试前要等显示屏显示"0.0"。起跳后至落地前,受试者不能出现屈髋、屈膝等动作。如果受试者没有落回到纵跳板上,测试失败,须重新测试。每次测试前,须待仪器自动清空回零或按"按键"清空回零。

(三)耐力素质

耐力素质是指人体在长时间进行工作或运动中克服疲劳的能力。反映人体健康水平或体质强弱的一个重要标志。影响耐力素质的因素有中枢神经系统的功能、个性心理特征、最大吸氧量、有机体的能量储备与供能能力、有机体的机能节省化,以及肌红纤维数量等。

1. 俯卧撑

俯卧撑测量肩臂的力量。可在室内外的地板、平地或垫子上进行。

测量方法:受试者用双手和双脚尖撑地,手指向前,双手与肩同宽,两臂伸直,身体保持直,呈俯撑姿势。然后双臂弯曲,身体下落,直到胸部接近地面,肘部成 90°,身体仍保持平直,呈卧撑姿势。再将双臂伸直,还原成俯撑姿势,至此算完成一次俯卧撑动作。记录正确完成动作的次数。

注意事项:下落和上推时不得弓背或塌腹。

美国医学会杂志(the journal of the american medical association,JAMA)2019 年发表了一篇哈佛大学医学院的重要研究,证实了俯卧撑力量与未来发生心血管疾病的风险存在明显的负相关。俯卧撑做的数量越多,未来发生高血压、冠心病、猝死等心血管疾病的概率显著降低,反之则越容易发生心血管疾病。

心血管疾病无论是在中国、还是美国以及全球范围内,都是死亡率和患病率排名前一二位的疾病。这项研究对于 1104 名男性进行了长达 10 年的队列跟踪研究,这些男性在 2000 年时加入了本研究,那时测试了他们的俯卧撑数量,并且他们都身体健康,10 年过去后到了 2010 年,有的人发生了各种心血管疾病甚至引发了死亡。

科学家们就可以研究俯卧撑数量与未来发生心血管疾病之间的关联,从而评价俯卧撑是否可以很好地预测健康。结果显示,与完成不到 10 次俯卧撑的人相比,能完成超过 40 次俯卧撑的人发生心血管疾病事件的风险明显降低。最大摄氧量最好的人和最差的人相比,其心血管疾病降低风险还不如力量素质来得更显著。这说明俯卧撑所代表的上肢以及全身力量,可以很好地评估健康,特别是预测未来发生心血管疾病的风险。

2. 引体向上

引体向上是反映学生上肢肌肉力量和耐力的常用指标,其成绩与体育锻炼程度有关。

器材.高单杠或高横杠。

测试方法:受试者面向单杠,自然站立;然后跃起伸手握杠,双手分开与肩同宽,身体呈直臂悬垂姿势。待身体停止晃动后,两臂同时用力,向上引体;引体时,身体不得有任何附加动作。当下颌超过横杠上缘时,还原成直臂悬垂姿势,为完成1次。

注意事项:受试者反手握单杠,应纠正。下颌达不到横杠上缘,或引体时身体有摆动、屈膝、挺腹等动作,该次不计数,立即纠正,继续测试。测试前,受试者需做充分的准备活动;受试者向上引体时,两次引体向上的间隔时间超过10秒即终止测试;若受试者身高较矮,不能自己跳起握杆时,测试人员可以提供帮助。测试时,应有相应的保护措施,防止伤害事故的发生。

3. 跳绳

跳绳是一项人体在环摆的绳索中做各种跳跃动作的运动项目,能有效地综合反映学生身体的灵敏性、协调性、动作节奏感,以及下肢肌肉力量与心肺功能等,其成绩与学生参加体育锻炼的程度有关。

器材:秒表、发令哨、长度不等的跳绳

场地:应在平坦、整洁的场地上进行。

测试方法:测试前,受试者将绳的长短调至适宜长度,双腿并拢,呈自然站立。测试时,2人一组,其中,1名为受试者,1名为计数员。当听到开始信号时,受试者采用前脚掌起跳,同时,手腕完成弧形摆动,身体以"正摇双脚跳"的方式完成循环跳跃运动。受试者每跳跃1次且摇绳1周,计数员计为1次。当受试者听到结束信号时,停止跳跃运动;同时,计数员停止计数。计数员大声报数,并记录。

注意事项:受试者采用正摇单脚跳、双腿交替跳或行进跳等方式跳跃,该次不计数,立即纠正,继续测试。测试前,受试者需做充分的准备活动;受试者应穿运动鞋或胶鞋,不能穿钉鞋、皮鞋、凉鞋参加测试;跳绳应软硬、粗细适中,避免对学生造成伤害。测试过程中若跳绳绊脚,则该次不计数,但可以继续进行测试。

4. 2min 原地高抬腿测试

这项测试也是参考了国际上常用的 SFT 老年体质测试(senior fitness test)中的指标 2min 踏步测试来进行评估的,这一项在保证安全的情况下,自己在家也是可以测试的。

仪器:准备秒表(或计时器)、卷尺和美纹纸胶带。

测试方法:为了确定抬腿高度,用美纹纸胶带来标记受测者髌骨和髂嵴之间的中点(髌骨前面突出的点),参与者可以从髌骨和髋骨的中间拉一条绳子,然后将身子折叠过来即得中点。

将美纹纸胶带移动到墙上或者过道中,以此作为指导,确定正确抬腿高度。

开始测试时,受测者原地高抬腿,两膝关节都得抬到正确的高度。

得分就是 2min 时间内完成的完整抬腿次数(只计数右膝盖达到目标高度的次数)。

注意事项:测试前受测者需进行适当的热身活动(如拉伸肌肉以增加关节活动度等)。在测试过程中,不需要重踏地板,以避免膝盖疼痛。受测者如果有过度劳累的迹象,或者出现头晕、目眩、胸闷、恶心等不良反应,应立即停止测试。

如果受测者无法将膝盖抬到正确的高度,或者仅是一侧能抬到正确的高度,那么可以停下休息,然后开始,直至 2min 的时间结束。测试结束后,受测者要慢慢地走一会来放松。

影响耐力的因素?

（1）肌肉力量的大小　力量大的人重复的次数较多。

（2）大脑皮质神经过程的强度及其对频繁刺激的耐受能力　是影响耐力的重要因素,在周期性运动项目中尤为明显。

（3）心血管和呼吸系统的机能水平　即有氧与无氧代谢水平,对一般耐力和速度耐力有很大影响。

（4）体型　一般以中胚叶成分和外胚叶成分为主的匀称体型较以内胚叶成分为主的体型耐力要好。体重过重或肥胖都会影响耐力。

（5）性别和年龄差异　生长发育时期,耐力随年龄增长而逐年提高。男性20岁左右,女性18岁左右基本达到最高水平。以后增长缓慢以至逐年下降。男性耐力要比女性好,女性的力量耐力更差。

（6）技术动作　正确合理的技术动作,可以节省能量消耗,从而提高耐力。

（7）体育锻炼　可以提高人的耐力水平。

（四）柔韧素质

柔韧素质是指人体关节活动幅度的大小以及跨过关节的韧带、肌腱、肌肉、皮肤及其他组织的弹性和伸展能力。影响柔韧素质的因素有骨关节结构、跨过关节的肌肉、肌腱、韧带、神经过程的灵活性、肌肉的温度,以及年龄、性别等。

【坐位体前屈】

坐位体前屈是指人体在相对静止状态下,躯干、髋、膝等关节可能达到的最大活动幅度,是有效反映学生关节灵活性以及韧带和肌肉的伸展性与弹性的常用指标。其成绩与学生参加体育锻炼程度有关。

坐位体前屈采用坐位体前屈测试仪与软垫进行测试。

测试前,应将坐位体前屈测试仪与软垫放置在平坦的地面上。

测试方法:使用电子测试仪时,测试人员打开电源开关。将游标推到导轨的近侧端,当显示屏上显示出"–20.0cm"或以下数值时,表明该仪器进入工作状态。受试者面向仪器,坐在软垫上,两腿向前伸直;两足跟并拢,蹬在测试仪的挡板上,脚尖自然分开。测试时,受试者双手并拢,掌心向下平伸,膝关节伸直,身体前屈,用双手中指指尖匀速推动游标平滑前行,直到不能推动为止。

记录时,游标超过"0"点,记录为正值;游标未超过"0"点,记录为负值。

受试者共测试2次,测试人员记录最大值,以厘米为单位,精确到小数点后1位。

注意事项:受试者单手向前或双臂突然发力向前推动游标;身体前屈时,受试者膝关节弯曲或足跟与挡板分离,应纠正,并重测。测试前,受试者需做充分的准备活动。每次测试前,测试人员都要将游标推到导轨近端位置。测试人员要正确记录受试者测试数值前的"–"号。

柔韧性测量的注意事项:①测验前应做好准备活动。测验时动作勿过大、过猛,以免拉伤;同时应由一同伴保护和协助其完成测验;②受试者在测验中应与测试者配合,当身体处于最大伸展部位时,要尽量稳定一定时间,以便测量。测试者动作要快速、准确;③评价时,注意有些观测值越大越好,而有些则是越小越好。

（五）灵敏素质

灵敏素质是指人体在各种突然变换的条件下,快速、协调、敏捷、准确地完成动作的能力。它是人的运动技能、神经反应和各种身体素质的综合表现。影响灵敏素质的因素有大脑皮质神经过程的灵活性、本体感受器与前庭分析器的机能、情绪、疲劳程度、体形及其年龄、性别等。

1. 15m 绕障碍跑

幼儿至少 2 人一组,两腿前后分开,站立在起跑线后;当听到起跑信号后立即起跑,依次绕过障碍杆,直奔目标线。

2. 5－10－5 测试

5－10－5 测试是最常见的灵敏测试之一,又称 Pro-灵敏测试或 20 码往返跑。

测试的可靠性:0.91

在美国,不仅很多高校运动队,还包括美式足球联盟(NFL)都使用 5－10－5 测试对运动员进行灵敏能力的评估。它也是体育科学以及体育学中对于灵敏的实验室评估手段。该项测试非常适合那些需要短距离加速及变向的运动项目,如篮球、棒球、垒球、足球、排球以及美式橄榄球等。

与速度测试一样,测试时要求受试者尽力快速完成全程。受试者测试的次数控制在 3 次以下,以减少疲劳带来的影响。

测试方法:受试者采用骑跨的方式面向前方立于中线。可以通过倒计时的方式提醒受试者起动。如果使用电子测试设备,可以用电子设备设置倒计时。此外,也可以使用受试者起动、电子测试设备自动激活的方式。受试者首先向左跑 5 码;之后变向并右跑 10 码,再变向跑 5 码。运动员每次变向脚都要触到标志线。

每位受试者可以进行 2~3 次测试,但两次测试之间需要安排 3~5min 的休息,从而保证受试者充分恢复。在起点和终点安排测试工作人员。本测试的起点和终点在同一条目标线上。如果使用秒表计时,计时员应在受试者第一个动作后开始计时。计时的单位一般为0.01s。与电子计时相比,手计时的成绩往往更快。因此,进行多次测试时,测试员要注意测试方法要统一。受试者可以根据专项来调整测试方式,如橄榄球队员手持橄榄球进行测试,或采用 3 点或 4 点式起跑方式等,但并不是所有的方式都有测试标准。

灵敏性测量的注意事项:应根据受试者的年龄、性别,不同受试对象应选择适宜灵敏性测量。严格控制测试条件,如测试时间、完成次数等。测量前,应做好准备活动,并按照测试要求指导受试者进行必要的练习。

(六)身体素质指标评价

与 2014 年监测相比,2020 年男性幼儿的身高、坐高、体重、胸围、走平衡木平均水平有所提升,变化幅度在 0.1%~11.8% 之间;双脚连续跳、坐位体前屈、立定跳远平均水平有所下降,变化幅度在 1.3%~6.6% 之间(图 13－3)。

与 2014 年监测相比,2020 年女性幼儿的身高、坐高、体重、胸围、走平衡木平均水平有所提升,变化幅度在 0.2%~14.2% 之间;双脚连续跳、坐位体前屈、立定跳远平均水平有所下降,变化幅度在 1.6%~5.3% 之间(图 13－4)。

第五次国民体质监测报告,各项体能指标男性下滑明显,女性持续向好,右边正值代表相比 2014 年增加,左边负值则代表相比 2014 年下降。从男性各指标来看(图 13－5),体重、腰围、臀围和纵跳增加了,其中除了纵跳增加是好的,其他增加反而是不好的,说明过去几年,我国成年人明显长胖了。

俯卧撑、坐位体前屈、握力、背力、选择反应时、肺活量均呈现下降趋势,尤其是俯卧撑、坐位体前屈、握力、背力下降十分明显,俯卧撑和坐位体前屈降幅高达 10%;这说明我国成年男性整体缺乏锻炼,导致体能素质退化明显,当然这也跟我国男性超重肥胖增长迅速有关,胖了之后运动素质自然退化。

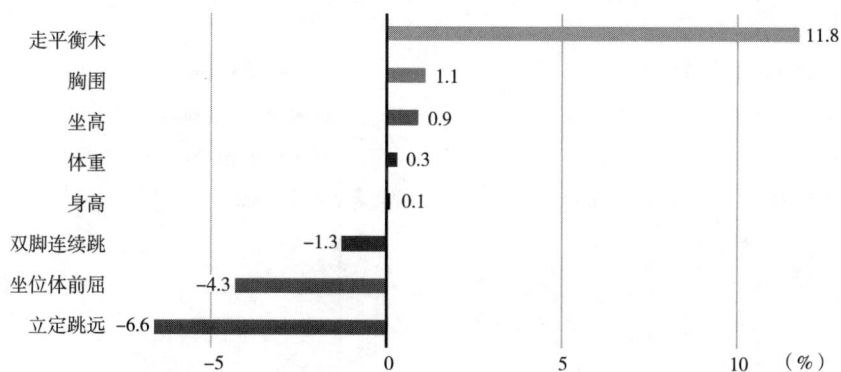

走平衡木 11.8
胸围 1.1
坐高 0.9
体重 0.3
身高 0.1
双脚连续跳 −1.3
坐位体前屈 −4.3
立定跳远 −6.6

图13−3 幼儿各项指标的变化(男孩)

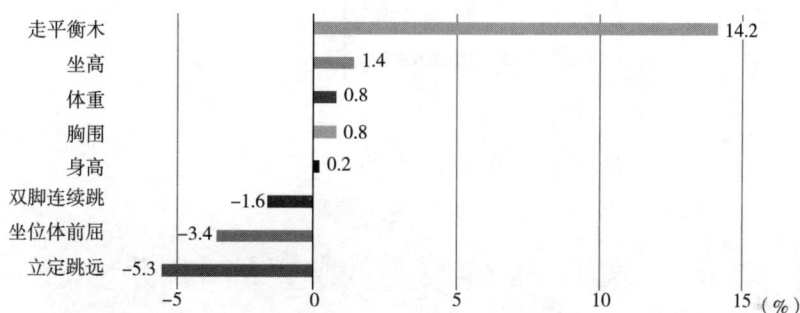

走平衡木 14.2
坐高 1.4
体重 0.8
胸围 0.8
身高 0.2
双脚连续跳 −1.6
坐位体前屈 −3.4
立定跳远 −5.3

图13−4 幼儿各项指标的变化(女孩)

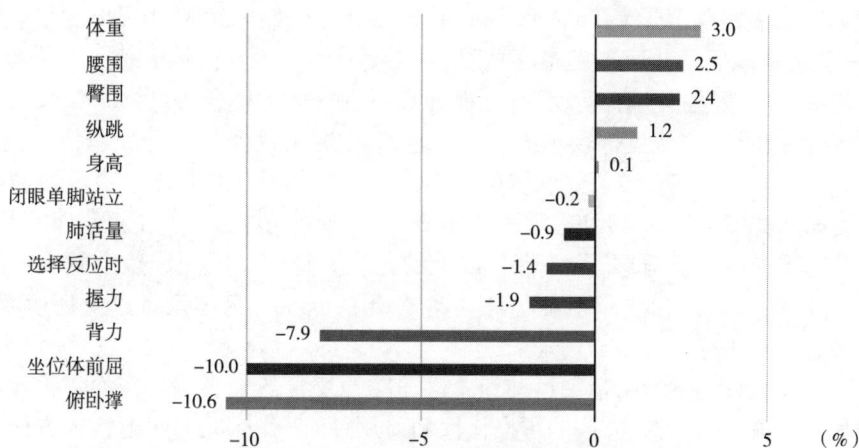

体重 3.0
腰围 2.5
臀围 2.4
纵跳 1.2
身高 0.1
闭眼单脚站立 −0.2
肺活量 −0.9
选择反应时 −1.4
握力 −1.9
背力 −7.9
坐位体前屈 −10.0
俯卧撑 −10.6

图13−5 成年人各项指标的变化(男性)

从女性各项指标来看(图13−6),女性表现与男性差异很大,女性闭眼单脚站立、1min 仰卧起坐、纵跳、坐位体前屈、肺活量等指标均呈现改善性增长,但体重、腰围、臀围也在增加,下降的主要是背力和选择反应时指标。这说明女性可能更加关注健康,参加体育锻炼更多,但腰背力量不足,更加容易发生腰痛。

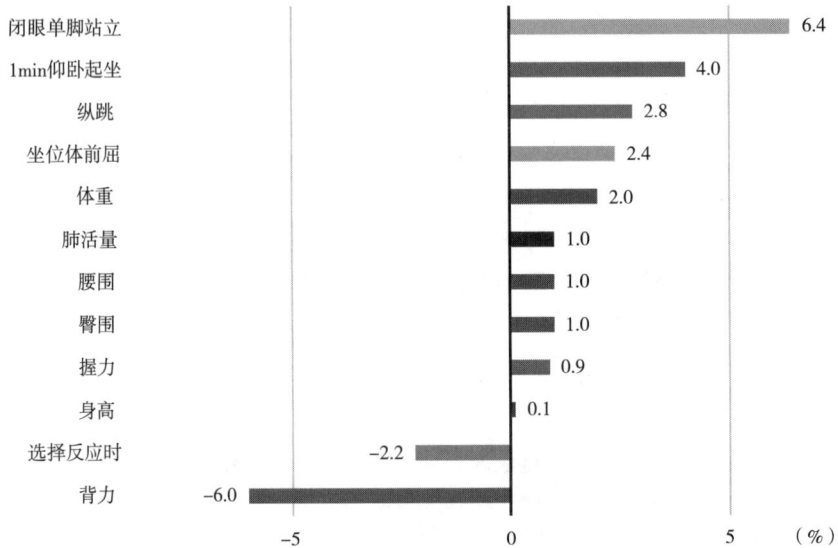

图 13-6　成年人各项指标的变化(女性)

第四节　人体动作发展测量的科研动态

一、皮博迪动作发育量表(PDMS)

　　PDMS 量表主要测定粗大和精细动作技能的平衡发展情况,识别动作缺陷并评估动作发展状况。PDMS 量表由美国学者 Folio 和 Fewell 于 1974 年编制。2000 年推出的修订版 PDMS-2 量表,是一套优秀的婴幼儿运动发育评估量表,主要适用于 0~6 岁儿童。该量表由 6 个亚测验组成,包括反射、姿势、移动、实物操作、抓握和视觉—运动整合等,共 249 项,其中 4 个维度涉及粗大动作技能,2 个维度涉及精细动作技能,其中粗大动作技能分类包括:反射类(8 个项目)、静态表现类(30 个项目)、移动类(89 个项目)和物体操控类(24 个项目);精细动作技能分类包括:抓握类(26 个项目)和视觉—动作整合类(72 个项目)。其中反射类只用于 11 个月前的婴儿,物体操控类仅适用于 12 个月以上的儿童。每名受试完成整个量表的测试需要 45~60min。PDMS 量表的标准采样来自美国 20 个州的儿童。身体发育以及环境因素(如种族和信仰背景)也在采样过程中被考虑。

　　测试结果最终以粗大运动、精细运动和总运动等的发育商来表示。作为一种专门的运动发育量表,其评测项目的选择、方法的可操作性和易用性、评分标准的明晰性等方面都有独到的优点。

二、儿童身体协调性测试(KTK)

　　儿童身体协调测评系列是由德国法兰克福大学的 Kiphard 和 Schilling 在 1974 年研制的。

其编制的初始目的是评估儿童的运动能力,衡量儿童成长中的整体动态协调和身体控制能力,在临床上用于筛查患有脑损伤、行为障碍的儿童。该系列适用于5~14岁的儿童,包括4个测试项目:①连续侧向双脚折返跳跃,连续15次记录时间;②不同高度的平衡木条上倒退走,记录时间;③单脚跳过逐级增高的海绵块,记录高度;④连续移动木板(侧向移动),记录时间。个体完成整个测评需要15~20min。

在信效度方面,1228名儿童的测量数据显示,常模评分者间信度相关系数 $r>0.85$、再测信度相关系数 $r>0.85$,各子测试项目之间组内相关系数ICC为 $0.80~0.96$。研发者通过以下假设证明量具的有效性:①城乡儿童的社会文化差异;②性别差异;③弱势儿童(脑障碍、行为问题等)的分化增强与年龄的相关性。KTK系列应用范围:①适合于具有典型发育模式的儿童,如脑损伤、行为问题或学习困难、听力障碍、先天性或器械性心脏病、超重或肥胖以及好动症儿童等;②测试评估身体总体控制和协调,主要是动态平衡技能;③儿童体质量与协调能力的相关性。在利用KTK评测佛兰德斯(Flemish)肥胖、超重、健康体质量的儿童体质量与运动协调的相关性后发现,超重以及肥胖儿童的运动协调能力较差。

三、布尼氏动作熟练度测试(BOTMP)

布尼氏动作熟练度测评系列(BOT)是由加拿大的 R. H. Bruininks 教授及 B. D. Bruininks 教授联合研制的。初始版本在1978年研制并推广应用,2005年改良版的 BOT-2 是在 BOTMP 的基础上修订的,BOT-2 是一个标准化的运动能力测评工具,常模是基于美国本土38个州的1520名4~21岁学生构建的。BOT-2 适用年龄层从 BOTMP 的4~14岁扩展到4~21岁。测评内容细分为4个维度,分别为精细动作控制、四肢协调、全身协调、力量和灵敏;按项目性质又可分8个分测试项目,分别为精细动作精确性、精细动作整合性、手臂敏捷性、上肢协调、双侧协调、平衡、跑的速度、灵敏和力量,测量了FMS中的位移、物体控制、稳定性以及精细动作,个体完成整个测评需要20~25min。

BOT-2 分别有完整版和简易版2种版本,均具有良好的信效度。简易版测评的内部一致性大于0.08,完整版测评可达0.93;在 BOT-2 测评信度上,除精细动作项目是0.86外,其他测试项目均大于0.90。BOT-2 评估工具具有评估范围广、评估指标细和评分标准严三大特点。在这套测评中,施测者的年龄范围大,测评内容多样化,包含了体能、精细和大肌肉动作技能,并且施测者不需要具备特别的相关专业的知识。在临床上,BOT-2 可以可靠地支持发育协调障碍(developmental coordination disorder,DCD)、轻中度智力障碍、阿斯伯格综合征(Asperger syndrome,AS)以及高功能自闭症等病症的诊断。过于细化的测试项目会延长测试所需时间,从而增大误差;此外,由于不同的年龄段使用同一套测量体系,对于低年龄段的施测对象会出现"地板效应"(floor effect),高年龄段的施测对象可能会出现"天花板效应"(ceiling effect)。修订版的 BOT-2 是临床医生、物理治疗师、心理师和体育教师们筛检和鉴定动作障碍程度、评估运动能力的重要工具。

四、粗大肌肉动作发展测试(TGMD)

常模测评样本是居住在美国8个州的909名儿童,并根据性别、种族和居住地等指标进行了区分,信效度测量结果都较理想。经过了30多年的发展,该量表已经发展到了第3版,并于2013年发布,现已开始进行大样本规范性的信效度数据收集工作。TGMD-3 中主要包含了位移和球技2个子测评。位移测评包含跑、前滑步、单脚跳、侧滑步、立定跳远、跨跳步6项技能;

球技测评包括双手击固定球、单手正手击反弹球、单手原地拍球、双手接球、踢固定球、上手投球、低手抛球7项技能。个体完成整个测评需要15~20min。

TGMD-2操作手册中对常模信效度的报告如下:评分者间信度显示子测评和综合测评的相关性范围为0.97~0.99,$r=0.84~0.96$。再测信度中位移技能,$r=0.85$;物体控制技能,$r=0.88$。结构效度中Ulrich通过检查5个关键假设来验证TGMD-2的结构效度,分别是:①与实际年龄的相关性;②每组按照高、中、低3个层次之间存在个体差异;③总分与分测评得分高度相关;④分测评与测试本身高度相关;⑤因子分析,最终指数显示为0.90~0.96。内容效度是3位专家评定学前班和小学低年级应该选取的测试项目。效标关联效度是采用与CS-SA子测评比较的方法,其中位移维度相关系数为0.63,物体控制维度相关系数为0.41。我国学者已经引入了该系列,并于2005年就TGMD-2的信效度在我国山东省进行了测试,其结果表明TGMD-2在山东省具有良好的信效度。该系列的应用如下:①FMS的评估;②评估个体或群体在FMS发展方面的进程;③评估FMS干预或教学的成功与否;④为涉及运动表现的研究提供测量工具。此外,由于该量表发展体系成熟,其测量结果常被作为"金标准"与相关测评工具的结果进行比较,如我国台湾地区研制的PGMQ的检测效果就是与TGMD-2进行比较的。

五、4~6岁儿童运动技能发展测试(MOT4-6)

4~6岁儿童运动技能发展测评(MOT4-6)是由德国学者Zimmer和Volkamer于1987年的专门针对学龄前儿童FMS水平开发的测评体系。研发者认为,4~6岁是儿童发展FMS的关键时期,因此这个阶段的儿童需要使用一个独立的测评系统。初始版本的测评适用于4~6岁儿童;在2006年,MOT4-6进行了修订,将被试年龄的范围提高到8岁,适合对4~8岁的儿童进行FMS测评,其他方面则保留了MOT4-6的原始信息。MOT4-6测评体系共包含18个测试项目,分为位移、物体控制、稳定性和精细动作4个维度。每个维度的测试项目具体如下:位移维度包括斜向跳绳、从箱子间移动球、传球穿过圆圈、开合跨跳、跳过细绳、横向滚动、团身闯过圆圈;物体控制维度包括抓住棍棒、抛球击中目标圆盘、抓住一个网球圈;稳定性包括保持平衡在一条直线上前进、保持平衡在一条直线上后退、单腿跳进圆圈由站立下蹲坐拿起一个球后恢复到站立;精细动作维度包括将点状物放置在表单上、用脚趾抓住薄片、物品转移比赛。个体完成整个测评需要15~20min。

研发者报告了MOT4-6的重测信度为0.85(间隔4周),评分者之间的信度为0.88,分半信度为0.80,内部一致性系数为0.81。与KTK的共时效度相关系数$r=0.78$,说明MOT4-6的信效度较好,能实现可靠并准确的测量。2016年,Bardid等对MOT4-6的聚合效度(convergent validity)和分歧效度(divergent validity)进行了研究,该项研究选取638名5~6岁的儿童为研究对象,选择KTK测评体系作为评价效度的参考工具。研究发现,MOT4-6的4个测试维度在不同性别、不同年龄儿童中(6岁女孩的精细技能除外,$r=0.20$,$P=0.012$)的效度为0.24~0.72。总体上,MOT4-6的信效度表现较好,达到了科学测量的基本要求。该测评目前被广泛应用于甄别个体的早期发育情况以及FMS干预研究中。

六、儿童运动发展测评(MABC)

儿童运动发展测评(MABC)系列是由英国牛津布鲁克斯大学Henderson教授和英国利兹大学Sugden教授联合开发的。初始版适用于4~12岁儿童,第2版的测试项目适用于3~16岁儿童青少年,其常模数据的建立均是在美国本土完成的。原始版本MABC-1的测试部分分为 4~6 岁、7~8 岁、9~10 岁和 11~12 岁 4 个年龄段分组测试,每个年龄段的测试项目标准不尽相同;MABC-2 的测试部分分为 3~6 岁、7~10 岁和 11~16 岁 3 个年龄段分组。2 个版本都是由测试表和检查表两部分构成,个体完成整个测评流程需要 20~40min,检查表的完成大约需要 10min,检查表的实际填写人一般由熟悉儿童日常行为习惯的家长、教师完成。MABC-2 的测试部分由 3 个维度的 8 个测试项目组成:①灵巧动手(手塞硬币,针线串珠,描图绘画);②球技能(抓沙包,沙包投靶);③静态和动态平衡(单腿站立平衡,踮脚尖直线走,垫上跳跃),主要测试了 FMS 中的物体控制技能和稳定性技能。检查表包含 30 个项目。

在效度方面,MABC 与 BOT 的共时效度相关系数 $r = -0.53$,与 KTK 的共时效度相关系数 $r = 0.63$。在应用上:①用于鉴别 3~16 岁儿童轻度或中度运动障碍。现阶段 MABC-2 是全世界用于评估儿童动作问题使用的最广泛的工具;②临床上应用于评估运动障碍儿童的治疗康复程度。该测试体系有助于指导临床医生对患儿的干预或治疗措施,但不应将其用作诊断工具。儿童在被运动干预的过程中,MABC 测试的分数也可用于跟踪干预的进度;③评估环境和社会因素对儿童运动表现的影响。一项研究运用 MABC-2 评估了 4001 名中国苏州 3~6 岁儿童的运动表现,并采用剖面观察的方法收集儿童环境与社会环境的数据,从而得出不同环境对儿童运动表现的影响。

七、马氏灵敏运动技能测评(MMT)

马氏灵敏动作技能测评(MMT)是由荷兰学者 Vles、Kroes 和 Feron 于 2004 年研发并推广应用的一款动作技能测评工具,适用对象年龄段为 5~6 岁,该年龄段被视为小学前与小学之间的过渡阶段。此评估方法的常模样本量为 800 例,取自荷兰地区的普通小学。MMT 测试总共包括 70 个测试项目,其中有 34 个定量测量和 36 个定性测量项目,主要测量了 FMS 中的物体控制(8 项测试)、稳定性(34 项测试)和精细动作(28 项测试)。个体完成整个测评需要 20~25min。

MMT 信度效度表现良好,对运动定性方面的评分需要测试者(观察者)具备一定的观察技能。研发者为了检验 MMT 的信效度,采集了荷兰小学 487 名儿童的数据样本。专家小组与学校各方在 MMT 的操作中密切合作,将 2 名受过良好训练的观察员的 MMT 观察结果与学校医生的判断结果进行了比较。观察员与学校医生分开评估儿童,并未刻意修正 MMT 的测试结果。在测试期间制作了 24 名儿童的视频记录,以调查评估者评估结果的可靠性。一组儿童(43 例)由同一名检查员进行了 2 次测试,第 2 次测试的儿童得分略好,但未发现显著性差异。因为该量表的性别测试差异很大,所以提供了男、女两种标准打分表。MMT 在临床上应用广泛,在现阶段体育教育领域的文献中主要体现了该量表对儿童 FMS 测评的贡献。

八、学龄前儿童大肌肉群动作发展测评(PGMQS)

学龄前儿童大肌肉群动作发展测评(PGMQS)是由我国台湾医药大学孙世恒等在参照了多个欧美国家常用的动作发展测评后,于 2010 年在我国台湾地区进行推广的一个 FMS 测量工具,其适用对象是 3~6 岁儿童。该工具可以用来快速评估学龄前儿童动作的发展状况,并据此制定动作发展迟缓儿童的训练计划。总共包含 17 个项目来评价学龄前儿童粗大动作的发展水平,包括:①位移能力:包括下楼梯、跑步、立定跳远、单脚连续跳、滑步侧移、跑马步、跨步跳、双脚左右折返跳,共 8 项;②物品传接能力:包括过肩投球、双手接球、踢球、原地拍球、击打静止的球,共 5 项;③平衡能力:单脚站立、两脚前后站立、走直线、倒退走直线,共 4 项。个体完成整个测评需要 15~20min。

常模信效度测评选取我国台湾地区北部、中部、南部、东部的 43 所幼儿园,随机选取 1121 名 3~6 岁儿童作为常模的测试对象。整体量表的内部一致性系数为 0.878,各题目的评分者间信度介于 0.67~1.00,评分者内信度介于 0.70~1.00。在效度方面,研发者们以 PDMS、TG-MD-2 等测评为"金标准"进行了比较,都显示该测评具有较好的共时效度;验证性因素分析显示,各评估项目与所属因素中度适配;以 Pearson 积差相关显示,量表具有良好的内聚效度;量表所属的 3 个维度的写测评分数会随着测试者年龄的增加而递增,以上显示了量表具有良好的建构效度。目前该系列仅在我国台湾地区进行了相关信效度的检测,并应用于一线教学和临床治疗效果监测中。

九、基本运动技能多维测评(FMS-POLYGON)

基本运动技能多维测评(FMS-POLYGON)是由克罗地亚斯普利特大学运动学系的 Zuvela 教授及其研究团队在 2011 年推出的一款专门针对 8 岁儿童 FMS 评估的测评工具。FMS-POLYGON 测评共有 4 个项目,依次是:抓、投排球击打到墙上固定区域;障碍跑;运输药球(健身重力球);20m 直线跑。测试时,施测对象手持排球站立在距离墙面 1m 的投掷线之后,听到考官下达开始的指令后,将排球砸向墙上的目标区域,排球反弹后在不落地的情况下将球抓到,反复 6 次;之后转身至障碍跑起点,顺利穿过 3 个障碍物到达第 3 个测试项目(总长 17m);将 2 个药球同时放到跳箱上(球的位置距跳箱 2.35m);加速跑 20m,直至通过光电计时器,整个测试结束。需要说明的是,在完成障碍跑之后,障碍需要清除。测评结果即为成功完成上述 4 项任务所需要的时间。

十、加拿大灵敏与运动技能测评(CAMSA)

加拿大灵敏与运动技能测评(CAMSA)体系是由加拿大渥太华大学的 Longmuir 教授及其研究团队于 2015 年推广的一款 FMS 测评工具,其研发的整个流程刊发在《运动与健康科学(英文)》(journal of sport and health science,JSHS)上,该量具主要用于测评体育素养中基础的、组合式的或复杂的运动技能,主要包含位移和球技 2 个维度,测量 FMS 中的位移技能和物体控制技能。测试主要包含位移和球技 2 个子测评的 7 项基本动作测试,其中位移测评包括双脚跳跃、侧滑步、跨步跳、单脚跳 4 项技能;球技测评包括双手接球、过肩投球、踢固定球 3 项技能。测评中一连串的动作技能更贴近现实的体育活动情境,当一个技能转化到下一个动作技能时,不仅要注意完成时间,还要把控动作质量。该测试适合于在相对较短的时间内对大批儿童进行 FMS 评估,因为测试只需要体育课中有限的设备和空间,并且只需要 1.5~2min 就可以评估一个受试者。

自 2007 年起,CAMSA 已经在 1165 名儿童中开始了常模建设。CAMSA 测评中常模信效度的报告如下:①测试中有 995 名儿童的总分数是可行的,完成技能表现中位数分值为 21 分(范围为 5~28),完成时间的中位数为 17s,可认为量具的区分度较高;②测试内部和外部环境时总分无差异,95% 置信区间(confidence interval)差异为 -0.7~0.6;③专家间的客观性证据很好($ICC=0.99$);④评分者客观性中等($ICC=0.52$)。在体育教学中,CAMSA 被认为是评估 FMS 的有效方式。有研究曾在澳大利亚七年级女生的体育教学中使用该 CAMSA,同时访谈 18 名体育教师对该量具的使用感想,结果表明,CAMSA 可用于现实的学校环境,被广大一线教师认为是 FMS 测评的有效工具。CAMSA 适用于测评体育素养中基础的、组合式的或复杂的运动技能。加拿大专家咨询小组曾对 8～12 岁共 1165 名青少年进行了一系列动态的运动技能测评,测评结果具有良好的信效度,对于运动技能的测定不再是单一孤立的,测试内容更贴近现实情境。

【复习与思考】

1. 人体动作发展测量的科学性?
2. 人体动作发展测量结果的社会意义?
3. 人体动作发展测量与体质健康的内在关系?

第十四章　功能性动作筛查（FMS）

第一节　概　述

一、定义

功能性运动筛查是由美国物理治疗师 GrayCook 等人开发的创新运动模式评估系统。它是一种简单、易于使用的方法，用于评估各种人的基本运动功能。该方法旨在通过测试功能运动、肌肉控制和神经稳定性来检测灵活性和稳定性方面的缺陷，并分析运动过程中补偿运动的潜在问题，从而确保人体运动链系统的正常运作，减少运动伤害的发生。FMS 的目的是获取动作的平衡、活动范围、稳定性与身体控制能力等运动所必需的一些基本身体能力成分。FMS测试对于预防伤病和发掘运动员的潜力极其重要。FMS 测试的得分越高，运动时受伤害的风险越低。

运动损伤是一直困扰运动员和教练员的重要问题，其主要诱因在于身体的柔韧性差、运动模式错误和核心稳定性弱等核心因素。星型平衡测试（star balance test）、Y 型平衡测试（Y - balance test）和功能性动作筛查测试（functional movement screen）常被用于预防运动损伤，其中功能性动作筛查以成本较低、操作方便、效果明显等特点使用频率最高。

FMS 能捕捉到基本运动模式的运动控制，以及不需要特定技能的基本运动技能。它可以确定运动障碍最大的区域，识别运动限制或不对称性，并最终将这些与结果联系起来。筛查的最初想法是用一个简单的运动评分系统来评价运动模式的质量，它不是用来诊断或测量关节的单独运动。单独测量某一关节是对运动模式的一种损害。在筛查的初始阶段，运动模式无法分离。筛选教我们如何处理它们，并帮助我们获得及时和有用的反馈，以纠正动作。

FMS 设计之初是针对美国弗吉尼亚州的高中生和大学生，但在使用过程中发现对预防损伤、体态纠正和伤后恢复有明显效果，很快引起美国军队和专业运动队的注意，随后广泛应用于竞技体育、部队训练、大众健身等领域，尤其是在体育领域，NBA 球员、UFC 格斗手、CrossFit选手都在使用 FMS 和功能动作训练。

FMS 的原则是基于从新生儿时期开始学习运动控制，然后与运动医学、解剖学和力学的专业理论相结合，最终形成的。随着新生儿的成长，身体的肌肉和关节变得更加稳定，可以进行一系列的运动，如下蹲和踢腿。在这个阶段，由于专业训练，身体甚至可以完成各种困难的动作。然而，由于老化过程，所有身体功能最终都会恶化。这就是 FMS 的作用，通过识别不同年龄段在灵活性、稳定性和平衡性方面的缺陷，然后通过特定的训练来弥补这些缺陷，减少运动伤害的可能性。这种筛查模式不仅适用于运动员，也适用于普通民众，非常适用。

与传统测试不同，FMS 被认为是最接近日常生活的评估方法。它利用一个人的运动模式,如在成长和体育活动中的滚动、攀爬、跪下、坐、站、走、跑和跳,来过滤七个测试:旋转稳定性测试、深蹲测试、肩部活动能力测试、跨栏测试、主动直腿抬高测试、劈叉深蹲测试和俯卧撑躯干稳定性测试。

(一)深蹲测试

1.目的

深蹲是许多功能动作的一个组成部分,展示了四肢的协同灵活性和中段的稳定性,是运动人群最基本的运动。

深蹲是用来测试髋关节、膝关节和踝关节的活动能力和两侧的对称性。高架杆是用来测试肩部和脊柱两侧肌肉链的对称性。

2.方法

测试者站立,双脚分开略宽于肩,双手握住单杠的距离相同(肘部与单杠成90°),然后将双臂伸直举过头顶,慢慢下蹲,直到臀部低于水平线,尽量不将脚抬离地面,同时保持头部和躯干的自然弯曲,连续三次将单杠举过头顶,并记录测试结果。如果无法做到这一点,可将分数减少1分,并在每个脚跟下放置一个5cm的支撑物来完成动作。

3.注意事项

我们需要在前面和侧面观察运动员。在使用功能动作筛查测试工具或相似尺寸的木板垫起双脚的脚跟时,包括脚步姿势的所有姿势都应该保持不变。在测试中不得判断动作模式或说明得分的原因。不得教授动作,如果需要,只是重复进行说明。出现了疼痛吗?出现疑惑时,只得低分。

(二)栏跨测试

跨步是用来测试踝关节、髋关节和膝关节两侧动力链的灵活性和稳定性的。

1.方法

测试者双脚并拢,脚尖在横杆下,横杆调整到与运动员胫骨结节相同的高度,双手在颈后和肩上将横杆握直。举重者慢慢地将一只脚抬到横杆上方,用脚跟触地,而支撑腿保持直立,重量转移到支撑腿上,并保持稳定;慢慢地回到起始位置,举重者连续进行三次测试,并记录测试结果。然后运动员使用另一条腿,重复上述动作,再次进行测试。

2.注意事项

保证栏架线呈水平直线。告诉运动员在测试开始时尽可能保持身体的直立姿势。观察稳定的躯干。在前面和侧面观察。为过栏架的腿评分。在每次重复测试过程中和之后,保证站立支撑腿的脚尖接触栏架。在测试中不得判断动作模式或说明得分的原因。不得教授动作,如果需要,只是重复进行说明。出现了疼痛吗?出现疑惑时,只得低分。

(三)直线分腿蹲测试

弓步蹲是用来测试膝关节和踝关节两边的稳定性和活动度的动作。

1.方法

测量运动员胫骨的长度;运动员用右脚踩在测试台的近端,在躯干后面握住长棍,右手放在头后,左手放在躯干下面,将棍子紧贴在骶骨、胸骨和骶骨。从右脚脚趾向前测量胫骨的长度并做标记,然后用左脚向前迈步,标记脚的落脚点,然后蹲下,使后脚接触到前脚脚跟后面的木板,始终紧握棍子,使其靠近胫骨。连续进行三次测试,并记录结果;然后交换上肢和下肢,再次进行测试。

2. 注意事项

前面的一条腿被视为您正在评分的一侧,这只是呈现出了动作模式,并不意味着一个身体部位或一侧身体的功能能力。总是记住,您是在为各个动作模式评分,而非各个动作部分。

在动作过程中,木杆保持垂直,接触头部、胸部脊柱部位和骶骨。前面一只脚的脚跟保持与测试板的接触,在回复到开始姿势的动作过程中,后面一只脚的脚跟保持与测试板的接触。注意失去平衡的问题。保持与运动员之间的较近距离,以防完全失去平衡。在测试中不得判断动作模式或说明得分的原因。不得教授动作,如果需要,只是重复进行说明。出现了疼痛吗?出现疑惑时,只得低分。

(四)肩关节活动度测试

肩关节灵活性测试用于综合测试评价肩关节后伸、内旋即内收的能力。

1. 方法

运动员以站立姿势站立,双手紧握成拳,一只手从下往上朝后,手背尽量沿脊柱滑动;另一只手从上往下尽量滑动,记录两只拳头之间的最短距离;改变上下手的位置,重复测试,记录测试的结果。

2. 注意事项

上方的肩部被视为被评分的一侧。这只是呈现出了动作模式。并不意味着一个身体部位或一侧身体的功能能力。如果手的测量长度与两点间的距离相同,得分低。如果在排除性测试中出现疼痛,运动员得 0 分。确信运动员在最初放置好双手后,没有试图用双手滑动相互靠近。在测试中不得判断动作模式或说明得分的原因。不得教授动作,如果需要,只是重复进行说明。出现了疼痛吗?出现疑惑时,只得低分。

(五)主动直腿抬高测试

1. 测试目的

测试髋关节屈曲的主动活动能力;测试骨盆的动态控制能力;测试小腿三头肌、腘绳肌的伸展功能。

2. 方法

运动员身体呈仰卧位,双臂置于身体两侧的背部,手掌朝上,测试板水平放置于膝关节下方,踝关节外翻,膝关节伸直,竖杆垂直放置于髋关节和膝关节中间;一条腿抬起,对侧腿与测试板接触,然后更换对侧腿,连续完成三次测试,记录测试结果。

3. 注意事项

运动的肢体被视为被评分的一侧。如果难以找到关节线,通过屈伸膝关节确定这条线。确信非运动肢体保持正常姿势。在测试中不得判断动作模式或说明得分的原因。不得教授动作,这不是练习。这意味着如果在执行动作中出现错误,只是简单的重复说明,但不提供纠正。出现了疼痛吗?当出现疑惑时,只得低分。

(六)躯干稳定俯卧撑测试

1. 测试目的

躯干稳定俯卧撑用于测试躯干的稳定性,同时可直接测量上肢推举的力量。

2. 方法

运动员取仰卧位,双脚并拢着地,双臂伸出略宽于肩,放在地上;双手拇指应与头顶对齐,膝盖应尽量伸直,使双手拇指与额头顶对齐(女性双手拇指应与下巴对齐),躯干应处于自然直立状态。运动员的上肢必须推开,以便抬起整个身体,而且在运动过程中身体不能摇晃。运动员在运动过程中不得摇晃,必须连续完成3次重复动作。如果运动员未能做到这一点,则分数减少一分,运动员必须连续3次用双手拇指与下巴边缘成一直线来完成这个动作,男子则用双手拇指与乳晕边缘成一条直线。

3. 注意事项

运动员应该以一个完整的单元撑起身体。在每一次动作中,确信运动员保持头部姿势,在运动员准备撑起时不要下滑双手。确信胸部和腹部同时离开地面。如果在排除性检查中出现疼痛,运动员得0分。在测试中不得判断动作模式或说明得分的原因。不得教授动作,这不是练习。出现了疼痛吗?出现疑惑时,只得低分。

(七)旋转稳定测试

1. 测试目的

旋转稳定性测试用于测试受测者神经肌肉协调能力和动力链转换能力。

2. 方法

受试者先做跪式俯卧撑,肩部和臀部与躯干成90°,脚踝保持弯曲。测试板放在膝盖和手之间,使膝盖、脚和手都与测试板接触。受试者抬起同侧手臂和膝盖,抬起的肘部、手部和膝盖的三点与木板平行,身体前部与地面平行;然后同侧肩部和膝盖连续弯曲三次,使肘部能接触到膝关节。如果无法做到这一点,则重复次数减少一次,并使用相反的手臂和膝盖连续重复3次。

3. 注意事项

运动的上肢为被测试的一侧。确信保持身体单侧肢体在测试板上方,得3分。对角线方向上的膝部和肘部必须在测试板上方相互接触,才能得2分。确信在开始时脊柱呈水平姿势,双髋和双肩与其成直角。测试中不得判断动作模式或说明得分的原因。不得教授动作,这不是练习。出现了疼痛吗?出现疑惑时,只得低分。

4. 测试器材(表14-1)

表14-1　测试器材

名称	测试板	测试棒(长)	测试棒(短)	测量皮筋	测量评分表
规格	1520mm× 135mm×45mm	32mm× 32mm×1200mm	32mm× 32mm×600mm	1m	—
数量	1	1	2	2	10

FMS诊断记录表如图14-1所示。

功能性动作筛查					
得分表					
日期		姓名		性别	
家庭地址		邮政编码		身份证号	
身高		体重		年龄	

测试		初始成绩	最终成绩	测试结果
深蹲				
肩部灵活性	左			
	右			
主动直腿抬高	左			
	右			
直线弓箭步	左			
	右			
跨栏步	左			
	右			
撞击通过性测试	左			
	右			
躯干稳定性俯卧撑				
旋转稳定性	左			
	右			
俯卧撑通过性测试				
后摆通过性测试				
总分				

图 14 - 1　FMS 诊断记录表

二、应用

(一)功能性动作筛查在运动员方面的应用

在我国,运动员被列为运动伤害的高危人群。职业运动员经常因为训练强度和努力程度的增加而受伤。虽然非职业运动员的训练强度不如职业运动员,但由于训练知识有限,缺乏后勤支持,他们也有受伤的风险。通常情况下,外国运动员的 FMS 高分主要是由于教练员对运动技能的关注和物理康复专家对运动损伤的关注。由于运动损伤对职业运动员的职业生涯有决定性的影响,内部 FMS 研究已被用于监测运动损伤,并显示健康组的 FMS 得分高于损伤风险阈值,而且两组之间有显著差异。准备参加比赛的运动员和参加比赛的运动员的 FMS 分数之间的差异通常很大。然而,FMS 得分和运动能力之间的关系也有争议,张英博发现 FMS 得分越高,运动水平越高。然而,一些研究人员不同意:丁明禄没有发现 FMS 得分与中国空手道队的运动成绩之间有直接联系。另外,利用 FMS 来调整训练内容,因为国内外对 FMS 的持续研究表明,用一个标准来评估所有受试者是没有科学依据的,由于运动员长期的专项训练、单边教练、过度训练等造成的运动缺陷,导致低成绩的比例远远高于其他队伍的得分。徐建武建议,职业运动员的 FMS 损伤风险阈值应该高于14,而对于乒乓球运动员,建议的 FMS 阈值应该是 12,对于抵抗强度较高的橄榄球运动员也许是 15。该研究发现了两个相互矛盾的结果:一个是运动能力和 FMS 得分之间的正相关,另一个是负相关。这是因为职业运动员的运动成绩越高,训练强度越大,受伤的可能性越大,FMS 得分低的可能性也越大;然而,在体能训练方面,运动成绩的高低决定了体能的高低。因此,FMS 和运动能力之间的确切关系需要进一步调查。

(二)功能性筛查在学生方面的应用

在我们的学生群体中,功能运动筛查测试往往与身体素质密切相关。虽然个别 FMS 测试动作与体能之间没有直接关系,但总体而言,我们学生的 FMS 测试分数与体能之间存在着显著关系。这是由于 FMS 的所有分项测试都是基于日常活动和基本动作,这与大多数动作和体能测试不同。在小学,由于女孩的早期发展,女孩往往得分较高,男孩较低;而在中学,随着男孩进入成长阶段,FMS 的分数也会发生变化。对大学生体能进行研究的李杰明建议,大学里的体能测试应该包括功能性动作筛查。一些研究者指出,身体质量指数(BMI)是决定学生 FMS 表现的重要因素,过度肥胖不仅会降低 FMS 表现,而且对体能也有很大影响,这种异常的生理发展对 FMS 表现的影响应进一步研究。

三、意义

目前 FMS 在国外职业竞技体育中被广泛应用,欧洲的足球队和美国四大联盟(NBL、NHL、NFL 和 MLB)的球队几乎都在应用 FMS 进行测试和训练。

基本运动模式对人们的日常身体生活至关重要,也是所有专业技术运动发展的基础,无论其复杂性如何。功能性运动筛查是一种先进、科学、简单、有效的筛查方法,为运动员和人们尽可能地预防运动伤害。自 20 世纪末发明以来,FMS 已被世界各地的体育教练和康复专家认可,并提高了康复专家和教练对平衡、灵活性和稳定性的认识。然而,同样的评估标准是否应该适用于所有科目,这一点是有争议的。建议未来的 FMS 研究应包括不同的专业团体或具有不同运动能力的个人,并建立多层次的评估标准,以促进 FMS 在运动表现发展中的应用。这将促进功能性运动筛查在我国的发展和推广。

FMS 属于物理康复领域中实践探索的产物,需要在实践中对理论以及方法不断地更新迭代。

第二节　功能性动作系统和动作模式

一、简介

虽然人体关节的运动如同铰链结构,但却没有任何的中轴或钉子把关节固定在一起,使其围绕中心旋转。关节有两种支撑结构:韧带和关节周边的肌肉。关节通常被完整地包围和保护在关节囊之内。关节囊里的关节滑液起到了润滑及滋润软骨的作用,而软骨则是骨骼末端的软性组织。

第二个支撑结构是围绕着关节的复杂肌肉网络,它分为两类:主要用于稳定关节的肌肉(稳定肌)和主要用于产生动作的肌肉(动作肌)。稳定肌通常是包围关节的第一层肌肉(从解剖的角度说,最深层的肌肉),这些肌肉可以说是把关节紧握在一起,在关节移动或有外力出现的时候立刻提供支持。它们通常也被称作姿势控制肌肉,因为可以维持身体姿势和在运动中保持关节位置。当稳定肌完成其功能之后,更大的肌肉(动作肌)随着肌肉的缩短把关节拉向特定的方向。关节、韧带和肌肉间存在着一个极其复杂的沟通系统,以保证它们可以一起工作,保护关节。

韧带总是沿着受力的方向排列,主要有两个原因:第一,韧带通过张力保护关节,保证关节不会被分开。第二,韧带内分布着小型感受器,当拉力达到某个数值时,激活肌肉以便保护关节。

关节囊和软骨里的感受器可以向大脑提供关节位置、动作速度和方向等信息。肌肉里也同样有着叫作肌梭的感受器。肌梭通过持续监控内部的张力情况,使肌肉处于一种可以随时放松(或收缩)的状态,以便产生最佳的动作。所有上述动作都是通过反射活动自然完成的,并不需要有意识的控制。这和膝关节被小锤敲打时产生膝跳反射是一样的道理。关节和肌肉的自然功能既可以保护身体,也使我们可以完成高效的动作。这些信息在本体感受和身体意识中是非常关键的因素。身体意识来自感觉系统。感觉系统不但帮助你感受周遭发生的一切,还可以让身体产生自动功能。身体的很多肌肉都是自动反应的,它们完全依赖于感觉系统的功能。很长一段时间以来,身体都被想成是动作的载体。现在我们知道了身体对于输入的信息非常敏感,如同一个巨大的感觉器官,根据所收到的信息进行精密地调整。当身体不能以最佳状态工作的时候,当肌肉紧张或弱化的时候,当关节僵硬或不稳定的时候,传达的信息就会被扭曲,从而导致非正常的自动反应。这将影响运动表现、强化疲劳感,并使身体承受不必要的压力。

功能性动作筛查全名为"Functional Movement Screen",简称FMS,是一种简单的、量化的基础运动能力评估方法。它通过简单的七个动作来测试受试者在进行这些动作时动作是否稳定,关节是否灵活,左右两侧是否相对对称,是否存在疼痛或者是功能障碍,是否出现功能性代偿,从而预估被测试者受到运动损伤的风险,同时对受试者的康复治疗或是身体运动功能训练给予方向性的指导。一套标准的FMS筛查大约只需要10min,FMS的打分结果会让你对于受试者的基础动作能力有一个清晰的了解,帮助你指导下一步纠正训练策略的制定,按逻辑顺序改善动作质量,从而降低受伤风险,提高专业性,为之后更好地进行体能训练打下坚实的基础。功能动作筛查是功能动作系统当中重要的一部分。

1. 分析动作

现代科学告诉我们,大脑不识别孤立的肌肉活动——它没有这个必要。大脑所关注的是动作模式以及在所有需要的肌肉之间建立协同性。这种协同性被称为动作程序。

在动作模式的发展中,孤立的肌肉发育并不起主要作用。不要把外形和功能相混淆。健美中的负重训练很强调肌肉孤立发力,是因为健美所关注的就是外形,肌肉维度和对称性是这项运动的目标。但更多的运动是关于动作的。速度、敏捷、灵活性、爆发力、控制、协调性和耐力都是成功的关键。训练的目标不是改变身体的外观,而是改进身体运动的方式。因此,体育运动训练的目标应该关注动作模式,而不是孤立的肌肉。肌肉会随着不同运动所需要的动作模式得到自然的发展,因此很多运动员看起来都好像做过健美训练。但是关注点是功能,好看的外形不过是附属品。

很多体育、休闲和健身活动中都会有相同的基础动作模式。棒球的投球和网球的发球都依赖一些相同的动作程序,把重心从一只脚转移到另一只脚,以及通过身体旋转在髋和肩的位置产生旋转速度以便加速手臂的运动。虽然高尔夫和棒球是完全不同的体育项目,但高尔夫的挥杆和棒球的挥棒却在将能量从髋关节的旋转传输到肩的旋转,最终变成挥臂动作时,使用了一些相同的动作程序。大脑不需要记住数以百万级的孤立肌肉活动,因为它们之中很多都是重复和关联的,这样节省了大脑的储存空间,也让我们可以快速地提取动作信息,以便更好地学习和改进。

2. 运动表现金字塔

运动表现金字塔是一张简单的图表,可帮助人们更直观地了解人体的运动。它由3个大小依次递减的长方形组成,用来展示不同运动之间的层级关系。每一个长方形都代表了一种运动形式。金字塔必须由下而上搭建,并呈现出锥形的外观(基底宽大而顶端窄小)。

第1层是功能性动作(代表基础),与活动度、稳定性,或者完成基本动作模式的能力相关。这一层级并不关注每一个可能动作的深入技术分析,但是会把动作评为最佳、及格和失败3个等级。

第2层是运动表现。当运动的能力被建立后,就要评估其动作效率。说得更具体一点,就是爆发力的评估——不是专项的爆发力,而是整体的爆发力(也可以叫作总运动能力)。

垂直起跳就是一个很好的测试总运动能力的例子。首先,因为重力对所有的物体都是平等的,所以垂直起跳不会像其他有些测试那样,因为运动员身材的关系产生不公平的影响。其次,跳跃对一些运动(如篮球和排球)来说非常重要,而在其他运动(如骑车和马拉松)里很少被考虑,但它可以显示运动员产生爆发力的能力。

从训练的角度看,用一种通用的形式来对比不同运动中的运动员是非常重要的。金字塔的前两个层级允许我们进行比较,以便运动员可以从不同的训练之中相互学习。需要注意的是,在这个阶段不要过于强调运动的专项性,因为这样会降低不同项目的运动员之间互相学习的能力。同样重要的还有,在这个阶段不要做太多的测试,所做的测试越多,事情就变得越复杂。几个简单的动作就足以显示运动员是否可以有效地产生爆发力。

第3层是动作技术,与运动技巧相关。通过一组测试来评估完成某项活动、参加制定项目或在运动中担任某个具体位置的能力。这一层级还需要比赛数据和与该运动相关的专项测试。

当进行金字塔评估时,我们看的是它的形状。4种基本的形式分别是:最佳运动表现金字塔、爆发力过剩金字塔、爆发力不足金字塔和技术不足金字塔。当然,这些只是一些简单的概括来例证当今体育运动中的一些常见问题。

最佳运动表现金字塔有一个宽大的基底,稍小一些的中层以及更小的顶端。它表现的是拥有最佳功能性动作能力的运动员,这类运动员有着完整的动作活动范围,能够在不同的姿态下展示身体控制和动作意识。

这类运动员还具有必备的爆发力。与运动表现数据的平均值相比,这类运动员有着平均或平均水准以上的整体力量输出,有协调良好的动作链接或动力链结构。这意味着,在诸如垂直起跳的测试中,运动员以身体蹲伏的方式准备动作,之后摆动双臂,微展躯干,然后调准时机,以最协调的方式双腿发力;期间没有任何的多余动作,并能达到理想的动作效率。给予足够的时间、练习和分析,此类运动员具有学习其他动作组合和发力动作的潜力。

第3层展示了一个平均或最佳运动专项技术的水平。注意宽大的底层为中层创造了缓冲区,而中层又为顶层创造了缓冲区。这个缓冲区是非常重要的,如果缺少缓冲区则应引起警示。没有缓冲区,就会有潜在的受伤风险。缺少缓冲区至少会影响力量和动作效率。这里的两个缓冲区表明了运动员的功能性动作足以支撑他所能产生的力量,而他所拥有的力量也足以控制他所需要使用的运动技巧。

最佳运动表现金字塔中的动作模式、动作效率和运动技术都是平衡的。这并不是说运动员不能继续提高,而是说任何提升都不应该改变金字塔的整体平衡和形态。

运动表现金字塔(图14-2)说明了为什么简单复制其他运动员的训练计划是不能带来预期收效的。很多教练和运动员本能地使用了这种方法来发现自己的弱点并对之加以训练。本书中介绍的测试方法将为搭建一个简单运动表现金字塔提供必要信息。测试会帮助聚焦需要训练的区域。运动表现金字塔是检查和保持身体平衡的一种简单而有效的方法。

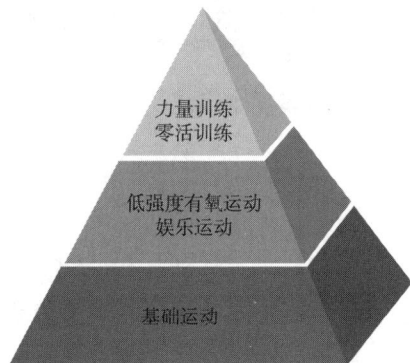

图14-2　运动表现金字塔

二、FMS 的作用

　　FMS 是一套被用以检测运动员整体的动作控制稳定性、身体平衡能力、柔软度,以及本体感觉等能力的检测方式;通过 FMS 检测,可简易的识别个体的功能限制和不对称发展;它简便易行,仅由 7 个动作构成,可以广泛用于各种人群的基础运动能力(灵活性和稳定性)评价。FMS 在国外职业竞技体育中被广泛应用于理疗康复和体能训练领域,在欧洲以各足球队为主,在美国四大联盟(NBA、NHL、NFL 和 MLB)的球队几乎都在应用 FMS 的测试和训练。作为对传统测试训练方法的一个有益补充,以此作为检测运动员潜在伤病并进行伤病预防训练的依据,并通过训练提高运动员的竞技能力,延长运动员的运动寿命。

　　FMS 是一项评价技术,它试图通过测试功能性动作来发现受测者灵活性与稳定性方面的不平衡。这种评价技术可以放大受测者动作补偿的问题,从而使我们更容易发现问题之所在。也正是这些动作上的瑕疵会导致运动链系统出现故障,并使受测者在活动时动作效率不高,并有受伤的风险。FMS 可作为身体检查的一部分,以确定受试者身体上存在的可能会在进行传统医学检查和运动表现评价时很难发现的问题。在很多情况下,肌肉柔韧性和力量的不平衡性,以及损伤史等问题是很难被发现的。这些问题已经被公认为运动损伤的最大潜在因素,可以通过 FMS 测试得以确认。这种以动作为基础发展而来的测试,可以查明与本体感觉相关的、灵活性与稳定性等方面的功能性问题。如果使用 FMS 可以发现这些问题的话,就可以减少运动损伤的可能性,并最终提高运动表现。

三、FMS 测试内容

　　FMS 测试包括深蹲测试、跨栏架测试、前后分腿蹲测试、肩关节灵活性测试、直腿上抬测试、躯干稳定性俯卧撑测试、旋转稳定性测试共七项测试。

1. 深蹲测试

　　深蹲测试主要检测受试者身体两侧的对称性,身体后链的紧张度,以及肩、髋、膝、踝关节的灵活性。测试时,受试者两脚平行开立略比肩宽,脚尖朝前,双手握杆屈肘90度放置于头上,使大臂和横杆与地面平行。开始时受试者双手握住横杆上举并伸直手臂后缓慢下蹲至不能继续下蹲。下蹲时要求受试者双脚始终紧贴地面,抬头挺胸,两眼平视前方。在平地上不能很好完成下蹲动作,则将其足跟抬起,踩在木板上完成该测试。在此测试之后要进行体前屈的排查测试,测试者双脚并拢,做体前屈的动作,如图 14 - 3 所示。

2. 跨栏架测试

跨栏架测试主要检测受试者髋、膝、踝、关节的灵活性与稳定性。测试时受试者双脚并拢,脚尖抵住栏架挡板,栏架高度为小腿胫骨粗隆到地面的高度,将横杆扛于肩上并与地面保持平行。测试时,受试者保持身体其他部分不动,单腿跨过栏架,脚后跟接触地面后抬腿跨回到起始姿势。整个过程要求控制好自己的身体缓慢进行,且需要连续跨过栏架 3 次,如图 14 - 4 所示。

图 14 - 3　深蹲测试图

图 14 - 4　跨栏架测试图

3. 前后分腿蹲测试

前后分腿蹲测试主要用于检测膝关节、踝关节的稳定性和髋关节的灵活性。受试者双脚前后站立在测试板上,左脚脚尖踩在测试板 0 刻度线以后,右脚向前跨出,其足跟的位置为之前所测小腿胫骨粗隆到地面的距离刻度。受试者将木杆放于身后,左手从颈后握住木杆上端并贴紧颈部,右手从背后握住木杆底部并贴紧腰背,保持木杆与头、肩背、臀三点接触并缓慢竖直下蹲至后腿膝关节触到测试板,每一侧需连续完成 3 次下蹲,如图 14 - 5 所示。

4. 肩关节灵活性测试

肩关节灵活性测试可以检测运动员身体两侧肩关节的活动范围和肩关节内收内旋外展外旋能力。受试者站立两脚并拢身体挺直,先伸直手掌测手的长度。测试时,双手握拳,拇指握于掌心,两臂从侧平举开始,两手分别从颈后和腰骶相互靠近,测试两拳之间的距离。每一侧手需要连续完成

图 14 - 5　前后分腿蹲测试图

3 次后方可换另一侧做,且测试过程中要求受试者每次完成动作时都一次性到最大范围。在此测试之后,测试者需进行肩关节疼痛排除性测试,其动作要求测试者将一侧手放在对侧肩上,按住并向上抬肘至最大幅度,其间手掌不能离开肩部,如图 14 - 6 所示。

5 直腿上抬测试

直腿上抬测试主要用于检测受试者后侧肌群的柔韧性、前侧主动收缩能力以及骨盆稳定性。受试者仰卧平躺。双手自然放于体侧,掌心向上:膝关节压在试板上,测试者找到受试者髂前上棘到膝盖之间的中点并树立标志杆,受试者腿膝关节始终压住木板并保持脚尖向上,左腿膝关节伸直并缓慢向上抬起至最大限度后下落,每一侧连续重复完成3次,如图14-7所示。

6.躯干稳定性俯卧撑测试

躯干稳定性俯卧撑可以检测被测试者矢状面的躯干稳定性以及肩关节的力量,受试者从俯卧位开始,双脚并拢膝关节伸直,双手撑地拇指相对,虎口位置与两侧肩峰同宽,拇指高度为头顶发际位置(女性为下颚位置)。开始时,小腿绷直,膝关节离开地面,两侧肘打开与地面垂直,一次性发力将身体推起完成一个标准的俯卧撑,推起过程中需要受试者身

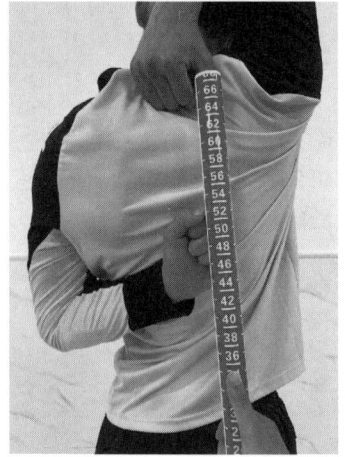

图14-6 肩关节灵活性测试图

体绷直,不出现上臂与腰腹部分先后推起的过程,如若受试者不能按标准完成,则降低难度(男性到下颚,女性到锁骨位置再次进行测试。测试后还需进行躯干稳定俯卧撑的疼痛排查,受试者俯卧,双手将躯干撑起,头部后仰,髋关节以下仍然保持压在地面上,如图14-8所示。

图14-7 直腿上抬测试图

图14-8 躯干稳定性俯卧撑测试图

7.旋转稳定性测试

旋转稳定性测试可以检测被测试者在上下肢同时运动时,躯干的稳定性。测试者从六点支撑跪姿开始,双手在肩关节以下,膝关节在髋关节以下,并分别与地面垂直,勾脚尖。双手、双膝以及双脚均在测试板两边并夹住测试板,测试者尝试用一侧手臂与另一侧腿同时向前向后伸展至最远后,用该侧手臂肘关节触碰另一侧膝关节,连续进行三次,如图14-9所示。两边均顺利完成三次伸展与肘碰膝后尝试用同一侧手臂和腿支撑,另一侧伸展和时碰膝。测试后还需进行跪姿伏地的疼痛排除性测试,受试者双膝跪坐在地面,手臂前放,肩关节打开,臀部坐于后脚跟处,躯干下压。

图 14 - 9　旋转稳定性测试图

　　根据以往的观察,即使高水平竞技运动员也不一定能完美地完成这些简单的动作。我们可以认为,这些人在完成这些测试时,使用了代偿性的动作模式—他们为了自己表现更好,使用了一种非高效的动作(而非高效的动作)。如果他们以后继续使用这种代偿性动作,客观上就会强化这种错误的动作模式,最终会使动作的运动生物力学特征非常差。

四、FMS 评分 - 结果分级

　　测试的评分按 3、2、1、0 分记分。3 分表示受试者能标准完成要求动作,不出现任何代偿或者不稳定的现象。2 分表示受试者能完成动作但是存在不稳定或者是代偿,或是能够完成降低难度后的动作。1 分表示受试者不能按要求完成动作。但所有有分的基础都是建立在其做动作时没有疼痛,或者是排除性测试检查没有疼痛之上。一旦出现疼痛则该动作只能计作0 分。

1. 过顶深蹲动作模式

　　3 分:测试杆在头的正上方;躯干与小腿平行或与地面垂直;下蹲时大腿低于水平线;保持双膝与双脚方向一致。

　　2 分:脚跟下垫上木板之后按照以上要求完成动作。

　　1 分:脚跟下垫上木板之后还不能按要求完成动作。

　　0 分:测试过程中任何时候,运动员感觉身体某部位出现疼痛。

2. 跨栏上步动作模式

　　3 分:髋、膝、踝关节在矢状面内成一直线;腰部几乎没有明显移动;双手握测试杆保持与地面平行。

　　2 分:髋、膝、踝关节在矢状面上不成一条直线;腰部有移动;双手握测试杆与地面不平行。

　　1 分:脚碰到测试绳;身体失去平衡。

　　0 分:测试过程中任何时候,运动员感觉身体某部位出现疼痛。

3. 直线箭步蹲动作模式

　　3 分:躯干基本没有晃动;保持双脚踩在测试板上;后膝接触测试板。

2分:躯干出现晃动,不能保持双脚踩在测试板上;后膝不能接触测试板。

1分:失去平衡。

0分:测试过程中任何时候,运动员感觉身体某部位出现疼痛。

4. 肩部灵活性动作模式

3分:上下两手间距离小于一只手的长度。

2分:上下两手间距离大于一只手的长度,而小于1.5只手的长度。

1分:上下两手间距离大于1.5只手的长度。

0分:测试过程中任何时候,运动员感觉身体某部位出现疼痛。

5. 主动直膝抬腿动作模式

3分:测试杆位于大腿中点上方。

2分:测试杆位于大腿中点与膝关节之间。

1分:测试杆位于膝关节下方。

0分:测试过程中任何时候,运动员感觉身体某部位出现疼痛。

6. 躯干稳定性俯卧撑动作模式

3分:标准俯卧姿势完成动作;全过程保持腰椎自然伸直姿势。

2分:降低难度完成动作,全过程保持腰椎自然伸直姿势。

1分:不能按照要求完成动作。

0分:测试过程中任何时候,运动员感觉身体某部位出现疼痛。

7. 转动稳定性动作模式

3分:运动员能以同侧肢体上抬方式完成标准测试动作,同时保持腰椎自然伸直姿势,躯干与地面平行,肘膝与测试板边线在同一平面内。

2分:运动员能以对侧肢体上抬方式完成标准测试动作,同时保持腰椎自然伸直姿势,躯干与地面平行,肘膝与测试板边线在同一平面内。

1分:运动员不能以对侧肢体上抬方式完成标准测试动作。

0分:测试过程中任何时候,运动员感觉身体某部位出现疼痛。

五、FMS 适用人群

FMS适用于无痛人群以及想健身和提高运动表现的人群。这类人群自觉没有疼痛和功能障碍。FMS以"动作模式"为切入点,帮助教练了解客户或运动员的基础动作能力。健身教练、体能教练在正式训练前为客户或运动员设计一套安全有效的训练计划,需要考虑其身体状况,除了心肺、血压是生理指标,基础动作模式也是一项极为重要的指标。FMS为教练们提供了一个的标准化的动作筛查方式。它能预测客户或运动员在训练中有无损伤风险,找到客户在基础动作上的缺陷,并教你如何通过训练来改善动作质量。在FMS筛查过程中如果客户或运动员出现疼痛,则需要进行SFMA评估。

第三节 功能性动作筛查(FMS)的科研动态

一、功能运动筛选技术在国内的发展与应用概况

运动功能筛选的概念起源于20世纪末,由国外研究者COOKG在 *Athletic Body Balance* 一

书中正式提出。进入 21 世纪,FMS 在体育训练和体育竞赛领域得到了广泛的应用。2000 年悉尼奥运会后,我国研究人员逐渐关注国外先进的运动训练理论和方法,认识到体能训练可以大大提高运动员的运动成绩。第一本提及 FMS 的国家书籍是 2006 年出版的《竞技高水平体育训练》,由刘爱杰翻译。这标志着我国对 FMS 理论探索的开始。2010 年出版《运动:功能性运动训练系统》一书,更全面、详细地介绍了 FMS。2011 年,加拿大学术期刊发表了关于功能训练与 FMS 的研究。2013 年,《山东体育学院学报》首次发表了一篇以 FMS 为研究课题的文章,这是国内功能性运动筛选研究的前奏。国内研究人员从背景起源、定义、原理、功能、操作流程、信效度、测试方法、国内外研究动态、应用研究和存在的功能作用筛选问题等方面进行了研究。功能作用筛选在理论实践中已有近十年的探索。预防运动损伤的成果已在学术界和体育界得到广泛认可。王银辉教授从测试的内容、目的、适应性等方面,将功能运动筛查与传统的体能测试进行了比较,对 FMS 进行了完整的阐述。李赞还从功能运动追踪的背景和起源等方面全面论述了功能运动追踪。通过文献综述,作者将研究对象按职业分为运动员、公务员和学生。运动员包括专业的国家和省队运动员,以及非职业运动员,如大学运动员和俱乐部体育爱好者。公务员主要包括警察、军人、消防队员等;学生是指在校学习的非运动员学生。虽然不同专业的学科有不同的运动能力,但他们对身体结构的要求通常是相同的。其中,核心的稳定性、关节的灵活性、四肢的平衡性都对比赛能力有很大的影响。身体结构的不对称和肌肉发育的不平衡可以通过功能动作的筛选来验证,针对低级别活动的特定训练可以提高运动成绩,从而促进身体的全面发展。

二、功能性运动筛查在运动员中的应用

在我国,运动员属于运动损伤高危人群。职业运动员在训练过程中,由于高强度和高负荷,经常受伤。虽然非职业运动员的训练强度低于职业运动员,但由于训练知识有限,缺乏后勤保障,他们也容易受伤。国外运动员的 FMS 评分普遍较高,这主要是由于体能教练对运动技能的重视和体能康复教练对运动损伤的重视。由于运动损伤对职业运动员的职业生涯有着决定性的影响,国内 FMS 研究主要用于运动损伤的筛查。研究显示,健康组的 FMS 评分大于损伤风险临界值,且两组评分差异显著,这可能证明 FMS 是一种有效的损伤筛查工具。此外,运动员在准备阶段和比赛阶段的 FMS 分数普遍存在显著差异。然而,FMS 分数是否与运动能力相关的问题也存在争议。张英波通过测试发现,FMS 得分越高,运动水平越高。然而,一些学者有不同的看法。丁明鲁通过中国空手道国家队的 FMS 测试发现,测试结果与运动成绩之间没有直接的相关性。另外,运用 FMS 对培训内容进行调整。随着国内外 FMS 研究的深入,人们发现所有测试对象参照统一的标准进行评价并不科学,运动员 FMS 得分低于 14 分的比例远高于其他组。这是因为运动员由于特殊的长期训练,单方面训练,负荷过大导致运动模式的缺陷,导致成绩较低。徐建武认为,职业运动员 FMS 损伤风险临界值应大于 14 分,乒乓球运动员 FMS 损伤风险临界值建议为 12 分,高强度橄榄球运动员 FMS 损伤风险临界值可能更合适为 15 分。在研究过程中出现了两个相互矛盾的结论。第一,运动力与 FMS 得分呈正相关。另一种是负相关。究其原因,职业运动员竞技能力越高,训练强度越高,受伤风险越高,FMS 得分低的概率越大。但就身体健康而言,竞争力的高低决定了身体机能的高低。因此,FMS 与运动能力之间的具体关系需要更详细的研究。尹军整理 FMS 筛选结果,建立纠正动作的原理和方法。李忠明等人对 FMS 的信度和效度问题进行了研究,他们指出,尽管 FMS 的信

度和效度存在争议,但它仍然是一种信度和效度较高的测试方法。李青,玉林总结了 FMS 的研究现状,国外主要针对 FMS 的信度、效度和运动损伤预防能力的预测四个方面进行了临床研究,国内的研究主要分为理论介绍和应用研究两个方面。孙丽丽对比研究培训和 FMS,指出了测试内容、对象、客观方面的不同,总结了两者的优缺点。关于 FMS 的相关文章介绍了测试方法和标准,但评分标准比较一般缺乏图像描述标准。关键等人对本文讨论了功能运动筛查的研究进展,他们指出,在不同人群中不同 FMS 测试得分的平均值受年龄、性别、BMI 等因素的影响,初步确定现有的 14 项研究分为标准风险预测。王珂指出,首都散打篮球特长生 FMS 测试得分总体较好,随着年龄的增加,BMI 的增加,见习者 FMS 测试得分下降,前锋和后卫测试得分较好,中锋测试结果较差,左右两侧轮换差异明显稳定性测试结果。王东丽指出,大部分学生在篮球选修课科目上都有不同程度的损伤,在 16 ~ 18 分之间。柴静和王东丽都是 FMS 测试和篮球方面的专家,结合体育运动、运动模型的特点和篮球运动之间的关系,他们认为应该引入 FMS 测试,在体育训练中有效预防运动损伤改进篮球运动。潘应旭将 FMS 测试应用到国家排球队,通过筛选得知大多数运动员都有较多的运动损伤风险,应在计划中调整。吴芳蓉对 FMS 测试在高尔夫球场教学中的研究结果表明,参与者的灵活性和稳定性与特殊技术水平呈正相关,男女在动作方式和特殊技术上有显著差异,得分低于 14 分的学生受伤率远高于 14 分以上的参与者。

目前功能性动作筛查已应用到田径运动项目上,朱玉龙、赵骞对黑龙江省田径运动员进行 FMS 测试发现该省田径运动员存在受伤风险的人数较多,训练过于专项化。测试研究结果受试运动员总分普遍较低,运动员存在较高的受伤风险。王曼、王一丁对秦皇岛市中学生田径运动员进行 FMS 测试,发现该市运动员髋关节灵活性及核心力量较差,测试成绩与运动等级、运动成绩正相关,运动员不了解自己的身体运动功能情况。陈杰林等对广东省一线田径、游泳、举重运动员进行 FMS 测试研究,由筛查结果得知,功能性动作筛查能有效评价运动员的运动功能。受试运动员得分呈现出专项化特点,三个项目运动员都需加强核心稳定性的训练。刘凯指出我国游泳运动员灵活性稳定性比较差,运动员长期的大强度专项化训练造成了 11 种低分运动模式,经过干预训练动作质量会改变。陈杰林对广东省一线武术套路运动员进行 FMS 测试发现受试者测试得分比较理想。丁明露应用 FMS 对国家空手道队进行测试,运动员踝关节、背屈封闭运动链不良,膝、髋关节屈曲不良,身体核心部位力量、反射稳定性差。牟必元教练对台州市青少年武术套路运动员进行 FMS 测试发现受试运动员整体得分较低,肩关节、上肢运动功能良好,身体动态稳定性不良,核心稳定性欠缺。王兆征等对江西省皮划艇运动员进行 FMS 测试运动员测试总得分 18.25 ± 1.28。他们认为 FMS 测试能反映出运动员的薄弱环节,教练员应根据测量结果进行个性化训练。李雷等对河北省 49 名皮划艇运动员进行 FMS 测试,结果表明受试运动员关节活动性差、腿部肌肉发展不均衡,动态平衡表现不佳、女运动员核心稳定性、对称性表现较差,建议教练员针对上述问题进行多维度的体能训练。徐萌对北京划艇运动员进行 FMS 测试研究,队员得分良好,身体左右侧无明显差异,但队员肩、髋关节灵活性和稳定性不足、躯干旋转稳定性差、核心力量不足、平时训练应密切注意薄弱关节的损伤。

三、功能性筛查在公职人员方面的应用

公职人员因为工作性质的与众不同,几乎都带有伤病,导致动作模式一般都存在问题,其 FMS 测试结果有如下共性:首先,公职人员的 FMS 得分存在高分不高,低分较低的现象,究其

原因,可能是工种的特殊性导致的。其次,从业时间越久的公职人员,其 FMS 低分概率就越高。其可能原因在于随着年龄的增长及工作强度的变化,身体的骨密度开始下降,身体恢复能力开始减弱,肌肉耐力、心肺能力、控制力、敏捷速度等身体机能处于下滑阶段。焦广发指出受到年龄、BMI、受伤史等因素影响,FMS 得分存在较大差异。最后,FMS 的评分受到测试人员主观影响,信效度的说服力存在争议。有学者基于统计学计量法得出,FMS 初学者和专业人员的评分基本一致,但在旋转稳定的测试评分上存在不一致。另外,在梳理公职人员有关的 FMS 研究中还存在其他问题,一方面 FMS 子项目得分上存在职业、年龄、性别相同,但是所处环境不同,其得分也不同。另一方面,由于职业的特殊性导致公职人员受伤比例高于一般人群,尚未有学者将过往受伤史纳入 FMS 得分的考虑范畴。

四、总结

基础动作是人们日常身体生活中的根本,无论一些专项技术有多么复杂,都是基于此的变化。正确认识掌握这些基础动作对人们的日常生活十分重要,功能性动作筛查作为目前先进、科学、简易、高效的筛查方法,对运动员和普通人都能起到很好的运动损伤预防作用,同时又尽可能地避免受伤。从 20 世纪末发明到现在,功能性动作筛查得到世界各地体能训练师和康复治疗师的认可。FMS 的出现提高了物理康复师和体能训练者对平衡性、灵活性和稳定性认知,但在竞技能力发展体系里,还有力量、敏捷、反应、爆发力等其他身体素质需求,因此 FMS 不能替代其他运动能力筛查。我国功能性动作筛查基于近十年的发展,目前正处快速发展阶段,普及水平逐渐提升,实践应用也从专业竞技体育领域扩展到大众健身健康领域,但对所有受试者使用统一的评价标准还有待商讨,建议后期有关 FMS 的研究,以不同职业或不同运动能力的人群为切入点,建立多层次的评分标准,FMS 测试在我国已经得到推广,相关学者对 FMS 测试的起源、发展、信度效度、测试方法、应用现状进行研究为 FMS 的应用提供理论支持。但是目前我国对 FMS 测试的研究仍然存在不足,对 FMS 信度效度的研究国内学者完全参考国外文献资料,没有以我国人群为研究对象对 FMS 测试信度效度进行验证,测试人员经验和水平是否影响 FMS 测试结果可靠性存在较大争议。目前我国还没有 FMS 测试数据库而且对 FMS 测试数据积累较少,希望以后 FMS 为更多人规避运动风险查找运动功能不足服务。

【复习与思考】

1.为什么能通过七个测试对人体基本运动功能进行评估?

2.FMS 各个动作的意义是什么?

3.通过筛查发现的问题应该怎样解决?

第十五章 选择性功能动作评估（SFMA）

第一节 概 述

一、定义

选择性功能动作评估（SFMA）是专门为治疗肌肉骨骼问题的医疗专业人士设计的一个标准化的评估和诊断体系。SFMA 从动作模式出发，帮助治疗师发现看似与患者主诉毫不相关的功能动作缺陷，它让治疗师不再仅是关注局部的疼痛，而是将整体的功能性动作、区域相互依存的原理、神经发育学原理考虑进来，帮助找到疼痛根源，再进行针对性治疗和训练，而这恰恰是彻底解决患者肌肉骨骼疼痛的关键。

我国体育事业发展正从粗放型模式转向集约型模式，在体育职业化、市场化发展的影响下，传统训练理论越来越难以适应当前训练形势的发展需要，进一步创新训练理念已成为当前亟待解决的问题。选择性功能运动评估（SFMA）（图 15-1）从属于功能性训练体系中的评估体系，能够帮助有效预防运动损伤。目前对选择性功能动作评估的应用研究逐渐增多，但理论方面稍有欠缺。

图 15-1　SFMA

选择性功能动作评估（SFMA）是基于动作的诊断系统，源于功能动作筛查（FMS），从属于功台训练体系，通过评估基础运动的局限性或症状激发来确定身体动力链、肌肉链的问题，精准定位功能异常部位。由此可见，选择性功能动作评估是一套完整的评估训练体系，使用该评估方法不是替代现存的各种检查与干预方法，而是一种新的训练方法体系，弥补现有不足，为其提供一个可参考的评估与训练理念。

SFMA 是美国物理治疗师 GrayCook 发明的动作评价体系，是治疗肌肉骨骼系统疾病的一个标准化的评估系统。SFMA 从七个动作模式入手，放眼整体而非疼痛局部，试图寻找功能障碍的根源。SFMA 能测量和动作模式有关的疼痛及功能障碍，用动作筛查诱发症状和功能障碍。研究认为，不同患者出现相同部位的疼痛，其动作模式和疼痛原因却可能是完全不同的，而同样原因带来的功能障碍可能也是不同的；同时，一个较远部位的看似没有任何关系的损伤，可能是患者目前问题的原因。所以，要想达到最佳的治疗效果，必须因人而异，对患者进行全面详细的检查，这也是 SFMA 和常规治疗的不同之处。SFMA 评估体系通过颈部运动模式、上肢运动模式、多部位屈曲、多部位旋转、多部位伸展、单腿站立以及高举深蹲这 7 个全身性测试动作，主要是对患者存在肌肉骨骼疼痛时人体进行基本动作的能力进行评估。首要层级动作评估：对患者进行 SFMA 首要层级动作评估（7 个动作模式）并结合患者的症状，来判断接下来的检查重点，明确查找方向。SFMA 分解测试：结合第一步筛查出的重点，按照体位评估继续进行筛选，找出患者功能障碍的"痛源"。

为助力奥运备战工作，借鉴国际功能训练先进理念，国家体育总局备战伦敦奥运委员会同美国运动训练机构合作成立了"备战伦敦奥运会国家队身体功能训练团队"，将此训练理念引入国家队训练中，在此之后功能性训练在我国训练领域广泛开发应用。功能训练体系的构成是一个有机整体，包括了功能动作评估、功能训练方法及相应的矫正练习，各系统间相互联系、相互促进，是提高身体功能的重要途径。功能训练练前的动作评估环节是功能性训练的重要内容，也是异于传统身体训练的主要特征之一，主要包括了功能动作筛查、选择性功能评估等评估手段。

选择性功能动作评估（SFMA）的目标是获悉姿势和功能模式，以便与基线进行比较。SFMA 是一种组织方法，用于对功能性动作的质量进行排序，并在次优情况下对症状的刺激反应进行排序。"人们已经认识到，肌肉和关节的功能障碍密切相关，这两者应该被认为是一个完整的不可分割的功能单元。"

SFMA 用于评估和动作模式相关的疼痛和功能障碍的状态。他用动作来诱发症状，并展示患者动作受限和功能障碍动作模式缺陷中的信息和患者的最初主诉相关。再将这些信息进行加工，测量和其他独立测试解析之前，SFMA 提供了观察动作模式行为的机会。

选择性功能动作评估（SFMA）的标准：SFMA 筛查了多种动作模式，所以可以在一次评估中观察多种结果。这些问题可以产生 4 种答案。

FN——功能性或正常动作模式，没有疼痛。

FP——功能性或正常动作模式，有疼痛。

DP——功能障碍或受限动作模式，有疼痛。

DN——功能障碍或受限动作模式，没有疼痛。

为了便于分类，共有 7 个标准化的基础运动，并且为了更加清晰透彻，还将对有些模式进行分解。真正的功能性诊断必须从这个层面开始，至少对一个不正常路径做进一步检测。SFMA 提出了 4 种可能的方案。了解每种方案是非常有必要的，其中两种方案与临床相关性最大，可以为进一步研究选出合适的路径。

二、应用

对 SFMA 在训练中的研究现状进行阐述，分析选择性功能动作评估在功能性训练中的应用效果及存在问题。研究认为：选择性功能评估是一套完整的评估训练体系，整合身体姿势、肌肉平衡等多重理念通过对功能动作识别判断，经过纠正训练，改善功能结构提升运动效率。目前主要应用于出现功能异常及疼痛的运动员中，其应用广度深度还需加强。希望能够弥补选择性功能动作评估理论研究的不足，同时为肌肉骨骼系统性疾病的评估治疗提供科学指导。

目前,选择性功能动作评估在功能训练中的应用涉及篮球、排球、足球、举重、跑步和棒球等运动项目,对功能性训练的制定与实施具有指导意义。

SFMA 多数应用于篮球,SFMA 适用于 CUBA 高校篮球运动员身体功能的评估,通过简单实用的方法快速找出高校篮球运动员身体功能不足之处。高校篮球运动员身体功能缺陷主要集中在髋关节、膝关节、踝关节以及腰部,其中单腿站立检测出高校篮球运动员存在双侧不对称性的问题,左侧腿明显优于右侧腿,右膝关节稳定性不足,右侧髋关节的稳定性较差;双臂上举深蹲检测出篮球运动员踝关节背屈的功能受限,20 名篮球运动员下肢存在较大的运动损伤的风险。在今后的训练中应加入本体感知觉训练,重点对右侧膝关节的稳定性以及右侧髋关节的灵活性进行重点强化,加入柔韧性的训练。根据测试结果制订具有针对性训练计划,减少CUBA 篮球运动员在训练或比赛中发生运动损伤的概率。

国内应用现状:SFMA 应用于各种运动项目中,对预防运动损伤及提升运动能力效果显著。王雄通过功能动作评估发现,排球运动员在测试中的各单项得分均低于整体平均值。运动员在完成深蹲动作时膝关节疼痛,分析显示臀大肌力量弱或不会主动发力。部分主攻、副攻位置运动员疼痛症状出现于腰骶部,评估发现进攻位置的运动员背肌力量不足而出现疼痛,这可能与运动员需完成大量的反弓式扣球、发球等动作有关。因此,针对运动员不同薄弱部位进行功能训练以改善功能异常。

国外应用现状:国外关于选择性功能动作评估的研究不断深入,涉及了不同体育项目的测试与干预训练。Gosgian 和 Swanson 发现大学生足球运动员在颈部旋转、头顶下蹲和屈曲、伸展、旋转模式中易出现功能障碍,而通过功能训练可提高大学生足球运动员的运动表现。此外,Mokha 等人记录了大学生跑步者在多个测试动作中均出现功能障碍,而应用分腿弓箭步等功能性动作训练可有效改善深蹲模式异常情况。Victoria 等人运用 SFMA 时发现,三名舞者在多节段屈曲、单腿站立和头顶下蹲模式中表现出功能障碍,其中一名舞者通过创建功能性训练方案有效纠正了功能异常与疼痛。国外专家学者在 SFMA 的可靠性研究中发现,SFMA 作为一种肌肉骨骼评估工具在已知有损伤的运动员评估中显示出较高的内部信度。在使用分类评分系统确定 SFMA 的 10 个顶级运动的评分者内部和评分者之间的可靠性研究中,不同经验的治疗师对 25 名体力活动者实施独立评估发现,具有 SFMA 丰富经验的临床医生证明了其内部评估者的可靠性更高。

功能训练理论最初是国家体育总局为备战伦敦奥运会而引入国内的,目前尚无系统的训练理论及方法体系,范冬香等研究证明应用 SFMA 评价国家体操队一线队员的运动损伤具有较好的客观性及有效性,并由此总结出了更有效的物理治疗方法,路琳等通过对中国女子举重运动员进行研究,发现核心力量训练能改善运动员身体运动功能,但对 SFMA 测试结果影响不大,即对运动损伤的治疗效果不显著,曾有研究对发生运动损伤风险较大的跳水运动员进行SFMA 评估,以筛查出其高风险损伤原因及部位,从而制订针对性治疗方案,发现效果满意,上述研究均表明 SFMA 评估方法有利于更好地发现损伤风险较大或已有损伤者的身体弱链。相关研究表明,NLBP 患者躯干肌力量明显下降,并以伸肌肌力下降幅度较显著,有学者指出,SF-MA 作为已知有肌肉骨骼损伤患者的运动功能障碍评估工具时,其内部信度可靠,国外有研究报道,应用 SFMA 评估 1 位青少年男性 NLBP 运动员,结果显示其右上肢内旋伸展模式异常,给予相应治疗后患者疼痛病情明显改善,目前国内鲜见该方面报道,本研究采用功能训练体系治疗慢性 NLBP 患者并对其疗效进行分析,发现观察组患者治疗 1 周后其患侧竖脊肌及多裂肌表面肌电检查结果，以及 MPQ 评分均优于治疗前水平治疗 2 周后上述指标均显著优于治疗前及对照组水平，说明通过功能训练体系治疗慢性 NLBP 患者长期疗效显著，能明显缓解患者疼痛程度、提高生活质量，但推荐治疗疗程仍需进一步探讨，对入组患者进行 3 个月随访，发现对照组患者复发率明显高于观察组，提示功能训练体系干预能明显降低慢性 NLBP 患者复发率，需要指出的是，SFMA 评估流程涉及项目较多，且主观性较强，不同评估者进行评估的结果可能不同，给相关临床研究带来很大困难，同时本研究选取样本量较小，干预时间较短，对实验结果及其疗效分析均有一定影响，后续有必要进行大样本、长期对照研究。

随着我国人口老龄化日益加重，OP 发病率逐年增加，已严重影响中老年人生活质量。其典型临床症状主要为腰背及四肢骨盆疼痛、脊柱畸形及脆性骨折，其中，疼痛因素作为 OP 患者就诊最主要原因，多数患者就诊时多为长时间疼痛感并伴有焦虑和抑郁。因此，在积极抗骨质疏松的同时，应采用合理治疗方法缓解患者疼痛感，如环氧化酶抑制剂、非甾体抗炎药及阿片类药物治疗，其虽被基础实验和大量临床验证有效性，但长期服用药物易产生不良反应和依赖性。另外，中老年人身体机能下降，肌肉含量和弹性随之下降，易造成平衡能力衰退，跌倒风险增加，造成不可逆伤害。基于此，如何能快速、持久、经济、安全地抑制 OP 患者疼痛感和增强平衡能力，已成为治疗中老年性 OP 需兼顾的首选目标。因此，SFMA 作为人体运动功能进行整体评定的一套工具，可有效抑制炎性因子分泌、减轻疼痛感、提高平衡能力，从而提高患者生活质量。

SFMA 是由美国物理治疗师 Gray Cook 等团队研发的一套功能动作评价体系，其主要有三大重要理论基础如下所示。

1. 区域相互依存

Cook 认为身体是通过一连串的稳定区域与灵活关节相连，并不断地交互交换方能正常工作，当这个模式被打破，功能障碍和代偿就会发生。

2. 运动控制产生变化

疼痛和运动控制的"新理论"解释了大脑皮质运动控制系统会为损伤或疼痛部位提供短期保护，使运动控制产生变化，当长期积累达到顶峰就形成了临床上观察到的动作模式功能障碍。

3. 神经发育的角度

机体动作是通过"模式"的形式习得的而不是靠单独的肌肉发展。当因疼痛等因素使运动控制产生变化时，就会产生异常的动作模式，功能障碍，使中枢神经受到长期痛觉传递，因此，需要从神经发育角度，通过纠正性训练，让大脑重新习得正确的运动模式。同时，利于机体更新衰老细胞，提高骨骼肌细胞自噬能力。由于结合了力量训练可利于肌肉修复和再生能力，延缓中老年人肌肉力量和平衡能力衰退。另外，当肌体反复循环运动锻炼后可不断刺激前庭、本体感受器官，增强感觉的敏感性和对姿势的控制能力，从而改善老年人的平衡能力。

SFMA 指导下的纠正性训练可通过减少痛觉对中枢神经的传递，减少 P 物质分泌，从而达到抑制炎性因子的目的，达到恢复疼痛感受器阈值的目的，从而控制疼痛敏感度。从主观疼痛感觉而言，观察组在 VAS 评分低于对照组，也进一步说明该方法能有效抑制炎性因子、减轻疼痛程度。同时，也利于提高 SF-36 评分，可多方位、多层次的改善患者生活质量。从平衡能力测试评分可看出左、右睁眼和闭眼体位测试评分明显提升，但双脚闭眼睁眼体位评分未见提高，说明平衡能力提高得以证实，但双脚着地时睁眼和闭眼评分未提高，考虑其体位前庭神经敏感度差,与姿势控制能力差有关。治疗两组骨密度值对比无显著差异,SFMA 指导下的纠正性训练虽能增加骨骼肌力量、提高骨关节机械力量,但未发现具有提高骨密度的能力。综上所述,本研究运用 SFMA 指导纠正性训练治疗 OP 疼痛患者,取得了较好的临床疗效,受限于人力、经费等原因,本研究样本量偏小,下一步还需要进行大样本的临床研究以及中枢神经、炎性因子和前庭神经平衡机制相关性的基础实验,从而为运用 SFMA 指导功能性训练治疗 OP 疼痛患者的有效性提供更多的客观证据。

三、意义

SFMA 分两个步骤,是一个渐进且相互依存的过程。这两个步骤构成了"功能性动作评估"之前的严格筛选这一过程。步骤一:确认基础动作模式的状态,即是否存在疼痛、功能正常抑或功能障碍。这是一个 4 步筛选方法。步骤二:提出了减少有问题的动作模式系统。这个减少过程包括采用一些发展性的姿势和动作模式,系统地减小负荷和复原。

事实上,疼痛的区域通常不是功能障碍的来源,只是「霸凌者」的「受害者」。这个「霸凌者」在与疼痛相关的链条上或下的某个位置需要进行治疗,以纠正引起疼痛的运动功能障碍。否则,只有症状会得到治疗,导致这种疼痛的主要问题不会得到解决,导致经常发作。因此,为了做出长期改变,防止那些恼人的伤害持续下去,你需要找到问题的根源,但追根溯源并不总是容易的,而 SFMA 可以为你提供帮助。SFMA 是临床医生包括理疗师、健身教练、整脊治疗师用来评估疼痛患者的评估工具。它将被用作基线评估,并在必要时重复使用,它不代表什么类型的治疗应该执行,只是从哪里开始寻找。SFMA 与许多其他系统的不同之处在于,它利用运动来诊断疼痛的来源,而不仅仅是疼痛发生的部位,而不是只看身体部位或区域的疼痛问题,让你学会评估运动的质量,然后寻找潜在的代偿。

SFMA 的测试模式的进一步分解,取决于它们是功能性的还是非功能性的,疼痛的还是非疼痛的。例如,如果一个人被要求做一个深蹲,并且他们报告了这个动作的疼痛,临床医生可以进一步把深蹲分解成多个动作,所有这些动作都必须完成才能让这个人成功地深蹲。这可能会包括观察臀部、膝盖或脚踝的灵活性、稳定性,而根据这些发现,临床医生可以治疗有问题的区域,并重新评估运动。SFMA 遵循的原则是,某些关节必须是灵活的,而其他的关节必须是稳定的,然后我们采取相应的方法来对待这些关节。

尽管 SFMA 是一个临床工具,但和其他筛查一样,也需要在测试之前对评估内容进行分级和排序。临床医生可对每一个异常的动作模式进行分类,策略性地选择那些功能障碍且有疼痛、功能障碍但无疼痛、功能正常但有疼痛的动作模式。该系统这样的分级过程提供了更清晰的运动功能障碍特征和基于运动的疼痛特征。在这个严格筛选过程中将检查运动和运动组成部分的对称性、受限性,以及加载和卸载负荷前后结构的变化。掌握 SFMA,临床医生还可以在以下方面受益。SFMA 帮助临床医生对患者的信息进行优化和排序,以便制订更加全面的功能诊断。由于它采用了结构孤立所必需的力学模块,从而平衡了动作模式的表现方式,扩展了人们的认识。SFMA 将帮助临床医生根据运动功能障碍进行最有利的治疗和选择纠正性训练方式。它提供了捕捉身体区域相互依赖范例的方法,指出了远离症状部位的结构和功能是如何影响疼痛和效能的。这一点很重要,由于很多训练都是针对疼痛部位或邻近疼痛部位进行单独的运动,或依据患者基本诊断分类有关的常规流程,以致常常使用错误的运动训练。

SFMA 是由美国物理治疗师 GrayCook 等团队研发的一套功能动作评价体系,提供了一个系统的过程,有意识地避免了训练对运动控制和代偿动作所产生的负面影响,以及由此所引起的各种症状。SFMA 作为人体运动功能进行整体评定的一套工具,可有效抑制炎性因子分泌、减轻疼痛感、提高平衡能力,从而提高患者生活质量。

四、对功能性训练的审视与思考

将运动训练学、运动医学、生物学三者结合,全面系统地讨论人体动作姿势和动作模式训练,需要从整体的角度重新审视人体运动,这是训练理论优化升级的必由之路。区域相互依赖模式从人体结构相互依存的整体视角出发,对功能动作进行整体分析,经历了由关注单一关节、单一肌肉的状态,发展到关注整体运动模式、认知的转变。当一个关节肌肉出现损伤时,出现功能障碍的可能不是关节肌肉本身,而是相邻关节肌肉出现功能结构的异常。神经肌肉系统在执行运动技能过程中起到支配、调节作用。当神经肌肉系统出现损伤后会形成保护性机制,出现代偿性运动模式,这一循环往复会导致运动控制的改变,如果不加以纠正将会导致肌肉损伤加剧,也会增加损伤复发的风险,出现恶性循环。当今,全民健身与竞技体育快速发展,需要更多进行运动损伤预防与运动能力提升的整体性研究,综合考虑神经肌肉的作用,把全面评估筛查应用到常规训练中,以此来改善肌肉骨骼疼痛,优化训练环节,提升训练效率。

如何使多肌群与多关节协同配合将躯干动能沿运动链的传导形成链反应,将动能有效传导至肢体发力端,形成符合生物力学规律的"运动链"? 这是大多数专项运动训练共同面对的难题,也是功能性动作的目的和意义。功能训练将动力链、神经链、肌肉链充分整合,依据人体结构有效传递能量,助力竞技能力提升。在评估的基础上进行功能性训练并不是代替传统训练,而是对传统训练加以扩充。由此在未来的训练中,逐步通过评估发现身体功能障碍,采用功能性训练加强人体链条的有效衔接,全面提升运动效率,改善动作模式,优化动作衔接,进而提升竞技水平。

第二节 选择功能动作评价系统

运动障碍的定义:由于整体神经发育迟缓而引起的运动障碍,常表现为笨拙,不协调、不平衡,动作不充分,以及由于长期扶正而引起的足跟高位肌肉紧张和挛缩。这些孩子大多是由自身运动发育质量差所致。

在过去的几十年里,研究人员已经给出了运动障碍,如笨拙(Wall,1990),"笨拙儿童综合征"(Dare et al.,1970;Hume,1986),感觉整合障碍,以前被称为轻微脑损伤。一些研究人员认为运动障碍是发展性运动障碍的征兆。"发展性"是指这种状况发生在生命早期,儿童在其文化背景下无法达到该年龄大多数儿童的身体技能发展的平均水平。运动障碍的第一个定义是由 Gubbay 在 1975 年提出的。他认为,根据通常的神经学标准,儿童的运动障碍有以下含义:智力正常,没有身体缺陷,感官表现和协调异常,但他们执行某些有针对性的技能动作有障碍(Cratty,1994)。根据这个定义,运动障碍儿童的结果很可能是正常的,换句话说,运动障碍可能与神经系统无关。

在现有研究成果的基础上,运动障碍的新定义被提出(1988):它是一种技能获得缺陷,儿童无法顺利获得协调其动作所需的技能,这不能用一般的智力迟钝或神经疾病来解释。这一定义清楚地表明,儿童运动障碍独立于其他医学问题。

许多研究表明,患有运动障碍的儿童通常会出现许多障碍,其中湿综合征(就浓度而言,发动机控制和感知),即注意力缺陷,运动障碍,学习困难和心理社会适应困难,以及情绪和行为问题,这些问题往往伴随着恐惧或焦虑。运动障碍往往会给孩子的日常生活带来重大困难,并会严重影响他们的学习成绩,而且他们的障碍可能不会随着年龄的增长而消失。有关各方的缺陷由于临床治疗和研究中对运动障碍的定义经常存在差异,世界卫生组织(世卫组织,1992 年)和美国精神病学协会(1994 年)在"国际疾病分类 10"(ICD10)和"精神障碍诊断和统计手册"(DSMIV)中重新命名和定义了运动障碍。世界卫生组((WH))将运动障碍称为"一种特殊的运动发育障碍"(SDD-MF)(ICD10),美国精神病学协会将其称为"发育协调障碍"(DCD)(DSMIV)。虽然学术界对"运动功能"和"协调"这两个术语的确切内涵存在很大争议,例如,前者指的是运动控制领域中的刻意行为,而后者相对较小,常被定义为"关节和肌肉之间的合作行为"(Schmidt,1988)。然而,对于临床医生来说,"运动功能"(ICD10))和"特异性协调能力"(DSM))通常被认为是可互换的。

在 ICD10 中,"特殊运动功能发育障碍"(SDD-M)的定义如下:"根据儿童的年龄和整体智力,儿童在精细和粗大运动任务方面的运动协调水平明显低于预期水平,这种协调困难应该在儿童发育的早期就存在。"(CIM10,1992 年)。DSMIV 的定义"发展协调的障碍"包括标准 A 和 B。标准 A 如下:"个体在需要运动协调的日常活动中的表现明显低于其年龄和相应的智力水平,这可能是运动能力(行走,攀爬,坐着)严重滞后、跌倒、笨拙、写作困难等";标准 B 是:"个人的学习成绩和日常生活受到标准 A 问题的严重影响"(DSMIV,1994 年)。ICD10 与患有运动障碍的儿童使用 DSMIV 所经历的问题相似。两本教科书都在"功能"层面上描述了这些个体的运动状态,即提及日常生活中以目的为导向的行为,认识到运动困难的模式会随着年龄的增长而改变。两者都指出年龄特征和综合智力水平是诊断中需要考虑的两个重要因素。

运动障碍可以以不同的方式和不同的严重程度表现出来。常见症状主要表现为肌肉张力异常,运动计划不足,持续运动困难,运动稳定性差,运动协调性有缺陷。大多数儿童从儿童早期发育开始就出现不同程度的肌肉紧张异常,难以改变姿势的异常动作。往往出现视觉空气功能障碍,如立体视觉程度,认知操作困难等,表现为不能顺利通过纵横交错的扇子、积木、建立模型、打球、画图和理解地图。这些儿童的社会适应能力可能受到影响,特别是在学习方面,并可能出现写作困难。除了组织,从计划和执行复杂的动作,这些儿童往往有知觉障碍、思维障碍、语言障碍、迟钝障碍、言语困难(尤其影响发音)、咀嚼困难等,笨拙运动的具体形式也因年龄而异。运动障碍患者通常有阳性的神经体征。

一、运动障碍的类型

运动障碍的主要类型有以下 9 种。

(1)疼痛性运动障碍。

(2)间歇性运动障碍 在出现血管疾病,肢体血液循环紊乱的情况下,运动肌肉无法获得相应的供血,从而出现运动障碍,休息或暂停运动的情况(由 1998 年第 25 号第 2 条修订;由 1998 年第 25 号第 2 条修订)。

(3)职业性运动障碍 是职业性精神功能障碍。由于心理因素,当患者进行其职业所必需的运动时,可能会出现肌肉痉挛或无力,使其无法或运动障碍,而没有停止这项运动或做其他运动。

（4）满口运动障碍　这是一种迟发性运动障碍，特别影响面部肌肉，是由药物引起的。

（5）迟发性运动障碍　脸颊，嘴巴和颈部的肌肉无力。典型的重复性运动，主要由长期使用精神松弛剂和抗精神病药引起，在老年人中很常见，在停止治疗后很长一段时间内可能不会消退。

（6）运动传导通路损伤引起的运动障碍　包括由上运动神经元和下运动神经元损伤引起的运动障碍。

（7）锥体外系病变引起的运动障碍　患者肌肉张力增加，全身肌肉僵硬，因而动作笨拙，精细动作困难，行走缓慢，步态惊慌，表情僵硬。常见于帕金森病或帕金森综合征、威尔逊病等。

（8）肌肉损伤引起的运动障碍，重症肌无力，进行性肌肉萎缩等。骨骼损伤引起的运动障碍。

（9）情绪紧张引起的运动障碍　通常在睡眠中消失。

二、具体性能

（一）麻痹

从大脑的皮质运动区到骨骼肌的整个上下运动神经元，任何地方的损伤都可能导致瘫痪。肌肉力量的完全丧失就是完全麻痹。肌肉力量丧失，即维持一定程度的运动功能不完全麻痹。根据麻痹的部位可分为单瘫、偏瘫、截瘫和四肢瘫痪。单瘫是一侧面部和肢体的运动障碍。单瘫可由外周运动神经元的损伤引起，也可由大脑皮质和运动中枢的损伤引起。偏瘫是左右身体的运动障碍。中枢性麻痹是最具代表性的运动障碍。通常是由脑出血或脑梗死引起的偏瘫有时被称为交叉偏瘫，即脑神经的损伤，如动眼神经麻痹（脑角损伤）、面神经麻痹（桥脑损伤）、舌下神经损伤（脊髓损伤），以及对侧上下肢偏瘫。交叉偏瘫表示病灶在脑干，通常由脑干肿瘤或寄生虫引起，截瘫是下身或双下肢的麻痹，而上肢和下肢瘫痪则是四肢瘫痪。截瘫是脊髓两侧锥体束同时损伤的结果，故多见于脊髓外伤、脑（如脑）损伤或对称性周围神经损伤时也可发生截瘫或四肢瘫痪。截瘫是由脊髓损伤引起的，常伴有特殊的痉挛步态，深度反射亢进和各种病理反射。可见于脊髓外伤，脊髓肿瘤，肌萎缩侧索硬化症，遗传性痉挛性截瘫，脊髓空洞症等疾病。

（1）中枢性麻痹。即由于运动神经元（大脑皮质的运动细胞，从锥体到脊髓角），表现为痉挛性麻痹，肌张力增高，肌腱反射减少或消失，麻痹侧浅表反射（腹壁反射，脉搏反射等）和病理反射如 Babinski 和 Hoffman 征阳性。然而，急性中枢性麻痹发作是金字塔休克的表现。

（2）2~3 周后痉挛性麻痹。中枢性麻痹见于脑血管病，脑肿瘤和颅内占位性病变。周围神经麻痹是由下运动神经元（前角细胞或脑神经运动核），周围神经和神经肌肉连接处的损伤引起的。它是一种放松性麻痹，肌肉张力下降，深层反射减少或消失。持续性严重麻痹可伴有肌肉萎缩。肌肉自身疾病引起的肌肉萎缩与肌肉无力或麻痹的程度是平行的。周围麻痹有时可伴有肌肉颤动。由前角细胞损伤引起的继发性麻痹多见于脊髓灰质炎、部分脊髓炎和外伤。终末神经损伤引起的麻痹见于创伤性压迫、感染和中毒性神经炎。此外，血钾异常可引起周期性瘫痪，佝偻病也可引起麻痹，重症肌无力患者的肌肉在反复应用后因疲劳而麻痹。

（二）精神运动障碍

它是由大脑皮质的运动中枢和其他精神中枢之间的通信功能障碍引起的。例如，精神运动兴奋（自主运动和言语的显著增加）和精神运动抑制（运动和言语的显著减少）在精神障碍中更为常见。失语症是由于记忆障碍而丧失了正确使用物体进行有针对性的运动的能力，或者由于记忆力受损而丧失进行精细动作的能力或进行粗略动作的灵活性。

共济失调的协调性是小脑前庭系统，深感觉和锥体外系协调的结果。因此，上述结构的破坏将是一个协调一致的运动。小脑蠕虫损伤引起躯干平衡障碍，小脑半球损伤引起患肢协同运动障碍，活动范围差，活动范围过大和故意震颤。感觉共济失调患者不能辨别肢体运动的位置和方向，因而不能正确地进行自主运动。前庭共济失调以平衡障碍为主。一般来说，大脑共济失调（如额叶）不如小脑共济失调严重。

肌束震颤是由于脊髓前角细胞或脊神经前根受到刺激而引起的单个肌束的微小快速收缩。痉挛是一组或多组肌肉的无意识收缩。阵挛性痉挛是一种突然的、短暂的、重复的肌肉收缩。强直性痉挛是一种持续时间较长的肌肉收缩。痉挛多见于大面积癫痫发作。跳动是肌肉的一组反复而僵硬的收缩，如眨眼，耸肩，转头等。它们大多是习惯性的动作。震颤，舞蹈样运动，手足运动，扭转痉挛等不自主运动均为锥体外系运动障碍。震颤是身体某些部位的无意识的，有节奏的震颤。它出现在静止的四肢，被称为静止震颤，见于帕金森综合征。肢体运动中的震颤称为有意震颤，多见于小脑损伤。舞蹈样运动是一种发展迅速，无目的，不规则，不对称，振幅和大小动态的不自主运动，常由基底节（锥体外系）损伤引起。手和脚的运动是由于纹状体受损而导致的蚯蚓状手指或脚趾的间歇、缓慢、扭曲的延伸。扭转痉挛是躯干和肢体近端奇怪的，缓慢的，强烈的扭转，见于基底节，尤其是尾状核和壳核。

三、运动障碍的原因

大量的研究和临床实践表明，运动障碍的原因是多方面的，包括个体的神经生理因素、环境因素和心理因素。

1. 神经生理因素

小脑、脑干、基底节等部位的损伤被认为是共济失调、运动功能障碍和肌肉张力的主要原因。小脑有几种最基本的运动功能。小脑的问题通常是运动障碍的重要神经生理因素。小脑的主要功能包括：提供四肢位置和姿势的信息；细化中枢神经系统运动的规划和调度以有效完成对干肌群所做的各种快速和自动化运动模式的调节，如阅读时的眼球运动或视觉跟随快速移动的物体时的眼球运动。在常见的运动障碍中，小脑相关症状包括震颤，大肌肉群的精确度差和手眼协调困难。这些症状代表小脑共济轻度失调。

此外，一些运动缺陷部分是由于脑室和基底节上方的整合中心出现问题。人们普遍认为，这些中心有助于锻炼方案和计划的形成，并对锻炼方案的延迟交付负有责任。基底节受损或受压可导致整合中枢功能异常。

研究表明，基底节邻近的心室异常在运动功能障碍综合征患者中发生率相对较高（Knuck-ey et al. ,1983）。此外，超过39%的运动功能障碍综合征患者有其他脑部异常，儿童后期明显运动功能障碍综合征患者通常表现为多动症。根据现有的研究结果，包括脑干在内的各种神经结构通常被认为可以控制和维持肌肉的张力，它们的各种异常会导致肌张力低下综合征。此外，肌肉的异常代谢或内分泌作用也会导致疾病。研究表明，与手指柔韧性相关的技能可以由基底节控制，而手指动作的准确性则由小脑控制，因此书写综合征可能与基底节和小脑有关。

2. 环境因素

首先，孕期环境是一个不容忽视的重要因素。母亲在怀孕期间容易产生情绪压力，如果没有科学地调控，可能会给胎儿造成不良的内部环境，从而限制胎动的正常发育。此外，如果母亲在怀孕期间抽烟、喝酒、喝浓茶或浓咖啡，也会影响营养物质的传递，导致胎儿大脑发育不足，并导致出生后感觉和运动发育迟缓。此外，如果分娩时间过长或早产，也可能影响新生儿脑神经的正常发育，从而影响运动的正常发育。

其次，周边社会环境也是一个重要因素。环境刺激的丰度会影响儿童运动的发展。如果家庭或集体教育机构难以为婴儿提供丰富的社会刺激，就可能影响婴儿与环境的互动，从而影响其运动发育。

家庭心理环境对儿童的运动发育也有一定的影响。如果孩子是一个更严格、更专制的家庭的一部分，有些孩子因为没有达到父母的期望或要求而受到训斥，他们用笨拙的动作来掩饰自己的恐惧和焦虑，可能认为自己是"非常愚蠢的孩子"，这会阻碍他们动作的正常发展。

3. 心理因素

笨手笨脚的患者会引起同龄人和其他人的嘲笑或拒绝，从而直接影响他们的自尊，他们的自尊和自信受损阻碍了他们的自我概念和正常的社会发展，并导致对同龄人群体或周围环境的消极态度或情绪反应。在这种恶性循环中，患者原有的运动障碍可能越来越多，甚至有些运动障碍是其心理障碍的副产品。

四、诊断运动障碍的原则和指标

由于运动障碍的病因和症状的多样性和复杂性，运动障碍的诊断也是一个复杂而谨慎的过程。在诊断时，治疗师必须遵循一系列原则，选择合适的诊断指标和方法，严格按照一定的诊断程序判断儿童是否有运动障碍及运动障碍的类型，并对运动障碍的矫正提出合理的建议。

（一）诊断原则

在诊断运动障碍时，应遵循以下原则：第一，客观性原则。信息源在儿童运动障碍的诊断中极为重要。教师和家长是儿童运动障碍信息的主要来源。诊断不是目标，但在教育和推广方面提供有针对性的培训是至关重要的。由于运动障碍的高度复杂性，许多问题仍悬而未决，对运动障碍的诊断应特别谨慎。

（二）运动障碍的主要指标和诊断方法

运动障碍的常见诊断指标如下。

1. 运动技能水平

ICD10 表明，在精细或重要运动的标准化协调测试中，如果得分低于其年龄分布的两个标准差，则可将一个人诊断为异常。在医学上，低于 10% 的人通常会有某种"紊乱"。在心理学和教育学方面，他倾向于选择 15% 以下的极端儿童。

2. 神经学检查

DSMIV 和 ICD10 都指出，患有运动障碍的儿童不包括能够发现神经损伤的人，即患有神经"器质性疾病"的人。对于运动功能有发育问题的人，即功能缺陷，ICD 10 指出，在大多数情况下，仔细的临床检查可能会发现这些人的神经系统不够成熟。"功能障碍"一词是因为他们的动作在较小的孩子中保持正常。

3. 认知能力测试

DSMIV 和 ICD10 对个体智能在运动诊断中的作用提供了不同的视角。世界卫生组织坚特以为，"正常智商"是诊断的严格指标，将个人标准化智力测验中低于 70 的智商作为排除措施(世界卫生组织，1993 年)。相反，DSMIV 明确指出，运动障碍的特异性在于智力和运动能力之间的显著差距，这可能存在于智商连续体的任何地方。该标准说："如果一个人的智力落后，那么难度就超过了智力的水平。"

4. 运动障碍矫正

运动障碍作为一种身体发育不良现象，正受到越来越多的关注。在临床工作中，如何纠正运动障碍是非常重要的。下面我们主要讨论运动障碍矫正的原理和几种比较常见的矫正程序。

(1)运动障碍适宜原则　运动障碍对儿童的影响严重，不容忽视。到目前为止，在治疗生命生长障碍方面已经取得了一些成果。虽然各种惩教方案有不同的优先事项，但有效的方案之间有一些共同的原则。

(2)发展原则　有效的动作疗法首先必须以精神运动发育原理为基础。从开始到结束，从中心到外围，因此运动障碍的治疗通常从整体行为开始。例如，首先让个体获得对大肌肉的控制，然后逐渐获得对小肌肉的控制。此外，随着身心的成熟和动作的发展，个体获得了特定的运动技能。当孩子积累了大量的运动技能后，计划和解决运动问题的能力就会逐渐提高。因此，行动疗法应遵循从整体到部分发展的原则。

(3)培养自信的原则　患有运动障碍的儿童通常比较敏感和多变。因此，培养儿童的自信心应该是治疗的重要原则。对于患有运动障碍的儿童来说，新的成功必须建立在现有成功的基础上。如果孩子犹豫不决或怀疑自己应对某项行动任务的能力，治疗师必须考虑调整任务的难度。治疗师应该和孩子一起参与一项任务，帮助孩子逐渐认识到克服任何障碍都需要信任、参与和努力。治疗的主要目的是建立信任，通过与治疗师的有效互动，孩子对周围的环境感到安全和自信。当孩子们有自信的感觉时，他们的自信心会迅速增长，他们会产生越来越强烈地参与各种活动的愿望。当孩子们积极参与活动时，治疗师应该更加关注并积极肯定他们进步的每一点，而不是过分批评孩子们的失败。

(4)幸福原则　这是治疗师拥有的最重要的武器之一。治疗师必须将快乐纳入任何治疗计划。运动的乐趣是儿童所渴望的，因此应努力激发积极的运动情感体验。通过积极的强化和万无一失的尝试，孩子会逐渐获得积极的锻炼情绪。此外，治疗计划应提供一些机会，利用个人利益增加成功经验。

在幸福的前提下，还要注意治疗师和孩子之间的情感交流。如果治疗师对孩子的成就表现出内在的兴趣，并且对孩子的情绪表现非常敏感，那么他在治疗过程中就能最大限度地利用快乐的原则。换言之，治疗师不应将儿童视为单一的治疗主体，而应从发展的角度来处理与儿童的关系。当治疗师看到孩子更多的成就，而不仅仅关注他的症状时，他可以与孩子发展积极的情感联系，这对于孩子运动障碍的治疗是非常重要的。

(三)感觉统合训练

皮亚杰的认知发展理论认为，个体与环境在互动过程中的适应性动作促进了儿童智慧的发展。然而，部分运动障碍儿童由于感觉统合障碍和缺乏相应的协调功能而难以适当有效地适应所处的环境。因此，他们特别需要一个适合其神经系统特点的特殊环境。矫正感觉整合障碍的基本原理是提供感觉刺激，如内耳前庭和皮肤接触，对引入刺激的环境进行科学和适当的控制，并鼓励儿童逐步和有意识地适应，从而培养他们的自信心和潜力，并最终提高他们的协调和控制能力。目前，根据感觉刺激的类型，矫正感觉统合障碍的方法可分为触觉刺激疗法、前庭刺激疗法、本体感觉刺激疗法和适应反应疗法。

1. 触觉刺激校正

感觉统合理论认为触觉学习是人脑学习能力的一个方面，不同于其他哺乳动物。个体人脑从小就接受不同程度的触觉刺激，能够进行精细的识别和记忆。感觉统合障碍通常始于触觉刺激，这是基于触觉输入的广泛性。更重要的是，当触觉感受器受到刺激时，产生的部分信息到达大脑皮质，具有促进大脑皮质发育的作用。

对于触觉刺激，可以选择干湿巾、丝绸、天鹅绒衣服或者用治疗师的手摩擦孩子的皮肤。治疗师在施加触觉刺激时必须尊重孩子的反应。受刺激皮肤的位置可以逐渐根据手，背部，脸部，脚等部位。具体来说，手背和手臂是对刺激防御最少的区域，而这些区域最容易暴露在环境中以维持正常的触觉平衡，还有胸部，腹部，脸部和脚底。当然，刺激部位的选择主要取决于儿童的具体反应。

触觉刺激具有长期效果，因此触觉刺激训练可以先于一般的教育措施进行。一般来说，儿童对触觉刺激的类型，持续时间和频率的反应是不同的，治疗师需要根据儿童的喜好采取灵活的策略。儿童的偏好反应是触觉刺激类型的敏感指标。当刺激合适时，它可以促进感觉整合；否则，当刺激异常时，可能会损害儿童的感觉整合。如果孩子喜欢或寻求触觉刺激而不引起过度兴奋，则刺激改善了感觉整合；然而。如果刺激引起网状系统的过度活动，可能导致分心和不安全的睡眠。这种过度激活的不良影响并不意味着儿童不需要触觉刺激，而是不能有效地组合和应用。在这种情况下，可以通过缓慢的前庭刺激来抑制和平衡脑框架的网络结构。

2. 前庭刺激矫正术

前庭感觉是综合判断头部位置和身体变化的综合感觉。它帮助一个人的头部、眼睛、四肢和身体协调一系列的运动在一起。前庭感觉协调又称前庭平衡，前庭平衡不良会导致身体控制不良。在治疗感觉统合的众多方法中，刺激内耳前庭是一种有效的矫正方法。前庭刺激和触觉刺激可以促进其他感觉整合，因此感觉整合矫正是优选的。

治疗师在使用被动前庭刺激时，通常会让孩子弯腰或坐在吊床上，然后让孩子有节奏地摆动或旋转，达到刺激前庭感觉的效果。如果孩子对前庭刺激过于敏感甚至危险，他应该把手放在地板上轻轻地推他的身体，或者拉动前面的绳子摇晃他的身体，而不是被别人推或摇摆。积极参与促进个体的顺应性反应，从而增强感官整合。正常人在旋转时会出现眩晕，眼球震颤，而前庭反应不足的儿童在旋转后很少出现眩晕，眼球震颤。这表明前庭信息在神经系统中处理不当。在此基础上，治疗师可以使孩子以上升的姿势坐在网床上，治疗师放松并转动网的末端，让前庭刺激逐渐产生眼球震颤和眩晕，然后在休眠状态下通过这些神经通道打开。

如果前庭刺激产生过度兴奋或过度抑制，可促使儿童做出服从反应，使前庭反应恢复正常。例如，当你在一个大球上来回滚动时，把你的手压向地面。脑功能的兴奋性和抑制作用在反应重组过程中可以达到平衡。

3. 本体感觉刺激矫正

肌肉收缩，尤其是抵抗收缩，是促进本体感觉信息输入中枢神经系统的重要途径。由于最大的阻力来自重力对身体的作用，相应的活动是让孩子俯卧或仰卧在滑板上，随着头部的重量使颈部肌肉剧烈收缩。

为此，研究人员设计了一个较小的滑板，旨在通过强力的肌肉收缩向大脑的脊椎提供感官输入。持续的肌肉收缩可增强肌梭的功能,肌梭产生的感觉输入常被引入小脑,对脑干整合功能有促进作用。此外,运动感觉是自己对关节运动或位置的感觉,是运动感觉反馈的重要来源。这些关节受体对其他本体信息受体不敏感,需要通过关节压迫或牵引进行额外的运动刺激。有的还增加了脚踝或手腕的直立,产生牵引作用,增加肌肉收缩阻力,促进本体感觉信息输入中枢神经系统。

4. 合规

合规反映是一个人为实现特定目标而采取的有针对性的行动。如果行动的目标超出合理限度而无法实现,则反应不符合要求。儿童的依从性反应水平是评价治疗效果的重要指标,也是治疗师关注的重点。

适应反应对儿童活动具有功能意义。通过服从,孩子不仅可以了解哪些行为改变了环境,还可以进一步加强内在的驱动力。然而,只有当个体对身体感觉和前庭平衡反馈有正确的解释时,才会学习顺应反应。临床研究表明,不良儿童对运动计划的依从性很大程度上体现在空间和时间上的正确反馈。孩子们计划自己动作的能力是有缺陷的,部分原因是身体感觉和反馈之间的不平衡。也就是说,儿童对环境作用会得到关于感官输入准确性的反馈。因此,治疗师在设计引起动作反应的情境时,应考虑儿童对情境刺激的解释水平。例如,一个 10 岁的孩子本体感觉很差,不能平稳地坐在 T 型凳子上,因为他无法解读自己身体所感受到的信息,也不够清楚自己是否能达到身体平衡。显然,治疗师在要求孩子坐在 T 型凳子上之前,应该提供训练本体感觉的基本活动。

没有人能强迫孩子表现出温顺的反应,而只能提供一种期待诱导有目的的运动反应的治疗情境。观察儿童在交际中的言行,有助于发现儿童感觉统合障碍的问题,提高儿童的适应反应。因此,治疗师应创设适当的矫正情境,调动儿童的积极情绪和内在动机,使儿童更愿意融入有针对性的活动,从而获得更复杂的适应反应。

5. 科学观察的感官统合训练校正值

自 20 世纪 70 年代 JeanAyres 提出"感觉统合"概念以来,感觉统合训练已成为运动障碍或学习困难矫正的热点。科学理解与感官训练的融合,对纠正儿童运动或学习障碍,促进儿童健康发展具有重要意义。

首先,感觉统合训练对残疾儿童的矫正是有价值的,感觉统合训练本身有利于残疾儿童的发展。一方面,感觉统合训练通过提供各种专门设计的活动为儿童带来各种动作刺激(如触觉,前庭,身体,体感刺激和适应性反应训练等)和活动,从而有效促进儿童触觉,本体感觉和平衡能力的发展,对提高儿童心血管系统功能和运动平衡能力起到积极的作用。一些临床研究还表明,通过感觉统合训练,过度触觉防御,笨拙和分心等症状得到不同程度的缓解(Ren et al. ,1995)。说明感觉统合训练对残疾儿童的矫正是有效的。

另一方面,感官整合培训为残疾儿童提供了他们需要的适当心理社会环境,以促进他们的发展,并为他们的发展作出贡献。在这种环境下,儿童自由独立地探索或进行小组活动,他的活动逐渐伴随着欢快的心情,任何层次的孩子都可以在这里体验到成功的喜悦,感觉自己有能力,它会引起孩子的活动,让他不断地练习他在无意识中没有的东西,能够有效解决孩子的情绪焦虑和紧张,帮助孩子形成积极的自我概念,增强自信心。在患者的指导和治疗师的鼓励下,儿童能逐步克服困难,自由独立地探索,不断发展运动能力,提高专注力,毅力和协调性,增强对他人的信心,获得安全感。在这种特殊的环境下,儿童更容易获得同伴和成人的支持,而不是拒绝,这可以使他们发展积极的情绪,提高人际交往能力,促进其人格品质的健康发展。

此外,感觉统合训练不仅针对残疾儿童,也针对正常儿童。0~6岁儿童的感觉知觉和运动发育极快,是进行感觉统合训练的好时期。如果儿童在这段时间内通过他们的感官进行学习,并有机会为他们提供感官信息,他们就能学会利用这些感官刺激进行多种组合,从而更有效地发展和完善中枢神经系统的整合。

在认识到感觉统合训练的积极作用的同时,也应该注意到感觉统合训练的矫正作用是有限的。如果你认为任何障碍都可以通过感觉统合训练来处理,那无疑是片面夸大了感觉统合训练的作用。感觉统合训练对部分运动障碍患儿的矫正确实是有益的,但对所有运动障碍的矫正却不是有效的,只能在一定限度内起作用。这是由于儿童的个体变异性较大,而引起运动障碍的原因极为多样和复杂,感觉统合障碍只是可能的原因之一。此外,感觉统合障碍本身是由很多原因造成的,因此感觉统合训练不能解决所有障碍。因此,对于运动发育障碍儿童的矫正,感觉统合训练主要是一种替代方法,而不是灵丹妙药。

由此可见,感觉统合疗法是以儿童为中心、以游戏为主体的感官信息输入,特别是那些来自前庭系统的、肌肉、关节和皮肤的运动障碍,应该被修改和控制,以便通过治疗建立良好的神经连接,并改变大脑的功能,而不是通过学习学科和指导特定的运动技能来进行矫正,这为儿童运动障碍的矫正提供了一个新的视角。同时,感觉统合训练也作为一种促进儿童正常发展的手段运用在教育中,对儿童的发展起到了积极的作用。但是,感觉统合训练并不是灵丹妙药,我们应该从辩证发展角度来看待它,不能片面夸大它的作用。

第三节　选择性功能动作评估（SFMA）的科研动态

一、SFMA 的国外研究最新动态

SFMA 是一种临床模型,通过识别运动模式中的功能异常,帮助诊断和治疗肌肉骨骼疾病。它是一种常用的评估工具,用于观察和检测功能障碍的运动成分,在美国的运动和康复医学中得到广泛认可。评估的目的是确定可能的运动功能障碍和整个运动链疼痛损伤的来源。最后,通过运动评估,临床医生能够确定功能障碍的运动是由组织扩张、关节活动或运动稳定性/控制障碍引起的。帮助临床医生制定有针对性的治疗/纠正措施。SFMA 已在欧美各国用于评估各个项目的体育运动员,如足球、举重、跑步和棒球等,来帮助诊断身体肌肉和软组织的状态,并为运动员制定合理的康复治疗措施。在 SFMA 的指导下,最初主要集中于局部(腰椎)症状管理的干预措施增加到远端干预措施,然后治疗局部疼痛或缺乏稳定性。研究表明,人类运动是相互依赖的肌肉群的协同操作,SFMA 帮助治疗师指导在常规检查中看不到的功能障碍运动。有助于识别影响整体功能的弱点。本案例报告表明,SFMA 可作为一种方法或系统,在初始检查和整个治疗过程中定性分析运动,并指导后续干预措施的选择。SFMA 为评估和治疗运动员腰痛提供了一个有效的框架。

二、SFMA 的国内研究现状

SFMA 是近年来由国外引入较为成熟的物理治疗体系,是进行康复评估的重要方法之一,受到国内康复师和训练师的重视,但是国内对于 SFMA 的研究应用较少,主要集中在运动康复领域的应用,临床应用与机制研究较少。

（1）如胡振宇等对13名河北省优秀男子排球运动员进行选择性功能动作评估,以发现运动员疼痛和功能障碍后进行归纳,并以此提出具有针对性的建议和意见。指导运动员的专业训练和预防治疗。

（2）李霞等对患有八字脚、"X"或"O"型腿、膝过伸等疾病的患儿进行病史调查,以调查可能存在的患病原因。利用SFMA进行平衡稳定性评价,通过纠正性训练进行干预。研究认为在SFMA诊断中发现的,单足站立动作及不合格的分解动作可能是功能性姿势不良患者特有的阳性体征。可见SFMA在运动康复领域的应用具有可靠性,可以指导医者对受试者进行完整的评估,同时制定合理的治疗措施,因此本研究将其引入KOA的治疗中,具有探索的意义与可行性。

（3）胡浪利用SFMA动作评估对大学生身体下肢功能干预训练的影响研究,SFMA可以用于下肢的功能性测试,通过简单实用并且可以快速确定功能性问题出现的位置,从而更加具有针对性的进行运动干预训练。干预训练主要以整合神经肌肉训练为主、对学生进行下肢针对性运动干预训练,增强了大学生的下肢肌肉力量与伸展性,强化了弱侧链的肌肉力量与核心腰腹的稳定性,起到预防运动损伤的目的。

三、总结

1. SFMA 的内容

SFMA是一种用来测量与动作模式相关的疼痛以及功能不良的动作评估方法,由5个简单但是实用的动作模式组成:一是颈部颈椎动作模式评估,二是上肢动作模式评估,三是多环节的屈曲动作模式评估,四是多环节伸展动作模式评估,五是多环节转动动作模式评估。每个动作模式的评估都会从四个方面来进行阐述:评估目的、评估方法、评估标准以及评估的注意事项。

2. 传统预防损伤方法的局限性

（1）传统的预防损伤的方法缺乏针对性的运动前的准备活动以及运动后的整理活动,以体育课为例,在做准备活动以及整理活动时,是以班级为单位,而没有针对到个人,当然,准备活动以及整理活动是预防损伤的一种手段,但是通过运动前的准备活动以及运动后的整理活动,并不能因人而异的了解运动者的体质情况,无法判断他们是否存在损伤的风险性甚至是否已经出现了损伤。

（2）缺乏创新性传统的准备活动以及整理活动的形式比较单一,一般包括徒手操、慢跑和游戏,其中徒手操最为常见,长期以来,学生就产生了固定的思维模式,在做准备活动时,就出现了厌倦的态度,无法激发学生的兴趣,准备活动不够充分,关节活动度以及肌肉群没有得到充分的伸展和拉伸,不能满足运动时所需要的运动强度以及密度,就会增加损伤的风险性。

3. 运用 SFMA 的可行性

（1）运用选择性功能动作评估的理论依据　自成立"备战2012年伦敦奥运会国家队身体运动功能训练团队"以来,中国奥委会与美国具有代表性的运动功能训练机构不断加强合作,为中国国家队带来新的预防损伤以及康复训练的方法。SFMA就是预防损伤的方法体系中的一个重要元素。

（2）运用SFMA的实践依据　SFMA主要是包括7个简单但是非常实用的动作模式构成,不需要任何的辅助工具,徒手就能完成评估工作,所以实践起来,能够很大程度上减少成本。

4. 通过对 SFMA 的内容进行阐述

通过对 SFMA 的内容进行阐述并从传统的预防运动损伤方法的局限性以及实施 SFMA 方法的理论与实践依据着手，对 SFMA 在高校大学生中实施的可行性进行研究分析，发现其能够科学的、因人而异的评估大学生存在损伤的风险性，为预防大学生出现运动损伤、提高身体素质保驾护航。

思想政策要点：

对于运动障碍患者，大学生必须坚持高医疗诚意的理念。无论患者的病情如何，治疗的难度如何，都不要抛弃患者，坚持向党和人民灌输思想。作为生活在红旗下，在春风中成长的一代人，我们必须以治病为目标建设社会主义国家。

思想政治观点：

要加强综合学习能力，为建设社会主义新时期贡献力量。

思想政治要点：

珍惜生命，促进健康。

思考：

动作结构发展与神经系统发音，认知系统的发音之间有什么联系？精细动作技能和粗大动作技能的区别是什么？

参 考 文 献

［1］Greg Payne,梁国立,耿培新.人类动作发展概论［M］.北京:人民教育出版社,2008.

［2］董奇,陶沙.动作与心理发展［M］.北京:北京师范大学出版社,2004.

［3］张英波,夏忠梁.动作学习与控制［M］.北京:北京师范大学出版社,2019.

［4］秦金亮,王恬.儿童发展实验指导［M］.北京:北京师范大学出版社,2013.

［5］胡亚美,等.诸福棠实用儿科学［M］.北京:人民卫生出版社,2002.

［6］人民教育出版社课程教材研究所体育课程教材研究开发中心.人类动作发展概论［M］.北京:人民教育出版社,2008.

［7］罗宾·S.维莱,梅利莎·A.蔡斯.青少年体育运动指导与实践［M］.徐建方,王雄,译.北京:人民邮电出版社,2017.

［8］王新.幼儿大动作发展规律及足弓发育特征研究［M］.沈阳:辽宁科学技术出版社,2019.

［9］顾丽燕.运动医务监督［M］.北京:北京体育大学出版社,2009.

［10］木紫.青春期女孩手册［M］.北京:中国妇女出版社,2017.

［11］木紫.青春期男孩手册［M］.北京:中国妇女出版社,2017.

［12］叶义言.中国儿童骨龄评分法［M］.北京:人民卫生出版社,2005.

［13］张力为,毛志雄.运动心理学［M］.北京:高等教育出版社,2007.

［14］Spirduso W W,Francis K L,MacRae P G. Physical dimensions of aging［M］. Champaign:Human Kinetics,2005.

［15］董奇,陶沙.动作与心理发展［M］.北京:北京师范大学出版社,2011.

［16］刘奉,张彤,仵卫民,等.儿科学［M］.武汉:华中科技大学出版社,2015.

［17］王云霞.学前儿童心理与行为观察［M］.上海:科学技术出版社,2010.

［18］佘双好,张荣华,黄代翠.毕生发展心理学［M］.2版.武汉:武汉大学出版社,2013.

［19］任绮,高立,陈健文,等.学前儿童体育与健康［M］.北京:清华大学出版社,2012.

［20］邵肖梅.胎儿和新生儿脑损伤［M］.2版.上海:上海科技教育出版社,2017.

［21］Gray Cook,张英波,梁红,等.动作—功能动作训练体系［M］.北京:北京体育大学出版社,2011.

［22］郑崇友.几何学引论［M］.2版.北京:高等教育出版社,2005.

［23］国家体育总局干部培训中心.高水平运动训练与管理研究［M］.北京:北京体育大学出版社,2007.

［24］杨桦,池建.竞技体育实战制胜案例［M］.北京:北京体育大学出版社,2006.

［25］张英波.现代体能训练方法［M］.北京:北京体育大学出版社,2007.